麥 田 人 文

王德威／主編

麥田人文95

權力、政治與文化
薩依德訪談集

作者：艾德華・薩依德（Edward W. Said）
編者：高莉・薇思瓦納珊（Gauri Viswanathan）
譯者：單德興（Shan Te-hsing）
主編：王德威（David D. W. Wang）
責任編輯：陳雪美 黃碧儀 吳莉君 吳惠貞
發行人：涂玉雲

出版
麥田出版　城邦文化事業股份有限公司
台北市信義路二段213號11樓　電話：02-2351-7776　傳眞：02-2351-9179

發行
英屬蓋曼群島商家庭傳媒股份有限公司城邦分公司
台北市中山區民生東路二段141號2樓
讀者服務專線：0800-020-299　服務時間：週一至週五9:30-12:00；13:30-17:30
24小時傳眞服務：020-2517-0999　讀者服務信箱E-mail：cs@cite.com.tw
郵撥帳號：19833503 英屬蓋曼群島商家庭傳媒股份有限公司城邦分公司

香港發行所
城邦（香港）出版集團有限公司
香港灣仔軒尼詩道235號3樓　電話：25086231　傳眞：25789337

新馬發行所
城邦（新、馬）出版集團有限公司
Cite(M)Sdn.Bhd.(458372U)
11, Jalan 30 D/146, Desa Tasik, Sungai Besi,
57000 Kuala Lumpur, Malaysia
電話：603-90563833　傳眞：603-90562833　E-mail：citekl@cite.com.tw

製版印刷：中原造像股份有限公司　初版一刷：2005年2月

版權代理：博達著作權代理有限公司
定價：900元　特價：699元
　ISBN 986-7413-86-5

麥田人文95

權力、政治與文化
薩依德訪談集

POWER, POLITICS, AND CULTURE Interviews with

EDWARD W. SAID

to Te-hsing –
learned friend, remarkable
translator, comrade –

Edward Said

薇思瓦納珊 編
GAURI VISWANATHAN
單德興 譯

前頁圖說：
薩依德於2001年8月24日（《權力、政治與文化》問世一星期後）接受譯者訪談時之神情及題字。

獻給我的子女

Najla 和 Wadie

我生命中的歡樂

目次

第二部　學術與行動主義

中文版緒論

對話・交流・反思

薩依德談論薩依德

……畢竟這些是對話，不是論文，而最好的對話性質就是讓所有相關的人都神往，有時甚至也使說話的人驚訝。

——薩依德，《並行與弔詭》，頁 xvii

我經常發現訪談中有趣的便是，我學習到以往從未思考過的事情。舉例來說，在你的訪談中所問的一些問題……刺激我去思考以往沒有思考過的觀念，促使我去發表意見並學習，對於這一點我很感激。……像你這樣具有挑戰性的、知性的訪談，對我而言是個學習的經驗，讓我釐清自己一些觀念，並發展一些新觀念。

——1997年8月18日，

薩依德於紐約哥倫比亞大學接受單德興訪問

生平略述

薩依德（Edward W. Said, 1935-2003）於1935年11月1日出生在三大一神教（猶太教、基督教和伊斯蘭教）發源地的耶路撒冷。身世傳奇的父親是中東著名的文具商，精明強悍，母親則雅好文學與藝術。身為獨子的薩依德（下有四個妹妹）接受雙親的嚴格調教，先後被送到開羅的吉西拉預備學校、美國子弟學校、維多利亞學院，與其他菁英子弟一起接受殖民式教育。1948年5月以色列建國，中東情勢益發不穩，後來又因他反抗殖民學校校規而被退學，父母便於1951年送他到美國出名的寄宿學校赫蒙山學校就讀，爾後陸續獲得長春藤大學的學位（普林斯頓大學學士［1957］、哈佛大學碩士［1960］、哈佛大學博士［1964］），並自1963年起於紐約的哥倫比亞大學任教，凡四十年。[1]

在學術上，薩依德是著作等身、迭有創見的傑出學者，集學術研究與政治關懷於一身，在人文科學的領域中產生了典範轉移（paradigm shift）的效應，公認是後殖民論述的重要奠基者。在公共領域上，他是美國當代少數深具批判意識的著名公共知識分子，也是巴勒斯坦、甚至中東在西方的主要代言人，每當巴勒斯坦或中東發生重大事件，西方媒體和大眾都亟欲知道他的看法，儼然成為中東局勢與政策的意見領袖，也有「巴勒斯坦之音」的稱號。薩依德不但關心知識分子的議題，而且積極結合學術研究與政治關懷，

---

1 對於他的前半生感興趣的讀者，可參閱彭淮棟翻譯的薩依德回憶錄《鄉關何處》（*Out of Place*: A *Memoir*［New York: Alfred A. Knopf, 1999；台北：立緒，2000］）以及筆者為該書所撰寫的導讀〈流亡・回憶・再現──薩依德書寫薩依德〉，頁9-30。

付諸具體行動，數十年如一日。他在1991年健康檢查時發現罹患慢性淋巴性白血病（俗稱「血癌」），並自1994年起屢屢進出醫院，接受各種治療。即使惡疾纏身，他依然秉持堅強的意志，不斷著述、教學、演講、訪談、旅行，不僅時有新作問世，而且題材之廣、見解之深、關懷之殷，著實令人感佩。近年來他與猶太裔著名音樂家巴倫波因（Daniel Barenboim, 1942-）建立深厚友誼，合作致力於透過音樂來化解以色列人和阿拉伯人之間長久的誤解與仇恨，並視之為兩人最重要的志業。[2] 2003年9月25日，薩依德在與惡疾奮鬥多年後，於美國紐約與世長辭，骨灰依其遺願葬於曾度過青少年時光的黎巴嫩，以示回歸阿拉伯故土。[3]

訪談：學問之餘

在薩依德等身的著作中，這本訪談集具有獨特的地位。首先，本書從薩依德自1976至2000年之間數以百計的訪談與討論中挑選

2 兩人的對話紀錄可參閱《並行與弔詭：音樂與社會之探索》（*Parallels and Paradoxes: Explorations in Music and Society*. Edited and with a Preface by Ara Guzelimian［New York: Pantheon Books, 2002］）。至於兩人藉由音樂來化解以阿宿怨的具體作為，可見於1999年在德國威瑪（Weimar）舉行的工作坊，白天由巴倫波因指導演奏交響樂，晚上由薩依德帶領討論音樂、文化、政治與歷史；華人音樂家馬友友也應邀前來助陣（7-10）。巴倫波因在薩依德過世後，於2003年10月為此書所加的悼文（"In Memoriam: Edward Said (1936[5]-2003)"）中指出，兩人後來都把發展西東詩集工作坊（the West-Eastern Divan Workshop）視為畢生最重要的志業（xi）。該工作坊肇始於1999年，是為了紀念德國大文豪歌德（J. W. von Goethe, 1749-1832）兩百五十週年誕辰，並以歌德的《西東詩集》（*West-Eastern Divan*）為名，以示致力於不同文化之間的交流與相互了解。

3 有關薩依德的生平及重要著述，詳見本書附錄二〈薩依德專書書目提要〉及附錄三〈薩依德年表大事記〉。

出二十九篇，是有關他個人的學術與政治等面向最周全的呈現，而訪談的形式本身也是最大的特點。薩依德的著述旁徵博引，結構清晰，文字嚴謹，由於不賣弄術語——其實他最厭惡術語、行話（shop talk）、「夾棍」（jargon）了——在學術著述中算是相對容易理解的，但讀者依然需要相當的沉潛心境與背景知識，方能領略。至於《東方主義》（*Orientalism*）和《文化與帝國主義》（*Cultural and Imperialism*）這類鉅著，不但篇幅長，而且內容廣，實非一般讀者所能輕易掌握（記得有一位電台名主持人在節目現場以電話訪問我時，就坦承即使閱讀《東方主義》的中譯本，依然有如霧裡看花）。其實，寫作時主要是在鋪陳論點，而且字斟句酌。相對的，接受訪談時，在訪問者的詢問、詰問甚至盤問下，必須當下回應，結果往往能直指要義，雖然推理上未必那麼細膩、銜接上可能較為跳躍，但「精髓」或「骨幹」俱在，反而更容易讓讀者掌握精要。許多知名學者都出版訪談錄，原因即在此。

其次，閱讀文章、尤其是理論文章，必須正襟危坐，凝思靜慮，常有仰之彌高、鑽之彌堅的距離感、甚至挫折感。閱讀訪談則有如促膝而坐，對面而談，覺得親臨現場，即使艱深的觀點也透過較為口語化的方式表達出來，更明白易解，而訪問者也有追問的機會。至於對話中若有涉及家世背景、學界軼事、政壇祕辛、月旦人物的部分，則更是一般文章中罕見的，讓人在親聞謦欬之時益發感受到受訪者人性的一面。

至於訪問者通常較一般讀者來得專精、細密、深入，成為受訪者與讀者兩者之間的溝通者與代言人。對一般讀者而言，訪問者是更為專精的讀者，既然有此良機或「特權」當面叩問，勢必竭盡所能，提出自己的關懷、疑問，或他心目中讀者可能會有的問題。不管是為自己或他人而問，都希望能一探究竟，化解疑團。現場的情境更方便他即時追問。這種一問一答的情形，是閱讀時所沒有的「奢侈」。對受訪者而言，訪問者是有備而來的問津者，在就教的同時，也可能提出詰難。訪問者針對受訪者的回答，有時順水推舟，讓受訪者暢所欲言，一吐為快，有時逆流而上，直探其源，有時不避批其逆鱗，以期探驪得珠，甚至引領受訪者進入以往未曾思索的面向。因此，就相當程度而言，訪問者有如「提詞者」（prompter），不僅提供機會讓受訪者發言，甚至喚醒受訪者早已淡忘的記憶，或者激發受訪者思考先前未曾留意的議題。

簡言之，訪談的特色是 "occasional"，一方面是針對特定的場合（occasion）與人物，存在著高度的對話性、互動性、可親感（accessibility），另一方面則是因為其中的臨即感（immediacy）與（表面上的）隨性／隨興、自在、閒適（casualness），例如薩依德在〈前言〉中便提到，有時訪問者捨棄備妥的問題不用，雙方當場直接交談起來。

有人以「詩餘」來形容「詞」，彷彿帶有貶意。然而，「詞」自成一文類，在文學史上具有不可取代的獨特地位。此處，以「學問之餘」來形容訪談，旨在說明尤其像薩依德這樣造成典範轉移的一代大師，訪談具有雙重意義、「餘」義或「補」義。因為，著書立說固然為學問之大事，但有機會面對訪問者闡揚著述中的精要法旨、微言大義，作為學問之說明、闡發、註腳，實具有增補（supplement）之作用。再者，訪問既是當前的產物，有時也會探詢未來的計畫，更往往涉及過去的觀點或事件，而薩依德是頗具反省力的學者，在與他人的問答中，時能延伸過去未曾考量的觀點，衍生新的看法，因而與學問形成互補（complement）之作用。如此說來，訪談也算是「從中間開始」（*in medias res*），在人生之流的特定時空下，訴說並創造過去、現在與未來。此外，薩依德為了闡述巴勒斯坦的觀點，經常接受電視、廣播電台和報章雜誌的訪問，因而建立起公共知識分子的形象，這又是他在學問之外、研究之餘的另一個重要的、（很可能更）廣為人知的角色。

扣與鳴：歐美之餘

薩依德生前出版的訪談／對話專書共有四本，分別為1994年出版的《筆與劍》（*The Pen and the Sword: Conversations with David Barsamian* [Monroe, ME: Common Courage Press]）、2001年出版的本書、2002年出版的《並行與弔詭》，以及2003年出版的《文化與抵抗》（*Culture and Resistance: Conversations with Edward W. Said* [Cambridge, Mass.: South End Press]）。《並行與弔詭》收錄薩依德和鋼琴家／指揮家巴倫波因自1995年10月至2000年12月的六篇有關音樂、社會、政治與文化的對話錄。《筆與劍》和《文化與抵抗》都是他接受亞美尼亞裔、美國「另類電台」（Alternative Radio）製作人巴薩米安（David Barsamian）一人的專訪，內容集中於薩依德的政治面向，也就是他多年關切的中東與巴勒斯坦事務。[4]

相較之下，本書涵蓋了四分之一世紀，除了第一篇是接受學術

---

[4] 其中《文化與抵抗》的中譯本於2004年8月出版（台北：立緒），譯者為梁永安。至於薩依德逝世次（2004）年6月出版的《薩依德訪談錄》（*Interviews with Edward W. Said* [Jackson: University Press of Mississippi]），編者為辛和姜森（Amritjit Singh and Bruce G. Johnson），收錄了二十五篇不同人士與薩依德的訪談，篇幅僅約本訪談集的一半，選文簡短且完全不同，並未如本書般分為兩類，譯者於1997年與薩

期刊的書面訪談之外，其餘全是當面訪談或對話的紀錄。第一篇由於是書面訪談，而且為了配合他以《開始：意圖與方法》（*Beginnings: Intention and Method*）一書在學界嶄露頭角的專號，所以寫來較為迂緩，討論的是當時美國文學界的狀況，很能反映他剛出道時的情景。巧合的是，此篇名為「開始」的訪談，固然為了配合他的成名之作，但對受訪者薩依德而言，本篇的確也是一個「開始」，因為他日後由於不同的時空、情境、關懷，接受了眾多人士的訪問，其中固然不少攸關學術，但涉及政治議題的更多。總之，他的角色定位在巴勒斯坦裔美國學院人士／知識分子，大家感興趣的是他在學術和政治兩方面的突出表現，而兩者在1967年中東戰爭之後對他成為一體的兩面，很難截然劃分，非得兼顧才能比較完整地呈現其人其事。因此，本訪談集特地分為兩部分，第一部分「表演與批評」（Performance and Criticism）共計十三篇，主要集中於文學與文化評論，尤其是他的學術代表作，第二部分「學術與行動主義」（Scholarship and Activism）共計十六篇，主要集中於政治介入，兩類各依原先刊出的年代順序排列，貫穿兩者的則是受訪者其人及所思所感。

這些訪談主要採取一對一的方式，有時則接受兩人聯合訪問；多為私下場合，但也有公開的。較為特殊的第五篇〈批評、文化與表演〉（"Criticism, Culture and Performance"）是與《楔子》（*Wedge*）的三位編輯所進行的圓桌討論，重點在於音樂。在對談中薩依德有時反問，引出對方更多的議論，看似主客易位，但也可看出他真心

依德的第一次訪談也收入其中，計十六頁，是其中篇幅較長、內容較廣的。薩依德在附錄一與筆者的訪談中分別提到了這兩本書。

尋求對話的空間與努力。[5]最特殊的當屬第十五篇〈學者、媒體與中東〉（"Scholars, Media, and the Middle East"），這是1986年11月在北美中東研究學會（the Middle East Studies Association of North America）第二十屆年會的三千名會眾面前的公開辯論，對手是他批判多年的中東專家路易斯（Bernard Lewis, 1916-），這兩位敵對的重量級學者各有一位媒體工作者助陣，在規定時間內依次闡明觀點。文中把這場辯論比喻成肉搏、大決鬥、羅馬競技、美國拳擊、西班牙鬥牛，但在譯者看來，兩造四人壁壘分明、輪番上陣、唇槍舌劍、你來我往，更像是抓對廝殺的日本雙人摔跤。至於與本書編者薇思瓦納珊（Gauri Viswanathan）的訪談（第十二篇〈語言、歷史與知識生產〉［"Language, History, and the Production of Knowledge"］），則是在紐約一所大學的師生面前進行，並接受現場觀眾提問。由此可見，雖然概括在「訪談」的名義之下，然而進行的方式不一，隨著訪問者／討論者以及書刊雜誌的不同，而有不同的表現。編者為了努力呈現受訪者的多樣性，以致內容偶有參差（這點薩依德在附錄一也提到），然而小疵不掩大瑜。此外，薩依德在一些訪談之前所加的頭註，言簡意賅標示出訪問的場合，提供必要的

[5] 其實，訪問者與受訪者之間誰主誰客、誰主動誰被動，兩人是合作或對立，恐怕不像表面上那麼單純。受訪者固然是接受別人的訪問，卻是讀者矚目的主角；訪問者固然是聆聽者，卻也是整個過程的發動者，甚至可能盤根究底，連番追問。而在若干訪談中，有時準備充分的訪問者問起話來長篇大論，反倒像是心有定見，只是想找受訪者當面確認。即使是簡短的問題，也可能暴露出訪問者的意向。這些就像薩依德在附錄一的訪談中所說的：「訪談很能揭露當時的情況，不只是『我的』回應方式，『我的』話，也包括了訪談者的方式。我認為這是另一回事，也就是包括了我所遇到的、一塊討論的所有這些人。其中到底說的是什麼故事？那些人的關懷是什麼？」（頁640）

背景資料。

在接受不同地區、背景的人士訪問時，訪問者與讀者期望於薩依德的當然是夫子自道、現身說法，然而對他來說，小扣小鳴，大扣大鳴，除了表述自己的文學見解、藝術看法、文化理念、社會關懷、歷史意識、政治觀點之外，還有其他的用意。正如第十三篇訪談的標題〈我總是在課堂中學習〉（"I've Always Learnt During the Class"），[6] 訪談也是擴大他的思考範圍，測試他的說法的良機。在二十九篇訪談中，有些刊登於學術期刊，如《析辨》（*Diacritics*）、《社會文本》（*Social Text*）、《疆界2》（*boundary 2*）、《激進哲學》（*Radical Philosophy*），有些收錄於專書（其中第四篇的訪問者還請他與系列訪談中的多位學者評論同一首詩），有些出現於報章雜誌。訪問者的國籍除了主要是美國之外，還包括了英國、加拿大、愛爾蘭、印度、巴基斯坦、埃及、以色列等。如果套用他「理論之旅行」（"traveling theory"）的說法，不同國家的訪問者所提出的問題，都反映了他的理論、理念在旅行到其他地區之後所引起的迴響，並由旅行到當地的薩依德當面回應。

進一步說，這些訪談也存在著關聯性（relevance）與互文性（intertextuality）：對外而言，指涉中東的歷史與現況，以巴之間的關係，美國的外交政策等；對他個人而言，既指涉他的家庭、成長環境、教育背景，也指涉他的學術著作、音樂評論、回憶文章，甚至在其他訪談中所提到的事（如本書第三篇指涉第二篇，第五篇指涉第四篇）。讀者最感興趣的就是聽他自道學術淵源，自我剖

6 附帶一提的是，薩依德在課堂上謹守分際，從不伺機鼓吹自己的政治理念，全力維持美國大學這種近似烏托邦的學術殿堂的純淨。

析，臧否人物，評斷時勢。這些都是在他的著述中由於性質的限制所難以見到的：例如，他複雜的家世背景，如何成為阿拉伯世界裡少數中的少數的英國國教信徒；如何從原先投入巴勒斯坦解放運動與效忠阿拉法特（Yasir Arafat, 1929-2004），而在奧斯陸協定之後與他割袍斷義，分道揚鑣；如何干犯伊斯蘭世界之大不韙，在西方及中東公開支持被柯梅尼（Ayatollah Ruhollah Khomeini, 1900-1989）下令追殺的魯西迪（Salman Rushdie, 1947-）的言論自由；如何因為出面為巴勒斯坦代言，而名譽遭到抹黑，生命遭到威脅；《東方主義》在各地引起的迴響以及他的反應……

對於他的學術淵源有興趣的讀者，可以在這本貫穿二十世紀後二十五年的訪談集裡，透過他品評學院人士，具體而微地看出他如何從前人中學習，博採諸家之長，自成一家之言。簡言之，薩依德的人本和人文觀念來自義大利文化史哲學家維科（Giambattista Vico, 1668-1744）的歷史觀——歷史是由男男女女所創造的。這成為薩依德有關世俗性（secularity）與現世性（worldliness）論點的基礎。因此，不再有神聖的、單一的起源或源始來決定、評斷一切；相反的，一切都可以不斷地創造（make）、拆解（unmake）、重新創造（remake）。這也反映在薩依德於《開始》中以人為的、世俗的、複數的「開始」（beginnings）來反對神聖的、神話的、單一的「源始」（origin）。

另一個重要的啟發者是當代法國思想家傅柯（Michel Foucault, 1926-1984），尤其是傅柯一再探究的論述、再現，以及知識與權力的關係。如果沒有傅柯的啟發，《東方主義》和《採訪伊斯蘭》（*Covering Islam*，又譯為《遮蔽的伊斯蘭》）二書的面貌很可能與現在大異其趣。然而，薩依德卻從傅柯的《規訓與懲罰》（*Discipline and Punish*, 1975）一書結尾看到他向權力退卻。在薩依德看來，晚期的傅柯已經失去了反抗的意識，淪為「權力的寫手」（"a scribe of power"）。[7] 這種批評對傅柯是否公允，當然有待細究。然而不容否認的是，在積極投入巴勒斯坦解放運動的薩依德看來，傅柯已經向其所謂無所不在的權力低頭了。為了濟傅柯之不足，薩依德轉而師法來自西印度群島的心理分析家／社會哲學家法農（Frantz Fanon, 1925-1961）、非洲裔詩人／劇作家／政治人物賽沙爾（Aimé Césaire, 1913-）、出生於千里達的文化史家／社會主義者詹姆斯（C. L. R. James, 1901-1989）[8] 等反抗殖民主義者，以及義大利左派知識分子／政治人物葛蘭西（Antonio Gramsci, 1891-1937）的一些觀念，並且在美國異議分子、公共知識分子杭士基（Noam Chomsky, 1928-）身上看到了典範——一個持續與權力抗衡、不斷揭露官方—媒體—企業—學界共犯結構的典範。

薩依德勇於挑戰西方主流媒體與知識結構的作為，除了與杭士基類似之外，也帶有葛蘭西競逐文化霸權（cultural hegemony）的意味，而他投入挑戰、扭轉主流見解的行為，也具現了葛蘭西所謂的有機的知識分子（organic intellectual）——相對於繼承傳統、維持現狀的傳統的知識分子（traditional intellectual）。在他的《知識分子論》（*Representations of the Intellectual*）中可以明顯看出葛蘭西的

---

7 薩依德對傅柯的批判除了本書之外（可參閱索引），也見於〈傅柯，1927-1984〉（"Michel Foucault, 1927-1984"）和〈傅柯與權力的想像〉（"Foucault and the Imagination of Power"），二文收入《流亡的省思》（*Reflections on Exile and Other Essays* ［Cambridge, Mass.: Harvard University Press, 2000］），頁187-97及239-45。

8 例如，讀者可能發現，薩依德最喜歡引用的就是賽沙爾的詩句：「在勝利的聚會中，每個種族都有一席之地」（"there is a place for all at the rendezvous of victory"）。

影響。然而，薩依德自認受益於葛蘭西最多的卻不是上述有關文化霸權或知識分子的論點，而是空間與地理的觀念。在他看來，相對於馬克思學派，尤其是黑格爾（G. W. F. Hegel, 1770-1831），對於時間的重視，葛蘭西的空間與地理觀提出了另類的看法，讓人得以重新省思一些重要的議題。[9] 這點在《文化與帝國主義》中尤其明顯。

再就薩依德的學術背景來看，他一路接受英美菁英教育，熟悉的是歐美文化典律，後來又回頭專程學習阿拉伯文和阿拉伯文學。熱愛康拉德（Joseph Conrad, 1857-1924）和西洋古典音樂的他，自承是文化上的保守分子。他推崇的學者／知識分子還包括了西方人文主義者奧爾巴哈（Erich Auerbach, 1892-1957）。多次提到自己的比較文學背景的薩依德，對於奧爾巴哈的人文主義及歷史語言學（philology）屢表尊崇。在他逝世次（2004）年5月才出版的《人文主義與民主批評》（*Humanism and Democratic Criticism* [New York: Columbia University Press]）中（這是他2000年1月在任教多年的哥倫比亞大學發表的系列演講），再三推崇奧爾巴哈。另兩位他崇敬的歐洲理論家，一位是法蘭克福學派的阿多諾（Theodor Adorno, 1903-1969）。在他看來，同為流亡者的阿多諾的音樂評論和無家可歸（homelessness）、晚期風格（late style）等看法都很值得借鏡。而英國左派文化研究大家威廉斯（Raymond Williams, 1921-1988）有關文化的另類觀點，對薩依德也有所啟發。然而，這些學者的歐洲中心論（Eurocentrism）也成為薩依德批判的對象。

---

9 詳見〈歷史、文學與地理〉（"History, Literature, and Geography"），文收《流亡的省思》，頁453-73。

眼見族人獨立尚未成功、人權遭到踐踏，啟蒙與解放成為薩依德的兩大理想，因此後現代主義者李歐塔（Jean-François Lyotard, 1924-1998）批駁大敘事（grand narrative）的說法，在他看來確為是可忍孰不可忍。從薩依德的歷史背景來看，尚未達到民主化、現代化的中東無法跟著西方人云亦云，奢言放棄這些具有普世價值的理想。同樣的，亟欲建立社會相關性（social relevance）和脈絡重要性的薩依德，對於主張意義之不確定（undecidability）、衍異（differánce）和散播（dissemination）、耽溺於文本性（textuality）的解構批評者德希達（Jacques Derrida, 1930-2004），也頗不以為然。

這些都是薩依德在這本訪談集裡明白道出的。而熟悉歐美文化傳統，親身體驗外國殖民，強調地理觀念與反抗意識的薩依德，就以游移／離於東西文化的發言位置，穿梭於這些人之間，拒絕被納入特定的門派、體系，也拒絕開山收徒，不畏踽踽獨行，勇於表達一己之見，致力培養具有批判意識、走出老師影響的人。

再現薩依德——研究之餘？

翻譯就是再現——以另一種語言呈現原作——而再現正是薩依德念茲在茲的議題。他一生特別著重文藝與媒體的再現，卻往往被再現／錯誤再現所苦，發現觀念遭挪用（如被伊斯蘭激進分子拿來反對西方）或人格被抹黑（如猶太復國主義者對他貼標籤、扣帽子），但也莫可奈何。筆者研讀薩依德多年，於1997年藉由《知識分子論》首度把他的專書引入中文世界，於台大、交大研究所開設「薩依德研究專題」，應邀演講，並三度在他的研究室進行訪談，[10] 這些都與再現薩依德密切相關。不少人視學者從事翻譯為不務正業。但對我來說，翻譯與再現薩依德其實是學術研究的深化與廣化，因此儘管公私兩忙，仍毅然接下這本大書的翻譯工作。在字斟句酌、反覆修訂的過程中，不但更深入了解原文的意義以及在薩依德學思脈絡下的意義，並且試圖以恰切的中文傳達給讀者，顯現學者／公共知識分子薩依德的豐富面向。

在以中文再現薩依德時，譯者一方面力求忠實於薩依德其人其書，另一方面也深切體會到他的文本在翻譯、旅行到另一語境時，就像他在〈理論之旅行〉（"Traveling Theory"）與〈有關理論之旅行的重新省思〉（"Traveling Theory Reconsidered"）兩篇文章中所主張的，必然會有所轉化／異化，衍生新意。如何維持兩者之間的平衡？甚至有無可能、必要維持平衡？在經過後結構主義洗禮的人看來，早已遭到質疑與挑戰。然而，由實際從事翻譯者（practicing translator）的立場來看，理論的思維固然有其根據及相當的說服力，有時也能拿來自壯聲勢或自圓其說，但無論如何取代不了白紙黑字的實作，也不能以此來規避譯者對作者及讀者應負的倫理責任。

10　筆者於1997年8月18日首次訪問薩依德，全文刊登於他的第一本中譯專書《知識分子論》（台北：麥田，1997年11月，頁161-84），標題為〈知識分子論：薩依德訪談錄〉，綜論他的重要作品、觀念與學思歷程。第二次訪談於1998年4月20日進行，刊登於《當代》132期（1998年8月，頁108-17），標題為〈印度之旅及其他：再訪薩依德〉，內容包括他的首次印度之旅及當時正在進行中的回憶錄。這兩篇訪談後來收入筆者的《對話與交流：當代中外作家、批評家訪談錄》（台北：麥田，2001年5月），頁357-74及375-85。有興趣的讀者不妨與本書的訪談比較。《對話與交流》的〈緒論：再現的藝術、政治與倫理〉也對訪談的性質、作用、過程與角色有較深入的剖析（頁13-37）。三次訪談的經過，詳見〈單德興三訪薩依德實況——最後的天空之後：敬弔永遠的知識分子薩依德〉，《聯合報・聯合副刊》，2003年9月27日，E7版。

因此，譯者的再現與翻譯策略就是盡可能忠實且全面地再現此人此書。首先，訪談在文體上有別於書寫語言，譯者在翻譯時盡量保留原文的語氣，希望給讀者「如聞其聲」、「如臨其境」之感。其次，為了更忠實傳達原意，必要時增添譯註。消極而言，以譯註來化解讀者閱讀和理解時的障礙；積極而言，以譯註來彰顯原文的意涵或對薩依德有特殊意義者。在形式上，能簡明納入正文者，直接以方括號的方式納入，避免影響閱讀的順暢；篇幅較長或有特殊意義者，則用腳註，一則避免妨礙閱讀正文，再則藉此明指或暗示對薩依德的特別意義。

翻譯學術作品最大的挑戰就是專有名詞。百年前嚴復在談論譯事之難時曾說：「一名之立，旬月踟躕。」薩依德雖然反對艱深的術語與「夾棍」，偏好簡明的用語，而譯者研讀薩依德多年，對他的許多觀點也耳熟能詳，但在中譯時依然屢屢踟躕，時時改動，長達經年累月，有些臨到交稿才決定，甚至校對時還在推敲。例如，先前提到他來自維科的重要觀念 “secularity” 與 “worldliness”，兩者意思相近。《世界、文本與批評家》（*The World, the Text, and the Critic*）一書緒論〈世俗批評〉（“Secular Criticism”）與結論〈宗教式批評〉（“Religious Criticism”）遙遙相對，因此 “secularity” 譯為「世俗性」顯得順理成章。但 “worldliness” 一詞則較為周折，一方面與「世俗性」相近卻不得重複，另一方面又相對於 “otherworldly”（他世的）、“celestial”（神聖的、超凡脫俗的、不食人間煙火），最後擇定「現世性」，以期兼顧上述種種意涵（與此相關的就是前文提到的「開始」［beginnings］與「源始」［origin］的對比）。又如，一位訪問者提到，猶太人以 “diaspora” 來形容自己的歷史境遇，而有些巴勒斯坦人也用同樣的字眼來形容自己的處境，薩依德對此表示不以為然（參閱本書頁605）。這個字眼在其他訪談中也偶爾出現，為了顧全它在不同歷史情境中的不同涵義，在與猶太人並提時譯為「漂泊離散」，以著重其「漂泊」游「離」、「散」居的面向，而在與巴勒斯坦人並提時，則譯為「流離」或「流離失所」，以著重其被驅「離」，以致「流」亡、「失」去原有住「所」，也就是薩依德一向強調的 "dispossession"、"displacement" 與 "dislocation" 等面向。

薩依德所用的專有名詞若能找到現成對應的中文用語，當然求之不得。例如來自葛蘭西的 "inventory" 一詞，根據薩依德的詮釋，在後殖民的情境下具有特殊的意義，包括目錄、清單、清理、清算、表列、盤點、列目錄、開清單、甚至算總帳等等，譯者則視上下文情況，選用「清單」或「清查」，並附上原文。至於難以找到現成語彙的，只得自創新詞，"affiliation" 便是一例。在《世界、文本與批評家》中，薩依德對比 "affiliation" 和 "filiation"，後者著重的是先天的、自然的、既定的、生理的、血緣的關係，是無法改變的，而薩依德強調的是 "affiliation" 這種後天的、文化的、彈性的、主動的、可隨主觀意志而改變的認同、歸屬的關係。此一說法是他在特定脈絡下對這個字眼的特定詮釋，並未見於一般字典，只得勉強譯成「認屬關係」，以期顧及「『認』同」、「歸『屬』」以及「『認』定『屬』於」的涵義。

為了更全面傳達薩依德其人其書，中譯本有所增添，除了先前提到的譯註之外，也採用了緒論和附錄的方式。緒論綜述全書的性質、意義和中譯本的特色。附錄一〈權力、政治與文化：三訪薩依德〉是譯者在2001年8月24日，也就是本書問世一週後，與薩依德進行的訪談，主要內容當然就是剛出爐的這本新書，以及前兩次訪談之後所發生的一些事件（最著名的就是在黎巴嫩南部的擲石事件）。附錄二的書目提要涵括了到目前為止薩依德專書著作的撮要，包括2004年8月才出版的《從奧斯陸到伊拉克以及路線圖》（*From Oslo to Iraq and the Road Map*［New York: Pantheon Books］）。附錄三的年表大事記扼要列出他的生平事蹟與時代背景，方便讀者了解產生此人及其思想的歷史脈絡。總之，這些附錄旨在與正文的翻譯相互參照，使讀者既能「讀其書」，又能「知其人」、「論其世」，互為表裡，相輔相成。

中譯本特別保持原書的索引，並將原頁碼以邊碼的方式呈現，一方面可避免製成中文索引時，由於中文世界欠缺專有名詞的統一譯法，讀者查尋不易，另一方面方便有心的讀者參考特定名詞的中文翻譯，甚至進一步覆查原書或與原書對照閱讀。此外，原書雖然製作精細，但還是有少許疏失或錯漏之處，如有些人名並不完整（如索引中把 “Fredric Jameson” 暱稱為 “Fred Jameson”，把 “Cohen Marcel” 簡化為 “Cohen Marc”），有些出處遺漏（如索引中漏列了一些有關阿多諾、杭士基、狄更斯［Charles Dickens, 1812-1870］、傅柯的頁碼），有些地方錯誤（如「出處」中把第十七篇的出版年「1988年」誤為「1998年」，索引中把《神話學》［*Mythologies*］的作者巴特［Roland Barthes, 1915-1980］誤為卜倫［Harold Bloom, 1930-］）。這些原書的缺憾都在中譯本裡予以彌補。其他有關訪談的版本問題，必要時也以譯註提示讀者。

凡此種種顯示，對筆者而言翻譯絕非研究之「餘事」，而是對研究有增補和互補的功用。透過長久的研究與教學，就原文的字斟句酌、反覆修訂，加上中譯本的緒論、附錄、補充與修訂，將薩依德四分之一世紀的二十九篇對話、交流與反思再現給中文世界的讀者，讓大家得以分享這位巴勒斯坦裔美國學者／公共知識分子的學思心得。尤其當今世局紛紛擾擾、危機四伏、衝突時起，薩依德堅持啟蒙與解放，呼籲和平共存，批判二元對立，以文化之間的相依相存、共生共榮來駁斥文明衝突論，警示民族主義淪為本土主義、部族主義、沙文主義的危險等等，都值得世人三思。

致謝——翻譯之餘

2001年8月譯者在紐約初見此書便向麥田出版社推薦，並由出版社在很短的時間內取得翻譯版權。原書卷帙浩繁，譯者考慮再三，鑑於此書是薩依德最具全面性且較平易近人的作品，雖然平日的研究與教學已經頗為沉重，依然決定翻譯此書。其間個人歷經行政職務，先母重病，在公私、內外煎熬下，勉力為之，箇中艱辛，實難為外人道。在此感謝中央研究院歐美研究所李有成先生、何文敬先生、紀元文先生的支持與鼓勵。此書得以目前的面貌問世，要特別感謝國立台灣師範大學翻譯研究所碩士班陳岳辰同學和國立台灣大學外文研究所博士班龔紹明同學仔細對照原文，提供修訂意見及相關資料；張書瑋小姐初步整理索引；陳雪美小姐和黃碧儀小姐針對譯稿及索引提供資料、修潤意見並仔細校對；麥田出版社編輯吳惠貞小姐和吳莉君小姐的耐心等待與悉心校對。全書若有任何錯誤或不當之處，概由筆者負責，尚祈讀者不吝指正。

單德興
2004年8月18日
台北南港

權力、政治與文化
薩依德訪談集

POWER, POLITICS, AND CULTURE Interviews with

EDWARD W. SAID

前言

這本訪談錄涵蓋的年代從1976到2000年，主題也很廣泛。除了發表於康乃爾大學期刊《析辨》（*Diacritics*）上的第一篇是我和編輯們之間的書面往返之外，其餘全都是當面的對談，因此必然反映了這種遭逢的臨場感，你來我往，非正式的問答語言，迂迴，形成和重新形成論點或主張，訪談者與被訪談者之間的挑戰和反挑戰。這些訪談最早經由原先進行訪談並刊登的期刊、報章、雜誌編輯；其次經由薇思瓦納珊教授（Gauri Viswanathan）和汪格（Shelley Wanger）修訂；第三次則由我自己修訂，因而綜合了直接的論述和後來的澄清。沒有誰特別花工夫去整飾這些訪談錄，使它們看起來更像「書寫的」（"writerly"）。因此，這些訪談主要是不同場合的紀錄，涉及許多不同的時空、出版品、訪談者（美國、歐洲、中東、印度），以及許多不同的情境、心情和關切。

訪談錄扮演的角色與文章、書本不同。就我自己的情況來說，它們大多來自於回應我在書本和文章中所寫的，因而反映了訪問者的興趣。但我必須說，它們在我身為不斷有作品問世的教師和公共批評家的生活中，都已經成了固定的特色。不管我到哪裡演講或出書，我都很感激那些仁慈而且在知識上慷慨大度的個人，給我機會來回答他們的問題——當場回答，沒有事先準備。訪談錄在許多方
x 面是持續的發現的行動（sustained acts of discovery），不管是對被訪問者，甚至對準備充分的訪問者，都是如此。因此，經常發生的狀況就是，仔細寫妥一長串問題的人放棄了原先的單子，當場直接與我對談——從我們的討論中衍生問題，而不是根據事先備妥的那張清單——然後經常有更多的發現，結果往往難以預料，令人耳目一新。因此，每個情境都反映了特殊的環境，而且由於我以政治活躍分子以及知識分子、學者的身分涉入公共領域，所以會產生各式各樣的挑戰，而我試著去面對。無論如何，儘管這些訪談具有非正式的成分，而且性質相當廣泛，但我希望它們也能回應另一個時空的讀者的興趣和關切。

薩依德

紐約

2001年3月20日

緒論

薇思瓦納珊

當今像薩依德這樣多產的作家有如鳳毛麟角。他寫了二十多本
書，而且題材廣泛，從文學批評、中東政治，到歌劇、電影、旅行。他的觀點具有吸引人的傳達力，透過出版、文章和專書，不管主題是康拉德（Joseph Conrad）、華格納（Richard Wagner）或者巴勒斯坦與中東和平進程，都觸及廣大的讀者群。他自己也是幾本專書和批評文集討論的對象；事實上，每年至少有五、六份出版品集中於他的作品，而針對薩依德提供批評見解的專書，本身已成了方興未艾的產業。不管是他本人的作品或有關他的著述至今已為數甚多，因此如果有人問道，一本訪談集能提供什麼薩依德自己的寫作或有關他的作品中前所未有的新見解，這樣的質疑是情有可原的。

答案很簡單：過去三十年來薩依德的那些訪談，大膽宣告了不管是他自己的專書、文章，或者那些討論他的作品，都無法下定論。首先要注意的不僅是薩依德接受印刷和廣播媒體的訪談數量驚人，而且訪談的地點眾多，涵蓋了亞洲、中東和歐美。這些印證了

他在國際舞台上的表現，是我們這個時代最強有力的公共知識分子之一：此人因為他熱切的人文主義，教養和博學，獨樹一幟的看
xii 法，堅定不移地投入巴勒斯坦自決的理念，而引起大眾對他的興趣。這些訪談散見於世界各地的許多刊物，卻從未蒐錄於一本書中。當這些訪談放在一塊時，透露出一個不斷遊蕩的心靈，一再回到他的書和文章中早先的觀念，重新面對它們。薩依德思想之靈活及範圍之廣泛由一事可知：他有能力重探在自己的書和文章中所提出的主張，不只是去辯護和發揮，更重要的是，指出它們的限制，並探索發展的可能，尤其是在原先產生這些想法之外的其他脈絡之中。換句話說，薩依德在初次發表這些看法之後許久，都還能和他的理念一起盡可能地遠遊，而且他質疑別人毫不批判地就吸納他的作品，一如他質疑自己現今已負盛名的「理論之旅行」（"traveling theory"）。在《世界、文本與批評家》（*The World, the Text, and the Critic*, 1983）的〈理論之旅行〉一文中，薩依德主張，從在地的脈絡發展出的理論，當遷移到其他地方時，可能會失去彈性，而且力道和意義也被淡化了。在那種稀釋的形式中，理論只不過成了策略性的方法，而系統和程序則取代了真正的思想。

旅行的理論力道減弱，這種說法挑戰了傳統的觀念。傳統的觀念認為，影響之所以有分量，其中一種方式就是藉著宣稱這個理論具有普遍的適用性，抹煞地方與地方、民族與民族之間的差異。帝國的力量也在於此：「為了達到普遍總是犧牲了本土」（"universal is always achieved at the expense of the native"）（〈批評、文化與表演〉["Criticism, Culture, and Performance"]）。只有當在地的知識（local knowledge）能和文本產生關聯，把文本放回它們的情境和地域，這時閱讀才能和普世主義（universalism）以及標準化的那些語言競

爭。帶入本地脈絡的積極效用其例證之一，就是薩依德描述卡繆（Albert Camus）運用法國盛行的文化論述，來迴避獨立的阿爾及利亞的崛興（參閱原書頁111）。在回應訪談者的問題時，薩依德就以這種詮釋方法來閱讀自己的作品。薩依德把對於普世主義的批判延伸到自己的作品上，讓大家注意到知識生產的在地化條件（the localized conditions of knowledge production）不僅影響一個人對自己所研究的作品的了解，也影響到對自己所寫的作品的了解。薩依德在世界各地接受訪問，必然會被要求回應那些地方最關切的事物，並且面對那些不同的關切來重新思考自己的作品。以薩依德對印度 xiii
歷史學家的影響這個問題為例，在加爾各答的一次訪談中（〈我總是在課堂中學習〉［"I've Always Learnt During the Class"］），他被問到：是不是由於他對殖民論述研究的影響，使得印度歷史寫作從其社會史議程「出軌」了。訪問者暗示的是：要不是薩依德介入文化政治，把學術的焦點從階級的分析轉移到研究殖民文本的論述力量和它們的再現，印度的後殖民歷史寫作可能繼續跟隨原先主宰印度史學學派的馬克思主義的軌跡。訪問者的問題強調了一項事實，那就是在後殖民社會中，對於所謂「心靈的去殖民化」（decolonizing the mind）——此處借用恩古基（N'gugi wa Thiong'o）的名言——並沒有一致同意的方法。我們得知，在西方學院中看來是革命的時刻，隨著大多由薩依德的作品所刺激產生的後殖民研究的出現，而在一些後殖民社會中被人以保留的態度審慎以待。

薩依德的回應並沒有輕忽不同殖民歷史的特殊性，但他惋嘆有種傾向認為歷史研究要與對語言和形式的考量分開，就像認為文學要與歷史和政治分開一樣。他指出，文學和歷史都涉及證據的篩選和詮釋，而且集中於權力論述多少會挾持歷史的寫作，這種想法又衍生了底下這個問題：針對事實的研究是否可以跳脫語言所呈現、記錄這些事實的方式？然而，這種意見的交流提醒我們，抗拒一位作家的影響也顯示了嘗試要重新恢復不同歷史在地的密度（the local density of different histories）。反諷的是，薩依德和訪問者都同意這個觀念，雖然提出那個問題的出發點是指控由薩依德所引發的批評中失去了在地感（the sense of the local）。又一次，大家提供薩依德一個機會來擴展自己的論點，而且透過質疑這個理論的限制，使自己更接近對談的新聞從業人員和學者他們文化中的特殊關懷。

薩依德對於訪談者問題的回應，活生生演出了他在《東方主義》（*Orientalism*）、《世界、文本與批評家》以及《文化與帝國主義》（*Culture and Imperialism*）中所描述的，由與他者互動而產生知識的
xiv 方式。人如何知道（how people know），是他念茲在茲的重要議題，尤其是把這個議題設定為文化與政治的交流，而訪談大大釐清了這個過程。就像薩依德一再指出的，驅使他前進的興趣就是：系統和建制是如何產生的？它們如何獲得現有的力量？它們透過自己的論述力量來穩定何種思想和再現的新形式？薩依德針對自己研究的對象作品，要求它們為政治的急切性和歷史環境負責；如果他把這些問題轉向自己的寫作，那其實是在衡量他自己遵從相同標準到達何種程度。這些訪談顯示，對於知識生產的探究對薩依德來說同時也是一種內省的計畫，雖然並不一定意味著其終極目標是詮釋學式或心理分析式的自我分析。因為，訪談不只具有自傳的方式，而且還有另一種特色，就是強迫作者把自己批判的凝視轉向產生他們自己作品的環境，因而訪談的作用就像自我檢視的催化劑（catalysts for self-examination）。以薩依德的情況而言，自我探索複製了檢視其他文本的形式與過程。

這種雙重活動在此處收錄的訪談中俯拾即是。比方說，他對讓自己躍登國際舞台的《東方主義》所做的反思。顯然，許多訪問者都回到這一本書，當成具有關鍵性的參考點，來詢問有關知識與權力、再現與權威的關係，以及薩依德對這些關係的說法是如何受到像是傅柯（Michel Foucault）、葛蘭西（Antonio Gramsci）、維科（Giambattista Vico）這些思想家的影響。許多訪問者乘著後結構主義的風潮，促請薩依德重新思考哪些可被想成是對主動性（agency）的負面看法。在這種觀感下，由論述建構出來並且環繞著論述的權力之網奪走了個人抗拒的能力，或者託詞要使個人恢復主動性，而改寫了權力。換言之，薩依德是否真的相信個人注定得居住在篡奪我們所處現實的那些再現之中？難道走不出東方主義者再現的囚牢？

然而，薩依德從來沒有把完全強制的力量委諸論述，他不只在一個場合提到東方主義是一個「有意義的」（而不是沒有意義的）論述統治系統（system of discursive rule）。薩依德在為自己和傅柯之 xv
間劃出一道距離時，反而偏好著眼於東方主義的再現透過權力機制所能促成的事。乍看之下，這種「促成」（“enablement”）似乎只是暗示了東方主義以比較宗教、文學研究、人類學的形式產生了一整個研究領域，以至於它的正面價值——建立起各種學門——其實是對非西方世界負面觀感諷刺的結果。畢竟，傅柯早先主張權力論述並未太過限制個人，而能產生國家的公民主體，以至於薩依德的分析可能看起來只像是對傅柯的分析所作的一種正統的延伸。

但薩依德藉著把自己放入敘事中——自己是先前被殖民的臣屬者，在開羅經歷英國式的教育，訓練得他對［英國的］圈地法案比對阿拉伯歷史更為了解——為批判意識（critical consciousness）這種具有活力的觀念開闢出空間。他大筆一揮把東方主義轉變成既是批判又是自我檢視的觸媒。我們要申明：自傳並不常進入薩依德的作品中。然而，當它進入時，就像《東方主義》的序章那樣，反而轉生出深刻的效果。在特意命名為「個人的面向」（“The personal dimension”）的章節中，薩依德提到了置身西方的巴勒斯坦人那種「懲罰的命運」（the “punishing destiny”），遭到去人性化的意識形態所挾持。就像他所說的，這種令人心寒的經驗引領他去研究東方主義，以便「清查」（“inventory”）宰制文化在他身上的那些「痕跡」。「清查」這個術語借自義大利政治哲學家葛蘭西，指的既是記帳，也是填寫歷史紀錄。在薩依德所有的作品中，依我之見最重要的字句就是他在《東方主義》裡所寫的：「我試著維持一種批判意識，同時運用歷史的、人文的和文化的研究工具，而**我的教育使我成為那些工具幸運的受益者。**」

這是開啟薩依德的方法和目標的關鍵：東方主義終究不是一種滅絕的系統；相反的，它帶有回力鏢的效應（a boomerang effect），賦予臣屬者一個批判的工具箱，而且反諷的是，最終被用來抗衡東方主義的力量和勢力範圍。這種信念充斥於薩依德的許多作品和訪
xvi 談中，而且提供了一種辯證性的力量，來思考對於「東方人」的負面再現，目的並不是為了沉湎於加害的修辭（a rhetoric of victimization），而是要把這些再現轉回原先犯下這些罪行的人，所運用的就是他們賦予的人文研究工具。這部分解釋了薩依德拳拳服膺的人文主義，以及一再堅持的文本的愉悅（the pleasures of the text）。薩依德對他所研究和講授的那些作品的喜悅，很多來自於他閱讀時能深入注意到東方主義式再現中的意象、詞彙和結構，而他不斷顯示這些處於許多文學文本的美學核心。薩依德絕沒有把這些作品當成

現代東方主義可鄙的產品加以排斥，反而顯然被它們所吸引，而且他相信這些作品的美學價值並沒有因為政治利益而妥協，反倒是被起先決定它們寫作的政治利益所定義。因此，假美學鑑賞之名而在政治脈絡和源頭之外來閱讀文學，所產生的只不過是虛假的或不完整的閱讀。他主張，這類方式漠視了美學與權力之間的重要關聯。

薩依德對於文學的喜愛在所有訪談中都明顯可見，即使有些訪談的主題是巴勒斯坦與和平進程時也是如此。有趣的是，他引用美感的愉悅來申論他的論點，認為系統化的思維窄化了人的角度，而產生了種種嚴苛的現象，取代了以創意的開放態度來面對發現和知識。比起他的寫作，這些訪談更揭露了一個和各類系統化（schematizations）強烈衝突的人。有時衝突強烈到使人能輕易察覺到薩依德對有規範的、可預測的推理感到不耐煩。他所表現的方式自覺地引發了探索混沌不清的領域所包含的危機和風險。比方說，在《析辨》期刊那篇名為〈開始〉（“Beginnings”）的訪談中，薩依德挑出有系統的思維和享樂主義之間的對立，而把享樂主義定義為拒絕遵循舊路線。就是由於用上**享樂主義**這種惹人注意的字眼，也許說明了為什麼鑲嵌在東方主義邏輯的種種倒反現象中的文學文本會那麼吸引他，彷彿在吸引他的東西中存在著疏離的成分。其實，有時文學變成了等同於下述複雜的綜合體：不可預測，自我沉溺，以及沒有規範的、甚至沒有限制的認知。最重要的是，即使大家相信文學促成文化的傳統和傳承，但它抗拒那種可以預測的統治，因此弔詭地脫離了過去感，或者如薩依德所描述的，「使人擺脫自己過 xvii
去的執著、習慣和聯盟」。批評行動中殘餘的享樂主義，因而對他是一種策略性的知識形式。

因此，薩依德的美學關懷比起《東方主義》裡主要集中於論述與權力的討論所容許的要寬廣得多。那種討論把他的文學批評限定於再現和刻板印象的分析，而弱化了他的美學經驗的觀念，這種觀念不只回應、而且說明了多重的文化影響。相反地，他最近這本《流亡的省思》(*Reflections on Exile and Other Essays*)是他批評之途的顛峰作品，而這個批評之途開始於加在他身上的壓力，要求他揭示的不是單一的身分認同或單一的認知，而是不同文化、身分認同和認屬關係(affiliations)的綜合體。這些複雜的形成標示了現代小說和現代主體的出現，脫離且不再固著於一時一地。在《文化與帝國主義》中，薩依德藉由尋找把歐洲小說牢牢固著於帝國特定時空的那些不協調的文質(dissonant textures)，已經開始探討帝國主義對小說形式的影響。在引用對位法(counterpoint)的音樂觀念時，他藉由聆聽彼此對應、衝突的多重聲音，擴展文學文本分析的範圍。在他與馬蘭卡(Bonnie Marranca)、魯賓遜(Marc Robinson)和喬杜麗(Una Chaudhuri)那篇名為〈批評、文化與表演〉的訪談中，薩依德明確地把自己的批評方法和流亡經驗連結在一塊：「如果你是一個流亡者——我感覺自己在許多方面一向都是如此——那麼你身上總是帶著一些你遺留在後的那些東西的回憶，你所能記憶的東西，而且你會把那個記憶和當前的經驗相對照。」這精采地顯示了有效運用對位法的方式，說明了薩依德對於音樂深刻、長遠的興趣，在於音樂提供了他表達方式，以同時、相連而且對立的模式來生活、思想、閱讀。

甚至在薩依德刻意疏離只強調《東方主義》是傅柯式的衍生這種閱讀方式時，仍然存在著另一種的疏離，而這種疏離出現於他在全球不同地方，尤其是阿拉伯世界，接受訪問的時候。他最發人深省的訪談之一就是〈《東方主義》、阿拉伯知識分子、馬克思主義與巴勒斯坦歷史中的神話〉（“*Orientalism*, Arab Intellectuals, Marxism, and Myth in Palestinian History”），這篇訪談刊登於阿拉伯的期刊《新報》（*Al Jadid*），他在其中回應了訪談者有關伊斯蘭人士對《東方主義》接受的情況。薩依德斷然拒絕把那本書挪用來提倡伊斯蘭 xviii
議程的閱讀方式，而這類讀法的前提就是他有關西方再現伊斯蘭的批判，打開了一扇方便之門，可以宣稱他是伊斯蘭的發言人。這種事情頗為微妙，因為別人可以很輕率地主張，有些作家批判媒體和文學的扭曲，這些作家之所以這麼做是為了支持某種他們心有同感的「真正的」再現的觀念。而否認那種同感必然會引起他人的批評，輕則被批評為不真誠，重則被批評為背叛。薩依德明瞭這一點，就像他也清楚意識到作者多麼難以掌控自己作品被詮釋或使用的方式。

訪談錄的效用之一就是應付這種困境。如果《東方主義》已經成為一個聚合眾人的文本，動員起許多因為自己的文化與宗教一直遭到扭曲而心生挫折的人，那麼薩依德發現自己面對的挑戰在於：如何接納對他自己的目標和意圖的限制加以延伸的那些詮釋。他知道自己無法劃下一條界線，宣稱寫這本書只是為了糾正西方的歷史紀錄，而不是要為被那個歷史所錯待的那些人重新定位。有一位訪談者要求薩依德回應，為什麼他一本書的封面上是用巴勒斯坦一面牆上的哈瑪斯（Hamas）標語的圖像，而且標語上宣告哈瑪斯就是抗拒，這種詢問就已帶出了那種困境（訪談者並沒有指明是哪一本書）。原先訪談者很可能期盼薩依德必然會為自己辯護或覺得困窘，沒想到薩依德冷靜地陳述那個封面的圖像是由出版社挑選的，和他那本書的主題（抗議與憤怒）並不衝突，而在牆上寫字是一種合法的抗議形式。藉著堅穩地拒絕讓主要的議題轉移到他是不是支持哈瑪斯，薩依德把注意力的核心維持在不公和壓迫上。他提醒我們，這些永遠不能被忽視，而薩依德能把這些焦點維持在我們目光所及之處卻不將暴力行為予以合法化，是他在這次訪談中所面對的不小挑戰，也是他的成就。

但薩依德在同一篇訪談中，藉由回到《東方主義》在中東被接受的情況這個主題，提醒讀者爭論遠比審慎、嚴肅的研究和反省容
xix 易得多，而把教學的面向帶回到討論中。他主張，為了達到那個目標，他研究的目的就是要讓讀者具備批判的工具（critical apparatus），能透過理性的辯論和爭議來賦予自己力量，而不是透過簡單的翻轉術語——也就是說，扯下東方主義，換上西方主義。對那些置身戰線的人，這可能看來像是知識分子式、而不是行動分子式的說法，而且一些訪談的語調反映了這兩種行動模式之間的張力。這個張力從來沒有完全解決。薩依德在許多場合中呼籲要採取行動，但在某些情況中可以被讀作仔細的研究、批評和自我了解。從學院人士的觀點來看，這些呼籲很有吸引力，但對處於以虛假形象和刻板印象餵養西方想像的地方的那些人來說，對薩依德教學的要求遠過於此。我們可以在眾多訪問者——尤其是亞洲和中東的訪問者——的聲音中聽到要求有系統的行動，而這些要求在薩依德和詢問者之間造成活潑生動的關係，這種關係在某些方面重現了薩依德以知識責任和批評為基礎而針對巴勒斯坦自決的發言。

為了清晰起見，這本書分為兩部分——「表演與批評」（Performance and Criticism）以及「學術與行動主義」（Scholarship and Activism）——然而這種劃分同時也是武斷的，因為薩依德在談論文學時很少不同時引入政治，反之亦然。但這種劃分的用意在於促使讀者掌握在政治和文化中那些並行而且經常是交錯的頭緒。這些

訪談依年代順序排列，從第一部中產生《開始》、《東方主義》、《文化與帝國主義》的思維開始，也涉及有關歌劇和表演的寫作；在第二部中，從最早有關巴勒斯坦自決的說法，到對於妥協的和平進程的幻滅。這些訪談在許多不同地方進行。的確，那種地理的多樣性顯示了薩依德不僅介入眾多的議題，而且介入他被訪問的特定地方的許多不同的文化與政治環境。他在美國和歐洲媒體上的訪談和在印度、巴基斯坦、黎巴嫩、西岸和以色列等地的訪談形成尖銳的對比，而訪問者的問題顯現了特定的關懷、危機和他們自己社會 xx
的複雜狀況。就像薩依德自己所觀察的，雖然他的作品中許多地方關切的是中東，但他的寫作在阿拉伯世界之外的國家，像是拉丁美洲、非洲、日本，經常受到更熱切的接受。而他把這種觀察掉轉過來沉思在不同的後殖民社會中，知識分子文化相對的活力。

這本書最初的構想來自印度的牛津大學出版社前編輯洛伊（Anita Roy），幾年前她和我接觸，問我有沒有興趣進行一本薩依德對話錄。我曾跟隨薩依德念書，而且透過他的鼓勵，真正學習到如何去思考有關學術、歷史、知識和權力的問題，要是能出版捕捉他說話的聲音、他面對詢問時的情況、他對教學的積極介入的訪談，這樣一本書的好處對我來說是無庸置疑的。這本書的形式可能與洛伊原先和我討論時有些不同，擴大了許多以便納入先前出版的訪談錄，但原先的動機並沒有改變。訪談形式的最大優點在於它不像書和論文，而保存了說話者、老師、辯論者和詢問者的聲音。在當代批評中，薩依德是很傑出的聲音，我們在文字上見識良多。但有幸聆聽他上課、演講的人都知道，薩依德是多麼強有力的老師和演講者，他多麼珍惜問答的形式所提供的交流機會。訪談可能和課堂的互動不同，但相當能捕捉課堂上的動態。除非把演講錄影下來，否則沒幾位老師有機會留下有關刺激討論的問題和促成辯論的爭議的紀錄。上完課時，我們知道自己到達開始時難得期盼到的那個層面，而且我們經常喜歡思索自己透過刺激和挑釁而達到某種結論的方式。有幸的是，出版的訪談集能捕捉那種乍現的靈光，一個深思的問題引發一連串精采的反省與對話的那個熱烈時刻。而當交談的對象是像薩依德這樣滔滔雄辯、口才便給、深思熟慮的人時，閱讀訪談錄就近似置身於座無虛席的演講廳。

xxi 感謝詞

特別感謝萬神殿出版社（Pantheon Books）汪格的強力支持和留意細節，伊斯特拉巴蒂（Zaineb Istrabadi）挖出許多收集於本書的訪談錄，以及薩依德的卓見和友誼。

第一部
表演與批評

第一篇

開始

這篇訪談在《析辨》(*Diacritics*)發表時，我剛完成自己第一本理論批評專書《開始：意圖與方法》(*Beginnings: Intention and Method*)，而且完成了《東方主義》的大部分。這是我第一次做這樣的長篇反省。

——薩依德誌

【訪】你的學術作品經常和我們所說的「批評的前衛」(“critical avant-garde”)聯想到一塊，這群批評家關切的是在詮釋行動中所遭遇到的哲學問題，而且他們也傾向於引用來自歐陸批評主流的艱深理論反思。就這層關係上，你最近對卜倫(Harold Bloom)的那種艱深的哲學批評表達了相當的同情，他的作品在一些讀者看來不僅深奧玄妙，而且不屬於這個世界，沉浸在詩裡、排除了散文的世界，高高進入了先知的飛翔而與文學文本達到終極的結合。無疑地，你會發覺對卜倫作品的這種印象是很不公平的。但我們不禁想，你如何來回應像卜倫或德・曼（Paul de Man）的作品在讀者身上可能引發的那種普遍抗拒，這些讀者覺得這種作品遠離了我們時代的文化和政治領域——而不像你自己的作品那樣，至少必須解讀為直接挑戰許多學院批評的意識形態的共謀。

【薩】你提出了一些重要的論點。第一，讓我們來考量你對批評的前衛的主張。就我所知，雖然似乎普遍覺得英文世界裡的文學批評現在可以分為兩種，一種是受法國影響的，另一種是不受法國影響的，前者是前衛的，後者是傳統的，但沒有人嚴肅分析過這個主張。這是一種粗糙的——但絕不是被動的——感覺，因為這種分法經常（而且是以侵略的方式）引用的證據不是粗糙地社會學式的，就是粗糙地風格學式的，這裡我們所謂的風格指的只是批評家
4 所用的是何種的詞彙、權威、文本等等。你所稱的那些前衛的批評家當然屬於受法國影響的那一群，他們比較會是東岸的批評家，中年，在著名的大學支領高薪，針對其他批評家寫出許多文章，不是寫文章討論一些不流行的作家（佩特［Walter Pater］、雪萊［Percy Bysshe Shelley］、艾默生［Ralph Waldo Emerson］），就是討論少數很流行的作家（盧梭［Jean-Jacques Rousseau］、尼采［Friedrich Nietzsche］、佛洛伊德［Sigmund Freud］），使用像是解構（deconstruction）和去神祕化（demystification）這種字眼，指涉的對象比較不會是安普森（William Empson），而是巴特（Roland Barthes），他們的散文不像威爾森（Edmund Wilson）的散文等等；把他們的特徵一項項條列下來可以作為像是俱樂部的遊戲，而且只消把它當成一種比較高的閒話形式——不同的就是，一般說來前衛的批評家在涉及他們的讀者、文學研習者以及他們作品被接受的情況時，有

兩、三件嚴肅的事情是共通的。現在且讓我把將他們放在一塊的批評理論暫時擱在一旁——如果我們能用那麼單一的方式來談理論的話——先來談談其他人又是怎麼看待這些人的。

首先，他們的作品觸怒了許多人，這些人很厭惡被批評家要求去閱讀一些與底下這些無關的文句：㈠沒有對作者的傳記、作品的版本史或類似的東西，提供一個「事實的」論點；㈡沒有告訴讀者對一部作品、一位作者或一個時代有什麼想法；㈢沒有花很多的時間**明顯地**對作品來做價值判斷；㈣不崇尚大規模的編年記事；㈤不以條列其他批評意見或作品的清單來證明批評家的博學、傳統感、在學術生活中的謙卑地位，並以此來煩擾讀者（在這裡或許「煩擾」並不是唯一可以用的字眼；「強化」這個字眼似乎也有關）。把所有這些東西放在一塊，你馬上就看出有關這些批評家的一件新鮮事，那就是他們的儀式和過程有別於十九世紀末以來的學院派文學批評。他們對文本的觀念，對創新術語的沉迷，對傳記比較不重視，對「傳統」的警覺不如「問題意識」（“problematics”）——這一切都使得他們與眾不同。但主要的當然就是他們是**挑釁的**批評家（*provocative* critics），主要因為他們把對文本或作家的批評轉向最重要的方法論或自我意識的議題；因此對作品或作家
的欣賞或推崇——我們有時把這些設想成批評的目標——在這裡卻 5
變成它的出發點，在某些情況下甚至是隱藏的出發點。而且他們對作品所採取的立場帶有一種額外的挑釁（我使用「立場」這個字眼採取的是很字面上的意思）；綏夫特（Jonathan Swift）曾經說過，糟糕的是批評家出現在作品之後，因此總能很卑劣地把其他人全都擠出去，而毀掉一部作品的名譽。然而對這些批評家來說，作品是當代的事，而他們在這些作品旁邊或裡面擺上了自己的批評之作；

他們所做的是娛樂（recreative）——包括這個字眼的所有層面。儘管他們的作品艱難，卻包含了一種愉悅感，因為這些作品試著至少要在無情的評價（這是綏夫特恐懼的事情之一，因為他當時所想的——就像我們所有人所想的一樣——就是通俗評論者的暴虐）或諂媚的欣賞之外的某個層次上與文學文本相會。

重點在於人們認為批評家在面對文學時應該是來自下層的評論者，就像柯賽爾（Howard Cosell［1920-1995，美國廣播界極具爭議性的運動播報員］）面對拳王阿里一樣。如果批評家面對的文本，它的主要特色似乎因為時間的長遠而被神聖地僵化了，而他試著以類似同時感（co-temporality）——即使是推許、崇敬的同時感——來加以處理，許多人就會突然火冒三丈。前衛的批評家宣稱互文性（intertextuality）是文本的**普遍**狀況（所有的文本，包括了批評的文本和「創造的」文本），但這對批評來說並不該成立。有些人認為批評家之所以存在的主要原因就是讓作品更能為人所欣賞，這使得他們頂多是在文本之外；根據這些人對行話的信仰，批評家沒有權利指出，比方說，文學是語言，而批評也是語言，當然帶有自己的問題和限制，但依然是語言。我在這裡不必大肆發揮，因為巴特的《批評與真實》（*Critique et verité*）整理出在這個批評藩籬兩邊的所有辯論技巧，也展現了某種新的批評對其（通常）自稱是敵人的修辭可能產生的暴力程度。我所討論的那類前衛批評家在面對對手時，態度似乎相當溫和；所有的怒氣都來自另一方；因此這不是一個凶猛的、具戰鬥性的、或修辭上帶有侵略性的前衛；它似乎更投入作品——這種方式是正確的——而不是征討所謂的老派舊衛，反而是這些舊衛很積極、努力找他們的碴。說句公道話，這些
6 前衛有時似乎染上了某種俱樂部式的溫室美景，彷彿與自身有關的

就只是德希達（Jacques Derrida）和海德格（Martin Heidegger），而不是很多知識活動在交流、進行中的汗流浹背的工作坊。

因此這些批評家所造成的一種普遍反應是憤怒。另一種——也是更重要的——就是他們的主題創新，因而會觸怒一些讀者，因為這些讀者相信，批評家應該把自己限制在正規的議題和技巧：解釋、評論、歷史背景、傳記等等。比方說，在耶魯批評家（the Yale critics）中，你可以注意到他們的書中一些標題其實是把批評轉向新題材：影響（這是學院批評中標準的、也許是**最**標準的關懷）被牽連上焦慮，而不是研究它的源頭；形構主義（formalism）和洞見（insight）（這是美國新批評的兩個術語）則分別與超越和不見有關。[1] 每個人都會同意這個前衛就像所有的前衛一樣，荒謬到某個程度。它的首要之務不是存在，而是遭到延遲的存在（deferred presence）或不在（absence）；就其目的而言，文本與其說是個落實的對象，不如說更像是活動——而這種與一般期盼相反的情況，已經足以列出大家熟知的一長串清單了。然而吸引學生的卻是這些前衛的作品；學生搜尋這些作品，認為可以把費力而無趣的研究所文學研究工作提升到更高的層次——如果不是更高，至少是更有趣的層次。學生之間為什麼會有這種感覺，這是一個複雜的問題；要回答這個問題，就不得不說明歷史的或傳統的學術中明顯欠缺活力（再也產生不出像是奧爾巴哈［Erich Auerbach］和史畢哲［Leo

---

1 譯註：「耶魯批評家」指的是當時在耶魯大學任教的一些文學批評家，包括了卜倫、德・曼，德希達、哈特曼（Geoffrey Hartman）、米樂（J. Hillis Miller）。此處指涉的作品主要是卜倫的《影響焦慮》（*The Anxiety of Influence*）和德・曼的《不見與洞見》（*Blindness and Insight*）。薩依德早年便熟悉他們的作品，與其中一些人也有私交。

Spitzer〕這樣的人物），[2] 這行業裡的經濟（由於工作機會寥寥無幾，反而使人傾向於雇用結構主義式的新科博士來教授傳統想法的或可有可無的課程），以及前衛批評本身所具有的可教性（teachability）、市場性（marketability）、技術性（technicability）──我自創最後這個字眼是因為一些機會主義者把前衛批評轉化為技術的、準科學的批評，而假裝代表的是新鮮、流行。但即使我們不深究這些事情，底下的事實依然存在：學生們蜂擁接受這些新的批評，因為它傳遞了持久的興奮與尊嚴，而且學生感覺到（這種感覺是對是錯不是我在這裡要討論的對象）這些特質是現存的文學課程研究中所欠缺的。二、三十歲的傑出學者所寫的真正有意思的作品
7 都直接受惠於這些前衛。當然其中的危險就是前衛批評過於受到尊重，而比較忽略歷史的、你可以說**檔案式的**關懷：待會我還會回到那個問題。

創新多少自然會激起憤怒。此外涉及了其他的情緒：嫉妒（為什麼那些傢伙得到那麼多的注意？）、仇外（那不是批評，而是胡說），以及對於這個新的小圈子抱持不無道理的仇視（又是《評論》〔*Commentary*〕，又是《紐約評論》〔*New York Review*〕，現在又有《析辨》、《新文學史》〔*NLH*〕以及《喬治亞評論》〔*Georgia*

[2] 譯註：奧爾巴哈（1892-1957）、史畢哲（1887-1960）和下文提及的庫爾提烏斯（Ernst Robert Curtius）都屬於德國歷史語言學傳統（the German philological tradition）。奧爾巴哈的名著《模擬》（*Mimesis*, 1946）廣泛探討西方文學如何再現現實。史畢哲的《語言學與文學史》（*Linguistics and Literary History*, 1948）則從風格學（stylistics）的角度來探討文學史的相關議題。身為猶太裔的奧爾巴哈在第二次世界大戰時出亡土耳其伊斯坦堡，在流亡期間寫出鉅作。薩依德對奧爾巴哈及此書推崇備至，並在其身後出版的第一本書《人文主義與民主批評》（*Humanism and Democratic Criticism*, 2004）中專章探討。

Review〕：真的需要這些東西嗎？)。更基本的是，前衛批評家是**讀字的人**（*literalizer*），也就是說，他們把文學中所用的字眼就字面上來閱讀，把文學當成語言來對待，因此超越（也許超過）了舊衛的美文家——這些美文家相信文學就是文學、文學是美麗的語言等等。現在最常見的、一再出現的說法就是卜倫、哈特曼或德・曼這些人文字不好（我自己有這種看法，而且別人對我也有這種看法，這當中一片混亂，不是我能釐清的）。但所爭議的並不是他們被一個外國傳統所影響（因為他們當中大多數人的觀念大致說來都是在法國影響之前就形成了），而且他們也沒有讓形而上的關懷阻礙了純粹的（和純粹化了的）文學批評。這當中所牽涉到的——而且使得有可能把「風格」當成戒尺來四處教訓他們的——就是他們的批評把語言當成語言，進而把文學當成牽扯在語言裡的問題來討論。「風格」這個武器被用來把文學帶回觀念、人文見證等等的領域，但對前衛而言，深沉的問題是把文學奠基於語言，以及文學**產生**意義的方式（而不是被意義所產生）。就某個意義來說，前衛的激進其實是保守的，因為他們把文學維持在語言以及語言所提出的問題上。而這些問題可以是親近的或尷尬的，就像卜倫提到前後代詩人之間上演的那種伊底帕斯式的鬥爭，而他們唯一的戰利品就是一行行的詩句。或許我們也可以說，我這裡所談的那類前衛批評家，是維科（Giambattista Vico）所謂的**嚴厲的**批評家。就很大的程度而言，他們的嚴厲說明了很多人在要理解他們的作品時所體驗到的困難；我想那個困難直接來自於限制，而不是因為這些批評家野心太大，要做的事太多。

你提到目前對陷入奮戰中的前衛的接受情況，我就談到這裡。這並不是說前衛是耶魯學派，因為就我來說美國有許多其他的批評 8

家——像是吉哈（René Girard）、弗萊徹（Angus Fletcher）、克魯斯（Frederick Crews）、費希（Stanley Fish）、里德爾（Joseph Riddel）、波瓦里耶（Richard Poirier）、早期的桑塔格（Susan Sontag）、多納托（Eugenio Donato）和其他人——我都從他們那裡學到了東西；他們所做的事相當不同，但我也會把他們稱為前衛。而且人們也不能把這些前衛限於某個年代的批評家；因為有柏克（Kenneth Burke）、布萊克默（R. P. Blackmur）（美國批評所產生的最偉大的天才），他們屬於前一代，但是他們的作品充滿了我所談到的那些創意、才華、獨立性。

然而，我不能宣稱自己可以談論其他人認為我在做什麼，以及我的作品屬於哪個陣營，但我的確經常——其實是太常——感受到當今的前衛批評家和「其他的」批評家之間的分野是惹人反感的，除了激起一點興奮感之外，其實沒有任何作用。我認為自己對現在的批評家和以前的批評家所寫的東西，的確有很廣泛的興趣；有許多時候我被不屬於前衛的學者所吸引，因為前衛批評家似乎不像我那麼感興趣於文學文本單純的語意的厚度（semantic thickness），而這種厚度不能完全以心理分析、記號學諸如此類的東西來探究。如果你閱讀像是雷文（Harry Levin）[3]這樣的批評家討論莎士比亞或長篇小說，你所得到的是學識淵博、見解犀利的看法，其中運用了許多應當運用的東西（包括了盧卡奇［György Lukács］、巴什拉［Gaston Bachelard］、巴特、佛洛伊德等等），因為這能達到嚴肅的批評目的。你根本不必擔心只有斯湯達爾（Henri Beyle Stendhal）

---

[3] 譯註：雷文是薩依德在哈佛大學的博士論文指導教授，薩依德的第一本專書《康拉德與自傳小說》（*Joseph Conrad and the Fiction of Autobiography*, 1966）就是根據博士論文改寫，而康拉德也成為薩依德畢生最感興趣的作家之一。

的一些問題被考慮到，或者研究福樓拜（Gustave Flaubert）的文本時不具備對法國第二帝國真正的知識等等。因此，把批評分成兩個敵對的陣營，這種方式很可能太過於簡化。此外，我認為我們應該謹記，許多從事傳統批評的學者本身，對前衛所做的批評理論頗為警覺而且同情。我們必須承認，批評是很複雜的行動：它包括了表演、認知、直覺、風格、儀式，當然也包括了吹噓。好的批評家不管扛的是哪面旗幟，我們所有人都分辨得出；同樣的，我們所有人都**知道**自己有可能從這位批評家、而不是另一位批評家那裡真的**學到**東西。畢竟，這不是黨同伐異的事。

但既然你問到了卜倫，就讓我稍稍談談他吧。我已經相當詳細
地表達了我對他作品的一般意見，因此這裡無需再談。然而，我可 9
以加上兩個不同的觀察。卜倫這位批評家不怕理論化；也就是說，
他樂於用很抽象、概括的語言來談論涉及文學的生產與接受的模
式、力量、過程。當然，他和許多前衛批評家具有這個共同的理論
興趣，而且我發覺這是非常吸引我自己的地方。反對文學批評中的
理論，這種看法過於乏味，這裡就不必重複了；但對卜倫的許多讀
者來說，印象深刻的一件事就是**他的**理論恣肆之處，或者用你的說
法，它有種先知的特質。大家的印象就是，如果批評意味著做明確
的判斷、理性的分析等等，那麼卜倫似乎讓他的理論完全接掌他的
批評。再者，文學的複雜多樣似乎被卜倫化約為無數證明理論的例
子。也許這一切就是說卜倫是個刺蝟，而不是狐狸。[4]但所有這些

4　譯註：這裡指涉的是柏林（Isaiah Berlin）著名的「刺蝟與狐狸」的隱喻：前者傾向於把一切事情歸諸於一個中心的思想或體系；後者則甚為隨興，往往從事於彼此不相關、甚至矛盾的事物。這裡指稱卜倫的方式傾向於「一以貫之」，至於薩依德本人或他所推崇的批評家（如葛蘭西［Antonio Gramsci］、詹姆斯［C. L. R. James］）的路數，則是不重系統，不立門戶。

反對意見我想主要是由於大家對理論本身以及對（他們眼中）批評家那種傲慢的態度感到難以接受，因為這位批評家相信自己接近了詩的過程的核心。布雷（Georges Poulet）的讀者也有許多同樣的問題，總是說他太抽象了，或者說他沒有權利為像斯湯達爾或雨果（Victor Hugo）這樣真正偉大的作家說話；然而，這些評語所顯示的，是沒有能力從知識的立場上來處理理論。如果一個人因此而不喜歡卜倫或布雷的語調，如果一個人覺得試著穿透詩人的意識這整個想法是荒謬的，那麼他就該進一步顯示這個理論可以證明是錯的或根本就是錯的（我這裡有意使用波柏式［(Karl) Popperian］的語言）——不管是藉著提出一個更正確的理論，或藉著嚴肅地證明（而不只是虛張聲勢地訓誡）理論遭到誤用。在批評中最不得體的就是用上許多無關緊要的胡說（比方說，卜倫太理論化了，或卜倫把每件事情都化約成他的理論），來取代嚴肅的反駁；另一方面，使用與高度人文主義有關的那種三手語言，來暗示卜倫污染了文學和文學批評，也是全然不可取的。

第二個普遍的觀察就是卜倫的批評是極端破除記號的（semio-clastic）。我這裡用的是巴特在《神話學》（*Mythologies*）中所用的語
10 言，因為閱讀卜倫的結果就是我們對詩人做什麼、如何工作、他的
詩是什麼等等的形象全都破碎了。對文學和文學批評來說，沒有比創造的神話更神聖的了。卜倫把那個弄成一片廢墟：首先藉著把創作和反對、壓抑聯想到一塊，其次藉著把詩人轉變成嚴重受困的人——維科是知道這個的第一人——受困於世代、親子關係、家庭生活。對卜倫來說，「吾生也晚」（latecoming）主要是一個生物的、甚至性的術語；這個術語公然冒犯了文雅批評（polite criticism）是再明確不過的了，因而似乎是罪無可逭。

卜倫的批評對我來說，當我第一次見識到其成熟的理論形式時（我學生時代讀過《雪萊的神話創造》［*Shelley's Mythmaking*］），卜倫這位批評家從當時一直到現在都依然能讓人得到異乎尋常的活力。我對開始和源始（beginnings and origins）的整個興趣，突然獲得了新的面向和許多的肯定。我發覺卜倫對古老的影響那種說法的重新加工既有力又高雅，就像貝爾格（Alban Berg）的小提琴協奏曲把巴哈的讚美詩重新加工，使它既高雅又有力到攪擾人的程度。然而，卜倫的方式使我印象最深刻的，就是他顯示創作是一種處理過去的形式，可說是以一種原創或開始的方式來重做，由於我是維科的忠實學者，因此在卜倫作品裡發現像是「知道就是創造」（knowing is making）這種主題，以及早期詩人的英雄主義，實在是很特殊的經驗。

然而，我一向都覺得，卜倫暗示——並沒有真正說出來——創造就是詩，反之亦然。看不出他對長篇小說或戲劇的興趣，而這兩者都和歷史與社會有著無法撇清的關係。再者，卜倫主要感興趣的是詩人之間的纏鬥，而沒有必然顯示還有其他的纏鬥（比方說，詩人和語言之間的纏鬥，這是馬拉美［Stéphane Mallarmé］的情況）在詩的創作中也扮演了某種角色。但這些反對意見成為其他人可能針對這個理論的強調面和應用面。我與卜倫在理論上的主要差異是性質上的不同，而我認為這也是你問這個問題的用意。

如果批評卜倫忽略了你所謂的散文世界，我認為是不正確的，至少不是從理論的角度來說。他並沒說他對那不感興趣，或說那不存在，或任何類似的話。他只是說——我不是想為他辯護，而只是試著處理理論——他認為詩人首要關切的是詩，詩是他們身為詩人的元素和生命；此外，他說，創造是面對強有力的先行者一個主 11

動、焦慮、而且頗具模式的鬥爭。為了描述這個鬥爭，卜倫不只設計出一套複雜而且極富創意的詞彙，也設計出一整個系列的方法論教條。我有時覺得，那些詞彙也許太簡化或具有神學色彩，就方法論而言，卜倫有時過於修飾自己的作品以便說明他最近發現的人物（比方說，德希達）。但在卜倫的作品中有一整面是他的批評者所忽略的，而那一面對我來說至少和他主要在描述的那些地圖、術語、鬥爭一樣重要。那就是卜倫有關文學史、有關文化代代相傳的觀念。卜倫相信文化不是無中生有地創造出來的，這種看法是正確的；他看出詩人寫詩、使詩存在的努力，這也是正確的。但我認為他錯在認為詩史、文化史完全是，或至少主要是，強、弱詩人之間的激烈競爭。文化史上的重要東西，有許多並不是你可能稱為革命的，而是保守的；文化不是完全、甚或主要由英雄和激進分子創造的，而是因為偉大、不知名的運動的作用，使得事情往前進、使事情存在（keep things in being），就像傅柯（Michel Foucault）在討論盧塞爾（Raymond Roussel）的那本書中所說的，「使事情存在」（“elles maintiennent les choses dans l’être”）。卜倫從未在任何地方說明詩有得力於文化或歷史之處。庫爾提烏斯描述的那種有秩序的文化傳遞和典律形成的過程，當然存在於大多數文學和文化時代的底層。並不是所有偉大的或重量級的作家都是叛徒；其實大多數作家都與他們認定的盛行文化保持著基本的和諧（也許現代主義者例外）。但把卜倫吸引到這種詩的奮鬥和個體性的觀念，則是他這種想法：對於米爾頓（John Milton）之後的作家而言，影響幾乎總被認為是一種侵略性的敵視。我再度認為卜倫忽略了一個事實：對許多很夠分量的作家來說，影響可以是一件和善的事——比方說，歌德（J. W. von Goethe）和哈菲茲（Hafiz［十四世紀波斯詩人］）之間的關係（尤其是《西東詩集》［*West-östlicher Divan*］中的〈無限〉［“Unbegrenzt”］和〈仿作〉［“Nachbildung”］）。史瓦柏在《東方的文藝復興》（Raymond Schwab, *La Renaissance orientale*）一書中令人印象深刻的是：他處理的正是卜倫最關切的時代，只不過他的發現完全相反。東方的觀念和文本於十九世紀早期大量流入歐洲，對於像是雨果和歌德這樣的大詩人產生了很良好的影響；史瓦柏的主要 12
見解就是，文化中存在著創新和延續，因為詩人正面地歡迎、尋求影響。當然卜倫暗示的是詩人對前代詩人的矛盾情感，他們既被前人吸引，同時又對前人有所防衛的這種弔詭現象。但卜倫沒有花很多時間去處理的，就是影響中的不同層次，影響的不同程度，而且與此相關的是不同種類的影響：從良好的影響到產生焦慮的影響。他也不喜歡像霍普金斯（Gerard Manley Hopkins）這種奇人，或像艾略特（T. S. Eliot）般那種自覺有可能受到影響的詩人。

無論如何，讓我回到我的論點。如果你把文學史看成基本上是具體呈現於一些英雄式的、激進角色的作品，而這些角色的作品是劃時代的，那你就不是在誤讀文化史，而是根本就等於沒有讀。我認為那是傅柯在《事物的秩序》（*Les Mots et les choses*）和《知識的考掘》（*l'Archéologie du savior*）這兩本書之間所發現的事情。先前那部作品把歷史當成劃分為一些不連貫的時代，這些時代在時間上接續的情形，以傅柯所舉的例子來說，就好比尼采［1844-1900］接續薩德（Marquis de Sade［1740-1814］）。後來傅柯逐漸發現文化持久的性質正是它能持久，以及它之所以能持久之道，並不太依賴像米爾頓和歌德那類偉大文化英雄對於文化的貢獻。簡言之，我認為卜倫有關詩的傳承的理論，掩飾了對於文化的個人決定因素的這種極為神話式的想法，完全不顧文化中無名的和建制式的支持，而那些支持接續不斷，超越了個人的努力或生命的年限。卜倫不把文化視為終歸是一種比較有規律的、有規範性的事業，堅持主張把傳統（因而也暗示了文化）訴諸於個別的人物；我所說的是，詩創造詩人，而卜倫相信詩人創造詩。

卜倫的評論讓我推崇和稱讚的一點就是，他一直都認知到詩不只是詩人個人的光采，背後還有更多更多的東西；除了詩人的焦慮之外，也存在著他的對手，而這些都存在於一個相對公開的領域，卜倫把這個領域稱為「詩」。但他從未進一步去承認這個公共領域中的物質面：這裡我又回到先前所說的有關文化中建制性的支持，以及文化在平凡的現實中的根源。當然，浪漫主義者知道米爾頓，
13 但是他們也深深涉入雜誌、書評和當時彼此競爭的論述；這些和詩的創作如何關聯，以及所有浪漫派詩人共通的詩的論述如何進入他們作品中的主流？我的論點就是，卜倫用那種卓見精采地討論的辯論或互文性，完全迴避了文化中所有的物質性生產機制，而這個文化容納、促成了這些浪漫派詩人。這些支持當然是集體的，包括了各式各樣的社會機制（大學、出版業、階級系統）以及一些類似隱而不現的機制，傅柯以很創意的方式把這些隱而不現的機制稱為檔案—論述—說法的那種集體系統（the collective system of archive-discourse-statement［*enoncé*］）。

你看得出，我絕不是在批評卜倫對米爾頓之後的詩的那些特定見解，而是說這些見解如此強而有力，以致把詩所存在、所發生的歷史場景完全排除在外。他的理論主張，詩之所以產生，是由於詩人把他們和世界的關係內在化了，藉著把前輩詩人的詩當成偉大世界的象徵，而把它集中在他們的心靈。詩就是詩人和其他詩人奮鬥的結果，而我們必須探尋這些奮鬥來了解所有的詩的生產。然而，

即使我們接受這種看法對史蒂文斯（Wallace Stevens）或哈代（Thomas Hardy）來說是正確的，卻依然要叮囑卜倫：㈠要自我設限，不要把這個理論用來解釋所有詩的生產；㈡當他的看法不足以說明詩的生產時，要舉出例證；㈢把他對詩的論點連接上詩人生產的歷史環境。這些是在我看來他的理論所提出的一些理論上和實際上的問題。

我迴避你提問的主要方向已經很久了。你提出的是明顯的政治問題，如果我要直接回答的話，就得先討論一般的前衛、特別是卜倫所提出的技術的或者可能是專業的批評理論。如果我們稍稍跨越這個所謂的「領域」，就可以坦率地做一些觀察。我在其他地方說過，我發覺新批評家都是默認的（quietistic）；他們的關切和範圍只限於文本，而吸引他們的那些議題——從歷史的、社會的或者一般的角度來看——是很有限的。他們似乎對政治問題不感興趣。社會的生活，或者說主要涉及文本和文學的社會生活，並不受到他們的注意。當然我這裡只是泛泛之談；比方說，像克魯斯和波瓦里耶這些人，根本不符合我在這裡所描述的。但耶魯批評家——我說過 14
這些人象徵了一個相當廣泛的批評社群——似乎公開立志要「苦修」(*askesis*)，除了文學作品和它的問題之外，揚棄所有的東西。這並不是說，他們有關文學的說法對社會生活沒有一些引申的或暗示的評論：卜倫的詩論是有價值的，因為他把詩的過程視為社會的過程，而那是詩人之間發生的某件事，雖然當然我們不能說卜倫的詩人所代表的是一個比自己更大的團體。你在哈特曼和米樂的批評中也能找到類似的、而且同樣有限的對社會和社群觀念的各種折射，這種情況在德・曼的作品中比較少，他的作品包含了一些證據，顯示了一種雖然潛伏但強有力的形而上的危機感。

這麼說完之後，我覺得不能再繼續講別人，而要來談談我認為自己身為批評家該做什麼；也許這是以另一種方式說，雖然我和批評的前衛具有許多共同的興趣，但我覺得自己在許多其他的立場上也與他們分離。我想我和卜倫只討論過一次政治，兩人都同意——當中不免有些竊笑——我們相差得再遠不過了。一直到相當晚近，我過的是兩種甚為分離的生活，而這一向令我對康拉德的《分身》（Joseph Conrad, *The Secret Sharer*）激賞不已。一方面，我是一個文學學者、批評家和老師，在一所很大的大學裡過著太平日子，而且我也做了許多工作，這些工作一向被納入已建立的渠道中。那是某種教育的作用，某種社會背景的外貌。但我過的另一種生活是大多數其他文學人士絕口不談的（而這就像一種雜技，認識我的人在我的幫助下能夠處理：我對這一點很在行）。這種生活彷彿不存在，雖然當中有許多人知道它就在這裡。我在中東的整個背景，我經常而且有時長期在那邊的訪問，我的政治參與：所有這一切存在於另一個盒子，完全不同於我以文學批評家、教授等等的角色偶爾冒出頭來的那個盒子。而第二種更古老的生活相當嚴重地侵擾到另一種生活，這對我是個困難的連結點。我和任何人一樣都知道象牙塔裡關切的是技術的批評（technical criticism）——我之所以使用這個說法，是因為它可以很有效地區分我和我們剛剛提到的那些人所做的，以及通常在學院的文學系裡發現的那些沒有理論、沒有哲學根據的批評——這些象牙塔裡的關切距離政治、權力、宰制和鬥爭的世界非常遙遠。但這兩個世界之間存在著一些聯繫，而我這個人也開始在自己的作品中來探究這些聯繫。

卜倫的作品環繞著奮鬥以及甚為有限的有關權力、宰制和壓迫的觀念。不管他的政治信仰如何（是共和黨還是民主黨，馬克思派還是非馬克思派)，他擊中了我發覺絕對真實的事：如果沒有他所談論的詩中的那種權力關係，人類的活動和作品的產生是不會、也不能發生的。人並不只是寫作，而是與其他作家和寫作、其他活動、其他對象處於反對、對立或某種辯證的關係。傅柯更進一步，並且說，如果不是有一種動力的網路來限制、選擇、安排、形成並維持寫作，使得寫作在某個特定時間具有某個特定形式的話，寫作就無法有物質性的存在(記得波赫士［Jorge Luis Borges］的一個角色在某處疑惑不解的問題：是什麼使得一本書裡的字母和文句不會從書頁脫落？)。對我來說，傅柯剝除了卜倫許多戲劇性的、明顯浪漫的特質，我先前提到這些特質時，把它們當成卜倫在描述事情時的扭曲；傅柯顯示了爭奪宰制的鬥爭可以是安靜的、系統的、隱藏的，這全都因為論述——論述總是語言中勝利的象徵——看起來是無可避免的、系統的。把這兩種觀點放在一塊並加以放大，相當程度地描述了當代的政治景象，而這種政治景象本身很具體而微地說明了政治史。在各種勢力之間——階級、民族、權力中心、區域，不管是什麼——存在著永不止息、具有意義的互動，試著要宰制和取代彼此；使得這種鬥爭不致淪為只是腥牙血爪式的胡亂撕殺的，就是因為其中涉及(道德和知識的)價值。一個人尋求宰制另一個人，以便宰制以及生存。你可以把這些系統稱為意識形態，但我認為那個名詞太局限了：它們是信仰系統以及有效的表演和論述的宇宙。有人說馬克思把這個鬥爭看成是完全經濟的鬥爭；那是對馬克思的嚴重誤解，至少是對馬克思裡黑格爾式遺緒的嚴重誤解。他完全知道鬥爭表現在物質上，而且可以用經濟的方式描繪，但我認為他十分敏感於形塑的辯證、敏感於觸摸不到但卻很真實的圖像、敏感於那種鬥爭所產生的內在協調與不協調。那是他和霍布斯 16

（Thomas Hobbes）之間的差異，霍布斯把人生看成是瑣碎、野蠻、短暫的。

我所來自的那一個世界，它的現代史大多被理解為殖民主義的結果，而那個世界現在的艱苦困頓和帝國主義的運作不可分離。因此，殖民主義和帝國主義對我來說不是抽象的觀念，而是特殊的生命經驗和形式，具有幾乎無法忍受的具體感。帝國主義和殖民主義其實又何嘗不是卜倫所描述處於詩的過程中的那種長期鬥爭的不同階段？一個倚賴的或殖民的民族所繼續進行的生活，又何嘗不是在那個民族身上加上傅柯作品中所研究的那種強有力的、欺騙的系統（論述）？我這裡很突兀地由詩和論述轉到帝國主義和殖民主義——但我認為我的主旨是清晰的。

那麼，在我學術之外的生活中所做的一些事，經常被一些驚奇的、不太相干的觀念，比方說像卜倫的觀念，來加以澄清。對我剛剛談的那些鬥爭的目的，我不認為自己有什麼烏托邦式的觀念，但我猜想讓我感動的大多是對不公不義的憤怒，對迫害的無法忍受，以及一些有關自由和知識這類老生常談的理念。重大的問題當然就是把所有這些東西加上我提到的那兩種生活，加上我實證的事實，加上我對文學、批評、教學的深切興趣，沉浸到某種工作裡；而那也就是我認為自己現在的處境，那也就是我覺得自己現在所能做的。而**政治上**，這使我遠離了我剛剛談論的那些批評家和同行，雖然我很敬重、仰慕他們的作品。也許我們可以討論那個。

【訪】在你的《開始》（1975）一書中提到「激烈地置換傳統的思想」需要「人和他的活動的一種新結合」，接著你肯定「馬克思把他自己的詮釋活動和人類的活動結合在一個共同的革命的出發點上」。由此產生的問題就是如何**放置**那個出發點，也就是說，根據你的判斷，對於當今「奉獻的」批評家（the "committed" critic）而言，那個點是在哪裡？

【薩】你剛剛提到的那些用語在《開始》那本書中出現的脈絡是在有關盧卡奇的簡短討論，我在這邊稍加概述。盧卡奇雖然並不真的知道這些，但他在1844年的底稿中卻察覺出馬克思見解的精髓：馬克思試著首先去認知、接著去克服把人和他的工作分離的那 17
些障礙。盧卡奇那個分析不但見解犀利，而且相當具有先見之明，他從這個分析中設計出自己有關異化、物化和階級意識的論點。然而，更具爭議的是，盧卡奇試著顯示一種革命姿態從一種意識轉變成另一種意識能到達何種程度；他遭到許多馬克思主義者的攻擊，甚至一直到現在都還攻擊他在這方面的唯心論。當然我們在這裡不必爭辯那一點，但我們必須承認，盧卡奇是在證明這種看法的重要性：如果你把自己做什麼（what you do）和自己是什麼（what you are）分離的話，那你就是在物化，把現實中沒有那個形式的東西賦予客體化的形式；或者如果那些東西有形式的話，則需要克服其形式。因此，要把一個人（不管是勞動者、文學批評家、工程師或什麼）的作品解釋成和一個人本身以及整個實體密切而且有機地關聯（不管他的意識能不能認知或接受那種關聯），這不僅對身為詮釋者的詮釋者，而且（像盧卡奇試著也要顯示的）對身為中產階級物化的再詮釋者和推翻者的無產階級而言，都是共通的、革命的出發點。

我對盧卡奇這些分析的興趣其實是滿複雜的，但在這裡與我們立即相關的就是它們對批評有何意義。我不認為該立刻急急忙忙為奉獻的批評家開處方。這裡首先牽涉到我們所謂的「奉獻」是什麼意思。等一下我可以把它當成一種**政治的**議題來討論，雖然說我們需要指明我們所談的是什麼世界；的確，有關現世性（worldliness）的這整個觀點，就文學批評家而言，對我是很重要而且很有問題的。但我們可以用盧卡奇的觀察來肯定，如果批評試著要物化㈠批評家、㈡文本、㈢批評的話，那就大錯特錯了。把三者中的任何一個當成能和其他二者，能和社會、歷史分離，那麼加在它們身上的就只有在它們最微弱、最稀薄的形式下才有的狀態。這絕不是說文本可以和割草機來替換，或者說批評家和批評等同於工廠工人所做的事。但當代前衛批評那種技術化、系統化、功能論的結果之一，就是假定寫作和閱讀確實能和促成或產生它們的環境分離。
18 的確，就分析而言或許它們該分離，但如果相信那種分析的解釋可以變成現實，或實際上就成了現實，那就是誤假為真了。

另一方面，批評中具有科學主義的傾向。人們可以把那和嚴格的記號學家、一些風格學家、主張自足完整的文本的理論家，或任何相信批評藉由它的題材和工具能獲致科學的精確的人，聯想到一塊。這種觀點除了對科學的精確性看法完全錯誤之外——只消閱讀像是伯納爾（Martin Bernal）、孔恩（Thomas Kuhn）、坎吉赫姆（Georges Canguihelm）、荷頓（Gerald Holton）這些科學史家以及科學家的作品，就會知道人和社會環境對科學工作是很不精確的決定因素，而那些方式是人文學者（甚至科學家）尚未充分處理的——還不幸地賦予批評家和他們的系統所沒有的力量。其實，把文本轉變成帶有訊息或純粹修辭的系統，以及把批評家轉變成處理這些事情的科學家，是創造出一種幻覺，而這個幻覺的主要目的就是批評家在自己眼中自我膨脹。

另一方面，在前衛批評家之間存在著更微妙的傾向，把文本當成要從內部來「解構」的某種東西。德希達本人是個精采的哲學家和批評家，而他不能對別人如何運用他的觀念來負責。但把解構的技巧用來取代來源的分析（genetic analysis），在我認為是觀念和判斷上的嚴重錯誤。文本中沒有什麼東西只是出現或發生；文本是由作者、批評家和讀者創造出來的——而且就某個程度而言，就像葛德曼（Lucien Goldmann）以往不斷在說的，文本是個集體的產業。然而，就更大的程度而言，文本是一個過程，而不是一樣東西；這是《開始》的主要論點之一，尤其是我也試著顯示文本的物質性（作為一種過程）以及人類為文本所做的努力之間的關係。

而「奉獻的」批評家必須願意面對這些事情，以知性的方式來處理它們，並且多少把它們納入自己身為批評家的工作裡。在使用「去神祕化」和「解構」這些字眼時，彷彿把它們應用在與人類現實無關的文本，或者像德希達從《書寫與差異》（*l'Ecriture et la différence*）之後那樣，暗示「邏各斯中心主義」（"logocentrism"）這類神話普遍存在於西方文化——這種做法都否認了這些事情所源出 19
的人類根基。我不認為我現在所主張的不是淪為庸俗的馬克思主義，就是淪為勸勉式的人文主義。我覺得如果把有關開始的整個觀念當成宣揚一個「純粹的」開始，隔離於辯證的現實和環境——把身為人和批評家的我們包圍住、牽扯入的現實和環境——那就會把整個「開始」的觀念去勢了。當然，我相信批評家必須能以分析的方式來分別、區隔、限制自己所做的事，而且把文本從環境中抽離出來。但身為批評家的我們今天最大的失敗就是，我們似乎從未能把我們的分析、我所謂的我們的**批評作品**（*critefacts*）重新連接上它們所源自的社會、機構或生命。維科最重大的觀察之一就是他所謂的歷史語言學家和哲學家的虛榮（*boria*）。他說，這兩類人都透過純粹的文本的角度來看他們在文本中所發現的東西，彷彿那個角度就是世界一般。

【訪】你似乎把**世界**和**現世性**的觀念當成發言的潛在模式或手段，這種模式或手段會允許學院的批評家把自己的作品放在文本與社會問題和政治問題的關係上。你能不能闡釋你所使用的**現世性**這個觀念的有用之處及爭議之處？這個術語的曖昧——現世性作為存在於這個世界，平凡的客體性、物質性、社會性（worldliness as being-in-this-world, as mundane objectality, materiality, sociality），相對於現世性作為文雅文化、世俗性、精熟度的指標（worldliness as the indice of urbane culture, secularity, sophistication）——有何重要性？

【薩】如果一個人和真實的政治世界有任何直接的接觸或來往——在這個政治世界裡，權力促成一切——他就會了解，首先文學的學院人士根本就沒有世俗的政治地位可言。我會說，其實以大學為主要運作基地的文學專業人士必須知道，就政治權力系統而言，他存在於建制化了的邊緣狀態。當然我們不能否認，身為文學老師，身為菁英文化的散播者，身為文明的傳遞者（喜歡哪個作用你儘管挑），我們的確為社會生活引介並且維持了一些無法爭辯的事。崔靈（Lionel Trilling）曾經說過，存在著一種社會的心靈，而我們所針對、教導、治療、告知、評價、批評、改造的就是這個心靈。我們的角色是高度中介的、微妙的，甚至隱晦不見的，但我們這類人對進行中的社會生活裡每日、甚至長期事務的影響是很分散的，
20 因而是很微小的。我們和社會科學家不同，不能扮演商業、工業或政府的顧問這種角色——即使我們想要扮演，也沒有機制來讓我們運用。我們這一行中沒有人在政治上出人頭地。就某種程度而言，我們都是做著很專業化工作的技術人員；就某種程度而言，我

們也是中產階級和上流階級的守護者和教師，同時也被他們守護——雖然說身為文學學者的我們所感興趣的事物中有許多必然是顛覆中產階級的價值。重點在於，在建制上大學的文學批評家／學者都被拔去爪牙，而且被好好地控制住。

我以上所說的也有一些例外。這個國家晚近的歷史——或者說第一次世界大戰後的歷史——有幾個時代顯示出文學的學院人士比起我剛剛描述的微小影響，在政治方面更為嶄露頭角。的確，在六〇年代越戰所觸發的異議時代中，一些文學的學院人士身為全國反抗帝國主義戰爭的一部分，受到全國矚目。而美國現代語文學會（Modern Language Association）被迫接納世俗事務和學院事務之間的關係，但即使在那種情況下，我們都還是以類比的方式來進行；也就是說，由於公然退出大學在反對起義、「科學的」和政治的戰爭這類事情上的共謀，文學的學院人士傾向於在自己和社會科學、自然科學的同事之間做這種類比。科學家的罪過也是他們身為文學教師的罪過。當然沒有眾所周知的例證顯示文學人被用來進行反對起義的事情，而且如果在電子戰場中有文學顧問的話，人們還不知道他的名字（或地位）：因此人們滿足於以類比的論證來指責（或肅清）我們，而且當中也有很多愚蠢之處，因為一種**普遍的**罪過如果可以輕易地到來，就同樣可以輕易地離去。學院的文學人沒有辯論的一件事就是危機時代的知識分子的責任，特別是他在製造或定義危機中所扮演的角色（我所想的是像中情局和《遭遇》［*Encounter*］期刊以及文化自由議會［Congress for Cultural Freedom］之間的關係等等這類具體的事）。我們把文學專業和知識生活區分得過於嚴苛了。現在很難說越戰時代持久的結果是什麼。是產生了一些文學：坎普（Louis Kampf）、羅薩克（Theodore Roszak）、奧曼

（Richard Ohmann）和其他少數人的作品。但同樣確定的是，理論文學方面在處理文學批評和世俗政治之間的關係上沒有任何貢獻，
21 至少沒有影響深遠的貢獻。我們現在似乎又回到一個平靜的時代。我很懷疑現在會有任何人想要寫一本像拉斯金的《帝國主義的神話》（Jonah Raskin, *Mythology of Imperialism*）那樣一本書——如果你不讓自己被它那種沒有必要的唐突修辭岔開的話，就會發現那是一本很卓越的書。並不是帝國主義已經消失了，而是對那些已經回來在很設限的政策範圍內寫作的學院知識分子來說，帝國主義已經離開了。文學研究中對理論的貢獻已經撇下了文學建制的角色。甚至連記號學者對這也極為懈怠。至於其他的前衛派人士，文學對他們來說已經成為有關文本、更多文本、還要更多文本這檔子事。大多數的文學批評家，特別是那些前衛派，把自己想成是技術的批評家，可以這麼說，就像技工一樣。這絕不是說，身為技術的、先進的批評家意味著你把自己想成是具有最廣泛社會意義的**知識分子**。絕非如此。的確，我認為——就像我先前說的——批評的前衛分子在政治上默不作聲，那種程度就像是個明確的辯證的中間點：一邊是他們的政治邊緣性，另一邊是他們不願成為一般的知識分子。

如果說我們沒有像葛蘭西或盧卡奇那樣的人來分析階級意識或作為一個階級的知識分子，卻曾經有（依然還有）美國現代語文學會和在這個行業中的馬克思派的團體（我這裡限定於有組織的團體）。我對他們試著要做的事深表同情，但把一個人的政治工作的基礎放在沒有設定情境的努力上，來顯示馬克思主義主要是一種閱讀的技巧，我認為那是對現實的一種基本的誤判。說馬克思主義在認知上、分析上能產生對十九世紀重要的長篇小說的精采讀法，這不是問題：誰又能否認這種說法呢？我所說的是，只是做馬克思主

義式的文學分析不能構成在偉大世界中政治計畫的基礎。而把文學的或知識的計畫立刻轉變成政治的計畫，這種做法是試著做某種很不具有辯證性的事。但接受由一個人的專業地位所事先規定的行動形式——而那種地位在事物的系統中屬於建制化了的邊緣性——就是預先在政治上為自己設限。

我並不是試著對所有這一切採取教條式的看法，但我的確覺得
我們全都傾向於把我們彼此自我封閉，而對我們這個階級來說看來 22
重要的事，就被提升為具有世界—歷史重要性的議題。我在《開始》中試著闡釋的論點之一就是，每個批評家都需要以某種方式為自己形塑一個出發點，讓他具體地沿著一個既定的工作路線前進。根據那個觀念，像長篇小說這種形式，像「文本」這種對象，像批評這種實踐，都是構成的方法，用來創造作品，並且以無可避免的感覺、後來的邏輯，來「掩飾」他們自己的開始。我同樣感興趣的不只在於「開始」這個觀念能促成何種轉型，也在於（以很理論的層次）展示具體的環境和極抽象的嗜好（甚至虛構），如何能結合起來提供給自己形成計畫的一種有意圖的方法（an intentional method of formulating projects for oneself）。我從前檢視的是使自己從沉思默想到一種世俗行動的方式，雖然我當時不曾（現在也依然沒有）一時片刻假裝閱讀和寫作本身都屬於另一個世界；當然它們不是，但問題在於它們如何存在於這個世界，以及它們如何能存在於這個世界——這是個複雜得嚇人的問題。那個問題的答案在那本書中有許多部分都是很隱晦的，雖然說最後（討論維科的）那一章很明顯地重拾這個議題。

我認為試著要明白列出批評家——不管是奉獻的或其他的批評家——應該要做的事，是極膽大妄為的事，因此我不會試著那麼

做。但我能稍微談談這些事，特別是在我看來、對我來說有關現世性的觀念。首先，我認為我們必須認知我們角色的邊緣性，而且更重要的是，我們首度面對了一些戲劇性的、明確強加在我們身上的東西，使得我們這個階級更為邊緣化。大學，尤其是人文學門，正在萎縮。更糟糕的是，我們的研究生找不到工作；他們發覺自己站在緊閉的大門之前束手無策。因此我們發覺自己被兩邊拉扯：我們身為專業學者／教師／批評家所做的事，它的焦點和技術性逐漸窄化，它在學生之中具有影響力，但這些學生將來卻可能沒有工作；我們要如何回應？

其次，世界本身也在縮小。這是樂觀的、麥克盧漢式的老生常談（McLuhanesque truism）[5]，而這種說法只有在你把世界想成是不同部分之間的溝通出了問題才能成立。不過，如果你反省我們面對的是最嚴重的那種經濟短缺，而今天世界最大的分界線就是富人
23 和窮人、北和南、已開發國家和開發中國家之間的分界線，各方都在競爭一些像是糧食或原料這些基本物質，那麼這個逐漸縮小的世界反而像是充滿威脅的地方。在美國我們屬於一個惡名昭彰的浪費社會，所消耗的資源是她本身應有的兩倍、甚至三倍。此外，我們是世界經濟的強人（巧的是，就像華勒斯坦［Immanuel Wallerstein］所研究的，世界經濟是極重要的一個觀念），而我們對事物的感受（我們所謂的經濟秩序）是由很棒的經濟力量，一個難以想像地強有力建制之間的網路（參閱巴耐特與穆勒合著的《全球運籌》［Anthony Barnet and Max Müller, *Global Reach*］，或雅萊［Pierre

---

5 譯註：麥克盧漢（Marshall McLuhan, 1911-1980）是加拿大著名的傳播理論家，此處指涉的是他有關「地球村」（"Global Village"）的說法。

Jalée］的著作，或馬格多夫的《帝國主義時代》［Harry Magdoff, *The Age of Imperialism*］）以及一個複雜的力量系統所支持的，把我們強加在世界之上，因而保證了我們的經濟福祉。如果你讀巴勒克拉夫（Geoffrey Barraclough）[6]最近所寫的東西，你就會清楚了解我是什麼意思。

第三，我們在文化價值上是——或假裝我們是——普世主義者（universalists）。然而，其實我們卻是過度的族裔中心。我們身為文學教師所說或所做的每件事主要適用於大西洋的文化，不難了解這些都對我們有利。我們整個文學史和文化史的感受都是根據埃及社會學家馬利克（Anwar Abdel Malek）所謂的擁有弱勢群體的霸權主義（the hegemonism of possessing minorities）。比方說，想想在1815到1918年之間，歐洲的領域從全球的百分之四十增加到百分之八十五。人類中心論（anthropocentrism）「自然地」連接上歐洲中心論（Europocentrism）。今天領土的控制已經轉變為經濟的和社會的控制。

第四，在開發中、南方、第三或第四世界中所發生的事很少受到注意，即使我們注意到，也無法使它和我們身為學者／批評家／教師所做的事契合。我不相信我們身處何地會是障礙。我們的問題遠比那具有辯證性，當然前提在於我們㈠不背棄整個世界，㈡不對它宣戰。也許可憐的莫尼漢（Daniel Moynihan）[7]在聯合國譁眾

6 譯註：巴勒克拉夫（1908-1984）是英國史學家，著有《歷史上的主要趨勢》（*Main Trends in History*）等多種專書。

7 譯註：莫尼漢（1927-2003）為美國學者及政治人物，曾任哈佛大學教授，1960年代服務於勞工部時，發表《黑人家庭：國家行動方案》（*The Negro Family: The Case for National Action*），主張美國黑人的許多教育問題來自黑人都市家庭的不穩，此

取寵的說法確實是為文學的學院人士發言：我懷疑，但他的確不是為他們所有的人發言。然而，我認為我們必須多少接納美國在世界上的地位這些現實。

批評家很難評估他在「世界」上寫作的角色和地位。我剛剛談
24 到「世界」——當然是以很快而且簡化的方式來談——並不需要像伏爾泰（Voltaire）這樣的人來告訴我們身為討論「開始」這類書的作者，或者哈代的詩，或者史賓塞（Edmund Spenser）的意象，世界上有了我們根本不算多。如果你從批評家的工作中事先取走了可能對世界的任何重大影響，還會剩下什麼呢？就某個程度而言，批評家剩下的就是第二個意義的現世性，也就是現世性作為一種文雅文化、世俗性、精熟度的指標，所有這一切都表現在批評的交流、批評家評論其他批評家等等。在這樣的世界中，意義最重大的議題就會是一個批評家對另一個批評家的說法，肯定優先順序、價值、當務之急，而這些上面都帶有學院祕傳的標記。這種現世性中有某些部分是我們身為批評家的命運，對這點我沒有任何懷疑；問題是，我們如何以其他方式來介入更大的世界，而且在那裡做一些我們特殊的（更別說怪異的）能力和訓練讓我們適合做的事。

如果我們體會到「寫作」是能被片面地、永久地、單一地化約到一位「作者」這種看法，就打開了一條通往世界的新路。這是傅柯的大發現。寫作不是自由的，也不是由具有主權的書寫者多少隨心所欲地獨特表演。寫作屬於一個言說的系統（a system of utter-

---

即喧騰一時的《莫尼漢報告》。他於1975至1976年擔任美國駐聯合國代表，1977至2001年擔任紐約州參議員，後來為希拉蕊・柯林頓（Hillary Rodham Clinton）接任。莫尼漢於2000年獲頒美國總統自由勳章（the Presidential Medal of Freedom）。

ances），這個系統和維科所謂各民族的世界（the world of nations）之間存在著各式各樣彼此關聯且經常是限制的關係。在學者的作品中，或在像是歷史、社會學、經濟學、歷史語言學這些學門中，最能看出個別作家承擔著沉重的建制、儀式、排外、禁令，而且對於真理和追求真理的欲望有一種高度特殊化的、甚至暴虐的觀點。就像我先前暗示的，像文學批評這類行業是藉由方法來監控並維持「正當性」，這些方法限制一個人能說什麼，而依然被認為是在從事文學批評；這不只是表面上看來如此，也是一個學門對自己的認同感的問題，而它必須奮鬥——從這個領域之內、之外來奮鬥——以維持這種認同感。一個使用心理分析的批評家威脅了文學批評，因為他跨越了疆界，說了一些不該說的話，而且——如果他像卜倫的話——在這麼做時是帶有一種傷人的親近感。

讓我說得更精確一些，雖然我必須把自己限制在我最清楚的那個有限的領域。就像我先前提過的，我很關切我們身為這個國家的
專業人士和世界其他地方的距離。如果說大多數的學院批評家都是 25
懶惰的美學主義者，喜歡沉思丁尼生（Alfred Tennyson），而不去挖掘法農（Frantz Fanon）或摩爾（Barrington Moore）所提出的那些議題，我認為這種說法太過簡單了。如果你有幸（或不幸，那完全看你的觀感）知道另一部分的世界——在我的情況是近東、阿拉伯和伊斯蘭社會——你就會開始好奇，除了只是諷刺那個重要卻帶有異地色彩、遙遠的現實之外，什麼東西被過濾進入了西方社會。顯然，一個「陌生的」、非西方的世界是無法被清楚知曉的——這種說法是不夠的；更為有趣、有價值的，就是去知道它是如何以及為何如此不為人知。薩忍（R. W. Southern）在有關中世紀的西方對伊斯蘭的知識這本書中提出了一項出色的觀察：他說，存在著一種

對伊斯蘭的無知，但那是一種複雜的無知，而且可以把它當成一種對伊斯蘭**肯定的**知識形式來加以積極研究。

你看得出那會引到哪裡——直接引到尼采一再的觀察：知識和求知的意志是不可分的，兩者都是具有利益的、系統的、強有力的**詮釋**。就東方的例子來說，它們不是以抽象的方式出現。我開始研究「東方」，或我所謂的把東方加以東方化（the Orientalizations of the Orient），這引導我不只去研究東方學學者的歷史語言學，也研究歷史、地理、宗教，甚至西方知識中主要關懷是東方的所有那些部門。在這麼做的時候，我考量的是像下列這些事情之間的關係：十九世紀早期興起的現代東方主義，東方學機構的興起（學社、探險和翻譯的資金、學系），在東方逐漸出現強有力的商業的、外交的、最終是軍事的殖民，以及許多大藝術家的作品，其中包括了福樓拜、內瓦爾（Gérard de Nerval）、藍恩（Edward William Lane）、伯頓（Sir Richard Burton）、迪斯雷利（Benjamin Disraeli）、雨果、歌德等等。比方說，你可以拿起勒南（Ernest Renan）的文本，在當中看到掠奪利益的網絡（順帶一提的是，利益總是創造出來的：我們應該研究這些利益是如何創造的，以及為什麼創造），而這個網絡把他連接上戈比諾（Joseph Gobineau）、法國的外交、比較解剖學等等——所有這些彼此交涉，最終把西方的東方主義者心靈中的一切消弭於無形，只剩下所謂「東方」這個簡略的本質化（a schematic essentialization）。我研究中很重要的一部分就是東方主義者的文本如何試著以文本來重新建構東方（a textual reconstruction
26 of the Orient），彷彿「真正的」或真實的東方本身不該被允許進入西方的意識；我們在拿破崙的《埃及志》（Napoleon Bonaparte, *Description de l'Egypte*），後來在薩西（Sylvestre de Sacy）的文選，更

後來在藍恩和福樓拜的描寫中都看得到這種情況。[8]

對我來說，東方主義興趣的焦點在於論述的和檔案的文本性（a discursive and archival textuality）以及現世的權力之間的夥伴關係，其中一個作為另一個的指標和折射。作為一種有系統的論述，東方主義是書寫的知識，但由於它在世界之中而且直接關係著這個世界，因此它就**不只是**知識：它是**權力**，因為對東方人來說，東方主義是一種運作的、有效的知識，藉著這種知識，東方人被以文本的方式傳送到西方，被西方佔領，被西方榨取他們的資源，遭到西方鎮壓。從這種培根式的實現（Baconian realizations）[9]中不難看見，比方說，有關某件事的大部分知識之所以進入文本，都是根據歷史的法則、社會和經濟的力量、現世的環境，這些都是亟待研究的重要對象。特別是對今天的文學批評家，因為他個人在建制中的邊緣性，以致似乎在面對世上發生的事情時，以身為外在的評論者而心滿意足。我們用於詮釋的現世智慧，就某個意義來說，被應用在每件事情上——但就是沒應用在自己身上；我們精於解構文本的神祕化現象、精於解說一個批評方法的盲點，卻似乎不能把這些技術應用在世界上那些文本的生命上、它們的物質性、它們產生悲慘或解放的能力、它們如傅柯所說的紀念意義（monumentality）。結果，我們遭到文本催眠，而相信文本只是文本，卻不知道在這麼說的時候，這種狹隘的觀點不只是無知，而且是盲目。

文本批評家為了把自己與現世的真實情況重新整合，應該探究

[8] 譯註：此段所提到的主題、作家及歷史人物，詳見薩依德於此訪談之後兩年所出版的《東方主義》。

[9] 譯註：培根（Francis Bacon, 1561-1626）是英國著名的知識分子、文章家與哲學家，此處所指的可能是他提倡以事實及分類所進行的實證方法。

的是論述系統，因為就是論述系統把世界分開、掌理、掠奪，把人類塞進小框框，「我們」是「人」、「他們」不是等等。我們會發現，即使像歷史語言學這樣無害的學科，在那個過程中也扮演了重要的角色。最重要的是，我們必須立志揭穿文本的祕密性、私人化的現象，這些文本中與環境有關的深厚及共謀（circumstantial thickness and complicity），遭到藝術或「只是」文本性這種超越現世的特權所掩飾。

【訪】在追溯「歷史語言學」這個觀念的演化時，你有沒有看
27 到其中的矛盾：一方面，身為人類，所有的民族都是平等的（這是赫德［Johann von Herder］的主張）；另一方面，「語言之樹」（the "language tree"）這個觀念暗示民族之間存在著高下層級的看法？

【薩】就表面上來看，是的，是存在著這種矛盾。柏林剛完成了一項有關維科和赫德的研究，宣稱赫德是個文化多元論者，他反對文化民族主義和不同文化之間那種高下層級的區分。那只是一部分的真相。早年的赫德把「東方」和舊約的歷史合併，代表了那個時代典型的做法。在1769到1774年之間，他的觀念轉變，對東方懷有更廣闊的看法，那個東方包括了波斯、埃及、腓尼基，而他把這個世界與原始劃上等號。但到了1780年代中期，像是安格迪爾—杜貝隆（Abraham Hyacinthe Anquetil-Duperron）的祆教經典譯註以及梵文翻譯這些文本傳進來之後，赫德就變成了希臘藝術的捍衛者；他在《觀念》（*Ideen*）中特別提到，對歐洲人來說，希臘的美學勝過亞洲的美學，而且在他後期作品中，可以找到很多攻擊東方民族的神權政治和專制政治之處。我認為我們在赫德的作品中必須要注意的是：他總是傾向於把東方人和西方人做不利的比較，而

且十九世紀早期像是歷史語言學和比較文法這類普遍化的科學中，幾乎總是這種行徑。許勒格兄弟（August and Friedrich von Schlegel）這麼做，洪保特（Wilhelm von Humboldt）這麼做，勒南這麼做，包普（Franz Bopp）也這麼做。

但是，當然那類的比較絕不是天真無邪或不涉及價值判斷的。造成語言之樹或家族高下之分的那種比較的傾向，我覺得是來自有心要推崇三件事：㈠當今（或者當今一個特殊的方面），㈡歐洲，㈢科學本身。以許勒格為例，在他1808年討論印度人的書中，顯示了希臘文字根和梵文字根相近之處，以及那兩種語言和現代歐洲語言相近之處。他對東方的觀念就是那是個古典而且極其遙遠的領域，但它的影響現在只殘存於現代歐洲語言中，因而也殘存於文明中。東方絕不是現代東方人居住、工作、生產的地方；而是隔絕於真正的現代世界的一個繭，但它「創意」的名聲傳到歐洲，而產生了一些思想家，這些思想家的技術——在這個例子中就是比較歷史語言學的技術——讓它為人欣賞並運用。因此，印歐語言（Indo-European）這個詞是由兩個不平等的部分構成：前面那一半沉溺於過去，後面那一半活力充沛、積極進取、資源豐富。據說包普的弟 28
子經常爭論「印歐語言」該不該改為「印度－日耳曼語言」（Indo-Germanic）；我們可以看到這裡涉及有害的民族主義，但我認為一旦歷史語言學家針對不同的語言家族區分高下，而且一旦現代性被牽連上歐洲的現況，那種情況就難以避免。

對許勒格來說，而且的確對那個傳統中所有的歷史語言學家來說，印歐語言和閃族語言（Semitic）是有區別的——閃族語言是黏著性的語言（［agglutinative］運作的方式是在字根的系統上添加字尾和字首），缺乏衍生的力量，不能執行美學的功能。印歐語言則是活潑的、美感的、生發的、有機的。在那個語言的分野上（如果當時確實如此的話）存在著種族理論的種子，因為不難從語言的區分上建立種族的類別。十九世紀每位歷史語言學家都一再作相同的區分。波里亞可夫（Leon Poliakov）在他那本《亞利安神話》（*The Aryan Myth*）中研究了種族歧視和類似亞利安類別這種觀念之間的共生關係，這種亞利安類別的特色就是假設的印歐語言「組」（"set"）的特色。但波里亞可夫並沒有深入探究一個事實：就歐洲而言，「閃族」不只是猶太人，也是穆斯林，而投注於證明東方（也就是閃族）的落後這整個知識計畫，在合理化對整個東方的殖民佔領上發揮了實際的效用。但今天的知識風尚在面對不符合自己眼前的目標那部分現實時，就閉目不視。同樣反諷的是，像波里亞可夫這樣一本攻擊種族理論的書卻遺漏了一段歷史，那段歷史顯示用來涵蓋東方人和閃族的網幾乎寬闊到了令人難以置信的地步。

但我這裡說離了題。如果我們回到你的問題，就可以看到一個弔詭的現象，也就是㈠根據「不同的民族」這個觀念建立起的平等的觀念，以及㈡針對各民族和種族的不平等而區分高下的所有那些有害的判斷，這兩者是攜手並進的。就相當大的程度而言，它們攜手並進的原因涉及權力，而權力的修辭象徵就是「人類」這個字眼。每當用上「人類」這個字眼，似乎馬上就反映了使用這個字眼的人為人類代言，其實卻犧牲了大多數不能發言的人類。批評家還沒做的一件重要工作就是研究十九世紀歐洲文學裡所運用的概括
29 性說法（generalizations），特別是擬人化的概括性說法。我確信人們會發現從浪漫主義者開始，我剛剛討論的那種文學生產和政治區別二者相互鞏固、滋養。

【訪】西方思想中異者（the Exotic）的角色通常都涵蓋了「卡

力班」的疑義（the "Caliban" problematic），[10]也就是說身為無法溝通或勉強可以溝通的生靈的異者，在一個外在強加的、宰制的語言中運作。這種無法言說（inarticulateness）的情況可以導致反叛或屈從，但從來不是把被壓迫者同化入宰制的文化中。你如何看待這個語言的問題——尤其是那些（像你自己這樣）被迫接受殖民主義的語言作為表達工具的作家？

【薩】你觸及一個豐富、複雜的問題。這馬上讓我想到一件事：在蘇黎世舉行的喬伊斯（James Joyce）葬禮中，那裡的英國大使德溫特勳爵（Lord Derwent）那種高高在上的態度（也許是不自覺的），暗指喬伊斯這個愛爾蘭人撼動了良好、古老的英文，是件值得榮耀的事——我想德溫特是這樣說的沒錯。這是多麼的諷刺，因為喬伊斯的寫作生涯從頭到尾都被一個事實所困擾（他在《一位年輕藝術家的畫像》［*A Portrait of the Artist as a Young Man*］中的說法最讓人記憶深刻）：強生（Ben Jonson）的語言不是他的（史帝芬的）語言，而像「耶穌」、「麥酒」、「主人」這類字眼不會是他自然想到或最先想到的。我也記得賽沙爾（Aimé Césaire）的說法，布賀東（André Breton）有一次在稱讚他時，也評論到賽沙爾用起法文來就像法國人那樣，多麼令人驚訝：這句帶刺的話無疑一直存在於賽沙爾的心靈，但那是真的。有關語言作為受壓迫者的權力的象徵，法農有許多要說的，主要是在他早期那些作品中，雖然說在《世間不幸的人》（*Les Damnés de la terre*）中它以母題的方式又回來了。我也可以提一系列晚近的法文作品（像是巴利巴爾與拉波

10 譯註：莎士比亞晚期的傳奇劇《暴風雨》（*The Tempest*）描寫遭到篡位的米蘭公爵普羅斯伯羅（Prospero）在被流放到荒島之後，如何運用魔法驅使、奴役原住於島上的怪物卡力班。

特的《法國人》［Etienne Balibar and Dominique Laporte, *Le Français national*］、卡爾維的《語言學與殖民主義》［Louis-Jean Calvet, *Linguistique et colonialisme: petit traité de glottophagie*］、桑科芙［Gillian Sankoff］的多篇論文），在在都試著要處理語言使用中所涉及的社會文化壓力，特別是這些壓力從中心印記到邊緣的或殖民的團體。在這方面，柯恩（Marcel Cohen）和勒菲佛（Henri Lefebvre）早期的作品也很重要。

我認為語言的政治問題經歷了兩個階段。第一個階段（像是阿爾及利亞的情況），本地作家被迫成為法文作家（或英文作家），而沒有任何其他的選擇：當然存在著本土的阿拉伯傳統，但那個傳統
30 並不被認為是舉世通用的，而是用於類似律法等神祕的題材。我前面提到，殖民主多麼留意要殖民地的土著說他們的語言，不是當成展示，就是象徵對強有力的或政治上宰制的社會的尊崇：我認為我們得以**要某人說話**（*making someone speak*）的方式來思考，而那種懲罰的意味就像傅柯（在《規訓與懲罰》［*Surveiller et punir*］中）研究在十八、十九世紀時，把拼寫正確或刑罰的規訓分別加在歐洲學生和罪犯身上。當在地的或本土的語言於殖民地被研習時，總是被囚禁於死亡的或古典的語言的角度裡；未受教的本地人所說的充其量只是廚房的語言。由於教育體系的緣故，中產階級採用英文或法文，充滿了自覺的尊榮，也帶著距離感，這使得那個階級一方面有別於殖民主，另一方面又有別於不幸的農人。

第二個階段可再細分為兩部分。首先就是有一個普遍的覺知，殖民的語言可以用來攻擊政治控制的系統——法農很仔細談論到這一點。第二部分就是，突然轉變到本地語言以象徵決心反抗殖民壓迫。在阿爾及利亞，這發生在反對法國人的政治激盪中，包括了學

習並使用阿拉伯文。結果阿爾及利亞人今天說的那種阿拉伯文像是口語的方言和古老的、書寫的語言兩者的混雜。大多數其他的阿拉伯人——我想也許除了巴勒斯坦人之外，因為他們的經驗在許多方面與阿爾及利亞人相似——不安地游移於相距甚遠的古典語言和方言之間。

今天英文和法文都是世界語言。阿拉伯文則不是當地通俗的語言，就是禮拜儀式用的語言，但現代阿拉伯政治史中偉大開創的時刻之一就是納瑟（Gamal Abdel Nasser）把他的演講當成以埃及本地的方言來攻擊殖民主義。他不但避免了古典語言束手縛腳的限制（東方主義把古典語言設定成一種超脫現世的無用之詞，以致甚至許多阿拉伯人都相信那個迷思），而且他也有如以自己的用語、自己的語言領域來轉而面對英國和法國。這種事情比聽起來的還更令人印象深刻，尤其是如果你記得，比方說，至少有兩個阿拉伯國家
的憲法原先並不是用阿拉伯文、而是用歐洲語言書寫的，或者想到 31
幾個阿拉伯國家的歷史檔案只以英文存在於倫敦。我們可以再加上一個事實：歐洲貯藏了數量眾多的阿拉伯文文本，這些是十九世紀殖民勢力從阿拉伯世界取來的。在這裡，傅柯有關檔案和論述的理論呈現了很物質性的面向；許多現代阿拉伯歷史檔案居住、貯存、囚禁在歐洲，這種說法絕不是比喻。

這些事實以很強有力的方式存在於許多阿拉伯文的主要詩人、小說家和散文家的意識中。他們顯然發覺很難處理這種情況：相較於馬克思派或其他的觀念能用來攻擊同樣一個產生馬克思主義和殖民主義的文化，他們在知識上屈居人後。在這種奇怪的脈絡下，原創性和身為「第一人」相較，轉而具有另一層很不同的意義：這也就是為什麼我發覺卜倫對影響的圖解，他對有關強的與弱的、先來

的與後進的詩人的觀念那麼具有暗示性。

無疑的，今天一般第三世界，尤其是阿拉伯世界，所面對的文化和政治的大問題就是有關獨立的發言（the articulation of independence）——這裡的言語比喻是很重要的——以及努力奮鬥好讓人了解。英語作為世界的語言在出口時具有相當威脅性的一面；它能夠（而且的確）產生一種新的文盲問題（a new illiteracy），就像布萊克默以往所說的，而這種文盲的情況和第三世界渴求技術專業的欲望結合、和知識的電子化結合時，使得語言成為一種新的壓迫和奴隸的形式。因為，如果東方主義這種語言過去透過它的符碼和格式，過濾出一種簡化的東方以供西方消費，那麼同樣的，西方也以簡化的方式過濾出應該為人所知的自己給東方。第三世界和阿拉伯的知識分子今天能攻擊這些簡化的格式，該歸功於像佛洛伊德、馬克思和其他人的超越論述的力量（the transdiscursive power）。

我自己目前的工作集中於放置、定位、物質化東方主義的論述：揭露它的結構，把它描述為一種語言，這種語言在建制和學科中的存在排除、取代了東方人之為人，而把已經東方化了的東方當成標本（the Orient Orientalized as specimen）取而代之。我覺得自己是在清理像東方主義那類佔有式的語言的圖書館，使得像我自己
32 這樣的東方人以及其他東方人有可能說話，而使用的是我們覺得自己需要使用的任何語言。簡單的說，我現在所寫的書能以英文或阿拉伯文來閱讀。[11]

【訪】就我來看，你似乎一直在強調西方思維基本的**錯誤**（更精確的說，意識形態的**扭曲**）在於它相信一個**沒有意義的**「東方的」

---

11 譯註：也就是此訪談之後兩年所出版的《東方主義》，此書建立起薩依德為後殖民論述大師的地位，並翻譯成數十種語言流傳於全世界。

文化傳承：低劣的語言，落後的心態，**沒有**歷史（如果有「東方的」歷史，那總是西方人為了東方人的**利益**而寫的——因為東方人沒有能力寫自己的歷史），而且最後一點，沒有「東方的」文學傳統。最後這一點在歷史上成立嗎？這些年來以阿拉伯文所寫的文學有沒有演進（比方說，像歐洲的長篇小說那樣）？最後，阿拉伯社會裡晚近阿拉伯意識在社會和政治上的轉型中，當代的文學和藝術生產扮演了什麼角色？如何反映了阿拉伯脈絡中晚近的一些轉變？

【薩】其實我發覺東方主義者把東方轉變成一個過於**具有意義**的東西，要東方說些有關自己的事情，而這些是其他地區——更別說民族或宗教了——絕不會以如此簡化、呆板的方式來表述的。勒南說，閃族的心靈是「人性低劣的結合」（"une combinaison inférieure de la nature humaine"），他並沒有說它，或產生它的東方，是沒有意義的。基內（Edgar Quinet）所謂的十九世紀歐洲的東方文藝復興中，主要的母題之一就是對東方的高估；康斯坦在《心之旅》（Benjamin Constant, *Journal Intime*）中對那個現象有些敏銳的觀察。但東方主義者——其實一般的歐洲人——確實都習慣於這樣的觀念：告訴世界，包括東方本身，東方真正意味著什麼，而且我確定你今天同樣能發現「東方人」告訴彼此「西方」是怎麼一回事。東方主義值得注意的是，詮釋東方很快就變成為東方發言（使東方沉默），因為1798年之後東方在軍事上成為被佔領區。當然，就像你所說的，發生這一切都是為了東方人的利益，卻從未詢問過東方人的意見，更別說參與這類詮釋了。我想你一定記得，東方主義把自己想成是**不管**東方人如何，它還是我行我素。[12]

---

12 譯註：相關討論詳見《東方主義》。

我認為大多數的阿拉伯人都會同意，對阿拉伯文化最重要的除了伊斯蘭教本身之外，就是文學。自伊斯蘭教紀元（Hegira）到十
33 九世紀末葉為止，阿拉伯文學的顛峰就是紀元八到十三世紀的阿拔斯王朝時代（Abbasid period）。在阿拔斯王朝時代和現代之間，有些時刻具有某些文學上的重要性（比方說，十八世紀的編年史家，特殊的散文和詩歌的形式等等），但整體而言，那段時期沒有什麼很值得一記的東西，至少在我看來如此，而我的看法有些偏狹，稱不上是研究那個主題的學者的看法。我不可能在這裡討論阿拔斯王朝時代，那會像是要試著以短短的一段文字來談論歐洲的文藝復興。然而，的確，那是阿拉伯文學中極為豐富、驚人地創新的時代。西方讀者最大的困難——比方說，對西方的比較文學者而言——就是為了要談論那個文學，必須一直在闡釋或翻譯，因此一般人對它所知甚少。但那只是一個問題。

另一個問題就是東方主義大都與阿拉伯文學無關，或至少與把文學當成阿拉伯人的生活表達無關。這也就是東方主義作為一個學說而言最值得注意的地方，而且就某個程度來說，決定了我來寫自己有關東方主義的研究。人們有這種印象：每個東方主義者都把阿拉伯人當成古蘭經的展現，或東方學家宣稱古蘭經所說的：就方法論而言，這就像把美國史當成新約的展現來寫一般。甚至在你考量這個學科的名稱時——東方主義，或者它底下的細分，像是伊斯蘭教或阿拉伯主義——你都找不到一個可以與它對稱的領域；比方說，沒有人宣揚西方主義，而且沒有人會認為研究基督教能取代研究莎士比亞、聖西門（Saint-Simon）或十九世紀美國史。但在東方主義中這卻是司空見慣的做法。就統計而言，我肯定你會發覺在東方主義者的分科專長中，文學是最少被再現的，原因很明顯，因為

文學混淆了東方主義者為東方生活所發明的那些乾淨俐落的類別。顯而易見的事實就是，東方主義者不知道如何**閱讀**，因此他們樂於忽視文學。

當你來到現代時，就出現了嚴重得多的扭曲。就像所有的民族復興一樣，自從世界大戰結束後那個時代開始的許多阿拉伯革命運動，它們普遍的傳播和大量動員很仰賴於文學；因此，阿拉伯文學在各方面都有長足的發展。你讀西方所寫的任何有關現代阿拉伯人 34
的書，裡面從來不提文學，更別說研究了。今天大多數的中東專家都是社會科學家，他們的專長根據的是有關阿拉伯社會、伊斯蘭等等的一些陳腔濫調，這些就像十九世紀東方主義者傳下來的破布一般。一整套新詞彙被傳來傳去：現代化、菁英分子、發展、穩定，這些詞被談來談去，好像具有某種普世的有效性，其實只是形成修辭的煙幕，掩飾了這個領域的無知。新的東方主義術語就是玄奧的論述，但其中的智慧並不能使人有能力去研究今天在黎巴嫩或以色列佔領的阿拉伯區所發生的事，或中東人民的日常生活等等。簡言之，東方主義的**現形**意味著任何東方文學興趣的**隱形**，沒有把東方文學視為社會發展中不可或缺的一部分。你只要讀最近的一些詩、長篇小說或散文，對阿拉伯世界任何地方現況的了解，就遠超過讀中東研究所（the Middle East Institute）、蘭德公司（the Rand Corporation）或任何在全國各東方研究系任教的自稱東方主義者所出版的一整架子出版品。但如果你對文學或東方主義略知一二，這就不會讓你驚訝。

如果你認為東方主義是一種對東方的**再現**系統（a system of *representations* of the Orient），就該明白為什麼它的作用之一就是逃避文學；這種系統把作為研究對象的人從歷史中**隱藏**了——這是羅伯森（Sheila Rowbotham）對中產階級社會中女性的遭遇的說法，同樣適用於東方人（東方人、黑人和女人相似之處當然驚人）。依我看來，回想馬克思在《霧月十八》（*The Eighteenth Brumaire*）中有關路易・拿破崙（Louis Napoleon）的說法是有用的；在提到路易・拿破崙宣稱能代表落後的小農時，馬克思諷刺地說：「他們無法代表／再現自己；他們必須被別人代表／再現」（“They cannot represent themselves; they must be represented.”）。[13] 這個說法完美地表達了東方主義者對東方人的態度，唯一的區別在於東方人是整個政治和文化篡奪、尤其是軍事統治的受害者。因此，文學被排除在外是無可避免的。

【訪】如果**政治有害**（*politica manent*）這種說法（多少）成立的話，那麼對當今批評學派的活力又該如何解釋？這些批評學派通常標明強烈的政治關懷和同情，但它們的生命期短促，而且通常在批評爭鬥中就消失了：這種情況如何和政治行動必要的持續共容？

【薩】無疑的，可以說政治行動和批評學派是根據不同的曆法而活，但政治團體或政治歸類（像是政黨）以很明確的方式表達它團結於一個理念、團結於自己，而這是當今的文學學派所不為的。批評家之間存在著一種寬鬆得多的認屬關係（affiliations），認為自己結盟的方式不同於政黨或政治活動團體成員之間的方式，因此你談到的生命期的差異主要是那個的作用，而未必是政治理念的持續。批評家即使覺得自己是某個文學學派或文學傾向的一分子，依然認為他所做的不是合作的事，而是個別的、個別化了的事。當

[13] 譯註：《東方主義》的扉頁便引用了馬克思這段文字，並有意運用“represent”一詞所具有的「代表」與「再現」的雙重涵義。

然，這對批評家來說是困境，這種衝突的一邊是自己置身其中的更大的氛圍，另一邊是自己有關詮釋、直覺等等的天賦相當獨立的運作：很難找到出路，而且我也沒把握一個人可以輕易找到出路。

有個相關的問題就是，批評能被系統化到什麼程度；比方說，記號學迷人的地方之一就是它的分析規則似乎不是倚賴個人，而是倚賴一個詮釋者的社群。我記得巴特在某處談到記號學研究的理想就是多少是合作的、非個人的。有系統性的批評的另一面就是這個問題：批評家是不是到頭來以相當可以預測的方式來進行他的分析。你可以拿傅萊（Northrop Frye）[14]討論狄更斯（Charles Dickens）的文章為例，把它說成只是典型的傅萊式做法（Frye-esque）。但擺盪在我們面前這些系統學（systematics）誘惑之外的，就是每個批評行為中當然有一種殘餘的享樂主義（residual hedonism），那可能存在於違反自己或違反自己的系統，也可能是很有意地要擺脫自己過去的執著、習慣和聯盟。巴特就以這個造就出自己整個生涯。我懷疑其他批評家會想要剝奪自己這個特權——即使這個特權是很受限的。學派和系統經常是以方法的形式出現，這種方法是為了排除這種終極性，而那也就是為什麼我生性就反系統、反學派。我認為批評基本上是一種發現和認知的活動，而不是沉思或嚴格將理論強加其上的活動。就後者而言，總是有忽略的危險，或從未發現與體驗到一些迷失的歷史證據的危險；但這也許是以另一種方式來說， 36
我發覺搜尋檔案特別有益。這除了讓我愉快之外，主要的利益在於讓理論感受到物質現實（或至少是檔案現實）的印記。而這反過來

14　譯註：傅萊（1912-1991）是加拿大文學理論家，他最著名的《批評解析》（*Anatomy of Criticism*, 1957）一書將所有文學作品歸納、化約為幾個簡要的原型。

也刺激了理論活動精益求精。

【訪】李維史陀（Claude Lévi-Strauss）幾年前在討論學科的性質時（〈人類學：它的成就與未來〉["Anthropology: Its Achievements and Future"]）宣稱，人類學是暴力時代的女兒（the daughter of an era of violence）：「它有能力更客觀地評估涉及人類狀況的事實，這在知識論的層次上反映了一個事情的狀態：有部分人類把其他人當成**對象**……它不是說明它的心理狀態，認為只有西方世界能產生人類學，而是由於那個事實的**結果**，以致被我們當成只是**事物**來看待的異地文化因而能被當成**事物**來研究。」你即將出版的這本討論東方主義（或者該說討論東方主義的**迷思**）的書，是不是致力於譴責李維史陀所分析的那種「人類學的帝國主義」（"anthropological imperialism"）？果真如此，你要如何**刻劃**東方主義的迷思（意識形態、心態等等）？你如何去除這種迷思的神祕化現象？而且你薩依德是**從哪裡**發言（或者該說，寫作）的？

【薩】東方主義不是迷思，它這個迷思系統（myth-system）具有自己的迷思邏輯、修辭和建制。它是產生對東方的說法的機器，而且它可以被當成人類學的帝國主義的一種形式來進行歷史的、建制的研究。有關東方主義的主要論點就是，它不單純是學術的或想像的那種寫作（形式又是什麼？），除了對其他的東方人之外，對任何人都沒有特殊的重要性：它不是如此。它假裝具有科學的客觀性，在今天它是一個完美的例證來說明知識和寫作如何彷彿能從文本被帶到世界——而且帶有力量和真實的政治後果。今天的東方不是類似李維史陀研究的那種消逝中的沒有文字的種族；它是世界的一個區域，而對西方世界，尤其是美國，具有重大的政策意涵。因此，一個人所研究的就是對文本知識的執行和掌理（the execution

and administration of textual knowledge），以達到直接的、在某些情況下是痛苦地直接的政治目的。我研究的限制一方面在於東方主義是前現代的（十九世紀之前）想像的地理的系統，二方面在於東方
主義作為現代的論述，和當代的相關性就是拉斯維爾（Harold Lass- 37
well）所謂的政策科學（the policy sciences）。我感興趣的是第一個轉變成第二個的過程。[15]

我的研究分為三個主要部分，第一部分「東方主義的範圍」（"the Scope of Orientalism"）試著把東方主義刻劃成一家的觀念（a family of ideas），自希羅多德（Herodotus［484?-420? BC，希臘歷史家］）以來就存在於西方，而在克羅莫勳爵（Lord Cromer）、貝爾福（Arthur James Balfour）、季辛吉（Henry Kissinger）[16] 和其他政治家的修辭中達到顛峰。因為像東方的專制、東方的感官、東方的生產模式、東方的風華這些觀念中，都有一個共通的因素。我的焦點在於其中的辯證，研究如何透過這個辯證把東方再現成我所謂西方的東方主義的舞台（the Orientalist stage in the West），而西方一直到十八世紀都把伊斯蘭當成主要的東方類型。這個階段的東方知識可

---

15 譯註：下文有關《東方主義》的說法，詳見該書。

16 譯註：克羅莫勳爵（Lord Cromer Evelyn Baring, 1841-1917）為英國行政官員及外交官，曾治理埃及長達二十四年，對埃及發展為現代國家發揮重大的影響力。貝爾福（1848-1930）為英國政治家，在保守黨內掌權長達五十年，其間分別於1902至1905年擔任首相，於1916至1919年擔任外相，以第一次世界大戰期間（1917年）發表的宣言最為有名，他在宣言中表示英國支持在巴勒斯坦為猶太人建立一個國家，是為著名的「貝爾福宣言」（the Balfour Declaration）。薩依德曾在多處提到，該宣言固然達到了猶太復國主義（Zionism）多年的夢想，卻造成原居該地的巴勒斯坦人流離失所。季辛吉（1923-）為猶太裔美國政治學者，於1973至1977年擔任美國國務卿，並於1973年因與北越的黎德壽舉行巴黎和談，商討和平解決越戰，共同獲頒諾貝爾和平獎，但黎拒絕領獎，兩年後南越淪陷。

以在德爾貝洛的《東方全書》(Barthélemy d'Herbelot de Molainville, *Bibliothéque orientale*)、《神曲》(*Divine Comedy*)、中古世紀的一些編年史，以及各種神職人員（彼得尊者［Peter the Venerable］、諾根特的吉貝特［Guibert of Nogent］、路德［Martin Luther］）嘗試處理伊斯蘭和穆罕默德的問題中找到。這些本質上宗教的作品，和第一個現代的、種族歧視的東方主義計畫形成強烈的對比，這些計畫開始於瓊斯（Sir William Jones）和安格迪爾—杜貝隆的語言學發現；我集中討論的那兩個計畫是拿破崙的遠征（以及它以學問為武器，埃及研究所和《埃及志》），以及德・雷塞普斯（Ferdinand de Lesseps）的蘇伊士運河當局。在第二部分「東方主義的結構與重構」("Orientalist structures and re-structures")，我研究的是十九世紀那些主要的歷史語言學、歷史和想像作家對近東的描述；我的出發點是達西耶男爵的《法國博學者表列》(Baron Dacier, *Tableau de l'érudition française*)，之後移向雨果、歌德、勒南、薩西、夏多布里昂（François Chateaubriand)、內瓦爾、拉馬丁（Alphonse Lamartine)、藍恩、伯頓、福樓拜、道第（Charles Doughty）等人。所有這些作家讓人吃驚的就是，他們一直引用的那個知識、意象和母題的儲藏所，以及每個人用自己的方式試著透過像寓言、詩選、圖書館、教室等等方式來控制東方。而這些設計反過來也同時被在東方以及為東方的不同宗教、教育、外交建制所操作。因此東方主義的想像結構直接投射到殖民當局，而殖民當局也直接被轉變成一種統治的、排除的、禁止的系統，加諸於東方的東方人身上：三者以自我肯定的過程彼此加強。最後，也就是第三部分「現代的東方主義」("Modern
38 Orientalism")說明英國和法國的東方主義學派如何把他們有學問的傳承和有效的技巧傳給美國學派，而且其中的教條又如何反映在今天美國政府和學院的獎勵和教學結構，以及美國在決策和外交政策方面的行為。

在整個研究中，我很艱苦地要顯示東方主義之所以成為一個綜合的系統（an eclectic system）的方式，這個系統吸納（而本身卻未真正修訂）了像是實證主義、馬克思主義、達爾文主義、心理分析、史賓格勒主義等等「強有力」的哲學的影響。我爭論性的意圖就是要顯示東方主義現在和過去都是存在於世界上的一種方式，作為以權威來表達說法的一種方式，以及——很關鍵性地——有規訓的意識形態存在的一種形式。這讓我能處理已開發和開發中世界的關係中所涉及的知識與想像、政治與寫作、自由與壓迫的問題。

這些事情很清楚地定義了你所謂的那種去神祕化或去迷思化的過程。我覺得自己是從一個有意思的立場來寫作。我是一個東方人以寫作來反擊東方主義者，而這些東方主義者長久以來因為我們的沉默而大行其道。我也有如**向**他們寫作，憑藉的是揭穿他們學科的結構，顯示它那種後設歷史的、建制的、反實證的、意識形態的偏見。最後，我覺得自己是為了同胞和同事而書寫共同關懷的事。

1976年刊登於紐約州綺色佳康乃爾大學出版的《析辨》

第二篇

在西方的陰影下

1981和1982年間，我加入了為英國第四頻道製作一個十集紀錄片系列的行列。我為系列中的第七集《在西方的陰影下》（*In the Shadow of the West*）撰寫腳本，此集以電影的方式描述《東方主義》（*Orientalism*）和《巴勒斯坦問題》（*The Question of Palestine*）兩本書的主題。拍攝地點在南黎巴嫩，主要是兩個巴勒斯坦難民營，時間是1982年1月，這部影片奇異地預兆了該年6月以色列的入侵：我們所訪問和拍攝的許多難民再度淪為難民。

——薩依德誌

【訪】在提問時，我們要先回到六〇年代早期。那時出版的兩本書的作者，他們的作品都和你自己的作品有某些聯繫：法農的《世間不幸的人》（Frantz Fanon, *The Wretched of the Earth*）和傅柯的

《瘋狂與文明》(Michel Foucault, *Madness and Civilization*)。因此我們就有兩個文本產生，一個來自法國，另一個來自法國的殖民地，而且各自以很不同的方式來描述相關的排外機制(mechanisms of exclusion)，那些機制自從文藝復興以來就鑲嵌在歐洲的建制裡了。可能是哪些力量使這些文本恰巧同時出現？

【薩】傅柯那本書產生的背景，我真的所知不多，雖然我可以對那時的狀況做些猜測。但顯然法農的文本——依我之見，這是兩本書中比較有意義的——來自於正在進行的政治鬥爭，也就是阿爾及利亞的革命。重要的是，法農的書是一個**集體**鬥爭的結果，相對地，傅柯的作品衍生自一個不同的傳統，也就是個別的學者—研究者獲得諸如學識、才華等名聲。這兩本書雖然根源不同，卻都的確是反對的書，所處理的不只是排外的系統(systems of exclusion)，也包括了囚禁的系統(systems of confinement)。法農那本書中最強
40 有力的意象就是殖民的城市：當地人的舊城區被殖民者市鎮、歐洲市鎮那種乾淨、明亮的街道所包圍，這些東西很殘暴地植入了當地的社會。尤其是兩本書的共同母題就是：不管用什麼暴力的方式加在屬民身上的東西，都是以理性——文明——的名義而予以正當化。但我依然認為重要的是要指出法農的書比較有力，因為你可以說它是根植於鬥爭的辯證(the dialectics of struggle)。

【訪】而不是因為它來自某種歷史學的實踐。

【薩】沒錯，正是如此，但更重要的是，法農書中所出現的，也是早期傅柯的作品中所看不見的，就是積極的投入感。《瘋狂與文明》出版後十年，1972年傅柯和杭士基(Noam Chomsky)在阿姆斯特丹上電視辯論。杭士基談論自己的自由主義者的理想，有關公理正義的觀念等等，但傅柯卻退縮了，承認他基本上不相信任何

確定的真理、理念或理想。而法農就不是這樣，因為他強力投入革命的變遷、團結、解放，這對像我這樣的人很有吸引力。傅柯的作品則是很精巧敏銳的哲學觀感。我也要說的是，傅柯作品的政治力量一直要到很晚之後，在他寫了更多的書——比方說，《事物的秩序》(*The Order of Things*)——之後，才完全顯現，而且也不是在其他一些人之前（比方說，東澤洛［Jacques Donzelot］）。[1] 法農的作品其實是他五〇年代以來所寫的系列作品中的最後一本，而傅柯的作品卻是他系列作品的開始。

【訪】讓我們暫時回到暴力、臣屬和文明。你在《東方主義》裡描寫的是西方學院裡的學術和殖民主義計畫大規模的聯盟，把再現的觀念用在批判建制化的知識。我們特別要問的是，你如何定義再現和它的政治經濟（political economy）？

【薩】我沒把握能不能用很精簡或簡明扼要的方式來定義，但的的確確，再現，或精確地說，再現（因而是化約）他者的**行動**幾乎總是涉及對再現**對象**的某種暴力以及下列的對比：再現某事的行動之暴力以及再現本身的冷靜外表之間的對比（這種冷靜的外表就是被再現對象的**形象**——不管是文字的、視覺的或其他的）。不管你稱它為奇妙的意象、異域的意象、或學術的再現，總是存在著這 41
種弔詭的對比：一邊是表面，似乎在控制中，另一邊則是產生它的過程，其中無可避免地包括了某種程度的暴力、去脈絡化、縮小等等。再現的行動或過程暗示了控制、暗示了累積、暗示了監禁、暗示了再現一方某種的疏離或失去方向。我們可以舉個語言學論文的

1 譯註：東澤洛是傅柯的學生和同事，曾撰寫《控管家庭》(*The Policing of Families*)一書，分析自十八世紀以來公家如何介入並規範家庭事務，導致傳統私人領域的劇變。

例子，也就是勒南（Ernest Renan）有關閃族語言的作品：勒南在條列他的材料時，心裡想的是博物館中的展示櫃，而當你展示某件東西時，你是把它從活生生的生活脈絡中抽離出來，然後把它放在觀眾面前（在這種情況下，就是歐洲的觀眾）。因為無論怎麼說，再現包括了消費：再現被用在帝國社會的本土經濟。以《東方主義》的情況來說，我所談的經濟是藉此來維持對殖民地的操縱和控制。唔，顯然有很多其他種類的再現，但為了宰制的帝國文化所產生的再現是我所感興趣的，這是由於我自己生活的環境，因為我曾經受制於它們的權威。我被送入殖民學校——那是父母親很樂意送我去的，不涉及任何強迫——青少年時期的我對英國歷史所知甚多，但對自己的歷史、阿拉伯歷史卻一無所知。我被教導的是，唯一有價值的再現就是對英國歷史和文化的再現，而我藉由教育接觸到這些。我也被教導認為自己在那個經濟中的價值比起實際在統治的英國人要差得多。來自那個脈絡的我，難免會把再現理解為涉及政治選擇和政治力的一種論述系統，以及某種形式的權威。

【訪】因此就像你在作品中顯示的，宰制——政治的、社經的、文化的宰制——和再現系統之間存在著一種直接、活躍的關係：彼此相生相成。就促成宰制結構的轉變而言，終極目標是要轉換再現，還是要完全消除那些系統？不管是哪種情況，有什麼能避免建立另一種同樣排外的論述實踐？

【薩】再現多少是一種人類經濟的形式，對社會中的生活是必
42 要的——就某個意義來說，對不同社會之間的生活也是必要的。因此我認為沒辦法擺脫它們——它們和語言一樣是基礎。我們所應該消除的再現系統，是帶有一種壓迫性權威的再現系統，因為它不允許或保留那些被再現者介入的空間。這是人類學無法解決的問題之

一，因為人類學本質上被建構為再現他者的論述，而且把他者**在知識論上定義成很低劣的**（不管是貼上原始、落後或只是他者的標籤）：人類學這整套學問或論述都仰賴這位他者的沉默。另類的選擇就是一種參與式的、合作式的、非強制的再現系統，而不是從外面強加的再現系統，但你也知道，這不是一件簡單的事。我們無法立即掌握產生另類系統的方法，也許透過其他較不剝削的知識領域是有可能的。但首先我們必須指認出在製造再現時，哪些社會的—文化的—政治的形成（social-cultural-political formations）能促成削減權威，增加參與，然後從那裡開始前進。

【訪】你在《採訪伊斯蘭》（*Covering Islam*）中，已經處理過建構另類系統的議題，以相對於西方媒體的排外機制。你認為實施一種新的立即、全球、電子的網路來生產並傳播新聞，能根本改變現存的結構（根據現存的結構，西方人消費那些被定義為非西方人的再現）？還是說那種權力會變得更為鞏固？

【薩】其實危機正在加深，出於幾個原因。第一，隨著電子傳送形象的種種進步，所謂的跨國大集團在大都會社會裡的生產方式更形集中。第二，這種情形愈演愈烈，導致倚賴性的社會（dependent societies）——第三世界裡的邊緣社會，以及就在中心都會地帶之外的那些社會——以驚人的程度仰賴這種系統來取得有關自己的資訊。我們現在所談的是有關**自我**的知識，而不只是有關其他社會的知識。

【訪】以致這些「倚賴性的」社會達到自我知識僅有的類別就內在於那個系統中？

【薩】內在於其中，正是如此。它們之所以邪惡是因為它們被 43
呈現為自然的、真實的，那種方式看起來簡直無懈可擊。我們到現在還沒設想出方法來處理電視、影片、甚至劇本的形象，以及批判呈現那種形象的整個脈絡，因為它被當成真實來**呈現**，透過強力的仲介，幾乎是下意識地接受。最後，也許是最重要的，為了回應這種日益增長的媒體宰制，社會主義國家和第三世界國家所提出與這種現象奮戰的解決方式是那麼的原始、粗糙，以致根本不能處理這類挑戰。比方說，限制生產方式，政府的檢查制度和介入等等，很可能只是擴大了這些措施原先有意奮戰的霸權，而不是限制它。主張新資訊秩序（New Information Order）的人士所說的，基本上不是要西方允許他們控制自己的新聞生產以及成品進入他們的世界，就是要把自己從那個系統移開、把西方摒除在外。那樣的話，他們提供什麼給他們的公民呢？只是一種知識盲和偏狹的隔離，那只會使他們更容易受害於盛行的科技以及它的都會源頭的誘惑和消費主義的意識形態，而不是減少受害。

【訪】那麼現在我們看到的是逐漸擴大的地緣政治的階層（geopolitical stratification），這所根據的是能不能接觸到資訊網路和科技資訊？

【薩】是的，一點不錯，而且由於完全仰賴這些資料庫，以致所產生的整個心態會延續到未來許多代。

【訪】你早先解釋說自己逐漸了解到再現的生產總是包含了政治的選擇，而這種選擇取決於施行和維持權威。在這種情況下，像社會學的資訊被置入資料庫的方式就沒什麼中立可言了。

【薩】沒有，當然其中根本就沒有什麼是中立的：整個過程代表的是選擇權和選擇性，排除與納入，以及那類非常精巧複雜的事物。但這種資訊生產的獨佔真正有害之處，與其說是有辦法接觸到
44 資訊這種問題本身，不如說是有辦法接觸到**批判**資訊的方式。換句

話說，我們在這個系統之外能做些什麼，好讓我們能把它當成一種生產的過程，而不是自然的過程？透過什麼機制？整個過程中那種有關和諧與無可避免性的迷思，可以這麼說，凌駕了任何有關溯本追源的考量。彷彿沒有選擇或其他的方式，以致反抗變得愈來愈困難，而且逐漸變成了大都會知識分子的責任。

【訪】反抗是以批判的行動那種形式出現。

【薩】我想是如此。整件事非得這樣不可：就可能性而言，你只能在像紐約這種地方的脈絡下做這種事，因為這些意象和再現產生、出現、集中於這種地方。我看不出有其他的辦法，而且我當然認為我們不能依靠政府的大力對抗——不管是西方的、第三世界的、社會主義的或其他的政府。

有趣的是，我參加華盛頓的美國—阿拉伯反歧視委員會（the American-Arab Anti-Discrimination Committee），這次會議經驗就某個方式而言驗證了這個議題的複雜性，因為它很明白顯示了在媒體系統內操控的那些人如何來看這個問題。這個會議之所以組成是特別為了對抗媒體對阿拉伯人的刻板印象；阿拉伯人是美國媒體能以諷刺手法呈現卻不受懲罰的唯一的族裔。卡柏（Ted Koppel）應邀與我針對媒體中的再現問題進行「對話」。卡柏是個很聰明的人，他主持的《夜線》（*Nightline*）試著要公平等等。其實卡柏本身就是媒體的產物，而且是個明星。他是個名人，這其實代表了對他來說再現作為一個哲學議題不能、而且的確不可以進入討論。相反的，其所認定的中心議題和解決之道，就只是在媒體上得到更多的時間。換句話說，他把我們視為節目潛在的來賓、報導、議題；對我們來說，在這種脈絡下，似乎是我們請求他給我們上電視的時間、曝光等等，好讓我們進入系統。而卡柏的反應是，因為他注意到我們，**我們就進來了**，報導就平衡了等等。因此，主要的議題——我們是**如何**被再現的——被主要是技術和商業的問題所取代，也就是誰上了電視，上了多久。一方面，卡柏想要看起來是獨立的；另一方面，他是美國廣播公司（ABC）這個系統的一部分，而這家公司
45 是更大的系統、網路組織的一部分。再來，很奇怪的是，他也代表了政府的利益。所有這些新聞從業人員，特別是全國性的這些新聞從業人員——布洛考（Tom Brokaw）、詹寧斯（Peter Jennings）、卡柏、丹・拉瑟（Dan Rather）——不只是給我們**新聞**，也（通常無意中）從美國利益的立場來再現正在發生的事。新聞從業人員內化了政府的規範，簡直到了駭人聽聞的程度。如果問題出在檢查制度，甚或是自我檢查制度，那還是可以處理、可以指出的，但我們這裡看到的卻是透過一種有效的納入的意識形態（ideology of inclusion），來進行合併與融合的過程，導致每件事都可以、而且的確是客觀地被條列、設限、形成：因此新聞媒體能納入**任何事情**，能併入任何觀點。比方說，在和美國國家廣播公司（NBC）一些媒體人所進行的電台討論中，我被問到對於過去幾個月黎巴嫩危機的新聞報導有什麼想法。很自然地，我提到了一項事實：他們根本沒有處理那個情況的政治面，反而集中於貝魯特機場附近的美國海軍陸戰隊，但那畢竟只是黎巴嫩危機中的一個小角落。然後，有人告訴我：「我們在1月4日做了一則特別報導，而且指出了祖魯茲（Druze）和什葉派（Shi'ites）和涉及的每一方。」換句話說，他們能表面上很名正言順地說，他們**報導**了每一件事。而真正發生的事，就像威廉斯（Raymond Williams）所說的，是一種設限和施壓的過程，以致焦點最終變成：**我們**的孩子在黎巴嫩做什麼。其他一切事情全淡化得毫不重要，就像每晚的新聞報導老是環繞在兩百五

十名海軍陸戰隊員陣亡，或機場的兩千名海軍陸戰隊員等等。

【訪】藉著強調新聞報導中更感性的那些部分，似乎新聞從業人員其實聯手掩蓋了其他方面。

【薩】但那些報導並不全是感性的，它們之所以**變成**感性的，其實是因為新聞從業人員把焦點集中在那裡。那些事情本身並不是感性的，而且可以像其他任何事情一樣以中立的方式來處理。如果你看法國或英國電視上有關機場的海軍陸戰隊員的報導，他們就只是位於機場的海軍陸戰隊員。

【訪】但新聞播報員知道美國人會認同他們的孩子。因此集中於特定事件的這些方面似乎就代表著處心積慮來刪節事實。

【薩】我並不認為那是處心積慮，但就像我所說的，那是把規
範加以內化。新聞從業人員**設想**美國人的利益當然會是其他美國人 46
的命運。這邊有兩點要說的。首先，比方說，不像亞洲人或歐洲人，這些美國新聞從業人員沒有一位曾經以公民的身分涉入一個持續的戰爭—侵略過程。對他們來說，戰爭是某個要去探訪的東西——而觀看的立場大都已經銘刻在這個過程中。而且每件事都是從華盛頓和紐約的觀點來看。第二，這個過程包括了片段化（fragmentation）：沒有一件事是以連續的時間來看待，沒有設定的集體記憶，也幾乎沒有一天天的累積。沒有背景，有的只是一個移動的前景。在每晚的新聞廣播中，除非是處理美國國內的議題，否則沒有任何歷史的累積。就世界其他地方而言，他們只是給你這些：我們昨天在那裡，明天就會回去，因此你不必擔心當時和現在之間所發生的事情，因為我們明天會有三十秒的時段把那些提供給你——如果危機持續下去的話。出於這種奇怪的方式，整個過程就成了互相矛盾：整個設想是極為原始的，但同時從技術的立場來看卻頗為

精巧純熟。把新聞帶來給你需要衛星傳送，**在那邊**的一組人員的花費等等。這不是一個簡單的過程，但觀念卻簡單、自我重複到了原始的地步。而就像我所說的，在我看來整個運作過程中最驚人的特徵就是，每位新聞記者都認為自己是美國國務卿。他們馬上會問：美國在那裡的利益如何？從專業的觀點來說，他們在那裡不是要報導美國的利益，而是在另一個社會、另一個國家中的一則新聞，不是美國在那個國家或社會中的利益，那是明顯的意識形態。然而，大多數的時間，從來沒有人公開承認其中涉及的利益，而總是像你所說的規避，或在新聞報導中已經設定了。因此，就像你所知道的，**我們**失去了伊朗，**我們**失去了尼加拉瓜，**我們**失去了黎巴嫩等等。

【訪】最近（1984年3月25日）《紐約時報雜誌》（*New York Times Magazine*）上有一篇關於以色列的文章，顯示了從我們自己利益的立場進行新聞報導的傳統，也適用於媒體處理以色列的情況。那篇文章的標題發人深省：「黎巴嫩之後的以色列」——就像是「越南之後的美國」。這兩種情況中強調的都是我們的／以色列的道德創傷，我們的／以色列的重建潛能，卻完全忽略了一個事實：以色列和美國都是侵略者、入侵者，並且否認了受害者的存
47 在。這種新聞報導暗示了這兩個國家的親密關係遠遠超過了對其他仰賴美國的國家——比方說薩爾瓦多——通常（至少）給予的禮貌待遇。

【薩】或多或少存在有一種完全的認同。阿倫斯（Moshe Arens［以色列前外交、國防部長］）是最好的例子：他就是美國的工程師。在同一篇文章中，作者報導了國會投票決定多給阿倫斯兩億美元購買武器，是因為舒茲（George Shultz［美國前國務卿］）在

一通清晨三點打給阿倫斯的私人電話中，**了解到**阿倫斯對於領土安全的強烈感受。認同以色列的情況在很多層面進行，而且愈來愈清楚的就是，這兩個社會就某個意義來說完全抹煞了自己的歷史。在當今美國社會的論述遊戲中，幾乎沒有原住民的空間，而在以色列社會的論述遊戲中，幾乎沒有巴勒斯坦人的空間──他們不屬於這裡。

【訪】我們可以指出以色列和像是南非、阿根廷這些國家的軍事與政治的聯繫，而這些國家就像美國一樣，在十九世紀形成的經驗中包括了對原住民的驅逐與滅絕，而當初之所以促成那種情況，部分是來自社會同質化（societal homogenization）的那種觀念。

【薩】同質化，是的，但也繼續抹煞原住民，使得原住民變成了只是風景中可有可無的人物。我們看看三〇年代來自猶太復國主義影片的那些景象：土地總是被展現得像是空的一般。就算阿拉伯人存在，也只是被當成像駱駝和看守駱駝的人那樣，偶爾從銀幕上走過，提供一種異域的風情：這**不是**烏克蘭的一處田野，而是帶有異域色彩的東方。有一隻駱駝和一個貝都因人經過──這就是巴特所稱的「真實的效應」（“the effect of the real”）：只要達到這種效應就夠了。但其他的風景則是空的。而同樣的觀念也出現在美國：拓荒的精神，進入荒野的使命，毀滅另一個社會，以及持續不斷的志業感──而志業本身就是好的，尤其是因為有一本書是這樣說的。至於那個志業意味著殺人，轟炸民宅，使得鄉村空無一人，這些都無關緊要。但那是一種特殊種類的志業，聯繫著一個新的殖民社會。隨之而來的是對傳統社會大為敵視，把傳統社會認定是落伍的、原始的、反動的等等，比方說，伊斯蘭。

【訪】因此這個滅絕的過程基本上變成了一連串的技術問題。

48 【薩】一點不錯：就一個層面來說，是一連串的技術問題，而且被帶入媒體。我認為這在歷史上是獨一無二的：整個像以色列這樣的社會，由大規模掩飾現實的機制，傳達於美國政治和知識的場景。如果人們知道在以色列和佔領區裡所發生的事，會驚嚇得難以形容——杭士基在最近那本書《重大的三角關係》（*The Fateful Triangle*）裡談到這件事。但它卻被有系統地撇開，而當美國人真的看到這種情況時——就像在1982年夏天那樣，看到入侵貝魯特以及在薩卜拉—沙提拉（Sabra-Shatila）難民營裡的屠殺事件時——過一段時間就遺忘了，因為沒有其他路好走。而且一向都是齊聲頌揚以色列的道德優越、高貴、民主、文明等等。

在有關《東方主義》的那些書評中，讓我失望的一件事就是，許多猶太或猶太復國主義期刊刊出的那些書評，錯失了我所嘗試呈現的一點：歐洲反閃族的思想和東方主義的根源其實是相同的。比方說，勒南大力反閃族、反穆斯林，他對兩者的看法本質上是相同的：閃族，不管是穆斯林或猶太人，都不是基督徒也不是歐洲人，因此要遭到非難和限制。結果就是猶太復國主義者在面對巴勒斯坦人時，採取的是東方主義者的看法；換句話說，巴勒斯坦人變成了以色列的東方主義者的對象，就像穆斯林和其他人變成了殖民或帝國的東方主義者的對象。以色列的新聞從業人員魯賓斯坦（Dani Rubenstein）在最近一篇文章中承認這一點，他在文中提到東方主義對［約旦河］西岸行政的影響：那裡的殖民行政官員全都曾經是東方主義者／東方學學者，是從希伯來大學伊斯蘭研究系教育出來的伊斯蘭學者。曾任西岸行政長官的米爾森（Menachem Milson）寫過一本有關阿拉伯文學的書，就是一個例子。

【訪】你先前提到核心—邊緣的關係。你認為這種對立有在變化嗎？比方說，其中一個事實就是西方大城市含納了愈來愈多的非西方人口，也就是維希留（Paul Virilio）所稱的「內在的都市主義」（"infra-urbanisms"），以至於以往帝國核心的真正中心現在吸引了很多邊緣的因素進入其內？這些人口的流動來自全球生產過程持續不斷的重新定位，可不可能修正西方民族之中集體的同質感和歧異感？

【薩】就歷史上來說，情況並不是如此。其實，我認為真正發 49
生的，像在英格蘭那樣，就是一種很強有力的種族感的強化，而且也有報復的運動——只消想想布里克斯頓暴動（the Brixton riots）就知一二。像奈波爾（V. S. Naipaul）[2] 那樣的小說家之所以成功，和殖民地居民的問題密切相關，他們降臨核心社會，威脅著要以自己無知的要求和本土的鼓聲來擾亂這個社會。尤其是像奈波爾那種人的真正動力——這裡我們又回到了再現的問題——就是人們指稱的這些「有色人種」被說成知道如何運用媒體來引人注意他們的困境。這種主題是所有本土抵抗運動中——不管是在美國或倫敦的都市黑人運動或是在第三世界——為他們根本的生存理由所不斷主張的訴求；但從來不是他們感受到憤怒不公的感覺，而是他們運用西方媒體的欲望，這些西方媒體不但容易受騙，並且落入了他們的圈套。我們記得在伊朗那些挾持人質的人被描述成基本上是在運用美國的媒體；越共也是這樣。這種強烈的恐懼一直都存在，害怕他者來濫用再現的法則（the economy of representation），而我認為那是一個長久存在的母題。同時，我們聽到連續不斷宣示媒體的開放與

---

2 譯註：奈波爾（1932-）為印度裔的千里達作家，以描寫第三世界國家的混亂、悲慘情境而聞名，並因撰寫這些「壓抑的歷史」（suppressed histories）而獲得2001年諾貝爾文學獎。薩依德有不少文章提到他，有時貶斥，有時稱許，態度不一，多少反映了同是在西方的第三世界知識分子自我定位的問題。

自由。

【訪】奈波爾的兄弟席瓦・奈波爾（Shiva Naipaul）寫了一本有關瓊斯鎮（Jonestown）的書，[3]他在書中暗示任何第三世界的民族主義領袖必然是個錯亂的或變態的自我中心狂。他指稱西方的自由主義者和左派人士：「那些人該知道如何增長我們那些有關重生和救贖的瘋狂夢想——那些安然置身於我們瘋狂邊界之外的人支持我們的瘋狂。」我們如何來說明這種與外在宰制勢力的認同？

【薩】在我所知道的那些第三世界地區，奈波爾路線是新的技術官僚階級發展的病徵，他們的世界中心是矽谷，因此有那種技術官僚的認同。其次，第一個後殖民的世代已經過去了。我這裡說的是大約從第二次世界大戰一直到七〇年代早期的世代：杜瑞（Sékou Touré）、納瑟（Gamal Abdel Nasser）和蘇卡諾（Sukarno）。[4]

【訪】那一個世代的認同與民族解放的詞彙密切相關。

【薩】是的，就某個意義來說是由一種民族主義者的中產階級所代表。如今那個時代已經過去了，而這些社會現在面對的是技術
50 官僚的問題，這些可以歸納為一些急切的需求：我們必須讓人民吃飽，我們必須擔心石油、分配等等，**而且**我們必須面對所謂國家安全的問題。那些都是要關注的議題。換句話說，一邊是技術的服務，另一邊則是國家安全——那其實意味著要維持自己的權勢。民族主義的能量已經過去了，必須找到某個東西來取代，於是就創造

---

[3] 譯註：瓊斯鎮為創立人民廟堂（the People's Temple）的美國人士瓊斯（Jim Jones）於南美洲蓋亞那所建，1978年該教派九百一十三人集體自殺，震驚全球。

[4] 譯註：杜瑞（1922-1984）是幾內亞共和國第一任總統及非洲重要政治人物；納瑟（1918-1970）曾任埃及總理（1954-1956）及總統（1956-1970），是阿拉伯世界極具爭議性的政治人物；蘇卡諾（1901-1970）是印尼獨立運動的領導人，後來擔任印尼第一任總統（1949-1966），後遭蘇哈托（Suharto, 1921-）率領的軍隊罷黜。

了外在的敵人。每一個阿拉伯國家，許多非洲和遠東的國家也一樣，所以仰賴的是行政長官的衛隊。他們心裡存著一種觀念，就是必須防範外在的敵人，也就是防範帝國主義，因此所有民族主義的古老口號都保留了下來。同時又存在著這種技術官僚的大躍進——至少是在這方面的嘗試——根據的是不加批判地內化了的現代化模式。因此，在這種脈絡下，許多事情就一直土崩瓦解，此外，在起義的階段依然有些活力——你在突尼西亞、埃及、拉丁美洲可以看到，偶爾在某個國家出現。在薩爾瓦多人們嘗試舉行選舉，但票箱被偷了。所以，由於技術官僚和國家安全這種不安穩的混雜狀況，人們對殖民主義或宗教發展出一種懷舊的心態——在我看來這是一種返祖現象，但有些人希望回到過去。沙達特（Anwar as-Sadat）[5]就是個很明顯的例子：他把俄國人以及所有代表納瑟的東西，像是高漲的民族主義等，全都趕出去——然後說，「讓美國人來」。一個新的時代，在阿拉伯文中稱為「因飛達」（*infitah*［經濟開放］）的時代，於焉出現。換句話說，一個國家向一種新的帝國主義開放：技術官僚的經營管理，不是生產，而是服務——觀光業、大飯店、金融業等等。那就是我們現在的處境。而奈波爾就來自那種現象。

【訪】就西方媒體塑造出來的形象而言，現在的一個重要人物就是［利比亞強人］格達費（Moammar Quaddafi）。之所以對他產生那種極為扭曲的形象，主要似乎是因為他是位獨立的領袖，也就

5　譯註：沙達特（1918-1981）為埃及軍官及政治人物，自1970年起擔任埃及總統，因推動與以色列和談，於1978年與當時的以色列總理比金（Menachem Begin, 1913-1992）同獲諾貝爾和平獎，但也因此為穆斯林激進分子所不滿，於閱兵時遭到刺殺（比金後來也遭以色列激進分子刺殺）。

是說，這個人無法被收買或整合入冷戰或為了全球經營管理而做的三邊協議。

【薩】收買他的指望不大（當然，他本身就很富有）。在所有有關恐怖主義的修辭中，比方說利比亞的突擊隊等等，其中許多都與格達費無關，而是回溯到杜斯妥也夫斯基（Fyodor Dostoyevski）和康拉德（Joseph Conrad），他們想像出「為恐怖主義而恐怖主義」以及「恐怖主義作為一種美學活動」（而不是政治事物）的這整個
51 觀念。人們未能清楚看出看似瘋狂的格達費其實代表著第三階段的門檻。換句話說，首先是民族主義和本土主義，然後是技術官僚，之後那個系統在此刻一分為二，一方面是對殖民主義的懷舊（「來幫助我們」），另一方面則是宗教的復古——柯梅尼（Ayatollah Ruhollah Khomeini）[6]、格達費。換句話說，從前說「對美國人或俄國人有信心」這些話的人，現在被迫承認仰賴外來勢力是徹頭徹尾的失敗：我們的人民和以往一樣貧窮，我們依然積欠國際貨幣基金（IMF）或美國的債務。因此，唯一的答案就是伊斯蘭。格達費的情況就是那樣，而且就這種情況來說，他真的是很恐怖。因為如果你走遍阿拉伯世界和伊斯蘭世界，就會發現那裡存在著一種對「伊斯蘭」的真誠普遍的歡迎，這威脅到每個公安國家（National Security State）。而這種公安國家的反諷——至少在阿拉伯世界裡——就是每個都完全失敗了：沒有一個國家能保護自己的邊界，更不要談國家安全了。伊朗以往在國王的治理下，是個公安國家，並

---

6 譯註：柯梅尼（1900-1989），伊朗什葉派宗教領袖，領導革命於1979年推翻巴勒維政權，接下來十年集政治、宗教權力於一身，曾因不滿魯西迪的《魔鬼詩篇》（Salman Rushdie, *The Satanic Verses*），發出追殺令。薩依德基於言論自由的信念，甘冒伊斯蘭世界的大不韙，公開表態支援魯西迪。

且顯然是美國的代理政權。而幾乎每一個阿拉伯政權都遭到以色列攻擊、入侵，領土遭到佔領：因此，伊斯蘭就是答案。而在這一切中所失去的就是世俗的另類選擇（a secular alternative）。

【訪】公安國家相對於技術官僚——這是第三世界部分國家今天遭到的衝突。還可能建構出什麼另類選擇、什麼可能模式呢？

【薩】我們回到法農，你找到的就是造反，而欠缺可稱之為烏托邦的面向，因為暴力倫理（ethic of violence）其實遏阻了真正的批判反省。就理想而言，你想要的是法農和阿多諾（Theodor Adorno）的連結，但那完全不見了。換句話說，一邊是行動主義、民族主義、革命、造反等等，另一邊是一種過度的理論反省和思索，而這些是與法蘭克福學派連在一起的——而你也記得，這到後來成了認命。至於第三世界，前者——民族主義等等——變成了公安國家。我們多少需要另一個面向，而那其實包括了不單單以造反或反動的方式來思索未來。

【訪】也就是要有一種批判的過程，這種過程必須包含另類未來的輪廓。

【薩】正是，重點在於我談的不是創造烏托邦或烏托邦主義。
杭士基在提到［美國符號學家］皮爾斯（C. S. Pierce）有關**不明推** 52
論式（*abduction*）的觀念時談論到這一點，而這個觀念是根據已知的事實來形成假說。你假定某件事，盡可能納入現有的東西，根據並忠於那個假定——儘管我們對已知事實的理解可能並不完美——從中**推論**出一個可能的未來假設。而那個過程、那個面向在現在的情境裡是見不到的。我認為已經開始特別針對再現和帝國主義發展出某些種類的批判工作。

《東方主義》在某些方面來說是一本負面的書，但在結尾時我的確試著談論一種非強制、非操縱的社會觀。你在女性主義研究中也可以找到這種另類的追尋，而那個研究領域真正嚴肅地提出這些問題。因此，如何根據某些理解來提出假設，在何處進行解構和去神祕化的工作，但同時指出一個方向——這個方向不只是兼容並蓄，而且是以某種真正另類的方式來處理未來？一般說來，這並不是人們在做的那種批判工作，而在第三世界不可能有長足的發展，因為這種工作不可能由一個人來做，必須是眾人的努力。那就是所有重點之所在。因此，我們回到傅柯，他真的感興趣於獨力做自己的事，但我認為未來在於集體。

【訪】你有沒有看到任何一套可能的情況，可以讓美國的一些部門以及你和其他人描述為反系統的運動之間產生任何具體的認同？那種認同的共同基礎會是什麼？

【薩】無疑的，那個基礎必須是對宰制或對作為宰制的帝國主義的一種批判。

【訪】但這種批判顯然會和六〇年代的批判具有截然不同的形式。

【薩】一點不錯。六〇年代是熱切的、烏托邦式的，代表嘗試恢復和復原某些種類的——也許我們可以說——原始或立即的經驗。而我所說的是某種更為反思的東西，所批判的對象不只是作為資本主義經濟的帝國主義，還包括了以文化形式出現的帝國主義。[7]

訪問者：克拉里（Jonathan Crary）、馬里安尼（Phil Mariani）

1985年刊登於紐約的《楔子》（*Wedge*）

---

7 譯註：此處的說法預示了薩依德後來的《文化與帝國主義》。

第三篇

重疊的疆域：世界、文本與批評家[1]

【訪】曾經有人要你比較傅柯（Michel Foucault）和法農（Frantz Fanon），因為你一向關切這兩個人所探究的排外、囚禁、宰制的文化政治。你在討論《瘋狂與文明》（*Madness and Civilization*）和《世間不幸的人》（*The Wretched of the Earth*）時，賦予了法農的文本更大的力量和意義，原因在於它來自阿爾及利亞革命的集體鬥爭；相對的則是傅柯那種聰明而起義式的介入（insurrectionary intervention），然而那種介入卻是個人的，並且停留在學院傳統之內。[2] 能不能請你評論在你的作品中批判的距離（the concept of critical distance）這個觀念和奉獻與團結的文化政治（the cultural politics of

1 譯註：此篇主標題為1993年出版的《文化與帝國主義》第一部標題的前半，副標題則為1983年出版的論文集書名。

2 譯註：此處所指的極可能就是本書前一篇訪談錄。

commitment and solidarity）兩者之間的對話，因為這正是你特別崇拜法農的地方？

【薩】我一開始要多談談傅柯和法農。他們兩人之間的不同點之一就是，傅柯作為學者和研究者的歷程，是以他對具有政治強度的場域的興趣而聞名——精神病院、醫院、監獄、學院、軍隊等等——從一種看似起義的學術（insurrectionary scholarship）轉移到另一種學術，後者在面對權力的問題時所採取的立場是，相信對於規訓性的或監禁性的社會的控制，到頭來幾乎是無法抵抗的。在傅柯生涯中的不同階段，出現了一種默認（quietism）：也就是說，每一件事都被歷史決定了，有關公理正義、善惡等等的理念沒有內在的意義，因為它們是由當時運用它們的人來建構的。然而，法農的全部作品所根據的就是真正歷史改變的觀念，藉著這種歷史改變，
54 被壓迫的階級能使自己擺脫壓迫者。這是一個重要的不同之處；這也是我到現在發覺在法農作品中特別有價值的事情之一。他不只談論歷史變化，而且能以歷史的、心理的、文化的方式來診斷壓迫的性質，然後提出種種驅除壓迫的方式。

我所要說的第二點就是，法農作品中所暗示的團結是和一個新近冒現的階級（an emergent class）、新近冒現的運動保持團結，而不是和早已存在的階級或運動保持團結。我對這點的感受就是，如果法農能多活幾年，親眼目睹阿爾及利亞獨立建國的最初幾年的話，他的立場會是很複雜的，我認為他未必會繼續待下去，可能會搬到另一個地區。因為許多新興國家中所發生的狀況就是，激進分子變成了國家系統裡的執行人員，而這個國家系統大都沒有演化出保有批判距離的知識分子階級。有關團結最令人困擾的事情之一，就是你受限於自己對團結的說法的程度，以及你可能輕易就被收編

到權力的論述裡。這是無法避免的事。法農來自激進分子的階級，這些人後來變成了國家力量的主宰和工具。

同時，批判的距離也有它很危險的地方，也就是真正的距離，允許你從一個有力的位置狙擊各種濫權。我想的是東方的那種聯盟異議分子（bloc dissidents），比方說［波蘭哲學家］科拉柯斯基（Leszek Kolakowski），他來到這個國家，斥責共產主義，讓那些感恩的反共產主義者提供他們各式各樣的學術和社會獎賞。在我看來那根本就不是我們所談論的那種距離。還有其他一些形式是你在第三世界到處找得到的——比方說，在敘利亞找得到的伊拉克異議分子。這些例子中的問題就在於你讓自己被一個國家當成棍棒來揮舞，而那個國家的興趣在於利用你來攻擊另一個國家。那是最常見的現象。但未必是國家，也可以是團體。因此對我來說，真正的問題是你在**哪裡**做這些事——地方——而那就提出了訴求對象（constituency）的問題，以及你是否的確能以不同的方式來面對幾種不同的訴求對象，並且回應他們所面對的問題。

就像我所說的，有些例子並不屬於這些類別，那麼就只是選擇
正確立場的問題。我自己從未真正必須以這種方式來面對團結的問 55
題，因為我涉入的那些理念——比方說，像是巴勒斯坦運動——
唔，它們是輸的一邊，或至少是處於不利的理念。它們是五〇、六〇年代沒有成功的解放運動遺留下來的倖存者，而且短期之內其實沒有太大的成功希望，雖然我自己並未失去任何希望——也許這是我愚蠢的地方。

【訪】因此你不用面對同樣被收編的危險。

【薩】有些第三世界的團體和國家試著要收編我，但要抗拒並不是很難。甚至在巴勒斯坦運動本身，我也表明絕不會接受任何類

型的官方角色；我一向保持自己的獨立。有時我擔心那是不是一種我承擔得起的不負責任——多虧哥倫比亞大學的教授職位保障了我這種自由。但我認為那是正確的。

【訪】你對訴求對象和知識分子的地位的說法，在我看來深具意義，尤其是想到像德布雷（Jules Régis Debray）這樣的人剛開始時深深介入政治鬥爭，而現在則成了密特朗（François Mitterrand）的顧問。[3]

【薩】對我來說一向有用的模式其實比德布雷的方式更為游離，他一向是在法國的體制外運作。他對玻利維亞人和古巴人所做的事情——現在回頭看可能不太公平——那些事情的觀光意味很濃厚。這種行動的模式像是歐威爾（George Orwell）前往威根埠頭（Wigan Pier），描寫相關的事物，然後回到倫敦，為英國國家廣播公司做事。[4] 我並沒有什麼地方可以回去，而且我對自己的所作所為也從未以那種方式來思考。我的感情和政治根源是在其他地方，因此我必須投入一連串的事情。那也和個性有關：我的訓練和興趣都在所謂**比較的**（*comparative*）工作。[5] 我更感興趣於跨越疆界的

---

3 譯註：德布雷（1940-）是法國激進分子、新聞記者，因為參加切（Ernesto Che Guevara, 1928-1967）的游擊隊於1967年被玻利維亞軍事法庭判刑三十年，後因法國總統戴高樂（Charles de Gaulle, 1890-1970）、法國作家沙特（Jean-Paul Sartre, 1905-1980）及國際人士的介入，於三年後獲釋，並於1980年代初，擔任法國總統密特朗的南美洲關係特別顧問。

4 譯註：歐威爾（1903-1950）本名布萊爾（Eric Arthur Blair），是英國著名的小說家、散文家、批評家，以長篇小說《動物莊園》（*Animal Farm*, 1945）和《1984》（*Nineteen Eighty-four*, 1949）聞名。他的第一本社會主義著作是1937年出版的《威根埠頭之路》（*The Road to Wigan Pier*），報導自己於英格蘭北部的失業礦工之間生活的親身體驗，並對當時的一些社會主義運動嚴加批評，文中充滿了義憤。

5 譯註：薩依德在哈佛大學接受的是比較文學的訓練，並以此為豪，而他後來在

旅行——換句話說，是以水平的方式來旅行，而不是以垂直的方式在一個文化中來旅行。舉例來說，比較文學讓我感興趣的地方正是那種跨越，還有反專業化和反地域性。這些事情，我想，都以某種存在的方式根源於一個人的背景和歷史中；但我認為那種工作也涉及知識的傾向，總是能牢牢抓住我。我一向感興趣的就是跨越文化和地域的邊界、而且在那樣的來來往往中建立起自己生涯的作家和知識分子。

【訪】那也就是為什麼流亡者的形象對你來說成為知識分子典 56
型的形象。

【薩】阿諾德（Matthew Arnold）[6]使用**異類**（*alien*）這個字眼來描述批評家：某個沒有著根於階級、而多少是漂浮不定的人物。對我來說，流亡者的意象是非常重要的，因為你到達這一點時知道流亡是無法逆轉的。如果你用這種方式來思考，那麼它就成為一個真正有力的形象；但是如果你認為流亡者還能回歸——能找到一個家——這個嘛，那就不是我所談的事。如果你把流亡想成是一種恆久的狀態——不管是字面上或知識層面上的意義——即使這是件難事，但也有希望得多。如此一來才是真正在討論活動、無家可歸，就像盧卡奇在《長篇小說之理論》（György Lukács, *The Theory of the*

《文化與帝國主義》中挪用音樂的「對位」（counterpoint）觀念，提倡「對位式閱讀」（contrapuntal reading），也深具比較的性質。這些都與他身為流亡者的處境密切相關。而流亡者對薩依德不僅具有字面上的意義，也是重要的隱喻：處於主流與權力核心之外的邊緣位置，保持批判的距離。可參閱下文。

6 譯註：阿諾德（1822-1888）是英國維多利亞時代著名的詩人、文學批評家和教育家，在《文化與無政府狀態》（*Culture and Anarchy*, 1869）中宣揚文化的重要性。薩依德推崇的英國文化批評家威廉斯（Raymond Williams, 1921-1988）在1958年出版的《文化與社會，1780-1950》（*Culture and Society, 1780-1950*）中挑戰阿諾德式的菁英文化觀。

Novel）裡所說的——「超越式的無家可歸」（"transcendental homelessness"）——那可以具有一種特殊的知識任務，而我把它和批評連在一塊。和流亡與無家可歸一樣，第三個對我來說很重要的術語就是世俗主義（secularism）——也就是說，在世紀、時間、歷史中的世界，而不是在神學的或系統的或「湯瑪斯式」（"Thomistic"）[7]高度理論性的世界；現在有許多左派知識分子被這種高度理論性的世界所吸引。

【訪】這也就是為什麼你所謂的「現世性」對你來說很重要。

【薩】是的，現世性是世俗主義的另一種說法，也再度與宗教性對比——順帶一提的是，自從我寫了《世界、文本與批評家》（*The World, the Text, and the Critic*）之後，那種態度也變得普遍多了。比方說，最近《國家》（*The Nation*）刊出了一篇文章說，現在美國唯一的左派就是宗教。去年夏季號的《每月評論》（*Monthly Review*）就是討論「宗教的左派」，修訂了馬克思有關「宗教是人類的鴉片」這種路線。根據《每月評論》，馬克思對宗教的說法，其實意不在批評；相反的，他的意思是：宗教是一種力量。這類例子不勝枚舉。各式各樣的例子顯示以往的左派分子現在相信宗教上的另類（又名「解放神學」［"liberation theology"］）是最重要的事情。

我要強調的第四件事就是，我所談論的本質上是**左派**的另類：那和有關社會變遷的特定看法密切相關。這也是為什麼現在所寫的大多數文學批評在我看來很無趣的另一個原因。顯然我會讀文學評

7 譯註：此處指的是中世紀義大利神學家、哲學家阿奎那（Thomas Aquinas, 1225?-1274）式的神學、哲學思想模式。

論——那是我的領域，那是我在許多方面投入的——但其中大多數
對我來說幾乎毫無意義可言。用葛蘭西的字眼來說，那是對於闡釋
的闡釋（the elaboration of elaboration）。如果你去掉一些像詹明信
（Fredric Jameson）這樣的人（他本身很聰明，但他的作品也是以 57
複雜的模式呈現，而且是那麼的理論化，以致有時會產生一種反
政治的、而且在我看來是很宗教式的態度），那麼真正有意思的作
品就是遊戲之作，像是卜倫（Harold Bloom）、波瓦里耶（Richard
Poirier）、柏塞尼（Leo Bersani）或詹明信本人的作品，他們這些人
無法真正輕易納入像是解構批評或馬克思主義這樣的某種學派或系
統。有時候我在歷史學家和社會學家身上找到的養分，比我在同屬
文學批評領域內的那些人的作品還要多，因為那些人的作品本質上
既是宗教式的（那種模式就是對神聖文本的評論，即使他們談論的
是修訂典律諸如此類的事），又是那麼的精妙深奧、充滿術語，結
果根本就索然無味。

【訪】詹明信的那種政治衝力就某個方式來說是政治的海市蜃樓……

【薩】我認為在詹明信的例子中，並不是那麼像海市蜃樓。對他來說，政治是外加在我們身上的狀況，因為我們生活的世界已經失去了它的超越性。換句話說，他對世界的看法本質上是懷舊的。他是海德格派（Heideggerian），或者湯瑪斯派（Thomist），卻沒有超越的主體，他自己知道這一點，而且以那種模式來運作——他像是失去某件東西的人，試著在抽象的歷史中來恢復那件東西。但這其實並不是葛蘭西和維科以及其他人所說的那種歷史的或世俗的世界。那是一種特殊的、晚期黑格爾式的願景，這個願景在我看來本質上並不是政治的。它的政治是為了補償已經喪失的神聖，並沒有

直接介入歷史或政治的進程，但同時它也深深介入法蘭克福學派批評思想的整個傳統。

【訪】你如何把自己的歷史觀來對比這種宗教式的或目的論的願景？如果沒有像馬克思主義所提供的那種歷史哲學，人們又如何來思考歷史問題或進行歷史工作？

【薩】顯然我無法提供一個有關歷史的明快的定義，也提不出冗長的定義；但我說的是一種特殊的歷史介入，完全在馬克思主義的傳統裡，比方說，這種介入本質上具有**地理的**偏見，而不是時間的偏見。大多數在黑格爾傳統內的理論家對歷史的執著是時間性的，意思就是說，對他們來說歷史起源於遙遠的過去的某一點，而從那一點開始每件事都成為可能。對黑格爾來說那的確成立；對早
58 期的馬克思來說那的確成立；對盧卡奇來說那的確成立。而且那種說法很有力，明白表達出渴望重新捕捉這種經驗，呈現出一種宏偉的歷史計畫，不管這個計畫是革命的、學術性的或其他的。但我所說的其實更接近於葛蘭西的歷史觀，本質上是地理的和地域的，這種歷史是由幾個重疊的領域所構成，因此社會被視為眾多活動在其中發生的領域。重複交疊、彼此競爭的領域這種看法對我來說比時間性的歷史觀更有趣，後者要回到**先前的起源**（*fons et origo*）——一個奇蹟式的、源起的一點。[8]因此，有可能把歷史進程中的介入視為其實是一種集體的奮鬥——而這種奮鬥並不是由一個個人主體試著捕捉整個錯綜複雜的歷史來贏取，就像狄爾泰（Wilhelm

8 譯註：其實薩依德在1975年出版的《開始：意圖與方法》（*Beginnings: Intention and Method*）中已經以來自維科的啟發，來對比（複數的）「開始」與（單一的）「源起」，並質疑後者的宗教性、獨斷性。薩依德後來又以來自葛蘭西有關地理的啟發，進一步闡揚此一觀念。

Dilthey［1833-1911，德國哲學家］）嘗試要做的那樣，而是一種集體的奮鬥，其中不同的利益在特定的強烈的場域和彼此競逐的領域中互動。最讓我感興趣的例證之一就是帝國主義，其中存在著大都會地區和世界邊緣地區之間的互動。另一個例子顯然就是特定社會中不同領域——新興的、宰制的等等——之間的階級競爭。還有一個就是整個有關權威的爭奪，我認為那不是以往歷史的意義——也就是說，不是嘗試決定當時某人如何回嘴，而是嘗試研究一個階級或一套利益中的權威機制。在這方面，有關歷史進程的領域觀或地理觀，比起把原點設定在神聖的觀念，更不可能被神學化。

【訪】然而想要研究過去的那些個別研究者，面對的是一群文本，而且在處理這些文本時必須使它們彼此關聯。如果你不用目的論或總體論的歷史觀，有沒有什麼其他的角度能讓你來組織自己的計畫，或者只不過是根據另一套利益／興趣（比方說，你目前的政治關懷）來決定？

【薩】我認為人們的確是根據現今的關懷來組織個人的研究，這是無庸置疑的；否認那一點根本就是不誠實。你因為各種當代的原因而對一些事情感興趣。那或許是為了職業生涯的晉升（從最底層開始），但也可能涉及你個人的系譜，就像傅柯所說的，你在特定領域中的歸屬感。或者就許多女性主義作品的例子來說，這和性 59
別區隔的建構這整個問題有關；那是第三個例子。第四個例子——也是我認為最有趣的例子之一——就是揭露在歷史中通常隱而不現的種種認屬關係（affiliations）。不只是彼此之間正常相屬的文本之間的關係（比方說，在面對英國文學典律時，研究者的計畫變成要尋找另類的典律）。那沒有我所問的問題那麼有趣，也就是：這些文本是與什麼相關，所以促成它們現在的情況？只是說，「嗯，我們真正需要的是另類的典律」，這樣是沒有用的。我們需要找出的是：在產生所謂「英國文學」這種東西的社會和歷史的進程中，是什麼因素造成了**這個**典律。那只是一種例子。而我在《東方主義》（*Orientalism*）試著要做的正是那個。

我猜想你可以說一個計畫來自兩個平常並不相關的事：一個是當代世界中那種聚合的政治關懷，另一個是對於什麼產生這種情況具有真正的歷史好奇。而且你必須以有意識的、理性的方式來執行，運用來自過去的幾股力量來促成現在的轉型。

【訪】你能不能更明確區分你的認屬觀和傳統馬克思派的意識形態理論，這種理論主張存在著一種雙層結構：一群文本在一個層次上，而這些文本由另一個多少更「真實的」或「物質的」層次所間接決定？

【薩】我不喜歡這種雙層的觀念。我們所處理的是歷史證據，因為文本以許多不同方式來表達、含納或具現這種歷史經驗，所有這一切都在過程中互動，而這個過程我認為比單單說文本在上面、現實在下面要來得複雜許多。你不能把文本當成某種分離的東西來討論。分離的狀況甚或歷史的特殊性，以及完全自主完整的因素（這是一些結構批評者試著要肯定的），兩者是不同的。我認為其中有一種交易（commerce），或者你可以說是一種交流（exchange，我討厭「對話」［"dialogic"］這個現在風行的術語）。因此我們真正談論的是**許多的**層次；而那也正是我使用地理比喻的要點所在。你擁有的是一種交流，在其中有些文本似乎居於自己的一個層次，而有些只是被視為一種垃圾文學等等。因此，它是多層的，而不是雙
60 層的。一旦你認知了那一點，整個有關文本和世界的那種令人很不滿的區分就不再有趣了，失去了激發爭議的力量。

【訪】因此，那是一種實用的區別，而不是一種知識論或本體論的區別？

【薩】那是一種**假設性的**區別。但在我看來更重要的問題似乎是：文本是在哪裡產生的？這裡再度強調的是地域。而目標顯然就是盡可能將地域解放出來，以供討論、分析、競爭。這不但是一種知識的隱喻，也是一種政治的隱喻。那和佔領一塊領域而不准人進入完全無關。所有涉及圈禁、限制等等這些觀念（這些在我想來是內在於牧師、教師等的專業論述），對於批評事業都是有害的。

【訪】這提出了在女性主義中出現的很有力的許多問題，因為女性主義被底下這個事實所定義：它以很特殊的方式存在於領域之外。女人所處的世界把她們貶抑為「卑劣」的種姓，以致遭到她們的宰制文化所排除；因此，女性主義的部分重責大任一直是要挖掘出女人的歷史——從前遭排除、隱而不現的人、文本和行動。同時，一向存在的觀念就是：除了這個復原的階段之外，還有另一個更艱難的階段，也就是要負起更主動的責任來選擇、創造新的社會形式，這意味著要以積極的意義來捍衛價值和選擇。

【薩】的確如此——比方說，六〇年代的黑人運動就像女性主義一樣——在運動早先的那些階段中，試著要把過去隱藏或不承認的領域釋放出來，透過學術和批評工作，以及政治組織，賦予它前所未有的某種可見度和某種地位。而下一步則是雙重的。一方面你要肯定你所發現到目前為止那些被壓抑的認同所具有的價值。然而，一旦這麼做的話，你就面對了像是第三世界的本土主義（nativism）這類現象。同樣的情況也發生在許多女性主義的工作中，以致肯定女性主義典律所具有的價值變成一種風潮。但對我來說更有趣的是把那個經驗**整合**到社群的共同經驗。分離主義（separatism）

是第一個情況，但下一個問題則是：你如何在充滿分歧的世界中把
61 新價值整合成一個想像的社群？與此時爭戰不休的特殊認同的問題相較，這涉及更普遍的問題。許多女性主義寫作的前提根據的是這個觀念：女性主義的角度給你一種阿基米德式的支點[9]來觀看歷史。但這種阿基米德式的支點是不存在的；你總是涉入政治。因此，比方說，許多女性主義沒有能力處理種族的問題，以及種族的重要性時而超過性別的問題。在某些情況下，是性別更重要呢？還是種族更重要？除了只是肯定價值和偏好之外，還有其他重要事情和優先順序。

【訪】的確，你所提的以往那種女性主義很強而有力，而且當前在學院內相當得勢；但它並不是唯一的一種。

【薩】是的，它絕不是唯一的一種。有一種很帶有進步色彩的女性主義，深深介入政治——比方說，巴蕾特（Michèle Barrett）。[10]

【訪】正是，巴蕾特，以及許多英國女性主義者。

【薩】是的，但美國女性主義者則不多，至少就我所知並沒有很多。當然是有一些；但我要說，她們這個團體沉寂得多。

【訪】法國—美國這個軸心在這裡的學術界聲勢浩大……

【薩】是的。但不只這樣，性別的問題被以某種方式形上學化了，而且被心理學化了；因此，政治的面向和歷史的面向——這些在英格蘭已經產生了一些真正特殊的學術成果——在這個國家卻比

---

9 譯註："an Archimedean point"，據說古希臘的偉大數學家阿基米德（Archimedes, 287?-212 BC）曾說，「給我一個支點，我就可以移動地球。」這種說法的先決條件是在地球之外找到一個（超然的）支點，而這是不可能的。

10 譯註：巴蕾特是英國倫敦大學教授、著名的社會理論家，專長為意識形態、美學、性別研究與後結構主義。

較不為人注意。也許法國的影響與這有關。我不知道；那當然是可能的。

【訪】也許我們可以移向另一個有趣的領域。在《世界、文本與批評家》中，你主張批評家的主要關懷就是要讓人注意到促成文本的那些權力和權威的現實。在我看來似乎我們已經踏上了一條不歸路，而我們所踏入的世界裡的文化權威——因此間接地也是政治的權力——握在大眾媒體技術人員的手中。果真如此，你認為批評家重要而且決定性的角色，就是探索產生媒體文化的權威與力量的種種現實？這也是有關課堂政治（the politics of the classroom）的問題——是不是至少就某個程度來說，我們不該教導有關媒體的辨讀能力（media literacy）？

【薩】過去七、八年以來，我一直覺得在你所謂的課堂政治那 62
個領域中存在著很大的問題——也就是個人在實際教學中要做些什麼（相對於一般有關教學的理論性說法）。對我來說極有意義的一件事就是，我所寫的東西和我所教的東西幾乎完全無關，因此我發覺自己所教的大都是標準的課程——英國文學和比較文學裡的必修課程，以及像是文學理論這類東西。我大約在十七年前，也就是1960年代末期，開始教理論，當時沒有人在教；但現在理論已經佔了一半的課程，也成了一種標準的東西。然而，我現在正在寫的那兩本書，一本是有關知識分子的角色，從我先前所說的那種角度，針對不同傳統中的知識分子進行歷史和政治的研究；另一本是有關文化與帝國主義的關係。那些東西是很難納入課程裡的。[11]

---

[11] 譯註：前者是1994年出版的《知識分子論》，後者是1993年出版的《文化與帝國主義》。

接著出現的就是通俗文化的問題。並不是通俗文化沒人談；因為的確開了很多有關通俗文化的課程。你剛才說，媒體的重要性和政治再現的重要性深具意義，這種說法我並不反對，因為媒體本來就是如此。媒體代表了一種合法化的論述，而那是極為有力的——涉及鞏固、權威和某種類型的合法性。我認為要直接正面處理這個問題是很糟糕的，因為你會陷入術語中，和一種立即滿足的研究——因為你所看到的那些事都相當容易吸收，然後你去解構它們。我的感覺是，如果可能的話，應該試著運用現存的課程結構——比方說，英國長篇小說或十七世紀抒情詩的課程——而運用的方式日後可以用來處理我們所生存的媒體環境。那也就是為什麼像威廉斯的《鄉村與城市》（Raymond Williams, *The Country and the City*）這樣一本書會如此重要。因為他把英國文學的標準課程放入都市和鄉村階級之間的衝突或辯證的一種社會脈絡。我認為那種取向比每每直接處理通俗文化的方式更有意思。你是把學生移向某種媒體的辨讀能力與批評——而只有少數人能真正發展出那種能力與批評，因
63 為大多數的學生其實感興趣於適應體制，而不是去改變體制。試著去教育出能夠走出去並改變世界的學生，我對這很懷疑。對這點我是很反獨裁的。我對開山收徒不感興趣；我不要別人像我一樣，我感興趣的是不同的人。給人小小的工具箱、裡面裝著一些陳腔濫調和方法、能讓他們拿出用，我對這種事情沒有興趣。有鑑於這一切，我對課堂上如何處理媒體問題，採取的是很保守的看法；相反的，我試著透過寫作，當然也藉著上媒體，來面對這個問題。

【訪】我了解你在面對通俗文化的陳腔濫調時心裡的不情願。在我看來，問題似乎是如何用一種政治上有意思的方式來談論陳腔濫調。或許，那不是直接面對［美國電視連續劇］《朱門恩怨》

（*Dallas*）和《朝代》（*Dynasty*）的問題——也就是以內在的方式來分析它們——而是把它們放在文化中的其他文學和歷史的文本旁邊，來探索促成它們的那些權力現實。

【薩】是的，但你沒考慮到的是典律的情況，你所處理的是一種權威，一種文化合法性的認知，一種同意，而那些迥異於電視連續劇那種輕易的商品消費模式。把它們混為一談是很危險的。它們執行的其實是兩種很不同的功能；除非你了解這些功能是什麼，否則我認為不該把它們彼此同化。我認為不能以「解構」《荒屋》（*Bleak House*）這類經典作品的同樣方式來「解構」《朝代》或《朱門恩怨》。所以你要如何處理它們呢？在我看來，一個有趣得多的方式就是來看形式本身的社會學，來看媒體聚合體的建構、這個產業以及所使用的正式工具，而你是知道的，這些構成了一部極複雜的機器，卻被化約成簡單的目的：使人平服，把日常生活去政治化（the depoliticization of ordinary life），以及鼓勵、提升消費者的胃口。那就是媒體整個重點之所在，與它同時存在的就是一種價值系統所隱含的誘惑，說共產主義是邪惡的，美國是美好的地方，每個女人都可以成為［女明星］瓊・考琳絲（Joan Collins）等等。我心想是不是最好能以影射的方式來處理，也心想處理這種事情的方式是不是其實不該來自很嚴肅地研究文學的歷史和社會學，把它放在更寬廣的政治和社會脈絡中，而這些經常是被排除在教室之外的。至於你如何去做，則是另一回事。我必須說，我自己並沒有解決這 64
個問題。

我認為詭異、有趣得多的就是媒體所呈現的新聞，或者在所謂的新聞或紀錄片節目中對現實的觀感。而運動的呈現也一樣有趣。［美國著名的社會批評家］拉奇（Christopher Lasch）曾經針對運動的景觀寫過很有趣的作品；但要做的事情還有很多，我認為人們把太多注意力放在這些連續劇上，而不是放在對於其他文化的再現、現實的再現、社會變遷的再現、恐怖主義的現象上——這些都極為有力，而且幾乎完全欠缺分析的觀點。媒體和國家之間的合作在我們這個時代中很特殊。我認為那會定義未來的政治。

【訪】當前的一個例子就是對於南非的報導，集中於焚燒、毆打告密者，而相對地排除了國家的暴虐，其實那些暴虐在其他地方進行著，而且已經以有系統的方式進行了很長一段時間。

【薩】是的，那是一個很好的論點。

【訪】藉著把媒體的問題連接上第三世界知識分子的問題，我們可以觀察到一種全球性的語言革命，以致目前西方工業世界對知識享有完全的壟斷……

【薩】不是完全的壟斷，那其實是高估了。其中的一個危險就是有人會說：「唔，既然已經這樣，所以我們還是加入吧。」不過根本不是如此；但那就是一般的反應，而且第三世界中的政治菁英和這種高估之間強有力的共謀關係是很有趣的。第三世界中有許多人會去想像存在著一種媒體壟斷，經常（但並不總是）可以和它合作，因為他們喜歡它。我無法討論整個第三世界，但第三世界中有一部分我很熟悉；如果你去看看的話，總是可以發現有相當重要而且影響重大的一群人，深深介入於了解他們自己情況的問題、他們自己在世界上認同的問題，同時完全能採用宰制他們的核心國家中找得到的批評工具。那種情況現在不再那麼罕見了。以魯西迪（Salman Rushdie）這樣的人為例，他來自印度，卻住在英格蘭。他
65 的情況和流放、流亡有關，但他的處境其實遠超過個人的層次。他能以世界的語言來寫作，而且把那個語言翻轉過來對抗它本身的權

威和鞏固的來源。因此我認為這才是我們真正要看的；我們不該認定戰役已經結束，這樣大家都會沉溺在［美國女明星］摩爾（Mary Tyler Moore）之下。

【訪】我認為這又是一個很重要的提醒，尤其是在女性主義面對正統拉岡（Lacanian）觀念中有關象徵的看法時，他們把這種象徵視為無所不包。而它的效應——如果不是意圖的話——這個效應就是女人在文化中所扮演的（雖然經過不斷壓抑但卻）很堅韌的角色變得隱而不見、因而被抹黑了。它忽視了在整個歷史中，不同團體和世界上不同地方，女性對宰制團體一直不斷爆發出來的反抗。

【薩】一點不錯。就某個意義來說，在處理認屬的問題時最有趣的工作就是找出反抗能量之所在，而那一直不斷爆發，各處都找得到。我一向都說，知識分子的角色就是對立——那並不意味著你什麼都反對，而是說你涉入研究（而就某個程度來說，提升）對於所有這些總體化的政治運動、建制、思想體系的反抗；依我之見，拉岡的體系恰好是這樣的思想體系。而且我認為，在這個領域中所看到的不平坦、異質性，必須是所有這一切所要肯定的重點。如果你要認定有某種方式來了解現實的整體，那你只是提升了這種總體化的過程。比方說，費希（Stanley Fish）在談論「專業主義」的時候就試著那麼做。每件事都變成專業主義的一部分，就像對傅柯來說每件事都是監禁的社會進程的一面。所有這些系統一再自我肯定，以致每一條證據都變成整體系統的例證——而這些系統其實是敵人。

【訪】它們能產生一種默認（quietism）。

【薩】不只是默認，而且——就批評費希的人的情況看來——它們能引發許多相當陳腐的討論。有時默認是其中最不危險的。比

方說，阿多諾（Theodor Adorno）的「完全掌理的社會」（“totally
administered society”）的觀念，產生了某種內在的默認，而那本身
66 是一種反抗的形式。它是很仔細地形成的默認或認分，但默認和認
分是對那種攻擊的反抗。然而在其他情況下，其實問題只在於：
「我如何能使系統為我工作？」那是很不同的。

【訪】也許這裡適合提出大學的政治（the politics of the university）這個議題。批評家自己又身為學院人士、存在於學院中，這種關係你感覺如何？去年美國大學突然再政治化的情況，你有何看法？

【薩】大學是一個非常矛盾的地方。無疑地，大學裡存在著有關功能、權威、工作風格的極強有力、牢不可破的上下層級。而美國的大學和集團之間的關係，以及大學和國家之間的關係，很少受到應有的嚴格檢視。原因之一當然就是每個人都忙著去做那些事，而過了一段時間就把矛盾的存在當成環境的一部分，視為理所當然。我就是這樣。我介入其他一些對我來說似乎更重要的事情。對我來說，坦白告訴你，大學是個特權的場域。

至於大學的政治化，以及對南非種族隔離的譴責（這是美國現在舉國關注的焦點），在我看來多少值得懷疑。當然，那在我看來是重要的、好的等等。怎麼能反對它呢？即使雷根也不反對它！那就有些不太對勁了。但同時發生的——這種情況在這個社會很普遍——就是專業的政治（the politics of specialization）接管了。因此，如果議題不只是南非，而且也是南非的系統和其他排外系統之間的關係，南非所代表的那種排外和種族壓迫的歷史，以及一整套的共謀關係（而不是大學和在南非做生意的集團之間的關係）——嗯，這些議題全都沒被列入考量。對我來說最完美的例子（你大概猜得

到），就是南非和以色列之間的關係。根本沒人談論這項事實：存在於南非和另一個社會之間最大、最有力的有機聯繫，就是和以色列的聯繫。那不是意外。而在大學中，那涉及高度專業化的觀念：政治是什麼？知識分子的角色是什麼？哪些是「被認可」的政治議 67
題？那不是我擬想的政治化。我認為政治更涉及連接那些在正常情況下彼此之間沒有關聯的事情，更涉及檢視通常是放在櫃子裡的那些禁忌，而並不是只處理那些被認可的事情，只因為它們被認可了。

【訪】就某個意義來說，像種族歧視和核子戰爭這樣的議題的確是「容易的」議題，因為很少人會真正贊成種族歧視或核子大屠殺；但同樣的我們也可以說，我們去年在美國校園看到的那種抗議（可能會再次看到），能夠開啟許多事情讓我們檢視，至少是在局部的層面：大學評議會的運作，董事的權力。由於你最近對比了六〇年代政治運動的烏托邦思想和你覺得現在需要的那種行動，因此看來特別有意思的就是去年的那些行動在它們的組織、籌劃和對媒體的認知等方面，有別於六〇年代的校園抗議。

【薩】毫無疑問地，你所指稱的六〇年代的抗議和晚近運動的各個方面存在著驚人的差異，而且值得我們留意。但我依然要說，必須尋找宰制的歷史關聯在政治抗議上所留下的印記，而你在大學裡能看到的地方之一就是我所謂專業化的這種特定風格。觀察大學是一回事，而實際去做也很重要——去分析大學在知識組織上所扮演的角色，在提倡某些種類的社會目標（相對於其他的社會目標）上所扮演的角色，並且檢視大學和集團之間的關係。我並沒有試著要大事化小。但我所談論的是一個大得多的框架，涉及政治參與的整個問題，那牽涉到社會變遷以及一種政治系統和另一種政治系統之間的關聯；我不認為那些議題真能在大學所提供的脈絡裡提出來。我說過，大學是個高度矛盾的地方，而且我依然不相信大學是能發動重要社會運動的地方。有些事情在大學裡是可能的，某種的反省和研究；但在那之外，由於這個社會裡的大學不是國家機器的一部分——它們不像許多歐洲國家或第二、第三世界的大學那樣，是政治系統的一部分——因此出現了一種不同的大學風格。對我來
68 說，它基本上是有吸引力的。我不是想說我寧願待在大馬士革的大學，我當然不願意。我只是說某些種類的事情在這裡是可能的，而其他種類的事情是不可能的。

但我要表達的重點就是，在我看來那些抗議已經有和更大的議題同樣排外的情況——所謂更大的議題就是把種族隔離視為與南非有關的單一現象，而不代表或連接上其他同樣的關係，比方說，以色列境內的猶太人和非猶太人之間的關係。

【訪】我們回顧哥倫比亞大學的封鎖，有意義的地方似乎是有許多沒什麼政治經驗的年輕人，能遇到介入更具爭論性議題的那些行動分子（比方說，反對美國在尼加拉瓜的政策），而且開始走出大學。

【薩】當然。我確信當時的情況就是那樣。但我表達的方式廣泛得多，而且可能有些粗糙。

【訪】即使是在六〇年代，學生的反叛也是遲到的，是在民權運動之後很久才出現的。

【薩】大學是一個遲到的地方。也許它應該如此——作為一種過濾器，在這裡事情很遲出現，而不是一開始就出現。

訪問者：亨齊（Gary Hentzi）、麥克林托克（Anne McClintock）

1986年刊登於紐約的《批評文本》（*Critical Text*）

第四篇

處於公眾生活十字路口的文學理論[1]

「處於不同文化之間的這種感受，對我來說非常非常強烈。我會說，貫穿我人生最強烈的那一條線就是：我總是處在事情之內和之外，從未真正很長久地屬於任何東西。」　　——薩依德

薩依德的作品代表了一種新的、強有力的、尤其是對立模式的「實用批評」。薩依德在文學理論之**內**發出懷疑的聲音，總是提醒文學理論研究的習慣策略是多麼**不切實際**，因為它們與李查

1 譯註：本篇的訪問者薩魯辛斯基（Imre Salusinszky）為澳洲學者，當時獲得傅爾布萊特獎助金（Fulbright scholar），於耶魯大學研究及任教一年半，並利用這段時間走訪當時在北美的九位代表性文學與文化批評家。此系列訪談的方式是詢問這些人的文學與文化理念，並請他們解讀同一首詩（美國詩人史蒂文斯的〈不是有關事物的觀念，而是事物本身〉［Wallace Stevens, "Not Ideas about the Thing but the Thing Itself"］）。訪談錄後來結集出版為《社會中的批評》（*Criticism in Society*［London: Methuen, 1987］），此篇即是其中之一。

> 茲（I. A. Richards）相關的較老式的「實用批評」一樣，把文學和批評與更寬廣的社會實踐區隔開來。批評家把「文學性」（"literariness"）或「美學」當成可以獨立出來的感應，開放向正式的理論化，以致把文學和自己邊緣化了；而且由於他們未能看出文學——以及批評——是置身於更廣泛的權力和行動的場域，以致有意無意之間為了統治階級權勢的利益而服務。薩依德寫作的方式是反對那些批評模式（像是解構批評），因為那些模式傾向於以純粹的理論意識來取代批評的或反對的意識。
>
> ——薩魯辛斯基

【訪】我第一次遇見你是在耶魯大學的班上，我原先以為你像我一樣，說英文會帶口音。

【薩】那我也做得到。

【訪】但你這樣的紐約人物讓我驚訝：都市化，而且很同化。總之，你的生平必然讓人覺得很驚異。我想聽聽一個巴勒斯坦難民如何變成哥倫比亞大學的英文教授：我想絕不是一蹴可幾。

【薩】把我形容成難民很可能有些誇大其辭。我出生在耶路撒冷。因為家族事業的緣故，我們住在耶路撒冷和開羅，雖然1948
70 年之後，我們其實是定居埃及。由於這些遷徙，我上過許多學校——我們也在黎巴嫩度過一些時光，因為我家在那裡有個避暑的宅院。因此當我在1950年代初灰頭土臉地離開埃及、前往美國時，大約已經上過九所學校：我上過一所殖民地的英國私立學校，因為總是闖禍，他們就叫我不用再回去了。十五歲時我來到美國，在一所住宿學校待了一、兩年，然後上普林斯頓大學。我的家人留在中東，因此我夏天就回中東，但現在我家族中只有我一個人住在這裡。

因此我的背景是很詭異而奇特的，而且我一向都意識到這一點。我們雖然是巴勒斯坦人，卻是英國國教徒（Anglicans）：因此在伊斯蘭這個大環境中，我們是少數基督教徒中的少數。再加上由於我父親早年待在這個國家（他在1911年來到美國，待了大約九年的時間），我們一直有到美國的出路，而且由於宗教和文化的原因，也有到英國的出路。因此，英國和美國是我的替代之地（alternative places），而我從小就說英文和阿拉伯文。我總是有一種局外人的詭異、奇怪感受，而隨著歲月的流逝，也有一種無處可歸的感受：基於許多明顯的原因，大都是政治的原因，我不能回巴勒斯坦；我不能回自己成長的埃及；而現在我不能回黎巴嫩——我母親現在住在黎巴嫩，我妻子也來自黎巴嫩。我的背景是一連串的錯置和流離失所，從來就無法恢復。處於不同文化之間的這種感受，對我來說非常非常強烈。我會說，貫穿我人生最強烈的那一條線就是：我總是處在事情之內和之外，從未真正很長久地**屬於**任何東西。

我研究文學，是因為我一向就對文學感興趣，也因為在我看來與文學相關的事物——比方說，哲學、音樂、歷史、政治學、社會學——能讓人對許多其他的人類活動感興趣。這種生活對我來說很棒，我連一時片刻都沒懊悔過。其實一直存在著另一個選擇，就是去做生意，那是我的家庭背景，但對我來說那從來不是一個真正的選擇，因為在中東做生意真正的社會和政治背景總是具有一種統治階級的形式，而我多少已經離開了那個階級。

【訪】你在巴勒斯坦民族議會的議員身分包括了什麼？ 71

【薩】除了象徵的意義之外，其實什麼也不包括。我是在1977年被那個議會主動選為獨立議員——我和任何官方團體都沒有政治牽連。1977年我到開羅參加過一次會議，在那裡待了四天左右。之後的會議我都沒出席，一直到1984年11月的安曼會議才參與，而那個高潮式的會議彌合了巴勒斯坦運動內部的分裂。我在那裡待了兩天，主要是為了湊足法定人數。就任何的意圖和目的而言，我都不是活躍的分子。

【訪】談到流離失所：如果巴勒斯坦人能達成他們獨立建國、重回故土的期望，你會留在美國還是回到巴勒斯坦？

【薩】那個問題我想了很多。我從前認為自己會試著回去。我其實來自巴勒斯坦的西耶路撒冷：那在1948年之後一直是以色列的一部分，我覺得自己不是很輕易就回得去那塊市區。現在我真的認為自己身上有著很強烈的流亡的觀念和感受，所以我懷疑能不能藉著那一種回歸來平撫。

總之，我不確定自己相信在剛開始時該有個分治的巴勒斯坦。我已經不再認為政治問題的解決方式就是區分成更小塊、更小塊的領域。我不相信分治——不管是在政治的、人口的層次，還是所有其他知識的、精神的層次。分割成一小塊一小塊的社群，這整個觀念是完全錯誤的。任何有關純粹的說法——某某領域**本質上**是巴勒斯坦人或以色列人的故土——對我來說簡直是完全不能成立的。我當然相信自決，因此如果人們想要那麼做的話，應該可以那麼做，但我看不出自己有必要去參與。

【訪】在閱讀《巴勒斯坦問題》（*The Question of Palestine*）時，我發現的事情之一就是勇敢的立場：你是這整個辯論中極少數特殊的評論者：一方面你在描述猶太復國主義對巴勒斯坦人的意義時毫不妥協，另一方面卻一直堅持巴勒斯坦人和以色列人的命運彼此牽連，無法分隔。那麼此時此刻現實的結果如何？

【薩】此時此刻除了持續惡化的衝突之外，其實沒有太多可以 72
期盼的。我對阿拉伯和巴勒斯坦的情況知道得很多，而且我認為在那裡漂浮、無望、不定的感受很強烈。我並不認為一般人已經放棄了——那些人的韌性很強——但我們真正歷經的是領導的危機，加上一個特別不幸、不公平的非常時刻：所有情況都對我們不利。美國的角色、蘇聯的角色、其他阿拉伯人和以色列人的角色：所有這一切湊起來都不利於在不久的將來出現任何有意義的解決方式。

但就中程到長程的未來而言，有趣的是有些以色列人和巴勒斯坦人用類似的路線來思考，而那也正是我先前提過的那種方式：**反對**分治的觀念，而試著實現一個民主的猶太／巴勒斯坦國。弔詭的是，其中有許多是由於像［猶太教牧師］卡亨（Meir Kahane［1932-1990］）者流所提出的問題，說什麼你們不能有一個民主的猶太國家：那令人心寒，也讓人覺得很難處理。我很感興趣的就是耶路撒冷前副市長班凡尼斯提（Meron Benvenisti）最近的一篇文章，他的結論和我一樣：我們實在不能主張民族分離，因為我們的生活在許多方面都密切相連，而在此時此刻主要是由於一個族群宰制另一個族群。但一個分離、差異的政體這整個觀點是在曲解公理正義，也曲解人們以往相信這是自由主義而且是偉大的社會實驗。

那也就是未來之所在：隨著時間發展，根據真正相互依存的經驗所產生的社群觀念得以演進，而不是夢想著把其他人和一半的現實關在門外的那種社群觀念。軍事思想的原則在猶太民族主義和阿拉伯民族主義的復興中都很強烈，必須順其自然發展，如果到頭來沒有摧毀一切的話，也會完全崩潰而且無效。一直要到軍事手段無計可施的情況昭然若揭——我們可以想到黎巴嫩經驗對以色列人、黎巴嫩人和巴勒斯坦人所顯示的——否則我們在人民生活中就會看到這種可怕的沉淪。不過我很樂觀，可以說對我兒子那一代很樂觀。

【訪】你身為巴勒斯坦人的行動主義者，想必在某些方面會使
73 你在美國這裡的文學批評家的工作更難進行。我心裡馬上想到的兩個理由就是：第一，不只是由於猶太復國主義的宣傳，也包括其他的宣傳，造成此地的大眾心中把「巴勒斯坦」和「恐怖分子」劃上等號；其次，很多你來往、親近的人士——包括哈特曼（Geoffrey Hartman）和卜倫（Harold Bloom）者流——都是猶太復國主義者。而有關這個議題的**任何**感情都會立刻惡化為激昂澎湃的個人感情。因此，這有沒有使你作為文學批評家的生活更為困難？

【薩】正確的說法是，我們得說只是稍微困難。如果用兩個民族之間相當血腥的鬥爭這種大角度來看，那麼我不得不經歷的事相形之下其實是很溫和的。顯然，如果是因為敵意或恐懼而拒絕人，那麼就錯失了一個人的某些方面。以卜倫為例，他許多年前曾經告訴我，他的那些觀念是長期以來傑保汀斯基／以色列右派（Jabotinsky/Herut）的觀念。他是右派中的右派，但那並沒有妨礙我們來談論它。我和哈特曼從未討論過。我記得1982年夏天，我們一起在批評學院（School of Criticism）時，我有點受傷的感覺，因為當時我整個家族和我太太的家族都在貝魯特遭到圍攻。但他沒有向我表達過一句同情的話。顯然我什麼也不能說，而他也什麼都沒說。在個人的層面上，那類事情令人困擾。和崔靈（Lionel Trilling）的情況的確是如此，他是我很親近的朋友，而且是很慷慨大度的同事，但我們生命中的某個部分卻被遮了起來，不能討論。因此你總覺得

缺了什麼。

在更公共的層次上，身兼巴勒斯坦人和文學批評家這種觀念對某些人來說是矛盾的：一個人不可能身兼這兩種身分。對其他人來說，我發現到看見某個理應是恐怖分子的人士言行舉止竟然相當文明，這是一種令人驚悚而且很奇怪的愉悅。我舉個令人印象深刻的例子。有一位我在某次政治聚會中遇到的猶太裔心理醫師來到紐約，待在相距甚遠的下曼哈頓格林尼治村，卻堅持要到我家來拜訪我。她搭了一個小時的地鐵上來，但停留不到五分鐘就說：「我得回去了，我還有另外一個會。」我就說：「妳為什麼要來呢？」她回答說：「我只是要來看看你生活的方式。」她要看看一個巴勒斯坦人住在像紐約這樣的城市到底是什麼樣子，這對她來說是件怪 74
事。我彈鋼琴，也做其他類似的事，這讓她很感興趣。[2]

這部分最糟的一面就是你清清楚楚知道人們之所以攻擊你，為的是他們心目中近似猶太復國主義的觀念。但最恐怖、慘酷的諷刺則是［猶太裔美國作家］歐吉克（Cynthia Ozick［1928-］）者流和《新共和》（*New Republic*）雜誌的讀者群經常把我視為納粹那樣的人，那是最令人氣憤的諷刺。

【訪】烏達（Alex Odeh）的遭遇顯示了在美國這裡來談這個理念可能有多危險。[3]

---

[2] 譯註：薩依德住在紐約市上曼哈頓哥倫比亞大學附近的公寓，與下曼哈頓有相當一段距離。

[3] 原註：烏達是美國─阿拉伯反歧視委員會（the American-Arab Anti-Discrimination Committee）加州分會會長。1985年10月11日，他被綁在辦公室門口的一枚詭雷炸死。事發前一晚，他出現在當地電視台的談話節目，否認阿拉法特涉及1985年劫持義大利阿奇里・勞羅（Achille Lauro）號遊輪並導致一名美國男子死亡的事件。

【薩】我接過死亡恐嚇，有人侵入我辦公室，有人想闖進我家，這類的事很多。但即使在我們生活的世界——非政治的和文學的世界——那種情況總是悄悄潛入。美國的猶太人委員會針對我的《世界、文本與批評家》（*The World, the Text, and the Critic*）寫了一篇書評，其中把我使用的「世俗」這個字眼分析成其實意味著阿拉法特的「世俗的民主國家」，並進一步引申說這其實意味著要猶太人死，因此薩依德是個恐怖分子等等。

【訪】我記得去年我給你看我和傅萊（Northrop Frye）及德希達（Jacques Derrida）的訪談錄時，你的反應是：「如果他們的問題是走遍全世界而且總是發現自己的觀念已經在那裡迎接他們，那麼我的問題就是走遍全世界而且總是發現對我政治立場扭曲的圖像在那裡迎接我。」請討論。

【薩】這很令人困擾。通常我到某地演講，就會出現一大群人，總是存在著安全問題。即使我要談的是某個文學的或顯然不是政治的主題，但總是存在著暴力的危險，可能會有人從觀眾席上站起來朝我丟東西或開槍。

那是個問題，而你沒辦法有私生活。我經常上媒體，而且在媒體世界中相當有名，因此個人的隱私和觀念就完全失控。換句話
75 說，我不只是發現那些觀念存在於那裡，而是發現整個體制已經按照它自己的想法來接收並且處理它認為是你的觀念——不管是從同情或敵對的觀點。要很努力才能控制自己，不要絕望地走開，因為很難突破而能進入類似與別人交換意見的那種情況。不管你面對的是阿拉伯聽眾或美國聽眾，情況總是一樣。但有趣的是，如果你是和以色列人交談，而不是和美國的猶太人甚或歐洲的猶太人交談，就會產生某種活力。面對以色列的猶太人是很有意思的，因為存在

著一種共同的經驗，雖然那當然是一種敵對的經驗，然而卻是你真正能去談論並且處理的事。

從冷靜的政治觀點來看——以及從哲學和詮釋的觀點來看——最有意思的就是看到人們談論那些並不是政治的事，而且看到巴勒斯坦問題如何介入其中。這個國家的情況就是這樣：對某類的思考者來說，所有像是自決、人權等等的問題都會隨著以色列命運的轉折而修訂——有時是暗暗修訂。做這種觀察很令人著迷，而且其中的大挑戰之一——並不是說我已經成功地逃過了這種挑戰——就是對這種事情、對原則的問題維持一貫的立場，不會因為觀眾友善並且期望你做別的事情，你就有所扭曲：而且也不能有所例外。因此，如果你反對某種宗教的瘋狂，那就不只得包括基督教基本教義派和猶太教基本教義派，也得包括伊斯蘭教基本教義派。儘管我公開表達了相反的看法，但人們依然認為我是伊斯蘭的大辯護者，那當然是胡說八道。我是很無神論的。

【訪】請教你一個有關你早期的康拉德（Joseph Conrad）研究的問題：你的殖民主義經驗是不是把你帶到這位作品和生涯都深深涉及整個殖民主義問題的作家？

【薩】一點不錯，我十來歲時第一次接觸到康拉德，就某個意義而言，我覺得讀的並不是我自己的故事，而是以一種縈繞不去、令人入迷的筆法，把我生命中的點點滴滴聚合而寫成的故事。自那之後我就上鉤了。我認為，他不只是偉大的小說家，而且是偉大的寓言作者。他具有一種特殊的視野，而我每次閱讀時那種視野都會 76
加強，以致我現在閱讀他時都幾乎難以承受。

【訪】像《巴勒斯坦問題》和《採訪伊斯蘭》（*Covering Islam*）這類的計畫，代表了你心目中有別於你更嚴格的文學—批評事業的努力嗎？

【薩】愈來愈少。我曾經有段時間想要寫像《巴勒斯坦問題》或《採訪伊斯蘭》這樣的東西，而且幾乎全然著眼於和文學毫無關係的讀者。但如果你讀過這些書就知道，我引用某些文學的文本、文學的技巧、詮釋的材料，這些教了我許多有關觀念傳遞、形成和建制化的方式。

無疑的，一直到大約五年前，我過著甚為精神分裂式的生活。當時我依然限制在，或者說自我限制在，學院式的英國文學研究，所以一直在教英國小說或十八世紀這類課程，而教學的方式和我真正的知識關懷幾乎沒什麼關係。我認為過去三、四年來，我把課程和教學方式設計成雖然不是在做明顯的政治事物，但我對比較文學的興趣讓我有可能處理比較貼近我真正關懷的事情：比方說，知識分子的問題，文化與帝國主義的關係，世界文學，歷史、社會與文學的相互關係。在這些方面我感覺好多了，也感覺自己所做的事情更為整合。

【訪】等一下我也要提出一部分相關的事情。但是像《採訪伊斯蘭》這種計畫揭示了你受杭士基（Noam Chomsky）影響的那一面。能不能描述你的作品和杭士基的作品之間的關係？

【薩】我認識杭士基大約二十年了。他是我很崇拜的人。我們彼此有很多不同之處，但我認為他對於知識的投入，淵博的學問，有能力不被任何種類的專業主義——不管是哲學的、數學的或新聞的——所唬弄而裹足不前，真正鼓勵了我和許多其他人不要讓學科的障礙阻擋而裹足不前。而且我認為他是一位道德高尚的人。在許多方面，他這個人有勇氣而且願意談論最直接影響他的那些議題——身為美國人，身為猶太人等等——這些對我一向都很重要。

我們之間有些差異，但那些差異並不是很有趣或很重要。那些 77
主要涉及對於一種批判群眾、也就是民族或理念相同的人，需要保持某種關係。杭士基總是單打獨鬥。他之所以寫作是出自於對被壓迫者感同身受，但他直接介入一群人或一個社群正在進行的政治活動的方式——部分是因為他的許多興趣，以及對他時間上的要求——和我不一樣。第二個、也許是最重要的差異，在於他對自己所做的事並不真正有興趣讓它理論化，而我則真的有興趣。

【訪】就這點而言，傅柯和杭士基代表你的心靈和實踐中的兩極。

【薩】我想部分是如此。我想到頭來總得在他們之間做個選擇，但我總覺得其實可以整合他們兩位。終究我認為杭士基的立場一直都更值得尊崇、景仰，雖然那可能並不是最容易效法的立場。當然那和傅柯的立場比起來不是那麼的犬儒。我認為，傅柯到晚年根本沒興趣直接介入任何政治。

【訪】你第一本具有影響力的書就是《開始》（*Beginnings*）。如果我們現在讀那本書，緊接著再讀《東方主義》（*Orientalism*），似乎在《開始》中你還沒像在《東方主義》中那樣找到自己的聲音：一種更強烈、更個人、更集中於理論的聲音。

【薩】其實我認為《開始》在理論上集中得多，也許那依然像是在說腹語，沒有明白道出：我覺得透過許多的文類、批評家、聲音來進行是很重要的。我一向著迷於合唱、多音形式的寫作和歌唱。我認為那本書前後有種一貫性，而不像《東方主義》那種全心全力、無情地集中於特定的去神祕化（demystification）。就某個意義而言，《東方主義》的確是一本很有規劃的書，但就另一個意義而言，它給了很大的空間。那是個偉大的主題，而且我覺得那可以產生更大的效應，但《開始》這本書依然讓我覺得很親近。那本書裡面有許多東西我還沒完全發揮，而且那些東西現在對我來說依然很豐富——顯然，維科（Giambattista Vico）就是其中之一。

78 【訪】在《開始》的伊始你這麼提問：「對文學研究而言，有沒有一個具有特權的開始（a privileged beginning）——也就是說，一個特別適合或重要的開始——完全不同於歷史的、心理的或文化的開始？」如果我們說你後來的作品——尤其是《東方主義》——以否定的方式回答了那個問題，這種說法公不公平？

【薩】我認為這種說法很可能成立。我會說，從《開始》到《東方主義》的轉移與其說是文學觀點的轉移，不如說是文本觀點的轉移。《東方主義》令我自己印象深刻的就是，你只要讀了某些東西，出門就可以找到。那就是我所謂的「文本的態度」（"textual attitude"），而那和我在《開始》中所框架出來的問題有關。現在我已經回過頭來，稍稍改變心意。我這幾年來以一種既平實又很質樸的方式感覺到，由於某種社會科學寫作和歷史寫作中大量的惡意和意識形態的困惑，使得寫作本身出現了某種清新而且很吸引人的東西——就像你所引用的史蒂文斯的詩一樣——而那是純粹文學的。文學的優雅——如果你要這麼稱呼的話——是不同的。我當然覺得那在社會科學寫作裡**找得到**：當然，在《東方主義》中當我發現像馬西尼翁（Louis Massignon［1883-1962］）這種人不只是大學者而且是大作家時，感受就很不一樣——即使他們的態度十分奇特。我認為自己現在對於文學和其他形式的寫作之間的關係看法更為溫和。

【訪】在《開始》中已經出現，後來變得更強烈，而且也是你作品中很令人驚奇的，就是維科的因素。在所有人當中，維科如何能那麼吸引你？

【薩】我當研究生時讀到維科的《新科學》（*New Science*），那本書對我產生很大的衝擊，首先很可能是由於他在開始時所描繪的景象：凶悍野蠻的異教徒；巨人；在大洪水之後緊接而來的那個階段，人類在地表上到處漫遊，逐漸規訓自己——部分是出於恐懼，部分是出於天佑。那種自我創造（self-making），在我看來簡直是處在所有真正有力、有意思的歷史視野的核心（你顯然在馬克思［Karl Marx］身上看得到，在伊本・赫勒敦［Ibn Khaldun］[4] 身上也看得到）：一具身體使自己形成心靈和身體、然後形成社會的那種方式。那種情況那麼令人驚異，那麼有力；而且他以文學的方式所使用的文本，是以往被當作裝飾或哲學的文本來討論的，而形成 79
這個有關發展和教育的特殊視野。那讓我覺得非常有力、非常有詩意。

其次，他在這麼做的時候，總是迂迴環繞著宗教的觀念、創造的觀念等等。他作品中那種相對的性質——他是反笛卡兒式的（anti-Cartesian）、反理性的、反天主教的——力量之大令人難以置信。在那之後，我讀過他許多許多遍，總是發現他很充實、有趣、有見識。

【訪】《開始》這本書的一個重點就是維科那種把異教的開始和神學的源始對立的方式。這好像是美國猶太委員會的提問，但那種對立的迴響對你來說是不是和下列事實有關：以色列是根據神學的源始建立的社會，而且可能是獨一無二的？

4 譯註：伊本・赫勒敦（1332-1406）是偉大的阿拉伯歷史家，曾撰寫穆斯林北非歷史，並發展出不具宗教意味的歷史哲學。

【薩】我認為以色列在那方面並不是獨一無二的。不要忘了，我成長的那個世界，當地的產物就是製造不同的宗教。這種說法對伊斯蘭教來說當然成立，對基督教來說當然成立，對猶太教來說當然成立：它們全都彼此相關，全都是一神教，全都來自同一個（馬西尼翁所謂的）「亞伯拉罕式狂熱的」（“Abrahamanic”）承諾或信約。我在《開始》一書所做的區別，也是維科所強烈區別的，在我看來是絕對公正的。如果要有歷史的話，就必須離開那些源始。在那方面，維科是很盧克萊修式的（Lucretius［公元前一世紀的拉丁詩人和哲學家］）。盧克萊修在《物性論》（*De Rerum Natura*）第一冊中說到，最糟糕的毛病其實是來自宗教的勸服。我認為的確如此，而我當時試著盡可能地把這件事謹記在心。但就像我說的，我不會把它限定在以色列。我自己的背景，在我母親這一邊，包含了很強烈的黎巴嫩右翼基督徒的成分，他們有著像卡亨一樣嗜血的心靈。那整件事對我毫無用處；我試著要做的是把自己抽離那種情況。

【訪】從《開始》到《東方主義》的轉折，其中很大一部分就是傅柯在第二本書中的影響更強了。你認識傅柯嗎？

【薩】並不算真正認識。我是後來才認識他的，在我寫出《東方主義》之後。我們通過一些信。傅柯的作品中一直令我印象深刻的就是方法。在我看來自己似乎像傅柯和杭士基一樣——我不是真
80 要把自己和他們相比——我蒐集了許多資訊和知識，我也感興趣於運用這些資訊和知識的方式。我認為，他們兩人都有一種對於知識的策略感（strategic sense of knowledge）：一種相對於**時間**感的策略感和地理感，而那種時間感是黑格爾模式和後來解構批評模式的特色。傅柯和杭士基的模式更具空間性，而我認為葛蘭西在這方面

也非常重要，作為前兩人之間的中介。我以往在尋找一種能有效地、以修辭方式來處理它的方式，來組織我將近二十年來閱讀相關題材所蒐集到的大批資訊。

在**那**方面，傅柯表現突出。但我已經知道傅柯的決定論有問題，他那種斯賓諾莎（Baruch Spinoza）[5]的特質，其中每樣東西總是被同化、吸納了。你在《規訓與懲罰》（*Discipline and Punish*）的結尾就已經看得到。《東方主義》這本書在理論上是不一貫的，而那是我特意設計的：我不要傅柯的方法或任何人的方法來凌駕我試著要提出的看法。我在那本書結尾提出一種非強制性的知識（non-coercive knowledge）的觀念，就是有意反傅柯的。

【訪】在那本書中，你說到東方主義的現象質疑了「非政治性學術的可能」（"the possibility of non-political scholarship"）。那種說法是不是也同樣適用於其他嚴格局限於自己文化領域或傳統內的學術？也就是說，不像東方主義那樣試著去挪用其他文化的學術。

【薩】這涉及整個錯置的問題，而這是傅萊式的觀念：每件事都是某事的錯置。我認為，所有的知識都是某事的錯置，這種說法很可能成立，但我認為其中有程度之別。我認為最惡意的當然就是一方面進行最強烈的錯置，卻同時最強烈否認這種情況。你在明顯地帝國式的社會、文化、時刻中都能發現**那個**情況。你在美國當然看得到；你在十九世紀的英國和法國當然看得到。另一方面，我認為有可能說在一個文化或學門中會有相當溫和的錯置的形式，那種

5 譯註：斯賓諾莎（1632-1677）主張一元論的形上學（monistic metaphysics），認為上帝與自然合而為一，人類唯有仰賴理性了解此一體系及自己在其中的地位才能尋得幸福。

錯置在許多方面是愉人的、無害的、溫和的。但人們此時此刻多少對這並不真正關切。我總是感受到有壓力要我描述另一種錯置。

81 【訪】在《東方主義》中，你說學問以及藝術的領域受到社會和文化的條件、現世的環境，以及像是學校、圖書館、政府這類穩定的影響所限制。你說，學問的以及想像的寫作從來不是自由的，而是「受限於它們的意象、假說和意圖」。讓我們回到你先前所說的，你近來重新思考文學在論述中是不是具有特殊性。文學就必然會像其他學問的領域，比方說東方主義，那樣受到限制嗎？

【薩】事實上，我認為不得不回答說「是的」。近來的文學批評的許多問題，有一部分是在像德・曼（Paul de Man）——我很崇敬他，而且認為他很聰明，見解敏銳，令人印象深刻——和卜倫、傅萊以及其他人的影響下，花了太多不必要的氣力去定義什麼是純粹的文學。我不了解有什麼必要一直那樣做，那就像說某件東西是美國的，而相對於它的則是非美國的：那整個領域在我看來很乏味。文學有趣之處，而且每件事物有趣之處，在於它和其他事物混雜的程度，而不是它的純粹。但那只是我個人偏好的看法。

人所做的每一件事都受到外在環境的限制。維科一直讓我很著迷的地方之一就是身體一直在那裡。如果你去讀許多你談到的批評家，會發現對他們來說身體根本無關緊要。但其實身體事關重大：我們不是失去身體的腦袋或詩的機器。我們涉入外在存在的環境，而那對我很重要（我喜歡打網球、迴力球，和許多其他與身體有關的東西）。因此在我看來具有更豐碩成果的方向是離開純粹，邁向混雜和不純。限制的確存在，但當我說它們「不自由」時，我只是意味著意識形態意義之下的「自由」。人們說，「這是一個自由國家」。喔，當然這不是一個自由國家。那是常識——我並不是提出什麼重大的意識形態的訊息。我們存在於這個世界上，不管我們高聲喊叫多少次，我們真的就是在塔裡。

【訪】《世界、文本與批評家》有別於《開始》的一面就是德希達那種批判的力道。你說到，德希達的批評「把我們移入文本之**內**，而傅柯的批評使我們**移入**又**移出**文本」。我在想，像晚近對法律文本的解構的興趣能不能修正那個看法。在法律判斷中，在普通
法裡，我們所處的領域似乎不能談論要從文本中**移出**回到社會，因 82
為文本和社會力量是合而為一的。

【薩】那是解構思想後來的發展。諾里斯（Christopher Norris）在他第一本討論解構批評的書中，認為傅柯是個解構批評者。如果你說能有效地去神祕化或解魅——移除某些意識形態的障礙，揭露某些介入和共謀——的每件事都是解構的話，那麼我就支持它。但有另一種解構批評，我會稱之為「教條式的」或「理論式的」解構批評，要求的是一種純粹。附帶一提的是，我並不認為德希達在這方面犯下多少錯——他太機智過人了。但他的許多門徒似乎那麼主張。我記得有一次在演講中談到德希達，他的一位門徒就來對我說：「你犯了一個錯誤：你在談論德希達的時候，不能用上『現實』這個字眼。」不管怎樣，我認為在文本和非文本之間所做的種種區分都是幼稚、無趣的。

【訪】在開始的時候，你很受德希達吸引嗎？

【薩】我和他見面時，是他1966年首次訪問這個國家。我一直覺得他是一位親切、極為真誠的人。有時他的作品引起我的興趣。但是像《喪鐘》（*Glas*）（雖然他和我都是惹內［Jean Genet］的朋友）和《明信片》（*La Carte postale*）這類東西，我就覺得並不那麼有趣。我認為與其說他不是有系統的哲學家，很可能反倒不如說他

是棒得多的散文作家，而他作品中那種戲耍的性質，我一向認為很精采——你在《散播》（*Dissemination*）裡的一些文章中可以發現。我從來沒有真正喜歡過《論書寫學》（*Grammatology*）。那本書在我看來曲折迂迴，沒有效力。我認為他最早的作品，討論胡塞爾《論幾何學的起源》（Edmund Husserl, *The Origin of Geometry*）那本書，真的很精采。

【訪】但你終究認為他的作品要把文本性（textuality）和它周圍的脈絡分離，那種廣泛的影響力太大了？

【薩】他澄清了某種時代精神，也就是說，我們應該能以比新批評更哲學的方式來談論文本，但基本上是以相同的方式，而且我們在這麼做的時候不必覺得愚蠢或無關：其實，我們處理的是邏各斯中心主義（logocentrism）、天啟以及陽物這、陽物那的。你知道我想說的是什麼。這提供了一種防護，如果美國學術界自認嚴肅而且處理的是基本問題的話，那種防護是重要的。

83 【訪】但依然停留在自己的基本預設之內。

【薩】顯然如此。努力要把解構批評和馬克思主義以及所有其他這些事情連到一塊是有趣的，但那些努力與其說是某種思維演化上的重大步驟，不如說是實驗室裡的實驗。

【訪】在我這一系列訪談中另一位你在書中多次指涉的人物就是卜倫。讓我驚訝的是，這些指涉大都是溫和的。你從卜倫得到哪些正面的事物？

【薩】奮鬥的觀念。那一直是最重要的事：他對每個人為了爭取領域、地盤而爭吵的見解極具說服力。我認為那沒什麼好懷疑的：不管是不是在詩裡，每個人的談話既是反對其他人，卻也和其他人站在一邊。那是我所發現的，以及這如何連接上影響和現在所謂的「互文性」（“intertextuality”）這些問題。他的其他東西，像是「趨向」（“clinamen”）這類術語的傳播，神祕主義的方面，以及神祕和預言式的東西：我發覺那些很有趣、很迷人——因為他說得神氣活現的——但我很難把它當成教條。

【訪】在我和他的訪談中談到，批評完全是個人的，沒有任何社會脈絡……

【薩】顯然是胡說。那聽起來聰明又精采。他以王爾德（Oscar Wilde）為範本，是很正確的手法，如果你辦得到的話，那就自己來。但他顯然很需要各種建制的支持，就像我們所有人一樣：他需要辦公室，他需要助手，他需要獎助……

【訪】一直到他獲得麥克阿瑟獎（the McArthur Award）……

【薩】你可說對了！他沒有拒絕這個獎。他並沒有說：「喔，我只是獨力完成的！」他很高興地拿了獎金，揚長而去：他自己變成了一個建制。顯然，誇飾法是他很重要的一項武器，但為了達到效果而使用誇飾法和把誇飾法當成教條，兩者之間是有差別的——就像所有的批評都是個人的這種說法。我認為在一個層次上那是真的；我們是我們自己，我們想什麼就寫什麼，而不是寫其他人要我們去寫的東西。但那就像說「今天是星期五」一樣：那是眾所皆知的事。

【訪】在《世界、文本與批評家》中，你開始時談論的是「世俗批評」（“secular criticism”），結尾時討論的是「宗教式的批評」（“religious criticism”）。你給了一份書單，並且說這些書顯示了在批評中移往一種新宗教性的取向。那些書大部分是由這一系列訪談中在你之前受訪的那些批評家所寫的。然而，卜倫、傅萊或柯模德 84
（Frank Kermode），即使他們所寫的書都有那類的書名，卻沒有提議把文學當成某種建制化的宗教式崇拜的對象。我們**真的**是在談論「世俗」相對於「宗教」，還是在談論「歷史式的」（“historicist”）相對於某種繼續相信超歷史的美學效應？

【薩】你想把它轉到哪個方向都可以，但我認為你剛剛提到的那三位批評家都寫文章討論聖經絕不是意外。

【訪】但人們不能認為那種做法是例外的而加以反對。[6]

【薩】不，我不同意，我認為聖經會以某些形式的——我們可以說是——「神學的」思想出現，或者可以追溯到某種神或神聖的思想，這種情況正是例外的。我認為你絕對錯誤——我認為那是他們見解的核心。諾斯替教義（Gnosticism），[7] 語言的神妙可貴，語言的艱深隱晦——所有來自現代主義的東西，現在都在聖經作品中明白顯現了——詮釋的私密性，具有特權的或神聖的語言：所有這一切都是教士態度的一部分。

【訪】哈特曼的論點是，我們擺脫不了文學所包含的迷人成分，而要使它純粹化的努力……

【薩】誰有興趣要使它純粹化？那是我最不想做的事。而他們嘗試要做的正是要使它純粹化，我感興趣的是彰顯它，或把它和其他事物放在一起。我所感興趣的正是和純粹化相反：不是像傅萊那樣，把文學當成某種分離的、整體的系統，而是文學涉及許多其他事物——你也許可以說，是以迷人的方式包羅萬象。

---

6 譯註：原文為 “But one can't take exception to that”，原本只有「但人們不能反對那種做法」，但薩依德在回答時用上 “exceptional”（「例外的」）一詞，故此處只得不避冗長，加以譯出。

7 譯註：在早期基督教時代出現的神祕主義宗教思想，被基督教會視為異端，而卜倫的宗教觀與文學理論不少源自於此。

比方說，傅萊所沒有發展的一件事，卻是我一向希望他進一步發展的，就是他那本《批評解析》（*Anatomy of Criticism*）的設計和調性音樂（tonal music）之間的關係。音樂是我人生中的一大激情。文學和某些類型音樂之間的關係是迷人的關係。那些是我感興趣的事；而不是能把文學和所有其他東西孤立起來到什麼程度。這是強調的問題。沒有人會否認像濟慈（John Keats）的頌詩或史蒂文斯的詩有很高超的文學品質，但除了讀者的著迷和欣賞之外，那個作品本身是不是有趣呢？也許只是欣賞它就夠了，但如果要討論它的話，我認為可以藉著把它連接到其他事物而增加欣賞的程度。 85
我把那當成我們在做的事。

【訪】就文學批評而言，我依然不完全清楚你對歷史主義的感受。我們一旦把文學落回到任何類型的歷史主義，不就犧牲了某些東西？

【薩】為什麼是落回呢？你一直在做的就是把文字加在那上面，而鼓勵人把它想成是一種很貧乏、化約的方法。而我所想的正好完全相反。拿我真正尊敬而且喜歡的批評家威廉斯（Raymond Williams）為例，像是他那本《鄉村與城市》（*The Country and the City*）。我想如果你讀他在那本書裡所討論有關農舍的詩，不管是強生（Ben Jonson）或馬維爾（Andrew Marvell）的詩，你可能會說他把這首詩化約成歷史的環境，但我認為這種說法不能成立。其實，就像濟慈在〈希臘古甕頌〉（"Ode on a Grecian Urn"）中談論的是村落必須淨空之後才能出現在甕上的方式，而威廉斯是在擴大我們看農舍詩的領域。那在我看來絕不是化約。如果你只是說針對〈巴斯夫人的故事〉（"The Wife of Bath's Tale"）或〈致潘舍斯特〉（"To Penshurst"）進行階級的分析——而你只是試著顯示那些詩中浮現的階級意識的層次——這種做法是化約式的，嗯，這是化約式的：但那在我看來並不是維科式或奧爾巴哈式（Auerbachian）的歷史式閱讀。

【訪】由於你對傅柯式的歷史主義愈來愈感興趣，如果我們說你有關文學的著述愈來愈少，而有關文化史的著述——像是東方主義或挪用式的結構（appropriative structures）——愈來愈多，這種說法成不成立？

【薩】那有點難以回答。我發覺除了課程的意義之外，很難區分文學和其他事情。如果你所說我有關文學的論述愈來愈少，指的是出現在英文系的書單上面的東西的話，那種說法很可能成立。可能我的狄更斯（Charles Dickens）論述不如我的勒南（Ernest Renan）論述那麼多。我的著述範圍很可能是更廣泛的文學，包括許多第三世界的作家，但他們並不在英文所謂的課程之內。我想自己論述的多為非典律作品。但一直有人要我來區分文學和其他事情，我發覺
86 這很令人困擾。我的意思是說，我的確相信——柯模德也有相同的論點——某些作品比其他作品更偉大。狄更斯的長篇小說比羅賓斯（Harold Robbins［1916-1997，美國通俗作家］）的長篇小說要好，去爭辯那個會是件蠢事。但那並不意味著就我感興趣的事來說，閱讀狄更斯的長篇小說，然後寫有關他的賞析，這些行動就會讓我滿足。

【訪】能不能談一下「現世性」這個字眼用在文學和批評時的涵義？

【薩】就一個層次而言，它顯然暗示某種才幹；我感興趣的是偉大作品本身**開闢路線**的方式，就像普魯斯特（Marcel Proust）［《追憶似水年華》］中的夏呂斯男爵（Baron de Charlus）那樣能在

世界上開闢出一條自己的路——就那個意義而言，他是現世的。那種意義讓我深有同感。第二就是作品在建制中、在歷史時刻中、在社會中向外擴展，而且和其他作品發生關聯的程度。第三就是一種出奇地反形而上的性質（a fantastically anti-metaphysical quality），而我在那些寫得最吸引人的作品中——不管它們是你所稱的文學作品，或我所稱的，比方說新新聞（New Journalism）或散文寫作——都找得到這種性質。就它們真正涉及某種介入的形式而言，我對它們很感興趣。比方說，你甚至在霍普金斯（Gerard Manley Hopkins）[8]的詩中都可以發現到那個，他幾乎是以一種觸覺的方式在那裡真正向外擴展，而且試著掌握住事情。

【訪】既然你已經那麼說了，我想知道我們能不能選這個時刻讓你來看一首史蒂文斯的詩。像這樣一首看來非常個人的詩，在哪個意義上具有現世性？

【薩】我馬上就可以告訴你：像是「瘦伶伶的」（"scrawny"）、「瘦伶伶的鳴叫」（"scrawny cry"）這些字眼。我和你訪問過的幾乎所有的人都不一樣，從來沒拿史蒂文斯大作文章。我一向把他想成是個有趣的、講求音韻的詩人，充滿了文字遊戲。就某方面來說，他是個失敗的玄學派詩人；而且是很本土、很美國的。

【訪】「瘦伶伶的」又該如何解釋呢？

【薩】我的意思是說，「瘦伶伶的鳴叫」和「不是有關事物的觀念，而是事物本身」之間的不協調。那種柏拉圖式或古典形而上的說法，然後這首詩緩緩開展，而結尾給你「瘦伶伶的鳴叫」那個

8 譯註：霍普金斯（1844-1889）為英國維多利亞時代詩人及耶穌會教士，作品獨具個性，詩作在過世後近三十年才結集出版。

脈絡顯然直接取自海頓的《創世紀》(Joseph Haydn, *The Creation*)中開頭的合唱曲〈要有光!〉("Let there be light!"):然後,你得到的不是絕佳的C大調和弦,而是這個小嘟嘟聲。那是一首出奇好玩的詩,而且我認為史蒂文斯所有的詩都是在做這種事。那是一首
87 嘉年華式的詩;但要在其中看出某種形而上的寓言是不可能的,因為我**聽到了**詩,但我並不真的讀它,而史蒂文斯總是有一種音韻的、「雙簧管旁白」("Asides on the Oboe")的特質。那就像交響樂團在調音,卻從未真正演奏。

就像柯模德所說的——而我同意他的看法——那不像〈純粹存在〉("Of Mere Being")一詩那麼有力或動人。史蒂文斯充滿了「好像」、「幾乎」、「彷彿」以及那類很近似的事物:「那**好像**是有關現實的新知」("It was *like* a new knowledge of reality")。我很難以宏偉、形而上的方式來看待它,而我認為你覺得它賦予自己這種方式。你知道:「雪地上殘破的羽飾」("a battered panache above snow");那種很笨拙的法國特質;「瘦伶伶的」這個字眼重複個不停,就某個方式來說,那是很哈代式的。它沒有哈代晚期一些抒情詩中的莊嚴特質,但是太陽和冬末力量之間的對比,瘦伶伶的叫聲,以及「在合唱之前的C調」("whose *c* preceded the choir")的合唱者,就像變了調的樂器一樣,這些都讓人想起哈代。

【訪】你在作品中不太談到抒情詩。

【薩】不太談,我比較是偏向情節和敘事的人。

【訪】那是不是涉及抒情詩**最**抗拒歷史式的分析,而且最堅持自己的特色、神祕、孤立、純粹?

【薩】我並不這麼認為。只是抒情詩有某種私密性,而那對我總是意義重大。比方說,艾略特的〈愛瑞爾〉(T. S. Eliot, "Ariel")

這類詩對我總是意義重大，而霍普金斯那些類的抒情詩也一樣。在它們之中、在我對它們的體驗中有某種私密性，使我很難寫文章來討論它們。我討論的作品中有許多不是沉思的，而是正好相反的：宣言式的。我所讀過討論抒情詩和抒情性的作品中，印象最深刻的是阿多諾（Theodor Adorno）討論抒情詩和社會的那篇文章。在我看來，完全可能把它當成一種單元（monad），他分析晚期荀白克（Arnold Schoenberg）[9] 作品的方式，其中所有反抗的努力卻都肯定了那個被反抗的東西。我一直覺得那是真實的，只是需要有技巧地把它解開。

【訪】還有兩個批評家是你所崇拜的，而在我看來他們剛好在你身上以對立的方式存在，就像傅柯和杭士基一樣。我指的是，葛蘭西和班達（Julien Benda），雖然對你來說顯然葛蘭西比班達重要
得多。[10] 葛蘭西的觀念是：存在著有機的知識分子，他們來自並且 88
繼續認同被壓迫的階級，而傳統的知識分子試著像柏拉圖式的，裹足不前，到頭來只是印證了當權派。在我看來，就某個意義來說你似乎是兩者……

【薩】那是很大的恭維！

【訪】不，這麼說吧，我的意思是說，你身為巴勒斯坦人，寫文章討論巴勒斯坦，就那個意義來說，你是有機的知識分子。我指

---

[9] 譯註：荀白克（1874-1951）為奧裔美國作曲家，以無調性風格（atonality）著稱。

[10] 譯註：薩依德後來在《知識分子論》中一開始便對比兩人的知識分子觀：班達主張的是特立獨行的菁英知識分子；葛蘭西則對比有機的知識分子（organic intellectual）和傳統的知識分子（traditional intellectual），其立場明顯偏向挑戰現狀的有機的知識分子。薩依德的做法則有意結合二者，希望具備班達那種高超的道德形象、卻又如有機的知識分子般介入社會運動與改革。

稱你也是傳統的知識分子，唯一的原因是你在大學裡工作。而班達真正是傳統的或抽離的知識分子的辯護者。

【薩】我崇拜班達的地方不是他傳統的姿態，或者肯定距離的重要性，而是他那種近乎笨拙的說話方式：「聽著，你必須說真話。」它所呈現的方式說多不吸引人，就多不吸引人：在態度上，基本上是保守的；在語言上，有意使用正統的、有距離的語言。但總而言之，人們感受到的依然是某人在說：「你必須說真話」——那是我們所有人都從父親那裡聽到的父親式的訓誡。正是因為那樣，我發覺讀他的書會讓人難以置信地激勵、振作。至於葛蘭西嘛，重要的與其說是那種有機的、傳統的知識分子的對立，不如說是他對任何事都感興趣。即使他很受限於自己殘障的身軀和後來的牢獄生涯，但似乎頗能體驗到許許多多的事。他和太太以及小姨子的通信；他一個人在牢獄裡那種廣泛的閱讀和寫作：那真正是人類經驗的一種偉大冒險。但那一切都含納在很有紀律地奉獻於自己生活中的世界。

【訪】你剛剛說的每一件事都使我想到曼德拉（Nelson Mandela）。[11]

【薩】有些人就像那樣。那也就是我在葛蘭西身上發現的，還有就是他有一顆令人難以置信的細緻心靈。你不會覺得好像自己頭上被敲了一棍那樣——部分是因為他是為自己而寫，而且是在檢查制度之下。一個人能**那麼**做正是我一向試著仿效的地方。盡可能對

---

11 譯註：曼德拉（1918-）是南非民族主義者及政治家，曾遭長期監禁（1962-1990），後來獲釋，擔任總統（1994-1999）。薩依德一向關切南非政治，對先前白人主政下的種族隔離政策極不以為然。他對南非政權轉移的成功頗為心儀，並希望巴勒斯坦人能從中學習。

許多事感興趣：我認為那真是我們該全力以赴的。

【訪】大學能不能避免只是成為葛蘭西所說的傳統知識分子的建制化？

【薩】哦，是的。我認為美國大學真是史無前例。像美國大學 89
這樣奇怪、不協調、完全矛盾的體制，很難找到類似的東西或前例。一方面，我認為就制度而言，它是和善的建制。當然，它有它強制的方面。

【訪】但你一再顯示社會科學家和其他在大學裡的人如何使社會權力合法化。

【薩】是的，但事實卻是像我自己或杭士基或其他那些人，也存在於大學裡。

【訪】不會因而妥協？

【薩】我不會說我們很妥協。我的意思是說，每個人一有附屬就會有所妥協：如果大學從中央情報局偷偷拿錢，就像哈佛大學似乎在做的那樣，我認為每個人在某方面都受到影響。但毫無疑問的，在某些方面，不管是杭士基或是我，如果沒有大學的話，就不會有現在那些閱聽大眾。當我們說話時有許多人聽——他的情況的確如此——那些人都是大學生。大學提供了論壇來做某些種類的事……

【訪】但就你們兩人使用那個論壇的方式，不是令人難以置信的例外嗎？

【薩】這些例外確實來自某處，不是憑空而來。而在那方面我認為大學是和善的。顯然，它能收編或馴化；但哪個體制不是如此呢？大學最有害的並不是那方面。大學最有害的方面——我們對那些還不是很清楚——是大學和某些社會進程連結的方式。民族誌學、核子科學諸如此類的事：那些是很顯而易見的。但大學和集團的關係，大學和媒體的關係：所有這些事情都很錯綜複雜、糾纏不清。那些比只是收編要可怕得多。你不**一定**要被收編。這種情況是會發生，但在某些情況下，某種學說被大學收編之後，可能沒有什麼結果。就像是解構批評一樣：那完全是大學裡的一個學說，但它屬於大學這個事實並沒造成任何差別。

90 【訪】那麼有關教學的角色呢？卜倫所說的一件事讓我感觸很深：我們在大學裡希望做到的，就只是造就能夠表達自己意見的人類。我把那個說法解釋成：在大學裡，像你們這樣的老師有真正的機會去造就在知識上強健、獨立的人類，不會像在意識形態的棋盤上的棋子那樣任人擺布——因此，這些人能抵抗像是東方主義或把「巴勒斯坦人」和「恐怖分子」劃上等號的做法。你是不是很強烈感受到那個作用？

【薩】是的，我的確感覺到，的確很像這樣。但我還是要再說的就是，如果我們處理的是英國文學的文本的話，就會感受到很大的限制。其中的問題是你要對那些材料負責任，那是真正的責任；但主要目標是在你的學生中創造出一種批判意識（critical consciousness）。我最不感興趣的事就是門徒。我最不想要做的事就是明顯地傳播任何種類的訊息或方法。在那方面，當老師是很難的，因為就某個意義來說你總是應該削弱自己。你所教導的、所表現的、所做的那些事是學生能從中學習的，但同時你又勸阻他們，說「不要試著做這個」。你在告訴他們去做什麼、不做什麼。

【訪】「批判意識」會不會很容易就變成了個人主義的倫理——也就是說，像是反抗「階級意識」？

【薩】是的，你的說法絕對正確，而且我認為就某個意義來說美國大學確實是孕育那種個人主義的地方——最好的個人主義。這裡存在著一個很大的弔詭：你能做的最好的事就是提升學生身上的個人主義。

【訪】那是這個體系所要的。

【薩】那是這個體系所要的，但就某個意義來說，這個體系並不要那個：它說那是它所要的，但其實它要的是一種被稱作「個人主義」的商品。因此，你的處境就是：把等號的兩邊都予以縮減。你不許個人主義這種意識形態太失控，也不許商品的意識形態接掌一切。隨著我年事逐漸增長——我教學至今已經二十五年了——我發現好笑的是，教學其實是不可能的。頂多你能和學生一塊閱讀。經常帶進一本你崇拜得五體投地的書，但也全然了解它的限制，這
是重要的。你只能告訴學生說，「瞧，這裡有某件東西」或「這是 91
一首很棒的詩」，或只是讀它，看會發生什麼。

【訪】我最近讀到一篇評論，那個人說有關英文教學的政治化這一切東西都是不中肯的，而我們該做的事就是政治化，像任何其他團體一樣介入政治的實踐，然後像正常情況一般繼續做我們的專業工作。我之所以提起這個的原因就是，他們說就這個意義而言薩依德是典範，因為他**的確**介入了實踐，而不是只無休無止地談論英文研究的政治化。無論如何，那在我看來似乎是一個很好的立場。我甚至考慮要採納它。

【薩】為什麼不呢？1960年代後期有關教學論述的政治化的觀念已經消耗殆盡了，真的如此。對一個人來說，你不是能做，就是不能做。但如果你要政治化的話，沒有什麼東西可以阻攔你：你能涉入數以百萬計的議題，沒有理由只是在那裡高談闊論。那也就是為什麼我喜歡像是「現世的」這類字眼：它們簡單、實用，把你

牽扯進來，但你不必去創造一整套複雜的機器來幫助你表達自己的論點。我認為，重要的是能力、興趣，尤其是批判感。

【訪】反對這種看法的——你的馬克思派同事可能會這麼反對——就是說：如果認為一個人可以把自己的專業生活和政治觀點分離的話，那簡直是太天真了。

【薩】但你並不是把它分離，只不過是把它導引到不同的方向。這就像是賦格曲（fugue）中的聲部一樣。一首賦格曲可以包含兩個、三個、四個或五個聲部，它們全都是同一首曲子的一部分，卻又彼此區分。它們一塊發揮作用，問題在於你如何看出其中的協調一致；如果你認為它非得這樣**或**那樣，那你就動彈不得了——就像區分你非得是馬拉美（Stéphane Mallarmé［1842-1898，法國象徵派詩人］）或巴庫寧（Mikhail Bakunin［1814-1876，俄國無政府主義者和作家］），那是一種荒謬的對立。

【訪】把個人的專業工作和政治投入分開，這種謬誤的相反版本發生在一些馬克思主義者身上，那些人認為革命工作結束於以激進的方式重讀《芬尼根守靈夜》（*Finnegans Wake*）：彷彿馬克思主義是文學理論一般。

【薩】我剛從英格蘭回來，在那裡和威廉斯開了一整天的會，
92 我們一塊談的是我們工作的不同社會脈絡。很令人吃驚的是，在英國的脈絡中**可以**把馬克思主義、或者至少是社會主義，當成具有真實存在的傳統來談。但是在美國就無法這麼做，因為這裡沒有任何具有影響力的社會主義傳統。因此，突然出現像詹明信（Fredric Jameson）這樣最細緻、最博學的理論派馬克思主義——我很崇敬詹明信——是異乎尋常的例外。那就像卜倫的作品一樣，需要同樣的個人知識上的聰明才智——相對於它的社會和政治的見解。這麼

說，如果**那是**馬克思主義的話，那麼就是馬克思主義旅行後的變形，和我們剛剛所談的很不一樣。

【訪】閱讀盧卡奇（György Lukács）和葛蘭西的感想是，他們依然把小資產階級當成總是站在防衛的一邊來談，而且總是得到勞動階級不情願的服從。他們的大盲點就是美國。他們其實無法預見美國的資本主義。他們無法預見會產生一種形式的社會控制，那種社會控制並不是防衛式的，而小資產階級會從勞動階級得到的不是服從，而是完全認同它自己的利益。我認為，造成那個現象的原因主要是技術的。

【薩】但是你在十九世紀晚期的英格蘭可以找到相似的連結方式，也就是與帝國的連結。一直存在著一種中介的機制。在那個情況下就是帝國，而帝國在這裡也發揮作用。此外，電子媒體使得每個人——不管是華爾街的金融人員，或是中西部的家庭主婦，或是在加州衝浪的人——感受到他們都參與一個巨大的政體，而那些全都參加了幾天前遇難的這些可憐的太空人的葬禮。[12] 它的確是十九世紀民族主義觀念的延伸，但那種想像使你隨著產生這一切的想像，而且是以一種奇異的方式。我不認為葛蘭西和盧卡奇預先知道那個。還有，在盧卡奇的例子中，他對小資產階級的觀念就是，這是歷史上最後一個階級：這個階級是奧匈帝國式的，它了解像是悲劇和抒情詩這類美學形式，而且它正在退場。那就是小資產階級對他的意義，而勞動階級則是個大空白。我認為葛蘭西比那更為折
衷。但他們兩人都無法預見美帝國巨大且突然崛起，成為一個風行 93
的、很有利可圖的企業。我記得幾年前一位資深的聯合國官員說：

---

12 原註：這裡指的是美國太空梭挑戰者號在這個錄音訪談進行前兩天爆炸。

「第三世界的領袖嘴巴上說的是莫斯科，但心裡全都想去加州。」這些意象是很強有力的。

訪問者：薩魯辛斯基（Imre Salusinszky）

收錄於1987年倫敦出版的專書《社會中的批評》（*Criticism in Society*）

第五篇

批評、文化與表演

下文來自與《楔子》（*Wedge*）編輯部所進行的圓桌討論。 94

——薩依德誌

【馬蘭卡（Bonnie Marranca，以下簡稱「馬」）】你寫文章討論音樂表演的事，因此請告訴我們你對自己生活中的這個活動有何感受，文學世界中的其他人又是如何看待它。

【薩依德（以下簡稱「薩」）】我認為音樂文化和所謂的文學文化之間幾乎完全隔絕。以往認定文學人士對音樂應該略有所知，但那種情況現在已經不復存在。我認為文學的知識分子做了一些零星的努力，去對搖滾文化和通俗音樂那整個大眾文化現象表示興趣。但我感興趣的那個世界，也就是大致從十九世紀延續下來的古典音樂演奏、歌劇以及所謂的高級文化的戲劇，對文學人士來說幾乎是完全神祕的。我認為他們把我所做的當成兒戲。我在去年春天發表系列演講，也就是加州大學爾灣校區（University of California, Irvine）的韋禮克系列演講（Wellek Lectures），這個系列演講通常被認為是重點級的文學理論演講，嘗試藉此顯示我對音樂的嚴肅態度。[1] 我的系列演講是針對我所謂的音樂之闡發，而三場演講中的第一場就是談表演，題目叫做「表演作為極端的場合」（“Performance as an extreme occasion”）。我的興趣是，音樂在創造社會空間上所扮演的角色。在第三場演講中，我談論音樂、孤獨和旋律，這些是我很感興趣的題材。但我認為人們如果沒有多少積極參與音樂生活的話，不會對音樂嚴肅以待。我自己的背景是鋼琴演奏者。我在普林斯頓念大學時，很認真地學過鋼琴，而且是跟茱莉亞學院的
95 老師學的。因此我認為在整個現象中讓我感到興趣的並不太是評論的那一面。我偏好試著把編曲家的問題和表演的問題當成彼此分離卻又相關的議題。

【馬】你的音樂批評似乎有別於你的文學批評。不只是主題不同，而且看起來似乎——看看我能不能找到適當的字眼，因為我不希望聽起來帶有貶低的意味——它比較輕鬆，不是那麼稠密，政治參與的意味也不是那麼濃厚。當然也並不一定全然如此，而是看主題而定。另一方面，你討論威爾第的《阿依達》（Giuseppe Verdi, *Aida*）那一篇是一種新的劇場歷史的範例。但在我看來似乎你允許自己在音樂批評中做一些你在文學批評中不做的事。

---

1 譯註：此處所指的是薩依德於1989年5月在加州大學爾灣校區的重要年度系列演講中所發表的演講，於1991年結集出版為《音樂之闡發》（*Musical Elaborations*［New York: Columbia University Press］）。

【薩】音樂批評中所打動我的是我感興趣而且喜歡的事物。我最初的動機是歡愉，而且是要維持很長一段時間的歡愉。我不寫樂評；我認為那是一種貶抑的形式，像是表演之後隔天早上寫的評分表那樣。因此，我喜歡去聽許多的表演，比我將來會寫的要多得多，然後經過一段時間，在我反省它們、思考它們、反覆回味時，某些東西會逐漸顯現。到頭來，我發現能存留下來的是我真正關切的東西。要過了一段時間之後，我才會知道那些是什麼東西。這種偶爾之作和我的文學批評是屬於不同的類型，在文學批評中我介入的是一些長得多的辯論；但我並不真的太介入音樂批評，因為其中大多數對我來說都是無趣的。是有幾位有趣的樂評家，但不是新聞記者那型。《紐約客》（*New Yorker*）的波特（Andrew Porter）我認為有時很有挑戰性也很精采。還有一些人是從極右翼的角度來寫，像是為《新標準》（*The New Criterion*）寫樂評的利普曼（Samuel Lipman）、為《新共和》寫樂評的華瑟斯坦（Edward Wasserstein），都是很有才氣的樂評家。大致就是如此，剩下的其實只是一片沙漠——都是些不是用音樂學的方式來評論音樂的人。

另一方面，我從年輕的音樂學家得到很多的回應，他們寫信告訴我一些有關的議題。比方說，我寫過一篇討論音樂中的女性主義以及相關的問題。過去幾年來我為《國家》（*The Nation*）寫的一些東西中，討論了有關政治力量和再現的問題。但我最關切的是記錄 96
某種的享受，而我認為可以賦予它文學的形式，不必讓人把它當成什麼嘔心瀝血之作。「比較輕鬆」是你所用的字眼，但我會說那是伶俐淺白。

【喬杜麗（Una Chaudhuri，以下簡稱「喬」)】你認為兩者之間的差異與表演這個類別有關嗎？

【薩】非常有關。那也是我真正感興趣的。我認為啟發我的人是顧爾德（Glenn Gould）。[2] 其實我真正寫的第一個長篇發表於他去世的那一年或第二年——也就是1982年或1983年——刊登在《浮華世界》（*Vanity Fair*）上。我長期以來對他著迷。而且我對托斯卡尼尼（Arturo Toscanini）[3] 的現象也很感興趣。只是因為在我看來他們兩位音樂家的作品似乎就某個意義而言也是**有關**表演。我沒有試著假裝他們做的是其他事，但他們可說是執著於表演的觀念，把它帶到極限，迫使人注意到它本身，引人注意到表演的人為性（the artificiality of performance）。至於表演的成規，以及奇怪的——就托斯卡尼尼的情況來說——唔，邦妮，妳在討論表演相對於歌唱的那篇文章中也寫過底下兩者的差別：有些表演者強調那個場合，而有些表演者則把它轉變成客廳或社交場合的一種延伸。因此，表演很有趣，因為其中還有另一個問題是劇院、視覺或文學藝術中所沒有的，原因在於音樂的表演是如此的短暫——一下子就過去了！——我的意思是說，不管用任何方式你都不能真正回去，因此，其中有一種戲耍的成分是我嘗試要捕捉的。有一次我和丹托（Arthur Danto, 1924-）[4] 討論過這件事，比方說，如果你讀他的作品，這些作品都是有關回到展覽——姑且不談他的說法、態度和對藝術的理念。那我辦不到。因此我必須真正回到我的記憶，而且內心裡試著在另一個脈絡中來重新陳述它或體驗它。

---

[2] 譯註：顧爾德（1932-1982）為加拿大鋼琴奇才，以對位的明晰著稱，演奏精采，不落俗套。薩依德對他頗為讚賞，曾多次撰文或討論，此處便是一例。

[3] 譯註：托斯卡尼尼（1867-1957）為二十世紀前半葉的指揮大師，樂曲詮釋獨到，尤以指揮威爾第的歌劇、貝多芬的交響樂及華格納的作品著名。

[4] 譯註：丹托為美國當代著名哲學家兼藝評家。

【魯賓遜（Marc Robinson，以下簡稱「魯」）】有關表演的整個觀念，我想引你談談有關歌劇的表演，尤其是歌劇的演出。對許多劇院中的人來說，整個歌劇的世界是煙霧瀰漫的死亡地帶，而我們大多數人之所以不去看歌劇，是因為它的劇場性頗為保守。但現在許多具有實驗性的導演回到歌劇——威爾森（Robert Wilson）、謝勒（Peter Sellars）、瑟班（Andre Serban）——而且試著從劇場的 97
背景使它重新恢復。在你看來歌劇表演是往哪兒前進？

【薩】唔，這是個頗為有趣的主題，在許多不同方面都使我興奮。我認為大體來說，歌劇表演的核心是死氣沉沉的，主要是因為像紐約大都會歌劇院這樣的機構為了某種原因——有些原因非常明顯——被我所稱的義大利寫實歌劇（Italian *verismo* opera）所主宰——而且從1960年代開始就藉著恢復美聲（*bel canto*）的傳統來強化這種荒謬的事。結果就是在像紐約大都會歌劇院這種優良歌劇公司和這種固定劇目的劇場之間形成了一種霸權，而凍結了大量真正非凡的音樂。它把表演的風格僵化成荒謬的成規，而現在已經變成了正規。這影響到每個人，甚至最偉大的歌劇演員。帕華洛帝（Luciano Pavarotti）當然如此，他像是站在右邊；左邊則是諾曼（Jessye Norman）。了解我想要說什麼了吧？那把觀眾都弄麻木了。我無法了解的一件事就是，在紐約大都會歌劇院裡面人們怎麼坐得住聽完整齣歌劇。

【魯】我記得你在評論荀白克的歌劇《等待》（*Erwartung*）時覺得很失望。你不是說過還不如乾脆待在家裡，自己在內心搬演還來得更有收穫這類的話？

【薩】正是，或者看諾曼的音樂會表演。那是有關一個女子尋找未婚夫而發瘋的故事。劇本——歌劇的文本經常都是很有趣的

——是由一位越南醫科學生寫的。那個劇本沒有很高的文學價值，但卻是有關歇斯底里，根據阿多諾（Theodor Adorno）的說法，歇斯底里和佛洛伊德的病例研究之間存在著有趣的關係。因此它是一種對於意識的細微、精密的解析。這裡面有一位很棒的歌者，對所發生的事毫無線索，身材壯碩得不適合演出神經衰弱和歇斯底里這類事情。隨著歌劇的進展，她漸漸深入森林，迷失了心靈，要尋找未婚夫。然後人們發現她其實可能是從精神病院脫逃的病患。而就在這背景中——就在舞台中間——擺了一架巨大的鋼琴。那架大鋼琴在森林中出現究竟是為了什麼？因此我猜想她會發瘋就是因為她想不出到底要怎麼處理那架大鋼琴。這產生了一種——我的意思
98 是，你可以說——那是一種違反歌劇的版本。那是對歌劇的一種榮耀的誤解。那不是原先的用意；原本它應該是一件很嚴肅的事，但就是沒有發揮作用。那就是紐約大都會歌劇院所做的，而我不懂它如何能繼續那麼做下去。

【魯】也許這種事的結果就是有些音樂劇的作品根本不該上演。在戲劇文學中你總是聽到那種說法，有些劇本是「無法搬上舞台的」——有許多莎士比亞的⋯⋯

【薩】是的，那種說法當然是成立，但當中有許多來自於表演，而那部作品無法上演的情況是可以明顯看出的，你知道，就像易卜生晚期的劇本《復甦》（Henrik Ibsen, *When We Dead Awaken*）。那和音樂表演及歌劇有很大的關係⋯⋯也就是說，這些——這有點像葛蘭西（Antonio Gramsci）的說法——這些霸權的典律是如何形成的？我的意思是，比方說，把法國歌劇排除在外，這種情況真的很不尋常。法國音樂和法國歌劇——音樂劇——有很棒的傳統，但就是上不了美國的舞台。我們想想拉摩（Jean-Philippe Rameau）；

想想白遼士（Hector Berlioz）；想想羅西尼（Gioacchino Rossini）除了《塞維里亞的理髮師》（*The Barber of Seville*）之外大部分的作品。我的意思是說，羅西尼是法國歌劇作家。而白遼士，你根本就看不見他。比才（Georges Bizet）寫了十部歌劇，其中《卡門》（*Carmen*）偶爾會上演──《卡門》是偉大的傑作之一──然而卻是因為它在某方面來說多少是反法國、反德國的歌劇。其他還有馬斯奈（Jules Massenet）和福萊（Gabriel Fauré）。為什麼全都是寫實歌劇，以及片片段段的華格納（Richard Wagner）──華格納多少被轉變成義大利式的。……

【馬】我認為我們上次談話時，稍微談到了葛拉斯（Philip Glass）的歌劇，談到你是不是看過《沙灘上的愛因斯坦》（*Einstein on the Beach*）、《法老王阿肯那頓》（*Akhnaten*）或《擇善固執》（*Satyagraha*）。你對現代劇目感興趣嗎？

【薩】感興趣。我聽過那些，也看過它們的錄影帶，其中包括葛拉斯的一、兩齣劇作。那種音樂美學並不很能打動我。在我看來似乎沒把其中的東西充分發揮。

【馬】那麼有關批評的題材呢？也就是寫文章討論或觀賞《法老王阿肯那頓》這齣歌劇。……即使就政治的主題而言，我都以為會吸引你的注意力。

【薩】確有其事，只不過……我不知道。我無法解釋。就像我
所說的，我有相當強烈的愛憎、喜惡等等。我從葛拉斯得不到像在 99
其他當代編曲家，像是亨策（Hans Werner Henze），那樣的興趣。我認為亨策是位更有趣的歌劇作家。

【馬】在最近一篇訪談中，你談論自己寫作時提到一件事──多重聲音（polyphonic voice）和合唱的觀念如何讓你感興趣，我讀

來覺得很有趣。[5]你能不能就自己的批評寫作對那一點加以發揮？

【薩】這些東西必須花上一段時間才能找出自己的興趣和傾向。我似乎一向都對某種的多音現象感興趣。在音樂上，我很感興趣於對位的寫作和對位的形式。也就是說，在美學上從諧音到不諧音這整個範圍中所存在的那種複雜性，把多重聲音結合成一種有紀律的整體，這是我覺得很吸引人的東西。

【馬】你如何把它延伸到自己的文章裡？

【薩】比方說，在我一篇討論流亡的文章中，我根據個人的經驗延伸這個觀念。如果你是一個流亡者——我感覺自己在許多方面一向都是如此——那麼你身上總是帶著一些你遺留在後的那些東西的回憶，你所能記憶的東西，而且你會把那個記憶和當前的經驗相對照，因此必然會有那種對位感（sense of counterpoint）。這裡我所說的對位，指的是不能化約成同音（homophony）的東西，不能化約成一種簡單的調和。我對比較文學的興趣是基於相同的理念。我認為自己發現到而且我猜想最——我不會說是厭惡，但會說是反感的——就是同一性。有關**單一的**認同這個觀念。因此，多重認同，許多聲音彼此交錯競逐的那種多音，就像我所說的，不需要去調和它們，只要把它們放在一起——我的作品就是關於這個。不只是一個文化，不只是一種覺知，而是有關它的負面和正面的雙重模式。那是基本的本能。

【喬】你認為有些文化和文化實踐比較鼓勵多音的現象嗎？

【薩】一點不錯。比方說，在音樂中，我一直很感興趣的一件事——而這就佔了我談論音樂那本書三部分的最後一部分（這本書

5 譯註：此處所指的極可能就是本書前一篇訪談錄。

明年問世）——就是根據發展和宰制的形式之間的一種對立。就像
奏鳴曲一樣。奏鳴曲形式的基本結構是呈示部、發展部、再現部。
而且有很多事情隨之發生，比方說，交響樂。我所說的僅限於西方 100
古典的世界；某些類型的歌劇根據的就是這個，相對於根據我所謂的主題變奏那些形式，在這些變奏中，衝突、宰制和透過強迫的和解來克服那種張力並不是議題之所在。議題在於以賦格曲的形式延長，就像主題和變奏那樣。那種多音就像我自己傳統中庫勒蘇姆（Um Kulthum）的作品。庫勒蘇姆是二十世紀最著名的古典阿拉伯歌唱家。她的表現形式根據的是棲息於（inhabiting）時間，而不是試著要宰制（dominating）時間。那是和時間性（temporality）的一種特別關係。或者比方說像梅西昂（Olivier Messiaen）的音樂，我認為這位偉大的法國前衛作曲家是神聖的。你看得出其中的二分法。一方面是宰制／發展，另一方面是透過變奏和多音的關係所得到的那種衍生。我認為那些文化實踐可以用來作為**其他**文化實踐的一種類別：它們根據的是有關群體、交疊的整個觀念，相對於強制的宰制和啟蒙——在長篇小說中可以找到的那種啟蒙和成就的敘事。

【喬】你提到要棲息於時間，而不是要宰制時間，這個觀念我覺得很有意思。

【薩】試著要駕馭（riding）時間。那種說法來自霍普金斯（Gerard Manley Hopkins），他在詩裡和時間有一種很奇怪的關係，尤其是他第一首偉大的詩《德意志號沉沒記》（*The Wreck of the Deutschland*）的最後部分。整個問題就在於：你試著抵抗時間而建立起結構，還是試著駕馭時間而活在時間裡。

【喬】我就把劇場的表演想成這樣，多少要求棲息於時間。也

就是說，時間有自己的要求，即使在傑出的表演者身上，他也許試著要宰制時間，但可能不會成功。

【薩】是的，在音樂表演中，那些試著要重新創造音樂以及用那種方式棲息其中的人，相對於只是以高效率和很出色的技巧來打發它的人，兩者之間真的有區別。

【魯】流亡的性質也很像這樣。我的意思是說，感覺你不是生
101 活在過去，就是生活在一個理想的未來，而現在則是充滿危險、矛盾的領域，無法把自己安置在那裡，卻又不得不如此。

【薩】這令人感興趣的當然就是你感受到一種暫時性（provisionality）。那就是為什麼我喜歡它。不必試著假裝那麼做是自然的方式。它多少像是以時間的方式來完全投入那個時刻。

【魯】也像是一種平衡的行為。這種平衡不單是在時間方面，也在流亡者和世界的關係方面。一方面，你有那種很棒的現世性，或有能力來參與那麼多的領域。另一方面，那是一種強加其上的孤獨。一個人如何在那兩者之間取得平衡？

【薩】我不知道。我認為其中並沒有公式。我想可以把它稱為那些不同情境之間的一種來往。

【魯】私人空間的整個觀念就和那個有關，而且可能是一個值得追究的議題。世俗的知識分子、世俗的藝術家以一種真正的、強烈的方式介入公共世界，你這個理念經常深深打動我。但現在東歐國家正在發生的所有那些變化，使我開始思考有別於那個觀點的其他選擇。東德劇作家穆勒（Heiner Müller）一向都反對政府，他有一則軼事。一位來自西歐的人問他：「現在那些枷鎖都已經鬆脫

了，你能寫一些真正和政治情境、政府等等有關的劇本，你不會覺得興奮嗎……」而他說：「不，其實，自由現在意味著能自由地去閱讀普魯斯特（Marcel Proust），能待在我家的書房裡。」那似乎指向重新發現私人空間，擺脫以往被外界強加在身上的那種世俗性。

【薩】我守護個人隱私惟恐不及，因為我生活的世界中，公眾面向完全不在我掌控之內，因為那牽涉到巴勒斯坦情況的特殊敏感性和不妥協。過去十五、二十年來我一直在思索那個問題，這使我很難去守護。部分是因為音樂就很像那樣，因為它是非文字的用語。我已經深深陷入這些爭戰中，爭辯一個人說什麼、能說什麼諸如此類的事。我已經介入公眾領域那麼久了，不可能撤回到私人領 102
域。雖然顯然我們都有一種親密的私人生活，但對我來說卻無法輕而易舉地恢復。過去幾年來——部分是因為我年事漸長——我深深厭惡公眾生活在很違反我的意願、意圖和我可能有的任何計畫的情況下，佔去了我那麼多的時間和工夫。而我所說的公眾生活指的並不只是政治，也包括了教學、寫作以及擁有讀者的整個感覺——有時完全無法預測，而且違反我個人的意願。因此，那種內在性是非常非常稀罕的東西。我不確定我的情況是不是特例。我認為有這種情況的人可能比我們猜想的還多。

【喬】你會認為某種入世的知識分子多少被塑造出來承擔比以前更多的文化負擔？

【薩】這個嘛，我是這麼覺得。我不能替其他人發言。我發覺很難為其他人發言，因為我處在一個奇怪的位置。我的意思是說，我沒有那麼多時間可以反省。那也就是為什麼對我來說音樂經驗如此重要。因為和我所做的其他事情相較，音樂被賦予的意義很不一樣。我只是感覺對公共知識分子來說，這種情況可能令人極為不安，幾乎讓人發神經：你所說的某件事可以被人扭曲成一千種不同的形式，或者變成一個不同的形式，然而單單這一個形式就會有始料未及的後果。就我的情況來說，我有很多很不同的、完全不相往來的讀者群。我為阿拉伯世界最大的周刊之一用阿拉伯文每個月寫一篇專欄，而在歐洲語言世界的讀者群則很不一樣。因此，單單試著要趕上就很傷神，更不要說有所貢獻了。

【魯】不知道我們會不會看見知識分子的藝術家一些改變的模式，就像在東歐已經發生的那樣，許多人現在從公共角色撤出——把它視為一種負擔，而演化成了一種封閉的術士作風。那裡有許多藝術家想要重新發現美。

【薩】我完全了解那一點。就某個方式來說，我們生活在艾略特（T. S. Eliot）所稱的鏡子的荒野（a wilderness of mirrors）：無限的繁衍，卻沒有重大的意義，就只是一再衍生下去。而你只想說：
103 夠了。我不想和那有太多的牽扯。因此，我發覺自己所思考的事情之一，不只是先前我們所說的隱私幾乎是不可能的，而且就像顧爾德那樣看待表演——他了解這個問題，因而能集中、特殊化、控制他所做的，使它不會無限地衍生下去。也就是有這種的——人們對顧爾德的這一面寫得或注意得不夠——他做了許多這種的努力，打從他想到一首作品的那一刻起，到練習、準備，然後表演，然後錄音。他是個很獨特的例子，顯示出某人是公共表演者，試著要藉由控制表演藝術的同時來豐富它。當然，同時這也會產生某些很冷漠、而且死氣沉沉的東西。但另一方面，這想來也是個有趣的模式。那麼做的人並不很多。大多數人傾向於要衍生，而且想要更多的繁衍。就某個意義來說，顧爾德要的是那個，但也要盡可能地控制它。也許是因為他害怕在舞台上已經為他顯示出可能發生的事情：他只會變成這個公共空間的人物。

【魯】惹內（Jean Genet）[6]可能是另一個例子，他這個人始終要保有私人的領域。

【薩】正是。

【魯】他能了解在中西部所發生的情況，正是因為他身為局外人的經驗。

【喬】以及在戲劇裡所發生的情況。

【馬】還有貝克特（Samuel Beckett）。[7]

【薩】但你從惹內和顧爾德身上所感受到的，在貝克特身上感受不到，也就是挑逗危險。我從未在貝克特身上感受到那個。我們無法崇敬他——但另一方面，貝克特的作品中有一種安全感是你在惹內裡面找不到的。在惹內的作品中，你在他所有的戲劇中，都感受得到難以置信的冒險。

【喬】那也是一種挑釁，不是嗎？

【馬】貝克特令我印象深刻的一件事就是，他是那麼偉大的作家，而且那麼掌控戲劇性，甚至沒有必要去看他的作品演出。但惹內則在劇場中獨擅勝場。……我們這裡談論的是私密的時刻和東歐的情況，在那麼強烈的公共生活之後似乎多少要求的那種單獨感和孤寂感。

貝克特之死當然令許多人尋思，在見克特之後會出現什麼。而 104
且在某些方面，那似乎是普遍的劇作家和國際的劇目的結束。再

6 譯註：惹內（1910-1986）法國小說家及荒謬劇場的代表性劇作家。

7 譯註：貝克特（1906-1989），著名劇作家，1969年諾貝爾文學獎得主，尤其以劇作《等待果陀》（*Waiting for Godot*, 1952）聞名。

說，**因為**文化已經變得那麼公共，並且成了景觀很大的一部分，因此很少強調私密的時刻，而在我看來，戲劇總是那麼私密、反省、親近的形式，在嚴肅人士所體驗的不同形式的高下層級中（the hierarchy of forms）已呈現江河日下之勢；這些嚴肅人士通常會去劇院，讀嚴肅的長篇小說，聽歌劇。像哈維爾（Vaclav Havel）和福嘎（Athol Fugard）[8]者流之所以聞名，並不一定因為他們是偉大的劇作家。他們之所以進入國際的劇目是因為他們的政治和象徵價值。似乎戲劇愈來愈會變成一種在地的知識（local knowledge）。而在劇場中，我們看到了景觀和表演的提升，而不是戲劇。像安德森（Laurie Anderson）或威爾森這樣的國際表演者，製作的是能在文化中旅行的東西。

【薩】或者布魯克（Peter Brook）。……但甚至是安德森，特別是布魯克——弔詭的是在他們底下的也是一種素樸的手法。那不像是旅行的歌劇。事實上，它有一套包裝簡易的行裝，可以從一個國家運到另一個國家，而且用很小的劇場也能呈現出同樣的作品。但我認為你沒有提到有關戲劇的一件事——比方說，在巴勒斯坦的情境，那是我唯一有把握可以談的事——就是戲劇具有見證的價值，那和你談論的象徵價值不同。也就是說，比方說派普（Joseph Papp）去年夏天取消了巴勒斯坦劇本《庫弗・珊瑪的故事》（*The Story of Kufur Shamma*）的演出，原因不在那個劇本的內容，而是因為那是巴勒斯坦人談論**他們的**經驗。**那**才讓人覺得受到威脅。而那也就是

---

[8] 譯註：哈維爾（1936-）為著名的捷克劇作家、詩人和異議分子，在共產主義崩潰之後擔任捷克斯洛伐克總統（1989-1992）及捷克共和國總統（1993-2003）。福嘎（1932-）為南非劇作家、演員及導演，即使在檢查制度之下依然維持劇團，製作反抗種族隔離政策的劇作。

為什麼他不得不取消的原因。因此，在那個層次上，它是在地的知識，但這種在地的知識經常介入超越地域的議題，其他地方感興趣的議題。我猜想加在劇作家和表演者身上的負擔，就是如何設法把這種在地的情境轉化成能連結並觸及其他的情境。

【馬】在那種方式下，我認為戲劇是可以旅行的。但是如果你和過去四十、五十或六十年前的劇院相比——當時被認為是國際的，而且對國際觀眾來說有趣的——現在已經太多了，所以不再出現於百老匯。比方說，最後一齣在百老匯上演的德國或匈牙利或法 105
國的劇本是在什麼時候？就這個意義來說，國際的劇目是在萎縮。

【薩】雖然如此，但邦妮我要告訴妳，去年夏天我在［希臘］特耳菲（Delphi）一個有關希臘悲劇的國際研討會上發表演說。我相信我談的是華格納。每天晚上在特耳菲的劇院裡都上演一齣戲。我在那裡看了兩場表演，第二場表演不同凡響，是由華伊達（Andzej Wajda）的劇團表演波蘭文的《安蒂岡妮》（*Antigone*）……

【魯】我是在波蘭看這齣戲的。

【薩】你是在波蘭看的。嗯，我是在特耳菲看的，而現場觀眾全都是希臘人……顯然都是現代希臘人。那種情況令人嘆為觀止。在我看來似乎是許多事情特殊的混雜。這是「OK文化饗宴」（the “OK cultural festival”），這是當權者能接受的古老的自我再現，因為是由當時正處於重大危機的希臘政府主辦的。它是當地民眾的盛會。OK，所有這一切。但除此之外，它對我來說是一個很有力的劇場經驗。我不知道你看的是哪個演出，因為有幾個不同版本。你是在哪裡看的？

【魯】我是1985年在克拉科（Krakow）看的。當時波蘭在政治上正處於很艱困的時候。

【薩】在那齣戲中吟唱隊有沒有變形？

【魯】有。在整場戲的演出中，吟唱隊總是在變形——從官僚（也許是國會議員）轉變為抗議的學生，最後轉變為造船廠的工人，就像從格旦斯克（Gdansk）發起團結工聯（Solidarity）的那些人。在波蘭的劇場中，它變得極為有力。其實，邦妮，這個事件讓我質疑或至少想針對妳先前的說法表示不同意見，也就是有關一個劇本的普遍性和哀悼失去了貝克特。

【薩】不，我認為她先前所說的——也是我感興趣的——就是一個偉大的戲劇天才產生了（我得重複使用這個字眼）一種傑作，而那種傑作創造出了十九世紀的劇場，而且繼續進入易卜生和史特林堡（August Strindberg）晚期的象徵悲劇，然後進入布萊希特（Bertolt Brecht），然後進入貝克特。這裡有你提到的那種傑出之處：宰制劇場的人。那個模式就是一種宰制的模式。坦白跟你說，
106 我並不遺憾它的結束，因為它有許多搭配的外在因素。就像你也可以說，那麼有關——想想看——偉大的奧地利—日耳曼交響樂傳統開始於海頓（Joseph Haydn），經過莫札特（W. A. Mozart）、貝多芬（Ludwig van Beethoven）、舒曼（Robert Schumann）、布拉姆斯（Johannes Brahms）——我認為華格納多少也在裡面——然後是馬勒（Gustav Mahler）、布魯克納（Anton Bruckner）、荀白克……然後呢？什麼都沒有，就結束了。而你所看到的就像是巴爾托克（Béla Bartók）這些當地的民族主義者，你知道。我的意思是說，這種情況發生了，但沒有它的話我們照常過日子。可以用許多不同的方式來崇敬它、紀念它，但我對那並不是那麼確定，原因在於它籠罩、宰制了其他周遭事物所造成的傷害。它產生了某種的典律或典律性。

【魯】是啊，而我們現在可不是全都把典律批評得一文不值嗎！

【薩】我們並不是把它批評得一文不值。它不是一切，我的意思是這樣。

【馬】我了解你對攻擊普遍性的觀點，當然，但問題在於戲劇中幾乎沒有其他的東西。存在著許多可以遵循的音樂傳統；存在著許多偉大的長篇小說，它們突破了模式，而且為廣泛的團體和民族所喜愛。

【薩】是的，那是真的。

【馬】但對戲劇來說，這整件事都崩塌了，因為如果沒有國際的劇目的話，然後形式本身就逐漸消失，所剩下的就只是暢銷劇，多少能旅行的、具有議題性的劇本，然後就是古典作品。也許有兩部易卜生的作品，或者有幾部布萊希特的作品。我所要說的就是，其他的傳統豐富得多，而劇目也是那麼的寬廣，但如果你開始有一種世界性的觀眾沒有興趣的形式——以新穎的觀點來看的話——那麼我認為這就是形式的問題，這種情況和，比方說，音樂是不同的。

【魯】但國際性的藝術品，那不是浪漫的觀念嗎？

【馬】但它們依然存在於藝術中，如果你細看來自許許多多國家的繪畫的話，其中有很多甚至看起來大致一樣，而裡面有好作品，也有壞作品。全世界不同文化的群眾欣賞同樣的作品，這在我看來沒什麼不對的。比方說，小說總是這樣。

【薩】根據妳所描述的方式，當然聽起來戲劇像是特別、特殊的。但為什麼呢？

【馬】我先前暗示的事情之一就是，我們現在所看到的是在幾 107

個文化饗宴中所發現的國際景觀，比方說布魯克或安德森的作品，他們最近的作品在日本、西歐、巴西或其他地方都同樣能讓人接受。我們經常看到一種表演的國際化。當我使用「表演」這個字眼時，我的意思和劇場有所不同。它不限定於文本，不處理劇本。表演工作經常是高度技術性的，反映的是通俗意象和音樂的某種轉移。

【薩】是讓人認得出而且已經商品化的風格。

【馬】正是。而且因為國際性的青少年文化，所以現在全世界的人都了解。但那多少撼動了戲劇的地位……

【薩】也因為電影、電視和文化工業所有的那些機制。

【馬】因此，現在偉大的劇院傾向於留在自己的國家，而且根據經典作品來建立它們的劇目，重新來過，並藉由新人使它們獲得新生。我們在錄影帶、視覺藝術、小說、或「表演」本身的類別上四處可見這種旅行，但在劇場中卻看不到。

【薩】當然，在音樂中你可以從那些到處旅行的大師或受人敬重的鋼琴家或重量級的男高音、女高音等身上看到。

【魯】也許劇場比較不適合這種旅行，因為大家在觀念上以為一齣戲應該多少面對眼前觀眾關切的一些議題。當然，它是所有藝術中和社會關係最密切的。而且我會認為人們不願意放棄劇場所提供的那種介入的可能性，這種方式比藝術、音樂或電視直截了當得多。

【喬】有另一種方式來看待這種情況，劇場中總是有這種在地的面向，連接到特定的時空。而這一向是戲劇特殊的地方。這麼說，儘管技術的力量十足，但和劇場事件相較，技術並不能促成與人更直接的合作。因此，這種「在地的知識」的特色也許就會拯救劇場，並且賦予它未來。

【薩】但她還是為此哀悼。我認為妳真的對偉大的人物或偉大 108
的形式抱有一種懷舊的心理。那幾乎是一種盧卡奇式的，尤其是早期的盧卡奇——妳知道，《靈魂及其形式》（*The Soul and Its Forms*）……存在著一種盧卡奇式的悲嘆和憂鬱。我認為妳是對的。我沒有說妳錯了。

【馬】坦白告訴你，我對表演的觀念的興趣高於我對戲劇的興趣，只有少數例外。當然，身為出版者的我，知道把書賣到全世界是怎麼一回事，因此我是根據很實際的情況發現人們對戲劇失去興趣。

【薩】這是什麼意思？妳對戲劇失去興趣，而去看表演。換句話說，蕾格烈（Vanessa Redgrave）演的一齣戲會比《馬克白》（*Macbeth*）或這類劇本對妳來說更重要。這就是妳所說的表演的意思嗎？

【馬】不，我是其他的意思。我對傳統式的戲劇上演失去興趣。在那種情況下，我寧願坐在家裡讀劇本，也不願意去看它——雖然我對像威爾森的作品演出和一些前衛的表演更有興趣。

【喬】那其實是品質的問題，不是嗎？

【馬】是的。

【薩】看到了吧，這個問題的另一部分——而且我認為對於像我們這樣對這些議題和問題感興趣的人來說——就是很重要的不只是去歌頌前衛（也就是說，長篇小說，或像是謝勒或威爾森的實例中那種令人興奮和不尋常的東西），而且能激發觀眾更大的不滿和憤怒，因為現在的觀眾就像羔羊般乖乖坐在那裡，聽完令人乏味得無法接受的重製的傑作。那也是我發覺最令人困惑的地方。為什麼批評的感受已經降到這麼低的層次？而忍受痛苦的門檻是這麼的高，人們能坐著聽完在劇場、歌劇或音樂中對古典傑作極為「傳統」的重製，卻不去體驗當代作品或對於古典作品危險的、創新的重演當中一些很新的東西。我不了解那一點。妳了解嗎？

【馬】這個嘛，當然其中一部分的原因，並不是全部的原因，就是著名報紙上的評論寫得很差勁——那是個大問題。

【薩】唔，這就成了該談談的重要事情。這也是葛蘭西的一些
109 文化分析中很重要的地方，你可以把著名的報紙和那些寫評論的人視為對劇院感興趣的有機的知識分子。換句話說，在軍事意義上，他們是前衛的意見組織者，而且為了劇院的重要利益來製造共識，他們的角色就是要殖民、麻醉、使觀眾變成機器人，進而把某些種類的成規當成是正規。我認為個人的作品很重要的一部分就是：在此時此刻提升不滿的感受。

【馬】你知道，另一件事就是，比方說，不像藝術觀賞者總想要看些新東西，戲劇的觀眾和音樂的聽眾基本上是要在熟悉的場景中看到最偉大的流行作品。因此，閱聽者基本上是不同的——雖然他們可能是同一群人。

【魯】但有時候和最偉大的流行作品搏鬥會是很有收穫的，而作者一向都在這麼做。霍夫曼斯塔爾（Hugo von Hofmannsthal）所處理的《伊蕾特拉》（*Electra*）的故事是以往流傳下來的，但他把它吸收成為自己的創作。穆勒寫《哈姆雷特機器》（*Hamletmachine*）為的是要解決掉《哈姆雷特》（*Hamlet*）。

【薩】或者就某些情況而言，一直要適應贊助者加在他身上的那些不斷改變的表演條件。

【魯】當代藝術家似乎有兩種方式來處理這種古典傳統和典律

的負擔或壓迫。一種方式就是一直把它推到一邊，只管寫或編新作品。另一種方式就是像霍夫曼斯塔爾和穆勒那樣，試著吸收它，然後多少重新創作，使它有點中性化，以顛覆的方式使它重新具有活力。

【薩】我贊成第二種意見。在文學研究中對典律和整個西方傳統的問題所進行的一切討論中，在我看來最大的謬誤之一就是主張：首先，你要顯示典律是共犯的結果——一種白種男人的陰謀——比方說，這些共犯把霍桑（Nathaniel Hawthorne）變成美國文學裡的偉大人物，而排除了許多當時更流行的女作家或區域性作家等等。於是，與抱持這種觀念同一路的人的做法就是把霍桑推到一邊，而開始閱讀其他作家。但那是以一種典律取代另一種典律，在
我看來反倒強化了整個有關典律的觀念，當然，也包括了隨之而來 110
的所有那些權威。這是第一點。第二點——其中一半涉及我的教育，另一半涉及我的年紀和傾向——我對典律感興趣。我是很保守的，也就是說，我認為至少就個人的偏好和歡愉的層次上，我們可以說作品的某些方面已經長久持續，而且得到、獲取許多不同的解釋，從憎惡到尊敬都有。我發覺作為知識的一部分，那讓人感覺充實。因此，我不像很多人那樣願意破壞它。我的看法是要把這些其他對位的路線同化入那些典律中。

你可以採取班雅明（Walter Benjamin）的極端看法：每個文明的文件也是野蠻的文件。你能展現——就像我在這本寫了十年的有關文化帝國主義的書中試著要顯示的——偉大的文化紀念碑（這個嘛，我就是這麼處理《阿依達》的例子的），即使在最極端的情況下，也不會因為它們和世界很骯髒齷齪的方面共謀，而有失其紀念碑的地位。或者在一些比較不極端的情況下，因為它們參與、介入

了社會和歷史的過程，就有失地位。我發覺那很有趣。我不願就此把它們丟下船去，說：「讓我們專注在新東西上。」我的意思是說，我發覺新穎這個觀念本身並不能提供我足夠的營養。

【魯】對非西方作家來說，整個典律也變成了一種難以置信的尖銳武器。像索因卡（Wole Soyinka）[9] 這樣的人能把［惹內的］《陽台》（*The Balcony*）、或是［古希臘劇作家攸里庇底斯（Euripides）的］《酒神的祭司》（*The Bacchae*）、或是［布萊希特的］《三便士歌劇》（*Threepenny Opera*）拿來，重寫成殖民主義的寓言。

【薩】不只如此，但在最好的例子中——我認為比索因卡更有趣的就是蘇丹小說家薩利赫（Tayeb Salih［1929-］）的作品。他寫過幾部長篇小說，傑作是一部叫《北徙時節》（*The Season of Migration to the North*）的長篇小說——出版於1960年代末期——那是一部很有意要回應、寫來反應康拉德《黑暗之心》（Joseph Conrad, *Heart of Darkness*）的作品。這個故事不是一個白人來到非洲，而是一個黑人去到歐洲，結果就某個層次來說當然是對康拉德的回應。換句話說，這是一則後殖民的寓言，訴說當一個黑人到倫敦，而且在一群英國女人中造成混亂時，到底發生了什麼事。其中帶有一種性的寓言。但如果你更深入看它，其中不只包括了去殖民的歷史和對西方帝國主義的回應，在我看來也加深了悲劇的意味，因為它顯
111 示出這個人回應式的報復，而這種報復在第三世界、在阿拉伯和非洲世界的許多讀者來說，是個公義的報復。但薩利赫以新穎的手法加以處理，因為那是無效的、悲慘的，而且終究是悲劇的。因為它

[9] 譯註：索因卡（1934-）為奈及利亞劇作家、詩人、小說家、批評家，1986年諾貝爾文學獎得主，文學作品充滿人道精神，反抗暴政。

強化了那種孤獨的循環是來自認同政治的不足。只是身為黑人在白人之間造成混亂是不夠的，還是存在著一個你不得不在其中生活的世界。就那個意義而言，這是一部豐富、扣人心弦的作品，因為它把康拉德的限制加以戲劇化。我對康拉德崇敬的程度超過任何人，但薩利赫的長篇小說中有一種很驚人的類型，就它本身的意義來說是很強有力的——它是以阿拉伯文寫的，而不是英文——根據的是康拉德的長篇小說，同時卻又獨立於它之外。那很迷人。

【魯】這麼看來，那也許是對藝術品的在地性（locality）這整個問題的一個解決方式。因為你所描述的可以既是一個在地的脈絡中很有力的作品，但也是文化之間的作品。

【薩】一點不錯。那也是我終究不同意邦妮的觀念之處。在地和普遍兩者之間所暗示的對比中，我認為在地總是比普遍更有趣。那全看你是從哪個角度來看。如果你從被殖民世界的角度來看的話，就像法農（Frantz Fanon）所說的，為了達到普遍總是犧牲了本土。我會給你個很棒的例子——看看卡繆（Albert Camus, 1913-1960）。在現代法國文化中，卡繆這位作家比任何人都更能代表普遍性。我們更仔細閱讀他的作品的話，就會發覺在他主要小說作品中的每個例子，甚至在短篇小說集裡，大部分的場景都是在阿爾及利亞。但它們並不是**有關**阿爾及利亞，而總是被讀作德國佔領法國的寓言。你更仔細去看那個，而且尋找阿爾及利亞獨立的觀點的話（阿爾及利亞是在卡繆死後，於1962年獨立的）——當然，惹內回應了這個，因為惹內在《屏風》（*The Screens*）中也涉入相同的議題。如果你去看那個的話，就能看出卡繆在他所有作品中都是在運用法國盛行的文化論述——這種文化論述促成了普世主義以及人類的情況，而且反抗納粹主義和法西斯主義等等——作為阻礙獨立的

阿爾及利亞出現的方式。……這在我看來似乎正是你針對這個文本
112 帶入在地知識的重要之處。把它放回它的情境和當地，在那裡它不會失去趣味，反而變得更有趣，這正是因為底下兩者的對比：一方面是普遍的程度、範圍和名聲；另一方面是更為密謀的在地情況。但也許我們言過其實了……

【馬】我認為就某個意義而言我們談論的是不同的事。就辯論和內在的政治而言，和戲劇相較，文學與一般世俗的知識生活所過的是更持續不斷的生活。我只是要指出，如果戲劇就某個意義而言不能再豐富國際的劇目，而我們只是要有在地的戲劇的話——在地的戲劇也是我所珍惜的——那就意味著完全不同的事。比方說，在戲劇中我們並沒有像文學那種意義下的世俗的劇場知識分子（secular theater intellectuals）。幾乎所有有關劇場議題的論述、對話和辯論，不是出現在通俗報紙上的那些書評機制，但內部卻沒有進行任何有意思的辯論，就是出現在像我們自己這樣被邊緣化了的雜誌或學院世界。因此，劇場的議題並沒有被帶出來，連接上普遍的文化—政治議題，而在科學或文學中現在處理其他題材時，則會連接上這些議題。因此，我認為這種損失對劇場來說會比在長篇小說中更嚴重。

【薩】我認為妳說的一點都沒錯，而且我認為——沒錯，我了解妳的觀點了。那是一種寬廣得多的說明方式。

【喬】有關典律——不是只丟棄一個典律、然後用另一個典律取代的這種觀念——看來其實在那種方法中所欠缺的，似乎就是許多人並不是看到這些是如何教的或如何呈現的，只看到教了什麼。

【薩】是的，正是，雖然教了「什麼」也是重要的。把某些「什麼」排除在外也是很有意思的。

【喬】但那幾乎像是說不要放棄比較深的東西，也就是評定文本的某些模式……

【薩】我把它們稱作尊崇的模式，而它們就是那樣。

【喬】那種尊崇被轉移到其他事情上，使你在面對文本、藝術 113
品或其他東西時，處於同樣低劣的位置。

【薩】這個嘛，這是一般學院辯論中的基礎問題，但那基本上沒有落實在真實世界中的真實交鋒，而大都是理論性的。因此在一個層面上，「什麼」是同等的重要，那是宣稱具有某種權威、地盤等等。但「如何」，妳知道，「如何」變得相對沒有分量，就某個意義來說，變成許多方法中的一個。我這裡為自己試著想要說的事來舉個例子。我們來看看一般的美國文學研究，而且我猜想也包含了文化研究，過去三十年來透過「理論」接受到的那種大規模入侵的結果：結構主義、後結構主義、解構批評、記號學、馬克思主義、女性主義，所有這一切。在效應上，它們全都沒有分量，我的意思是說，它們全都代表學院的選擇，其中有許多並未連接上原先促使它們產生的那些情況。比方說，大學裡的第三世界的研究和索因卡或薩利赫在他們自己當下的後殖民情境中試著要書寫的經驗敘事是很不同的一回事。妳知道，有時候像恩古基（N'gugi wa Thiong'o）這樣的批評家談論去殖民的心靈，這對曾在獄中待過、歷經新帝國主義所有的問題、本地語言相對於英語這些問題等等的人來說是一回事。而這些和某人決定說，好的，我要鑽研去殖民或殖民主義論述，是很不同的事。因此，那是個很大的問題。

【喬】學院努力地使它們沒有分量……

【薩】就某個意義來說，你不能完全擺脫那種情況，因為大學是一種烏托邦的所在。就某個程度而言，這些事情應該發生。也許一個文化方法（a cultural method）真正有力、迫切的原生情境，和它後來轉化成大學裡的理論選擇，彼此之間的落差太大了。

【喬】你認為大學應該繼續維持這種烏托邦式的狀態嗎？也許那就是部分問題之所在——大學這種模式已經失去了它的作用。

【薩】我認為那就是我們現在的處境。我們正親眼目睹一個很有意思的轉型。大多數的學生，我認為，這裡的好學生，我的學生——我從和他們的直接接觸中知道這一點——其實對理論不再感興趣。他們真正感興趣的是那些歷史的、文化的競爭，而那些競爭是
114 二十世紀末歷史的特徵。在種族主義與帝國主義、殖民主義、不同形式的權威、不同類別的解放與獨立之間，反映在文化、美學形式、論述等等。因此那就是我走的方向。問題在於，你如何把那連接上眼前的社會變遷，而現在似乎每件事都離開了決定二十世紀以來歷史的那些競爭——社會主義與資本主義之間的競爭等等。因此，這是很令人困擾的時刻。我認為，重要的就是要勇於探索。

【馬】你知道，其實你在《衛報》（*The Guardian*）上所寫的那篇小文章中，提到你多少覺得哲學和政治的歷史以及知識生活的普遍流向，其實幾乎無法處理新的情境。

【薩】我認為如此，我認為當然是如此。

【馬】以某種新的了解來匯集各種藝術和科學，這種看法可能會走往哪個方向？在你的世界中，你會把它帶到哪裡？

【薩】我們不必討論得太特殊或太細節，我認為如果你拿一個自己一向感興趣的東西，像是互文化論（interculturalism），我認為那顯然就是它前進的方向，也就是說，在以往分離的或不同的領域

——像是政治、歷史、美學——之間不同類別的整合。但並不是只停留在那裡，在我看來新式的形成似乎特別有趣、特別重要。其中之一就是互相依賴和交互重疊的關係。妳知道，我們一直傾向於以國族的方式來思考經驗。我們說，有波蘭經驗，有法國經驗，有海地經驗，有巴西經驗。但在我看來，我們必須對基本的國族認同有相當的忠誠和關注，那種情況已經很過時了。有趣的是，國族認同在歷史上其實是彼此互動、依賴的——而當前的時刻也促成這種情況。我的意思是說，在當前有關熱帶雨林的情況下，巴西和北美之間的關係是非常非常戲劇性的；由於現在法國存在著許多穆斯林移民，以致北非和歐洲大都會之間的關係也是非常戲劇性的。

因此，你開始了解到的並不是穩定的普遍性（這一向是文化研
究中盛行的正規），而是移民的普遍性：從一個領域到另一個領域 115
的大規模移轉。那在我看來是嶄新的題材。難民研究相對於穩定的文化機構之研究，而這些文化機構過去一向是社會科學和人文學科的典範。那會是一件大事。另一件就是研究我所謂的整合和相互倚賴，相對於由國家和國族傳統所宰制的研究。在像伊斯蘭這種新興的跨國勢力之間的衝突，出現於次大陸的層次，出現於阿拉伯，而且現在出現於歐洲。文化的場景已經完全改觀，依我之見，唯有以歷史的方式才能了解。比方說，你在歐洲和東方的衝突中就看得到它的種種因素，這我在大約十二、三年前就討論過了。

【馬】互文化論和表演或任何其他你可能要帶進自己作品中的東西之間的關係，除了像《阿依達》那樣的劇場史的模式之外，你有沒有任何想法？

【薩】在這個階段並沒有，沒有，因為我深深陷入不同文化之間的**競爭**領域。我恐怕自己已經深陷其中了。換句話說，我這個人

現在的興趣很受制於文化之間的衝突——一邊是我出生的文化，另一邊是我現在生活其中的文化。這實在是一種奇怪的現象。並不只是它們不同，妳知道，而是現在有一場戰爭［1991年第一次波灣戰爭］正在進行，而雙方都與我有關。因此我很難來談互文化論，因為那暗示某種的清醒和冷靜的反省。

【馬】你把互文化論想成是一種東方主義嗎？

【薩】這個嘛，有可能。是的，一點不錯。因為我認為那裡涉及一整串有關什麼是可以接受的，什麼是不可以接受的問題。我們還沒到那個階段，我認為我們還沒到能用不受干擾的方式來談論它，不帶有南北或東西之間競爭的傷痕來談論。我的意思是說，有關世界的地理劃分依然是很強烈地銘刻著，至少就我的視野來說是如此。

【魯】從剛剛所談的那些來看，互文化論似乎也有好壞之分。但在我讀了《東方主義》之後，這好像不太說得通。

116 【薩】那可真對不起。

【魯】每當我思考或反省另一個文化時，我都發覺「權力」的位置被襯托出來。但替代那種權力的難道只是更大的距離或孤立主義嗎？我可不想這樣。

【薩】不、不、不。我認為那是不可能的。你是知道的，我認為《東方主義》的大缺點之一就是它可能傳達了一種印象：沒有替代的方式，只能束手無策。那可不是我想要暗示的。而我認為，在那本書結尾我說了類似這樣的話：存在著一種「已經賦予」的東西，你知道，每個人和其他所有人都混雜在一起，彼此相涉。那也就是我所要思考的，比方說，在地的報導人（native informant）和白人民族學家之間的不平等關係其實並不那麼懸殊。我不知道要如何談論這個而不像是在自我吹捧，但對我來說，有趣的是《東方主義》——部分是因為我認為它已經在流行了——似乎已經產生了許多很有意思的作品，而這些作品超越了它。它引發了對於文化成品的某種自覺，而這些成品以往一直被認為是這種分析所不能滲透的。反諷的是，這並沒有使它們更無趣，反倒是更有趣。因此我認為東方主義的歷史——我不是指這本書，而是指這個問題——其實是人類——我該怎麼說呢——人類彼此交融混雜的歷史，沒有這個我們就不能活下去。

聽著，每當你以全球化的方式來說話時，比方說，東方相對於西方，你都能產生令人信服的公式來總是暗示西方的勝利。那就是奈波爾（V. S. Naipaul）之所以成功的地方。我的意思是說，那就是奈波爾的吸引力的基礎。他說，世界是由發明電話的人和使用電話的人所構成的。使用電話的人在哪裡呢？我們並不知道。瞧見了吧，你總是會落入那個陷阱；而那個陷阱是詹姆斯（C. L. R. James）從來不會掉進去的。因為他說，如果你是白人，你可以說你有貝多芬，而黑人被認為不該聽貝多芬，而應該聽卡利普索（Calypso）。[10] 你不能掉進那個陷阱。你必須能區別並運用你所要的，而且把它想成是所有人類財產的一部分。如果不在某個很在地的以及顯然有限的層面來進行鬥爭的話，我不知道如何能到達那一點。

因此，就一個層次而言，在我看來有需要針對不同的競爭來進
行歷史性的了解。那就是為什麼我不相信「文學研究」。我不相信 117
英國文學研究本身，而是應該把英國文學和西印度文學、美國文

10 譯註：卡利普索是千里達的一種民歌，也流行於加勒比海群島的東部和南部，經常以詼諧的口吻諷刺當地的政治、社會事件。

學、法國文學、非洲文學、印度文學同時拿來看——你了解我的意思了吧？對文化生產的環境進行深入的歷史化（the deep historicization of the circumstances of production of culture），同時敏銳了解每個文化文件中所包括的統治者和被統治者、領導者和被領導者之間競爭史的程度。第三，我們所需要的是深入了解我們想去哪裡。

與談者：馬蘭卡、魯賓遜、喬杜麗

1991年刊登於紐約的《表演藝術雜誌》（*Performing Arts Journal*）

第六篇

批評與政治的藝術

這篇訪談是由我以前的兩位學生進行的，他們後來的表現相當 118
突出，而且一直是我的朋友。這是我首度嘗試以反省的眼光來
回顧自己身為阿拉伯世界裡的年輕人的生活，而且把它連接上
我後來的知識和政治發展。　　　　　　——薩依德誌

【訪】艾德華，你能不能告訴我們一些有關開羅的事情，以及這個城市在你文化上以及政治上所具有的戰略重要性——不管是就你童年的發展，或是作為你的大都會思考中的轉捩點？

【薩】我們如果以回顧的方式，而不是從我在那裡的早年開始的話，當然對於像我這樣在西方一些大都市——尤其是紐約，但也包括倫敦和巴黎——待過很長時間的人來說，開羅似乎一向都是偉大的另類城市。但是，在背景中隱隱出現的卻是這個巨大的——或

者至少就我的觀點來說，是未經消化的——大都會的存在，存在於東地中海，而且我認為我首次知覺到這個城市，是把它當成一個與亞歷山卓（Alexandria）相對的城市。在文學和我自己的傳記中，亞歷山卓那個地方就是歐洲的窗口，因為那裡有很多外國社群，許許多多的希臘人、法國人、義大利人、亞美尼亞人和猶太人。這些人口主要存在於亞歷山卓，使我印象非常深刻，甚至到今天我發現在希臘有希臘人、在義大利有義大利人等等，都還讓我覺得很驚訝。當然，在文學方面，亞歷山卓這個城市比開羅在西方能找到更多的迴響。但我從來不覺得亞歷山卓讓我安然自在。總之，在我看來它就是不像開羅那樣具有某種精神，還有一種逸樂的、不規則的和諧。因此，我感覺開羅是種另類，**我的**另類。

119 然後，在我漫長的思考中，開羅化為兩個城市。一個是古城，就是人面獅身像和金字塔的城市，以及由於現代西方對埃及的興趣所強調的整個有關法老王的面向，沙達特（Anwar as-Sadat）時期以來尤其如此。沙達特有意強調這一方面，所採取的方式就是把圖特王（King Tut［即「圖坦卡門」（Tutankhamun）］）的展覽輸出到美國，因此就某個意義而言把古埃及分離開來，並且使埃及成為一個商品，以新的方式贏得西方的廣泛注意。然而，也存在著另一個城市，而我這邊要再度強調的是，這整體上對外人來說是未經消化、難以分類、不和諧的，但在我的想法中卻非常非常實在的，因為其中貯存了伊斯蘭的、阿拉伯的、非洲的、反殖民的經驗，其中有許多部分是西方從未能真正接觸到的。然而，即使在那個城市中，你還是能把殖民的城市和它的主體分開，而得到一個由許多地點組成的小得多、更特殊化的場域，比方說，像是我成長的扎馬雷克島（Zamalek），它基本上是一個讓像我那種家庭居住的歐洲小圈圈：具東地中海風、殖民的、少數的、有特權的。而開羅還有其他部分，像是花園城（Garden City），那是各個大使館坐落的地方，而英國大使館是中央控制力量的焦點，從1880年代到1952年英國佔領的那段期間，被認為是與宮廷分庭抗禮的地方。英國大使在這個地方是個大人物——這裡的最高地方長官具體呈現於克羅莫勳爵（Lord Cromer）身上，以及所有反對埃及民族主義運動的人。但是當然阿拉伯伊斯蘭的開羅總是存在著，那裡的日常生活層次中沸騰著各式各樣的文化財富，像是在卡馬利亞（Gamaliya）、蘇布拉（Shubra）、布拉克（Bulaq）、阿塔巴（Ataba）、巴埃魯克（Bab el Louk）這些地區。

另一件我相當晚近，也就是說，最近十五年才知道的一件事，也就是感受到開羅有種很強有力的思潮，而歷史傳承中整個關於埃及文化認同的問題是在這裡形成的。有關這個主題的文獻，我也是相當晚近才知道。在這個論述中，重要人物之一就是法齊（Hussein Fawzi），他是位地理學家，我猜想後來擔任亞歷山卓大學的校長。馬利克在《埃及軍事社會》（Anwar Abdel Malek, *Egypt Military Society*）這本書中，很巧妙地運用了法齊。前兩天我也拿到一本書，作者是名叫漢納（Milad Hanna）的埃及國會議員，他在書中也發展出一個觀念，認為埃及性格和埃及文化有別於西方人所知道的埃及，而
且這是許多歷歷分明的世紀彙整之後的產物。這本書很強調埃及文 120
化的整體性和特殊性，以及埃及本身作為一種現象，完全有別於阿拉伯的環境。其中一些修辭部分是對納瑟（Gamal Abdel Nasser）時代阿拉伯主義的仇外反應，納瑟這個領袖表面上看來把埃及介紹到阿拉伯世界，而且成為阿拉伯世界的焦點。因此在我提到的文獻中，有一種撤退的情形，但也並不只是如此。

再回到我早年對開羅的覺知：我在那裡成長，在那個地方度過了我大部分的青春歲月，但奇怪的是，我並不是以埃及人的身分。我當然從來不覺得自己是埃及人，那也是那個城市的怪事之一，它允許你以外地人的身分存在，卻不覺得在任何方面受到歧視而受傷，也不會感覺到有一種文化上仇外的、深深封閉的、祕密的個性所產生的敵視。我從來沒有**那種感受**，但同時我也總是覺得自己並不**屬於**那個地方。其實，並不是因為我不屬於那裡，而是因為在開羅一個人會感覺到一種很複雜的都市和文化系統，讓你認為開羅或埃及就當有這種名聲。我從來不屬於它，即使我曾經而且一直與它親近。這是很特別的。我一向都對語言、對開羅版的埃及方言如何銘刻那個系統感興趣。它出現在電影中，後來也出現在電視劇、廣播、新聞寫作，甚至那個地方的通俗文化中，而這些年來我對這些都很熟悉了。

我真正試著要說的就是，在這麼一個城市裡存在著一種奇異的弔詭現象，而這個城市一方面是個偉大的大都會中心，另一方面與底下的兩種情況相比，卻是個偉大的另類場域：㈠相對於大都會的西方對東方那強大卻有限的興趣；㈡相對於亞歷山卓這個突出的東地中海城市；但令人印象最深刻的是，開羅這個城市並不將某種已經存在的總體性強加在你身上。換句話說，有關開羅這個觀念有某種的輕鬆感——至少就我逐漸掌握到它的方式來說——而這使得各式各樣的認同都可能在這個整體中從容不迫地存在。這種觀念並不分明，但你卻可以真正體驗到。各式各樣的歷史、敘事、存在都彼此交疊，以我所謂的「自然的」方式共存。對我來說，那定義了讓人愉快的都市感受——不像巴黎，因為巴黎是精心規劃出來作為帝國中心的城市，也不像倫敦，因為倫敦有它仔細展現的紀念意

義（monumentality）；相反的，開羅這個城市提供了一種輕鬆的交 121
流方式，讓各種不完整的、部分毀滅但部分存在的歷史，彼此競爭、角逐的歷史，能相互交流，但在我看來多少是以這種相當迷人的方式存在著。因此，埃及對我來說象徵了一種很具吸引力的觀看歷史的形式，未必是要藉著分門別類或者多種系統及總體化過程的包容性（the inclusiveness of systems and totalizing processes），把它當成可以乾淨俐落處理的東西，而是透過了能夠重新建構的清單（inventory）。開羅需要致力於某種重建。我這裡給你一個進一步的例證。

我最近在開羅，為的是要寫一篇討論偉大的肚皮舞孃塔西婭・卡莉奧卡（Tahia Carioca）的文章。[1] 我所要做的事情之一就是為那篇文章蒐集一些文獻。我要有一些照片，但到哪裡去拿呢？而塔西婭・卡莉奧卡這位女士最近剛離婚。她最新一任丈夫比她年輕三十歲，離她而去時帶走她所有的財產。她孤身住在一間小公寓裡，顯然那個男人把她所有影片、所有文字資料、所有照片都拿走了，以致她一無所有。因此，我和一位製片家朋友一塊到開羅市中心的中央電影檔案館，我這位朋友是製作紀錄片的黎巴嫩女子。我底下要講的那個經驗只有在開羅才可能發生。我們一塊去那裡，走進坐落於開羅市中心一棟辦公大樓裡的這間公寓，這裡距離我父親從前的辦公室大約一條街。我說，嗯，我在找有關塔西婭・卡莉奧卡的影片的文獻——她本人告訴我說她拍了一百九十部片子——這麼多

---

[1] 譯註：〈向一位肚皮舞孃致敬〉（"Homage to a Belly-Dancer"）一文原刊於1990年9月13日的《倫敦書評》（*London Review of Books*），後來收入《流亡的省思》（*Reflections on Exile and Other Essays*［Cambridge, Mass.: Harvard University Press, 2000］），頁346-55。

片子！——但卻發現在所有文字資料中完全沒有留下任何紀錄。我先前打過電話給這個地方，詢問檔案裡可能有些什麼資料，而為我搜集了一些資料的那位女子去探望住院的一個朋友，檔案鎖在她的抽屜裡，我拿不到。因此我說：「嗯，顯然所有這些東西出自一個更大的檔案。」在那裡的男子說，歡迎我去圖書室看看，所以我們就走下去。他們有間圖書室，大概跟我這裡的圖書室一般大，為我帶路的人說：「這裡就是了，就是這些書。」我說：「我要怎麼找出她拍了些什麼片子？」他說：「你的意思是說，像是清單嗎？」我說：「不是，而是像影片書目的那種目錄。」他說，他不知道，
122 因此他問一個看起來像是圖書館員的女士。我對她說：「你們有沒有影片的清單？」她說：「什麼影片？」我說：「比方說，塔西婭著名的《女人的玩物》(*Le'bet il sit*)。」她說：「不，不，我們不是用那種方式。」我說：「那你們是怎麼處理的呢？」她說：「我們有在埃及拍攝的電影清單。」「好的，」我說，「能不能給我們？」她說：「我們只有到1927年」，就給了我這本冊子。這本冊子的編排方式完全雜亂無章。然後我就轉向那位男子——那個人似乎知道我是誰（就是為我帶路的那位男子）——問說：「你是怎麼處理的呢？」他說：「我是影評家，在這裡工作。」「你有沒有任何照片？」他回答說：「嗯，我想我是有一張塔西婭的照片。」他說他正在研究改拍成電影的馬富茲（Naguib Mahfouz）[2]的長篇小說。於是他走進自己的辦公室，拉出一疊照片，大概有六十張左右，然後我們開始翻閱，終於找到了一張。她顯然拍了一部根據馬富茲中期

[2] 譯註：馬富茲（1911-）是埃及小說家及劇作家，1988年諾貝爾文學獎得主，是第一位獲得此獎的阿拉伯作家。

一部長篇小說改編的電影，因此他的抽屜裡有她的照片。我問：「那部片子叫什麼名字？」他並不真正知道。他把那張照片翻過來，背面有一些小註——想必包括了電影名稱——但他卻認不出自己所寫的字。然後他說，他會為我找出來的。我說：「那部片子是什麼時候拍的？」但他也不知道。

我所感受到的是習以為常的混雜感，以及全然的漫不經心。我問的事情他怎麼可能一件都不知道呢？但他們就生活在這種情境中。如果你真要拯救並重建開羅的歷史，很可能做得到。證據就是與我同行的那個女子，那位黎巴嫩女士很不高興我沒拿到我想要的東西，於是又回到那個檔案館，花了一整天的時間，很慷慨地幫助我。她整理出一張大約有八、九十部塔西婭所拍的電影的清單，交給我。這些全都是她自己用手抄來的，因為那裡沒有電腦。但很多東西就在那裡，即使看不見，你也真的**感覺**全在那裡。問題是要如何恢復，而那多多少少是種個人的探索，因為比方說，要整理有關埃及電影的官方歷史——埃及電影直到最近都還是整個阿拉伯世界的核心電影經驗——這種社會的和集體的事業就是沒有完成。這種事情就是辦不到。那種基本結構和組織就是不存在。相反的，存在著的是這些個人事業，彼此結盟，動機不同，卻有著共同的利益。

【訪】也就是說，好像能量逐漸耗竭，卻沒有損失的感覺。

【薩】是的，沒有損失的感覺。我之所以感受到損失，是因為 123
我來自這裡，而且我有期限……諸如此類的事，但在那個城市的經濟中，那不是它運作的方式。

【訪】團體方面呢，比方說，政治團體？

【薩】那裡有各式各樣連結交錯、有時還是我猜想彼此競爭的團體。當然，有很多是以聯合運作的方式。埃及畢竟屬於現代，而開羅在許多方面都是一個很現代的城市，比起阿拉伯世界任何地方都要高度發展得多。聯合的團體和利益之間發展出良好的關係——電影從業人員、作家團體、律師，一直向下延伸到不同的職業團體和技藝團體：其中有些背後甚至有一千年的歷史。而橫亙它們的就是新的伊斯蘭團體，它們具有自己的基本結構，自己的經濟，自己的政治和社會組織，教育等等。然後還有國家的團體，官方的機構和組織，比方說，國民大會，執政黨和它的國會。然後我猜想地方上有些團體存在於開羅不同的地區，這些團體各有認同，有些甚至達幾百年之久，比方說，漢哈里里大市集（Khan el Khalili）那個地區。我在埃及很熟的一個人現在是長篇小說家，名叫吉塔尼（Gamal al-Ghitani），他是馬富茲年輕一點的弟子。他和馬富茲一樣，所寫的是開羅一個叫卡馬利亞的地區，像是在《顯靈書》（*Zayni Barakat*）這類作品中。關於那個地區有一整套的文學和意識，使那個地區本身成為一個團體——咖啡屋、鞋匠、銅匠——一個職業的技藝家社群。這些都存在，而且都在發揮作用。它們到底怎樣一起發揮作用的，這我不知道，但它們的確發揮作用，而且你也可以在這個城市的經濟中看到它們在運作。當然，主宰著這整件事的不只是艾茲哈爾（Azhar）和聖海珊（Sayidna Hussein）的清真寺，也包括了一些嚴厲得多的模式，像是那些由國家和國家對那些大使館、西方勢力的依賴，這種關係所提供的模式。你有那種帝國依賴關係（imperial dependency relationship），而你也有這種龐大複雜的蜘蛛網式的連結關係以在地的、區域的層次存在於開羅。然後與它們縱橫交錯的就是伊斯蘭和官方的反對黨，以及不同形式的蘇菲團體（Sufi brotherhoods）。這些細想起來是很特殊的事。

124 對我來說稍微更困難的事就是語言，阿拉伯文，特別是阿拉伯口語。對我來講——這可能是我這邊的扭曲，因為我先聽到那個語言，後來才多少能夠閱讀——開羅的語言，那是一種口說的方言，是開羅這個地方很獨特的。它極為流暢，很精簡、清楚，和其他的阿拉伯方言都完全不同。而且就某個意義來說，它是一種共通語言，因為廣播電台，就某個程度來說，大多是口語的電台脫口秀、電視，尤其是電影，這些都散播到所有的阿拉伯世界，裡頭使用的全都是這種方言。這在我看來形成了某種共通點，而那本身連接上古蘭經和國教，也就是伊斯蘭教的那種神職語言（hieratic language）。開羅的方言也連接上一個古典的阿拉伯文學史，特別是埃及本身的傳統，而那具有自己的文學傳統、自己的偉大作家、自己的典律作品，特別是在現代。我自己情感上很重要的時刻就是當馬富茲贏得諾貝爾獎的時候。他是開羅這個複雜的都市輪廓中的顛峰之一，那不只在阿拉伯世界，而且在我自己對現代文化的發掘中，扮演了重大的角色。

【訪】讓我們停留在開羅這個主題，能不能談談目前你正在寫的有關年輕時的自傳性長篇小說？[3]

【薩】我把它想成是回憶錄，最近我剛簽了這本書的合約。但它究竟是什麼模樣，我現在真的沒辦法談。那個文本我認為只存在於表演中，不是我能輕易描述的東西。不過，那當然會是要嘗試著連接，這個嘛，我會這樣說，或許我們該說，是連接想像的和虛構的種種迴響（the imaginary and fictional resonances）。很多東西是根據我現在要講的這些：我童年的許多時光中，就某個意義來說，存

3 譯註：這裡指的是薩依德後來出版的回憶錄《鄉關何處：薩依德回憶錄》（*Out of Place: A Memoir*［New York: Alfred A. Knopf, 1999］），中文版於2000年發行。

在著一種無法名狀（an unknowing）的感受，一種所知不多的、不自覺的參與，至於箇中的原因則形形色色，而這些原因都和我受的教育、我的家庭有關，那些限制，那種歸屬感，以及一小串的區隔，把我引進入殖民的道路，最後把我帶到這個國家。而那裡總有一種持續窄化的現象，從英國的系統進入西方文化的圈圈。我現在嘗試要做的一部分事情就是要回去，打開我當初所不知道的事情，看看我能不能做到那一點，因為，我只有透過沉思、記憶、想像才能那麼做。這個計畫有趣之處就是，我寫這本書時給自己立下的規
125 矩是，我不要把我現在具有的政治覺知或政治計畫讀入過去那些年代，我不要它成為那樣的一本書，如果你懂得我的意思的話。我不要那麼做。我試著要做的是一種開羅—耶路撒冷—貝魯特的軸心，那是我在其中成長的軸心，以一種前政治的方式，在其中所有當今的政治現實多少都是以一種比喻或暗示的方式存在，懸而不決。

【訪】你能不能談談你青年時期對納瑟主義（Nasserism）的感受？那種感受有多深切？

【薩】納瑟主義本身對我來說是後來的發展。我離開埃及到美國念寄宿學校時，納瑟才剛掌權，因此我總是以與社會隔了一層的角度來看納瑟主義。1952年之後，我家還在埃及待了很長一段時間，不過1952年革命發生時，我人在美國，因此我對納瑟的了解總是透過他的演講，透過西方媒體解讀他的一些行為。他在這裡當然普遍受到譴責和責難。我對納瑟主義的經驗可以說早已透過一種政治的意識形態的中介、稍稍隔離，而那個政治的意識形態就某個意義來說是納瑟帶來的。那其實就是納瑟引進來的，不只引進中東人民的生活中，也引進我自己的生活中。回顧起來，透過我自己和早年納瑟主義的關係（像是從1953到1960年那段時期）來思考，

這實在很吸引我；那是我偶爾還回埃及住的最後幾年，因為我自1960到1975年間就沒再去過那裡。在那段時期，整整十五年，我根本沒有踏上那個國家一步。

從1955到1960年，納瑟引進了國有化的法律——這些直接影響到我的家族事業。納瑟的「阿拉伯社會主義」宣告的目標之一就是外商階級，我父親就屬於這個階級，而且是其中很重要的一個支柱。納瑟帶來了一種焦慮、恐懼，當然我只是從我父親身邊感受到這些。他擔心的是對貿易、商業、財政設下新的限制，這些都是我父親深深涉入的領域。我以一種不自然而且很情緒化的方式，把這個擴大為整個社會的危機。但是過去三十年來——真正說來是1970
年代末期開始，尤其最近幾年特別顯著——這些年來所發生的趣事 126
之一就是，當我回埃及時，我能化解社會處於危機的那種人為的感受，而且看出納瑟和埃及以其他有趣的方式混雜在一塊。

現在埃及有一整批有關納瑟的祕密警察的文獻，那個系統在我看來好像完全針對著我在威脅，讓我感到很無助。我感覺就像是個很被動、孤立的受害者，被納瑟壓迫的對象。但我還沒去發現我有多少朋友下過獄。我最親近的朋友之一，也就是我那本《巴勒斯坦問題》（*The Question of Palestine*）獻書的對象，在1960或1961年遇害。他是共產黨員，被納瑟的祕密警察活活打死。因此這是一個很複雜的關係，在我和開羅之間有許多的來來去去——而且你可以說，當時的開羅是納瑟統治下埃及的中心。我相當不清楚當時真正發生的事情。我當時看待納瑟的方式——雖然說我把他當成偉大的阿拉伯領袖來崇拜——卻是透過我家族利益的那種三稜鏡；我現在看得出當時存在著一種神經官能症，而那是我無法處理的。我不是擔心自己家族的財產，就是創造出這種超人的角色——一種阿拉伯民族主義的角色，以及對抗西方和帝國主義的角色——當然這兩種看法沒有一個是絕對正確的。真實的情況是：納瑟和他自己的社會一直處於緊張狀態，而我一直要到很晚之後才看出來。

【訪】而那就鑲嵌在你自己的歷史裡。

【薩】是的。但並不是我當時所能處理的。

【訪】我們繼續談論相似的關切，但卻在另一個很不同的領域。你剛剛談到你是在阿拉伯世界裡的一個特殊處境長大的。

【薩】是的，在一個繭裡面。

【訪】然後你來到美國，大半生都在這裡度過。你上普林斯頓、哈佛，而且極為西化——在我看來，是以一種很非凡的方式精通西方文化。用一個方便的標籤來說，西方人文主義在知性上對你來說是極為重要的。在你的作品中，尤其是過去十年來的作品，你對於東方主義，對於民族誌學極為批判，但批判的方式卻與對奧爾巴哈（Erich Auerbach）、盧卡奇（György Lukács）、布萊克默（R. P. Blackmur）、阿多諾（Theodor Adorno）者流的批判不同。所有這
127 些人雖然不是直接涉及東方主義的計畫，卻是西方人文主義論述的一部分，而西方人文主義正是那個相同計畫的一部分。

【薩】你所提到的每一個人——也許只有盧卡奇例外，因為盧卡奇我知道得比較少，我的意思是說，他對非西方世界的看法我知道得比較少——你所提到的每一個人，我都能在他們的文本中為你找到他們過於族裔中心的地方。在我討論布萊克默的文章中，我想我已經指出了他對第三世界那種相當空洞的反省。畢竟他當時是由洛克斐勒基金會派往第三世界的。那是在［美國國務卿］杜勒斯（John Foster Dulles）、冷戰的年代，因此那種不利的脈絡的影響幾乎是整體的。奧爾巴哈的情況也類似。我翻譯過他晚年一篇名叫

〈歷史語言學與世界文學〉（“Philology and *Weltliteratur*”）的文章，正是因為那在我看來是對他自己作品很有意思的反省，但也對所有這些「新的」語言和文化的侵襲感到很悲觀——這些大多是非歐洲的，以致他無言以對，只能說它們似乎以某種方式使他害怕。他根本沒想到它們其實可能代表了新層次的文化活動，比方說第三世界中的文化活動，而那些先前是並不存在的。

【訪】即使第二次世界大戰期間他是在伊斯坦堡度過的。

【薩】在奧爾巴哈和伊斯坦堡之間根本分辨不出那種聯繫；他在那裡時的整個態度似乎是對西方的懷舊，那給了他一種精神坐下來，寫出這部拯救西方人文主義的偉大作品《模擬》（*Mimesis*）。因此，我很意識到那一點。但是，我所要描述的方式，也是我眼中自己所一直嘗試要做的——也許是一種相當濫情傷感的方式，但確實是很自覺的，或者說近年來變得很自覺——就某個意義來說，我嘗試著首先要揭露其中的漏失和族裔中心的弱點。但就某個方式來說，因為我還是欽佩他們那種努力，所以多少要把他們的作品延伸到我感興趣的領域。換句話說，我並不真的是在回應他們，而是把他們的作品延伸到他們所迴避的領域，而我的方式就是藉著採用他們的一些檢視模式，他們對文本的注意，他們的**謹小慎微**（*care*），我認為那是這裡的中心因素。那像是一種仔細繁瑣（scrupulosity），但我猜想你可以把它稱作人文主義。如果你剝去那個標籤，去除它所帶的那種令人不悅的勝利者的色彩，剩下的就是我認為很值得保存的東西。我覺得自己很欠缺的一部分，就是因為無知的緣故，所 128
以無法如自己所願地那樣在西方人文主義者和非歐洲世界中可以相提並論的人物之間盡可能地建立起聯繫。

然而，在我晚近所寫的一篇文章中，我開始在做那種事⋯⋯那篇文章我可能已經給過你了，名叫〈航向中心〉（“The Voyage In”）。那篇文章中討論到的所有人物都是在西方傳統內書寫的，你知道，但最早的兩位，詹姆斯（C. L. R. James）和安東尼奧斯（George Antonious），[4] 對他們來說其實你可以和西方建立起一種正面的關係。但對下一代的人來說，那是一種無可避免的敵對關係。然而，這些早期人物都能了解西方到底是怎麼一回事。就那個意義來說，我開始能從自己特殊的背景中找出一些模式——與其說是我的族裔背景，不如說是非歐洲的背景。

我之所以嘗試那麼做的原因之一是出於一種急切感，急切地要完成奧爾巴哈、阿多諾者流所開啟的那些工作；我認為由於他們的族裔中心以及對我成長的那個世界缺乏興趣，以致他們那些工作有所欠缺。因此我嘗試召喚大家注意到那裡。但這多少也移入了對東方主義的演化立場（evolved position about Orientalism），因為我變得更覺知到我做過的一些事，尤其是《東方主義》（*Orientalism*），但也包括了《採訪伊斯蘭》（*Covering Islam*），這些對一些不是很仔細的讀者來說，好像是主張在東西方之間、在伊斯蘭教和基督教之間、在西方文化和第三世界文化之間，存在著一種不分青紅皂白的衝突——一套整體的對立。事實上，人們總認為我那麼主張；許多敵視我的批評家一直主張我所說的**真的**就是這回事，我真的主張一種本土主義的再現，而且就某個程度來說，伊斯蘭基本教義派的興起多少該歸咎於我，諸如此類的事。

---

[4] 譯註：詹姆斯（1901-1989）是出生於西印度群島的文化史家、批評家及政治活躍分子，也是薩依德甚為推崇的後殖民論述先驅。安東尼奧斯（1891-1941）是第一位有關阿拉伯民族主義的歷史家，曾撰寫《阿拉伯的覺醒》（*The Arab Awakening*, 1938）。

【訪】這就是你在帝國主義系列演講中所稱的「責怪的政治」（"The Politics of Blame"）。你自己因為責怪的政治而受到責怪。

【薩】我們必須察覺到一件事，自己某些感覺一直要到後來才能在知性上真正變得清晰。這些感覺一直要到真的很後來的時候才提供一條知性的軌跡來讓你追循。比方說，杜・波依斯（W. E. B. Du Bois）[5]說，對於在白人美國的黑人來說，很重要的一件事就是要能非常仔細繁瑣地去區分白人文化和白人文明中哪些方面是敵人，哪些是可以結盟、從中獲益的。就某個意義來說，那真的就是 129 我對我們所談論的那些人的態度。我沒有說所有那些人站在一邊，而我們站在另一邊；有可能存在著另一種模式，能在知性的、文化的區分和闡發的層面上（a level of intellectual and cultural discrimination and elaboration）建立起一種不同的關係，有別於純粹的敵對或對立的關係。

【訪】你把這稱作「世俗詮釋的政治」（"The Politics of Secular Interpretation"）。

【薩】是的，正是。

【訪】能不能說說你這個觀念的用意何在？

【薩】回到我有關帝國主義第三講中所談到的早期形成的歷史。反抗帝國主義當然就是民族主義的興起。民族主義包含很多很多的東西。顯然其中一面就是一種反動的現象。那就是肯定認同，

[5] 譯註：杜・波依斯（1868-1963）是黑人作家及社會學家，第一位獲得哈佛大學博士學位的非裔美國人（1896），二十世紀前半葉美國最重要的一位黑人意見／異見領袖，於1909年協助創立美國有色人種權益促進會（the National Association for the Advancement of Colored People），並負責其研究及編務到1934年，晚年認同共產主義理念，跡近自我流放於非洲，逝於迦納。

而人們認為認同的疑義（the problematics of identity）應該負載了有關文化和政治工作的整個浪潮，這也是民族主義與歐洲殖民主義鬥爭的早期情況。你可以在阿爾及利亞的例子、馬來西亞的例子、菲律賓的例子中看到。你可以在阿拉伯世界的許多方面看到，當然也可以在加勒比海看到。那裡強調要塑造國家或民族的自我認同，既反抗卻又有自己的整體性（就像賽沙爾［Aimé Césaire］[6]的黑人特質［*négritude*］）。但在我看來，其中儘管有必要的好處，但在知性上、政治上卻有很大的限制。這些限制涉及把民族認同加以盲目崇拜（fetishization）。民族認同不只變成盲目崇拜，而且被轉化成一種偶像，就像培根所說的——洞穴中的偶像，部族的偶像。在我看來，那接著產生了、帶來了一種我所謂的絕望的宗教感情之興起。這並不是基本教義派興起的全部，比方說，在伊斯蘭世界、基督教世界或猶太教世界的基本教義派，然而這卻是一個重要的因素。

【訪】與它相反的是什麼？

【薩】是世俗主義（secularism）的觀念。這又回到真正活生生的人。男男女女產生了他們自己的歷史，因此必然可能以世俗的方式來詮釋那個歷史，在這種情況下，你可以說宗教被視為潛藏的認同感情、部族團結的象徵，用伊本・赫勒敦（Ibn Khaldun）的話語
130 來說，就是「阿薩比亞」（*'asabiyyah*［民族主義］）。但是宗教在世俗的世界中有它的限制。其他社群的存在嚴格限制了它的可能性。比方說，當你肯定一種認同時，一種認同總是會侵犯到也存在於相

---

6 譯註：賽沙爾（1913-）出生於法屬加勒比海的馬堤尼克，以法文撰寫詩歌、戲劇，並積極參與政治活動，與塞內加爾詩人、政治家桑戈爾（Léopold Senghor［1906-2001］，曾任塞內加爾第一任總統）合力鼓吹黑人特質，以期恢復非洲黑人的文化認同，影響深遠。

同或緊鄰的空間中的其他認同。對我來說，在阿拉伯世界中那個象徵就是代代拖延的問題：弱勢民族的問題。不只是巴勒斯坦人——他們的存在不被承認，這當然成了猶太復國主義運動中重大的失敗之一——也是猶太人作為民族社群的問題，而巴勒斯坦人現在才剛開始嘗試在這個更大的伊斯蘭脈絡中提供答案。不過還有許多明顯的問題，像是亞美尼亞人、庫德人、基督徒、埃及科普特教徒（Egyptian Copts）的地位。所有這些團體的狀況都是非常燙手的。因此，要面對這些問題，在我看來需要的是一個世俗的和人道的願景（a secular and humane vision），這個願景根據的人類史觀是：人類歷史並不是神聖的介入的結果，而是比認同政治通常所允許的緩慢得多的過程。若是根據民族主義、宗教或文化的認同所提供的口號來奮戰，這種事會快得多，組織也更容易凝聚：這些彼此爭戰的認同為他們自己所創造出的傳統可以回溯到十字軍東征、腓尼基的時代或希臘的時代。我這邊其實引證的是阿拉伯世界中那些社會和宗教弱勢團體的例子，而在阿拉伯世界中，這種非常早期的（通常是想像的）系出名門的修辭是極端熱切的，與它相對的就是世俗的詮釋，這種詮釋主張歷史的區分以及某種審慎的學術。它暗示了某種詮釋上的精巧純熟。最重要的，它主張——這就是它的要點——一種社群的潛能，這種社群的潛能是政治的、文化的、知性的，而不是以地理或同質性的方式來加以定義。

所有這一切的基礎就是人類政治的地理模式之異乎尋常的力量，卻又是異乎尋常的失敗之處。因為，它產生了什麼呢？比方說，地理的模式產生了卡特在《通往植物灣之路》（Paul Carter, *The Road to Botany Bay*）中所描述的那種事情，顯示了命名和地理劃分這些行為，如何形塑了完整的實體：他的例子是庫克船長（Cap-

tain James Cook）和澳洲。[7] 那真的是殖民主義歷史很大的一部分。這又產生了彼此交戰的、新興的反抗運動，這些反抗運動又
131 ——這裡就是民族主義的悲劇——又落入了同質化的單元，想像的社群（imagined communities）。他們成功地重新掌握了帝國主義者所劃分的那種地理的認同。比方說，在阿拉伯世界，1916年的賽克斯—皮科協議（the Sykes-Picot agreement）是今天所有民族國家——伊拉克、敘利亞、黎巴嫩、約旦、巴勒斯坦——的基礎，以及所有他們那些「渺小的」民族主義的基礎。這些後來就成了僵化的、穩定的實體，而在它們之上建立的通常就是標榜國家安全、一黨獨大的國家那種壓迫性的機器。因此，人必須超越地理，進入其他這些跨國的社群，而你可以說，這些跨國的社群根據的是世俗詮釋和世俗工作的一個理想。顯然，我並不是暗示每個人都必須成為文學批評家；那是愚蠢的想法。但人卻得多少注意到世俗生活中相當綿密的組織，這些組織不能群聚在民族認同的範圍內，也不能使它們完全回應以精神病的方式來區分「我們」和「他們」的那種虛偽觀念——這是重複老套的東方主義模式，在這種模式下人們說所有的東方人都是一樣的。相對的，我們現在有了這種反動的西方主義（reactive Occidentalism），有些人說西方純然是相同的、與我們相對的、墮落的、唯物的、差勁的等等。世俗詮釋的政治提出了一種處理那個問題的方式，一種避免我剛剛大略描述的民族主義的陷阱，所憑藉的就是區分不同種類的「東方」與不同種類的「西方」，它們如何被以不同的方式來塑造、維持等等。

【訪】我們循著這條線繼續追下去。史碧娃克（Gayatri Spivak）

---

7 譯註：庫克船長（1728-1779），英國航海家與探險家，發現澳洲與紐西蘭。

對於「從屬階級能不能發言？」（“Can the subaltern speak?”）這個問題的回應是否定的。你對此有什麼感受？

【薩】我聽她談這個談了許多次了。她所回應的觀念是：從屬階級能**被迫**發言，因而變成了宰制論述的劇目的一種新標幟。

【訪】那種情況當然會發生。

【薩】當然。那真有可能。但她的立場在我看來卻排除了、或者說沒有很嚴肅考量各式各樣的、而且在許多方面很不相關的團體，這些團體自從屬階級研究（Subaltern Studies）到中東、拉丁美洲、非洲、加勒比海各地為了達到詮釋的政治社群（interpretive political communities）所做的各種嘗試。比方說，埃及反對派的某些戰線在我看來在這方面就很有意思；他們把馬克思主義和本土主義混在一塊，也混入西方馬克思主義或後馬克思主義論述的那種國 132
際意味。或者想想在加勒比海一些相似的努力。在我看來詹姆斯指控的正是這種觀念：從屬階級總是木偶，被人操縱，按照西方的方式說話。

既然我們談到詹姆斯這個話題——詹姆斯真的是許許多多很有趣、很獨立的加勒比海文學的始祖。同樣的情況也存在於這個國家之內非裔美國人的反對運動或女性主義運動。這兩種運動當然都產生了鸚鵡學舌的情況，但也產生了很重要的另類論述，這些論述和宰制論述彼此交疊，但絕不因此而削弱了它們的力道和獨立。在非洲許多知識分子、詩人和長篇小說家的作品中，情況也是一樣。我的意思不是拒說西方語言、為了保存自己的認同就必須說本土的語言這類事情。我指的是哲學家、許多的非洲民族學家和民族誌學者，當然也包括了為數眾多的政治運動，這些運動並不只是要擁護以往大都由西方人創造出來的偶像。他們追尋的是某些新的形成，某些新的政治過程。這種情形你在印度發現得到，當然在日本也發現得到。在我看來，恐懼從屬階級可能只是另一種形式的帝國主義——這是一種實實在在的恐懼——這種恐懼未能充分考量到與這種結果截然不同的情況，因為的確存在著真正令人印象深刻的另類情況，而在過去兩、三年來，「因地發打」（*intifada*）[8]就成了這樣的象徵。

【訪】你真正主張的是一種國際主義？

【薩】那個字眼太不精確了。這麼說吧，這些新的過程發生在一個普遍的國際脈絡。換句話說，人們不能把自己所談論的只放在一個脈絡或一個絕對嶄新、純粹的空間。我所談論的那種現象的力量，就在於它發生在許多不同地方，而且我認為那些地方合在一塊可以被認為是國際的。但我認為它依然深深植根於在地的和民族的情境。

【訪】因此你所推薦的那一種政治，並不是普世價值的搖籃？

【薩】不，根本不是。我認為談論「普世價值」傾向於產生一
133 種濫情傷感，而那正會把我們帶回到早期的比較文學。比方說，1892年哥倫比亞大學的第一位美國的比較文學教授伍德貝利（George Edward Woodberry），他談到成立仕紳學者大會，由這些裁判（我認為自己引用的多半沒錯）以高人一等的超然姿態、以對全人類無所不包的愛，來統覽全局。那完全是胡說。那不是我所談的。

【訪】讓我們把這個問題抽離比較文學的脈絡，而舉出兩個有

---

8 譯註：此字的阿拉伯文原意為「因為恐懼或疾病而顫抖」以及「從睡眠或漠不關心的狀態中突然醒來」。1987年，手無寸鐵的巴勒斯坦人以丟擲石塊、焚燒輪胎、設置路障等方式，反抗以色列的佔領與高壓統治。薩依德對此活動評價甚高，寄予厚望。

關國際主義的例子：第一個是國際社會主義的時刻，也就是從十九世紀末和馬克思，一直到列寧（V. I. Lenin）時期的某一點，比方說，一直到1920年代中期；第二個是一個真正的國際時刻，而你所說的每件事的確都是由它所決定或促成。這就是去殖民的時刻，這不但在當時、甚至一直到現在都是真正國際的。你現在要如何把你自己、把你所做的那種事以及你認為值得探究的那種事，連接上那個政治計畫，因為那個計畫畢竟仍在持續進行中？

【薩】就我所談論的來說，重點在於去殖民其實有兩個時刻。第一個時刻你可以說是在第二次世界大戰之後古典帝國的消蝕殆盡。顯然，它開始得比那還早，大約是在第一次世界大戰之後不久，繼續發展，高潮就在於那些典禮，也就是我所稱的那些告別和獨立的典禮。當然，最著名的就是1947年8月15日的午夜。那個偉大時刻是許多人會懷念的。但另一個時刻的問題則大得多。它並沒有真正結束，因為與帝國的鬥爭在世界其他地區繼續進行，而且一直到現在：愛爾蘭、南非、巴勒斯坦。也就是說，去殖民的戲劇應該是以獨立來告終，而且在某些地方的確如此，但在其他地方並不是這樣，而是繼續進行。阿爾及利亞就是一個例子，這個國家繼續為自由而奮鬥，但現在呈現的卻是退步得令人吃驚的形式。而在1960年代早期，越南、巴勒斯坦、古巴以及葡萄牙在非洲的所有殖民地都是如此；然後，在美帝國的那些部分，或像鄰近美國的智利、尼加拉瓜等，殖民競爭都再度出現。在那些地方，那個過程似乎以驚人的方式繼續進行，不只是在真正的殖民衝突，而且是在新殖民主義和依賴的整個戲劇或景象，比方說，國際貨幣基金、債務 134
陷阱等等。因此，那就是問題所在。那是殖民過程的延續，這種殖民過程並沒有被去殖民運動圍堵住。那是讓我感興趣的事。這是第一點。

同時，在去殖民的世界裡，即使是自己努力朝向解放的那個世界中，依然存在著我所謂的獨立與解放的辯證（the dialectic of independence and liberation）。也就是說，民族主義的動力並未獲致真正的解放，而這種動力的明確目標就是以傳統或半傳統的國家的形式來獲得國家的獨立，卻帶有整個新的權力病態（pathology of power）。權力病態在伊朗那樣的國家，和在伊拉克那樣的國家是很不同的，也和馬來西亞、菲律賓等等那樣的國家很不相同。阿訶馬德（Eqbal Ahmed）是少數幾個試著以有系統的方式來討論這種現象的人。但是，與這相對的，我認為繼續下去的計畫其實法農（Frantz Fanon）早就暗示了，而且在卡布洛（Amilcar Cabral）[9]或詹姆斯的作品中零星而不是有系統地出現。人們應該能用更有趣的方式來談論我們先前談的那些事，能更精確地詮釋不同的政治和知識社群，而在那些社群中真正的議題不是獨立，而是解放，那是完全不同的一件事。法農所稱的，把民族意識轉化、轉型為政治和社會意識，這種情況還沒發生。那是一項未完成的計畫，而我認為那是我工作的起點。

對我來說，巴勒斯坦問題是這個問題意識中最迫切的場所。在我自己直接參與政治的歷史過程中，我們從一個世俗的民主國家的目標，到我親身參與的1988年11月在阿爾及利亞發生的重大轉變。我們把自己從解放運動轉變為獨立運動。我們討論到兩個國家——以色列國和巴勒斯坦國。現在，主要的政治鬥爭牽涉到的就是

9 譯註：卡布洛（1921-1973）是農經專家和民族主義者，曾創立幾內亞與維德角獨立非洲黨（African Party for the Independence of Guinea and Cape Verde），並致力於安哥拉的解放運動，後遇刺身亡。

願意為國家獨立付出多大代價。這是所有反殖民或去殖民化的鬥爭中的悲劇、反諷、弔詭：獨立是你必須嘗試經歷的一個階段——對我們來說，面對以色列佔領的持續恐怖，唯一的選擇就是獨立，因為以色列佔領的目標就是要消滅巴勒斯坦的民族認同。因此，對我來說問題在於：為了這個獨立——如果我們真能獨立的話——我們會付出多大代價？我們會放棄多少解放的目標？我指的根本不是「解放」以色列或整個巴勒斯坦；我所談論的是作為一個運動、一 135
個民族的我們。為了延緩的解放，我們要付出多大代價？這包括了一些很具體的問題：比方說，那些流亡在外而不是來自西岸的三百萬巴勒斯坦人，你要如何處置？我們對那有什麼方案？我們在與我們的鄰居，約旦、以色列、敘利亞、埃及等等，尤其是其中最大的夥伴美國，進行政治協商時，要付出什麼代價？畢竟此時此刻是由美國主宰，特別是在國際上蘇聯解體之後。我們之中有許多人拿戈巴契夫（Mikhail Gorbachev）和沙達特比較。順帶一提的是，那並不只是柯克柏恩（Alexander Cockburn）的觀念；他從阿拉伯的脈絡得到這個觀念——由於蘇聯的消失使得事情變得更糟，雖然說蘇聯從來不是一個很好的、甚至不是個有幫助的盟邦。

【訪】因為你先前提到了「因地發打」，能不能請你多談談？

【薩】讓我們先從「因地發打」在美國電視上被商品化和呈現的方式開始。讓我們考量弗里曼（Thomas Friedman）近來的一些說法，他認為這基本上就是一連串丟石頭、擲汽油彈等等的不當行為。其實，這並不是一連串的不當行為，不能用那種方式來了解。這是創造一種政治實體，而以石頭為象徵。這創造出一種另類勢力，而那種勢力不是你能隨便開關的。[以色列總理] 夏米爾（Yitzhak Shamir）說：「只要他們停止暴力，我們就讓他們選舉。」

如果有人暗示能要「因地發打」——我的意思是說那種模式——如果有人暗示能要那些丟石頭的人不去丟石頭，那不是暗示在那場鬥爭中有個幕後的操縱者，就是暗示在產生眼前這些行動的社會現實中，那只不過是一連串沒有任何基礎的盲目行動。因此，夏米爾和其他人都說，你們應該停止，因為我們要給你們一種好處，也就是讓你們選舉——當然前提是我們能透過佔領來維持控制。我對這個的詮釋就是，我們應該把「因地發打」當成是一個另類的、新興的形成（formation），藉著這種行動使得在佔領下的巴勒斯坦人，能在最簡單的層次上決定宣布他們獨立於佔領之外，所憑藉的是提供不同的，未必是模式，而是不同的生活形式，而這種形式是由他們自己主導、發展，而且事實上已經創造出來了。

【訪】這完全是一個文化運動。

136 【薩】沒錯，這是一個文化運動，說出我們不會合作，我們不能再生活在佔領的情況下，因此我們必須自給自足。既然他們關閉了學校，我們就提供自己的學校。他們透過要求醫院繳稅使健康照護變得很艱難，因此我們就提供自己的健康服務。以色列的法律系統設計要羞辱和懲罰巴勒斯坦經濟，其中之一就是要規範農業，所以沒有許可證你就不能種樹，你就不能種水果，你就不能鑿井等等，而這種許可證以色列當局不是從來不給，就是很難申請。因此，所發生的情況就是，由於徵收土地，由於以色列軍隊守衛的那些屯墾區的網絡形成了主宰之勢，巴勒斯坦人有可能提供另類的農業選擇。也就是，比方說，運用私人的花園和房舍，透過麵包店的集體化創造出一種傳遞食物的服務，利用小孩以新的模式來傳遞食物，讓以色列軍方很難管制。但那依然很有限。

【訪】用這種新網絡來逃避規範。

【薩】對的。同樣的事情當然也發生在西岸的許多地方，而那裡其實已經成了解放區。以色列軍隊現在發現進入這些地方必然會招致嚴重損失。因此他們邊境警察的做法就是帶一些人進來，以暴力衝突的方式來巡邏。邊境警察就像破壞狂一樣，能殺多少人就殺多少人。但就我的解讀方式來說，那依然證明了這些解放區的存在，那些地區暫時擺脫了以色列的佔領。因此，結果真的很令人矚目。我們可以透過電訊、透過巴勒斯坦人已經開始掌握的即時通訊設備觀察到這一點。那裡當然存在著整個農村式的巴勒斯坦世界，但也存在著由美國公司控管、但不是完全主宰的傳真機和電話的完整系統。巴勒斯坦革命的偉大成就之一就是掌握住這種通訊網絡。那是很令人稱道的。貝魯特被圍攻時，它全程發揮作用。所有這些情況，照說應該是由以色列的圍攻所主宰的，卻完全被穿透了。這是一種前所未見的通訊網絡。

所以，我們能親眼目睹這一切。我們以具體的方式看到這個新 137
國家逐漸冒現。我們巴勒斯坦人現在說的就是，我們已經在實踐我們的解放和自決了。我們曾經宣布是一個國家，而那個國家現在已經存在了。我們不要，也不需要其他國家的承認，雖然我們已經得到八、九十個國家的承認。因此，就我們來看，現在的問題不是「因地發打」會不會停止，因為那是無法逆轉的。那個過程已經使我們遙遙走向自覺、獨立和民族解放的方向。問題在於，其他人什麼時候會趕上我們？那會不會發生？大問題就是波灣危機使我們全部後挫了好些年。當時存在著拙劣的領導階層和令人難以置信的無能，而現在的情況的確是很黯淡。[10]

10　譯註：1991年第一次波灣戰爭時，阿拉法特選擇支持伊拉克的海珊。

【訪】你剛剛說話的時候，我想到兩件事。讓我先問個比較區域性的問題。你提到通訊。你曾經為這寫過鞭辟入裡的文章，討論媒體的控制和第三世界的獨立奮鬥，特別是伊朗革命，但也談到巴勒斯坦革命，如何再現於美國媒體或「文化工業」。[11]然而你剛剛所說的每一件事，都顯示了那只講對了一半。阿多諾式的觀念認為存在著一種完全宰制的大眾文化生產系統，但這個觀念只是媒體的工具，而且可以用完全不同的方式來動員。

【薩】你在媒體上所發現的許多彼此唱和的情況，的確是由以色列的宣傳工具製造出來的，而其中很多之所以產生是**因為**電視的存在。他們責怪電視。那也就是為什麼季辛吉（Henry Kissinger）主張要遏阻「因地發打」的一個方式就是不要讓媒體進去——那完全是胡說八道。

【訪】我們順著這條線說下去，你現在的態度，你現在對於……我們不要把它稱作文化工業，而只是談談大眾傳播的種種可能性。要由哪些地方介入？你如何呈現一種反敘事（counter-narrative），另一種故事，事件的另一面？

【薩】左派有關媒體的寫作，其中的失敗之一——不單單阿多諾和霍克海默（Max Horkheimer）如此，而且所有對於宰制的主要批判，包括像是阿圖塞（Louis Althusser）和詹明信（Fredric Jameson）的馬克思主義也是如此——就是因為他們著迷於宰制的技
138 術。傅柯（Michel Foucault）後來終究成了宰制的寫手（the scribe

11 譯註：這裡指的主要是薩依德於1981年出版的《採訪伊斯蘭：媒體與專家如何決定我們觀看世界其他地方》（*Covering Islam: How the Media and the Experts Determine How We See the Rest of the World*［New York: Pantheon Books］），中譯書名為《遮蔽的伊斯蘭》（台北：立緒，2002），譯者為閻紀宇。

of domination)。換句話說，阿拉伯人的想像其實說明了宰制他們的強權的勝利。他們摧毀了反抗的場域。與那相對的，我會說像葛蘭西（Antonio Gramsci）和威廉斯（Raymond Williams）這些人採取的看法沒有系統得多。我覺得與他們親近得多。

首先，文化工業或宰制機器的成就有一種脆弱感。畢竟，就像這些東西被放在那裡一樣，也可以解脫或逃避或用於不同的目的。其中並沒有什麼是不可避免的，甚或是必要的；那種機器就在那裡，是可以被拆解的。其次，不管機器是多麼的宰制，也不能宰制一切。那在我看來是社會過程的中心定義。因此，杭士基（Noam Chomsky）的說法有一部分是錯的。他把所有的資訊看成是被媒體控制，而這些媒體不單單與集團聯合，也與軍事—工業的複合體聯合，更與這個國家的政府和那些共謀的知識分子聯合。這種分析是不夠的。在這個社會中存在著無數個介入和轉變的機會（包括他自己相當可觀的努力）。你並不總是要從開始的地方來開始，那就是重點之所在。你能利用這種宰制機器過度發展的現象，在某些時刻策略性地介入。比方說，就巴勒斯坦人的情況來說，你可以在景象呈現不完整的地方嘗試並使它完整，或者你可以利用社會中那些深沉的矛盾。這種過程會產生像我這樣的人，一方面是獻身於巴勒斯坦的民族主義者，但另一方面則透過教育和某種知識的認屬關係（affiliations）而成為菁英階級的一分子。這兩者的結合使我有可能出現在電視上，以我一向嘗試的方式來介入。我不是說整個情況就是如此，或者說這已經造成了極重大的改變，但至少你覺察到自己能和宰制奮戰，改變情勢，而且給自己和他人希望。

從我的觀點來看，最重要的事就是這不需要一種主宰的理論（master theory）。在我看來，那一向是馬克思主義或無產階級國際

主義的大問題。在我看來，嘗試創造或設計出一個論述，這個論述
具足了宏觀的輪廓和微觀的能力，可以表現出歐洲之外新的媒體力
139 量或新的社會力量，這種嘗試到目前為止都不很成功。這在我看來
似乎錯失了許多的矛盾、當時很多凌亂的東西等等，其中許多是由
於民族主義，而馬克思對於民族主義幾乎什麼都沒談。在刺蝟與狐
狸的衝突中，就某個意義而言狐狸更有意思。需要有一種相對鬆散
的、不固定的、具機動性的進行模式——那也就是為什麼德勒茲
（Gilles Deleuze）的游牧（the nomadic）觀念那麼有意思——對我
來說是遠為有用、具解放力的工具。我們所談論的，有很多基本
上是游離不居的（unhoused）。你可以說，真正的衝突存在於游離
不居與安家定居（housed）之間。我看不出需要一種主宰的論述
（master discourse），或對於整體的一種理論化。

【訪】我想就那一點再稍微追問你。你對馬克思理論的第一個時刻的說法絕對正確。它來得太早了，而在這段期間產生了太多的改變。另一方面，有鑑於那種對抗的力量、全球資本主義的力量，所以我強調國際主義的觀念——格瑞納達（Grenada）是一個例子，但古巴、尼加拉瓜和越南是其他的例子——這些個別的在地鬥爭只靠自己是無法維持的，或者至少它們沒做到許多自己原先承諾要做的事。所有這些國家都經濟凋敝，原因在於它們未能建立起某種對抗聯盟（counter-federation），來面對歐美這種帝國權勢。顯然，任何巴勒斯坦國都將面對同樣的大規模反對，這種反對勢力會試著讓它胎死腹中，我們可以這麼說。

【薩】不同的是，巴勒斯坦的議題已經建入其中，因為存在著重要的流離社群，既有巴勒斯坦人的流離社群，也有猶太人的流離社群，這種國際面向連接上了南非、尼加拉瓜等等。過去十年來許

多有意思的事情就是在描繪這些關係網絡，比方說，巴勒斯坦和尼加拉瓜的關係。因此，已經有了一種既有關係的藍圖，可以提供與他人聯繫的網絡。

當然我們得承認（這裡只談美國）在地化利益（localized interests）的存在，這些利益專注於一些單一議題，因此弔詭地反映出它們的對抗策略中那種勞力分工的宰制論述。尼加拉瓜或親桑定政權以及反尼國反抗軍的支持已經被特殊化到了那種狀況，而薩爾瓦多人是另一種狀況，南非人又是另一種狀況。我們需要找到一些方
法來連接在這個社會中的政治團體：這種事不能拖延。在這方面巴 140
勒斯坦很重要，部分是因為巴勒斯坦由於種種緣故總是成為被否定的一方，而且其中也有共通的因素。你注意到人們可以談論尼加拉瓜和南非，卻發覺很難包括巴勒斯坦。當你開始催著要談論時，巴勒斯坦就成了人們心目中僭越了的、稍嫌混亂的情況。那就是為什麼我認為早期知識分子的努力是很重要的。

有一種聯繫就是根據尼國反抗軍、沙烏地阿拉伯人和以色列人之間的武器交易和反侵略理論等等——那整個聯繫以及伊朗—尼國反抗軍事件，但沒有人真正仔細來觀察這件事。不只存在著這種大規模的現實情況，也存在著重要的理論和知識的角度，而我們需要透過我所謂的文本研究中的那種全球主義來使它成形。那就是為什麼，比方說，我對於國家文學的觀念、英國文學、法國文學等等都興趣缺缺——只殘餘一點點興趣。我們在職業上參與的所有這些專長（不管我們喜不喜歡），對我來說都不再趣味盎然，今天我也不再對像是歷史和人類學等等感興趣；我感興趣的不是這些個別的領域，而是它們之間的種種聯繫。因此，知識分子的努力——我這裡只是為我自己發言——是我們巴勒斯坦人存在的和歷史的經驗的直

接結果；我們在這種經驗中遭到偏狹的地方主義和孤立的懲罰，而這種地方主義和孤立原先是由帝國主義、由美國這個社會強加在我們身上的；美國社會說，你是專業的，你必須成為「一個區域專家」。所有有關分隔、排除、差異等等的那一整套意識形態——當務之急就是打擊它。但你不能在一個層次上打擊它，卻在其他層次上退卻或手軟，而是必須在所有的戰線上奮戰。那也就是我心目中我們現在的處境。

【訪】你現在所說的，以及你在其他地方所說的，似乎意味著：因為帝國主義已經建構、產生了我們今天這個世界的大部分，因此一種現世性其實是唯一可行的知識的、政治的或個人的回應。

【薩】但這裡也就是我認為必須與正在進行的政治運動建立起某種活生生的聯繫。當我談論現世性時，並不只是意味著一種全球
141 主義或知識旅遊。我所談論的是一種無所不能的興趣，那是我們許多人都具有的，而且扎根於真實的鬥爭和真實的社會運動。我們對許多不同的事物感興趣。我們不能被像是十九世紀英國文學的專業學者這種身分限制住。沒有人樂意如此，但另外的選擇並不只是對更多事物感興趣。

【訪】我們之中有許多同事在這種狹隘的專業認同中自得其樂。

【薩】我認為那種情況慢慢在消失。一個人多多少少可以沉浸於、並且閱讀《國家》和《紐約書評》，聽聽莫札特的音樂，翻翻凱吉（John Cage）的樂譜，但那並不是我們現在所談的。對我來說很重要的、提供一種紀律的，就是社群感和正在進行的運動那種感受，而我獻身其中、牽涉其中。你接受所有抹黑你的那些攻擊，在我的情況就是被視為恐怖分子、某種違法亂紀之人、罪犯等等。

換句話說，你付出代價。但它也加在我身上某種責任感，而這種責任感的對象並不是一個特殊團體的社群。

對我來說，最偉大、最崇高的現世性就是偉大的比較文學者的現世性，像是早一代的奧爾巴哈或史華哲（Leo Spitzer）那類人物，或法蘭克福學派批評理論家，像是霍克海默和阿多諾這種人。尤其是阿多諾，他的言論真的是包羅萬有、無所不談。他們有一種詞彙專注於高級文化、大眾文化等等。當然，就像我先前說過的，他們受限於族裔中心主義，卻普遍打破了學科的限制。但在我看來，他們依然從未嚴肅面對閱聽者的問題，亦即把閱聽者視為政治的和──或許你可以說──人類的社群，而不是一種理想的或理想化了的社群。在阿多諾的情況來說，他完全視為當然的一些社群已經消失了，不可能再存在。

【訪】顯然阿多諾放棄了任何政治奮鬥的可能性。我認為你是在說，一旦那麼做，你就放棄了真正的遊戲。

【薩】你就放棄了真正的遊戲，而那就是和真正的人們和社群打交道。部分來說，這種現象也存在於詹明信和杭士基這兩位知識分子身上。我從他們兩人的作品中學到很多，而且以各種方式友善相待。杭士基的寂寞和他加諸在自己身上的那種邊緣化，來自於他不願意──不管原因如何──他不願意涉入與一個社群你來我往的 142
那些混雜的政治細節。在詹明信的情況來說，就某個意義他的社群基本上是哲學理論家或已經解放的理論家的社群，而那產生的是很受限制的觀點。當然杭士基和詹明信兩人對於政治世界的那些策動都很開放，而且也都是很慷慨大度的人，但他們基本的聯繫並不是正在進行中的政治運動。也許我對他們太苛刻了。

【訪】繼續談一個相關的問題。你記得《開始》（*Beginnings*）

一書於1975年出版時，《析辨》（*Diacritics*）出專號來討論它，包括了與你的一篇長篇訪談。[12] 當時，你區分了自己的學院知識生活，這一面以《開始》和你討論康拉德（Joseph Conrad）的那本專書為代表，另一面則是你同時在過的政治生活。其實你自己就這麼說過：「彷彿我是兩個分離的人。」過去十年來，顯然情況愈來愈不是這樣了。也就是說，你已經開始以更緊密、更立即的方式來整合這兩個彼此分明的身分。因此，我想要請問你現在對底下兩件事情的了解：一、自己在大學中的生涯和你的政治生活或政治行動主義之間的關係；二、這種關係能不能或應不應該和其他的大學知識分子來加以協調，因為這些人主張政治投入需要時間、精力，而且經常涉及某些個人的風險。

【薩】我不確定任何人能協調自己做的所有事情。我現在不會像1976年那樣來談論那種分野。當時我更意識到身為一個學系裡的文學專業學者，這種身分似乎——雖然並不真正是強迫，但確實是要求我做某些事。但我現在不再有那種感覺了。我從《東方主義》之後所寫的東西中，感覺到允許自己往來於明顯地政治的以及文化的、知識的、特殊的工作之間，而促成一種可以稱之為地帶（zone）的東西，而我存在於其中，不必擔心自己其實是不是學院人士或政治黨羽。那些分野現在看來似乎不再那麼有趣了。自那時起，我允許自己做的，部分是因為時間的壓力——我年事漸長，精力不如往昔，而且外界對我時間的要求也愈來愈多——我允許自己做的就是讓某些似乎吸引我的事情來引導，讓自己隨它們而去。比方說，最

12 譯註：亦即本書的第一篇訪談。這是薩依德所發表的第一篇訪談錄，也是唯一的書面訪談。

近對音樂的興趣，我過去五、六年來寫了許多有關音樂的文章。

這又回到你有關大眾文化相對於菁英文化的問題。就我閱讀阿 143
多諾來說，他的失敗之一就是認為菁英文化消失進入大眾文化，但其實今天我們依然可以見到很生動的音樂會生活，而這種生活幾乎完全以古典音樂為基礎——古典音樂作為一種菁英體制在當代生活的社會很強勢地存在。但那並不是根據新音樂，而是根據對於過去的典藏式的興趣。那是必須要說明的事情。那是一種遺跡，如果你願意這麼說的話，但它依然在那裡，依然存在，儘管阿多諾在《新音樂哲學》（*The Philosophy of New Music*）一書結尾預言，這種音樂依然沒有人會聽。其實古典音樂從來就沒有像現在這樣繁衍，不管是以唱片、音樂會，或是以許多有趣的表演類型。

我所試著表達的就是，大部分是由於紐約的緣故，提供了一種全景，有利於知識介入的種種機會。我能追循自己這種介入的傾向，而不必說既然我已經寫了有關康拉德的書，現在我要寫有關馬克思的書；而在寫完有關馬克思的書之後，我應該寫一本有關胡塞爾（Edmund Husserl）的書……不必試著以任何方式去理論化或解釋或預言。我非但沒有跟隨那種連貫性的軌跡，反而認為自己一直遵循的觀念就是要試著以對位的方式來做所有這一切，原因在於我的生命中一直存在著自己對於巴勒斯坦持續不斷的義務和政治參與。我已經不再能計算自己所作所為的是是非非。我就是沒有時間再去做那種事了。也許那是某種形式的輕忽。

【訪】你能不能多談談音樂的重要性？我知道對你個人來說，作為音樂人和關心音樂的人，那是重大的時刻。但我好奇的是，你要如何定位自己寫文章討論和演奏的那種音樂，也就是古典的傳統。這會不會構成一種藝術生產的自主領域，而這個領域就某個意義來說不涉及受意識形態或政治之類的侵擾？

【薩】的確會涉及。我正在處理這些問題，因此也許並不很能從大的視野來談。我正在撰寫韋禮克系列演講（Wellek Lectures），一個月內就要在爾灣（Irvine）發表，名叫《音樂之闡發》（*Musical Elaborations*）。[13] 在這一系列演講中，我試著去回顧那些對我特別有意思的事情。它們一再混雜了公共的和私人的領域——這裡所謂的「公共」是阿多諾式的意義，也就是具有所有關於權力、認證、權威、正統的過程；而所謂的「私人」指的就是像我這樣的音樂聆聽
144 者、業餘者或主觀消費者的立場。我不會稱它為自主的領域，但我的確認為可以把它當成具有某種相對的自主身分來談。

我挑出來分析的，首先就是演奏的場合本身，在我的討論中把它當成一個極端的場合，但這個場合有特定的時間性和地點，這在西方，尤其晚期資本主義的西方社會生活中，是很顯著的。第二講嘗試說明整個音樂內部的面向，可以說從**魔鬼的顫音**（*diabolus in musica*）的技術逾越，比方說「靜止的中場」（forbidden intervals），到有關道德和美學的大問題，這些大問題在華格納（Richard Wagner）和史特勞斯（Richard Strauss）的作品中得到最充分的表現，而且最終可能會連接上德・曼（Paul de Man）的問題——也就是說，音樂、意識形態與社會空間之間的共謀關係。第三講是研究旋律作為古典音樂中身分認同的重要一面，有關個人旋律的輪廓。我的出發點是《駁聖伯夫》（*Contre Sainte-Beuve*），普魯斯特（Marcel

13　譯註：韋禮克系列演講為加州大學爾灣校區（University of California, Irvine）的重要年度演講，薩依德的系列演講發表於1989年5月，1991年由哥倫比亞大學出版部出版，名為《音樂之闡發》。由此可知，這次訪談於1989年4月左右進行，但正式發表於1992年。

Proust）說，在這部作品中他能分辨出每位作家的**音調**（*air de chanson*）。他運用旋律的元素來指認每位藝術家的風格和特殊的印記：因此，每個人都有自己的旋律。然後我說，這個嘛，如果從作曲家——作曲家的旋律——來看呢？英國音樂學家梅勒斯（Wilfred Mellers）的作品讓我印象很深刻。他寫了兩本書，一本叫《巴哈與神之舞》（*Bach and the Dance of God*），另一本叫《貝多芬與神之歌》（*Beethoven and the Song of God*）——這兩本書都試著針對結構中一種甚為強勁的現在的主題來進行音樂學式的分析，但也談論他們作品中的旋律。我對旋律感興趣，首先是就聆聽者被作曲家的認同所印記的層面，然後去審視那個能進入有關孤獨的問題多遠（因為作曲是一種孤獨的行動），進入作曲家在公共領域中的形象問題。我並不是完全談音樂，只是試著要擘劃出我擁有的這個長久而且大多是沉默的音樂知覺的經驗，要擘劃出一些有意思的主題，這些主題也許能讓我以社會的和政治的、尤其是美學的方式來談論音樂。

我的主要問題，而且我沒有任何答案的就是，在我寫這本書的時候，奇怪的是，我自己的阿拉伯和伊斯蘭傳統的音樂對我幾乎意義不大。這種音樂既不吸引我，也不迫使我覺得是一件該學的事，雖然說我對它很熟悉，也一直在聽。我與流行音樂的關係也大致如 145
此。流行文化除了將我包圍之外，對我毫無意義。我顯然不接受阿多諾對它那些很局限而且愚蠢的說法，但我必須說，它對我的意義不同於對你或對我孩子的意義。在那方面我是很保守的。

【訪】簡單的說，那是一種障礙。這有些不公平，但我們也許可以說，偉大的西方古典音樂傳統對你來說無疑是一種偉大的庇護。當然你可以說，這些**的確都是**大人物，但也可以說——根據你早先的一些說法——比方說，非洲的流行音樂全球化得多，因為它結合了所有這些不同的因素。它也許對一些人有意義，但在這裡卻像是對牛彈琴。

【薩】我不懂何謂對牛彈琴。

【訪】你自己不聽雷鬼和搖滾，但在我們的時代，它卻是西方偉大的流行政治音樂。

【薩】我讀了很多有關這兩者的東西，但當我聽音樂時，它們不是我的第一選擇。也許，我寫文章真正討論的是這個西方古典傳統的延續，可能到頭來無法成功。其實我對自己正在做的事覺得滿緊張的。寫一篇個別的文章來談我聽過的演奏會或觀賞過的歌劇，那很好，但要把它放入我所謂的「音樂之闡發」這個相當抽象的框架則是另一回事。然而我把這一切看成是葛蘭西所謂的公民社會之闡發（the elaboration of civil society）的一部分。社會在這裡扮演了一定的角色。沒有人會否認搖滾文化已經接掌了，而且就某個方式來說，對像我這樣角度的人在知性上顯得有意思得多，然而在我看來，在我所謂的古典音樂這種奇怪的、也許是新石器時代的形成中，大人物是像顧爾德（Glenn Gould）或托斯卡尼尼（Arturo Toscanini）這種人，他們的作品真的嘗試肯定這個傳統的存在，而在其他方面從它往外發展，連接上有關大眾社會、科技、傳播、廣播節目這些問題。

【訪】讓我們稍微移轉焦點。你認為現在的情況如何？我問的不只是學術現況，還包括一般的文化批評——如果我們把範圍維持在文學批評的領域裡。你認為它的走向如何？你認為所做的事情
146 中，哪件是重要的？你認為哪些事是該做而沒做的？你曾經多次問我這個問題，因此我現在反過頭來問你。

【薩】我之所以問**你**這個問題，是因為我真的需要知道，因為

我沒有像你們兩人這樣有系統地追隨現況。我大約在十年前就對文學理論喪失了興趣。在我看來那不像是我需要接觸的、日復一日接觸的東西，對於我某天所做的事也不見得有意思。

【訪】但在你眼中自己的確是以很強有力的方式介入那個領域。我們並不是唯一受影響的兩個人。實在說來，數以百計的人現在所做的是你在自己的批評實踐中所推薦的那類工作。

【薩】那也許涉及我個人的關係，涉及意外。比方說，我非常自覺不要把自己加在別人身上，不像德・曼或（現在已消逝的）耶魯學派其他成員那樣，要變成學派的一部分，把我所做的事弄成一些可以傳授的方式，或任何類似那樣的事。[14] 我教學時一向很興奮、很緊張，因為我總是把自己的教學想成是實際在表演分析、閱讀或詮釋的行為，而不是提供學生一些方法學，好讓他們能出去應用在不同的情況上。換句話說，我把自己想成是提供機會給學生和朋友，而不是以某種方式把一些見解化為符碼，使它們後來成為有用的工具。我好像就是做不到那一點。

我印象深刻的是——再回到有關批評的問題，我印象深刻的是，我不了解為什麼，竟然會出現相當程度的流行和風潮。比方說，解構批評似乎現在已經消耗殆盡了。我看不出有哪位解構批評家做了點什麼有趣的事。我以相當感興趣而且急切的方式，來看所謂的新歷史主義（the New Historicism）的出現、高峰，而現在顯然已經滑落到了某種正統的情況，以致人們覺得自己得重複「新歷

14　譯註：「耶魯學派」（"the Yale School"）包括德・曼、卜倫（Harold Bloom）、德希達（Jacques Derrida）、哈特曼（Geoffrey Hartman）和米樂（J. Hillis Miller），也就是一般所說的解構批評（Deconstruction）。

史主義」這些字眼。我還是不很清楚那是什麼東西。我想到的是在像《析辨》、《現代語言評註》（*MLN*）、《文化批判》（*Cultural Critique*）、《明尼蘇達評論》（*the minnesota review*）等等期刊上所進行的辯論。我的注意力並不受制於它們。我不是很清楚，而且我發覺自己處在一片忙亂中，大部分時間都是趕著在期限內來完成一些
147 事，來完成原先答應的事等等，以致對於任何後設批評的（metacritical）東西就是失去了興趣。

在「文學批評」的學科領域之外——不過我現在不再讀文學批評了——真正令我感興趣的，是一些有趣、大膽、嶄新地嘗試著從歷史的觀點、經常是以逾越的方式來跨越論述的界線，而且嘗試著以政治的、知識的方式連接上其他的介入方式。最近幾年來我很感興趣但還沒寫文章討論的，就是女性主義作為那些事情發展的場域之一，因為到目前為止其實並沒有統一的女性主義論述，而是依然在經歷許多不同的情況，獨立與分離主義，不同種類的後設歷史的（metahistorical）、後設理論的（metatheoretical）探險。比方說，斯考特（Joan Scott）[15]的作品對我來說就很有意思。那種競逐的方式讓我覺得很有活力，而且令人驚訝。但如果說有人能從中演繹出特定的立場，這種說法在我看來是相當不能成立、相當錯誤的。

在我看來似乎，比方說，十年前我可能會急切地期盼康乃爾大學的某人出版一本有關文學理論和記號學的新書，而現在我感興趣的卻可能是來自關懷非洲歷史的作品，或者，比方說，我最近剛讀的書就是卡拉葳的《性別、文化與帝國》（Helen Callaway, *Gender,*

---

15 譯註：斯考特為女性主義歷史學家，著有《性別與歷史政治》（*Gender and the Politics of History*）。

Culture and Empire），那本書處理的是在奈及利亞的歐洲婦女所扮演的角色，並且提出了帝國主義和女性主義的問題。或者法蘭柯（Jean Franco）有關拉丁美洲婦女的新書，也就是《設計女人》（*Plotting Women*）。那種事情是不能規範的。

【訪】不像是理論家的理論家。

【薩】甚至「理論」這個詞對我暗示著……

【訪】你想要放棄那個？

【薩】是的，我想要放棄。我只是覺得那是一個行業的指稱，而現在已經產生了令人厭倦得無望的術語。

【訪】你剛剛談的是有關文學的領域，因而也就是有關文學批評的領域，不是文學文本、文學分析和正式的文學理論之類的事，而是一些更寬廣的東西——文化，歷史，社會。在我看來你所說的是：「我不要有立場。」但那就是你的立場，而且那有它的意涵。

【薩】這個嘛，嚴格說來那並不是我的立場，倒像是一種奇怪的弔詭，或者至少對我來說，是一個無法解決的謎團。也就是說，我堅信所有的文本——最引起我興趣的文本也都是最符合這點的 148
——我堅信所有的文本多少都是混雜的。所謂混雜的文本這整個觀念，像馬奎茲（Gabriel García Márquez）和魯西迪（Salman Rushdie）這類作家，流亡和移民的議題，跨越邊界——那一切的一切都讓我很感興趣，其中當然有明顯地有關存在的和政治的理由，但也因為那在我看來是二十世紀晚期文化的主要貢獻之一。有些人物對我來說是最重要的，那些背棄者，像惹內（Jean Genet）是被自己社會拋棄的人、不法之徒，但他把這種邊緣性轉化成——我不會說轉化成一種職業，因為那比他原先的情況刻意得多——轉化成一種對於其他民族的熱切執著，而不是對於朋友；他和這些人生活在一起，後來卻很有意地背叛了他們。在他的《屏風》（*Les Paravents*）這齣劇本中，有證據顯示這個政治的詩學（political poetics）。在他剛被翻譯成英文的《愛之囚》（*Le Captif amoureux*）這本書中，也很奇妙地出現了這種情況。我在近期的《大街》（*Grand Street*）雜誌中，試著集中討論惹內這方面。那些是深深引我興趣的現象——這些人能從一邊跨到另一邊，然後又回來。

另一方面，我這個人也不像有些人那樣相信，前進的方式就是要找到可以替換偉大的文學傑作的另類典律（alternative canon）。不過，我對自己癡癡認定為「偉大藝術」的東西有種奇怪的執著，而這又是一種剩餘或殘留的意識。在我看來，像《白鯨記》（*Moby-Dick*）或《曼斯菲爾德莊園》（*Mansfield Park*）或《格理弗遊記》（*Gulliver's Travels*）這類作品，都是獨立自主的文學文本，而且必須以那種方式來了解和研究。我根本沒有放棄那種想法。對我來說，這些作品首先代表的是一種在閱讀和反省中那種私人的歡愉經驗。那真的是我終於發現的事情。換句話說，它們代表的是私人享受的某些時光，你可以這麼說，這些時光長久以來已經成為我在知識上和美學上注意的夥伴；簡單的說，它們是我的最愛。

【訪】讓我試著從那稍微引出其他的東西，看看可能往哪個方向發展。在你近來有關文化與帝國主義的大計畫中，許多的閱讀和分析集中在偉大的十九世紀長篇小說以及它進入英國盛期的現代主義傳統……

【薩】還有法國的。有些你還沒看到的部分處理的是法國長
149 篇小說，然後歸結於紀德（André Gide）早期的作品和所有卡繆
（Albert Camus）的作品。我閱讀它們時的背景，是北非和地中海東岸的殖民背景，以及一整套的冒險小說、異域探險等。然後我進

一步追蹤它們進入像是阿卜杜・卡德爾（Abd el Qadir）的詩中那種反抗文學，此人是十九世紀偉大的阿爾及利亞戰士。我在書中對他只是一筆帶過，但我繼續追探有關早期阿爾及利亞歷史家的作品，以及嘗試重建馬格里布（Maghreb［非洲西北部，從利比亞到摩洛哥的地區］）的歷史的努力。書中有關這些的部分現在還只是一些筆記，但它們是整個圖像的一部分，也像是我對音樂的詳細分析。我的想法就是要盡可能呈現出一幅與帝國相關的十九世紀文化的全貌。

【訪】人們可能會問的一個特別與文學相關的問題就是：你以帝國主義作為很重要的新觀點，透過這個觀點不只是閱讀這些文本，而且還衡量它們的重要性、文化力量、範疇等等。那個情況之所以發生，是因為這些是偉大的文本，因為它們的天才，它們在語言上的精微細緻，還是你有任何的說法？

【薩】這個嘛，那是個有趣的問題，而且的確發生在某些情況中。《曼斯菲爾德莊園》中提到安提瓜（Antigua）[16]的幾處是書中很重要的部分。我確信如果你去看看更集中於西印度群島的英文作品——十八世紀末、十九世紀初，英格蘭有相當多的文獻表現出對西印度群島的興趣——你就會發現其中明白表現出對於帝國主義的注意其實醒目得多，比在《曼斯菲爾德莊園》中所表現的還要醒目得多。但讓我們回到有關傑作的問題：所謂的傑作就是人們檢視和探索的共同領域，而這些人是這個作品的首要對象，也就是其他的文學和文化的學生。因此，在那方面就有容不容易取得的問題。在這一群人中，沒有一個**不曾**讀過狄更斯的《荒屋》（Charles Dick-

16　譯註：安提瓜是英國以往在東加勒比海的殖民地，產製蔗糖運銷歐洲。

ens, *Bleak House*）或《曼斯菲爾德莊園》。

其次，有關它們的權威之起源或源頭，那也是一個要點，因為它們是典律的一部分。我很感興趣於展現它們在西歐以及美國大都會文化中那種權威性呈現之間的關係。一方面在大都會中的權威，另一方面在它們造成對於帝國的態度、帝國主義本身的需求的延續，我在這兩者之間建立起關係並不是嘗試要指控它們，而是要顯示，由於它們治理大都會的成就，以致它們幾乎是以一種被動的方
150 式，賦予維持領土和臣屬民族一種可疑的臣服的特權（a dubious privilege of subordination）。

第三，它們也是病徵。它們在我看來像是病徵，而這個病徵支持了我的主張，也就是說，甚至沒有人對帝國主義事業本身那種很低劣的態度表示異議——即使在列寧和霍布森（J. A. Hobson）口中應該代表「更高」理念和更高價值的典律也是如此。我感興趣的就是那種類似連續的東西。換句話說，你能從那些行動、利益，從帝國主義在殖民地那些為非作歹的行徑中追溯出一條線，一直追溯到長篇小說的結構本身，追溯到某種景觀，或某種民族誌的、歷史的、科學的寫作。因此，重點就在於這些作品沒有提供逃避帝國態度的現世性的庇護所，反而肯定了它。

第四，在我看來似乎這裡存在著一種反叛的行為，反叛我讀過的這些作品，而這些作品在形成我這個西方文學和文化研究者的意識——我的美學、知識、專業的意識——中扮演很重要的角色。我現在閱讀它們的方式是以往我從未有過的。但更重要的是，我現在閱讀它們時是配合上存在於第三世界那整個反抗的過程——我談的是有關我帝國主義的第三講，而現在也是我《文化與帝國主義》這本書的第三部分。換句話說，我現在做的並不只是讀它們本身，而

是試著以對位的方式來閱讀它們，對照於打從帝國主義一開始就出現了的這個異議和反抗運動。當然，那個故事我們並不真正知道，因為就像哈蘿（Barbara Harlow）所主張的，討論那些關係的作品還不夠多。

【訪】接下來這個問題有點像是魔鬼的代言人。這種策略可不可能變得很千篇一律，也就是說把卡繆和法農放在一塊閱讀時，很可能就預設了法農的改寫具有合法性，具有後來去殖民歷史的力量等等？我這麼說並不是說，「讓我們試著挽救這些作品」，而是問，「這會不會把它們耗盡？」

【薩】不，這並不會把它們耗盡。

【訪】狄更斯是不是多少被掏空了，因為我們可以把他的文本讀成積極參與帝國主義的計畫？所有其他事情因此就都消失了？ 151

【薩】不，不，根本不是這樣。那也是我嘗試表達的論點。或許我並沒有表達得很好。我完全沒那麼想。正因為我注意的是身為「傑作」的這些文本，所以我對它們的興趣是在**它們本身**。那是一種對它們的內在興趣，它們裡面的一種豐富性。這些是偉大作家的作品，而且由於那個事實，它們能涵蓋的情境使它們甚至從對立的分析角度來看也很有趣。但這並不會耗盡那些作品，它們依然是有趣的。就某個意義而言，它們之所以有趣、有力，是因為**它們的確是**有趣、有力的作品，而不只是因為它們適合於這個特殊的分析。其實，以往從來就沒有過這種分析。

在帝國主義那本書，我檢視了重要的文化批評整個的，不，應該說是特殊的歷史，包括了威廉斯本人的歷史；威廉斯根本就從未注意那個關係，雖然說它絕對存在於那裡。但這到頭來是不是指控那個檔案「只是有關」帝國主義？當然，這是人們對《東方主義》

的說法，說我其實是在攻擊東方主義者的所有作為。那完全扭曲了我的論點。我說的是，那些比較差勁的東方主義者之所以能夠用狹隘的政治方式做那些事，原因之一是他們背後不只有傳統和偉大的社會力量的資源，也因為那個作品本身就有趣。比方說，瓊斯（Sir William Jones）、馬西尼翁（Louis Massignon）、藍恩（Edward William Lane），或是任何一位早期學者，他們本身就是有趣的。他們不只是偉大的學問表面底下隱隱出現的意識形態卡通。我不是說，他們的表面和美學成就構成了一種混雜的情況，能讓像是波林普上校（Colonel Blimp）[17]或者可笑的法國將軍這種人物在底下隱隱出現。我認為重要的是能看出這兩件東西以某種方式搭配運作；顯然路易斯（Bernard Lewis）[18]就看不出這一點，而且永遠也看不出來。

【訪】我有位西印度群島的朋友，有一次他是這麼說普魯斯特的：這部小說只是一種墮落的私人經驗，無法對他發言、對他的文化形成發言。對於這個你會怎麼回應？

【薩】阿契貝（Chinua Achebe）對康拉德的回應也是如此。他說，這個嘛，人們研究康拉德，但康拉德只是個種族歧視者。不
152 管他是多麼聰明的作家，多麼善於描繪當地色彩，到頭來他的政治態度對於身為黑人的我來說是可鄙的。那是同一個主張的另一種版

17 譯註：波林普上校是1930年代《倫敦標準晚報》（*London Evening Standard*）的漫畫家羅（David Low）創造出來的角色，專門諷刺英國軍方那些裝模作樣、冥頑不靈的高官，以後用來比喻極端保守分子。

18 譯註：路易斯為聞名的中東研究學者，著述甚多，杭亭頓（Samuel Huntington）著名的「文明的衝突」（"clash of civilizations"）一詞也來自他的著作。薩依德對路易斯的論點頗不以為然，曾多次撰文批評，本書第十五篇就是薩依德與路易斯的辯論。

本。但對我來說他們並不是那樣。我沒有理由只是為了來自第三世界其他人的經驗，就對我自己進行知識上、精神上或美學上的截肢，不會因為像阿契貝那樣來自奈及利亞的黑人長篇小說家，或者像你的西印度群島友人，就使我的普魯斯特或康拉德變成只是可鄙的某人。我同樣能感受到那種疏離，以及極為嚴厲的批評，但我不能完全接受對於這些作家的否定；因為他們對我意義重大，而且在我們居住的世界裡的文化生活中，他們在知識上、美學上的確扮演了某種角色。

【訪】但只是在某些方面。

【薩】那倒是真的。

【訪】你的計畫所主張的不只是人們應當以新的方式來了解西方傳統，也指出還存在著所有其他這些文化傳統，而那些傳統對於我們現在置身的這個稍微奇特的歷史時刻來說，原則上都是同樣豐富、同樣具有價值的。上星期三《紐約時報》上有一篇文章談到教西塔琴，引來了新保守主義者諸多荒唐的批評……

【薩】他們打過三、四次電話給我，要我為那篇文章接受訪問，但我從沒回應。

【訪】那篇文章說的就是，他們——你、阿契貝和左派人士——沒有給我們看任何可以取代西方典律的東西。我認為那是胡說八道。

【薩】是的，像是貝婁（Saul Bellow）[19]（我猜想是他）這麼問道：「非洲的托爾斯泰在哪裡？」那是那個問題的另一面，而且也是很荒唐的。我不確定有沒有必要另外找個題材來研究。其他的

[19] 譯註：貝婁是美國猶太裔作家，1976年諾貝爾文學獎得主。

文化經驗的確存在，那些文化經驗也許不是那麼豐富——這是我們不得不接受我們正在說的這件事悲劇或反諷的另一面。事實上，可能的情況是，十九世紀末、二十世紀初發生在巴黎普魯斯特身上的情況或許不會再發生。同樣的，也沒有必要再一次尋找有關回憶和懷舊的那種巨大的長篇小說。這也許會在我們身上加上一個義務，要去尋找其他經驗的來源，而那些經驗尚未以那種方式規範，也無法以那種方式規範。我所說的就是那樣。那不會煩擾我。當學生對我說，嗯，你在讀紀德的《背德者》（*Immoralist*），那為什麼我們不
153 讀當時阿爾及利亞的長篇小說？我的回答是：當時並沒有阿爾及利亞的長篇小說，就像馬勒（Gustav Mahler）在寫交響曲時，千里達並沒有交響曲的傳統。以這種荒謬的方式表現出那種敵對的並置（adversarial juxtaposition），使得整個行業變得幾乎很可笑；那是我所抗拒的。

【訪】這麼說也許是可能而且合理的，比方說，普魯斯特當時出現了，但現在也發生一些其他事，它們具有同等的迫切性，因此我們也許不要讀普魯斯特或康拉德。

【薩】那是另一回事。但你所謂的同等的迫切性可能是我不同意的。你提出的是一個理論的問題，我認為這個問題沒有答案。我所說的是，實際上對我來說，由於我的特殊興趣和計畫——我可以告訴你，我的興趣和計畫是很有限的——閱讀普魯斯特或我在這本書中談論到的任何人，在特定時刻存在於西方文化的這些人，對我來說都是迫切的。但那絕沒有把一種義務強加在其他任何人身上，要他們做同樣的事。有人其實可能想提出這個問題：有沒有必要去讀普魯斯特？——也許沒必要。我並不是說那是必要的。那是我私人決定這麼做，原因在於對我而言很迫切的某種公眾的和歷史的現

實，包括了反殖民主義和反帝國主義。我並不真正知道如何把這延伸到與知識相關的一般計畫中。那是我的問題。也許那是因為我這方面欠缺視野。也許那是因為欠缺能力形成一些理論的模式來研究、探討我現在覺得沒時間做的東西。

【訪】讓我們選擇同一個問題意識中的另一個場域。某股女性主義、美國女性主義中檢查制度的心態會說，「這個嘛，典律只不過全是性別歧視，為什麼要讀它呢？」進行這種切除的行為不但是不夠的，而且荒誕不經。此外，讓我們回到有關第三世界的考量，像馬奎茲這種人物是不會經歷這種煎熬的：「讓我們把所有的典律人物替換成第三世界的作家。」這根本就沒有進入他的文學生產模式。以一對一的方式來替換和對應，是一種奇特的自由主義觀念。那在我看來涉及一些真正的政治和理論的後果。

【薩】我對第三世界文學很感興趣。在作家所做的許多動作中——但當然並不是所有的作家都如此——存在著一種很有意識的努 154
力，多少要重新建構、重新吸納典律。在密樂（Christopher Miller）討論的非洲論述中，康拉德就是這樣的宰制人物之一。這在我看來真有趣，因為那並不是只把一個人拉下來，放進另一個人，而真的是一種交鋒的行動（an act of engagement），和只是替換或取代迥然不同。以寫作來反擊（writing back）、修訂、重新挪用（reappropriating），這些計畫種類繁多。

【訪】像恩古基（N'gugi wa Thiong'o）這樣的人會說——例如他最近在耶魯大學就說：「我認為我這部新的長篇小說很有趣，因為我試著使它的敘事結構更像⋯⋯」接著他列出一堆他讀過的作家的名字。

【薩】有時候，一個特定的方法學的視野所提供的規範性或規劃性的要求，在面對一個人所做或可能去做的事情時，在我看來是無法窮盡這些可能性的。那也就是為什麼這些相當嚴苛的、而且我認為到頭來是非常本土的情懷，讓我感覺很不舒服。你不應該讀普魯斯特，因為他的作品中沒有任何東西能回應你，這種觀念與其說是對普魯斯特的錯誤描繪，不如說是對自己的錯誤描繪。也許我們三個人都已經太世界化了。

【訪】我認為其實那就是其中的部分原因。你一再說的就是，這是一個文化傳統……

【薩】而我發覺自己現在就置身其中。

【訪】你也許會說，我就只能像我現在這樣。但重點在於，世界上有許多人**的確是**跟我們不一樣。其中許多現在是學生，來自其他次大陸、來自非洲等等，來美國受教育。他們被迫做很傳統的英國文學或比較文學，卻說：「我要寫論文來討論後殖民小說。」但我猜想你會答應，是不是？

【薩】我不知道：我對這有所猶疑。我有興趣要具有那些關懷、那些背景和要求的學生做的，就是說，去了解哥倫比亞大學、紐約州立大學、耶魯大學（或不管是哪一所大學）的學術環境如何，擺在你面前的情況如何。如果擺在你面前的其實是一種典律的
155 或傳統的方法，而且人家認為你該吸收這一切，那麼最初的階段與其說去了解那如何運作，不如去了解那從何而來。研習那些課程是完全沒有問題的，並不只是閱讀所有那些作家以符合課程要求，而且是以批判的方式來研讀他們，了解所有這些東西在學術詮釋過程中的地位，以及那如何連結上外在社會中不同政治的、意識形態的形成。薇思瓦納珊（Gauri Viswanathan）是我一個印度籍的學生，她的博士論文之所以精采正是因為這樣。她的出發點是印度學校裡

英文課程的出現，然後試著發現它的來龍去脈。[20]那似乎是擺在從第三世界來這裡的學子面前的議題。如果你改變這些方面，如果你在這邊完成課業，得到博士學位，經過那些障礙課程，然後帶著美國或英國大學的英文專業學位回到像是埃及、西印度群島或印度那樣的地方，最普遍而且最悲慘的事情之一，就是明明看到在美國這裡試著要研究自己文學的學生，回到自己的地方卻被那個系統所逼，變成典型的美國的英文教授。

【訪】我們所談的這類課程，我們自己想教的這些課程，在大部分這些國家來說都是無法想像的。

【薩】在埃及我注意到開羅大學的課程，那是一種很驚人的組合，把伊斯蘭和阿拉伯的民族主義者、左翼和準殖民主義的態度熔於一爐，那些都出現在聖茨伯利（George Saintsbury）[21]所設計的課程內容和過程中。那實在讓人很沮喪，雖然許多和我交談過的教授都知道那一點，而且有興趣要促成一些改變。

【訪】在我和古哈（Ranajit Guha）[22]前些日子的對談中，他首先問我的一件事就是「你年紀多大？」我說，「三十九歲」，他說，「啊！」。然後我說，我之所以寫信給他，是因為我很崇拜他的作品，他回答說，如果我年長十歲的話，就不會那麼說了。那個世代中沒有一個人讀他的作品；他無法和自己同代的人說話。

---

20 譯註：薇思瓦納珊便是這本訪談集的編者，她的博士論文後來出版，名為《征服的面具：文學研究與英國在印度的統治》（*Masks of Conquest: Literary Study and British Rule in India*［New York: Columbia University Press, 1989］）。

21 譯註：聖茨伯利（1845-1933）是二十世紀早期最具影響力的英國文學史家和批評家。

22 譯註：古哈為印度籍歷史學家，由後殖民論述的角度出發，從事從屬階級研究，並有相關著述及編作出版。

【薩】是的，這的確是涉及世代的事。

【訪】但那些課程和使那些課程延續下去的人，還是穩穩地在他們的位置上。

156 【薩】他們已經變得完全僵化了，我們能同情從第三世界來這裡尋找出路的學生心中的不滿。但我不確定出路只是用後殖民小說來機械式地替代十九世紀小說。

【訪】那不又是浪漫化了嗎？然後他們多少接納自己的文學。這只是貶低建制。

【薩】完全如此。那使它成為笑柄或木偶。

【訪】我感受很強烈的就是——如果你不這樣認為的話，請表示不同意見——你的文學批評作品中有許多是有關敘事的問題，那深深印記在你的整個思想結構上。你並不排除詩，但更集中於敘事。此外，你質疑——在我看來你的質疑是正確的——你質疑李歐塔（Jean-François Lyotard）者流的態度，那些人把敘事的喪失提升到理論的典範。我只是在想，這種類別在你自己思想中如此凸顯，你有什麼評論。

【薩】那其實直接來自巴勒斯坦的經驗以及我對自己的過去的感受——我有把握，對大多數巴勒斯坦人來說，即使是對大多數阿拉伯人和在歷史上被迫服膺某種主宰敘事的其他第三世界的人們來說，這也同樣成立（那一群主宰敘事是歐洲漫遊［the European odyssey］的敘事，一直都是異乎尋常地主宰著）。也許在我的情況中把它的重要性誇大了，因為我自己就很是殖民系統的產物，但它在我們的生活中扮演了一個很奇妙的文化角色，因此我嘗試做的事情之一，就是要重新建構那個敘事問題，連同它所有的權力和力道，並且顯示它在社會—政治上的全然盛行。在完成那項工作之後，開始思考相對於它的另類。這並不只是對反的敘事（counter-narratives），比方說，自從1948年之後巴勒斯坦重建身分認同的問題（這一向就令我感興趣），以及巴勒斯坦政治地位的開始——也就是獲得允許來敘述以及那整個事情。但也包括了——我現在只是在這個階段的初期——也包括了對於某種反敘事策略（anti-narrative strategies）的興趣。

比方說，我目前對於阿拉伯世界通俗文化的興趣。我先前說到有關挖掘埃及電影這整件事就是其中的一部分。我還沒太深入，因為我被另一件事纏住了——那件事真的很類似條列和註記其中的效應。你所說的那種方式絕對正確：它幾乎把所有其他興趣都排擠出 157
去了。我認為李歐塔的《後現代狀況》（*The Postmodern Condition*）剛出版的那個時刻，他扮演了很重要的角色，正是因為人們喜歡他所謂的「能力」（"competence"）或「表現」（"performability"）而似乎把其他一切都排除在外了。但在我看來完全不是那回事。我很感興趣於反敘事、反線性（anti-linear）以及有關效應的連續性之觀念，而與這些相對的，就是有關徘徊並註記某些經驗領域的這整個問題。那時我很感興趣於柏格的《另一種訴說方式》（John Berger, *Another Way of Telling*），那本書中全力抵禦的就是這些主宰敘事，以及隨之而來的那種統治權力的氣氛。那可能是以很人為的方式把其他興趣排除在外了，但我沒有很多時間去把它們發展出來，比方說詩歌。

【訪】我的意思並不是說有一種不平衡的情況，而是說你對敘事的興趣跟詹明信的路數不同，詹明信把抽象的、大寫的「敘事」（Narrative）當成是核心的人類經驗，而且以強烈的懷舊方式來看待他心目中敘事的式微。但在我看來，似乎你尋找的是彼此的交會

（intersections）和重新敘事化（renarrativizations）。

【薩】對的，就是那一類的東西，而不是大敘事（grand narrative），因為我根本就不相信大敘事。我認為很難讓第一世界的知識分子來了解第三世界的知識分子對敘事問題所存的懷疑，比方說，像是西方馬克思主義提供的那種敘事。甚至有關西方馬克思主義本身的觀念，我也批評安德森（Perry Anderson）所暗含的先決條件，認為西方馬克思主義是正規，以此評斷整個馬克思主義的進展或失敗。我不確定情況是不是如此，比方說，第三世界也有馬克思主義，而那個有趣的故事和西方的主要路線很不相同。布勒（Paul Buhle）在討論詹姆斯的書中其實也提出了這個論點。安德森所定義的西方馬克思主義排除了加勒比海的馬克思主義，而加勒比海的馬克思主義本身極為有趣，並且在政治上和理論上都產生了很多效應。但在安德森的說法中找不到法農，找不到羅德尼（Walter Rodney）。[23] 比方說，非洲和亞洲的大人物，孟加拉的共產主義運動，都被輕易忽略了。安德森賦予西方馬克思主義軌跡的那種世界級的歷史重要性，我不確定是不是我願意保有的，雖然我當然很崇拜西方馬克思主義，也很崇拜安德森。

158 【訪】我很同情那一點。我剛剛想問你的是特別有關馬克思主義的問題，而不是就我們所說的那種方式。

【薩】最困難的問題最後出現。

【訪】我們討論的所有這些事情中，就某個方式來說都集中於

23 譯註：羅德尼（1942-1980）出生於南美洲蓋亞那，是作家和政治活躍分子，他所提出的「黑人權力」（Black Power）之說結合了拉斯塔法里教教理（Rastafarian [主張黑人是上帝的選民]）和馬克思主義，將種族、階級與文化熔於一爐。

你作品中反對的或至少是具有張力的論點。這些都鎖定或環繞在所謂的「西方傳統」這些問題上，相對於其他正在發生的各種事情，不管是否在同一時間，可不可能產生效用。以馬克思為例，你讓人注意到馬克思本人對歐洲之外事物的巨大盲點，討論印度的論文，以及亞洲生產模式的觀念等等。

【薩】對的。民族主義。他根本不了解那個。

【訪】同時，《東方主義》前面的引言之一取自《霧月十八》(*The Eighteenth Brumaire*)。[24] 你特別提到，不只是今天，在其他場合也提到，「我從沒說過我是馬克思主義者。」你不是說：「我不是馬克思主義者」，而是說，「我從沒說過我是馬克思主義者」，那是相當公允的說法。你特別是對馬克思主義有哪些特定的政治上或理論上的保留？你剛剛說的事情之一就是：「馬克思主義顯然並不只是西方的現象」；它在全世界的革命運動中都產生了巨大、豐碩的結果。但在我看來，你總是有些退縮，並不對馬克思主義做出那種政治上和理論上的承諾。我想要知道的是，你要如何試著協調處理那個問題。

【薩】首先，馬克思主義作為一個正統、本體論甚至認識論來說，在我看來都是極為不足的。否定或肯定屬不屬於馬克思主義傳統，這些只有在連結上實踐，再由實踐連結上政治運動，在我看來才會有趣。我在美國與馬克思主義的互動大都是學院式的。除了把它當成某種學術探討之外，很難讓我對它嚴肅以待。但我也沒有投入反馬克思主義。我或許批判了馬克思的某些宣示，但我從來不是

---

24 譯註：也就是 “They cannot represent themselves; they must be represented.”（「他們無法代表／再現自己；他們必須被別人代表／再現。」）

反共產主義者。其實，我還把反共產主義摒斥為一種修辭的和意識形態的手法。然而在當前知識的、文化的、政治的情況下，在我看來馬克思主義是限制多於解放。

159 【訪】你認為那在巴勒斯坦運動中也能成立嗎？

【薩】我認為那在巴勒斯坦運動中尤其能夠成立。

【訪】你能不能談談那一點？

【薩】以人民陣線（the Popular Front）為例，它宣稱自己是馬克思主義運動。你把巴解陣線（PFLP）的修辭、分析甚至組織實踐描述成什麼都可以，卻絕不能描述成馬克思政黨。可以用其他方式來描述他們，卻不能描述成古典的馬克思政黨。它的分析不是馬克思式的。他們基本上是造反的和布朗基式革命的社會主義（Blanquist），不滿於巴解陣線的組織以及他們似乎在訴求的「群眾」。他們沒有民眾的基礎，從來就沒有過。就我能力判斷所及，不管以往在阿曼、黎巴嫩，或現今在西岸和加薩走廊，都是如此。他們有特定的成員，但在巴勒斯坦運動中的群眾黨派，大多數成員屬於農民的群眾黨派，是法塔（Fatah），那不是馬克思政黨，而是民族主義政黨。因此，在第三世界的革命場景中，通常馬克思政黨是少數人的政黨，而且與草根運動有些距離，也就是說，與把運動轉變成地面革命力量的那些運動的成員有些距離。

【訪】那也是我想要你談談的一個重要分野，因為顯然你所說的，比方說，對薩爾瓦多並不能成立。那裡的游擊隊運動，打從開始到現在都一直是馬克思主義式的。

【薩】在阿拉伯世界中卻不是……我十五、六年前研究它時，對這個非常非常感興趣——對它整個歷史很感興趣——然而，我從開始就必須承認這裡存在著各式各樣的個人限制——但是馬克思主義在中東的組織、理論、論述甚至實踐的這整個歷史來說，似乎並沒有令人信服的證據顯示，這裡的馬克思主義超越了二〇、三〇年代俄國的馬克思主義。在西方有些馬克思主義的潮流吸引我們的興趣，像是早期和中期的盧卡奇的馬克思主義、葛蘭西的馬克思主義、後期的阿圖塞——雖然說阿圖塞是個特例，因為六〇年代某個時刻，阿拉伯世界存在著某種阿圖塞式的成分，他們輸入阿圖塞主義（Althusserianism）作為一種上層結構的補充（superstructural addition），這個事實必須以阿拉伯的馬克思主義的修辭來說明。但 160
大體而言，西方馬克思主義的發展並沒有反映在阿拉伯的馬克思主義上。相反的，他們向外尋求的卻是二〇、三〇年代那些正統和非正統的俄國馬克思主義的實驗、觀念和姿態，包括了史達林主義和托洛斯基主義。馬克思政黨基本上是以莫斯科為導向的。就我能力判斷所及，理論的馬克思主義在阿拉伯世界的發展，似乎不足以面對帝國主義的挑戰、民族主義菁英的形成、民族主義革命的失敗、宗教等等——我們現在面對的所有這些問題，包括了猶太復國主義本身。而且，它們當中有趣和有效的努力都限於處理這些不是來自馬克思主義傳統裡的其他問題。那在我個人的力道中扮演了重要的角色。

由於自己的特殊背景使我更意識到馬克思主義傳統中的限制、缺點、失敗、狹隘。然而，那也留下了許多有趣的領域，比方說，階級意識的整個觀念、有關價值的勞動理論、對於種族的某些態度、對於宰制的分析等等，這些都來自馬克思主義的傳統。對你來說它是和諧一致的教條，但對我來說卻很不和諧。對我來說，那是一連串的姿態，有時被政黨拿來用用，有時則否；有時被經驗拿來用用，有時則否；有時被理論拿來用用，有時則否。我很難認同馬克思主義。你問我認同什麼，我在這裡無法認同馬克思主義的政黨。我在這裡無法認同馬克思主義的修辭或論述，而在阿拉伯世界裡的情況也一樣。因此，在我自己的經驗中有這個奇怪的鴻溝。所以如果我說，我認同盧卡奇的馬克思主義，或阿多諾的馬克思主義，那就言過其實了。它們對我來說都是很有趣、或許是具有歷史意義的文本，但也僅止於此。

但是，我們不妨這麼結論，我也一向很意識到馬克思主義，而且試著盡量以很嚴謹的方式來處理它。我意識到一些吸引我的哲學家和理論家他們的反馬克思主義的姿態，像是傅柯，他有時反馬克
161 思反到了歇斯底里的程度。我也知道大部分美國知識界反馬克思主義和反共產主義。但大體說來，我覺得自己就某個程度來說同情杭士基的立場，也就是一種無政府主義—工會主義者的立場（anarcho-syndicalist position），那極具浪漫的吸引力。我和杭士基一樣，懷疑布爾什維克主義（Bolshevism），而且對教條式的、正統的共識懷有普遍的恐懼。也許我對馬克思主義排除在外的其他那些選擇太感興趣了。我真正想說的是，馬克思主義中那些修辭的、論述的說法，就我們正在討論的這個場景中由馬克思主義者所給的那些說法，在我看來經常比那些說法沒能涵蓋在內的其他理論的和政治的可能性來得乏味。我只是認為，在這個國家中不管是知識上或政治上，我們能扮演主動得多、有效得多的角色，而不必試著使自己陷於執著馬克思主義是什麼或可能是什麼的那種盲目崇拜。在我看來——由於像美國這樣一個移民國家的特殊結構，卻把自己轉化成一個宰制的、階級的、特權的社會，具有各式各樣經濟上和社會上驚人的失衡和扭曲——在這個社會中，有更多空間讓沒那麼受到限制的知識計畫來發揮。

【訪】你會不會認為，這個運動——尤其是「因地發打」，和我猜想在那之前的運動——變成了什麼？即使巴解組織不是馬克思主義的政黨，但你會不會說巴勒斯坦民族運動是一個以階級為基礎的運動？

【薩】是的，就某個程度而言的確如此，而我現在心情沮喪，因為在國際性和區域性接觸的那些形態，至少是在佔領區之外，這個運動是由一些根本稱不上是進步的那種階級利益所宰制。在巴解組織中，高層次的巴勒斯坦中產階級大幅結合，隨之而來的就是在意識形態上依賴美國，因此不管哪個政府上台都唯美國是從。有各式各樣負面的東西是我們可以更仔細探討的；這些使我很沮喪。另一方面，你不能忽視的事實就是，法塔是最大的一股勢力。當然，它很可能在知識上和領導階層上不是那麼強——因為共產黨、民主陣線、人民陣線和伊斯蘭各種運動都參與其中。然而，在我看來，解決之道似乎是統一的領導階層。為了達到救國的目的必須成立某 162
種聯盟。不過到頭來，一旦你進入行動，就有其他的考量、其他的戰術介入。

葛蘭西〈反對《資本論》的革命〉（"The Revolution against *Capital*"）這篇文章是對「十月革命」的閱讀，暗示革命並未如馬克思所預測的，而是在某些方面以創意的方式離開、反對跟隨馬克思對階級鬥爭的所有那些說法。我認為那種取代總是正確的，那當然是為什麼不只在西方馬克思主義裡，而且在義大利馬克思主義裡，葛蘭西會是個問題的原因之一。

【訪】在你最近的寫作中，頗為欣賞德勒茲和瓜塔里（Felix Guattari）有關異議政治（politics of dissent）的觀念，這讓我吃驚。他們這個觀念來自像是都市運動、學生運動等等。把那個和你所謂的「注意的自願性」（voluntarism of attention）相提並論——「注意的自願性」一詞是你在文學批評術語中所強調的字眼，而且我認為能轉換到政治的領域——你現在要如何自我定位？

【薩】是的，我並不喜歡那個說法。我當時只是急於快快得到某種結論，事實上我更喜歡的是開放得多的結論。其實那個說法只是有關在哪裡有可能找到聯盟而已。它來自某種絕望，大都來自於要在傳統領域中為我感興趣的事物尋找盟友。我強調的是非正式的、非傳統的、沒有特定位置的，而這只是一種簡要的說法，詳細說起來就是：人們必須在傳統的都會知識分子的儀式和表演之外的地方來尋找。

【訪】所以這不是推薦一種微觀的政治（micro-politics）？

【薩】根本不是。我愈看那種事，愈覺得好像是輪子在轉一樣。讓我們用一種自我批判的方式來結束，我所處的位置似乎是談論各式各樣批判的或政治的計畫，「嗯，他們這個做得對，他們那一部分沒做對。」我不願意被人看作像是一路評斷什麼是好、什麼是壞。我只是註記對你們詢問的那些事情的反應。其實我並不像是我給人的那些印象，對於自己正在做的事以及我現在看到的這整個事業，討論文化與帝國主義以及討論音樂的作品，其實我並不是那麼有把握。我經常關切的是，我只不過浸淫於某種形成，某種文化和政治經驗的時刻，而我真的把自己現在所做的看成是建議別人進
163 來幫忙我，或提供我一些可能前進的道路。我要反抗的就是完成的計畫（a finished project）這種觀念，或者說能和諧地放入一種新語言或新理論模式這種觀念。我對那很反感；那不是我感興趣的；那是我想要擺脫的。

如果我辦得到的話，從現在開始幾年內我可能要做的事就是寫

一本有關知識分子的書。那本書將嘗試談論這個不同的風格，而不是知識的專家、決策者或新學科的形成者那些特色。[25] 珀爾斯（C. S. Peirce）是用什麼字眼來著？某種**不明推論式**（*abduction*）的觀念——從已知的事實中來歸納；對新情況的假說，往前投射。我想這也是承認我現在依然感覺的事實，即使是對巴勒斯坦運動，而且的確是對我置身其中的美國脈絡——最終，我依然感覺自己多少擺錯了位置。我不覺得自己真的已經找到或能夠找到一個堅穩、不變的模式來工作。

訪問者：魏克（Jennifer Wicke）、史普林克（Michael Sprinker）

收錄於1992年牛津出版的《薩依德批評讀本》

（*Edward Said: A Critical Reader*）

---

25 譯註：也就是後來1993年於英國國家廣播公司發表的李思系列演講（Reith Lectures），1994年出版，名為《知識分子論》（*Representations of the Intellectual*）。

第七篇

野蘭花與托洛斯基

【訪】我們能否由《開始》(*Beginnings*)一書開始? 164

【薩】是的,我想這本書有個自傳性的根源,那與1967年的中東戰爭有關。1967年是我人生的分水嶺,因為在那之前我一直都是一分為二:一邊在美國哥倫比亞大學教書,以理論來從事英文和比較文學的研究等等,一邊往返於美國和家人居住的中東之間。

戰爭爆發時,我在美國這邊。那對我是個十分震撼的經驗,部分是因為距離,部分是因為巨大的動盪,直到今天我們依然處於其動盪的後果之下。我的意思是說,巴勒斯坦剩下的部分都失去了;阿拉伯軍隊被摧毀了;[埃及總統] 納瑟於6月9日辭職,幾天之後又在眾人的擁戴下復位。我發覺自己試著接納那些事件,就在那裡偶然發現到開始的重要性,開始(beginnings)與源始(origins)是相對的,是你為自己形塑的某種東西。

我最近評論了柯模德的《結尾的意義》(Frank Kermode, *Sense*

of an Ending)。這本書問世時，我讀了覺得很喜歡，並且在《先鋒論壇報》(*Herald Tribune*) 撰文討論。他的許多東西我都喜歡。但我在文中強調，依我之見人生中關切開始比關切結尾更重要，而且我說這與情境有關。他試著把所有事情加以普遍化，並且主張結尾總是最重要的事。

165 我則說，不，有時開始更為重要，並且嘗試舉出例證：例如，革命時期、心靈生活和普遍意識中的某些時刻。重點在於某些時期要求重新界定一個人的情境，而中東戰爭顯然就是。為了規劃自己的走向，需要一種開始的感覺作為起點。

這本書的主題就是其中所需要的一種意志的行動(the act of will)：你得說，「那是我的開始，我要朝這個方向前進。」這是得自維科的重大影響。

此書接著嘗試把這個與文學和批評扯上關係。那時我已經吸收了許多晚近的歐陸理論，我注意到歐陸理論感興趣於類似的重新定義(redefinitions)，感興趣於重新形塑(refashioning)的重要性，以便能有些創新。換句話說，這整個觀念與新奇、革命、新階段的起始(inauguration)等等有關。

因此，這些東西都匯集到一塊，而我發現這個新想法對文學研究頗多啟發，例如小說其實就與起始有關。這個想法從此就未曾離開我，因為我一直回到它——你知道，狄福(Daniel Defoe)，整個的魯濱遜計畫，在小說史上具有中心的地位。

其次就是下述一些觀念：文本是什麼？如何思考文本？文本如何經常與特殊的成規和特殊的力量連到一塊？這些觀念中有些必須和開始、決裂、起點相關。

我也接受了當時出現的批評，尤其是德希達和傅柯。

【訪】大體來說，對於開始的可能性你比他們樂觀得多，是不是？

【薩】是的，一點不錯，一點不錯。我們大家，包括他們，都很受到1968年的影響——也就是1968年驚人事件的影響。當然對我個人來說反諷的是，我就像滑鐵盧戰役中的法布里吉歐（Fabrizio），雖然身為哥倫比亞大學的教師，但是在動盪最激烈的時刻卻不在場。我當時休假，1967至1968年間我在伊利諾大學，因為我得到那裡新設的高等研究中心的獎助金。

1968年仲春，革命在這裡爆發時，我接到一封電報，好像是柯 166
克（Grayson Kirk）[1]發出的，告訴我要召開一項重要的教師會議，並問我「能不能參加？」

所以我就飛到紐約。會議在法學院舉行，我來到位於一百一十六街和阿姆斯特丹路交會處的法學院入口，注意到那裡有警察設置的路障。我手邊沒有任何身分證件，以致無法通行。所以我從大老遠來到紐約卻不能與會，當然沮喪地回伊利諾。

但重點在於，這是動盪時期的一部分。當時也是我所屬阿拉伯那一邊的動盪時刻，情況很令人心灰意冷。然後就是學生的動盪，情況卻很樂觀。反正，理論上那像是個新的黎明。

最重要的是，那在知識上很重要，因為讓我掙脫了自己置身其中的嚴格的雙重結構，而以新的、尤其是**知識的**途徑來思考——這裡說的是廣義的「知識的」。我的意思不是專業的，我對於專業從來沒有絲毫興趣。但是我看到了一種知識潛能，由於我阿拉伯這一邊生活的傾覆和我美國另一邊生活的混亂，反而產生了一種知識潛

---

1 譯註：柯克（1903-1997）為美國的國際政治學者，當時擔任哥倫比亞大學的教授。

能，來為自己形塑不同的人生和產物。就是那個引發了我。

這就是我發現一些法國理論家的問題所在：首先，我發現——這絕對影響到我在《開始》一書和以後所做的事——即使像德希達（Jacques Derrida）之流的理論家，表面上看似掙脫了所有的結構以及正統、邏各斯中心主義（logocentrism）、陽物中心論（phallocentrism）諸如此類的事，但過了一段時間便成為他們自己的——我不會稱之為「系統」的，但一定可稱為「方式」（"manner"）的——囚犯。

對於傅柯我甚至更加幻滅，因為德希達的某些部分至少有些機趣，有時甚至因為太過機趣而幾乎淪為瑣碎。兜了許多圈子、繞來繞去，最後把事情打發了，但有些有趣的見解，尤其是他早先的作品。

我覺得傅柯最初的想法根據的是監禁（confinement）的觀念——監禁和挑戰監禁、掙脫——現在我們知道這和他自己的人生軌
167 跡有很大的關係。有個叫密勒（James Miller）的正在為傅柯重新立傳，他的論點就是傅柯一直在處理虐待和受虐的衝動（sadomasochistic impulses），包括了早期企圖自殺。所以，這個監禁的想法對於多少囿限它、然後打開它是很重要的，這也是為什麼像薩德（Marquis de Sade）[2]這樣的人物對於早期的傅柯那麼重要。

但過了一段時間，我認為發生於德希達、傅柯和其他某些人身上的事情就是他們成了自己語言的囚犯——拉岡（Jacques Lacan）和阿圖塞（Louis Althusser）當然也是如此，他們真正從事的是產生更

2　譯註：薩德（1740-1814）為法國作家，以性倒錯情色描寫著稱，曾因變態性虐待行為多次遭監禁，虐待狂（sadism）一詞即源自其姓氏。

多忠於以往的作品。他們在維持自己作品的完整一致，而且最重要的是，維持對於讀者的一種忠誠，因為讀者期盼更多相同的東西。

換句話說，我認為德希達對於擁有信徒和跟隨者很感興趣。

【訪】他已經建立了一個學派。

【薩】最菁英的學派。我對那種東西從來不感興趣，因為在我看來是種束縛，終究是無趣的。我一直從事的是探索、自我批評、不斷改變，試著使自己和讀者驚奇。

因此，我發覺他們的作品很有問題。最重要的是，我發覺——最後一點——我發覺特別是在七〇年代初期和之後，他們出奇地以歐洲為中心。他們只對歐洲感興趣——真正說來甚至不是歐洲中心，而是法國中心。

而我一向反對任何的中心（centricity）——與它相對的則是離心（eccentricity）——不管是非洲中心、歐洲中心、美國中心或什麼中心。因為性情、甚至意識形態的緣故，這和我所要做的事正好相反。

當時是六〇年代末、七〇年代初，對我來說開始的觀念真正也意味著開始一種很深切的政治和道德的聯繫，和1967年後巴勒斯坦運動的復興的聯繫。你知道，這些都發生在1967年和1971、1972年之間，導致1975年《開始》的出版。

我第一次感覺到可能把我人生的這兩方面整合起來，因此我在
夏天及年度中返回中東等等不再只是探訪家人，而是活躍的政治生 168
活的一部分。我的家人、同學、熟人、朋友都開始成為運動的一部分，而我投身其中。

1972至1973年間，我這輩子第一次重新學阿拉伯文——我小時候學過，那是我的第一個語文。但除了在學校之外從未以阿拉伯

文來學習。我上的是一所英文學校，所有用阿拉伯文上的課都是無關緊要的，主要的是學習英國歷史、英國文學諸如此類的事。

1972至1973年間，我休假到貝魯特，每天跟著貝魯特美國大學一位傑出的歷史語言學家上阿拉伯文的家教班。我開始以嚴肅的方式了解阿拉伯文化和伊斯蘭文化。

就是那個經驗開始讓我很批判這些理論性的宣告，因為它們似乎未能回應世界上很大一部分在帝國主義之後所經歷的事情，新殖民主義的問題，以及對我來說最重要的巴勒斯坦的問題。

【訪】你於1978年出版《東方主義》（*Orientalism*）一書，並可能以此書最為人所知。思考這本書的方式之一，就是它與傅柯及其觀念的關係。傅柯認為知識論述與權力合併創造出人類壓迫的模式，這些模式可說是無法挑戰的。你的書一方面符合這種觀念，卻又在許多方面顯著不同。在傅柯看來，大勢如此，往往無能為力。你的感覺是：愈覺知這些監禁的結構，就愈能導致相對的自由。如果我對你的了解正確的話，東方主義這種思維很普遍、勢力龐大、具有監禁的效應，但終究是能擺脫的。

【薩】是的。大約就在那時候我開始寫《東方主義》最後的章節——我要說的是，大約從1973年以阿戰爭之後我就開始寫那本書了。在我看來那段時間雖然不長，但當時存在著某些真正的希望。我所想的是敘利亞人和埃及人，以及在較小的程度上，巴勒斯坦人，試圖掃除以色列對於佔領區的控制。

不要忘了，埃及人曾經佔領蘇伊士運河，敘利亞人已經突破了以色列在戈蘭高地的防線，雖然當時外表上看來他們好像成不了什
169 麼事——就像大約二十年後，每個人都說巴勒斯坦人完了，卻爆發出了「因地發打」。

那種現象一向最令我感興趣。我的意思是說，儘管當時有某個強有力的系統——不管是經濟、社會或政治的強有力的系統——的宰制，人們還是能突破。人類突破的嘗試，那種對立的性質——我想那是有關人類行為最有趣的事

所以，那就是我對於東方主義的發現——你能夠研究它、反對它。

【訪】在那本書開頭，你是這麼刻劃東方主義的：

> 我們把十八世紀末期當成很粗略定義的起點，可以將東方主義當成處理東方的集體建制來討論、分析——處理的方式是藉著認可對它的一些觀點，陳述它、描述它、教授它、決定它、統治它：簡言之，東方主義是西方宰制、重構、掌管東方的一種方式。我發覺此處運用傅柯的觀念來指認東方主義是很有用的，如傅柯在《知識的考掘》（*The Archaeology of Knowledge*）和《規訓與懲罰》（*Discipline and Punish*）兩書中所描述的。我所要爭論的是：若不把東方主義當作論述來加以檢視，就不可能了解歐洲文化於後啟蒙時期在政治上、社會學上、軍事上、意識形態上、想像上能用來掌理——甚至生產——東方的極有系統的學科。

【薩】是的。我只補充一點，書中最引我興趣的現代版本，就是東方主義與帝國主義結合。換句話說，這種知識方式與真正的控制、真正的宰制真人實地是齊頭並進的，或由這種控制與宰制所製造、產生的。

所以，東方主義不只是對於東方神奇事物的替代經驗；不只是模糊地想像東方是什麼，雖然其中也有那些成分。其實東方主義和

如何控制真正的人有關；它和開始於拿破崙的實際宰制東方有關。

【訪】是的。但是這樣的段落中具有傅柯式的意義：論述能開啟宰制。

170 【薩】是的。而且我發覺就某個意義來說，這比單純地因果現象神祕得多。你知道，其中有宰制，然後，又有這，又有那的。又有論述，然後又有侵入。

但是差別在於傅柯似乎一直把自己和權力結盟。他像是一種不可抗拒的、不可規避的權力的寫手（scribe）。而我寫作是為了反對那種權力，因此我的寫作是出於一種政治立場。最後，雖然它勢必很雜亂無章，但我試著顯示一種對反的東方主義（counter-Orientalism）的輪廓。

【訪】你是怎麼得出比傅柯更樂觀的看法的？是不是你們兩人性情上的差異？

【薩】不，我想真正的差異是……我想是性情上的，但如果你要指認出一個特殊的東西、一個特殊的思想風格，我想就是葛蘭西的因素。

葛蘭西的《獄中札記》（*Prison Notebooks*）英譯本在1970年代初期問世後不久我就讀了，發覺它很吸引人，卻又不盡令人滿意，因為其中有太多的省略，很難了解葛蘭西到底在講些什麼，要讀義大利文才能了解他真正的用意。在《東方主義》中的一個很重要段落，我引用了葛蘭西的觀察：「批判性之闡發（critical elaboration）的起點是意識到自己真正是什麼，把『知道自己』當成截至目前的歷史過程的產物，這在你身上儲存了無限的痕跡，卻未留下清單（inventory）。」

英譯就是這樣。我去查原文，其實葛蘭西說的是：「因此，在開始時編製這樣的清單是很迫切需要的。」瞧見了沒？差別就在這兒。它不只是說「存在著」，還說「由**你**來編製清單」——而這是維科的影響之所以很重要的地方——「你賦予它一種結構，能允許你來面對它、解決它。」這在《東方主義》中對我極為重要。

但在寫作《東方主義》時我不可能預見——其實，這一直都很讓我驚異——這本書後來令人難以置信的轉變，因為它現在已經被譯成十七、八種語文。這本書已經印行十三年了，所有的譯本都有銷路。上週末有人告訴我中譯本已經完成了，但還沒出版。[3] 這本 171
書也被譯成日文。

【訪】東方主義這本書和下一本《巴勒斯坦問題》有沒有關係？

【薩】《東方主義》在1978年出版，而我已經更直接涉入政治。但是流亡者的政治（expatriate politics）有不利的一面，也就是說，總是置身遠處。在我還很年輕的時候，即使到處旅行，但仍然在教書。

然而，1977年我成為巴勒斯坦民族議會的議員，那時我想到繼續寫《東方主義》是很重要的事。那是一本一般性質的書，所觀察的對象是一些特殊的例子——但你也可以反過來說，因為《東方主義》對於「東方」真正是什麼未置一詞。

我那時要寫的是個完全介入的政治論文——我的意思是說，自己從未假裝它絕不是政治論文。如果你記得的話，開始時我提出了許多和《東方主義》相同的論點，雖然這次特別指涉的是巴勒斯坦。我要從受害者的角度來展現巴勒斯坦。

3 譯註：本篇訪談發表於1993年，但王宇根翻譯的《東方學》（北京：三聯書店）和王志宏等人翻譯的《東方主義》（台北：立緒）一直到1999年5月和9月才分別問世。

我認為自己創造出另類歷史（alternative history）這個看法，我在《巴勒斯坦問題》中曾舉了一個例子。因此，這本書與《東方主義》直接相關。

其實，《東方主義》、《巴勒斯坦問題》和《採訪伊斯蘭》三本書多少是接連寫出的，彼此相隔不到一年問世，我想其中兩本在同一年問世。[4]

《巴勒斯坦問題》的目標是把巴勒斯坦的案例放在美國讀者面前。這本書的對象不是阿拉伯人，而是西方讀者，因為西方在巴勒斯坦的形成上已經扮演了很重要的角色。也就是說，猶太復國運動大都來自西方，受到西方的支持。

我要讓美國人感受到從巴勒斯坦人的角度來看，巴勒斯坦的流離失所和疏離意味著什麼。這是我頭一次能從自己的經驗來寫這件事，而我試著以這本書來達到更廣大的讀者群。其實，這本書的出版煞費周章。

172 【訪】怎麼了？

【薩】事實上，七〇年代中期到晚期，有幾位出版商與我接洽，要我寫一本有關巴勒斯坦的書。第一位與我接洽後退卻了。然後，第二位或第三位或第四位給了我一份合約。

1978年夏天我把書交給燈塔出版社（Beacon Press）——我記得很清楚，因為那年夏天我感染肺炎——我接到他們一封很長的回信，簽名的是委託我寫書的那個女人。她等於要我寫另一本書，我當然很生氣。

所以我說：「妳這樣子是在取消合約！」

---

4 譯註：其實三本書分別出版於1978、1979、1981年。

她說：「不是。」

而我知道這種方式不是要我另寫一本書，就是退還訂金，所以我就把訂金退給她。

於是我找其他一些出版社。我去找出版《東方主義》的萬神殿出版社（Pantheon），把稿子拿給希夫林（André Schiffrin）看，他拒絕出書，說這本書的歷史性不夠。

我說：「那是什麼意思？」

他說：「這個嘛，你沒有談石油。」

我說：「以色列人或猶太人和阿拉伯人爭奪巴勒斯坦，石油根本不是爭議的中心。」

而我了解他所說的是種意識形態的說法。

於是我去找其他兩、三家出版社，最後，在一連串的機緣下，1978年秋天為紐約時報書系（New York Times Books）所接受、出版。

然後藍燈書屋（Random House），特別是希夫林，購買了這本書的平裝本版權。那還真諷刺。他們原先不願意出版，但看到書賣得好，又想要它了。

【訪】拒絕出版這本書恰好證明了《東方主義》的論點？

【薩】正是——那就是整個要點。他們不要**他者**發言。他們不要我談論這些事情。我所說的是以往英文的主流出版物中從未說過的。在七○年代末期，相關的作品絕無僅有。巴勒斯坦人已經很明顯成了恐怖分子，而他們要維持那種狀況。

那就是《巴勒斯坦問題》的論點。而且，如果我可以這麼說的話，這是巴勒斯坦人頭一次以英文、頭一次清楚地說：「我們必須 173
和以色列的猶太人生活在一起。」在那本書的最後我提出了共存

（coexistence）的論點，指出軍事絕非解決之道。這些事情現在得到回應——其中許多不只在巴勒斯坦人的文章中得到回應，也在以色列人的文章中得到回應。但我想我是頭一批真正從巴勒斯坦人的角度清楚說出那件事的人。

【訪】身為文學學者和涉入政治議題，兩者之間的關係會不會緊繃？還是互補？

【薩】我想對我而言大體是互補的。緊繃則來自下列事實：我傾向於反抗政治的急迫性——那些與權威、權力、對抗、迅速反應有關——原因很簡單，因為我一直要保有隱私以便自我反省等等。我試著停留在某種直接的政治職位之外——天曉得有多少人向我提供或暗示這些職位——為的是能以這種文學的方式反省，那需要更多的時間、需要更多的獨處。

政治在某些方面來說是種群眾藝術。這是與許多人相處的藝術，而我生性並非如此，雖然我能很友善、與人應對。

【訪】你覺得你在政治文章中所說的事情曾使自己妥協嗎？

【薩】這個嘛，自七〇年代末期起我就得處理那個問題，因為一個人要面對許多不同的訴求對象。一方面我為直接的讀者寫作，你知道，那些人不是學院人士，而是以政治的方式介入。因此，在美國我的訴求對象是由值得我考慮的人士所組成——讓我們稱之為自由人士——這些人對中東感興趣，但他們既不是阿拉伯人，也不是猶太人。

還有就是決策者、官員等等，能向他們發言對我來說是很重要的事。我把他們列入考慮。還有就是族裔和政治的訴求對象。比方說，我在寫《巴勒斯坦問題》時，處理的是這個國家中大致單一、但並不完全單一的所謂「猶太社群」，我的興趣是引起他們的注意，把事情導入焦點——那本書部分達到了這個作用。當然，不只是這樣，還要接續它，要講話。我說了好多好多話。

一邊是我的文學和文化事物，另一邊是我的政治工作，而我總 174
是嘗試在兩者之間維持平衡。還有就是巴勒斯坦社群。我的意思是說，我有很大程度是對阿拉伯人和巴勒斯坦人寫作。但是，當然，我們那麼涇渭分明，所以我遭到許多攻擊。比方說，《巴勒斯坦問題》出版時，人民陣線（the Popular Front）印行了一張巨幅印刷品攻擊我，說我妥協，還說我——什麼來著？——投降主義，各式各樣的話都出籠了。其他人則稱讚這本書，你也知道。因此，我很清楚自己工作所訴求的對象。

【訪】這使我想到，在某些方面你的方法來自阿諾德（Matthew Arnold）和崔靈（Lionel Trilling）人文主義的傳統，而你要人們做的是把人文主義的價值應用到比阿諾德或崔靈廣泛得多的不同方式。

【薩】或者說更一致。更一致。你瞧，因為我和廣泛的人文主義傳統沒有不合之處。過去七、八年來我在做的一件事就是撰寫《東方主義》的續集。我一直在寫一本大書，書名叫《文化與帝國主義》，研究的就是廣泛的人文主義原則，我所受的教育、覺得很自在的西方原則，總是受限於國界。

我舉個例子：托克維爾（Alexis de Tocqueville），[5]是吧？我認為，他在《民主在美國》（*Democracy in America*）一書中反省美國，大力批判美國對待印第安人、黑人、南方奴隸制度的方式。

同時，或者在那之後不久，托克維爾因為身為法國國會的一

---

[5] 譯註：托克維爾（1805-1859）是法國的政治學者、歷史學家及政治人物，以四冊的《民主在美國》（1835-1840）聞名，該書深入分析了十九世紀早期的美國政治與社會制度。

員，對於法國在北非的殖民政策涉入很深。法國人在阿爾及利亞施行更殘暴的虐待、屠殺諸如此類的事，他卻辯稱是正當的。然後你就知道使他前後矛盾的是一種民族主義，這種民族主義說，可以批評他們，但一牽涉到**我們**的話，我們總是對的。

我一向痛恨那類事情。我認為那是我在知識上、道德上、政治上一向反對的頭號部族偶像（idol of the tribe）。我的意思是：說什麼應該存在著三、四套原則，作為人們彼此行為的依據，這在我看來是最難袪除的一種觀念。

175 你在穆勒（John Stuart Mill）[6]身上也看得到，他是自由、民主的偉大倡導者，我們都從他學到很多。但他在印度任職時，只是一味提倡印度人繼續依賴、臣服。在我的新書中，我嘗試提出這些東西，並顯示它們真正如何在運作。

接著我討論去殖民化，這是我在《東方主義》中所沒做的，在那裡我只是從歐洲的一面來討論。我的書中有一整部是關於我所謂的反對與反抗，從白人踏上世界任何角落——新世界、拉丁美洲、非洲、亞洲，任何地方——的那一刻起，就有反抗，而且逐漸升高，直到第二次世界大戰之後那個時期所發生的偉大的去殖民化，創造了一種特殊的反抗與解放的文化，那就是我在書中所討論的。你瞧，那是我在《東方主義》中所沒做的，現在則要嘗試並顯示另一面。

在新書中我對民族主義提出批判——其短處和必要——因為我就成長於戰後第三世界民族主義的那個世界。你瞧，這是我的兩個

6 譯註：穆勒（1806-1873）是英國哲學家、經濟家，宣揚功利主義（Utilitarianism），是十九世紀改革時期的名家，其邏輯及倫理思想對後人影響深遠。

世界：西方世界和第三世界。要抗拒帝國主義就必須有民族主義，但民族主義緊接著就變成了盲目崇拜本土的本質和認同。你在像埃及這種國家就看得到。你在像敘利亞這種國家就看得到。你在薩伊、伊朗、菲律賓就看得到。其中的高潮當然就是去年春天美國和伊拉克的戰爭——依我之見，這是墮落的民族主義的戰役。與之俱來的就是認同、本質、英國性、美國性、非洲性、阿拉伯性等觀念。你所能想到的每個文化多少都做這種事。

【訪】是的。與你對於民族主義或種族主義的批判同時而來的，似乎就是許多對於宗教、超越性哲學的懷疑。

【薩】對我來說，宗教是兩件事。我成長的那塊土地完全沉浸於宗教。巴勒斯坦唯一自然的事業就是製造宗教。我的意思是說，如果稍微想想的話，那就是我們所做的，不是嗎？我在阿拉伯教會長大，我的曾祖父對教會貢獻很大，他把聖經翻譯成阿拉伯文，也是第一個本地的新教徒。我來自新教的家族，原本信奉的是希臘正 176
教。你瞧，在我們那個世界，傳教士幾乎無法使任何猶太人和穆斯林改變信仰。他們唯一能勸服改信的是其他基督徒。

因此，我父系由希臘正教改信聖公會或說英國國教，而我母系則是改信浸信會和福音會。我的外祖父是浸信會牧師。因此，我是在那種宗教環境下長大的，也是在英文—阿拉伯文雙語環境下長大的。我知道雙方的儀式，而英國國教祈禱書、阿拉伯文聖經、讚美詩等等對我意義深遠。

宗教作為私人的自傳經驗，我沒有任何疑慮。而且在我成長的那個世界裡，那些少數的基督徒有一種社群感。我們是少數。

我厭惡的是挾持宗教以達到政治目的，這是第二種現象。基本教義派——這個惹人反感的術語只牢繫在伊斯蘭教徒身上——當然存在於我們那個世界的猶太教和基督教，也存在於現在的美國。

【訪】現世性對你來說具有中心的意義。

【薩】現世性、世俗性等等對我來說是關鍵的字眼。這也是我對宗教的批判以及覺得不安的地方，最近我對術語感到很不自在，我的意思是說，批評和專業那些特別的個人語言等等；我可沒空做那些。對我來說更重要的是寫得讓人了解，而不是誤解。

因此，我的批判不是針對宗教有系統的批判，而是針對宗教的狂熱現象——也就是說，回到某本書，嘗試把它帶回到現在。那個現象類似本土主義，你知道，這種觀念認為你必須逃避現存的、嚴重困擾的情境，並在過往的純粹本質中尋找慰藉。還有就是組織的方面，這和各種公會、協會、私人的控制領域有關——在我看來這些自動意味著對於特定的、排除在外的他者進行的暴虐與折磨。

【訪】在學院裡政治批評現在變得很普遍。我知道你最近曾與人交鋒，這件事大概可以說明一些新的發展。

177 【薩】這個嘛，這件事很好笑，而且我想我們當中許多人都有過那種經驗。事情發生在普林斯頓大學的達維斯中心。我交去了大約三、四十頁有關帝國主義的新書緒論。程序上是事先把文章送去，然後討論。那天有很多人出席，大都是研究生和教師，令我印象深刻。

主持人摘述了我的論文，我發表了一些意見，然後開放討論。第一個評論指出在我的文稿前十三、四頁沒有提到任何在世的非裔美國女性等等，聲稱我所引用的大都是已過世的歐洲白種男人。

由於我討論的是十九世紀末歐美的地理和比較文學這些甚為分歧的領域中的某種世界性思想，我就說要我來談論任何在世的非白人女性是不恰當的。

這個女人說：「是的，但你談到了詹姆斯（C. L. R. James）。」

我說：「是的，就是嘛，他不是歐洲人。」

我得到的唯一回應就是對詹姆斯的駁斥，而詹姆斯對我是很重要的，我寫過很多文章討論他。問題是，他已經死了。那就是對我的敵意的一部分。

【訪】那個問題懷有敵意嗎？

【薩】是的，深懷敵意。我的意思是說，提出這個問題時，甚至在提出問題之前，都是很懷敵意的。後來午餐時，她對我甚至更嚴苛，指控我這，指控我那的。

我就說：「聽著，我想妳大概不知道我是誰。我想妳從來沒讀過我寫的任何東西，因為我絕不像妳指控的那樣。」

她對我說，「該是把你送回去的時候了。」她說：「我現在要把你送回你們白人那邊。」她起身離桌，大手一揮，像是要把我揮走似的。我認為那真是令人震怒。

那場討論會的另一個發言者是位退休教授，我認識他大半輩子了（他也是阿拉伯人），他為東方主義辯護，說東方主義對我們很
有益。這個嘛，我認為他說的不是我們，而是外頭那些人，因為如 178
果沒有產生東方主義的帝國主義，**他們**就什麼也做不成等等，而歐洲人教我們如何閱讀楔形文字和象形文字，了解我們自己的傳統，這些是我們自己做不來的。

有關文化之間關係的學術論述（那是我真正討論的）以及不同團體之間關係的學術論述，不是顯著的衝突（必須支持一方，反對另一方），就是以同樣可笑的方式加以完全化約——這種論調在我看來荒謬透頂。你知道，有人說，「這個嘛，這全是帝國主義」；另一個人說，「沒有帝國主義，我們就一無是處」。我覺得那些說

法令人沮喪。

大問題之一就是，在這場愚蠢的辯論中，雙方有關典律、文化、大學等等的爭議，基本上都資訊不足。首先，他們不探索西方的歷史經驗，或非西方的歷史經驗。

其次，他們都是很差勁的讀者，認為整個傳統能可笑地化約為「這都是種族歧視」或「這是這件事、那件事或其他事」。那在我看來完全違反了像反帝國主義或女性主義所提供的異議傳統（dissenting traditions），變得愚笨、化約。而那在我看來反映出的不是美國學界——我對美國學界有很正面的感情，拿任何東西來交換我在其中的生活我都不會答應——而是很拙劣地反映出學界的操控者，他們就某個意義而言變成了場內經紀人，從中謀份生計，像德蘇沙（Dinesh D'Souza）[7]和他的對手。

【訪】你認為為什麼現在會興起對於學界的爭議？

【薩】我並不太清楚。很難說。也許……這個嘛，我可以臆測。一個原因就是在我看來學界完全和世界分離。尤其美國學術界有一種獨特的無知，學院人士自認為可以談論這些一般性的議題，卻除了對學界和晉升有利的事之外，沒有投入任何社會或政治機構。這是其一。

179 我想，美國在世界上的地位也是原因之一。我們大多數人都可以用那種方式行事，因為我們特別沒有受到外界影響。我的意思是說，瞧瞧在伊拉克的戰爭。那是我一生中最恐怖的經驗之一，我接受很多訪問，發表很多演講，寫了很多東西討論那場戰爭。但對大

---

7 譯註：德蘇沙是美國企業研究所（American Enterprise Institute）的研究員，1987至1988年曾擔任美國白宮資深內政分析家，撰有《非通識教育：政治正確與大學經驗》（*Illiberal Education: Political Correctness and the College Experience*, 1992）。

多數美國人來說，那只不過是一場遙遠的電視戰爭。這場戰爭被那些學院人士所遺忘。沒有人反對它。

因此，就這方面我認為，巨大的帝國主義勢力窮極奢侈之處就是它們不為外界事物所動，就像王爾德的劇本《不可兒戲》（Oscar Wilde, *The Importance of Being Ernest*）中的人物，整天就只為自己的名字喋喋不休。就是那種事。

我認為第三點就是學術專業化的看法。學院人士已經失去和所謂「真正人生的存在性密度」（existential density of real human life）的接觸，他們淨用些術語來說話。

我不知道。這些只是臆測之詞。我不知道為什麼現在會發生這種事。

【訪】讓我更大膽地臆測涉及你自己作品的事。

【薩】好的。

【訪】如果縱觀學術界的文學史，似乎真正發生的情況是：有些人在他們的領域極有創意——比方說，新批評家中的布魯克斯（Cleanth Brooks）和溫瑟特（W. K. Wimsatt）——而往後的幾十年他們的徒子徒孫則是為了各式各樣的目的把那項成就化為例行公事。

【薩】是的。

【訪】在美國學界中，你和其他很少數人寫出了很強、很有創意的政治取向的作品。但是，任何批評在學院裡產生時，無可避免地會變成只具有字面上的意思。

【薩】是的。

【訪】而且遭到化約，甚至轉而反對其創始者。

【薩】而且遭到窄化。

【訪】是的，被那些寫博士論文的人窄化，因為他們必須有術語來寫論文。

180 【薩】不，我想那是真的。

【訪】那是反對它的說法嗎？那是反對批評的政治化形式（a politicized form of the criticism）的說法嗎？你了解我所說的嗎？如果要經過博士論文這一關，就會變成——

【薩】不，因為那種事無論如何都會發生。那不是……我想，我不直接回答那個問題，而要先把你的注意力引到一個事實，比方說，現在有康拉德行業（Conradian industry）、喬伊斯行業（Joycian industry）、葉慈行業（Yeatsian industry）、狄更斯行業（Dickensian industry）。那和政治無關。也許你可以稱之為次論述（subdiscourse）。

【訪】一點也沒錯。

【薩】但是，有人把狄更斯、康拉德和所有我們談論的那些人化為例行公事。那種情況適用於所有學門。你可以說，那是我們所談論的論述的專業化（the professionalization of the discourse）。

【訪】但是，喬伊斯成為一種行業，而且對一些批評家來說被化為例行公事，這在我看來並沒有大害。但非裔美國人的困境成為一種行業而且被化為例行公事時，人們站起來叱責你是種族歧視者，而所根據的是你沒有提到甲、乙、丙的名字，那看起來的確是有害。

【薩】是，好的，我了解你的意思了。但是難道就要因此主張把像種族、戰爭、其他文化的疑義、文化之間的關係等等議題從學術的檢視下移開？我認為那不是解決之道。

我認為我們需要的是認識大學是什麼，你了解嗎？這裡我想我們失去了我一直提到的來自詹姆斯的精神，而他又是從賽沙爾

（Aimé Césaire）借來的：「沒有一個種族能壟斷美、智能、力量；在勝利的聚會中，每個種族都有一席之地」（“No race possesses the monopoly of beauty, of intelligence, of force, and there is a place for all at the rendezvous of victory”）。

換句話說，許多當前的政治批評中隱含的族裔成分是：學院世界是個競爭的場域，大家試著把意見不合的人甩到一旁，讓自己高高在上。那在我看來是對學術探索的斲傷，因為學術探索的本質不是嘗試以獨尊一家、打壓其他的方式來解決所有競爭，而是嘗試藉著我所謂的「知識工作」（“intellectual work”），研究、討論的知識過程等等來包容，並且防範窄化、例行化——自己一旦上了竹筏， 181
就使勁把其他人全推下去。

我認為這可以用知識的方式來完成。我談論的不是社會工作或警察工作。我談論的是知識工作，主張學院不是——這是我嘗試表達的觀點——學院**不是**解決社會—政治的緊張狀態的地方。下面這些話也許是老生常談，但學院是**了解**它們的地方，了解它們的根源，了解它們的進行方式，其中相關的是知識過程。所以，在那個意義下，我認為解答不在於去除政治化的討論，而是以更寬宏、開放的精神去從事政治化的討論。

【訪】人們把新批評化為例行公事時，有些新批評家說，「這是善用這種特殊的方法」，也有人說，「這稱不上是善用」。而這都與個別批評家的細膩、表現、敏銳有關。我想，政治批評也可能如此。

【薩】但是，我認為在文學、人文領域中，大多數人不能很明確地意識到閱讀文學文本和國家或國際政治之間可能的同步現象，以及這種現象的限制。這些是很不同的東西。大多數人都從文學或知識的議論一躍而到政治的說法，其實是不可以這麼做的。我的意思是說，你如何從文學詮釋調整到國際政治？那很難。

而大多數嘗試這麼做的人都很無知，就像和我爭辯的那個學院人士的說法所顯示的，她說「但是詹姆斯已經死了」。那根本不是論證的方式！那很蠢，需要加以揭穿、打消。

【訪】但我認為你這裡所正確描述的那些人當中，有些會說他們的重要影響之一就是薩依德。

【薩】是的，我了解你的意思。這個嘛，我會說他們愚蠢地誤讀了我的書。比方說，我手邊有篇《世界、文本與批評家》的書評，刊登在一份主要的猶太人組織的應景刊物，指稱當我談論「世俗的批評」（"secular criticism"）時，是在用一種玄奧的方法提出巴解組織的目標：藉著殺害所有猶太人，去建立一個世俗的民主國家。那篇文章真的是那麼說的。

182 【訪】那是一種創造性的誤讀。

【薩】正是！一種惡意的創造性誤讀。所以作者不能總是為了誤讀他的人而遭到責怪，如果你懂我的意思的話，雖然我想作者可能也要受到相當程度的責怪。所以你得寫得更多，解釋得更多。我不像自己很崇拜的杭士基那樣，不斷回信或回應錯誤的說法，但我多少試著這麼做，不過時間總是不夠。我總是牽扯入自己想做的其他事情當中。

訪問者：艾德蒙森（Mark Edmundson）

收錄於1993年紐約出版的專書《野蘭花與托洛斯基：來自美國大學的訊息》

（*Wild Orchids and Trotsky: Messages from American Universities*）

第八篇

文化與帝國主義

【訪】我們想請你談談《文化與帝國主義》這本新書和你以往的作品，尤其是那些主要的作品，像是《開始》、《東方主義》和《世界、文本與批評家》之間的一般關係。你在《開始》中把批判的知識分子（the critical intellectual）的重責大任描繪成是「反王朝式的」（"anti-dynastic"），能不能以那種方式作為出發點來談談？

【薩】這個嘛，我認為最接近的類似作品就是《東方主義》，因為其實我把這本書想成是《東方主義》的續集。幾乎是在《東方主義》剛出版以及以書評方式出現的最初回應進來之後，我就開始寫這本書了。當時，我認為我所要做的就是寫些東西來處理《東方主義》裡的一些問題。其實，我的確寫過一篇叫〈有關東方主義的重新省思〉（"Orientalism Reconsidered"）的文章，原先想把它當成那本書的附錄出版，而那篇文章的性質就是回應那些批評者，並且嘗試更深入解釋以及發展在《東方主義》中沒有解釋得很好的一些觀念。

此外，我覺得我需要做兩件重要的事：就時間上而言，這些事情賦予《文化與帝國主義》和我原先的那些書之間一種非王朝式的（non-dynastic）關係。其中之一就是談論世界其他的地方，那些地方存在著介於我在《東方主義》中所描述的狀況和較為普遍的帝國經驗之間的種種關係——我的意思是說，像是在印度那些地方，因為許多讀《東方主義》的人是印度學的學者或是對印度研究感興趣的人等等。《東方主義》其實根本沒有涵蓋亞洲。因此，我想要把那個分析擴展到除了阿拉伯和伊斯蘭的近東之外的其他不同地方。
184 而我想要做的第二件事，是更廣泛地處理對於帝國主義的回應，也就是說，歐美的知識分子與學者的反抗和反對式的作品，這些人不能被視為像是東方主義這類事物的結構的一部分。那些是我在這本書中顯然試著要做的兩件事。我也覺得有關《東方主義》的書評或說法中最常被誤會、誤現和扭曲的（順帶一提的是，我認為有很多對《東方主義》的誤讀，這些誤讀在我看來是有害的），就是我對西方的說法；許多人說，我似乎在宣稱有個叫「西方」的單一客體（monolithic object），而且我的方式是很化約式的。那是對我的指控。當然，我絕不接受那一點，因為如果是那樣的話，我又何必寫《東方主義》那麼一本大書，而且在裡面有那麼多不同的分析，處理那麼多不同的人？我有關西方的整個論點並不是說它是單一的，而是極為複雜多樣的。因此，我認為重要的是去強調在這本書中，或回溯起來在先前的《東方主義》中，這個材料的改變、不斷修訂的結構。我認為那是我嘗試要做的重要事情之一。

還有就是，在《東方主義》和這本書中間的那些年，我已經開始寫了更多有關音樂的東西，而我大部分有關音樂的寫作其實集中在對位的作品。我的意思是說，那是最讓我感興趣的；即使像歌劇這類形式都讓我感興趣，我認為原因在於：在這類形式中許多事情同時進行。而我在這個類型中最喜歡的一些作品，並不是那些你會稱為發展的或奏鳴曲式的作品，而是變奏結構的作品，像是郭德堡變奏曲（Goldberg Variations），或是巴哈的卡農式變奏（Canonic Variations），在寫《文化與帝國主義》時，我發覺那個結構很有用。這是我長期以來的傾向；我最感興趣的就是那類的音樂，而顧爾德（Glenn Gould）讓我感受深切的原因之一也在於此——我認為那和這本書有直接的關係。因此，我當時想要做的就是試著把它以某種藝術的模式加以組織，而不是倚靠一種強有力的學術形式——我認為變奏向外開展的結構，那種觀念其實就是這本書的組織方式。相依的歷史、重疊的角色這整個觀念以及所有這一些，對於這整個批評事業來說都是很重要的。

那本書和我早先一些事情相關的第三方面就是有關競爭（con- 185
test）的這整個觀念；我真正使用的字眼是**競逐**（*contestation*）。在《東方主義》中，我認為這也許是傅柯（Michel Foucault）的負面影響之一：你得到的印象是東方主義只是繼續成長，而且更有權力。這是誤導的。我更感興趣的是把《文化與帝國主義》這本書的軸心，放在對於領域的競爭，而那是我寫作的真正基礎。第四個議題當然就是知識分子的角色。知識分子其實並不是中立的人物；他其實並不是高高在上、只是在那裡高談闊論的人，而是真正多少介入其中。我在這裡所引用的人之一就是霍奇金（Thomas Hodgkin），因為他談到**共謀**（*collaboration*）這個字眼，也談到了試著「描述」帝國主義的理論和試著「結束」帝國主義的理論兩者不同之處——因此我真正談的是那個。換句話說，這本書有意處理的那些事可能會加速帝國結構的敗亡，雖然我知道這是種不可能的目標。總之，那些是我嘗試要做的一些事。

【訪】在你的作品中有一個主要的母題貫穿——甚至從《開始》這本書就開始了——那就是「現世的」（"the worldly"）。

【薩】哦，現世的，是的。

【訪】那在《東方主義》的緒論中就已經顯現了，然後在《世界、文本與批評家》，也在《音樂之闡發》，在那裡的整個討論把美學欣賞連接上現世性——不管我們稱它為歷史或其他名稱。如今在《文化與帝國主義》中，這個母題似乎無所不在——不管是以現世性的方式，或在你所使用的**世俗的**（*secular*）這個字眼，或在你對歷史特殊性等等的堅持。

【薩】那對我很重要，因為我要主張的事情之一就是，我所討論的那些事情全都發生在一種公共的領域。在那本書的最後一章，當我討論美國時，當我討論公共領域時，那其實就是我心裡所想的。但有關現世性的這整個觀念，就是要展現即使像奧斯汀（Jane Austen）這樣一般認為基本上不涉及政治的作家（唔，即使算不上不食人間煙火，但多少是很潔癖的），然而事實卻完全相反。如果你要在他們的作品中尋找公共的領域，就能找到。因此，我所討論
186 的，就某個意義來說，就是揭露這些典律文本中通常遭人忽略的公共面、現世面——順帶一提的是，之所以忽略這一面並不是因為容易錯失，而是因為就某方面來說，注意到這個可能會造成不便。我的意思是，你可以說，我們在討論薩克雷（W. M. Thackeray）時，為什麼需要談到印度。或者其他人說，我們在討論奧斯汀時，為什麼需要談到西印度群島、地中海、甚或印度？或者說，如果我們要討論狄更斯（Charles Dickens）的話，為什麼需要談到印度、埃及

或澳洲;那些看來像是外來的東西。我的論點是:首先,這些是很公眾的作家的作品,沒有人會比狄更斯更為公眾的了;其次,顯然所有這些作家——奧斯汀也一樣——想要有讀者,所以藉由這些指涉來吸引他們的注意。因此,那就是我心裡所想的。

我想要回來討論剛剛忘記提的一點;反王朝式的知識分子(the anti-dynastic intellectual)這個觀念對我來說是很重要的。坦白告訴你,那對我是特別重要的一點,因為自從我當學生以來,就知道門徒制度的整個問題,那很吸引人,因為成為某人的門徒,然後成為某人的老師——那種關係——不但在我們的大學生活中複製,甚至在我們當學生時就已經複製了。我一向對這有種很複雜的感覺,因為首先我不願意被想成是某個人門下的人,其次,我不要任何人成為我門下的人。換句話說,我關注的是為自己做事情。我想,那是一種獨立的形式,而我既珍惜這種獨立的形式,也不認為我寫的那些作品——像這本書或《東方主義》,或我寫過的其他任何東西——我不認為它們來自於能夠傳遞下去的公式或觀念。它們其實來自個人的經驗,而那對我是很重要的事。

今年春天我在史丹佛大學的系列演講,也就是坎普系列演講(Camp Lectures)中,談到這一點,今年稍晚就會出版。系列演講的題目是,「關於文學的歷史研究與知識行業」(“The Historical Study of Literature and the Intellectual Vocation”)。我在第一講〈歷史的經驗〉(“Historical Experience”)中主張,當代批評中所發生的事情之一(顯然有一些例外),就是把經驗的觀念轉變為形式、中
介、稀釋(attenuation)的觀念。我舉了許多例子。其中最容易想 187
到的就是懷特的《史元》(Hayden White, *Metahistory*),那轉離了歷史的內容(也就是他談論的歷史家的歷史經驗),而轉到了他們的

形式、他們的語言、他們的修辭等等。那一直都是很典型的東西；比方說，你在詹明信（Fredric Jameson）的作品中看到，在一般的新歷史主義者中看到。我要回到歷史經驗。這本書根據的是一連串對我極重要的歷史經驗，但卻不能把它們想作是現成的；換句話說，你必須嘗試在自己的作品中重建這些經驗。因此，這就是其中的反王朝的意義。另一方面，那些並不是別人無法了解的那麼特殊、那麼罕見的經驗；我認為別人也能了解，因為那些是許許多多人的經驗。

【訪】我們剛才想到的問題之一和意志的類別（the category of will）有關。也許根據你剛剛所說的，你願意談談那個。我記得很多年前懷特寫了一篇書評討論你的《開始》，文中明指意志正是你批評實踐的中心類別。在《文化與帝國主義》中，意志依然是你分析的主要對象，而且就像你剛剛所說的，這本書很關切的是有關競逐的問題。然而，我在讀這本書的時候，發現意志的類別和我姑且稱為本書宏遠的人文願景之間有種緊繃的關係，那種願景的動力來自於恐懼意志的活動（a horror at the activity of the will），而表現的方式不只是在學術、評論或者像認同政治這些事情上表現出化約的一面，也在世界上以恐怖的一面帶來戰爭。競爭和競逐使得國與國之間、社群與社群之間、團體和團體之間彼此對立，以追求認同，而不是像你在那本書結尾所說的，來了解他者。

【薩】在《東方主義》結束時，我談到希望人類科學能有一種非強制性的模式，因為我認為東方主義真的具有那種強制、而且用心險惡（雖然是掩飾住了）、凌駕他者的意志的一切成分。當然，《文化與帝國主義》有很多根據的是我認為無法化約的東西，也就是要宰制他者的意志，但在我感興趣的那些帝國情況中加了一層轉折，也就是，它們必須是在相當的地理距離之外的他者。我發覺這很讓我迷惑；我並不是真的嘗試要了解這一點，因為它似乎就在那 188
裡，而且不符合我自己的任何經驗或我可能有的任何願望——換句話說，是在遙遠的距離之外擁有一塊領域。我認為那是一種很特別的歷史經驗，就像我在這本書裡所主張的，是英國和法國在某個時刻所獨有的，而且藉著模仿與荷蘭、葡萄牙、西班牙等其他帝國來競爭。

但在這個脈絡下，意志之所以令我感興趣，在於它是一個許多人參與其間的有組織的存在，而不像十六、十七世紀西班牙帝國的情況那樣，是有關征服者的事。但在這裡能環繞著宰制的意志發展出一種共識，在其中那種宰制的意志就某個意義來說雖然從眼前消失不見，卻依然存在於那裡。因此，當我引用的學者普拉特（D. C. Platt）談論「區分的見解」（"departmental view"）時——那就是我所著迷的，那裡能存在著一種區分的見解，認為印度「是我們的」，而且那影響到左派、右派或中間人士。我的意思是說，穆勒（John Stuart Mill）和西利（John Seeley）[1] 都覺得如此——一路從明顯為帝國辯護的人，到那些我們稱之為自由主義者，而且在許多方面是我們崇拜為英雄的人。因此，就那方面，我在這本書中使用意志的類別時，通常是作為負面的，比方說，一種不利的、摧殘的東西。我很受《黑暗之心》（*Heart of Darkness*）中克茲（Kurtz）這個角色的影響，因為他就是這樣的人：他是意志的產物。在我看來他依然是我們在文學中所能找到的那種異乎尋常、非常集中的最有力的例證——雖然也還有我所稱的偉大的殖民人物，像是盧加德

1　譯註：西利（1834-1895）是十九世紀英國散文家及歷史學家。

（Frederick Lugard）、羅德斯（Cecil Rhodes）、利奧泰（Louis Lyautey）者流。[2]但無論如何，由於康拉德（Joseph Conrad）卓越的技巧，使得克茲具有集中形式的意志；他的計畫、他的規劃等等其實就是那個故事的內容。而即使像［書中另一位角色］馬婁（Marlow）那樣的人後來（那總是事後回過頭來看的）也無法了解到底是怎麼一回事，這是吸引我的地方。

另一方面，和我先前的作品相比，這本書有個新東西，那當然就是對反的意志（the counter-will）；也就是說，反抗帝國主義意志的他人意志。我在自己的經驗中，在我自己社群（像是巴勒斯坦社群）的那些人，以及第三世界其他地方，在愛爾蘭等等，都發現
189 到這個。《文化與帝國主義》穿插了許多的旅行和經驗，而那些以很直截了當的方式讓我感受到，其實一直存在著對反的意志；我所需要的是一種載具或方法來呈現這兩者，也就是，宰制與反抗，意志與對反的意志。其中悲哀的部分就是，那個競爭一般說來並未針對意志的問題真正提供解決之道。換句話說，它似乎進入了下一個階段，特別是在民族主義的世界中。意志被轉型成了要**具有**認同和認同政治的意志。因此，問題就在於近似絕對的被動——這是叔本華式的困境，[3]換句話說，你不是像佛教徒那樣遺世獨立，就是變成藝術家，否則就試著自殺——到底有什麼方式來解決這種民族主義意識的問題。我認為你說得很對，這個問題來自對反的意志。我

[2] 譯註：盧加德（1858-1945）是英國軍士，非洲探險家及行政長官；羅德斯（1853-1902）是英國殖民地資本家，在南非開礦致富，極力主張向北擴展；利奧泰（1854-1934）是法國政治家及將領，相信殖民主義具有教化之功，在摩洛哥建立法國之保護國。

[3] 譯註：叔本華（Arthur Schopenhauer, 1788-1860）是德國哲學家，以悲觀主義著稱，開啟了現代哲學中對於意志的強調。

認為，看待它的方式是藉由第三種意志，也就是知識的、學術的或歷史的意志，來看意志和對反的意志彼此之間的運作，而且想出有別於它們的另類選擇，這種選擇就相當程度而言是反省的、非強制的、沉思的——這一些都是我在這裡嘗試要做的。

【訪】一種非競逐式的意志？

【薩】不，我不會那麼說；否則就多少變成被動的，而其中帶有歌頌的輓歌的性質。

【訪】我剛才措詞不當。既沉思又反省的意志，這種說法如何？

【薩】是的，我了解了。我認為那其實和大學生活有關。這個問題我想了很多，我去年到南非時，發表了一篇名叫「學術自由的演講」，談的問題全是在像南非那樣很具挑釁性、高度爆炸性氣氛下的大學，這整個問題。[4] 大學是什麼？在那個脈絡下，你可以說大學不該是、而且不能是勝利的政黨用來擴充它政綱的地方。畢竟我在南非的時候，種族隔離政策正開始消退。當時存在著具有某種重大意義的政治進程，雖然天知道那受到多少障礙，千迴百轉；但它開始於曼德拉（Nelson Mandela）獲釋和1990年2月戴克拉克（F. W. de Klerk［1936-，前南非總統］）發表的演講，以及後續的事情。那在我看來很有希望。就某個意義來說，我是在一個新情境中演講，在這個新情境中，反種族隔離政策的力量已經回來了，而且開始在大學和其他地方要求佔有一席之地。在我看來，困境在於：

---

4 譯註：依照年代和下文的描述判斷，此演講應為「認同、權威與自由：君主與旅人」（"Identity, Authority, and Freedom: The Potentate and the Traveler"），1991年刊登於《轉折》（*Transition*），51期，後來收入《流亡的省思》（*Reflections on Exile and Other Essays*［Cambridge, Mass.: Harvard University Press, 2000］），頁386-404。

190 這些年來我們一直被排除在外，如今我們進來了，我們要做什麼？我們要趕走其他人，諸如此類的事嗎？在我看來，那就是我在那裡演講的內容。我主張對大學裡的知識採取一個不同的態度，在這裡不是由君主來統治領土，我偏好的是在領土上遊蕩的旅人。換句話說，暫時擱置這些政治謀略、這些政治競爭（如果你願意這麼說的話），為的是有利於慷慨大度地整合的、而不是分離式的事業。這其實也是《文化與帝國主義》的訊息：反對某種的分離主義。在我自己的經驗中（顯然那也是你的經驗），我們到處都看得到分離主義。你舉目四望，都有這種專業化、斷裂、區隔、分離的國家等等傾向。因此，在我看來大學（也許我太著重在大學上了）是一種烏托邦的狀態，但我認為就是這種性質促成了這種研究。那是相當宏偉的觀念，因為我們大多數人傾向於把大學想成是可以找到生涯的地方，那當然是真的，並沒有什麼錯；但如果願意的話，你可以把大學的理念多少加以擴充。你知道，比方說，像是紐曼在《大學的理念》（John Henry Newman, *The Idea of a University*）中所說的方式。在二十世紀後期，有鑑於帝國主義的擴展（那畢竟是全球性的），這種東西至少能激起討論。而那種事可以由個人來做，不必等待委員會來做。那牽涉到有意志來克服這些控制和這些專業化，尤其是，為了有利於某個更大、更統一的整體而產生的分裂的經驗。

而且，有趣的是，這本書的結束、這本書的完成卻是以一種很特別的方式，因為大約一年或一年半之前，我發現自己罹患了血液方面的惡疾，開始很擔心自己沒辦法活著完成它。因此，完成這部作品對我是很重要的，因為多少個月以來，我（沒有理性地）認為自己很快就要死了。並沒有客觀的證據顯示我很快就會死，但我認為自己生命的終結指日可待，而且顯然如此。因此，我發現到自己被逼促著要完成它，而且以一種特定的目標來結束它：不像我在《東方主義》裡那樣，在結尾之處開啟了一些事情，而是在結尾時要在整合和分離之間做個清楚的選擇。首先，我偏好整合；其次， 191
去年或一年半之前的某刻，我覺得自己可以說是受夠了政治。也就是說，我以往涉入政治很深，而且認為我隸屬的那個階段現在已經結束了。我在政治上介入巴勒斯坦問題，我想，是由於我的出生和早年的背景而開始，而在1967年再度熱切地展開，但對我來說，那些都隨著馬德里和談而結束了，那個和談就某個意義來說被我想成是拋棄了我們的過去——雖然我支持協商。在我看來，我們被人要求宣告我們自己和我們民族的奮鬥是無關的。數以千計犧牲自己生命的巴勒斯坦人，現在突然處於所發生事情的邊緣地位，也就是說，在以色列和西岸、加薩走廊的居民之間的協商中被擠到邊緣；這個協商是好的，但它排除了像我這樣的人，因為我們不是來自西岸和加薩走廊。我感覺到政治氣候上有種改變，因為我們被擱在一旁。我們是個民族運動，是二十世紀殖民脈絡或帝國脈絡中唯一沒有外援的民族運動。非洲民族議會（African National Congress）有蘇聯幫助，越南人有蘇聯幫助。過去除了美國之外總有其他的選擇，但世界已經改變了，美國已經成為唯一的超強。其實，這種情況在我寫這本書時就發生了；那很富戲劇性，你在書中最後一章可以看到。因此，在我看來，應該以某種方式來總結這種經驗。我不會說我能預知未來，但我多少覺得現在為未來階段所做的安排會是很暫時性的，而為中東和談所做的這些安排其實會比不上我們在南斯拉夫和波灣戰爭等等所看到的。那不是「在帝國主義之後」——在二十世紀末期帝國主義復甦了。因此，我認為最好是在一部作品中納入這個，把它寫出來。那是我最後試著要做的，也許太過簡略了些。

【訪】我們回到你剛剛所說的有關大學的理念：你在這本書中把這些觀念和分析擴展到一般的文化或我所謂的公民社會。是不是因為這樣所以法農（Frantz Fanon）對你才這麼重要？你似乎以法農作為一種警告。你擔心如果政黨路線佔領了大學，下場會如何。
192 但你對更大的問題也念念不忘，比方說，如果政黨路線佔領了整個公民社會的話，下場會如何。因此你是在擴展……

【薩】是的，因為我以前有過那個經驗，很重要的經驗，我來自阿拉伯世界，過去二十或二十五年來，那裡的公民社會已經消失了。在像伊拉克和敘利亞這樣的地方，根本就沒有公民社會；每樣東西，包括大學，都被政治化了，都變成了政治社會的一部分。那對我來說是很重要的例證。

至於法農：在寫這本書的時候，那大概是在六、七年前，我開始重讀法農，印象很深刻，比方說，他很晚期的作品，尤其是《世間不幸的人》（*The Wretched of the Earth*），其中的預言性被許多讀者忽略或漠視了。而且，我在寫這本書的時候（尤其是在1988年，或1988到1989年左右），出現了許多材料，吵得沸沸揚揚，包括胡克（Sidney Hook）[5]對他的攻擊；有很多資料重讀法農，但同時把他貶得一文不值。我感覺，以那種偏頗的方式來讀法農其實是對他的誤讀或背叛，而且就是因為他被誤讀，所以他對我變得重要；我認為自己能盡點心力。因此，我是在那個脈絡下來談論，而且在那

---

5 譯註：胡克是美國著名的實用主義者，曾是美國第一位公然承認的馬克思教授，起先嘗試結合馬克思主義和實用主義，後來見到蘇聯所實行的馬克思主義，幻想破滅，轉而大力反對蘇聯控制東歐。

個過程中，法農變成超越自己之外的許多其他事情的象徵，其中他有關解放後或獨立後的公民社會的理念中那種很有限、狹隘的性質，在他最後一部作品《世間不幸的人》中其實並不那麼顯著。

【訪】如果可以的話，讓我們回到歷史經驗。我認為，顯然那是對《東方主義》中某些面向具體而重要的超越。我要請你談談《文化與帝國主義》這樣一本文學的歷史分析（literary historical analysis）的書，如何掌握歷史經驗的複雜性；我之所以問這個問題是因為，你這本書的主題之一就是，大多數的批評論述都是化約的、對立的、片段的。也許你在那個脈絡下也能告訴我們，在這種晚期的帝國結構中，文學的歷史分析價值何在，或者可能有什麼價值。如果時間允許的話，我們待會兒還可以回到這個問題，我希望你談談你想像中要做些什麼才能在美國境內產生更具批判性的世俗論述。

【薩】唔，我們稍後會談到這些。我對這件事的看法是這樣的。這本書中所有的文學分析、解說、評論，我都視為「在底下」 193
（“under”）——這裡所謂「在底下」意味在一些很粗略的歷史現實的操控、支持、影響下，而這些歷史現實對我來說基本上有兩方面：一方面是被殖民者的現實，另一方面是殖民者的現實。我嘗試要做的，就是不漠視那些經驗，而那些經驗以最純粹的形式出現時，從來不是能夠直接體驗到的，因為總是有某件東西會使它更複雜或使人分心。比方說，1882年之後，英國佔領埃及那段期間埃及農民的困境，在佔領之後不會有很大的改變。但是，比方說，卻可能出現一個新的、或者相對來說新的人民的階級，作為英國人和農民之間的中介；這個階級來自中產階級、地主階級、城市、甚至鄉村。因此，我並不嘗試說在所有的情況中，每個人都是直接「在底下」，在帝國世界的白人或殖民主底下。比方說，在像阿爾及利亞這些地方，這種說法顯然更為成立。存在著各種不同的程度。但我會主張，有關宰制和被宰制的那些經驗都是領域或限制。它們是背景，而當我在談論地理時，意思就在於此——那就是那個經驗的地理，那就是那個風景。

因此，對我來說，文學分析的工作首先是在文學作品中找出那個地理的一些徵象，對它的一些指涉。我很吃驚，因為那很容易找到。幾乎你看任何地方——比方說在長篇小說中，雖然詩裡也一樣存在的，但就讓我們只看長篇小說——地理、風景和背景都是很凸顯的。一部長篇小說中不能沒有背景，而背景就在那裡，是立即可見的。因此，文學作品的分析，就第二個意義來說，就是要闡揚那個背景，使那部作品連結上宰制與被宰制的這個更廣大的歷史經驗，這也就是我剛剛所說的。然後，我試著要做一件很有趣而微妙的事：我不會說要使雙方和諧一致，而是如何以對位的方式使它們共同發揮作用。文學分析的這種訓練，並不像新批評那樣，純是為了挖出其中有趣的東西，像是隱喻、反諷諸如此類的東西——雖然人們當然應該知道文學文本中的那些方面——但總要去觀察這些東西在一個背景和地點中，如何在上面的控制之下發揮作用。因此，我認為那是那種特殊類別的文學分析的價值。

194 接著談第二點，也就是你剛剛問的有關文學分析的問題：我在吉卜齡（Rudyard Kipling）[6] 的作品中發覺有趣而且活潑的，就是其中有許多特別的樂趣——即使我們也會考量到那種很不愉快或比較

6 譯註：吉卜齡（1865-1936）是英國詩人及小說家，1907年諾貝爾文學獎得主，以歌頌英國帝國主義著稱，長篇小說《金姆》（*Kim*）是這方面的代表作。

不那麼愉快的殖民關係的現實。我認為那就是為什麼一直到今天，許多殖民者依然喜歡讀吉卜齡，而不喜歡讀佛斯特（E. M. Forster）[7]的原因之一。在我看來，和《金姆》相較，《印度之旅》（*Passage to India*）中有直截了當得多的政治議程，而《金姆》就像是個擴大了的白日夢。但帝國的背景所提供的那種樂趣的範圍頗為可觀，我就純為那個而感興趣。

【訪】如果我們看看被殖民者受教育的方式，那麼這個有關地理的問題就很迷人。也就是說，在讀你的書時，我自己心想：「如果這就像我在讀你對狄更斯的討論時那麼明顯，那麼身為殖民地的學生的我，為什麼從來沒有注意到。」也許這種情況是因為當我在殖民地的教室裡學英國文學時（在這裡我應該提到，你討論阿拉伯國家和其他地方教英文的方式，實在很精采），老師教我的方式就好像是我已經知道了。

【薩】正是……

【訪】因此，殖民教室裡的目標就是要精通閱讀的技巧，這些技巧能讓自己成為少數被精挑細選出來的學生，拿到獎學金到英格蘭去，而且能和英國人並駕齊驅。彷彿地理多少崩塌不見了——你可以是在開羅或馬爾他或任何地方，但其實你也可能是在英格蘭的教室裡。你可以是在英格蘭，而且做著完全相同的事。

【薩】這個嘛，我認為並沒有崩塌到那種程度。我認為一個人要知覺到這種情況的話，必須第一，開始移動，第二，英國人終於離去——或者就阿爾及利亞的情況來說，法國人終於離去。我的意

[7] 譯註：佛斯特（1879-1970）是英國小說家、散文家、文學與社會批評家，代表作包括了長篇小說《印度之旅》。

思是說，在我們所談論的殖民主義的時代，那個背景、那個地理位置，都被視為自然；你接受它。我試著一再指出：你之所以真正相信，是因為他們要你相信，這些低人一等的人的命運就是被英國人或法國人統治。比方說，那就是我所屬的那個特殊階級之教育的一部分。你知道，霍奇金把他們稱為共謀者（collaborators）；這些人
195 因為階級的緣故把自己置於他們和其他人民之間。他們最接近英國人。帝國主義總是幹那種事，在法國殖民地也是這樣。我們看看桑戈爾（Léopold Senghor）的生平：他被當成法國人來教育，然後被送到巴黎，一直等他到了巴黎才知道自己的膚色是黑的，是吧，因此他是一個有著黑面孔的法國人。但一直到後來，他才認為自己是塞內加爾人。嗯，不同的殖民地總是有不同的情況，但我要說的是，我們之所以把它視為自然，是因為在那種情況下那是「自然的」地理。我這裡所說的**自然**，意味著他們就在那裡。我們這一代的人並沒有看到他們來；他們已經在那裡了。我們出生的時候，他們就在那裡了。因此，他們是風景的一部分。而你認為世界是由英國人或白人或西方所掌控；你認為就是那樣，一直到你移動、旅行，一直到去殖民之後，一直到民族主義出現之後（這一切都是我這一代的人真正親身體驗的），你才開始看到它。

然後，當然，這一切當中我認為對我的主要影響來自葛蘭西（Antonio Gramsci）。我的意思是說，我非常感興趣的——我說這是我從葛蘭西所得到的最重要的一件事——並不是霸權和有機的知識分子等等觀念，而是下面這個觀念：每件事情，一開始是公民社會，但其實整個世界都一樣，都是根據地理所組織成的。他以地理的方式來思考，而《獄中札記》（*Prison Notebooks*）就像是一種現代性的地圖。它們不是現代性的地理，但他的札記真正試著要把每件

東西**放在定位**，就像軍事地圖一樣；我的意思是說，總是進行著某種爭奪領域的鬥爭。我認為那是他最有力的一個觀念。當然，我們都有這些觀念，但我一向在思考的這一切都在葛蘭西的作品中以某種奇怪的方式融合起來，而且他賦予它們一個很驚人的公式，尤其是如果你把他和歐洲同時代的人相比的話，盧卡奇（György Lukács）者流是黑格爾的傳統，那是根據時間的架構來組織的。地理的或空間的架構很不同，更物質化得多。而喬［訪問者之一的Joseph A. Buttigieg］你比任何人都知道得更清楚，葛蘭西其實並不真正感興趣於中介、轉換、克服和所有其他的黑格爾式的過程，藉著這個過程多少來解決對立狀態；他真正感興趣的其實是把那些當成不同的實體以實際的方式在土地上施展開來，而領域就是實際執行的地方。那對我來說是非常重要的。

【訪】就某個意義來說，你已經回答了我們想問的一個問題，196
也就是在你書中空間的重要性凌駕於時間。但如果你願意的話，我們能不能稍稍回到先前有關文學分析的狀態這個問題？我想要問的就是，你能不能就這本書中一個很重要的主題多談談那個問題——而這個主題我猜想就某個意義來說也是葛蘭西式的——也就是說，多談談文化中緩慢而且長期的運動，以及這些運動藉由佔領空間而轉變了社會。你經常藉由邊界的問題來討論這個；比方說，你提到戴維森（Basil Davidson）[8]有關非洲的作品。……由於這就和文學批評一樣都已經在你所描述的帝國領域之內了，你能不能談談文化轉型是種緩慢而且長期的轉型這個觀念？就此而言，你能不能談談

[8] 譯註：戴維森（1914-）是非洲歷史學家，著述甚多，包括《黑人的負擔：非洲與國族的詛咒》（*The Black Man's Burden: Africa and the Curse of the Nation-State*）。

自己想像這本書或任何一本類似的書在帝國的漫長歷史中的地位？我特別是想到你的一些語言：比方說，你在某處說到希望這本書能有一種延緩和示範的作用。

【薩】這個嘛，我認為首先要回應的就是最後一點，也就是帝國的經驗基本上是重複、卻從未被人如此察覺的事實。你知道，我從柯慈的《等待野蠻人》（J. M. Coetzee, *Waiting for the Barbarians*）[9] 中引用了一句很棒的話，在書中帝國的新人來了，只是做著和前人一樣的事。在我看來這是對住在這個國家的人特別有趣的，我們這裡有種觀念：我們要以不同的方式來做事，或者改寫斯特恩（Laurence Sterne）[10] 的話說，他們在華盛頓「把這件事掌控得更好」。事實上，帝國式的衝動全都一樣。因此，在那方面，如果有人能將其中所有的劇情和細節放在讀者面前，也許這會是激發讀者某種覺知的方式，而這些人是我面對的一般讀者——了解我們美國人的文化在很多方面類似十九世紀英國、十九世紀法國的文化。就那個意義來說，是延緩的；我的意思是說，使你無法感覺到我們的帝國主義是不同的。循著那條路下去是沒有用的，因為已經有人走過了，而且如果你要那麼做的話，至少也許試著帶些玩世不恭的態度，因此你在這麼做的同時充分了解到你正在做。我偏好這種方式，而不是大多數美國人採用的那種天真的方式。

197 但是，有關這個的第二點就是，我也把這本書想成是強調底下兩類之間的區別：一邊是獨立、民族主義、自治等等，另一邊是解

9 譯註：柯慈［較接近的音譯應為「庫謝爾」］（1940-）是南非小說家、批評家、翻譯家，其作品特色在於殖民主義的效應，為2003年諾貝爾文學獎得主。

10 譯註：斯特恩（1713-1768）是英國小說家。

放。那顯然是第三章最後一部分的母題。也就是說，只是為了擺脫帝國的經驗，結果卻是經常以某種方式來重複它。換句話說，這就是複製的政治（politics of replication）——我的意思是說，就像奈波爾（V. S. Naipaul）有關模仿的姿勢（the mimic gestures）的卓見。那在我看來總是存在著，但在我看來大多數的描述中非常欠缺的就是願景——缺乏願景（部分是由於受到覺醒的政治學家和政治人物者流的政治論述或語言所宰制）。解放終究既不是一個國家，也不是一套官僚體系，而是一種能量，比方說，當詹姆斯討論到賽沙爾（Aimé Césaire）和艾略特（T. S. Eliot）時，多少把他們湊在一起發揮作用。那是我真正在談的事，雖然你必須在其中跋涉長久才能達到，因為那畢竟關乎歷史。那不是一種烏托邦的姿勢，而是來自沉浸於很強有力的一種特殊的歷史經驗。因此，我認為，解放才真的是我試著要談的，使自己擺脫重複過去的必要。我們又回到了《霧月十八》（*Eighteenth Brumaire*）。你知道，我們並不總是受到詛咒而必須重複過去。在這裡我所嘗試的是2月時我在牛津的一場演講中試著去探索的；我在這裡所嘗試的是移向某種普世主義（universalism）的觀念，也就是說，普世必須能夠接受某些民主的自由、某些免於各種宰制的自由、免於各種剝削的自由等等，這些都是每個人的人權——而那不是我們生活其中的帝國世界的框架。我嘗試在這本書和之後的一些作品中向那邁進。

再說，我之所以對文學分析感興趣是因為我不像我領域中的一些人，我是真的喜歡我閱讀的那些書、詩和作家。我認為那點必須要提出來，但也因為我相信（我認為這是我和你們兩人有點不同的地方）許多人也是如此。換句話說，我認為緩慢累積的這個觀念，你知道嗎，本身也是一種延緩。為什麼呢？因為我們當中許多人所

擁有的，就是那種緩慢累積的閱讀經驗；我的意思是說，我們這一代的人不管是在學校或在家裡，甚至後來出了學校和大學之外，都
198 有閱讀和享受文學的經驗。而那是帝國意志的一種對反的模式（counter-model）；也就是說，人們一輩子投注於閱讀、分析、思索、沉思、討論文學或文化的作品，如果你願意的話，還包括了音樂、繪畫等等，我們對這些感覺強烈，感覺自己有所投注，感覺自己已經投注其中了。在我看來，這是要謹記在心的一件很強而有力的事。你在《模擬》（*Mimesis*）中顯然可以看到——其實那本書就是有關那個。你知道，我的經驗和奧爾巴哈（Erich Auerbach）的經驗很不一樣，而且我是不同的人，我甚至不願被人認為和他屬於同一個類別（他的層次超過我很多）。但有關累積的學識這個廣泛的觀點卻是值得思考的事。

我必須說，一般說來，過去二十年來我們這個行業、我們這個領域的那些討論，我已經完全失去了掌握，完全無跡可循。太多精力被投入那些技術性的執著。那就像修車一樣——我就是發覺那完全索然乏味，而且我心想為什麼會發生那種事。我認為很可能就某個程度來說美國的學院如此，而英國的學院看起來也好不到哪裡去。但如果以某種方式來閱讀這本書的話，也許可能恢復那一方面的興趣，顯示有可能在閱讀奧斯汀時，既敏感於作為藝術品的這部作品，但同時也把它放在我所談論的另外這個世界。那不是一種矛盾，因為我認為她做的事就是如此。我在《文化與帝國主義》中所討論的那些作品，是伴隨我長大的作品，但它們不是**我的**作品。我之所以閱讀它們是因為我就讀英國學校，而且既然我在政治上擺脫了英國人，就不願丟棄或忘記它們。我在第一章討論這件事時，我說這些現實是我們經驗的一部分。把它們丟棄是沒有用的。那也就

是為什麼我對一些人——我很坦白告訴你們這一點——我對一些人完全沒有耐性，這些人說：「嗯，你知道，這全都是帝國的世界，但現在我們進入了新的事情等等。」我給你們舉個例子。

今年夏天我到約旦河西岸，我這輩子從沒在巴勒斯坦的大學演講或談話，但這一次卻做到了。那是我在那邊唯一的談話，基本上是個討論，而且用的是阿拉伯文。首先，我摘述了這本書，因為他們說：「談談你最近在做的事」；因此，我以十到十五分鐘的時間 199
用英文摘述了《文化與帝國主義》的大要，然後我說：「開始討論吧。」接著我們就改用阿拉伯文。你知道嗎，那個地方滿滿的都是人，而且談的大都是政治問題。他們想知道有關和平進程的訊息，以及我對伊拉克戰爭的看法、對美國的看法等等。雙方你來我往，對我來說真的非常有趣。而我唯一失去冷靜、發脾氣的時刻，就是有個男子站起來開始談論西方和「我們其他這些人」。換句話說，「那全都是西方的……而伊斯蘭和我們，我們是不同的」諸如此類的事情。我就說：「你聽著，我不想聽到這些。我來這裡不是要聽那種說法。我不相信任何人能和自己的過去及自己的經驗斬斷關係，因為人的經驗必然是各式各樣的，完全單一純粹的經驗這回事根本不存在。而想到你試著要恢復原先某種原始的、精純的本質，這個本質後來卻遭到西方或帝國或猶太復國主義所腐化、污染——那麼你就是在浪費時間。因此最好是接受它，運用這種混雜的情況，而不是試著要分離它。」我對那感受很強烈。

【訪】關於那一點，我有好幾件事想說，但只想提出一、兩點，如果你覺得那些不值得談下去，就不用理會。有關學院為什麼變得那麼自我中心，你這個問題可能有人會這麼回應：那是因為至少在英文世界中的美國，文學根本沒有一席之地或像是文化價值的東西……

【薩】你知道嗎，我不確定這種說法成不成立……

【訪】唔，我是說，人們可能會這麼說……

【薩】喔，你說人們可能會這麼說，但你也這麼說……

【訪】我並不是說總是如此，而是說有時候……

【薩】但我的意思是說，外邊還是有人在閱讀，你不這麼認為嗎？

【訪】很可能更接近實情的就是，學院裡的人不閱讀。

【薩】正是。我認為你絕對正確。我有一個交往了至少三十五年的朋友；我們一起上大學，一起上研究所，他是位很傑出的文藝復興時代文本的編輯。他的文學素養很好；我的意思是說，他上的
200 是很好的中學、學拉丁文等等。我在幾個場合問過他：「你有沒有讀過這一本小說？」我指的是像史東（Robert Stone）或馬奎茲（Gabriel García Márquez）的長篇小說，而他回答說：「你知道，我做完自己的編輯工作之後，就沒有時間閱讀了，因此我不閱讀。」就是那種經驗：身為文學專業學者，但你在生活中、在大學中所做的，反而是把文學的可能性排擠掉了。托斯卡尼尼（Arturo Toscanini）經常說：「音樂學家除了音樂之外什麼都知道」，那是種諷刺或漫畫式的說法，但我的意思有點像是那樣。那令人想來心寒，但我想是真的。但那並不意味著人們根本不閱讀。

【訪】但在這個行業中，有些情況幾乎是有計畫地排除文學。所謂的典律辯論（canon debate）那種顛倒的邏輯現在已經到了嚴重的程度，比方說，如果我帶著你的書到研究所的班上（明年我很可能這麼做），而我期待學生首先會向我提出的問題之一就是：「為什麼你認為這本書是一種對立的文本？它是以艾略特開始的。」

在教批評課程時，我要使一些同事信服繼續教柏拉圖、亞里斯多德、德萊頓（John Dryden）和康德很重要，會有些困難，因為這些在他們看來是浪費時間。他們會說：「為什麼我們不從更急切的東西開始，像是德希達？」我不是不同意你有關文學的重要性的說法，絕對不是。但我看到的是一種很詭異的情況：你的書展現了文學閱讀很豐富的潛能，但同時它也會被反對的批評家所閱讀，這些人可能普遍在政治上同情你的立場，但他們身陷其中的那種邏輯卻不允許他們像你那樣賦予某些文本價值。我底下要說的可能有誇張之嫌，我會說在這行中有些人甚至沒有接受訓練以你閱讀的方式來讀那些文本。

【薩】我的看法會比較寬容些，或者至少不會像你說的那樣尖酸刻薄。但也許你是對的；我不知道。在我看來，似乎只要有機會，你就能把人們扯離底下兩件事：㈠有關典律的辯論和相關的後續事件，那在我看來整體上真的是很愚蠢、負面、無趣的；㈡理論上的急迫性，或者該說，理論的急迫性，而這是許多研究生所感受到的——他們真的必須跟得上德希達、傅柯所有那些人。 201
你能把他們扯離那些，或者至少稍微延宕一下他們在那方面的興趣，然後讓他們接觸到像是艾略特這樣的作家，這些作家和我們在經驗、歷史、傾向、品味等方面幾乎完全相反。那麼，我認為你就會發現對那些矛盾之處經常會有一些很驚人的回應。換句話說，他們會把有關艾略特的所有事情全盤接收——他是個保皇黨，他是個保守人士等等——並且說：「好的，儘管如此，我們還是讀他吧。」我認為那時就有可能看到——我自己就和學生這樣做過——在隨之而來的那些矛盾中會有一種很驚人的喜悅，以及在艾略特的一些詩中，對語言的精巧使用、想像的觀念和真正很精采的形式感中，感受到歡愉。我認為那是值得嘗試的，否則我們就會陷入死胡同。今天，除了在所教導和實作的理論之外，一個人還能怎麼樣？幾乎不能怎麼樣。其實，人們有種印象（也許你會同意我的看法？），基本上我們都在重複使用相同的材料。我的意思是說，某本新的理論書出版，我們急急忙忙去讀它，但它基本上一方面是相同的東西，另一方面只是繼續談論所謂保守人士和激進人士之間的區別——那些激進人士只願意閱讀那些具有正確的膚色和正確的政治觀念的人所寫的當代文學。因此就劃下了界限，然後呢？什麼都沒有。我自己偏好另一種方式，一種懸宕的方式。在我看來，似乎只有在大學裡才能做那種事。

【訪】我認為你的書也有一種教學目的。其中有種感覺就是能把它視為提供一種學程、一種計畫、一種思考模式的可能性。

【薩】也許吧。我不大以那種方式來思考這本書。那本書是以我自己的方式、獨家的方式來思索許多議題，並不想成為一種理論或完全像是那樣的東西。

【訪】再提一件有關文學的問題。我想到的是你剛剛提到的那一點，而我希望把這三件事串連起來——文學、願景、普世性——因為我認為長期沉思文學的研究與內在化（interiorization），讓你有機會提供願景。

【薩】一點不錯。

【訪】因此這連接上……

【薩】或音樂，或感興趣的任何藝術。

202 【訪】因此，這不只是連接上有關民族解放的欲望，也連接上產生普世性的可能。

【薩】是的。

【訪】既然如此，我想要回到打一開始讀這本書時就讓我印象很深刻的地方，也就是說，在許多方面這本書會讓任何讀者覺得既有先見之明（visionary），也有願景。而它所具有的願景離不開你剛剛談論到這個行業時所用的一個字眼——也就是你剛剛提到的**慷慨大度**（*generosity*）。在我的筆記中，我一再寫下**慷慨大度**這個字眼，並試著指明你書中特定的一面。我也很注意你經常使用的另一個字眼，那就是**懇求**（*beseech*）。我剛剛聽你談論文學時，也記得你把它當成一種普遍的文學實踐來談，認為它和歷史及歷史經驗有關，因此我想要把你帶回有關知識分子的問題，並且問道：這裡的議題是不是知識分子多少要成為能藉著記憶、研究而回應歷史經驗的懇求的那種人？

【薩】是的，這個嘛，我認為那當然是知識分子的作用之一。我在史丹佛發表的那些演講（明年我要在英國國家廣播公司發表李思系列演講，題目就是知識分子和公共世界［the intellectual and the public world］），[11] 我討論知識分子的特殊作用，其中之一就是我所謂的記憶的作用（a mnemonic function）。換句話說，知識分子的部分角色就是回憶存在於那裡但在熱烈爭戰中卻被遺忘了的事情——你是知道的，通常是有關一個人的對手、一個人的歷史，當然是有關那些，但還有其他的：我沒有用上的一個字眼，但在你剛剛談論的時候我突然想到的，就是**和解**（*reconciliation*）。

【訪】那就像是**整合**（*integration*）這個字眼或……

【薩】**整合**，或者該說——**慷慨大度**這個字眼很可能太過恭維了；但我的意思是**和解**。我感覺自己這麼多年來，當然是在《東方

11　譯註：也就是《知識分子論》（*Representations of the Intellectual*）六講。

主義》中，當然是在《巴勒斯坦問題》中，而且就某個程度來說，在《世界、文本與批評家》中，真正陷入一場大戰中。我的意思並不只是一場文學或歷史的戰爭，而是不只一條戰線的戰爭；我被一種或另一種戰士所包圍。那種情況部分和我涉身及投入巴勒斯坦政治有關，尤其是在美國。我在英國，或者一般來說在歐洲，感覺並
203 不那麼強烈。這種處於一場無窮無盡的奮鬥中的感覺幾乎無所不在。我無法擺脫，真是擺脫不了。而且我了解了許多事情。我了解到——部分是由於杭士基的例子，我一向對他很感興趣，他既是我的朋友，也是我閱讀的作家——我了解到這種事沒完沒了。換句話說，如果你要用一種爭論性的、而且純粹知識性的方式來打一場真理之戰，那就是一場無窮無盡的戰爭。我真正想要說的是，軍事的解決之道無法終結一切。顯然，你可以試著消滅其他人；你可以試著掃蕩整個領域。但在知識性的議題中，這種情況從來不會發生，這是第一點。第二點，在政治領域中，根據我與以色列長期戰爭的親身政治經驗，在我這輩子或下幾輩子，在我們與以色列的對抗中，沒有希望打贏本質上軍事的或以軍事為基礎的戰爭，因為我們沒有那些條件，而他們也沒辦法得勝。他們不會離開；我們也不會離開。對我來說，了解那一點是很重要的。因此，就像我跟你說過的，我試著要結束我以往這種政治介入，是基於好些不同的理由——個人的、政治的等等——但我想到的事情之一就是，有可能和以色列人終止這場衝突，所憑藉的方法不是打敗他們，而是試著提供和他們與他們的歷史、以及和我們與我們的歷史一種和解的模式。在我看來，似乎和解真的是解決這一切的模式——對於土地的爭奪以及隨之而來的一切。這裡真正牽涉到的問題就是一旦你得到土地，你會怎麼做：你可以用自己的獨立排除其他人民，就像他們

那樣子做，因為他們是各種殖民和帝國計畫的首要受害者，但真正的結果卻是他們就在自己之中開始了另一場帝國戰爭或殖民戰爭。聽著，如果我們依照同樣的方向邁進，在敘利亞、伊拉克等國的庇護下武裝、戰鬥，然後贏了一場大戰役，但如果我們失利的話，該怎麼辦？我們會冒上種族滅絕的危險。我們會冒上自己更多損失的危險，因為那是從開始以來的模式；我們一直在輸。

這就是葛蘭西變得很有趣的地方。葛蘭西提到了相互圍攻（mutual siege）。你可以用其他方式來做這件事，而不另闢一條戰線。我以往不試著那麼做。但你提供了和解的一些模式，藉著這些模式可以把自己和他人放在一個領域或空間中，其中並不全是有關戰鬥，並不全是有關爭議和對立的政治——這裡談的是粗糙和化約意義的政治。那是我感興趣的。我在那本書最後一章討論到一些層 204
面比較廣的問題。我的意思是說，現在存在著南北對抗的整個問題，存在著環境的整個問題，存在著認同政治的分裂本質的整個問題。所有這些事情都需要新的思維方式，而這些思維方式不能藉由過去爭議的或對反的模式來達到或促成。那是我很感興趣的。因此，我主張和解。換句話說，藉著和解的模式你能與歷史和解，而不化約歷史。比方說，那也就是為什麼對位的手法很有趣：你能使被殖民者的歷史與殖民者的歷史和解，而不必嘗試「毫無偏袒」，因為那總是涉及公理正義的問題。那根本就不公正——我當然不願意失去公正的力量——殖民者以往做的那些事根本就是不公正的。但另一方面，那並不意味著那就使得被殖民者有權利把整套不公不義的系統加在一群新的受害者身上。比方說，我想到的是阿拉伯世界的情況。我當時並不知道，但現在我知道，許多阿拉伯國家，像是伊拉克和葉門，在1948年以色列建國之後，將國內的猶太人趕出去——部分是由於以色列的煽動（我們現在知道這是事實，但姑且把他們的挑釁擺在一邊）——還有1956年後的埃及將國內的猶太人趕出去，沒有什麼比這更愚蠢又缺乏遠見了。當然，以色列人把這說成是人口交換：「我們把巴勒斯坦人趕出去，而他們把猶太人趕出去。」但做出這種事並不明智；做出這種事既不明智，也不人道。當然，以色列人去到伊拉克，並在那裡製造動盪，他們提供炸彈或在猶太教的會堂丟擲炸彈，為了製造猶太人遭到威脅的感受，諸如此類的事，然後，反猶太人的情緒當然就開始高漲。那是一種不愉快的混雜方式，讓我們姑且用這種方式說。但我試著要表達的論點是，報復的政治（the politics of retaliation）——我所謂的責難的修辭（the rhetoric of blame）——並不吸引人。那是有限的。

【訪】我們能不能問一個一般性的問題？

【薩】當然。

【訪】到目前為止，有沒有什麼你想要說，而我們沒問到或沒給你機會回答的？

【薩】這個嘛，我要說的唯一一件事就是在這本書中有某種知識的力量希望能傳達給讀者，而發現本身就是有趣的。我認為那是
205 我現在，比方說，在我的教學中所發現的最大挑戰。那真的不只是關於在課堂上你告訴學生有關艾略特或康拉德或霍普金斯（Gerard Manley Hopkins）或任何人的事；而是你能不能傳達給他們不要接受一整套**一般所接受的觀念**（*idée reçue*）的那種感受（那是我們大多數人所有的），而刺激出新的探索路線來讓每個人能自己去進行——那才真的是我想要做的事。

【訪】在那本書的結尾，當你在討論世界的媒體和世俗的批評

論述之貧困、匱乏時，你似乎懇求讀者努力增加這種世俗批判的可能性……

【薩】但如果沒有某種個人的或知識的投注，這種事是不會發生的。我認為，知識分子必須要被班達（Julien Benda）所說的正義感所感動；而我想，我發現那正是所欠缺的。換句話說，除非人們覺得如果X和Y正在發生是因為A和B以往以一種有組織的方式來促成……我不只是指個人。我談的並不是有關刑法的正義和不義，我談的是社會責任……你是知道的，康拉德說他被一些很簡單的理念所感動。我有同樣的感受。對於知識的論述以及對於知識的活動，人們並不是要像哈伯瑪斯式（Habermasian）那種高超的理念和嚴肅得驚人的方式才能激起——你是知道的，公共領域和現代性的論述，對我來說那些全都是大話——因為哈伯瑪斯（Jürgen Habermas）[12] 所做的事沒有道德核心。我認為必須要有某種道德觀，就像你在杭士基或羅素（Bertrand Russell）或像他們那樣的人身上所發現的。我認為那是這個國家唯一的希望。

反諷的是，這個國家的問題——我們又回到原先的起點——這個國家的問題就是地理；那種漂泊散布；沒有中心。你知道，對在匹茲堡或印第安那或伊利諾或紐約或加州的人來說，存在著某種地域感，卻沒有共同感，而且人們沒有某種國家的規劃的感受，尤其是對左派而言。再者，媒體和集團篡奪了公共空間、共同空間，這真是非常非常令人灰心的事，這是令人深為沮喪的事實。那是我們

12　譯註：哈伯瑪斯（1929-）是霍克海默和阿多諾的學生，為第二代法蘭克福學派（the Frankfurt School），他強調馬克思主義的人文面向，為康德的理性觀辯護，晚近的關懷在於溝通倫理學和現代性的哲學，著述甚多，尤以兩冊的《溝通行動理論》（*The Theory of Communicative Action*）為人稱道。

必須談論的一些問題，而不是進一步修訂拉岡（Jacques Lacan）的第五次討論會或那類的事；我認為那非常分散我們的注意力，而且蒙蔽了我們。

206 【訪】一方面，你提到有關分散和沒有中心，但另一方面你談到你和其他人——尤其是你和杭士基寫過文章討論——所謂的製造同意（manufacturing of consent）的那些機制是非常中央集權化的。因此，我們發覺自己置身於一種很奇怪的處境。我們住的這個國家有許多的文化和次文化，這些看起來非常分散，但同時卻有一個同質化的或準同質化的機制來製造同意。這個國家沒有一個中心都市來把它拴在一塊，而它的中心都市一般說來就是音波或大眾傳播媒體。

【薩】我認為那種說法是成立的。我會用這種方式說：藉由媒體，而且我也會說，藉由小學和中學教育系統來達到某種程度的意識的同質化。我認為許多事情就在這些地方發生，教人要愛國，要了解這個國家歷史中某些精挑細選的一些方面，諸如此類的事情。那是很有力量的。我不會把它稱為灌輸的系統（system of indoctrination）；我不會像杭士基那樣去稱呼它，但卻有其中的若干因素。而且我認為它也是以典型的方式顯示了某種批判意識的鈍化（anesthetization of the critical sense）。換句話說，我們把「我們無能為力」、「他們正在處理」、「畢竟他們總是對的」、「我們是自由的捍衛者」諸如此類的說法視為當然。這基本上就是波灣戰爭的機制。其次就是對於事物的那種超乎尋常的局部專注，像收集或修理汽車、收集啤酒罐等等。其實，杭士基曾經在某處提到，如果你在開車時打開收音機，會注意到音波中傳送的不是某種罐頭消息就是通俗音樂，如果有什麼討論的話——最有趣、最複雜的討論，而且到達了很驚人的細緻層次——那就是對運動的討論。尤其是如果你把它和對於世上正在發生的事情欠缺知覺來相較的話，美國人的運動意識，運動的成績、歷史、技巧等等這些事情，細緻的程度幾乎令人咂舌。你從那裡就可以感受到人們投注在那些事物上，使得注意力離開了太過複雜的現實——於是你需要一個救星或某個大人物，不管是裴洛（Ross Perot）[13]或布希或那些人任何一個，來接掌國家。[14]

訪問者：布蒂吉格（Joseph A. Buttigieg）、鮑威（Paul A. Bové） 207
1993年刊登於北卡羅萊納州德倫的《疆界2：文學與文化國際期刊》
（*boundary 2: An International Journal of Literature and Culture*）

---

13 譯註：裴洛（1930-）是美國企業家，1996年擔任改革黨（the Reform Party）的美國總統候選人，挑戰傳統的民主與共和兩大黨。

14 譯註：此篇訪談錄結尾頗為雜沓，收錄於英文專書時刪去原先期刊上的最後六段。中譯則刪去專書版無關宏旨的最後七行。

第九篇

《東方主義》及之後

【訪】也許我們可以從1950年代末和1960年代你的知識和政 208
治背景問起。你在哥倫比亞大學初任教職的時候，如何在政治上認同美國當時的民權運動和學生運動？從你人生的那個階段中，有什麼對你後來的作品具有舉足輕重的影響力？

【薩】這個嘛，1950年代我是學生，1957年我完成大學教育，然後回去中東一年，基本上是去彈鋼琴。1958年我回來念哈佛大學研究所，之後就一頭栽進去了。有五年我除了念書其他什麼都沒做。我家族中有一位特殊的成員（我那些年是在開羅看到他的），以巴勒斯坦人的身分非常活躍於阿拉伯的政治。這是納瑟主義（Nasserism）的時代。他之所以在那裡是因為納瑟（Gamal Abdel Nasser）把很多不同類型的革命從阿拉伯世界帶入埃及。他名叫納西爾（Kamal Nasir），雖然他當時是正式的阿拉伯民族社會復興黨（Baath party）黨員，但也是納瑟主義者。後來，1960年代末期，他是巴勒斯坦運動在安曼的發言人。然後，在黑色九月（Black September）[1] 之後他搬到貝魯特，他是1973年4月被以色列人暗殺的三位領導人之一——其實當天晚上我還見過他。那就是當時進行中的事情，但我對那大都一無所知，因為我專心於自己的學業。我在1963年念完博士，搬到紐約，在哥倫比亞大學英文系找到一份教職。當時我也很專心於學術，在寫我的第一本書，是有關康拉德的。

209 隨著美國民權運動在1960年代中期——尤其是1966到1967年——出現，我很快就對金恩（Martin Luther King, Jr.）失望了，因為他表現出非常猶太復國主義者的模樣，總是熱烈發言支持以色列，特別是在1967年的中東戰爭之後。1968年，哥倫比亞大學發生革命，但那一學年我卻剛好離開！那是我錯過了的一場革命。

1968年秋天我回到哥倫比亞大學，深深介入了校園裡的反越戰活動。許多參與那場革命的學生是我的學生。但那個時代恰好也是巴勒斯坦運動開始出現的時候。我這輩子第一次介入巴勒斯坦的政治，就像我的一些家人和學校裡的朋友一樣。比方說，一個和我同時代、來自哈佛的人，放棄了他在華盛頓大學的教職，回到安曼，成為全職的幹部。他在1976年黎巴嫩戰爭期間遇害，當時的狀況很撲朔迷離。他是那場運動中很重要的人物，至於誰殺了他、為什麼殺他，現在仍然是個疑團。就是他在1972年把我引介給當時在

---

[1] 譯註：1972年9月5日，八名「黑色九月」巴勒斯坦恐怖分子潛入西德慕尼黑奧運選手村，當場射殺兩名以色列選手，並劫持九名以色列教練和運動員，要求以色列釋放巴勒斯坦囚犯，並且派飛機送他們到開羅。德國當局佯裝答應，在載運途中發動突擊，結果造成九名以色列人質、兩名德國警察和五名恐怖分子喪生的悲劇。

貝魯特的惹內（Jean Genet），就是他帶著惹內到處看。惹內的最後一部作品《愛之囚》（*Prisoner of Love*）中的歐馬（Abu Omar）指的就是他。

總而言之，我1969年去安曼，而且介入了那時候的運動——並不是在那裡定居，而是以流亡分子的身分。我這輩子第一次開始寫有關政治的東西，在美國出版，也在電視和廣播電台上出現。那都是1967年戰爭的後果，這場戰爭是我政治生命中的重大事件。1970年夏天我待在安曼，一直到戰爭爆發，因為我得回去教書。我去那裡是為了參加民族議會（當時我並不是議員，要到1977年才成為議員）。那是我第一次看到阿拉法特，在1970年的安曼。然後，在黑色九月之後，整個運動轉移到貝魯特。我母親住在貝魯特，因此我經常去那裡。那一年我跟一位黎巴嫩女子結婚，接下來的十二年，也就是從1970到1982年，我深深介入貝魯特的巴勒斯坦政治，用的是流亡分子的身分。我一向都試著避開黨內的鬥爭。我對那沒興趣。有一段時間，人們認為我同情民主陣線（the Democratic Front）——其實在早先那段日子我的確如此。但我從來不是其中的一分子，也從來沒扯入他們之間的爭論。阿拉法特多少是在利用我，因為我當時人在美國。1974年他們來到聯合國，我 210
幫忙處理那篇講稿，把它弄成英文。[2]

然後，在卡特總統任內，我當然對那運動很有用處，因為我一些同班同學是行政部門裡的成員，他們是和我一塊上學的。要記得，我是在美國體制內成長的人物。我上寄宿學校、上普林斯頓、上哈佛，那些是我能援引的資源，雖然有些巴勒斯坦人經常誤解這

2 譯註：阿拉法特在1974年11月13日於紐約的聯合國大會發表演說。

些，認為我「代表」美國。比方說，我的《巴勒斯坦問題》這本書問世時，人民陣線的周刊猛烈攻擊我，因為他們認為我代表了布爾喬亞的一切。不管怎樣，我完全投入政治，同時也投入學術工作。就某個意義來說，這兩者在1970年代中期我寫《東方主義》時是密切相連的。那本書把我最感興趣的兩件事結合在一塊：一邊是文學和文化，另一邊則是對權力的研究和分析。從那時開始，一直到1991年秋天我辭去民族議會的議員職位，那種聯繫一直沒有間斷。

【訪】也許我們可以問你在《東方主義》中這種不同關懷結合的情形。《東方主義》經常被人讀作是針對歐洲文學傳統的一種對反歷史（counter-history），驅趕高度文學人文主義（high literary humanism）的政治鬼魂。另一方面，以政治方式來評論的那些文本，其中所具有的文學特質卻遭到強調和肯定。那使得一些人察覺到那部作品對文學人文主義的矛盾態度。畢竟，這個傳統不只肯定文學價值，甚至經常進而把這些文學價值等同於人類的價值。《東方主義》中是不是依然存在著對文學人文主義的矛盾態度？

【薩】是的。那本書中的一些主角——如果稱得上是主角的話（我實在想不出裡頭特別有什麼女主角）——基本上都是長篇小說家，像是福樓拜（Gustave Flaubert）、內瓦爾（Gérard de Nerval）[3]等，有些也是詩人。

然而，其中存在著一種矛盾。就像歐威爾（George Orwell）這麼說達利（Salvador Dali）的：有可能既是令人厭惡的凡人，卻又是巨匠，而達利正是如此。因此，你可以既是帝國主義者和東方主

[3] 譯註：內瓦爾（1808-1855）為法國浪漫派詩人，其主題影響後來的象徵派及超現實派甚鉅。

義者，卻又是偉大的作家。我真正感興趣的，就是這兩件事同時存在。其中一個在面對另一個時如何行事？我自己這一行一向都滿一貫的，傳統上一直把兩者完全分開。我把它們相提並論時，覺得真 211
的很令人驚異。

【訪】主流的立場不就是要以人性面的名義來**壓抑**政治？並不真正是分離，而是凌駕。

【薩】是的。但那是一種分離的**形式**，也就是說，你不談論**這個**，因為**那個**重要得多。比方說，甚至我敬愛的威廉斯在《文化與社會》（Raymond Williams, *Culture and Society*）中用很長的一章來討論卡萊爾（Thomas Carlyle）。你怎麼能以他那種方式來閱讀卡萊爾？即使是在1950年或其他時代都不行。卡萊爾在1840年代寫了《黑仔問題》（*The Nigger Question*），那部作品充滿了種族歧視的恐懼，讀來令人膽戰心驚。看看他的作品，這種情形到處可見。羅斯金（John Ruskin）也是一樣，儘管他對像是甘地（Mohandas K. Gandhi）、托爾斯泰（Leo Tolstoy）這些人有很大的影響，卻是徹頭徹尾的帝國主義者。他真的認為英國應該殖民全世界——而且也的確這麼說過！因此，問題並不是在於去尋找它；它就在那裡，你只消去讀它。因此，你說的對，一向是一種論述凌駕另一種論述。而我感興趣的不只是那兩個共存的方式，而且是你在閱讀這些作品時，心裡可以存有這些關懷的方式，並藉著我所謂的對位式閱讀（contrapuntal reading）這種過程，把作品轉化成可以促成去殖民的批判（decolonizing critique）的那些狀況。

這是我在新書《文化與帝國主義》（*Culture and Imperialism*）中嘗試做得更明確的。比方說，有可能從貝特倫家族（the Bertrams）在安提瓜的種植園的角度來讀《曼斯菲爾德莊園》（*Mansfield*

Park），而不是完全從曼斯菲爾德莊園的角度來讀這部長篇小說。而且我們在那種閱讀中，不但可以看到聖多明哥（Santo Domingo）奴隸叛變的根源，也可以看出來自它的整個加勒比海寫作傳統：詹姆斯（C. L. R. James）、蘭明（George Lamming）、威廉思（Eric Williams）[4] 的作品。此時此刻，我認為《曼斯菲爾德莊園》這部長篇小說甚至變得更有趣、更偉大，因為它本身包含了使自己重新適於其他事情、另一種閱讀、另一種不同興趣的可能性。它變成了另一個軌跡的一部分——而那並不是英國長篇小說的軌跡。它變成了加勒比海經驗的一部分。

【訪】但《曼斯菲爾德莊園》依然是一本大家閱讀的長篇小說。換句話說，你依然固守這些典律作品。

【薩】是的，那當然，因為我在文化方面經常是很保守的。有些書是好書，有些書並不那麼好。

212 【訪】但那可能出於幾個原因。有人會說，這些書中蘊含的某些歷史經驗是最有意義的，然後這些人會為這些書提出純粹策略性的辯護，說這些書構成了這個文化的典律，因此我們必須從這邊開始來揭露它。但你要說的應該比它是策略性的起點這種說法更為強烈？

【薩】是的。《曼斯菲爾德莊園》雖然不是我最喜歡的奧斯汀

---

4 譯註：蘭明（1927-）是西印度群島的小說家及散文家，作品內容有關加勒比海國家的去殖民與重建；威廉思（1911-1981）原先研習歷史與政治，撰有《加勒比海的黑人》（*The Negro in the Caribbean*, 1942）、《資本主義與奴隸制度》（*Capitalism and Slavery*, 1944）等書，1956年成立人民民族運動黨（the People's National Movement），領導千里達及托貝哥（Trinidad and Tobago）人民邁向獨立，擔任總理多年，施行實用的社會主義，使千里達及托貝哥共和國成為大英國協在加勒比海最富裕的國家。

的長篇小說，但它本身就是一部值得稱道的作品。那是最有利之處，也就是從品質來討論。因為，奧斯汀深深涉入她自己的社會或其中的一部分，這使她能看到——藉著那個很有限的視野——看到帝國的必要（在我看來，是以一種不妥協的方式）。儘管奧斯汀被女性主義者重新當成自己的一部分，但她對帝國的那種看法卻是前後一貫的。在《曼斯菲爾德莊園》中，普萊斯（Fanny Price）的女性主義完全沒有受到奴隸制度和蔗糖種植園的影響。我認為這點值得注意。

【訪】但那本書的品質是不是和它對位式閱讀的可能性具有內在的關聯性？

【薩】我認為如此，但要證明這種事顯然不單是肯定它就辦得到。人沒有時間去做所有的事。以《黑暗之心》（*Heart of Darkness*）做另一個例子，不管你以政治的方式怎麼來思考它，它就是一部有關非洲的獨特的長篇小說。許多非洲小說家，包括猛烈攻擊這部作品的阿契貝（Chinua Achebe），都覺得有必要處理它——並不是因為它是帶有種族歧視的文本，而是因為那是一部歐洲人有關非洲的最可怕的想像之作。它具有那種特質，它在策略上具有中心的地位，因為它具有那樣的特質。[莎士比亞的]《暴風雨》（*The Tempest*）也是一樣。這時我們應該加的另一個字眼就是「愉悅」（"pleasure"）。那不只是策略，不只是特質，而是那部作品可以讓人得到美學的愉悅。也許為了其中某些原因，但也因為那是本讀起來很棒的書。我絕對無意貶低、抹黑或藐視作品中享受的作用。我在新書中對類似《金姆》（*Kim*）這類書的主張之一——為什麼在十九世紀末它們是如此的重要——就是金姆這個角色是吉卜齡（Rudyard Kipling）的工具，讓他能享受自己置身於印度的情境。然而，你不能移除其中那種帝國的特質：他在那裡是為了服務大英帝國。結果，他變成了那場偉大遊戲裡的忠僕。但一直到那個時刻為止，我認為《金姆》對吉卜齡來說最主要的特質就是享受——某種帝國的愉悅。

213 【訪】那種帝國的愉悅能跨越邊界。因此，那種愉悅不就與政治具有內在的關聯性？

【薩】的確如此，但其他人也能跨越邊界。你會吃驚的。有趣的是，吉卜齡享受那種帝國的愉悅，以致他完全昧於當時所發生的事，也就是，印度民族運動的出現。他昧於另外這一個因素，另外這一個成分正在形成、出現，而終將克服帝國。

【訪】我們可以說，那個文本精微細妙之處正在於它並不昧於民族運動的出現。

【薩】吉卜齡在那部長篇小說有兩個地方談到印度的改變；大多數時間他所再現的是一個不變的印度。其中之一就是那個老士兵有關大叛亂的那一段情節。而他把它再現成印度人暫時感染的一種瘋狂。他是看到了那一點，而把它轉化成其他的東西，然後揚長而去。因此，他看到了，但並沒注意——沒注意這件事本身的意義。第二個地方就是後來其中一個女人，也就是山姆里格（Shamlegh）的寡婦，她說我們不要這些新英國人進來（那指的是受過教育的年輕殖民人手，像是二十五年後佛斯特［E. M. Forster］小說中的奚斯洛［Ronnie Heaslop］）。我們偏好舊式。根據吉卜齡的說法，印度人偏好傳統的東方主義者，像是克萊頓上校（Colonel Creighton）。因此作家登錄了印度人可能想要的東西，但沒有對此仔細尋思，而把它轉變成其他東西，然後揚長而去。我認為其中沒有那類公開指涉政治情境的其他微妙之處。

【訪】那聽起來像是和《曼斯菲爾德莊園》完全相反的例子。剛剛你還說在那個文本裡有個地方讓你來重讀整個文本，但在這裡並沒有另一個地方讓你這麼做。

【薩】不，是有另一個地方。那裡存在著民族運動。比方說（這是個很重要的細節），金姆和拉瑪（Llama）造訪的這個老士兵曾經在英國陸軍待過，根據吉卜齡的描述，他在村子裡受到敬重。然而，根據我的思維方式，根據我自己的背景，像那樣一個曾經與英軍合作的人，很可能並**不**受人敬重，反而可能被人唾棄，因此讀者要集中在那一點。

【訪】《東方主義》引用了傅柯式的角度，但那是放入葛蘭西有關霸權理論的框架。兩人對權力各有不同的理論化方式，其間不是存在著很大的差異或張力嗎？

【薩】的確如此。 214

【訪】你是不是繼續維持那種雙重視野？

【薩】不。我不會說我放棄了傅柯，但我會說大概在1970年代中期，傅柯的《規訓與懲罰》（*Discipline and Punish*）出版的時候，該從傅柯學的我都已經學到了。我從傅柯所發現的，在我一篇名叫〈傅柯與權力的想像〉（"Foucault and the Imagination of Power"）[5]的小文章中已經寫過了，也就是說，儘管他看來顯然是個權力的理論家，而且一直提到反抗，其實他卻是權力的**寫手**（the *scribe* of power）。他所寫的其實是有關權力的勝利。我在他的作品中，尤其

5 譯註：此文原出版於霍依（David Couzens Hoy）編輯的《傅柯批判讀本》（*Foucault: A Critical Reader*［New York: Basil Blackwell, 1986］），後來收入《流亡的省思》，頁239-45。

是《規訓與懲罰》那本書的後半部，找不到什麼可以反抗他在前半部中描寫得那麼精采的各式各樣的行政和規訓的壓力。因此，我對他的作品完全失去興趣。有關那個主題後來的東西，我覺得很弱，而且以我的思維方式來說，很無趣。

我是第一批在美國教葛蘭西的人，但在教授、談論葛蘭西時，會遭遇到許多問題。首先，《獄中札記》（*Prison Notebooks*）的英譯本根據的是個損毀的文本，而且傳遞的是一個很錯誤的印象。即使在我寫《東方主義》的時候，都發覺其中有錯誤。其次，也許是更重要的，因為現在有可能讀到一個很好的文本——也就是葛拉塔那（Gerratana）出版的四冊《獄中札記》批評版，而且有許多補充資料——葛蘭西是個積習甚深的筆記作家。除了《南方問題》（*Southern Question*）這本書之外，他從來沒寫過前後一貫的作品，而我在新書中大加利用這本書。我們很難從葛蘭西的作品中得到一貫的政治和哲學的立場，都是這裡一點、那裡一點——我想，大都依照維科（Giambattista Vico）和萊奧帕迪（Giacomo Leopardi）[6]的傳統，那種義大利大都會的悲觀主義，以及他涉入甚深的義大利勞工階級運動。但在那之外，就方法學而言，很難「用上」他。

【訪】他有關霸權的觀念也許有用。

【薩】是的，那有一種含混的吸引力，一種含混的適用性，而我依然使用那些。但是，至於它真正的意義是什麼……？它最有趣的特質就是相互圍攻（mutual siege）的觀念：霸權以及發動反霸權運動所需要的東西。但那不能在理論上辦到，而必須成為大的政治

6 譯註：萊奧帕迪（1798-1837）是義大利詩人、學者、哲學家，作品出眾，廁身十九世紀大作家之列。

運動的一部分，也就是他所稱的集合（ensemble）。我發現那很有用。但在那之外，很難把他當成工具來運用。

【訪】在左派的政治文化中，至少有兩種很不同的運用葛蘭西 215
的方式。一種是針對他所進行的文化的閱讀，另一種也許可以稱為杜林（Turin［義大利西北部首府］）的葛蘭西，也就是有關有機的知識分子、勞工階級的組織等等。你從這兩者都取材嗎？

【薩】我想不得不如此。比方說，在《南方問題》中，他要人注意到某個叫戈貝帝（Gobetti）的人的角色，他多少像是北方的知識分子，後來變成南方的行動分子。那涉及克服不同州、不同地理現實之間的政治和地理的分野。葛蘭西所做的，就是在一個極特殊化的在地情境中（1920年代初的義大利政治）當場寫作，以便把某種反霸權的運動集合起來。這也是他最吸引我的地方。依我之見，葛蘭西思想的中心事物——這還沒真正充分討論過——就是它基本上是地理性的。他是以領域、地點的方式來思考，這對我來說很重要。唯物主義的傳統，在義大利的悲觀唯物主義的傳統，都是有關地方。那是很不教條式的、很不抽象式的。你總是能發現應用在義大利的情境上。我們今天——過去十年，也許更久——在左派期刊中所讀到的大多數理論的東西，都是那麼的模糊、那麼遠離具有任何重要結果的政治運動。

【訪】你在這裡談論葛蘭西的方式，和你早先有關奧斯汀的說法、有關人文主義的文學傳統的特質的說法，似乎有些矛盾、張力。

【薩】為什麼？葛蘭西是個文學的人文主義者。他的訓練是在歷史語言學，而且他對義大利和其他形式的文學都有很熱切的興趣。他無所不讀。我認為把人文和政治、激進或任何東西對立起來是錯誤的。兩者彼此共生互饋的傳統久遠得多。比方說，如果你看湯普森的《英國工人階級的形成》（E. P. Thompson, *The Making of the English Working Class*），那本書從頭到尾一個例子接著一個例子的就是像布雷克（William Blake）、詩人和作家這些人，以及激進的運動如何來運用莎士比亞。我認為並不必然存在著這種對立，而這種對立依我之見可以回溯到某種虛假的或人為的阿圖塞式的對立。是有可能想像出一種不是官腔官調的、抽離實體的、排斥政治
216 的文學的人文主義。其實可以把它看成和政治很相關。就像詹姆斯（C. L. R. James）所說的，在整個加勒比海的寫作傳統中，從來沒有任何其他背景。我們在這裡並不是在談論非洲，而是在談論加勒比海了——那是被移入的人口。這是它的背景：正是這些西方人文的——以及政治的——觀念。因此，你所謂的這種張力並不會煩擾我。

【訪】傅柯和葛蘭西提供了你研究文學題材的另類理論進路，超越了某些方法論上有關文本的狹隘立場。他們在文本與脈絡之間，閱讀與實踐之間等等，搭起多種不同的理論橋樑，然而，如果你因為那種有問題的、無所不包的權力觀而拒絕傅柯的立場，你又說只能以策略的方式來讀葛蘭西——因為他不給你一種理論的架構——這似乎造成了一種方法論上的真空。你會不會擔心這一點？還是說，你會不會認為其他人對應該具有正確的理論架構太過擔心了？

【薩】是的，我是這麼認為。理論已經變成了一種替代品。從我的角度來看，理論本身作為一個題材——對於某個理論不斷提出更精緻的說法——其實是無趣的（其中當然有例外。阿多諾［Theodor Adorno］本身在我看來很有趣，但他之所以有趣的那些

理由在所有討論阿多諾的書中沒有一本提到，也就是，因為他以音樂為基礎。那就是阿多諾之所以偉大的地方，而並不是說他對被控制的社會或征服自然的說法）。但自從我在1970年代初寫《開始》這本書以來，我們所見到的就是，理論本身已經變成了一個題材，它本身已經變成了一種學術上的追求。而我對這完全沒有耐性。為什麼？因為在這個過程中所忽略的就是對文本的歷史研究，那對我來說有趣得多。首先，因為存在著更多的機會來真正發現一些事情；其次，因為我們這個時代可資比較的議題，使得政治和文化的議題變得清楚得多。壓迫、種族壓迫的問題，戰爭的問題，人權的問題，所有這些議題都該和文學研究及其他形式的文本研究放在一塊——相對於理論性討論的那種大規模的、介入的、建制化的存在。

【訪】我們還是盯著《東方主義》這本書。米勒這位批評家在
《理論的誘惑》（Jane Miller, *The Seductions of Theory*）中指出，你在 217
討論東方主義時，用上所有具有女性聯想的那些字眼的方式，而且那些都是批評的術語。在那本書中，女性主義是以很曖昧的方式存在。

【薩】是的，的確如此，毫無疑問。二十年前我在寫《東方主義》時所做的就是要指出兩件事：東方被歐洲男性作家女性化到了極不尋常的程度；西方女性運動和帝國主義運動配合的方式極為密切，這不是推託之詞。一直到很晚近——我會說，一直到最近四、五年——種族和性別的問題才聯手以歷史和理論的方式出現——不像以往只是性別。那是個持續進行的討論，而在《東方主義》那時，我並不覺得那是我所處理的主題的一部分。我認為米勒絕對是正確的，但很有趣的就是，現在對《東方主義》的批評當時卻沒有

出現！在像是音樂或人類學的東方主義中，女性主義的角色如何？那是很複雜、很困擾人的，而這種情況才剛出現，我會說是最近三、四年才出現在美國人類學學會和其他不同地方的討論中。那種介入才剛開始。

【訪】直接和《東方主義》有關的晚近女性主義學術所支持的，不是文化民族主義的立場，就是女性權益的立場。你對這些類別的爭論有何看法？

【薩】對我來說，它們晚近變得很有趣，也就是在去年。你只要看看中東，突然冒出許多很複雜、有趣的作品，比方說，討論伊斯蘭教和伊斯蘭社會中女性的角色。阿訶美德（Leila Ahmad）的新書三、四個月前由耶魯大學出版，但是在美國連一篇書評都還沒看到。沒有人要碰它，那太複雜了，是對整個問題很擾人的看法。現在有許多材料出現。過去我們有賽阿達薇（Nawal al-Saadawi）和其他幾個人，但很少。當然也有一些文選，像是《讓女性發言》（*Let Women Speak*）、《伊斯蘭女性發言》（*Islamic Women Speaking*）——把女性的文本從我最熟悉的世界，也就是伊斯蘭和阿拉伯世界，翻譯出來。然而，對我來說最重要的並不是這些理論的問題，
218 而是到處出現嚴肅的、有政治效力的女性運動。到頭來就是如此。現在中東本身存在著一種運動和文學，是反對現狀的普遍鬥爭中的一部分——那真的很驚人。這些出現在像沙烏地阿拉伯、阿爾及利亞、突尼西亞、黎巴嫩這些地方——從我的觀點來說，尤其是在巴勒斯坦。女性在「因地發打」中的角色是極為前衛的。因此，情況正在改變，和十年前大不相同，當然和二十年前更不相同。而對我來說，它之所以有趣，主要是因為女性運動的反對特質，肯定了女性應有的一套權利，而這些權利是原先宣稱使用古代經典，像是伊

斯蘭教法或古蘭經的當局所拒絕賦予她們的。

【訪】你覺得在自己的新書中有沒有納入這些類別的討論？

【薩】這個嘛，我很感興趣，但相關的文獻依然很少。這裡你就進入了另一個問題：女性運動和民族主義之間的關係如何？在民族主義運動的早期，像是印尼、印度、埃及這些地方，有一些先驅的女性運動，而這些基本上是民族主義運動。這些運動被認為是反對白人的普遍鬥爭的一部分。在這些運動和去年我在南非看到的運動之間的區別，有個很明顯的例子。開普敦大學邀請我去發表演講，題目為「學術自由的演講」。由於有人杯葛，必須由非洲民族議會（ANC）來保我，而我當然照辦，然後我在非洲民族議會總部和其他地方舉辦演講會。我在約翰尼斯堡發表的第一場演講是在利那西亞（Linasia）的伊斯蘭中心，那是個亞裔的城鎮，大部分是穆斯林。我演講的內容與巴勒斯坦相關，那也是他們想要聽的。然後有人告訴我，「我們已經聽過你的了，現在換你聽我們的。」我認為這個觀念很棒，因為經常是訪客演講完就離開。所以我就聽到某人談教育、法律的變革、暴力、監獄裡的狀況等等。有位女士站起來，她的名字我永遠不會忘記：羅漢娜・亞當斯（Rohanna Adams）——基督教的姓，穆斯林的名，真是奇妙。她是唯一不使用 *Bismilrahimrahmanulrahim* 的，這是穆斯林用來表示信仰的說法，而這種說法在南非和整個伊斯蘭世界有時是革命的，有時是反動的。就革命的情況而言，你是在說，「伊斯蘭指引我來反對你們這 219
些壓迫者、種族隔離政策」等等。而在像沙烏地阿拉伯這樣的地方，那意味著忠於現存的社會秩序。在阿爾及利亞，以往是被用來反抗法國人：伊斯蘭是一種政治力量。而這位女士是唯一不那麼做的人。她用這種方式表示不再被困在反對種族隔離政策的鬥爭中。

她說：「好，我們是在反抗種族隔離政策，但這裡依然有女性的問題。你們還沒討論到這點，你們之中任何人都沒有討論到這點」（她用手指對著所有人指指點點）。「你們試著把我們擺在一邊」，而情況的確如此。他們整個演講廳的安排方式是讓女人在一邊，男人在另一邊——而現場談論的是反對種族隔離政策。她說，我們得處理這種情況。

因此，這是一種完全不同類型的女性運動，這個運動岔離了民族運動。常常可以發現——而女性運動就是可以看到這件事的領域之一——也就是說，民族主義已經變成了新的弱勢社群對於**壓迫**無所不包的說法：婦女、宗教和族裔團體等等。在巴勒斯坦佔領區的女性運動的明顯過人之處在於不只反對以色列人，也反對所謂的伊斯蘭的阿拉伯人壓迫女性。但現在才剛開始，正在改變中。

【訪】我們最後一個有關《東方主義》的問題涉及你和這本書所引發的一些作品之間的關係，那些作品出現於「殖民論述理論」（“colonial discourse theory”）的標題之下。人們經常把《東方主義》視為一種新的理論文類的奠基文本。但那個文類經常被用後結構主義理論的方式來表示，而後結構主義在許多方面和你作品中的理論假說及實作是很不相同的。

【薩】一點不錯。

【訪】有時人們把那連接上一種政治傾向，而且令人驚訝的是，批評你的人有時把你連接上「反面的東方主義」（“Orientalism in reverse”），或只是簡單的翻轉有關西方及其「他者」之間高下層級的關係。這兩件事的共通之處就是固執於西方及其「他者」之間的二元對立，而且傾向於把兩種類別都加以同質化，因而失去了任何種類的歷史或地理特殊性：前者藉著拒絕超越解構批評立場的那種純粹的反對；後者則藉著以政治的方式把各種很不同的殖民關係都擺在一塊。你對這些發展的看法如何？

【薩】我認為《東方主義》的有用之處見於著重宰制形式中的 220
文化成分的那些作品，這產生了非洲學、印度學、日本學的種種論述；而就很狹隘的意義來說，在討論那些地方時扮演了重要的、構成的角色。比方說，你現在看十九世紀非洲探險家的描述時，不能再當他們只是單純看到自己所看到的事物。其中存在著合作企業的觀念，這種觀念和對一個區域的宰制有關。《東方主義》促成了那種研究，我認為那種研究是值得讚許的。然而，它也促成了一件壞事，而我不是有意如此——我以為我已經處理了，但顯然沒有：也就是同質化的問題（the problem of homogenization）。比方說，在阿拉伯世界中，許多人把我解讀成伊斯蘭的捍衛者，那完全是胡說八道。我並沒有試圖捍衛伊斯蘭，而只是談論一種很特殊的行動的形式：也就是再現（representation）。因此，問題就變成了（就像有些人所主張的）：你並沒有說真正的東方到底是什麼。因此，在我的新書［《文化與帝國主義》］中嘗試要做的（這是我在另一本書所沒做的），也就是不只談論帝國主義，也談論去殖民化，以及第三世界出現的那些運動——各式各樣的反對與反抗。

其中有個焦點集中於我視為在民族主義運動中的對立——民族主義相對於解放。有一種民族主義造成了民族的中產階級、分離分子、國家分子及國家安全：第三世界國家中的病態問題。但總是有機會能有另類的選擇，我把這種另類的選擇稱為解放：「在勝利的聚會中，每個種族都有一席之地」，詹姆斯引用賽沙爾（Aimé Césaire）的這個說法，對我來說是很重要的。我們不可能分開來談論東西對立中的各個面向。我所談的是我所稱的經驗交疊的領域。

整個重點在於：帝國主義並不是單面的，而是兩面的，而這兩面總是彼此交錯混雜，對位的方法於焉而生。我並不是把它看成有個旋律在上面，底下只是些愚蠢的伴奏或沉寂，而真的像是多音的作品。為了要了解它，你必須要有重疊的疆域（overlapping territories）這種觀念——我把它們稱為相依的歷史（interdependent histories）。那是談論它們的唯一方式，以便能談論解放、去殖民、整合的觀點，而不是分離主義的觀點。我是完全反對分離主義的。

221 至於反面的東方主義，整個伊斯蘭世界有很多相關的文獻——也就是「西方主義」（“Occidentosis”）：世上所有的罪惡都來自西方。這是一種著名的文類，而我覺得整體而言這是極令人厭煩而且無趣的。因此，我把自己與它和我所稱的本土主義分離。我給你一個很好的例證。1962或1963年，前進的知識分子索因卡（Wole Soyinka）針對黑人特質（négritude）這個重大的本土主義的觀念，發表了一篇毀滅性的批判文章。他攻擊桑戈爾（Léopold Senghor），說桑戈爾的觀點其實是屈從於黑人是比較低劣的民族這種觀念。那只是那種辯證對立的另一半。說得好。1991年，索因卡在自己的雜誌《轉折》（*Transition*）上——那本雜誌是在［非裔美國學者］蓋慈（Skip Gates）的支持下於美國復刊——大力攻擊非洲的政治學家馬茲瑞（Ali Mazrui）這位來自肯亞的穆斯林。對馬茲瑞的批評重點在於他不是純正的非洲人，他是伊斯蘭化了、阿拉伯化了的非洲人。因此，這位整合的解放主義的非洲人（the integrative liberationist Africa），二十年後在奈及利亞變成了本土主義者，攻擊另一個人不夠黑！——而這個人原先是攻擊黑人特質的。那些顛倒的現象是政治情境的一部分。

同樣的情況也發生在魯西迪（Salman Rushdie）的案例上。在伊斯蘭世界中，我對禁他書的做法高聲抨擊。之所以產生這種情況，首先是因為沒有任何一種有效力的、世俗的理論可以動員大眾，能讓那些生活在當地的人了解；其次就是欠缺組織。在我們所工作的領域中，除了國家之外，沒有其他有效率的世俗組織。我的意思是說，世俗的政治組織。那種欠缺是我多所哀嘆的。因此，就產生了有關道地性（authenticity）和族裔特殊性（ethnic particularity）的這種大事。認同政治是個問題：無法說明並接受經驗中移民的特質；每個人都是移民或流亡者。比方說在英國，最高聲疾呼反對《魔鬼詩篇》（*Satanic Verses*）的是移民，他們要在一個基本上敵視他們的環境中肯定自己的道地性。他們不說，「我們的經驗很像巴勒斯坦人的經驗，很像孟加拉人的經驗」；他們不把它看成是超越「我們對抗他們」這種二元對立的事，因而能以不同的方式來看待它；相反的，存在著這種要回歸自我的執著：只有在社群中、在社群比較純粹的形式中，才能找到我的救贖——我認為這是一種浩劫。那是我們文明中菁華事物的終結，而那也是我完全反對的事。 222
透過東方主義和其他過程，把阿拉伯邊緣化、貧民窟化、物化——要回應這些不能只是藉著單純地肯定族裔特殊性或阿拉伯的榮耀，或回到伊斯蘭諸如此類的事。唯一的方式就是介入其中，直接投入核心的核心，我們可以這麼說。那是唯一的答案；而不是這些退卻。

【訪】世俗性這個觀念在你的作品中扮演了重要的角色，特別是作為一種定義知識分子實踐的方式。你認為「世俗的知識分子」（“secular intellectual”）這種說法在當今的情境中具有足夠的批判力嗎？這看來幾乎像是十九世紀的分類，因為它單憑著神學與世俗之間的分野，建立起知識分子的對立角色。世俗性似乎定義了一個空間，一個相對於那些不允許你佔領它的知識空間，但在這個世俗的空間之內，卻似乎允許很多不同的對立立場存在。在世俗性之外，有沒有特定的對立的內容？

【薩】就像你所說的，這回溯到世俗與宗教的對立。那是很清楚的。而那個空間就是歷史的空間，相對於神聖的或神靈的空間。第二點我是取自葛蘭西的。他寫過一封信，我想那是在1921年，他在那封信裡說，他這一代的偉大成就——部分是在克羅齊（Benedetto Croce）[7]的指導下——就是他們介入了公民社會的征服，使它擺脫某種的神話觀念：他把這稱為公民社會的世俗征服（the secular conquest of civil society）。我感興趣的是他也提出了這一點：征服從來沒有結束。你一直盡可能重新佔有一切，否則就會被取回。那是對公共空間不斷地重新挖掘。在這之外，我們必須描述世俗的知識分子的作用（我不要進入有關一般知識分子相對於特殊知識分子的這整個問題，那在我看來是傅柯發明的一套虛假的類別。我反對那一套）。

相反的，我偏好的是各種不同的作用，比方說，書目式的（bibliographical）：在這裡，世俗的知識分子的角色是對立的，而且涉及獲得承認的來源和文獻。世俗的知識分子的角色就是提供另類：
223 另類的來源、另類的閱讀、另類的證據呈現。還有就是我所謂的知識論的作用（an epistemological function）：譬如說，重新思考有關「我們」相對於伊斯蘭世界、或「我們」相對於日本這整個對立的情況。在這個脈絡中，「我們」意味著什麼？在這個脈絡中，「伊

7 譯註：克羅齊（1866-1952）是二十世紀前半葉義大利傑出的哲學家、歷史家、人文主義者。

斯蘭」意味著什麼？我認為只有知識分子能以對立的方式——也就是說，以反對當時公認的觀念的方式，不管這些公認的觀念到底是什麼——來實現這些作用。還有就是道德的作用、戲劇性的作用：在特定的一些地方表演一種知識的作用，能促使對立的情況更為戲劇化，呈現出另類的聲音等等。因此，那絕不是開放的類別，而是涵蓋了許多特殊的事物和活動。

【訪】因此，世俗的知識分子在內涵上就是批判的、對立的？你的立場比較是沙特式的立場……

【薩】是的，正是。

【訪】……而不那麼接近葛蘭西，因為在葛蘭西的作品中，「傳統的」和「有機的」知識分子之間的分野是很核心的？

【薩】不，我認為我的立場接近葛蘭西。部分的問題在於葛蘭西有關有機的和傳統的知識分子這兩個類別很不清楚，而且很難弄清楚。那些類別根本不是穩定的類別。有時你可以說阿諾德（Matthew Arnold）是有機的知識分子。1869年他寫《文化與無政府狀態》（*Culture and Anarchy*）時，附屬於一個特定的階級。但到了十九世紀末，他變成了傳統的知識分子，人們把他的書讀成是為文化辯護，除了教會之外，與其他任何事情毫不相干。

【訪】但就葛蘭西來說，人們覺得有特定的群眾；他是針對一個特定的群眾，甚至是一個理想的群眾發言。

【薩】是的，當我談論戲劇性的作用時，這一切都和群眾有關。差別在於，我覺得我們在不同的訴求對象之中都有不同的群眾。只是表演那些例行的團結行為或有口無心地宣示忠誠，在我來看是無趣的、無關緊要的——雖然說有時可能是需要的。在基本上是治理下的社會中、西方的民主政治中的大問題，正是要淹沒批判意識。因此，世俗的知識分子必須反對，而且要針對不同的群眾、不同的訴求對象來修訂批判意識。

【訪】有關知識分子和他們的訴求對象這個問題，近年來在美
224 國學院裡很尖銳地提出來，而提出來的方式直接涉及我們剛剛討論到的、和《東方主義》獲得接受情況的議題有關：也就是說，在有關政治正確性和典律的各種辯論中。這些辯論涉及排除、界線，涉及什麼要被排除、什麼要被納入。在這些辯論中，你採取的像是相當傳統的自由人文主義者的立場，主張打開空間，納入更多的文本，卻也捍衛典律。這裡有兩個問題。第一個就是，如果國家在文化上的運作是透過排除（就像你所主張的），你真能期盼現狀能自動敞開心胸，來接受所有這一切？全然自由的國家是政治理論虛構出來的。第二個問題來自你在《時報文學周刊》（*TLS*）上所寫的一篇文章，你在文章中問到：「在批評典律時，誰得到好處？」而且回答：「當然不是那些處於不利情況的人或階級，他們的歷史——如果你願意費神去讀的話——充滿了各式各樣的證據，顯示對不公不義的普遍反抗總是從**一般的**文學和文化中得到很大的好處，很少是來自惡意的區分統治階級和臣屬文化。」這是對「偉大的文本」那種對立的政治可能性的強烈辯護。但那種分野**總是**邪惡的嗎？

【薩】我從不覺得典律把一套限制強加在我身上。我從沒想過在閱讀或教授典律時，自己像個受僱的僕人，在某個偉大的領導階級的田園裡做那種事。我把它當成需要某種的專注、某種的紀律。因為我沒感受到那種限制，因此我覺得有關典律的整個問題——不管是捍衛它或反對它的人所提出的——都是很有限的問題。其次，我在那篇文章和以後所發表的看法，所關切的不是典律在國家中、

在國家的脈絡中所扮演的角色，而是在大學裡。這個嘛，在我看來，大學是現代社會中最後一塊準烏托邦的空間之一。如果它變成了以一套類別來取代另一套類別的地方，如果我們要熱切地閱讀以往被禁而現今可以閱讀的一套文本，而且要禁止我們過去所讀的文本以便能閱讀這些文本——那麼我就反對這種做法。那並不是解決之方。在美國，流行的風潮可能是以非洲中心主義來取代歐洲中心主義。在伊斯蘭世界，那就是不讀西方的文本，以便來閱讀伊斯蘭的文本。我不必做那樣的選擇，如果一切就像那樣的話，我就退 225
出。這兩種做法我都反對。我反對班奈特（William Bennett）[8]、路易斯（Bernard Lewis），以及一直告訴我們說我們應該只讀荷馬（Homer）或索福克里斯（Sophocles）的那些人，我也反對主張你只該讀黑人或女人所寫的文本的那些人。

問題是：是不是有開放的類別？那其實就是你的問題。我認為是存在的。但它們並不是存在於外在，而是跟你的所作所為有關。那才是真實的情況，而不是某人說：「好的，薩依德，你要怎麼做就怎麼做。」那太無趣了。真正的情況是，身為老師、作家、知識分子的你，在個人的實作上做了些什麼。你做了些什麼選擇？嗯，如果你抱著崇敬的態度，那就是愚蠢。我反對那種看法。我花了很多時間試著讓人看出那種看法的限制。另一方面，如果你的態度是批判的，我認為教育應該就是這樣——逐漸灌輸一種批判意識，以一種嚴酷、苛求、質疑的態度來面對眼前的每一件事。但那絕不意

8 譯註：班奈特是美國傳統基金會（The Heritage Foundation）研究員，曾擔任雷根政府的教育部長，主張恢復傳統價值，編著的作品中包括《美德書》（*The Book of Virtues*）。

味著要你到頭來不做任何判斷，不決定哪個是好的、哪個是更好的、哪個是傑出的、哪個是差勁的。品味的問題是很重要的。我讀偉大的小說家所寫的長篇小說和讀一本政論小冊子時得到的樂趣是不同的。那是不同種類的事。因此，到頭來問題不是開放的類別，而是有關相對開放的政治工作和知識工作的可能性——如果人們知道如何去利用這些的話。

【訪】我們能不能回到你自己身為在美國工作和生活的巴勒斯坦人的這個立場？你在和魯西迪討論自己的書《最後的天空之後》（*After the Last Sky*）的引言中，談到身為「文化的局外人」（a "cultural outsider"）的種種危險。你是這麼看待自己的嗎？把自己當成文化的局外人？

【薩】是的，我是這麼看待自己的，但未必覺得疏離，如果你懂得我的意思的話。你可以是個局外人，變得更像個局外人，只顧自己的事，感覺像個偏執狂那樣等等。我從來不覺得那樣。我感覺受到歧視，但從不覺得我的處境是沒有希望的，或者我無法做某些事來減輕自己的邊緣感。我從來不乏發言和寫作的機會。有時情況並不是很好。幾年前，我接到死亡恐嚇，有某個團體想要殺害我。
226 我不得不改變我的生活作息。在公共場合、媒體、甚至社交場合，在像紐約這個地方，人們看著我說：「哦，是巴解恐怖分子」，要我在這些地方一直維持某種戒備狀態是很難的。

【訪】自從波灣戰爭以來，那種情況有沒有惡化？

【薩】沒有，大致都一樣。就在波灣戰爭之前，有一篇很可怕的攻擊文章刊登在《評論》（*Commentary*），名為〈恐怖教授〉（"The Professor of Terror"）——那完全是毀謗之詞——試著證明我陰謀殺害猶太小孩這類的事。那完全是無稽之談，設計來要激怒我興訟，藉由進行毀謗官司把我纏上十年，讓我沒辦法做任何其他事。因此，我連回應都沒回應。那些事情一直在發生。但你繼續堅持下去，這很重要。在阿拉伯世界中，我因為政治的理由而覺得疏離。我有超過十年沒去約旦或黎巴嫩了，完全是為了政治的原因。那些地方大都變得認不得了。因此，我的過去是無法恢復了，而且是以一種很好笑的方式。我其實不屬於任何地方，但我已決定情況就是如此。那是可以接受的，我不太在意。你沒有太多的選擇。

【訪】是不是這種與阿拉伯世界的疏離感，使你辭去民族議會的職位？

【薩】我在幾年前開始不滿巴勒斯坦運動、特別是巴解組織的傾向，而我過去一向將巴解組織視為整體的政治權威而效忠。1991年夏天，我深深介入馬德里和會的籌備工作。我認識許多來自約旦河西岸的人，而且由於美國具有中心的重要性，所以大家認為我加入是會有用的。我認為阿拉伯世界、特別是巴勒斯坦運動中強調美國這個最後的超強，實在不像樣，像奴隸般奉承他們，幾乎完全是俯首聽令。「幫助我們，我們依賴你」，就像這樣。而那時美國還是我們民族的敵人呢！我認為那很不像樣。在波灣戰爭之後突然倒向美國，這讓人民很困惑。因為巴解組織在波灣戰爭期間所做的一些蠢事，[9]突然間奉承起美國，接受了他們所要的一切，公開地說：「只有美國能解救我們！」那很讓人民混淆。他們突然間想到：「我們是為了什麼而奮鬥？」馬德里和會之後西岸和加薩走廊的情勢**每況愈下**，江河日下。我對巴解組織那種黑手黨似的特質也 227
不以為然，而且我認為長期以來我一直效忠的阿拉法特——他是個

9 譯註：指阿拉法特在波灣戰爭時昧於情勢，支持伊拉克。

朋友——我認為他在位的期間太久了，那對我們並不好。我大約在三年前，從1989年起，開始用阿拉伯文寫文章來批判［參閱原書頁343］。他們不知道自己何去何從。他們太閉門造車了。

【訪】也許這是無可避免的？

【薩】也許，但對像我這樣的獨立人士來說，公開地說出問題癥結所在也是很重要的。我想說的最後一點就是，談論有關西岸和加薩走廊的協商其實並不會影響到我，因為我不是來自西岸或加薩走廊。我來自以往稱作西耶路撒冷的地方。對我們這些流亡在外的人士來說，沒有什麼預定的角色。四百萬巴勒斯坦人（其中許多是無國籍的）無處可去。成千上萬的人待在黎巴嫩和敘利亞等等。他們沒被納入這些協商中。那只是有關西岸和加薩走廊的居民。因此那是他們的問題。那很好，他們的表現很好——讓他們繼續下去。而我之所以終止的第三個原因，對我來說是很重要的，也就是自從我發覺自己染上血液有關的惡疾之後，我就決定想去訪問巴勒斯坦。我在1988年一度想要前往，但［當時的以色列總理］夏米爾（Yitzhak Shamir）拒絕讓我入境，因為我是巴勒斯坦民族議會的一員。因此，辭掉民族議會的議員職位讓我有可能入境。其實，我後天就要去。我正整裝待發，這是幾乎四十五年來的第一次。

【訪】當你去阿拉伯世界時，會不會把這看成是某種的回家，或者說美國現在就是你的家？

【薩】不，我在兩個地方都像在家裡一樣，但就某個方式來說，我的情況不同。在美國的脈絡中，我像美國人一樣說話，但也可以像巴勒斯坦人那樣說話。但在這兩個情況中，我都不覺得自己就權力上的意義，或者這麼說，就執行上的意義而言，屬於中央權力機構。在這兩個地方我都是反對人士。當然，那意義相當不同。

如果你在巴勒斯坦屬於反對人士的話，在巴勒斯坦的脈絡中，那意味著你支持並且協助形塑一種逐漸出現的民族共識。我認為，在1988年於阿爾及利亞召開的民族議會中，我扮演了相當重要的角色，協助起草一些宣言，介入許多的討論，推動以兩國制的方式來承認以色列人（聯合國第二四二號決議文），所有這些事——我之 228
所以支持那個，是因為那在我看來是合理的，因為我們沒有戰略上的盟邦，因為我認為那是對的。而蘇聯的代表什麼都沒說。其實，他是很不鼓勵我們這麼做的。他不要我們那麼做，他要我們保持「低姿態」等等。但我認為那麼做是很重要的，因此我做了這一切。而且就像我所說的，我支持民族共識。另一方面，我當然並不覺得那是我能拒絕自己去做的事。如果我覺得某件事錯了，我就應該說，而且我也確實說了出來。

比方說，大約十五、十六、十七年來，我一直覺得巴勒斯坦對美國的政策很沒有組織。美國不像阿拉伯國家，甚至也不像歐洲國家。而他們沒有採取步驟處理那種情況。因此重要的事情就變成了：你如何繼續自己的批評。地點就變得很重要。我絕不會去對西方媒體人說，因為在那個脈絡下，會被詮釋為攻擊民族運動，而那是我不願意做的。但在阿拉伯媒體，在以阿拉伯文寫出的文章中，我會那麼做，但很少不先向阿拉法特說。在美國我是完全的反對人士。的確，對許多新聞評論人員來說，我有點像是「巴勒斯坦先生」（Mister Palestine）。但我在美國的電視、媒體或任何論壇出現時，沒有不站在守勢或弱勢這一方。

有一次我參加了一個星期天的晨間大節目——我想是布林克利秀（Brinkley show）——當時正是「因地發打」的關鍵時刻之一，有些人被殺、被打等等，而且他們還真的播了一段影片。播完影片之後，他們問我的第一個問題就是：「巴勒斯坦人什麼時候才會停止恐怖主義？」自從波灣戰爭之後，甚至在波灣戰爭期間，我發表政治演講時，很少遇到敵意的問題。那是很特別的。輿論已經大幅轉變了。標準的以色列官方立場根本沒什麼好推薦的了。我們一路退讓，我們承認他們。我們說了我們要共存，我們願意和談。為什麼還繼續佔領呢？為什麼還繼續有系統地迫害和壓迫巴勒斯坦人呢？情勢已經有了很大的轉變。

【訪】你認為波灣戰爭是轉捩點嗎？

【薩】不，在波灣戰爭期間，我採取的是很反對海珊（Saddam Hussein）的立場，但我也反對美國部隊。我一向反對海珊。我
229 唯一一次去科威特是在1985年，而且和當地一位知名人士幾乎半公開地爭吵，那個人一直吹噓海珊是多麼偉大的人。那是在伊朗和伊拉克戰爭期間。我說，「海珊是凶手，是豬，是暴君，是法西斯分子，而你們都是罪犯和笨蛋」等等。而他們說：「我們給了海珊多少億」——他們的確如此，給了他一百五十億美元。我告訴他們，海珊會終結他們。在波灣危機之後的頭幾個星期，同樣這位知名人士打電話給我，在電話裡侮辱我，因為他說有人告訴他我出現在英國電視上，卻沒有為科威特強力辯護。我說：「我當然為科威特辯護了。我一向就反對佔領，我一向就反對海珊，但我也不會採取像沙烏地阿拉伯、你們那個在道德上和政治上破產的政府以及美國人的立場，派軍隊進去，發動戰爭。在那之前，還是可以有許多作為的。」兩個星期之後，他在倫敦出版的一份重要的阿拉伯報紙、沙烏地報紙的專欄中以阿拉伯文寫道：「為什麼我邀請傑出的阿拉伯知識分子自殺。」而他提到了我。他說：「薩依德應該自殺，因為他是阿拉伯人和科威特的叛徒。」

在波灣戰爭期間，我的立場和所謂的巴勒斯坦官方立場很不一樣。基本上我反對伊拉克，我反對科威特政權的腐敗墮落，我反對沙烏地阿拉伯的政策，我反對美國的立場。我反對戰爭。但我拒絕落入像哈利岱（Fred Halliday）和恩岑斯貝格爾（Hans-Magnus Enzensberger）[10]者流所採取的立場——在帝國主義和法西斯主義的戰爭中，你支持帝國主義。這兩個我都反對。我認為那是榮耀的、而且是唯一嚴肅的立場。西方其實是有更多的知識分子可以採取這個立場的，但可恥的是，他們並沒有採取這個立場——部分是因為反阿拉伯主義和反伊斯蘭，以及我在《東方主義》中所討論的那類事情。那真是一大醜聞，那真是一大障礙。那場戰爭到底成就了什麼？海珊依然在那裡，依然在殘殺庫德人、什葉派教徒，殘殺所有的人。而且現在他甚至可能有沙烏地阿拉伯人的支持。他們在支持推翻他的同時，也嘗試要收買他，就像他們在阿拉伯世界各地所做的事一樣。

【訪】因此你的立場是要維持禁運？

【薩】是的，維持聯合國的禁運，但同時要維持立場的統一和
一貫，在各個方面，不只是對巴勒斯坦。塞浦路斯呢？在有關土耳 230
其入侵和侵佔那個國家這方面，聯合國有不少決議案。在馬德里階段的所謂和平進程中，我對美國的立場很不以為然，原因之一就是它說巴勒斯坦人應該放棄代表自己的權利。在歷史上，任何解放運動都沒有這麼做過。由他們提名。他們說：「由我們來挑人，不是

---

10 譯註：哈利岱（1946-）是英國的國際政治及中東研究學者，曾出版《伊朗：獨裁與發展》（*Iran: Dictatorship and Development*）和《伊斯蘭與對立的迷思》（*Islam and the Myth of Confrontation*）；恩岑斯貝格爾（1929-）是前德意志聯邦共和國詩人及散文家。

由你們，不是由敵人。」其次，我認為那是個古典的錯誤，典型的帝國主義的錯誤，美國竟然和蘇聯把這個變成了**它的**和平進程。你注意到——馬德里和會的邀請函特別提到把聯合國排除在外。美國會反對任何來自聯合國的提議。因此，在波灣戰爭中利用過聯合國的美國，在和平進程中卻突然禁止它參與！所有這些事情都必須要說出來。

【訪】在那場戰爭中或剛結束時，在一場對你和杭士基的電視訪談中，你談到東方主義者的態度持續不變。在當時，那種解釋的框架似乎錯失了西方經濟和軍事動機的精確。提到東方主義論述的說法，在面對那種精確時，顯得幾乎是很浮面的。

【薩】也許我對這件事過於敏感，但我認為如果沒有東方主義作祟，那樣的一場戰爭是不可能開打的——由阿拉伯人對抗其他的阿拉伯人，卻輕蔑整個的協商過程。那並不是一場有關侵略或類似的戰爭。那是一場有關廉價石油的戰爭，而只有阿拉伯人有廉價石油：那種組合具有特殊的種族色彩。沒有人說——當然美國人不會這麼說——這是為了阿拉伯人享有阿拉伯石油的戰爭，而不只是讓科威特的皇族獨享。這些國家——沙烏地阿拉伯和科威特——是由家族所擁有。世上沒有一個國家像沙烏地阿拉伯（Saudi Arabia）這樣指明那是紹德（Saud）家族的——他們真的擁有整個國家。所有這些千奇百怪的現象之所以可能發生，而且產生有關公理正義和侵略等等這些矛盾和說謊的論述，在我看來只**因為**他們是阿拉伯。

美國在阿拉伯世界從來沒有支持過人權。我研究過。美國在阿拉伯世界的每個重要立場，不管是政治的、經濟的、軍事的，總是
231 反對人權。他們反對巴勒斯坦人的人權，他們反對波灣地區的人權，他們反對像埃及那些地方的人權。因此，我認為你不能不談談

我們可以稱作是文化態度的那些東西。存在著一種輕視。沒有這個成分的話，其他的論述——你所稱的經濟的或軍事的論述——就不夠精確。在美國媒體上大量宣傳：一種反阿拉伯的、種族歧視的宣傳，把海珊妖魔化。在許多方面，伊拉克是阿拉伯世界的文化中心。從電視螢光幕上你無法知道那一點，因為螢光幕上只顯示那些精靈炸彈穿入巴格達上空。海珊不是巴格達。一直到今天為止，沒有一個字，甚至沒有一個字提到被殺的人民。只有阿拉伯人受到這等對待。

【訪】你認為美國的反戰運動做得夠嗎？

【薩】什麼反戰運動？當然不夠。我認為要做的話並不難。我認為對那場戰爭存在著普遍的矛盾態度。左派的立場曖昧不清，很少人談到伊拉克和廣泛的波灣人民遭遇的慘況。人們對那邊所知不多，你知道。在美國正要參戰時，《外交事務》（*Foreign Affairs*）領銜刊出的文章是這麼起頭的：「海珊來自一個貧瘠的國家，那個國家和理念、書籍或文化毫不相干。」這是他們對於要興兵征討的國家的描述：「騎駱駝的人」和「包頭巾的人」，他們支持或反對我們。同樣的輕蔑之詞也被堆在沙烏地人頭上，而他們是這場戰爭中的「好阿拉伯人」。這場戰爭被認為對以色列人有利，因為伊拉克被說成是對以色列最具威脅的國家。因此，抗議其實非常之少。把它稱為運動是錯誤的，雖然原本可能會有運動的。

【訪】原先如果要有運動的話，需要什麼呢？

【薩】那需要組織。別忘了，那是在社會主義、左派垮台之後。美國沒有左派，沒有像歐洲左派或英國左派那樣的左派。

【訪】英國左派本身都很混亂。

【薩】這個嘛，如果你們［英國左派］混亂的話，那麼根本就沒有真正左派的美國呢？有些人多少是模模糊糊的左派，他們是因為感情和遠見而成為左派的——比方說，像是侯爾（Irving Howe）或華哲（Michael Walzer）[11]者流——他們是左派的偉大上師。華哲
232 是支持那場戰爭的。他認為那是一場公義的戰爭。媒體完全和政府同一個鼻孔出氣。那是媒體和政府之間最大的撒旦式的合作。你就是沒辦法介入。然而，在戰爭時廣播是很重要的。美國國家公共電台（National Public Radio）和一些全國性的電台報導了許多事情，但它們沒有電視的力量。那是一場電視戰。

【訪】是以布希亞（Jean Baudrillard）[12]的說法？

【薩】他說了些什麼？很可能不是。

【訪】布希亞說，那是一個超現實的非事件（a hyper-real non-event）。

【薩】那個老傢伙！衝著這一點，我就認為該把他送到那裡，給他一把牙刷和一瓶愛維養（Evian）礦泉水或他喝的任何東西。

訪問者：碧澤（Anne Beezer）、歐思朋（Peter Osborne）

1993年刊登於倫敦《激進哲學》（*Radical Philosophy*）

---

11 譯註：侯爾（1920-1993）是美國文學與社會批評家，以文學批評中的社會與政治觀點著稱；華哲（1936-）是美國著名的政治哲學家，著有《論容忍》（*On Toleration*）等。

12 譯註：布希亞（1929-）是法國當代著名社會哲學家及文化理論家，著述主要有關後現代文化、傳播系統與媒體批判。

第十篇

薩依德：在兩個文化之間

【訪】你曾經說過，自己的背景是一連串無法恢復的錯置和流離失所，而且處於兩個文化之間的這種感受是穿透你人生最重要的一條線。我想要追溯一些相關的錯置，也許最合理的方式就是從你的出生地耶路撒冷開始——也就是當時的巴勒斯坦。你甚至還是小孩子的時候就感覺到是處於不同文化之間嗎？

【薩】是的，我是這麼覺得。我的父親來自耶路撒冷，但他這個人很奇怪、很混雜。他結婚前曾經在美國住過—— 1911或1912年，他為了逃避鄂圖曼的徵兵來到美國。我想，他們是要把他送到保加利亞去打仗。那時他十六、七歲，因此他就逃跑，來到這裡，來到美國。然後，由於莽撞或資訊錯誤，他進了美國陸軍，相信美國要派部隊去攻打鄂圖曼人。其實，他原先加入的是加拿大陸軍，但並沒有留下來，因為他知道他們不會派他到中東去打鄂圖曼人；他加入了美國陸軍，最後卻出現在法國，在那邊打仗，而且受傷。

然後他變成了美國公民，那大約是1919年，戰後一年左右，他回到巴勒斯坦，之後不久就跟堂兄弟一塊做生意。1920年代末期，他成立了一家分公司，在埃及販賣圖書和辦公設備。因此，我1935年在耶路撒冷出生時，父母其實是往返於巴勒斯坦和埃及之間。我並沒在巴勒斯坦待很久，或者說因為如此，在任何地方都沒真正待
234 很久；我們總是在移動。我們一年中有一部分時間在埃及度過，一部分時間在巴勒斯坦度過，夏天則在黎巴嫩度過。除了我父親有美國公民身分這個事實之外，我因為繼承的緣故既是美國人，同時也是巴勒斯坦人，我生活在埃及，卻不是埃及人。因此，我也是這種奇怪的綜合，而那是我最早的記憶。

【訪】你也談論過身為少數中的少數。

【薩】我父母都是在巴勒斯坦的新教徒，那其實意味著他們和絕大多數的基督徒有所區隔，而基督徒在主要是穆斯林的社會中當然已經是少數了。大部分中東的基督徒——至少在地中海東岸地帶——信奉的是希臘正教，但我父母親的長輩是由希臘正教改信其他的宗教。我的父親因為我祖父的緣故成為英國國教信徒（Episcopalian），而我的母親因為我外祖父的緣故成為浸信會教徒。這是有關傳教士的怪事之一。當傳教士於1850年代來到巴勒斯坦、黎巴嫩、約旦和敘利亞時，目的是要使穆斯林或猶太人改信基督教，但很不成功，結果他們最後只是使其他的基督徒由主流改信這些新的教派。

【訪】當你還是小孩子的時候，覺察到自己處於不同文化之間對你意味著什麼？

【薩】坦白跟你說，那很糟糕。我最強烈的、持續不斷的記憶就是小時候適應不良。我出奇地害羞。對於我和別人的關係，感覺

非常的焦慮和緊張，因為我多少羨慕他們是穆斯林／埃及人，或穆斯林／巴勒斯坦人，而且我總是覺得不太對勁。其實，我下本書會是一本回憶錄，書名是《不太對勁》［後來改名為《格格不入》（*Out of Place*）（中譯名為《鄉關何處》）］。我總覺得自己以某種方式為它付出代價。

我忘了為這一切加上一個重要的因素，也就是我總是就讀英國或法國學校，因此除了我這個問題重重的阿拉伯身分之外，我的教育中還有另外這一個事實，所以到了我十三歲左右，英國歷史或法國歷史我該知道的全都知道了，但是對自己生活的地方卻幾乎一無所知。那是當時的教育方式。因此，那是一種長久存在的不舒服的感覺。我的家庭的補救方式就是在我們周圍做了一個繭。我們和別人出奇地不同，而且我們當中的每個人——我和四個妹妹——都有 235
不同的天分。因此，結果就是我們生活在一個與世隔絕的虛假世界，既與現實世界毫不相干，也與我們生活其中的歷史和實際狀況毫不相干。

【訪】我可以了解為什麼你可能會因為你的一些友伴而覺得有些不自在。就我的了解，當你的家庭在1947年逃到開羅時，你在有「中東的伊頓」（"the Eton of the Middle East"）之稱的一流男子學校待過幾個月，而其他的學生則是像約旦國王胡笙和演員奧瑪·雪瑞夫（Omar Sharif）這樣的人。

【薩】當時我當然不知道他會成為演員。他是學校裡帶頭的學生；他約略比我大四、五歲，而且很耀眼、很傑出，經常會和像我這樣的小孩過不去。在那些學校裡的級長其實是獲准有像老師那樣的特權。學校裡經常鞭打、杖責，我上學第一天就遭到杖責，因為我在祈禱的時候講話或做其他同樣可怕的事。因此那是一種很詭異的氣氛，裡面各式各樣的人都有，而這些人我們大都只知道他們的姓氏。奧瑪・雪瑞夫那是他在舞台上的名字，他的原名是米歇・沙候（Michel Shalhoub），因此我們稱他沙候，而別人所知道的我就是薩依德。所有的老師都是英國人，而且他們對我們輕蔑以待。在我們和他們之間進行著持續不停的戰爭。因此整個說來，那並不是很快樂，我在那裡待了幾年之後被踢了出來。

【訪】為什麼？

【薩】比較好聽的說法就是「行為不當」，而那真正的意思就是在教室裡搗亂，而且不停地煩擾老師。現在回過頭來看，我的印象是那些老師是第二次世界大戰時在戰場上受到驚嚇的退伍軍人。他們背對班上的時候，我們是讓人難以置信的虐待狂，他們最後總是氣得渾身發抖。他們是英國人，不曉得我們用阿拉伯文說些什麼。一個重要的事實就是，你上學時就接到一本所謂的手冊，裡面列出各種校規，第一條規定就是英文是在校使用的語言，如果你被逮到說阿拉伯語或其他語言，不是接受杖責，就是要處罰或留校。因此，我們用語言，用阿拉伯文，當成是對老師的一種攻擊，而他們當然不懂這一點。在我被踢出學校之後，我父親斷定雖然他們會再接受我，但是我在英國系統裡的前途並不光明，因此就用船把我
236 送到美國，到了新英格蘭一所非常糟糕的清教徒式寄宿學校，我在那裡第一次體驗到雪的美；我以前從來沒有見過雪。

【訪】但學校很糟糕？

【薩】糟透了。順帶一提的是，我在學校一向都很聰明，成績很好，所以他們沒有辦法完全排擠掉我。我在新英格蘭上的學校——我最好還是不要提它的名字，因為那是一所很有名的學校——學生必須一大早就爬起來，做些像是擠牛奶之類的事，還有很多像

是傳福音的事。我到美國的時候，已經在英國系統裡訓練得棒透了，因此在學業上那裡簡直像是嬉戲，但其他方面則很糟。因此，我在那個系統裡也適應不良。我對它的印象是，我因為自己的個性或者因為缺乏個性諸如此類的事而令人不悅。因此，雖然兩年後我以最高的平均成績畢業，卻依然沒被提名為畢業生致詞代表。當我試著去問原因時，人們告訴我說，我沒有達到道德的要求。我從來沒有原諒他們對我的成就的那種特殊歧視。

【訪】你把你的《文化與帝國主義》這本書描述成是一本流亡者的書（an exile's book）。因此你這個人現在的興趣真的是很受制於你出生的那個文化和你現在生活其中的文化之間的衝突。你認不認為，就某個意義來說，我們都應該是知識上的流亡者？你似乎把流亡看作是很值得讚嘆的事。

【薩】坦白說，我並不了解任何其他的狀況。我今年五十七歲。去年我回巴勒斯坦，那是相隔四十五年之後。我帶著兩個小孩，太太也一塊來，我們四個人英勇地到處晃蕩，走訪西岸、加薩走廊和其他一些地方，然後我們去看我出生的房子。你知道嗎，我非常清楚地感受到我沒有辦法再回去了。在經過這些年之後，能回去走訪當然是件好事；但看到它現在的情況就不是那麼好了——從我的觀點來看——因為在某些方面是沒有辦法恢復的。怎麼樣才像是完全在家裡一樣呢？我並不真正知道。我想我現在認為可能並不值得花那麼多工夫去找出來，這是一種酸葡萄心理。

【訪】我認為你起初試著使文化和政治保持相當的距離。一邊是英國文學的學術研究，另一邊則是你的政治關懷。我認為你過的是你所稱的「很精神分裂式的生活」。你是怎麼找到一種方式來連接上這兩種興趣的？

237 【薩】其實，我們全都生活在這個世界。我認為那只是涉及時間和正確的事件。以我的情況來說，那是在1967年戰爭的時候。在那之前我都是循規蹈矩的學院人士，做的都是些規規矩矩的事——上大學，上研究所，得到博士學位，找到一份工作，獲得獎助金，寫書——然後在1967年，我所知道的那個世界完全分崩離析。以色列人佔領了更多的巴勒斯坦，也就是巴勒斯坦的其他部分——西岸和加薩走廊——而我突然發覺自己被扯回到那個地區。我從來沒有教過中東文學——我教過一些英文翻譯的阿拉伯書，但基本上我的全副工作就是西方文學。因此，我開始要自己適應我的歷史中那些多少被壓抑或排斥的部分，也就是有關阿拉伯的部分。我做了幾件事：我開始更常回中東；我在中東和一位中東女子結婚；然後在1972至1973年休假的那一年，我待在貝魯特，而且這輩子頭一次有系統地研習阿拉伯歷史語言學和阿拉伯傳統的經典。那時巴勒斯坦運動和約旦人之間發生了悲慘的衝突。因為我的家族許多住在約旦，所以1970年我到安曼探訪親戚。我在那裡的時候，看到一些我的大學朋友，他們是巴勒斯坦人，回去加入那個運動。在那裡看到他們，而且知道他們也介入其中，給了我很大的震撼。漸漸的，在那個運動移到貝魯特之後——1970年代，我的家人住在貝魯特——我就愈來愈介入了巴勒斯坦奮鬥的政治。那自然激發了我對一些議題的興趣，像是：流離失所，流亡，爭取人權的政治奮鬥，去表達無法表達的事物的那種奮鬥，以及從那時起就一直塑造我的作品的一整套事情。我的《東方主義》那本書其實來自那個經驗。

【訪】《東方主義》是你最具影響力的書之一，而你在書中所做的就是看西方世界中如何再現阿拉伯或東方世界。基本上那是種錯誤再現。

【薩】所有的再現都是某種的錯誤再現，但我在《東方主義》中主張，西方對於再現東方的興趣涉及帝國的控制，而且涉及特權。我試著顯示西方對於東方的入侵——開始於十八世紀末的拿破崙，但隨著英國和法國的勢力擴展到東方而繼續——賦予那些再現色彩，並且確實形成了那種再現。十九世紀時，許多東方研究的教 238
授，尤其是德國人，但也包括了英國人和法國人，都說這種研究是客觀或科學的，其實絕非如此，那是權力的運作，而且繼續控制他們嘗試統治的那些人口。

【訪】結果所產生的意象——漫畫式的、高深莫測的東方，神祕的東方，阿拉伯世界的罪惡和恐怖——為什麼必須創造出這些？

【薩】我認為無知扮演了很重大的角色。其中存在著一種敵意，阻止了我所謂的文化之間的正常交流。很驚人的一件事就是：十二世紀歐洲對伊斯蘭的看法和十八、十九、二十世紀歐洲對伊斯蘭的看法，有一種很頑強的延續性——它們就是不改變。首先，我主張沒有純粹單一的伊斯蘭這回事；穆斯林形形色色，對於伊斯蘭的詮釋林林總總——那是我另一本書的主題，書名叫做《採訪伊斯蘭》。有一種傾向總是要去同質化，要把他者變成某種單一的事物，這種情形部分不只是出於無知，也是出於恐懼，因為阿拉伯軍隊於十四、十五世紀來到歐洲，而且被打敗。因此，那樣的感受長期存在。還有，當然，他們是三種一神教之一。伊斯蘭和另外兩大一神教——猶太教和基督教——相比，是最晚出現的，也因為阿拉伯和伊斯蘭世界靠近歐洲，這種感受是強烈不安的源頭。對人們來說，處理某個不同的事物，最簡單的方式就是把它描繪成危險的、具有威脅的，而且最終把它化約成一些陳腔濫調。

那真是令人吃驚，有關創造出的東方，這整個歷史包括了連續不斷的貶抑，以致到現在，比方說在西方的媒體上，你所讀到有關伊斯蘭和阿拉伯世界的東西，真的是出奇的簡化，而且完全透露出兩、三百年來，一邊是歐洲人、以及就某個程度來說美國人，另一邊則是阿拉伯人和穆斯林之間的密切接觸。彷彿雙方總是站在一道鴻溝的對面，只是用腐爛的食物丟來丟去。

【訪】那種現象沒有在改變嗎？

【薩】沒有，我認為其實情況是每況愈下。在危機的時候，例
239 如波灣戰爭期間，還有每天在美國媒體上持續出現的情況，那些陳腔濫調愈來愈沒意思、愈不寬容、也愈不「真實」。它們愈來愈不符合任何令人信服的人類現實。在西方，伊斯蘭是最後一個可以被接受的種族的和文化的刻板印象，你可以肆無忌憚地四處亂擲這種刻板印象。

【訪】你認為為什麼會那樣呢？

【薩】原因很多，但我認為主要的原因就是沒有人遏止。沒有西方人，讓我們這麼說吧，沒有北美人很懂得伊斯蘭世界。它是在那外邊，主要是沙漠，許許多多的羊、駱駝，人們口裡叨著刀子，都是恐怖分子，諸如此類的事。歐美的文化傳承，以英文出版的那些長篇小說或其他書，從來就沒有人會去注意。這裡沒有任何東西能阻止人們隨心所欲地放膽說話。另一方面，阿拉伯人和穆斯林並不真正了解西方文化再現的政治（politics of cultural representation）。阿拉伯世界的大部分政權基本上是獨裁的，很不受歡迎，是某種的少數政權；別人怎麼說他們，他們並不感興趣，因為那會使他們暴露於名正言順的批評之下。阿拉伯世界中有關美國和西方的那些迷思同樣都是一些陳腔濫調：所有的美國人都沉溺於性，他們的腳很大，他們吃得很多。結果就是在應該有人存在的地方，卻

成了真空，在應該有交流、對話、溝通的地方，卻是這種低劣的不相往來。

【訪】在你自己的生活中，很明顯的矛盾或複雜的情況之一就是，雖然你是巴勒斯坦流亡政府的一員，而且你是力主巴勒斯坦解放的人士，但你卻對民族主義覺得不安。

【薩】民族主義很容易就會墮落入沙文主義。有一種傾向就
是：當你被各方攻擊時——特別是在像巴勒斯坦人這樣的運動，在
這裡我們真的沒有太多朋友——很可能縮回到自己的範疇內，結果
是跟自己同樣的人相濡以沫，而所有那些非我族類的人，思想不跟
你一樣的人，就是敵人。對於生活在阿拉伯世界裡的巴勒斯坦人更
是如此。那是完全可以理解的。成為巴勒斯坦人曾經是一件偉大高
貴的事。但是，阿拉伯世界現在是一個非常化約的地方，存在著貧
窮以及經濟的和社會的分裂，因此巴勒斯坦人現在至少是處在問題
重重的狀態。而人們對於已經進行了那麼久的鬥爭感覺厭倦。當
然，在西岸和加薩走廊，有許多針對奸細和密探的說法，以及以色 240
列人祕密操控巴勒斯坦人的說法。人們那樣懷疑是可以理解的，因
為我們所談論的攸關性命。但一般說來，民族主義的運動其實就是
以那種模式在運作；它們會隨著時間而傾向於愈來愈小、愈特殊、
愈同質化。你看現在南斯拉夫發生的情況，那裡從前是個多文化的
國家、多語文的國家，現在已經淪落到了「種族淨化」（“ethnic
cleansing”）的地步。同樣的情況也發生在黎巴嫩，那裡原先是一個
多元的社會，有基督徒和穆斯林，後來卻變成了每天不斷地彼此屠
殺，血流成河，根據的是「身分證」，就像他們在黎巴嫩所說的。
如果有人要你出示身分證，而且如果上面的名字或宗教不對，當場
就把你射殺或割喉。

我擔心民族主義那些不愉快的方面也在一些像美國這樣的社會浮現，或許在加拿大也浮現。眼前的是所有這些不同的族裔社群，他們現在開始覺得問題在於如何保有自己的認同，不受其他人的侵害。認同政治（identity politics）變成了分離主義的政治（separatist politics），然後人們就撤退到自己的小圈圈裡。我有這種奇怪的、偏執的感覺，**某人**喜歡這個現象——通常是在上位的人，喜歡操控不同的社群來彼此對立。這是古典的帝國統治方式。比方說，在印度你有錫克族、穆斯林和印度教徒倚賴你，而且懷疑他們的同胞。那都是民族主義過程的一部分。在那方面我覺得自己很不以為然。

【訪】我看得出來，事情的複雜性把你放在一個很尷尬的、或需要高度平衡技巧的位置，因為不管是在政治上，或是在你所提出有關多元文化和「文學典律」的議題上，你都得穿梭於兩邊。一方面，你提倡開放、兼容並蓄，同時你也是文學典律的捍衛者。

【薩】我捍衛的是我所稱的好作品。我判斷一部長篇小說、一首詩或一個劇本時，主要的標準不是作者的身分。身分是有趣的，但並不是主要的議題。如果那個人恰巧膚色、性別或國籍「正確」，並不必然意味著那就會是一部很好的作品。你很可能聽說過
241 阿什拉維（Hanan Ashrawi）這位巴勒斯坦女性，她是巴解代表團在馬德里的發言人。她是我的學生，而且在我指導下寫博士論文討論佔領下的西岸文學。她在寫作過程中發現的事情之一就是，身為巴勒斯坦人，而且寫作關於處在佔領下的艱辛，未必就能寫出好詩或好的長篇小說。那就是重點所在，而且是很重要的論點。

我並不是說這不是主觀的。決定什麼構成好作品是一件很主觀的事，比方說，那真的和類似愉悅這類事情有關。我和那些談論客觀性的人，尤其是在媒體上談論客觀性的人，有過很長的論戰，因

為顯然每件事根據的都是相對主觀的詮釋。我們所談的其實是你自己所做的區別。從某個意義來說，品質是很主觀的——不能由上來規定，不能是由某人告訴你說這是一本偉大的書，你最好相信它，或者說這是一本偉大的書，因為我說它偉大，而是必須透過一個探索和分析的過程才能達到。我認為有關偉大的作品和不那麼偉大的作品，就美學上來說，我們所能得到的最近似的規則就是：偉大的作品值得一讀再讀，而且持續提供某種和悅或歡愉的感受——不管是透過擴大意識，或提升品味和感性，或任何其他事情——但比較次級的作品則不會。我們都有那種經驗。你讀［美國通俗女小說家］斯蒂爾（Danielle Steel）的一部長篇小說——其實我並沒讀過——你不一定會想要重讀，但如果你讀狄更斯的一部長篇小說，你會想要重讀。

【訪】你引用過班雅明（Walter Benjamin）的說法，他說每一個文明的文件也是野蠻的文件，就某個方式來說，你《文化與帝國主義》這本書討論的就是這個。

【薩】對的。偉大的作品並不必然就意味著是無辜的作品，或者完全不涉及我們所謂的卑劣的任何東西。《文化與帝國主義》在英格蘭出版時，書評稱得上是風起雲湧，許多人因為書中提出像奧斯汀這樣純樸的人竟然和帝國及奴隸制度有關的這個觀念，覺得受到侮辱，其實我在那本書中花了不少篇幅討論奧斯汀，而且她和帝國及奴隸制度有關的證據不是我捏造的，是她自己說的。我並沒有說，因為那樣所以奧斯汀是一個比較差勁的作家。我只是說，幾乎所有的藝術品，就像所有的人一樣，在某些情況下，都會連結到一些不吸引人的、野蠻的事物。在十九世紀歐洲的這些典律作品中， 242
這是特別值得注意的。我們被連結上奴隸制度和帝國的實踐，大都是透過他們對於奴隸制度和帝國的說法。因此，我認為發現那一點並不是問題。問題在於：一旦你發現了，要怎麼辦？你是要把它壓下來，然後說那其實無關緊要，還是——這也正是我所說的——你是不是試著把它放在心上，然後說，這個嘛，那也出現在那裡。

【訪】你說過你不希望化約，但你如何避免把閱讀文學經典當成殖民或帝國的宣傳？

【薩】我根本就沒有用那種方式來閱讀它們。我在那本書中說，把這些經典作品化約成一長串有關帝國主義的例證，或者說它們全都是帝國的，這種方式是錯誤的。它們不是這樣；它們是帝國文化的一部分，是那個過程的一部分，而就像研究帝國的理論家所說的，它們包含的不只是最卑劣的實踐，也包含了社會中某些最好的方面。有許多很聰明的人牽涉到帝國：像德拉克魯瓦（Eugène Delacroix）[1] 這樣偉大的藝術家；像福樓拜這樣偉大的作家。當然，牽涉的性質、牽涉的程度，在每個情況中都不同，而且他們的見解也很不同。他們並不都一樣，那也就是為什麼在我的書中有那麼多的分析，不單單是這一本書，連《東方主義》也一樣。我所嘗試表達的論點並不是說他們都是帝國的，而是說他們在作品中提供了有關帝國世界的不同看法。他們擴大它，他們精煉它，他們把某些感受和愉悅附加在它上面，比方說，就像吉卜齡在《金姆》這本書中所做的。

【訪】但你做了一個很廣泛的宣稱，主張長篇小說和帝國建構（empire-building）密不可分，而且長篇小說不單單是反應進行中的

1 譯註：德拉克魯瓦（1798-1863）是法國最偉大的浪漫派畫家，對於印象派和後印象派的畫家影響深遠。

事，帝國主義和長篇小說多少也彼此鞏固。

【薩】那是個相當廣泛的宣稱，但我認為那是成立的。

【訪】那如何發揮作用？

【薩】這個嘛，是用以下的方式。第一部著名的英國長篇小說就是《魯濱遜冒險記》（*Robinson Crusoe*），如果不了解當時帝國的探索就無法了解這部作品。魯濱遜離開英格蘭，遭逢海難，發現自己身陷荒島，而在幾天之內——在這部小說前一、兩百頁——他就成了自己所探索的一切事物的主宰。然後你了解到，這座島對他的作用就是允許他創造出自己的世界。換句話說，在那個層次的帝國主義與某種創造性有關。後來，在十九世紀末，西利（John Seeley） 243
說，英格蘭的中心事實，英國文化、英國認同的中心事實，就是擴張。這種說法並不是對每個社會都能成立的。我的論點是，在十九和二十世紀，英格蘭完全自成一個階級。這種想法很奇怪：你坐在倫敦——比方說，你在漢普斯特（Hampstead）有間小公寓——你早上起床時說，「我控制了一百個人的生活」，因為英國控制印度超過了三百年，如果你分析英國人口和印度人口之間的比例，那其實意味著每個英國人控制了一百或一百五十個印度人。那個事實必須列入考量。另外要列入考量的就是，西方沒有任何社會有像英格蘭那樣連續不斷的帝國傳統，而且長篇小說的寫作也連續不斷。在1860或1870年之前，沒有義大利長篇小說。1870年之後好久，德國才有長篇小說。在十九世紀，除了少數例外，沒有西班牙長篇小說。我說的是連續不斷的傳統。根據大多數文學史家的說法，英國長篇小說正式開始於十八世紀早期像狄福（Daniel Defoe）這樣的人，而且歷經十八、十九、二十世紀，連續不斷。

【訪】你是不是在只有同時性（synchronicity）的現象中看出

了因果關係（causality）？

【薩】不，我不是在說因果關係，而是說其中存在著伴隨和調適的情況。所有十九世紀偉大的長篇小說家都引述殖民控制的事實，比方說，移民到澳洲、美洲或非洲等地。法國的情況也是一樣，只是程度沒那麼大。我的論點是，帝國控制這些事實帶有想像的一面，而那是認同結構（structure of identity）的一部分。大多數的長篇小說其實是有關創造一個虛構的認同：我是誰？比方說，在《孤星血淚》（*Great Expectations*）中，我是皮普（Pip）或湯姆・瓊斯（Tom Jones）那個流浪漢。在小說開始時，他被發現在床上；在小說結束時，我們知道他是誰。長篇小說其實是一種有關適應和調適的形式，使自我調適入社會。而這個過程的一部分，就是身分認同和帝國範圍糾纏在一塊。以奧斯汀的《曼斯菲爾德莊園》為例，托瑪斯・貝特倫爵士（Sir Thomas Bertram）在安提瓜擁有的那座奴隸種植園，是被用來資助英格蘭的曼斯菲爾德莊園的家產。我所討論的就是那種事，在小說中、在敘事中有一種想像的投射，
244 暗示著英格蘭和海外那些殖民地以不同的方式連接到一塊。我們並不是把同樣的事談了又談；每部長篇小說都稍微不同，都以不同的方式來展示。

【訪】把它看成情節是不是太天真無邪了？

【薩】那根本就不天真無邪：它**就是**情節。但為什麼是那個情節而不是其他的情節呢，你明白了嗎？所有的長篇小說都涉及作者這一邊的選擇，而事實就是那是當時手邊現成的題材，那是當時英國人知識的、想像的、感情的特性的一部分。如果你讀一部德國長篇小說，那是完全不同的一回事。裡面不會談到我們的領域，而我們不能去印度；它扮演著一個不同的功能：異國色彩或諸如此類的

事。在英格蘭，那是你可以去的地方，因為我們在那裡，就像《印度之旅》或《金姆》，或康拉德的一些作品。那種東西簡直無所不在。事實上，你稍微思考一下，英國人當時幾乎無所不在。1918年，少數的歐洲強權控制了百分之八十五的世界。那是一種歷史的經驗，而且也變成想像的經驗的一部分，有什麼能比那種掌握更自然？我認為的確如此。我是在說：它就在那裡，你要如何來處理它？

【訪】那麼你是如何處理的呢？

【薩】我認為你得從更寬廣的角度去看。我的論點就是，這個經驗是閱讀英國長篇小說的一部分。我並不是說這是最重要的部分，而是說它是重要的部分。人們也得記住——這是大多數人不知道的——奧斯汀或吉卜齡所談論的那些地方所蘊含的歷史超過小說中所呈現的。1814年《曼斯菲爾德莊園》出版時，安提瓜是英格蘭的蔗糖種植園殖民地，但對大多數讀那部長篇小說的人來說，哦，是的，這個嘛，它就在那裡。事實卻是，那個經驗還在持續，而安提瓜已經解放了、獨立了。

有一整套來自加勒比海的文學，像由奈波爾（V. S. Naipaul）和蘭明（George Lamming）這些人所寫的，以及一整派的加勒比海作家，其實他們看待這個地方過去的帝國經驗——作為奴隸的殖民地——觀點迥異於奧斯汀。我所說的就是，要閱讀像是奧斯汀或後來寫有關印度的吉卜齡這些人，最完整、最有趣的方式就是不只從英國長篇小說的角度來看，而且也從後來出版的這些其他長篇小說的角度來看。你可以用對位的方式來閱讀，如果我們用上音樂的暗喻的話。它們處理的是相同的歷史，卻是從不同的觀點。當你用那 245
種方式來閱讀它們時，就能感受到這些在正常情況下是彼此相隔的文學之間卻存在著相依相成（interdependence）之感。沒有什麼會比那更令人覺得興奮、有趣的了，因為那讓你接觸到偉大的寫作。那也能讓你接觸到競爭的觀念：了解到文化中有許多涉及對土地的某種爭鬥，不管是比喻的或真實的。而且那讓你接觸到人類解放的觀念：人們不會長久忍受殖民主義。我確定大多數讀奧斯汀的人對托瑪斯・貝特倫爵士所去的地方到底發生了什麼事知道得很少。奧斯汀對這部分著墨並不很多，因為**她**不知道那裡發生了什麼事；那只是一個你去淘金然後回來英格蘭的地方。你去那裡；如果有奴隸叛變，就像小說裡所描述的話，你就處理它，然後再回來。只是停留在那裡並不會很正確地感受到那邊所發生的事。就某個意義來說，如果你只是停留在那裡，就是重複了先前的長篇小說中的偏見。其他偉大的作品——比方說，像詹姆斯的《黑人極端激進分子》（C. L. R. James, *The Black Jacobins*）——可以按照相同的方式閱讀，也可以按照相反的方式閱讀，只要你願意的話。

【訪】似乎一些維多利亞時代的長篇小說家只是在情節上對帝國採取功利的看法。

【薩】正是。但我在《文化與帝國主義》一開頭就主張，世界已經改變了：現在不再是印度人待在印度，英國人待在英國，然後四處旅遊。事實上，比方說，今天大多數的歐洲國家不是完全由白人組成的純粹國家。在英國有很大的印度社群；在法國、德國、瑞典、義大利等國有很大的穆斯林和北非社群，而世界大都變得很混雜了。為什麼法國有來自北非的這些人呢？大都因為法國是帝國的主人，當這些人要脫離苦難時，就來到法國——他們喜歡法國，他們說法文。這個世界是個混雜的世界。我對這種現象的感受就是，以往在十九世紀時是功利的情況，但現在情況不同了，現在有些以英文寫作的批評家並不是英國人。比方說，康拉德寫《黑暗之心》

的時候，他認定——這種認定顯然是錯誤的，但那是當時的偏見，我不能怪他——他認定沒有一個非洲人能讀他所寫的；他是為英國人而寫。但事實上，現在有非洲人閱讀《黑暗之心》，而且他們在 246
《黑暗之心》裡所看到的和1900年代康拉德同時代的白人所看到的很不一樣，而**他們的**閱讀已經成為那部長篇小說中的一個因素。因此，長篇小說以某種方式開啟了康拉德、狄更斯、奧斯汀和其他人甚至連做夢都想不到的事。這應該受到歡迎，因為它顯示給你作品新的一面，而且讓你能看到以往看不到的事。

【訪】為什麼康拉德是你最喜歡的作家之一？

【薩】我一直覺得跟他特別親切，因為他是波蘭人，大約十六歲時離開波蘭，曾經在瑞士和法國住過一段時間，學法文，在二十歲左右開始學英文、寫英文，而後住在英格蘭，成為英國商船的一員，在船上工作了十五年左右，然後在英格蘭定居。當他成為作家時，我想是在四十歲左右。他一直是個波蘭人；雖然他寫得一手上好的英文，但就某個意義來說，他處於英國的中心之外。他有這種奇怪的流亡意識（exilic consciousness）；他總是在自己所寫的情境之外，因此我對他有那種親切感。他看待事情的角度完全不像當時其他任何人。他和亨利・詹姆斯（Henry James）、高爾斯渥悉（John Galsworthy）[2]這些人都很友善，而且他們也是很棒的作家，但他們不會提供給你那種流離失所之中奇異而多彩的感受，特別是懷疑的感覺，尤其是有關認同和定居的那種懷疑的感覺，而康拉德

2 譯註：亨利・詹姆斯（1843-1916）出生於美國，後來歸化為英國人，是英美近代最傑出、多產的作家，創作生涯超過半世紀，除了二十部長篇小說之外，並撰寫劇本、遊記和文學評論；高爾斯渥悉（1867-1933）是英國小說家與劇作家，以描寫維多利亞與愛德華時代的中上階級生活著稱，1932年諾貝爾文學獎得主。

則會。康拉德是少數英文長篇小說家以駕馭自如的——雖然在某些情況下是受人反對的——方式來寫像是印尼、馬來西亞、泰國、非洲和拉丁美洲這些地方。他的確是帝國時代的國際主義者（an internationalist of the imperial period）。

他是個很複雜的人物，而且我也不假裝暗示我對他的興趣完全是因為我們兩人背景大致相似。完全不是這樣。他是個偉大的小說家，有些出奇複雜的、深思的、豐富的東西使我一直要回到他。從來沒有人真正像他那樣來看事情。我猜想另外一個覺得親切的地方在於他寫起英文來就像不是土生土長講英文的人，而我覺得那種吸引力無窮無盡。康拉德的句法稍微脫軌；對於形容詞的堅持顯得很奇特。諸如此類的事情使我打心底覺得很感興趣。

247 【訪】你那個廣泛的宣稱的另一面就是說，與任何其他的文學理論、馬克思主義、解構批評或新歷史主義相比，帝國主義都是政治層面的主要決定因素。

【薩】文學中的全球背景，這個觀念來自帝國的經驗。人們有全球性的帝國——英國和法國當然曾經擁有——而現在二十世紀，美國已經繼承了英國和法國的霸權。因此，在研究文化的時候，如果不考慮這個更大的面向、這個框架，就會顯得有欠嚴肅。我所在做的就是說出這裡有一種聯繫。我並不是說，那種聯繫是簡單的、直接的或因果式的；我是說，在這兩個範疇中存在著許多彼此聯繫、彼此交織的地方——我把那些稱為相依相成。就帝國主義曾經、而且現在也涉及全球，因此它現在是呈現這些文學結構、文化結構和實踐的背景或舞台。

訪問者：瓦赫特爾（Eleanor Wachtel）

收錄於1996年加拿大多倫多《作者群》（*More Writers & Company*）

第十一篇

人民的權利與文學

【訪】你在某個地方曾經寫過，巴勒斯坦的經驗支離破碎，以 248
致古典的觀念無法適用。那麼「權利」的觀念呢？

【薩】這個嘛，我們處於一個獨一無二的情況：我們是個民族，但我們的敵人說我們並不存在。因此，對我們來說，「權利」的觀念意味著像一個民族這樣、像一個集合的整體這樣存在的權利，而不是像一群難民、無國籍的人或其他國家的公民。就某個意義來說，這對我們具有最迫切的意義，因為從我們和猶太復國主義運動的鬥爭開始，以及後來反抗以色列，我們主要的目標就是到達第一個階段。我們距離「民族的權利」還有很長一段路。在當前和談的氣氛之下，在美國人所謂的和平進程之下，不管是美國人或以色列人都沒有提出隻字片語來主張我們有「自決」或「民族的權利」。我們都還只是在起點。

【訪】你談到「民族的權利」和「自決」。但民族真的應該有權利去決定「自我」嗎？

【薩】這是個詭異的問題，但我認為就巴勒斯坦人的情況來說，的確如此。我們在巴勒斯坦這塊土地上有漫長的居住歷史。我們是個整合的社會，具有集體的記憶和語言——這個語言當然是阿拉伯文，就像其他阿拉伯國家的其他阿拉伯人民一樣的語言——即使我們的語言是阿拉伯文中特殊的一支。在1870年代，我們派代表到鄂圖曼國會，而自從二十世紀初以來，我們不得不打的那場戰役，那場知識和文化的戰役，其中一部分就是要顯示我們是一個「民族」。而作為一個「民族」，擺在我們眼前的有兩個選擇：一個
249 就是臣服，最終被壓迫和滅絕；另一個就是以國家的狀態生存，而且具有當今世界上大多數民族都允許擁有的權利。我們努力尋求後者。

【訪】「民族國家」（“national state”）、「國族」（“state-nation”）或「族國」（“nation-state”）的觀念本身，不就包含了各式各樣的陷阱嗎？我的意思是說，有一種看法會說，國家的觀念是一種騙人的伎倆，不同轄區的統治階級菁英藉此讓人覺得對菁英階級的任何傷害其實就是對他們統治下的每個人的傷害，而「民族認同」的觀念以及「民族認同」的權利就促成了那種幻覺，以致在國際法上一般人的觀念就是：入侵一個族國就是侵犯了那個族國裡的每一個個人。那不是一種幻覺嗎？或者你認為那種觀點太玩世不恭了？還是說，這究竟是怎麼一回事？

【薩】這一部分是玩世不恭，另一部分是不完整。在我們的情況中，人們必須記住，巴勒斯坦的民族主義有兩個層次。一方面，它對人民來說是急切必要的，而我得說：正是因為他們民族的根源，使得這些人民中大多數今天根本沒享有任何權利。比方說，在

黎巴嫩有四十多萬的巴勒斯坦人，這些人全都以無國籍的方式存在，他們身上的文件寫著「沒有國籍」。因此，就某個意義來說，這是一種有害的民族主義。另一方面，就像你所說的，我們可以藉著建立一個民族認同、擁有一個國家（具有民族主義的所有傳統特徵），來處理那個層次；然而人們對這種民族主義感受複雜，因為它能導致各式各樣的濫用。但對巴勒斯坦人來說，另一個層次，就我而言這是更重要的層次，就是巴勒斯坦人在中東的鬥爭——尤其是在阿拉伯世界的鬥爭以及面對以色列的鬥爭——是一種前衛的鬥爭，因為那是在宗教的民族主義非常、非常強有力的那個世界中所進行的世俗的鬥爭。我指的是在像伊朗、現在的阿爾及利亞、約旦這些地方，伊斯蘭的民族主義——這裡也牽涉到猶太民族主義，因為過去二十年來主宰著以色列人生活的右翼團體也是一個例證，另一個例證就是在黎巴嫩的基督教基本教義派的民族主義。因此，我們是不同的。我們不是一個宗教運動，而是一個要爭取民主權利的民族主義運動。第二個特徵就是，巴勒斯坦的鬥爭之所以是一種前衛的鬥爭，是因為它在沒有民主政治的那個世界爭取民主政治。我 250
們在1988年的民族獨立宣言中很清楚地揭櫫，我們進行的是世俗的鬥爭，要把民主的權利賦予所有的人、男女、不同的宗教、信仰和宗派。在那一方面，我們不只是渺小或卑微的民族主義；在那一方面，這是個耀眼的、重要的鬥爭。

【訪】你所說的那種事，當然會使猶太人覺得受到威脅。你在某個地方曾經寫到，猶太復國主義是我們這個時代政治判斷的試金石。你能不能解釋那句話？

【薩】好的。信奉猶太復國主義的那些猶太人，相信他們能回到巴勒斯坦，也就是說，回到猶太人古老的原鄉。他們相信自己大都有權獨享在巴勒斯坦的權利。當然，那個看法所忽略的就是，那裡當時存在著另一個民族，而且現在也存在著另一個民族，這個民族中大多數人自從1967年以來就在西岸和加薩走廊遭到佔領，而且大約有八十萬人是自從1948年被驅趕之後，留在那裡的巴勒斯坦人；他們在這個被描述為猶太人的國家——更別說是猶太公民的國家（這是個很重要的區別）——中，就像是二等或三等公民。我們這麼說，從猶太人的立場來看，猶太復國主義已經達成了很重要的東西。但從它的受害者的立場來看——猶太復國主義總是有受害者——這是以色列國製造出的災難。如果你願意這樣說的話，這是兩個悲劇之間的衝突。一方面，這裡有猶太人的殘留者，他們是在歐洲遭到西方反閃族主義者屠殺的倖存者，來到巴勒斯坦。他們在第二次世界大戰之前就來了，但他們身為倖存者的姿態和情況，以及他們建構的國家，是在我們社會的廢墟上。這並不是隱喻，因為我記得。我當時是個小孩，而且有部分歲月是在巴勒斯坦成長。我記得離開是怎麼一幅景象。整個家庭都離開。從那個觀點來看，這個衝突存在於以受害者的身分前來的一群人，反過來製造了另一群受害者——我們是受害者的受害者——而那是最困難的選擇，但我認為，那是在權利的基礎上必要的選擇。你不能犧牲一個民族的權利，來成全另一個民族的權利。

【訪】我認為你身為批評者的工作，以很深入、精微的方式連接上你身為巴勒斯坦理念的發言人所具有的關切。但我特別想到的事實就是，在你許多批評中的主題就是空間與地理。我們可以說，
251 許多先前批評的主題是時間和歷史。而你改變了那一點，或許說你和威廉斯（Raymond Williams）應該為那個轉變負起主要的責任。

【薩】這個嘛，你知道，那並不是說如果你對地理、空間、領

域感興趣的話，就不會也對歷史感興趣。我對兩者之間的互動真的感興趣。但的確，我認為地理更為首要，因為在我看來過去三百年的歷史其實是世界的歷史，那是一個已經全球化了的歷史。而使它可以讓人了解的，或者說使它可以讓人了解的主要事情之一，就是對於領土的爭奪。1918年，世界上百分之八十五的領土由一小撮的歐美國家所統治。從那時起，人們可以把文化和歷史的經驗，比方說，第二次世界大戰之後的那個階段，了解成被殖民世界的有色人種為了取回領土所進行的鬥爭。因此，那也是為什麼這對我非常重要。我把自己的歷史以及我民族的歷史，視為那個爭奪領土的工作，而那總是和領土有關。有趣的是，那從來不是為了領土而佔據領土。你並不只是到了那邊然後說：「我喜歡這個；我要拿走。」

我感興趣的是在那之前的一些理由。比方說，澳洲對英格蘭來說是完美的，因為它遠在天涯。那是相對的東西；我們可以把所有我們不要的人、竊盜犯等放到那裡。美洲是個應許之地，因此他們去那裡、去殖民，因為它是一個新的伊甸園。巴勒斯坦是猶太人要回的應許之地。但每每發生的就是這些理由和——你可以說——這些理由和存在於當地的人民實體之間有衝突。因此，那是對地理的爭奪，但也是對理由、哲學、認識論以及這塊土地屬於誰的爭奪。這是不是住在那裡的人的權利？比方說，就巴勒斯坦的例子來說，早期猶太復國主義作品的主要論點之一——不只是早期猶太復國主義的作品，也包括了二十世紀歐洲早期有關巴勒斯坦的作品——就是說那裡無人居住，如果那裡不是無人居住的話，就是一塊完全為人忽略的土地。法國在北非的殖民者佔領阿爾及利亞時也是同樣的論調：那只是一塊空曠的土地，上面住著野蠻人。換句話說，使用土地的權利，或者說想像把那塊土地做最好運用的權利，是賦予歐

洲人、白人的權利。那在我看來是個基礎——不只是真實政治鬥爭
252 的基礎，同時也是建構不同文化的基礎。如果要了解歐洲文化——比方說，如果在英格蘭而不多少知道印度或澳洲、加勒比海在英國家居生活中所扮演的角色，是不可能的。那一切在我看來都是一個出奇有趣的領域，而且總是和威廉斯的《鄉村與城市》（*The Country and the City*）、和海外的領土等等有聯繫、有關係。

【訪】你談到認識論，當然在你談論有關帝國主義的地理的作品中，我認為領銜的主題就是這個觀念：東方被建構成一個神祕，必須由西方去了解它。你有關那個題材的作品很奇怪地陷入它本身所標示的邏輯——我的意思是說，有人批評你只寫歐洲對東方的看法，而忽略了真正在東方從事那些事的人。你認為怎麼會發展成這種情況的？

【薩】這個嘛，我認為就某個程度來說他們是正確的。也就是說，當我在寫《東方主義》的時候，我真正談論的是歐洲對東方的觀念，那就某些例證來說真的是遠超過當地人的地理觀，而建構出完全屬於自己的領域和題材。即使現在回顧起來，在我看來是完全可以討論的，因為東方主義把自己建構成一個和當地人所想的幾乎沒什麼關聯的題材。然而，自從那之後我所從事的，就是注視那些彼此競爭的地理觀念之間的鬥爭。我最近一本書［《文化與帝國主義》］幾個月之內就要問世了，書中有一半的篇幅是在注視在非洲，在像愛爾蘭或加勒比海、印度這些地方，民族主義的鬥爭是如何必須開始於——你可以說——重新征服那個領域，以認識論的方式重新開始。換句話說，就是去重新想像它，而那種方式就像葉慈（W. B. Yeats）以愛爾蘭的神仙、英雄、偉大戰士等等來重新想像愛爾蘭的歷史。那個事實產生了——就像聶魯達（Pablo Neruda）在

拉丁美洲一樣——一個新的地理，也就是重新要回這塊土地。你在那裡找到一些真正彼此競爭的觀念。我認為我試著那麼去做，但很驚人的就是，在歐洲、在西方盛行的那些觀念是很難排除的，因為上面投資了太多的東西。那並不只是某人有個觀念罷了——而是環繞著這些觀念建立起許多科學機構，像是英格蘭的皇家地理學會（Royal Geographical Society）。比方說，身為地質學家、地理學家、 253
探勘者的莫齊森（Rodney Murchison），並不只是認為他是在探索非洲。他真正說的是，這就像軍事行動，而他嘗試發現非洲的地理和地質，就某個意義來說，擴大了英國的領域。隨那而來的是一個巨大的機構——皇家地理學會。那些東西是我們必須嚴肅以待的，而不只是說，喔，你是知道的，它們只不過是西方的虛構。

【訪】那麼處於英文之中的非英美人士的處境呢？我想的是像在非洲閱讀康拉德、在加勒比海閱讀［莎士比亞的］《暴風雨》、在印度閱讀吉卜齡和佛斯特的人或讀者。那種閱讀經驗如何？

【薩】這個嘛，那很不一樣。我的意思是說，比方說你要像加勒比海當地人一樣閱讀奧斯汀的長篇小說，而在所有英國長篇小說家中，奧斯汀也許在那方面是最囿限於非常非常英國式而且極為隔絕的特定地區的人。但如果你用加勒比海人或印度人的眼光來閱讀像《曼斯菲爾德莊園》、《勸導》（*Persuasion*）或《傲慢與偏見》（*Pride and Prejudice*）這樣一部長篇小說，你就會發現那裡很小心地提到海外的領域，那些領域的地位很重要。比方說，在《曼斯菲爾德莊園》中，托瑪斯・貝特倫爵士的家產是由在安提瓜的親戚所擁有，因此安提瓜對曼斯菲爾德莊園的經濟之重要性，絕對佔有中心的地位。但同時你對它有種幻覺。一旦提到他必須到那裡，而且要照料它，它就不再重要了。那是個奴隸的蔗糖種植園。如果你用那種眼光來閱讀，你就能看出英國小說史固然具有偉大的形式，卻正是建構於他們在英格蘭所想像的那些領域。比方說，在閱讀像《印度之旅》這樣的長篇小說時，就會出現一種完全不同的經驗。更勝一籌的是，康拉德的《黑暗之心》不只變成馬婁（Marlow）或克茲（Kurtz）在非洲那一帶的探險，而且真的變成了非洲本身以及在非洲奴役、隔離、蹂躪的象徵。隨之而來的當然是很不同的閱讀，而不只是為了一次考試或一門英文課來閱讀。你就像恩古基（N'gugi wa Thiong'o）和阿契貝（Chinua Achebe）那樣的人來讀它。你必須以去殖民的方式來讀它。你必須剝離上面的層層假說；而且經常會有像阿契貝和恩古基那樣的人在讀它，並且在某些情況下反對
254 它，用他們自己對河流和領土等等的了解方式來重寫它的歷史。依我之見，從殖民地、尤其是從去殖民的殖民地的角度來閱讀和詮釋那類作品，是活潑生動、投入更多的一個過程。

【訪】你提到了恩古基和阿契貝，因此這帶出了有關身為英美之外的英文作家的問題，比方說葉慈或沃克特（Derek Walcott）[1]的處境。希尼（Seamus Heaney）[2]在某個地方有個說法，說他們這些喜愛英文的人的處境就像是在岔路上。

【薩】順帶一提的是，這並不只限於英文，法文作家也一樣。有一整群很有趣、很重要的阿爾及利亞小說家，像雅辛（Kateb Yacine）以法文寫作，卻是阿爾及利亞反抗法國殖民統治的一部分，摩洛哥作家也是，像哈提比（Abdel Kebir Khatibi）是以法文寫

[1] 譯註：沃克特（1930-）是西印度群島的詩人和劇作家，作品以探索加勒比海的文化經驗著稱，1992年諾貝爾文學獎得主。

[2] 譯註：希尼（1939-）是愛爾蘭詩人，作品多乞靈於愛爾蘭歷史與神話，1995年諾貝爾文學獎得主。

作。[3]我認為那是很有趣的例子，而且就某個意義來說，恩古基轉而使用本土的語言來寫作，作為巧妙的應付之道。他在寫出了幾本很傑出的長篇小說之後，拒絕了英文，說他要用自己本土的語言來寫作。但那有挑戰。也就是說，語言是人工作的領域，而它經常需要一些前提。受到影響的不是語言本身。比方說，阿契貝說，根本就不該閱讀康拉德，因為他是那樣一個種族歧視者，所以《黑暗之心》對非洲人來說是不能閱讀的文本，說完他就揚長而去，繼續用英文寫自己的長篇小說。但我認為在語言之內為價值、為觀感、為地理鬥爭，這種鬥爭是持續不斷的，而且就某個意義來說，必須用當地的方式來了解。在英格蘭以新殖民或帝國主義的前提來寫作的人，並不是每個都使用英文。人們總是可以找到替代的方式。我認為，那是當今批評的重責大任——閱讀長篇小說，並不是為了重新建立正統和教條式的觀感等等來定位那個作品，而是以閱讀來了解這些，也試著把它們當成地位不定，而騰出其他的地方。就像賽沙爾（Aimé Césaire）所說的，「在勝利的聚會中，每個種族都有一席之地。」那對像詹姆斯（C. L. R. James）這種人來說是個偉大的例證——你可以從海地的奴隸大叛亂的角度，來寫法國大革命的歷史。那在我看來是有趣的另類選擇，而不是你用什麼語言寫作。

【訪】我認為在這裡葉慈是個特別有趣的例子，因為許多人會 255
驚奇地看到他被認為是反帝國主義的詩人，而不是現代主義的國際

---

[3] 譯註：雅辛（1929-1989）是阿爾及利亞小說家、詩人、劇作家，1956年出版的《內吉馬》（*Nedjma*）被視為該地區民族革命小說的經典，他在1970年代初期之前一直以法文寫作，後來改以阿拉伯口語創作；哈提比（1938-）是摩洛哥的小說家、文學批評家、教育家，屬於1960年代憤怒青年的世代，主張以摧毀與重新創造法文來拒絕法國文化，由內部攻擊其文化核心。

主義詩人（a poet of modernist internationalism）。

【薩】一點不錯！我認為葉慈是特別有趣的例子，因為他很反動，同時他這個人又相信宏偉的豪宅、十八世紀的貴族，而且他是盎格魯—愛爾蘭人。畢竟，他屬於上流社會。但就某個意義來說，葉慈是民族詩人，他是促成這種去殖民想像的人士之一，而這促成了愛爾蘭的文藝復興，直到今天依然如此。我認為有可能以兩種方式來看待葉慈：一方面他這個人在晚年淪入了很反動的、甚至是法西斯的政治，但是他的詩，特別是一直到〈塔〉（"The Tower"）之前的那些詩，甚至那之後，在1920年代時，真的是民族主義的詩，而這些詩我認為可以視為……我的意思是說，在愛爾蘭的脈絡中，他變成反動分子。但如果你把他和同時代的民族主義詩人來比較，或後來的賽沙爾，或聶魯達，或印度的泰戈爾（Rabindranath Tagore），你可以把他視為屬於去殖民的文化，這是當時的一種國際文化。他們知道彼此，而且在很不同的當地情境中根據相似的前提來寫作。把葉慈看成只是一個現代主義的國際主義者——就像以往對他的看法一樣——我會說這樣就錯失了他詩歌中很多的活力和自負。一個像他那樣說話的愛爾蘭人，像他那樣談論愛爾蘭歷史，是一種大逆不道的行為，而這種行為的力量是不容否認的。

【訪】你的第一本書，《康拉德與自傳小說》（*Joseph Conrad and the Fiction of Autobiography*），被你描述成嘗試進行一種現象學式的批評，而你談到沙特（Jean-Paul Sartre）和梅洛－龐蒂（Maurice Merleau-Ponty）[4]是那本書的靈感。那是不是依然是你作品的靈

[4] 譯註：梅洛—龐蒂（1908-1961）是法國現象學大師，著有《知覺現象學》（*Phénoménologie de la perception*, 1945）。

感，或者說方向已經改變了？

【薩】我會說很可能依然是，但也許我不會用「現象學」這個字眼。沙特、梅洛—龐蒂和胡塞爾（Edmund Husserl）那些人當時之所以吸引我，是他們似乎定位了有關形式的研究，或者說，有可能透過他們來了解對於形式的研究，當成是在脈絡中、在整個環境中發生的。我當學生的時候，以及在當研究生的時候，生活在形構主義（formalism）盛行的年代，當時那些新批評大師視作品本身真的是主宰的事物。而我發現在康拉德這樣的人身上——當時（那是在五〇年代末、六〇年代初）人們除了認為他是很講究的形構主義 256
作家這類事之外，很少人認識他——錯失了什麼。所錯失的正是我對他的作品有回應的地方，也就是流亡和流離失所等等的重大面向。在那些現象學者和存在主義者的作品中有一些現成的詞彙，我毫不羞慚地引用、利用，以便能以那種方式來看待康拉德。那是從康拉德的作品來研究他的生平——不是當成軼事般的事件，像是他到過非洲，或者說他到過婆羅洲，把這些放進故事裡等等——而是說，他總是試著以一種完整的方式，以那些能產生見解和調查式分析的形式，來重新建構自己的經驗，但通常都不成功（我的意思是說，康拉德自己試著追根究柢，卻不成功）。我發覺那很有啟發性，而且就某個意義來說，因為我一直試著那麼去做，把作品視為在一個「情境」中，就像沙特所說的，在一個脈絡中，這對我一直是很重要的。但是，隨之而來的那些沉重的術語或形而上的語言，其實現在多少與我無關。

【訪】在有關康拉德的那本書的主題之一，就是康拉德完全流離在外，他的分離，他試著只是用很表面的方式使自己連接上以英文來寫小說的傳統，因為他是個行蹤甚廣的波蘭人等等。在我看來，似乎你在七〇年代談論「開始」的那些作品中重拾這個主題。如果我了解正確的話，「開始」是一種對於現代主義的定義，以具有開始而不是源始的方式來定義，把自己與傳統的關係視為鄰接（adjacency），而不是連續（continuity）。你現在是不是依然認為這種與傳統斷裂的觀念足以描述現代主義的特色？

【薩】就某個程度來說那是與傳統的斷裂，而且我認為那是對它的正確定義，因為其中發生了某個具有催化性的東西。就現代主義的例子來說，很可能是在第一次世界大戰，歐洲的經濟和政治版圖產生了變化，還有其他許多事情。後來，在我目前的作品中［指的可能是1993年出版的《文化與帝國主義》］，我對現代主義有個新的理論，可以這麼適切地說，在創造我們所謂歐洲的現代主義時（那應該包括了像是喬伊斯［James Joyce］、艾略特［T. S. Eliot］、曼［Thomas Mann］、普魯斯特［Marcel Proust］等所有人），其中直接牽涉到的事情之一其實就是帝國世界的危機。人們感受到在他們作品領域的邊緣存在著某種攪擾，而這種攪擾會產生效應，就像
257 在《魂斷威尼斯》（*Death in Venice*）中來自東方的瘟疫，而且成為歐洲變化的隱喻，以致歐洲不能再獨立存在了。因此，作家所做的就是去重新建構。

那是與傳統的斷裂，卻是一種嘗試、有時是一種絕望的嘗試要去重建，就像艾略特的情況一樣，那也就是為什麼維科在《新科學》（Giambattista Vico, *The New Science*）中為我提供了偉大的隱喻圖像，在我那本有關開始的書中，維科是有關自我創造的偉大理論家。他所使用的圖像，你記得的話，是有個大洪水，洪水過後人類就像巨人般四處離散。為了要像人一樣活下去，他們選擇了建構社會。他們必須要建構婚姻、宗教、公民體制；而那變成了《新科學》

中新世界的隱喻。我把那視為激發歐洲現代主義的開始。但對我來說，在那底下，你知道，是1967年的中東戰爭，那是我自己生命中的大危機。我的大半輩子在那裡度過。我的家人當時在中東。我獨自到美國留學，而且盡可能先是以學生的身分、後來是以學者的身分在美國過日子，真的不管在專業上甚或感情上都很少涉及我離開了的這個世界——而這個世界在1967年被粉碎了。巴勒斯坦的其他地方都被毀滅或者被以色列人佔領了。我所知道、在其中成長的那個阿拉伯世界完全改變了。這是我自傳式的刺激，刺激我去重新思考「重新開始，開始，意味著什麼」這整個問題。這包括了選擇的行為，指定的行為，而不是事情從天而降。那也就是為什麼對世俗（the secular）的強調，至少就我個人來說，會那麼重要。那是許多事情湊到一塊，同時發揮作用。

【訪】你最近一本書是有關音樂，而且是有關你個人對音樂的喜悅［指的是1991年出版的《音樂之闡發》（*Musical Elaborations*）］。這本書多少是種奇怪的組合，因為它包含了許多人期盼薩依德所寫的書中會有的那些討論。也就是說，它談論西方古典音樂建制的發展，相對於東方的西方古典音樂的定義，對於獨唱家、名人、單獨聆賞的崇拜之興起，以及有關複製的科技等等這些影響。但在那之中，又強調了喜悅，尤其是在人們並不特別期盼的時候。這是不是你作品中的新發展？

【薩】我並不這麼認為，不，那些東西一直都存在。我必須承
認，因為我是巴勒斯坦人，或者因為我屬於某個文學或哲學或政治 258
批評的學派，而發覺自己置身於這些爭論中，很多時候令我深受其
擾。在我看來，所發生的情況，至少是在美國所發生的情況，就是
一個人幾乎完全成為那些全然專業性的——或者，更糟糕的，全然

專業化了的東西的產物。你和自己所做的事完全失去聯繫。那變成了只是賺取你的報酬，或者更進一步，賺取你的薪水。我喜歡以許多不同的方式來想像我自己，我被我喜歡、我想要做的事所打動，而不是我不喜歡、我被迫去做的事。因此，在我看來應該做的一件事就是寫文章討論音樂，集中在音樂中我覺得完全親近的、提供一種很持久的喜悅的那些方面，而那種喜悅是從我最早的意識開始，就一直在我的生命中。

【訪】你出生在耶路撒冷，是怎麼被引入歐洲文學的？

【薩】其實我是以雙文化的方式成長的。我一直都是上英國學校。我的家人先後居住在巴勒斯坦和埃及，這兩個地方都是英國殖民地。我猜我屬於我們國家的菁英階層，而我們被送到英國學校。因此，我成長的時候，在學校裡學的是英文，在家裡和朋友說的是阿拉伯文。因此，我記憶中是沒有不讀歐洲書的。那對我這輩子來說一直是很認真的學習。但同時我總是覺得自己並不是歐洲人。也許那是由於我上的學校讓我那樣感覺，因為總是有英國老師和一大群阿拉伯男孩（我上的是男子學校）。這讓人感覺被排除在外，而所接受的語言和文學的教育是個試著要你適應它的過程，但並不成功。大家總是發現你缺這少那的。

【訪】如果有人說那是一種簡單的同化，因為那麼多現代的、現代主義的歐洲文學是有關流放和流離失所，而你被流放在外而且流離失所，因此那是你的文學，這種說法是不是太過簡單？

【薩】我並不總是流放或流離失所。我總是覺得稍稍分隔，因為我來自一個基督教的少數團體，而在那個巴勒斯坦的少數團體中——巴勒斯坦的阿拉伯人口大多是穆斯林，大約只有百分之十是基督徒——我們是少數的新教徒，那就為數更少了，因此總是有一種

259

稍被排除、在中心之外的感覺。我上這些學校，而且說得一口好英文和法文，這些事實更增加了整件事的特殊性。因此，就某個意義來說，我感覺特殊，而這種文學似乎能和我的感受共鳴。並不是所有那些文學都是如此，但現代文學的確如此，是的，那是我感興趣的。當我以文學學者的身分攻讀專業學位時，我對早期文學並不真正覺得完全自在。我喜愛十八世紀，但那看來幾乎像是研究一個外來文化，而二十世紀，特別是二十世紀那些流亡的角色，那些漫遊者——像是喬伊斯等等——對我來說親近得多。

【訪】喜好分期、甚至對分期瘋狂的人告訴我們，現代主義已經結束了，而我們現在處於後現代主義的時代。你對那有什麼想法？

【薩】對於完全以美國、廣告文化、媒體、拼貼等等那種方式來思想的人，我想那是成立的。但如果你知道麥迪遜大道和高科技建築之外的其他世界，那麼你就會了解有關現代的爭戰——也就是像是「現代性」中的現代——在我所熟悉而且關聯的那個地區，像是中東，是很重要的爭戰。其實，那就是**唯一的**爭戰。別忘了，在我們生活的這個時代中，有關「傳統是什麼」這整個問題，以及先知怎麼說、聖經怎麼說、上帝怎麼說、耶穌怎麼說等等，都是人們爭戰的一些議題，就像魯西迪（Salman Rushdie）的例子，他為了自己的作品而遭人發出追殺令。那就是我們的爭戰——為「現代是什麼」、為「有關過去的詮釋」而戰。這在阿拉伯和伊斯蘭世界中是很重要的。有一整派的作家、詩人、散文家、知識分子所奮戰的就是要得到**成為**現代的權利，因為我們的歷史是被*turath*（傳承）所掌控。但問題在於，誰來指定傳承是什麼。那就是問題。對我們來說，「現代主義」和「現代性」的危機，就是有關權威的危機，有關個人、作家、思想家自我表達的權利，也是有關女性權利之戰。因此，有關後現代主義的整個問題，在西方是種憨第德式的（Candidean）[5] 有趣問題。但對我們來說，現代主義和現代性一樣，是當前的議題。

260 【訪】我注意到近來在一些脈絡中，你把自己描述成在某些辯論中是站在保守的一邊。而我認為你所談的是在美國有關典律的權威那種特定的文化辯論。而這被形成的方式之一就是用「政治正確」（political correctness）的觀念，而「政治正確」是個很美國式的遠距現象（tele-phenomenon）。有關政治正確的問題，從你的觀點來看，是不是只是另一個「紅色恐怖」（"red scare"），也就是說，校園裡有人試著壓制見解不同的人？

【薩】可以說是，也可以說不是。美國大學裡有一小撮左派人士，他們在掌理事情，而且宣稱什麼可以讀、什麼不可以讀，這種想法完全是鬼扯，完全是胡說八道。但另一方面，存在著一種重要、有趣的辯論，也就是說，我們這些人，比方說，從屬階級，或被壓迫的人，或先前被壓抑的人，或不管什麼類別、有色人種，當我們面對典律時，該怎麼辦？依我之見，一般所形成的另類選擇相當貧乏。一種方式說：如果我們是有色人種，就不讀白人所寫的任何東西；如果我們是女人，就不讀男人所寫的任何東西；如果我們是同性戀，就不讀異性戀所寫的任何東西等等。那是以一種典律來取代另一種典律。我不贊同那種方式，因為那只是把你我放到新的邊緣位置。對於批判政治正確的人來說——他們把自己變成了美國

5 譯註：憨第德（Candide）是法國文豪伏爾泰（Voltaire, 1694-1778）同名小說中的主角，生性天真、樂觀、務實。

當今的一種產業——像寫出《取得終身職位的激進分子》(*The Tenured Radicals*)那類書的人，或像寫出有關「非通識教育」(“illiberal education”)的書的德蘇沙(Dinesh D’Souza)，沒有什麼比那更容易的了。那都是鬼扯……讓我們看這些人要什麼，讓我們給他們非裔美國研究系，讓我們給他們同性戀研究，讓我們把那些全都給他們，但讓我們繼續下去。

另一個選擇就是不以一種典律替代另一種典律，不要把先前是歐洲中心的變成非洲中心，先前是陽性中心的變成陰性中心，而是說，讓我們嘗試並且去了解典律的建構，以及這些事物所服務的對象是什麼。那是第一點。第二點，從我的觀點來看最重要的是，它們如何彼此相關。換句話說，在我看來帝國主義的歷史和殖民的歷史、黑人、巴勒斯坦人、同性戀、女人所體驗的被壓迫的歷史，這
一切都是建立在區隔、分離之上。在倫理上和政治上最糟糕的就是 261
讓分離主義依然故我，而不去了解分離主義的相對面，也就是關聯性(connectedness)。在那方面我是很保守的。我要去看每件事是如何運作的。我並不只是感興趣於美國文學裡的巴勒斯坦主題，或法國文學裡的巴勒斯坦主題。我感興趣的是所有這些事如何一起運作。把它們全都關聯起來，去了解整體而不是整體中的片片段段，那在我看來是重責大任。

訪問者：雷(Jonathan Rée)

1993年刊登於開羅美國大學的《比較詩學》

(*Alif: Journal of Comparative Poetics*)

第十二篇

語言、歷史與知識生產

薇思瓦納珊（Gauri Viswanathan）是我從前的學生，1996年進行這場公開訪談時擔任［美國紐約］高傑特（Colgate）大學英文客座教授，此訪談是該大學討論會系列之一。——薩依德誌 262

【訪】艾德華，你在文章裡經常寫到，像學術這樣的東西在真實世界裡事關重大，人們針對形象、資訊、詞彙進行爭戰。你的作品讓讀者知覺到知識生產從來就不是超然的，而是深植於歷史、環境、地方的物質性之中，因此你的作品深具影響力。你經常把這種物質性描述成現世性，這種現世性攸關文化生產的結果。我第一批問題涉及發展多種另類知識（alternative knowledges）。如果學術，像是東方主義的知識，創造出支持盛行的正統的知識障礙，那麼你的作品就主張學術也能拆解那些結構。因此，首先在反抗官方知識批准的那些大敘事（grand narratives）的爭戰中，在你看來，對於歷史被否認、沒辦法訴說自己故事的那些人來說，他們要如何開始？訴說自己的故事需不需要進入像是媒體、政府或大學那些公共體制？

【薩】這個嘛，或許後來是要的。但我對學術有一種很矛盾的、而且也許在某些方面是很保守的看法。首先，我不相信一個人能不先多少真正嚴肅了解那個敘事是什麼，就能對盛行的正統或官方那種大敘事提供對反的另類（counter-alternative）。我也不認為一個人一開始就能訴說自己的故事。我認為一個人必得真正了解並且
263 尊重由男男女女經年累月的貢獻所形成的那些知識結構。我很早就從維科（Giambattista Vico）學到這一點，他讓你了解歷史並不是神靈或神聖的，而是由男男女女造成的。因此，為了了解個人生活的世界，以及這些活動發生的學術世界，我認為一個人必得真正強烈感受到從事學術是什麼意義。而且就我以往所能達到的程度來說，我花了很長的時間嘗試精通傳統學術的技巧。那不是你能揮之即去的東西，只是說那全都是已逝的白人男性的東西，或帝國主義的噱頭。我對於人生產事物的過程很感興趣；因此，我認為那是第一步，其次，我認為第二步是逐漸獲得一種觀點，這並不只是因為你在尋找一個角度，而是因為你以某種方式與它相關。就我個人的情況，那也許是巧合，但我認為和你一樣在殖民地長大並不是**快樂的**巧合——不過你是生長在**後**殖民時代吧？

【訪】說對了。

【薩】說對了。［笑聲］這個嘛，瞧，你沒有那種優勢，對吧？我是在英國的兩個殖民地長大的，而我對英格蘭歷史其實必須比阿拉伯歷史學得更多……我學得更多的是英國、英國史、坎紐特

國王（King Canute）、阿佛烈德國王（King Alfred）、莎士比亞、圈地法案（the Enclosure Act）和各式各樣的事實，而這些對來自我這種背景的人是完全沒有意義的。

【訪】這種情況在後殖民地繼續發生。

【薩】是的，繼續發生，但方式並不很像。也就是說，在我來到這個國家之前，在埃及上的學校叫維多利亞學院——它所根據的是英國私立學校的模式。當你到校註冊時，他們給你一本手冊，上面有一條規定：「英文是在校使用的語言。」如果你被逮到說當地的阿拉伯話，就會受罰。因此，那種情況的力道很強。就某個意義來說，我**不得不**吸納它。你那本《征服的面具》（*Masks of Conquest*）就某個程度來說寫到了這個：你有英國老師來教許多當地人，而他們嘗試教你的一件事就是你能獲得一些有關英國以及英國的詩歌、語言的知識，但你永遠**不會是**英國人，那和法國的帝國主義系統迥然不同，法國人訓練人們同化入法國。因此，你成長時學習這個地方的語言、文化、歷史，讓這些主宰你，而同時你被迫承認，雖然 264
你在學這些，但你永遠不會是它的一部分。因此，那種奇怪的分裂在多年之後提供給我——我當時並不知道——提供給我一種看待它的角度：你知道你能吸納它，卻又依然疏離於它。

【訪】但你和那種殖民經驗分離到什麼程度？是在什麼時刻分離的？

【薩】所花的時間並不長。那是在1940年代末、1950年代初，英國在埃及統治的最後一段時光，也是法魯克國王（King Farouk）最後的歲月——他是革命之前埃及的統治者。因此，學校裡存在著嚴重的社會動盪和緊繃。學校裡有這些英國老師，而我們則是另一群阿拉伯人、亞美尼亞人、猶太人、義大利人——全都是流離在外的人。當時正在進行一場鬥爭，到頭來當然我也被扯進去，然後被踢出學校。因此我來到美國，馬上就進入了傳統的教育。我對閱讀和學習的胃口很大，埋首書堆。我對任何運動都沒有政治的或社會的知覺，一直到後來，六〇年代中期——當時我已經到哥倫比亞大學了——隨著1967年戰爭的發生，我才突然知道我所成長的那個世界，我對自己從那裡來的那個世界的觀念（不管是透過第二手、第五手或不管第幾手的資訊），突然間遭到了巨大的改變。而我首度開始感到一些不安，對於學術訓練加在我身上的東西——以及我加在自己身上的東西——感到不安。然後，隨著巴勒斯坦民族主義的開始，我介入了一種運動，我認為經過的情形就是這樣。

【訪】如果你繼續住在埃及，在那個地區成長，你思想和生涯的方向會不會有顯著的不同？你提到一個很有趣的想法：你來到美國，經歷了一套不同的學術和知識經驗，而這些經驗後來使你沸騰。但是——這是我自己在印度的觀察——在學校和大學裡，產生重新思考研究領域和訓練的那種批判意識，有時來自外在——比方說，可能出過國又回來的印度人。而繼續在印度工作的那些人，感覺比較封閉，他們的疏離感也許並不那麼強烈。

265 【薩】這很難說，因為我所成長的那個世界——巴勒斯坦、埃及和黎巴嫩——變化得太大了：巴勒斯坦被1948年以色列建國所改變，埃及被革命所改變，而黎巴嫩被二十年的內戰和持續的紛亂所改變。我所成長的那個世界已經不存在了，它的外在都改變了。因此，我認為如果我留在中東的話，很可能必須從底下的兩件事中選擇其一：不是像我這一代的許多人那樣直接介入政治，尤其是如果他們受過教育並且屬於某個階級，而我家族裡就有那方面的一些傳統；就是——很可能兩者彼此不能分離——我得四處奔走個不停，因為當國家被毀掉的時候，或者你必須遷移的時候，或者一個人生命中有些劇變的時候，你就會像現在的中東人那樣，花許多時間擔心明天會發生什麼事。因此，你沒有很多時間去反思等等。而我認為我因為來到這個國家，以致有很長一段時間受到庇護，這裡所說的不只是受到學院建制的庇護，而且——我認為這是天大的好運——我其實從來沒有任何真正的好老師。［笑聲］我的意思是說，他們都還不錯。他們是**好的**老師，但不是**偉大的**老師。我記得1986年左右，我去訪問詹姆斯（C. L. R. James），這位千里達的歷史學家、作家和散文家當時已經很年邁了。他住在倫敦，已經很接近生命的盡頭——他當時想必快九十歲了。他對板球很感興趣，而我當然是在玩板球的文化中長大的，因此我們稍微聊了一點那方面的事。然後就在談話中，他突然轉向我，然後問：「你有沒有任何真正偉大的老師？」那是我第一次真正以**那種方式**來思考這個問題。他以他那種相當熱切的方式追問：「有沒有任何**真正**激發你的人？」我回想**多年來**的教育，而你知道，我受過很多教育，但我不得不說，自己並沒有遇到真正偉大的老師。我當時認為，那多可惜，但幾年後我想到，如果我曾經**有個**偉大的老師，我就會花很多時間試著脫離那股奇特的力量，然而在這種方式下，我有一些好老師，他們提供給我許多資訊、閱讀的機會等等，但我從未採納任何觀念的系統。想像一下，比方說，如果你是詹明信的學生，你必須和那種情況纏鬥很長一段時間——不管就正面或反面的意義來說。
我並沒有遇到那種情況，因此我就為自己去發現，而我認為那讓我 266
後來能向周遭其他事件保持開放的態度。

【訪】在你的許多作品中，一以貫之的就是必須有獨立判斷和某種的批判意識，而這些必須擺脫盛行的正統或統治的教條。我這裡感興趣的是，這和你那些不是那麼令人興奮的老師之間如何產生關係？你對這有什麼說法？你自己曾經多次說過，你無意訓練學生去做你所做的事，去像你那樣思考，因為那會使類似牧師的傳統持續下去，而這很違反你心目中知識分子在社會裡的角色。

【薩】是的，我從來就不是什麼門徒，而擁有門徒對我來說也並不真正有趣。有些人教育出一堆門徒。世界上依然充滿了德・曼（Paul de Man）的門徒，而所有的結構主義者都有模仿者，但我一向認為那很無趣，因為到頭來你並不真能學到什麼東西。我有個很幼稚的感覺，我一直想學新的事物，而且被那種想法所驅策。我也認為，重新形成和重新思考的這種必要，對我所嘗試要做的事情是極為重要的。

【訪】你對專業主義的立場顯示了你有關知識分子的社會功能的看法，也就是說，要超越個人的學科專業而發言。

【薩】是的，但我認為這並不能真正做到。就像我先前說過的，那有一點矛盾，因為我認為除非你就某個意義來說已經了解了專業主義**是什麼**，否則無法超越專業主義的範圍。而且我認為對我來說無論如何很重要的就是要學生、或讀我的書、聽我演講的人堅持主張，有必要去了解在那些事情上的投資，而不是把它們當成愚蠢和無趣的事輕易打發。我認為有關建造系統（system-building）這整個問題是很有趣的。就像我在一篇叫做〈理論之旅行〉（“Traveling Theory”）的文章中所主張的，即使一個理論的產生也是根植於歷史的和社會的環境，有時候是偉大的**危機**，因此，要了解理論時，重要的是把它看成是來自一種存在的**需求**（an existential *need*）的東西，而不是一種抽象的東西。然後，當然理論也被再度使用了。一旦理論被其他人挪用，當然就失去了特定的內涵，但也因為如此，知識分子和歷史家的工作就是要試著從那個早先開始的**方式**來了解它。

【訪】但你認為這種稀釋，這種對原始動機的弱化，是無可避 267
免的嗎？

【薩】這個嘛，在大多數時候看來的確如此。換句話說，如果你留意觀察黑格爾學派和黑格爾之間的區別、或馬克思學派和馬克思之間的區別，可以看到當系統開始發揮、發揚的時候，那種迫切性就喪失了。當然，也有一些巨大、猛烈的轉型的時刻，比方說，當盧卡奇談論馬克思和馬克思**主義**的時候，就為那個系統帶來了很強有力的撕裂，一種很強有力的轉型。但那是很罕見的。大多數人都只是挪用別人的觀念。我認為，人生其實就是這樣，我們挪用別人的東西，加以調整、適應，結果就是這些觀念失去了一些力道。我最近感興趣的是理論被借用的方式，如何一再被使用，甚至被變得**更為**激進。讓我印象深刻的一個例證就是盧卡奇有關主體和客體的見解。在《歷史與階級意識》（*History and Class Consciousness*）這本書中，主體與客體之間的張力被像葛德曼（Lucien Goldmann）和威廉斯（Raymond Williams）這些人所使用，而且變得稍微軟化。它變成了學院派的、（如果你願意這麼說的話）變成了**純粹**知識的議題——相對於社會的和政治的議題。但對於像法農這樣的人，我碰巧發現法農**讀了**盧卡奇的法文翻譯本，而且**用了**主客二分的觀念（那是很抽象的黑格爾式觀念），並且把它引進殖民的脈絡，在這個脈絡中，衝突、對比、對立存在於殖民者和土著之間，而法農顯示了那必然會引爆：沒有辦法調和二者。因此，原先盧卡奇在理論中顯示主體和客體能彼此調和，在這裡卻被轉型成了一種激進得多的東西，但在**大多數的**時候那種情況並不會發生。[1]

【訪】你會不會說自己在寫作時，尤其是在寫《東方主義》時，試著對傅柯做類似的事，把傅柯帶入他不敢進入的領域？

【薩】我對材料的興趣遠甚於對理論的興趣。其實那時候我已經開始對傅柯失去興趣了。

【訪】但《東方主義》——這種情況不管是好是壞——已經被認為是理論的文本。你願不願意回應其實可能已經超越你那本書的某些解讀方式？比方說，把論述解讀為權力。你在開頭那一章談到
268 了傅柯，但也指出傅柯的**限制**，他對帝國主義或非西方文化並不特別感興趣。

【薩】或者非法國的東西。

【訪】是的，正是。

【薩】他的興趣甚至比歐洲還有限得多。

【訪】但你是知道的，過去二十年左右對《東方主義》持續不斷的一種批判式閱讀，就是有關你對論述作為權力（discourse as power）的處理方式，比方說，認為你真正感興趣的是權力如何被**建構**，而不是它如何影響到臣屬的民族。

【薩】對的。

【訪】你要如何回應那種讀法？

【薩】這個嘛，我認為那是對《東方主義》公允的批評。我認為自己當時嘗試要做的事是很有限的，也就是說，我當時嘗試要看

1　譯註：此處的論點詳見1994年出版的〈有關理論之旅行的重新省思〉（"Traveling Theory Reconsidered"）一文，此文後來收入《流亡的省思》，頁436-52。然而在該文中，薩依德只是依照出版的年代先後，推測法農想必讀過盧卡奇的法文譯本，證據並不確鑿。不過，這並無損於薩依德的見解。

的就是，從拿破崙征服埃及那個階段開始的帝國主義，對於東方的某種看法是如何創造、伴隨、運用來使東方臣服於西方。我當時嘗試要做的就是這些。對於東方**真正**像什麼，我**未置一詞**。對於反抗東方主義的可能性，我**未置一詞**。因此，對我的那種批評是公允的，因為我認為傅柯大謬不然的事情之一，就是他總是從權力的觀點來寫。奇怪的是，大多數人認為他是個反抗分子，但他的另外一面就是密勒（James Miller）在討論傅柯的專書中所暗示的：傅柯所有的作品其實都展現了他同性戀的特別方式，以及他對虐待狂─被虐待狂的興趣。因此你可以說，傅柯談論權力的角度始終一方面從權力總是獲勝的角度，但另一方面屈服於那種權力的他，是以某種愉悅的方式來談論權力的受害者。而那在我看來總是錯誤的；我在《東方主義》和其他地方對於權力的態度總是深深的懷疑和敵視。我又花了十年的工夫才真正在《文化與帝國主義》中表達得更清楚，在那本書中我很感興趣的不只是談論帝國主義的**形成**，而且是對它的**各種反抗**，以及帝國主義事實上**可以**被推翻，並且**確實**被推翻了——這些都來自反抗、去殖民、民族主義。但在《東方主義》
中，我從來沒有像傅柯在《知識的考掘》（*The Archaeology of Knowl-* 269
edge）中那樣來談論論述，比方說，把它當成具有自己的生命，而且能和真實的領域、或者我所稱的歷史的領域分開來討論。我認為也許我最自豪的一件事就是，我試著一併討論論述和有關征服的說法、宰制工具的創造、監視的技術，這些都不是根植於理論，而是在真實的領域。

【訪】有些人讀了那本書之後也許會說：「我們沒有聽到被殖民者的聲音。」

【薩】嗯，他們是對的，他們的確**沒有**聽到。

【訪】那麼寫這本書的人呢？難道不可能爭辯說，身為**作者**的你是從被殖民者的立場來寫？

【薩】這個嘛，那是以反諷的方式。我仰賴的是去魔魅（disenchantment）和去神祕化（demystification）的技術。我當時試著顯示的是，學者這種大規模、權威的系列研究其實在各方面都是有毛病的，因此我是以反諷的方式來談論他們，有時甚至是出於諷刺的方式。但我沒讓被殖民者的聲音透過他們出現，因為我只是要集中於他們。而我自己的聲音其實只在全書結尾時、當我開始問問題時才出現。我說，唔，誰能經歷這種事而倖存下來？我認為這對東方主義者不好，對東方人也一樣不好，換句話說，在這個遭遇中產生了雙輸的局面，而那也是我唯一一次用那種方式來說話，其他時候我的語調相當平穩，一直到十年後我才寫自己心目中的續集，也就是《文化與帝國主義》，而在那本書中我的確談論了被殖民者。

【訪】我能不能轉移到一個相關但多少有點不同的主題？這牽涉到你從特定的一套經驗和歷史來寫作的這個觀念。在《最後的天空之後》這本書中，你重訪巴勒斯坦，主要是透過照片，但在過去幾年來，你回到自己的出生地，也到那裡訪問過幾次，而且你剛從西岸回來。願不願意談談那次旅行？

【薩】自從奧斯陸協定簽訂之後兩年來，我開始留意有關巴勒斯坦的訊息。我開始首次有相當大的阿拉伯讀者群——我大部分的
270 著作都是用英文寫的。但在奧斯陸協定之後，1993年的後半年開始，我開始用阿拉伯文定期為阿拉伯一家大報寫文章。我人在紐約，這些年來經過了兩、三年的化學治療，我發覺我從憤怒和政治爭議得到的能量在許多方面能賦予我活力，而且為我帶來很大的讀者群。

然後，我兒子得到1994至1995年的傅爾布萊特獎助金，那一年他待在埃及，並且自願在約旦河西岸當義工。他沒從我們這兒拿一毛錢，而是在某個叫民主政治和工人權利中心（the Democracy and Workers' Rights Center）的機構當義工，每個月只有一百美元收入。然後當然壓力就大了：你不想來訪問嗎？我思考之後，終於去了。那很艱難，因為我感受到所謂的巴勒斯坦人的自治是很不公平的，而以色列人已經創造出一幅地圖——你對帝國主義所知道的事情之一，就是土著沒有地圖，白人有地圖——當然在以色列的情況就是如此。我知道在整個協商過程中，巴勒斯坦人沒有地圖，必須仰賴以色列人的地圖。因此，我是經過以色列抵達巴勒斯坦的——當然，我得先到特拉維夫，才能到達耶路撒冷，而我感受到自己從未體驗過的強烈不適，甚至比我1992年首次訪問時更強烈，因為在這裡我已經非常惡名昭彰了，原因是我公開攻擊阿拉法特和巴勒斯坦當局，也批評以色列人和美國人。我就這樣抵達這個地方，第二天早上九點半上《巴勒斯坦之音》（*Voice of Palestine*）這個節目，也就是阿拉法特在巴勒斯坦境內的私人廣播電台，有個半小時的節目，節目中就只是詛咒我、攻擊我。當然，最糟糕的是，因為我的觀點，我被描述成只是一個東方主義者，擔任美國中情局的間諜來做不利於巴勒斯坦人民的事等等。但在幾分鐘的驚嚇之後，我把它當成很大的恭維，因為他們必須承認我的存在。接下來的幾個星期我和兒子在巴勒斯坦四處逛，而我真的希望能有個新的巴勒斯坦，因為它是那麼深深吸引我兒子。但我對整件事的感受就是，巴勒斯坦人現在正經歷著一個非常非常黑暗的階段。因為這些封鎖，你無法從一個地區到另一個地區。我們在那些領土上，被以色列人的路障擋下來，他們檢查我們的護照，把我們帶到一邊，諸如此類的事，花了幾個小時。

271 【訪】在你看來，針對巴勒斯坦問題進行對話和了解的可能性如何？你對巴勒斯坦人未來的看法，如何形塑你其他的作品，包括文學批評？

【薩】對話的問題適用於，比方說，多元文化以及文化之間的關係等的問題。那也涉及美國之內、美國之外、歐洲之內等等不同社群成員之間的關係。我們面前有著數不盡的例子，這些例子並不是關於文化的對話，而是文化的衝突，有時還很悲哀的是，就像杭亭頓（Samuel Huntington）[2] 所說的，那些衝突是很血腥的。有許多像杭亭頓那樣的人把這種衝突當成普遍的事實，然後說當今的文化或文明是如此的歧異，以致我們必須接受這個觀念：這些文化或文明將會衝突，而且除非透過對立、有時甚至透過滅絕的關係，否則不可能溝通。我對那深深不以為然。我認為，如果你用長遠的眼光來看，各種文化的歷史暗示了文化其實並不是故步自封的，而是向其他各個文化開放。較新的保守主義運動以及像是班奈特（William Bennett）、德蘇沙（Dinesh D'Souza）和其他人的說法暗示，彷彿有個不同於所有其他文化的西方文化這麼獨立存在著，那完全是胡說八道。從歷史上來看，那根本就不能成立。我自己並不那麼像解構批評者那樣，不允許自己去說到底事情是真是假。在這種情況下，

---

[2] 譯註：杭亭頓（1927-）是美國政治學者及哈佛大學教授，1977至1978年曾服務於美國白宮國家安全會議，主要研究領域包括國家安全、低開發國家的民主化與政經發展、世界政治中的文化因素、美國國家認同，著述甚豐，包括《文明衝突與世界秩序的重建》（*The Clash of Civilizations and the Remaking of World Order*, 1996）。此處「文明衝突」一詞來自路易斯（Bernard Lewis），而薩依德多年來嚴厲批判兩人的見解，此處便是一例。至於薩依德對杭亭頓的批評，詳見其長文〈定義的衝突〉（"The Clash of Definitions"），收於《流亡的省思》，頁569-90。

我們談論的是對人類經驗和人類歷史的錯誤看法。因此，在我看來，我自己許多作品的首要動機，不管是在《東方主義》或《巴勒斯坦問題》裡，都是嘗試揭露文化之間衝突的歷史根源，**以便**提升不同文化之間對話的可能性。

接著談你問題的第二部分：在我的學術工作和與巴勒斯坦無關的討論中，為什麼整個巴勒斯坦的經驗是如此的重要，也提供了我許多的見解。我認為，你無法以抽象的方式來了解，就像**人與人之間**無法以抽象的方式來了解。我認為了解總是要植根於歷史，植根於一種繼續不斷的關係，我自認是葛蘭西的學生，因此知道各種關係從來就不是平等的，從來就沒有平等的對話這回事。湯普森在他1926年的書《動章的反面》（Edward Thompson, *The Other Side of the Medal*）中率先指出這點。湯普森是為英國人寫作的英國人，而當 272
時正是英國和印度關係緊繃的時候。他在那本書中說，注意，你們必須了解的是，身為印度的殖民者，我們不但昧於我們對印度人的傷害，也昧於我們對那個關係的**再現**對他們所造成的傷害。也就是說，如果我們繼續把他們再現為像蠻人般野蠻、暴力，需要規訓和教育，我們就會惹火他們，他說，因為我們造成了心理傷害，這種傷害不但遠非權力所能解決，或以一般意義的了解所能解決，而且是會加深的。因此他說，我們必須要接受這個事實：我們在政治上錯待了印度人。

對於巴勒斯坦和以色列的問題，我一直有同樣的感覺。也就是說，我強烈相信發生在巴勒斯坦人身上的事是這類情況中特別惡劣的。一直到今天，巴勒斯坦的人口中有百分之五十五不是住在西岸或加薩走廊，而是住在其他地方：難民，無國籍，在黎巴嫩有四十萬人，在敘利亞有八十萬人，在約旦有一百萬人，還有在美洲、歐洲，四散各地。他們對巴勒斯坦有一種很強烈的執念，但面對的卻是以色列這個敵人，這個敵人不但對他們做了這種事，並且賦予所有猶太人回到巴勒斯坦或以色列的權利，透過回歸法成為公民，而這卻是出生在那裡的巴勒斯坦人所沒有的權利。出生在波蘭或法國或紐約的人，只要母親是猶太裔，就有資格成為猶太人，就能成為以色列的公民。然而住在十英里外難民營裡的巴勒斯坦人，卻不許成為公民，在他們出生的國家和原生的地方淪為二等人民。儘管我成長的階段在這些方面都算享有相當的特權，因為我的家庭富裕，我並未嚐過生活在難民營裡的折磨，但我們卻背負了一種說法：這些說法主張**我們**是以色列人不安全的原因，**我們**是恐怖分子。我所編寫的一本書就是《責怪受害者：虛偽的學術與巴勒斯坦問題》（*Blaming the Victims: Spurious Scholarship and the Palestinian Question*）——那也是湯普森所談論的心理創傷。除非以色列人承認他們所做的事，以及他們的社會使另一個民族所付出的代價，否則我不相信
273 能有和解。我並不是說每個巴勒斯坦人都要回到巴勒斯坦，我當然也不是要拿回我家的房子，那房子現在是某個叫國際基督徒大使館（International Christian Embassy）的總部，這是全世界最基本教義派、右翼、猶太復國主義、親以色列的基督教組織。我來自一個基督教的少數團體，但當我看到這棟國際基督徒大使館的基督教總部時，我甚至進不了那棟房子。我女兒說，你能不能帶我們看看你出生的地方，那些房間，你成長的地方，但我辦不到，這對我來說真是情何以堪。我認為大多數的巴勒斯坦人會說，唔，我們要不回巴勒斯坦，那裡住著另一個民族，諸如此類的事。

但是，我們的確要承認這裡發生了一些事。大多數人並沒有閱讀和平進程的文件，原因很簡單：第一，他們拿不到手，第二，最

後的文件長達四百五十頁。要花四百五十頁才說得出巴勒斯坦人要被限制在他們自己這些小小的領域，那算哪門子的和平協議？那顯然不是和平協議。但它最狡詐的特色之一，讓我們回到印度的例子，就是說在那**裡面**以色列一再地、一條一條地讓自己開脫1993年9月之前所發生的事情的任何責任。那不是處理衝突的方式，那也就是為什麼兩個文化之間，眼前這個例子就是阿拉伯和以色列文化之間，真正的對話、真正的了解的框架、真正的和解永遠無法發生。必須要有某種的平等感，或者至少是朝向平等的方向邁進，和解才可能發生。

我要講的最後一點對美國很重要。1970年代外交政策的部分觀念之一就是——我這裡是以業餘者的身分來發言——你能解決衝突，而我介入其中一些，後來因為很厭惡這一切而退出。我認為那很狡詐。但其中的觀念就是，你能把爭戰的雙方湊到一塊。他們在北愛爾蘭是這麼做的，他們對北愛爾蘭的不同黨派是這麼做的，在南非和前南斯拉夫都是一樣，把他們湊到一塊，試著讓他們彼此交談，**彷彿**衝突基本上出自誤解——你是知道的，情況就像你不了解我，我也不了解你。有一個傢伙和我一塊上研究所，他在外交界的工作顯然與心理上的衝突解決有關。他寫了一篇叫做〈根據佛洛伊 274
德的外交政策〉（"Foreign Policy According to Freud"）的文章。文中指出，這些人都只是精神病患，總是比較弱勢的人必須做更多的心理調適，我認為那全是胡說八道，那不是你解決衝突的辦法。其實你必須處理衝突的真正來源，而那回到權力。我認為除非受害者就某個意義來說能把討論帶到加害者的心中，否則就辦不到，因為有各式各樣的東西把我們和現實阻隔開來。

【訪】這也許是讓聽眾發問的好時機。

【聽眾】在你針對全球資源分配的問題中，經濟因素如何？

【薩】讓我以巴勒斯坦／以色列的情況開始。我用個概括的說法，因為我沒有時間進入每個細節——先前的經濟安排使得巴勒斯坦人在經濟上變得更依賴以色列人。那意味著無論何時，就像在2、3月的巴士爆炸案之後的情況一樣，以色列這一方要懲罰巴勒斯坦人，就能關閉邊界，以致現在有百分之七十的人失業。以往有八萬到十萬人越過邊界，比方說從加薩到以色列，白天在那裡打零工——他們其實是奴隸，但至少有份工作——但現在也許只有三、四千人能進去。你能想像那是什麼情景。而那被寫入協議中。有關經濟的協議，我可以再給你一個簡單的例子。各個區域之間彼此並不接壤，也就是說，如果你住在加薩，要把番茄運送到另一個巴勒斯坦自治區，比方說，耶利哥自治區，你必須經過大約六十或六十五英里的以色列領域。因此就發生了這種情況：你把番茄運到邊界，必須把它卸下來，讓人檢查看看有沒有炸彈或什麼的，然後裝上另一部卡車，越過以色列，到達耶利哥，把貨卸下來，放上另一部卡車，然後進入耶利哥。這裡我談的只是一部卡車，但是比方說，在正常的情況下，如果從加薩到耶利哥，從納布盧斯（Nablus）到拉馬拉（Ramallah）有許多貿易往來，你和一卡車的番茄可能就被擋在邊界，等著以色列衛兵來檢查，把它卸下來，放上另一部卡
275 車，這有時會花上三天的時間。當然，在這同時番茄就開始腐爛了，特別是在夏天，然後大家就會發現，從耶利哥，從西邊，比方說從約旦，越過河流，甚至從西班牙運進來，都比從加薩運來的還要便宜。因此，經濟所扮演的角色就是確保和解不會真正發生，因為在權力和經濟利益層次上的區隔是如此的大。而那經過立法。我相信類似的情況也可以透過像是世界銀行和國際貨幣基金的運作，

發生在像埃及這樣的國家，比方說，他們的觀念就是立即剝奪政府的公部門，促成私有化，打開市場，使跨國公司有可能來剝削。比方說，引進機器在那邊製作襯衫，因為成本更低廉，然後把產品運到美國或法國；如果有另一個地方，比方說印尼，成本更低廉，那麼就關掉工廠，把機器運到印尼。市場真的是被控制住。然而其實所產生的是一套確定的情況，也就是說，市場總是有利於擁有資本和權力的人，這些人能自由進出，犧牲的都是那些經濟劣勢的人、本地人、工人階級、農人等等，那些真正沒辦法的人。而我認為那是全球經濟論述的一部分。在我看來它的後果絕對很悽慘：像是瘟疫、疾病、人口增長這些後果。在我所屬的那一部分的世界，沒有用這個方式來看的大問題就是基本教義派的發展。這裡我們所談論的，彷彿那只是伊朗人和敘利亞人和這些瘋狂的恐怖分子，但我要說，比方說，在約旦河西岸，哈瑪斯（Hamas）[3]的出現與和平進程的結果、「因地發打」的結果、佔領的結果息息相關。哈瑪斯所做的事，其實百分之九十都與恐怖主義無關，而是透過教育和類似的事、透過白天照護中心、透過供給食物，這些政府所不能或不會提供的東西，來製造經濟機會。那是他們發展的方式。伊斯蘭基本教義派是以抗議開始，然後發展出自己的生命。他們似乎在你經濟不利、政治停滯時，當你身為公民卻沒有任何發展的可能性時，製造了機會。

【聽眾】你對阿爾及利亞情況的看法如何？我們當中很多人已 276

3 譯註：哈瑪斯是由阿拉伯文「伊斯蘭反抗運動」每個詞首字母的縮寫組成，意為「勇敢、無畏」，成立於1987年，反對與以色列進行和解，自認是致力於解放巴勒斯坦領土的合法反抗運動。

經對以巴衝突感興趣，但對阿爾及利亞卻不覺得那麼介入或相關？當你談到對話時，在這種情況下，你想像會出現哪一種對話？

【薩】在目前這個時間點，我認為在阿爾及利亞對話是很不可能的，那幾乎是注定要失敗的。當然，在阿爾及利亞有一種歷史的辯證，這是很容易就能體會到的。在那裡民族解放陣線（FLN）的萎縮，官僚體制的擴大——這又是典型的第三世界模式，而在其中歐洲扮演了一個角色——在1962年**之後**法國和阿爾及利亞的共生關係很緊密。阿爾及利亞當然有石油，而且曾經出口小麥、蔬果，現在卻必須進口。之所以造成這種經濟的逆轉，部分是由於法國和北方的壓力，另一部分是由於官僚體系和一黨專政的濫權，以致以古典的馬克思或黑格爾的方式，產生了其對立面：也就是所謂的Le Fis, *al-jabhat al-inkhaz*，拯救陣線，伊斯蘭拯救陣線。他們贏得了選舉，但政府動員來反對他們，以致不只產生了兩極化的情勢，並且當然爆發了戰爭，而在這場戰爭裡，盛行的方式就是人殺得愈多愈好。然後產生了第三勢力，但也不確定自己的屬性。一邊是伊斯蘭教派，另一邊是政府，第三勢力則在中間，其中包括了要在阿爾及利亞雙方攫取利益的那些殺手。報紙上這方面談得不太多，因為報紙有興趣延續這種衝突。結果就造就了一個很大的流亡社群，也有飽受驚恐的人民，還把戰火延燒到新聞從業人員，而這些人員不只來自伊斯蘭教派和政府，也來自中間其他那些助長軍隊流氓成分的勢力，還有伊斯蘭陣線，而這個陣線有興趣讓這種情況繼續下去。你有的是如此兩極化、如此具有爆炸性的情況，而我認為在這裡，就像我對巴／以的看法一樣，流亡社群的角色可能比一般所承認的還重要。也就是說，如今對話在阿爾及利亞內部不可能扮演任何角色。但我認為不同派系之間的對話，像是在法國、德國和義大利那

些有阿爾及利亞流亡或流離社群的地方，對話卻是可能的。因此，
如果這種機制可能的話，現在就回到聯合國維持和平的主意，有可 277
能從這個發展出一些國際的存在力量，讓事情得以冷卻下來，假以
時日在阿爾及利亞內部形成對話。但我認為在目前的情況下，那個
框架充滿了缺失、充滿了爆炸性，人們只能悲觀以對。

【聽眾】那麼反恐怖分子的法案呢？為什麼你認為民主與共和兩黨中多數人都在促成它呢？

【薩】我認為歇斯底里的現象很普遍，這個例子顯示了像「恐怖分子」這樣的觀念或字眼如何具有自己的生命，而且開始以歐威爾式的（Orwellian）方式來宰制**生命**。我認為冷戰的結束和這有關。以往有可能用「我們對抗他們」那種方式來思維，也就是「我們對抗共產黨」，現在則是「我們對抗恐怖分子」。

【聽眾】那種現象如何影響巴勒斯坦和黎巴嫩？

【薩】我不想去談那些報紙上已經談得很多的分歧，說它是如何影響美國本地的人民自由和各種濫權的危險。但是，看看**國際上的**那些分歧，比方說，沙姆謝克（Sharm el-Sheikh）會議的那些修辭，那個會議是在以色列境內爆炸之後舉行的。我懼怕的是，美國和以色列領軍對**伊朗**施壓。以色列國防部次長最近已經發出了一些很具威脅性的說法，但在這個國家沒有報導，他主張以色列人和美國人可以考慮攻擊伊朗，因為伊朗被指認為恐怖分子的中心。裴瑞斯（Shimon Peres）在沙姆謝克會議中說，如果恐怖主義有個郵局信箱、地址、面孔、名字的話，會比較容易處理，而在這個情況下，就是伊朗。那對我來說是很恐怖的，因為它暗示了在區域的層面上，你能指稱任何一個人是恐怖分子，然後來追捕。但是，如果在國際的層面上來做這件事，那麼戰爭的可能性就大得多——尤其

是如果你有力量發動戰爭的話。前兩天我在有線—衛星公共事務台（C-Span）剛好看到，裴利（William Perry）國務卿對一個大的猶太組織演講，但那場演講完全是用那種口氣。他講的是需要有先發制人的攻擊，目的是懲罰，而他談話的脈絡則是大規模的毀滅性武
278 器，尤其是這些武器可能會被「恐怖主義國家」所使用。他提出了一個非常恐怖的場景，而這在我認為已經開啟了未來有關衝突和製造敵人作為衝突機會的新思考模式，我認為我們對此必須非常警覺。

【聽眾】你主張文化之間的關係就歷史上來說是對立的。

【薩】是的，存在著對立，但並不**只是**對立，也有互通有無和分享。

【聽眾】如果你暗示說文化之間存在著某種共生關係的話，又如何來了解巴勒斯坦人和以色列人之間那種仇視的性質？

【薩】這個嘛，我認為當人們開始使用這些字眼，像是：這是由來已久的事，那可追溯到無始以來，要反抗和對抗的是這是與生俱來的這種觀念，或者認為這**根植於**這兩個文化的傳統——就像英國人和法國人一向彼此敵視，因此阿拉伯人和猶太人也是一樣。我認為那是一種建構，而這個建構沒有實際的效用。我們可以顯示，就**大多數**衝突的例證而言，以往衝突的程度並沒有那麼激烈，是具有歷史的、真正的原因的，而且你可以預見並投射到一個時間，在那個時間裡**如果**真要處理這些衝突的源頭的話，這些原因並不適用。我認為這裡的情況就是如此。我認為把它說成是阿拉伯人和猶太人，這種說法是錯誤的。我一向抗拒那種說法，因為我認為那是在以色列建國之前的巴勒斯坦人和以色列人，或巴勒斯坦人和猶太復國主義者。而我認為，在那裡人們可以談論一種宰制的願景，這

種願景主張：「這是猶太人的家，我們應該回去，佔有它，在那裡蓋房子，因為我們曾經遭到迫害。」那種說法在某些方面可以成立。唯一的問題就是，那裡畢竟已經有其他人了。因此，有趣的是——我們在其他的脈絡中也可以看到那種情況，比方說，現在希臘和馬其頓之間，或希臘和土耳其之間，南、北愛爾蘭之間——因此有趣的就是，那種衝突其實根植於一種特殊的征服的經驗，或者讓我們把它稱為權力上的不平等，其中一方佔有，另一方不得不放棄。

而經由媒體上形象的衝突，狀況更加扭曲，而且更難掌握。我
認為可以藉著面對，或至少是分析，這些形象從何而來，它們如何
必然會排斥、貶低、輕視、妖魔化，或非人化「他者」，來處理那 279
一切。注意，我並不是說以色列人做得比較多，或巴勒斯坦人做得
比較多。我只是說，這些是它的普遍特徵。但我要以某些方式抗拒
的就是這種觀念：這些衝突是那麼的激烈、那麼的原始，以致無法
面對。我認為就像我一向所說的，我們必得把它們視為歷史的、存
在的，而且根植於某個時刻拒絕彼此承認的不同歷史中。因此，**那
就是**問題癥結所在：不把承認當成抽象，而是把它連接上政治行為
和政治形式。

訪問者：薇思瓦納珊（Gauri Viswanathan）

1996年於紐約漢彌爾敦（Hamilton）高傑特大學（Colgate University）

第十三篇

我總是在課堂中學習

1997年，我初訪印度，白血病化療的副作用使我很不舒服， 280
而且很虛弱。但絡繹不絕的歡迎也使我覺得很欣喜，到處都有
人迎接我，尤其是學生、老師和新聞從業人員。我從來沒有體
驗過這麼高層次的互動和深入的辯論。 ——薩依德誌

【訪】你雖然一直是老師，但也是多產的作家和行動分子。你如何調和這些不同的身分？身為老師對你意義何在？哪一種角色你覺得最自在？

【薩】我認為是老師的角色。我教書至今快四十年了，我總是在實際的課堂中學習。我閱讀和思考的時候，要是沒有學生在場，就會錯失一些東西。因此我一向不把上課當成是必須做的例行公事，而是探索和發現的經驗。而且我很仰賴學生的反應。早年我剛

開始教學的時候，經常準備過度，把課堂上的每一秒都規畫得清清楚楚。後來，因為我在哥倫比亞大學有那麼出色的學生，我發覺學生的評論會刺激我發現從來沒有預期到的思考和討論的路線，而那些東西經常進入我的寫作中。

【訪】你一直集中在阿拉伯世界的問題，尤其是巴勒斯坦。但身為在美國的流亡分子，你有沒有感覺自己是對著虛空說話？比方說，你的學生對最吸引你的議題有多大的興趣？

【薩】起初我當然感覺自己只是在向學生講話。後來，我開始寫政論時，就意識到一個更大的讀者群。那不是我的學生，我從來沒有利用課堂來談論我所從事的那種政治行動主義。我謹守的觀念
281 就是：教室就某個程度來說是神聖不可侵犯的。但我寫得愈多，愈發現藉著寫作能擁有讀者群，尤其是有關巴勒斯坦的問題。由於缺乏不同的聲音，因此就某個意義來說，我能為我所說的創造出訴求的對象，而這個團體變得很龐大。最晚近的情況就是，自從1990年代初，我就為一家阿拉伯報紙每個月寫兩篇專欄文章。現在我首度有固定的阿拉伯讀者群，這對我來說很重要。我的作品經常被翻譯成許多不同的語言，我到過許多國家和地方，各地的人對我的作品進行辯論和理解的方式迥異，經常令我感到訝異。但我從來沒有對著虛空說話的感覺。我認為我在大學和學術團體得到的聽眾、專業團體和行動分子很能激發思考，而我喜歡辯論。

【訪】你討論東方主義的作品深深影響了印度歷史的書寫，但你的作品有沒有影響到阿拉伯世界的歷史家？

【薩】說來悲哀，在阿拉伯世界我的作品並沒有真正像在其他地方一樣被深切了解。在阿拉伯世界，他們把我解讀成反抗西方邪惡的伊斯蘭捍衛者。那是一種漫畫式的閱讀方式。我和印度、歐洲

或日本知識分子共有的理論的那一面，不見於阿拉伯世界。在阿拉伯世界中，他們對與自己沒有直接關係的材料興趣不高。

然而，一種新的歷史意識很緩慢地浮現了，其中大部分都受到我所做的那類批評所影響。去年7月在貝魯特有個學術會議——我想那是阿拉伯世界第一個這種性質的會議——這個會議集中於討論我的作品。會議的名稱是「邁向批判文化」（"Toward a Critical Culture"）。但那只是一個小小的例子。阿拉伯的知識生活現況是呆滯遲鈍、政治窒息、知性冷漠。因此，我認為真正的改變將會來自那些流亡海外的年輕阿拉伯知識分子。

【訪】你在正統、菁英的機構接受教育。你如何從這樣的背景發展成為一個反體制的知識分子？

【薩】你知道，我的背景一直充滿著矛盾。在我前往美國之前受的是殖民教育，而我覺得格格不入。在我的自我感覺和那種教育之間，總是有些不相應的地方。因此，我總覺得有兩種教育同時在
進行——學校的傳統教育和自我教育——這種自我教育是為了滿足 282
被排除在外的另一個自我。那幾乎總是製造出某種叛逆的狀況。在學校裡大家都知道我這個人很聰明、不該被退學，卻又太不正規，以致無法被視為模範學生。結果我在十五歲時因為政治活動而被退學，所以被送到美國一間很菁英的學校。然後，一切重新開始。在美國那裡當學生的十一年間，我沒有發展出什麼密切的關係。

【訪】當你寫作時，是為誰而寫？是為了自己，為了其他知識分子，為了決策者，為了行動分子，還是為了誰？

【薩】大多數時間我都是為了特定的場合，而不是為了特定的人。我當然並不針對決策者。在美國我其實被認為是在共識之外。我的讀者傾向左派，他們本身處於共識之外，而且尋求盛行的世界

觀之外的另類選擇。對阿拉伯讀者來說，我試著盡可能拓展更多的讀者，因為在那裡我覺得自己試著要改變輿論。但我也為自己寫作。比方說，我正在寫的回憶錄［英文名為*Out of Place*，中譯為《鄉關何處》］真的是要追尋一個失落的時代，而那些討論音樂的文章滿足了我長久以來對這些議題的興趣。

【訪】有些人指稱因為你的影響，印度的歷史寫作已經逸出了常軌。人們把太多的注意力集中在文學和美學對殖民統治的再現，而不是像社會、政治、經濟的宰制。你對那有什麼回應？

【薩】我希望不是那樣的影響。如果不立足於歷史的話，我就一無是處。我一向都說，文學研究基本上是歷史訓練。區分文史是沒有用的。美學的世界和歷史行動的世界之間總是存在著張力，而我對於解釋這種張力很有興趣。我一直對編織理論的網絡有反感。但是不能忽略理論和美學——它們是人類經驗的重要成分。我的看法是包容的，而不是排外的。我認為歷史或文學研究不是分離的或競爭的，而是相輔相成的。整個寫作過程，不管是有關文學或歷史，都包括了篩選證據，結尾時要得到詮釋。如果人們心目中的我是使歷史研究逸出常軌，我會覺得很驚訝，甚至反常。

【訪】教育有沒有成為你政治議程的一部分？

283 【薩】我有一段時間積極介入教育。在1977到1982年之間，有計畫要在巴勒斯坦成立一所空中大學。有人要我準備有關人文學科方面的課程。我很感興趣於為這些經歷了身為巴勒斯坦人的特殊經驗的大學生，設計一個具有想像力和全面性的系統。我把那門課程構想為反帝國主義的、解放的，試著要藉由發現、而不是死記的方式來傳遞知識。我的建議受到嚴厲的批評，這讓我深為震驚。一般的共識是，教育對我們必須是一種民族自我肯定的方式，而我發覺那與我的興趣完全相反。

我通常試著探討教育問題，如何發展批判意識，教育如何成為一種反抗的形式，來反抗無所不在的電視、事先包裝的新聞和其他侵入我們心靈的東西。我覺得自己在那裡繼續做這種事。

最後，每年我總是花一部分時間在某個阿拉伯國家，花時間到當地的大學與學生互動，試著激發某種的討論和辯論，而這些是他們通常無法得到的。讓我印象深刻的是：你到阿拉伯世界的任何一個地方，一旦你掃除了環境——比方說，電視、政府、政治的修辭——所加諸的那種集體的自我認同，而以一對一的方式來面對學生，總是爆發出一股強烈的好奇、渴望以及純粹的知性能量，要找尋出路。我發現這些極有價值，極有回報。

訪問者：達塔（Damayanti Datta）

1997年刊登於印度加爾各答《電訊報》（*The Telegraph*）

第二部

學術與行動主義

第十四篇

巴以兩國能否共存？[1]

【訪】你們的巴解組織現在四散於中東各地，位於黎巴嫩的陣營再度遭到圍攻，而夏米爾（Yitzhak Shamir）現在擔任以色列總理。對巴勒斯坦人來說，狀況還有比現在更糟的嗎？

【薩】我認為過去的狀況更糟糕。1960年代末期之前，巴勒斯坦人被埋在斷垣殘壁下，遭人遺忘，當時存在著一股徹底的絕望感。

【訪】你們從沒像現在這樣孤立於其他的阿拉伯世界。

【薩】沒錯。那些阿拉伯國家從沒有比現在更公開敵視我們，

---

1 譯註：本篇於1986年11月8日刊登於加拿大多倫多《環球郵報》（*The Globe and Mail*）時，名為〈問答〉（"Q & A"），收入原書時取名為 "Can an Arab and a Jewish State Coexist?"，係來自內文中的問題，直譯應為「一個阿拉伯國家能否與一個猶太國家共存？」，但語意模糊，根據上下文判斷，此處的「阿拉伯國家」指的是「未來的巴勒斯坦國」，故逕譯為「巴以兩國能否共存？」。

而我所說的並不只限於巴解組織。我們很容易就可以說，他們不喜歡巴解組織——那是敘利亞的立場——但是在埃及，巴勒斯坦人每六個月就得重新申請居留權；在突尼斯，巴勒斯坦人即使有美國護照也不許入境。

任何缺乏自己領土的組織，都會起來反抗某個阿拉伯政府。巴勒斯坦民族主義對那個地區的每個政權都會造成困擾，那些政權主要的恐懼就是被美國人拋棄。因此，巴勒斯坦獨立勢必要面對一連串殘酷的攻擊。雙方的對峙已經白熱化，這一點是無庸置疑的。但這並不是說不該責怪我們，或者說我們過去表現傑出。我們是麻煩，我們代表的是困擾。

【訪】而你認為一個阿拉伯國家可能和一個猶太國家共存？

【薩】絕對可以，是的。

【訪】但是，如果以色列人拒絕聯合國第二四二號決議文（該決議文也呼籲以色列歸還1967年佔領的土地，以換取與阿拉伯鄰國和平共處），他們又怎麼可能接受巴勒斯坦人建國？

288 【薩】那要花很長的時間。巴勒斯坦人不會期待美國或以色列會放棄什麼。如果他們會放棄，那也是因為以那些人口作為人質的話，他們付出的代價會愈來愈高。……我們面對的這個民族在過去受過真正的苦難和壓迫，因此意識形態的層面是很重要的。對許多以色列人來說，問題在於：不是長期延宕、無休無止的衝突，就是嘗試達成某種程度的和解，否則雙方都沒有好下場。

【訪】你們為什麼不徹底放棄恐怖行動？

【薩】我們根本沒有立場去放棄「身為恐怖分子」這種事情，因為那根本是以色列自1970年代以來一直想說服全球去相信的，把巴勒斯坦反抗行動都說成是恐怖行動，那擺明了就是種偽善，是一個命令轟炸機從一萬英尺高空轟炸難民營的國家所撒的謊言。

【訪】然而……

【薩】然而，我現在談的是形象。形象是由媒體塑造的，你和我都很清楚，你們沒興趣去報導《黎明報》（*Al Fajr*，這是一份在耶路撒冷發行的阿拉伯報紙）上的消息，卻會去報導一些個人想炸毀以色列巴士的零星違法行為。你們有沒有實際算過死亡人數？有嗎？你們知不知道以色列人被殺的人數和巴勒斯坦人被殺的人數相差有多懸殊？我告訴你，那是一比好幾百。情況就是這樣。中東到底有誰放棄過恐怖主義？

【訪】你認為為什麼你很難說服別人接受這些看法？

【薩】因為我們是一支非西方的民族，我們的文明一向就與西方有衝突。伊斯蘭世界在歷史上一直是競爭者，從來沒有被降服過。因此人們不了解的是：你們巴勒斯坦人為什麼要哭訴？為什麼不離開就好？何不算了。但我們不能就算了。

【訪】也許已經時不我予了。

【薩】他們在五年前，也是最黑暗的那段時期，就已經這樣說過了。但事實上每一個以色列人都很清楚，軍事對抗絕非解決之道。他們要怎麼辦？把每個人都殺掉嗎？所以我們有些人說，「大家繼續奮戰」；而我們一直說，「我們會與你們同在」。不管他們怎麼做，我們都如影隨形。

【訪】而恐怖則是達成那個目標的手段。 289

【薩】我是反對恐怖的——漫無目標、讓人畏懼。在客機上安置炸彈這種做法我是完全反對的。我談的是在佔領區［西岸及加薩走廊］的反抗行動。昨天夏米爾才又說了一遍：我們不打算放棄這些土地。

【訪】顯然以色列人不會放棄那些土地。

【薩】阿爾及利亞的情況很明顯地擺在眼前。他們又是為何而戰？戰了有一百三十年了吧？最後法國放棄了。

【訪】你想要看到兩個獨立的國家。

【薩】獨立或互相聯繫，而不是不相往來。

【訪】……那麼，你要怎麼說服以色列人（來分享主權）？

【薩】我不必去說服他們，因為他們完全明白另一個選擇的後果——永無止盡的圍攻狀態，讓自己和後代子孫陷於無休無止的戰爭狀態。唯一的選擇就是調停、和解、分治。連三歲小孩都明白，也看得出來另一個選擇就是永恆的戰爭狀態，其中一方注定成為奴工。

【訪】有許多以色列人下定決心絕對不放棄他們的土地。

【薩】他們不必放棄，他們可以留下來。現在的情況就是這樣，西岸有五萬猶太人——而以色列境內有七十萬阿拉伯籍公民。因此，在毗鄰的兩國中都有人口彼此摻雜的情況。那不是問題；問題是主權。

【訪】而你接受以色列在其他方面的主權。

【薩】我接受，因為我認為現實是如此。我也認為那是由於猶太民族特別悲慘的歷史境遇。但重點在於，我不相信把人趕走就可以解決問題。……你必須找到一種分享的模式。……

【訪】能不能告訴我，為什麼當討論或訪問巴勒斯坦人的時候，總是用一種敵對的形式？

【薩】因為長久以來的形象就是這個民族主要的戰術就是暴力。

而你也知道那是一種刻板印象，一種媒體上的陳腔濫調。因此，我們的討論裡有一半是有關恐怖主義，但那並不是此時此刻的問題。

兩星期前，我十四歲大的兒子和我一起看電視新聞，他說： 290
「種族隔離變得很流行，對吧？我們什麼時候也會流行起來？」他停頓了一下，然後說：「我猜想永遠不會吧。」我認為我們所有人都知道那一點。[2]

【訪】對許多猶太人來說，問題在於：別讓歷史重演。

【薩】我們的部分工作就是要教育他們，告訴他們我們所談的並不是要重複第二次世界大戰。

【訪】在這同時，時鐘滴答作響，時間一分一秒流逝了。

【薩】那是個很大的時鐘，上面有很多指針。很多事情可能會改變方向。「蘇穆德」（*sumud*）這個阿拉伯字眼意味著「堅忍」、「堅持」。巴勒斯坦奮鬥的過程在1982年告一段落，當時流亡者扮演了重大的角色。現在我們已經把注意力轉向內部，轉向留在那裡的人，所以重擔落在我們身上。而第三世界的歷史就是戰略國家（strategic states）被推翻的歷史。

【訪】在世界上其他地方的人也一樣想推翻他們。

【薩】他們在阿爾及利亞這樣說，在英屬肯亞也這樣說。誰能想像他們在印度殖民統治三百年之後會離開？他們來，然後離去。

訪問者：艾坡比（Timothy Appleby）

1986年刊登於加拿大多倫多《環球郵報》（*The Globe and Mail*）

---

2 譯註：此處意指美國媒體與民意關切南非的種族隔離與人權問題，卻對巴勒斯坦人的處境不聞不問。

第十五篇

學者、媒體與中東

在北美中東研究學會（the Middle East Studies Association of North America，簡稱MESA）第二十屆年會中舉辦一場辯論，由資深的英國東方學家[1]和我多少像是肉搏一般，並由對中東立場對立的兩位年輕新聞從業人員協助——這個主意來自塔虎茲大學（Tufts University）的法瓦茲（Leila Fawwaz）。這場辯論直接來自我在1978年出版的《東方主義》，那本書似乎使

1 譯註：即下文中的路易斯（Bernard Lewis）。此人為西方世界資深的中東專家，撰寫多本有關中東的專書，曾與薩依德多次筆戰。著名的「文明的衝突」（"clash of civilizations"）一詞便源自他的著作，後為杭亭頓（Samuel Huntington）挪用而廣為流傳。本書中薩依德也數度對他批評，可參閱索引。另兩位參與辯論的都是媒體人士：希鈞斯（Christopher Hitchens）足跡遍及五大洲，曾與薩依德合編《責怪受害者：虛偽的學術與巴勒斯坦問題》（*Blaming the Victims: Spurious Scholarship and the Palestinian Question*，增訂版2001年由倫敦維索［Verso］出版）；維瑟提爾（Leon Wieseltier）是《新共和》的文學編輯。

得這個領域兩極化，反諷的是，我並不是其中的一員。1986年11月22日，有三千人來觀看這場辯論。——薩依德誌

【路易斯（以下簡稱「路」)】最近幾個星期，人們對這場會議的興趣逐漸高漲，我聽到有人把它比喻成羅馬競技、西班牙鬥牛、美國拳擊，而我一位更有想像力的同事則把它比喻成「MESA圍欄裡的大決鬥」。我並不把自己今天早上來這裡想成是決鬥者、鬥牛士、槍手或任何戰士，也不把這次聚會當成是決鬥。我是以學者的身分出席，透過一個專業學者的組織，來討論一個對我們所有人來說都是關係密切的嚴肅議題。

先提一件相關的事情：我並不把我們在這裡討論的這個嚴肅議題當成困住當前中東的許多問題和衝突之一——比方說，伊拉克和伊朗的對抗、阿拉伯和以色列的對抗、基本教義派和世俗分子的對抗等等。還有許多其他的論壇可以針對這些加以討論，而且，如果阿拉允許的話，可以解決。也許更重要的是，我認為我們都知道，我們今天早上在這裡所說或所做的任何事，都不會對中東有一絲一毫的影響。我們無法改變任何事情。我們甚至無法改變彼此的意見。我們所能夠討論、並且應該討論的是我們自己，我們自己的角色，我們自己身為學者的責任，我們對於自己行業的責任，對於我
292 們的同事、對於我們的學生、對於媒體以及媒體之外的一般大眾的責任。那直接關係著我們，而我們所討論的、所決定的，都能夠，而且的確也應該，決定我們在自己的專業和行業中的行為——因為我們的責任就是要了解，並且把我們所了解的傳達給其他人。

原則上，當然不管學者、媒體、中東三者的順序中第三個出現

的是什麼，這個問題、這個責任都會是一樣的。原則上，不管我們把第三個換成是遠東或中東，遠西或中西，或印度，或世界上任何其他地方，都是一樣的。原則上如此。但事實上，我們當然都知道那是不同的。尤其是中東之所以不同在於兩個原因，我在這裡要提出來。一個就是，那是**我們的**領域，我們都關切的領域，我們所有人在專業方面、以及我們當中許多人在個人方面，以許多不同的方式所關切的。另一個原因——我認為，這在某方面來說更重要，而且也相當困難——也就是中東作為西方世界學者的研究領域而言，呈現了和其他大多數地區很不一樣的特殊問題。它和我們研究自己社會的一部分的情況不同，那點我認為是不證自明的。它也和一個完全陌生的社會不同，至少它早期的歷史、早先的文明是如此。中東不像印度或中國，在相當晚期才出現在西方的地平線上，而我們對於印度或中國沒有重要的預先判斷，沒有繼承的傳統、態度或刻板印象；而他們對於我們也沒有。西方世界——就這個目的而言，從美國加州一直到蘇聯，無所不包——和伊斯蘭世界的聯繫，可以一直回溯到伊斯蘭的起源，而且由一整串的事件形塑而成，特別是在兩個世界之間拉鋸般的衝突。

這種在某些方面相似、在其他方面相異的情況，使得它很有誘惑力，而且很容易就有誤入歧途的危險。我們所處理的那個社會，除了共有的一般人性之外，在許多方面都和我們自己的社會相近；中東和西方世界之間存在著一些歷史上和文化上的相近之處，真正的相近之處，以致輕易就會產生一些錯誤的類比。舉個簡單的例子：我們也許會試著對不熟悉伊斯蘭教的人解釋說，古蘭經是穆斯林的聖經，星期五是穆斯林的安息日。你們想必經常聽到這種說 293
法。就某個程度來說，就相當表面的論述層次來說，這些說法是正確的，而且能夠傳達訊息。但我們只要稍稍進一步探索，這些說法就變得有誤導的危險。穆斯林看待聖典的方式和猶太人或基督徒看待聖經的方式不同，你只要翻轉這個說法，立刻分曉：摩西五經是猶太人的古蘭經，四福音書是基督徒的古蘭經。這講不通，不是嗎？

同樣的，舉一個更當代、更複雜的例子，當我們使用類似「革命」這樣的字眼時，在阿拉伯社會、面對伊斯蘭的歷史和傳統的背景，可能和在西方具有不同的迴響。在西方世界，「革命」這個術語使人聯想到的是近代史上的一些重大革命，像是美國革命、法國革命或俄國革命。伊斯蘭世界則存在著一個很不同的革命傳統，孕育自不同的結構和經典，指的是不同的歷史。重要的是：表現革命的象徵不是攻擊巴士底監獄（the Bastille），而是卡巴拉戰役（the Battle of Karbala'）。[2] 為了要了解、為了要尋求了解另一個文明中的種種運動，我們必須試著以該文明自己的方式以及其歷史、傳統、期盼之間的關係來了解。

這種情況的結果，經常就是雙方都訴諸於刻板印象、訴諸於刻板的形象和解釋。在歷時多少世紀的長期對抗中，傳統的態度在兩邊都在演化。在到中東的西方訪客中，許許多多世紀以來主要存在著兩種刻板印象：一種是政治的，也就是剛愎的獨裁；另一種也許可以稱作是個人的，就是放蕩不羈的性能力。前者牽涉到蘇丹的王

2 譯註：巴士底監獄位於巴黎東邊，為中世紀時的要塞，十七、八世紀時成為囚禁重犯的監獄，1789年法國大革命時，武裝的人民攻進巴士底監獄縱火，並釋放囚犯；卡巴拉戰役發生於680年，先知穆罕默德的外孫侯賽因（Husayn ibn 'Ali）在該地遭烏瑪雅德（Umayyad）的軍隊打敗並陣亡，此役固然鞏固了烏瑪雅德王朝的地位，卻是追隨侯賽因的什葉派的殤慟。

宮，後者牽涉到後宮中的女人。我們有一整串的描述來呈現中東的政府、伊斯蘭的政府、鄂圖曼的政府——不管我們怎麼稱呼——都描述成剛愎的、無度的、不負責任的君權政治。同樣的，西方旅行者喜歡針對在後宮裡發生的事情長篇大論，其實他們對那些當然一無所知。我們可以明顯看出他們沉溺於大都是自己想像出來的描述。這種東西的結果就是——你可以說它是雙邊的——來到東方的
西方旅行者談論的是好色的男子，而來到西方的伊斯蘭旅行者通常 294
談論的是淫蕩的女子。我們不由得懷疑，如果東西雙方的相會真的是好色的男子和放蕩的女子之間的相會，為什麼他們沒有處得更好。

回應刻板印象的方式當然不是用負面的刻板印象。要反駁一個不受限制的君權政治的迷思，不是去宣稱存在的是一個完美的民主政治。要反駁宰制女人的迷思，不是去堅稱女性擁有的權利遠超過美國全國婦女組織（NOW［National Organization for Women］）所宣稱的。

我們該怎麼辦呢？我知道我還剩下一分鐘。我所要提出的是，原則上，我覺得身為學者應該奉行一般的原則。你很可能會說：「是啊，還真『蘋果派』［"apple pie"，道地的美國式］啊。」我會這麼回答：「或許吧。」但是別忘了，我們活在蘋果派遭到攻擊的時代，人們告訴我們說，既然蘋果派不可能完美，所以我們該吃生麵糰和爛蘋果。我不能接受那種見解。我覺得像是文雅那類的價值，試著要把辯論維持在禮貌的層面以冷卻而不是加溫激情、以說服而不是吶喊壓過對手，這些是值得維持的價值，尤其是我們身為專業學者該奉獻給雇用我們的社會的價值。

【薩依德（以下簡稱「薩」）】在研究中東的學術工作方面，當

然存在著一個相當寬廣的光譜；MESA年會的議程就足以證明。但是這裡的學術工作就和所有其他領域的學術工作一樣，都受限於當代的社會、政治、經濟的——也就是脈絡的——實際情況。沒有一位學者會覺得自己的研究工作足夠廣為人知，而且我們每一位幾乎都相信，公共品味以及那些公共品味能輕易接觸到的，都忽略了一個特定知識領域的重要性。抽象的知識是不存在的：一切都被安置在特定的位置，涉及其他的學術、分配與流通的現實、社會制度、修辭傳統、這一行的方法論程序，也涉及政治利益和在特定時代的特定社會中權力和宰制的事實。

此時此地談論學者、媒體與中東，首先要談的就是當代的美國。而在美國中，首先也要區分主流平面媒體和廣播媒體，以及外
295 圍的左翼和右翼媒體；其次就是區分能有效地維持在不同專家出版品裡面有關中東的學術工作，以及在大眾之間廣為流傳的那些有關中東的觀點和形象，這些觀點和形象在流傳時不是遭到學者專家的肯定，就是遭到修正和揚棄。

大致說來，今天媒體對於中東的報導環繞著少數幾串基本的主題：

一、大量提及所謂中東的恐怖主義，尤其是阿拉伯和／或伊斯蘭的恐怖主義，阿拉伯或伊斯蘭的恐怖主義國家和團體，以及由蘇聯、古巴和尼加拉瓜在背後支持的阿拉伯和伊斯蘭團體、國家所構成的「恐怖分子網絡」（a “terrorist network”）。這裡所說的「恐怖主義」最常被描繪成先天的，而不是根據任何傷痛、先前的暴力或持續的衝突。

二、伊斯蘭和穆斯林基本教義派的興起，通常但並不總是什葉派，

經常和柯梅尼（Ayatollah Ruhollah Khomeini）、格達費（Moammar Quaddafi）、真主黨（Hizballah）等這些名字連在一起，而且創造出「伊斯蘭捲土重來」（"the return of Islam"）的說法。

三、中東作為一個地區，這裡的暴力和無法理解的事件被例行地指涉回一個遙遠的過去，一個充滿了「古代」部落、宗教或族群仇恨的過去。

四、中東作為一個競逐的場域，在這個場域中，「我們」這一邊由文明的、民主的西方、美國和以色列來代表。有時也包括了土耳其，但在大多數情況下並不包括。

五、中東作為一個地點，被視為惡毒的準歐洲式（如納粹）反閃族主義（anti-Semitism）重新出現的地點。

六、中東被視為**萬惡的淵藪**，孵化出巴解組織那些無緣無由的邪惡。阿拉法特在媒體上的惡劣形象很可能是無法彌補的，他是這一連串母題中的代表人物，而這些母題的基本訊息就是：如果巴勒斯坦人存在的話，那麼他們既是邊緣的，他們的不幸也完全是自作自受。

實際的情況是，這些母題和當前的美國政策幾乎完全吻合，而且美國顯然是在中東介入最深的超強霸權——在金錢、武器和政治影響上都是如此——因此我們如果說美國在政策上受到國內媒體的教唆，這種說法是很可以成立的。這種情況和在修辭上宣稱他們具
有自由的、非宣傳的媒體，兩者之間的衝突有多大，我就留待各位 296
以悲憫之心自行判斷。但是，有關當代的——甚至歷史的——中東的圖像遭到偏執地錯誤再現，這件事我就不留待各位的悲憫：我要自己來說。規範什麼被報導、什麼不被報導的，其實是一種大大錯

誤的、大大敵對的、大大無知並且大大散播無知的觀點。但就相當程度來說，它發揮了作用——而同樣可恥的是——因為一大群的學者、專家和教唆者積極合作，這些人來自各階層的東方主義者和特殊利益遊說團體，其中之一就是猶太復國主義者的遊說團體；相較於以色列在中東只有四百萬居民，他們的勢力大得完全不成比例。

因此，在我之前所提到的六串主題中的每一串，都有一群人扮演了要角，塑造並且肯定這種化約式資料的流傳，這群人是某個專業領域的成員和友人，他們**的確**知道得比較多，卻有意識地以他們的行為讓美國繼續對中東大多數人民保持敵意；鼓勵那種意識形態的幻想所產生的敵意；而且急於把它導向更少、而不是更多的知識、同情，尤其是了解。而且，我必須要補充的是，對於媒體上的這些看法，學術界並沒有重大的制止或矯正；原先有可能提供一些比較不扭曲、更有意思的觀點的那些專家學者，不是沒有挺身而出，就是沒有被那些現存的勢力看上。

這邊可以舉出一些實例。針對我提出的那六串事項，下列報章雜誌中都找不到持續、有意義、未受阻攔的例外（這裡我說的是新聞報導和輿論）：《紐約時報》（*New York Times*）、《華盛頓郵報》（*Washington Post*）、《紐約客》（*New Yorker*）、《紐約書評》（*New York Review of Books*）、《新共和》（*New Republic*）、《評論》（*Commentary*）、《外交事務》（*Foreign Affairs*）、《美國學人》（*American Scholar*）、《黨派評論》（*Partisan Review*）、《政策評論》（*Policy Review*）、《大西洋月刊》（*Atlantic Monthly*）、《異議》（*Dissent*）、《新標準》（*New Criterion*）、《中流》（*Midstream*）、《梯坤》（*Tikkun*）、《時刻》（*Moment*）、《美國觀察家》（*American Spectator*）。哥倫比亞廣播公司（CBS）、美國國家廣播公司（NBC）、美國廣播公

司（ABC）和公共電視台（PBS），基本上是在同樣的規則下運作。大部分的區域性報紙、雜誌和電視台大都根據這些主流媒體。為了驗證我這種概括的論點，你們不妨自問，有誰能想出一家媒體在報導中東資訊時能遵循這些指導原則：從不批評伊斯蘭；巴解雖然有一些極端之處，但基本上是民主、可親的；除了以色列之外，
還是有中東國家值得美國無限制的支持；基督教和猶太教基本上是 297
暴力的、偽善的、墮落的宗教。這種出版品根本就不存在，而其實我上面提到的所有那些大眾媒體，都毫不檢驗地就支持了完全**相反的**觀點。

為什麼不可以呢？你們大可以這麼問。因為畢竟媒體可以招來許多專家，這些人經常**為**美國媒體和美國政策來代表中東。注意，請留意，這群代表的人選基本上（但並不是完全）排除了穆斯林和阿拉伯人——雖然說要找的話，其實人選是相當多的。這些邀請的人中包括了那些在作品裡清楚註記下他們的政治同情的人，然而可惜的是，有些學者堅持把自己的所作所為描述成是客觀、超然或專業的。這就是重點所在，而且這在我看來引出了一個極為有趣的問題：這些學者如何繼續他們的作為，同時對於其中的中心議題，也就是伊斯蘭的宗教和文化維持敵視，或者至少是反對和相當保留的態度。我認為有一些人要為這種媒體再現的中東整個情況負責。這些人包括了路易斯、克杜里（Elie Kedourie）、拉克爾（Walter Laqueur）、蓋爾納（Ernest Gellner）、歐布萊恩（Conor Cruise O'Brien）、裴瑞茲（Martin Peretz）、波德霍雷茨（Norman Podhoretz）、凱利（J. B. Kelley）、皮普斯（Daniel Pipes）。這還只是部分名單而已。

我可以提供你們一份名單，名單上的這些人不是可以表現得更

好、提供更多的資訊，就是他們在這方面的努力遭到了有系統的壓制。我會說美國媒體傾向於接受路易斯以那套可以上溯到中世紀的漫長、抽象、概略的什葉派歷史來解釋環球航空劫機事件，而不願意去聽伊斯蘭不同走向的民族主義者和支持者之間，或者伊斯蘭走向本身中不同派系之間正在進行的廣泛辯論。媒體傾向於歡迎，或者在我看來是非常急著想知道蓋爾納的論點：穆斯林是惹人厭煩的東西、滿腦子的反閃族思想，他們的文化與政治可以用成千上萬的文字來討論，卻完全不必提到人物、時代或事件。媒體很沒有興趣去發現底下兩者之間是不是有重大的關聯：一邊是完全根據經典文本來對伊斯蘭下斷語，另一邊是不同國家、不同階級、不同性別、
298 不同社會體系的穆斯林真正的所作所為。阿拉伯人和穆斯林所做的意見調查從來不被引用；伊斯蘭是一個政治性的宗教，伊斯蘭教和伊斯蘭生活毫無區別，這類行之久遠的陳腔濫調從來就沒有人以歷史、現實、事件、人民或生產來加以駁斥。

阻礙是一回事；主動的教唆則是很不同的另一回事。有學問的東方學家如果不是為了要把伊斯蘭直接與恐怖掛鉤，為什麼會把他們的權威借給一本由以色列駐聯合國大使編輯討論恐怖主義的專題論文集？而且，為什麼從一億五千多萬的阿拉伯伊斯蘭世界人民和歷史中頗為複雜、甚至痛苦的現實裡，那些古典的東方學家就只討論伊斯蘭對歐洲的無知和它的反閃族思想呢？為什麼他們從來不討論詩歌、戲劇、長篇小說、中篇小說或散文？為什麼伊斯蘭只是成為一個很粗糙、胡亂再現的妖怪，而且還經由東方學家所驗證？

這種專業學術現在充斥於《紐約書評》、《時代周刊》和《評論》的讀者的眼界，卻沒有對等的力量來抗衡；此外，這種情況對於社會科學或一般的人文科學的知識生產世界都是一種羞辱。為什

麼沒有傑出的非洲學家、漢學家、印度學家或日本學家以這種高高在上、降尊紓貴的方式來說話？

結論就是，答案在於中東的學術專業為了進入主流的媒體和政策的廳堂而付出了很高的代價。它幾乎犧牲了中東——包括以色列——現況的訊息。它完全犧牲了了解和悲憫。

【維瑟提爾（以下簡稱「維」）】作為一個學者，我的罪惡很可能就是過去四、五年來被迫和新聞從業人員生活在一起。因此，我想談的主要是關於新聞從業人員。我首先要說的是：毫無疑問的，美國媒體呈現出的伊斯蘭形象極盡羞辱之能事，而且幾乎可說是有系統地扭曲。那些扭曲大都是關於伊斯蘭的文化、宗教和社會，而不是伊斯蘭的政治，我們必須做出這種區分。有時這些扭曲是反對穆斯林的，有時則不是。反格達費或反柯梅尼的人，不一定反穆斯林，雖然兩者之間的確有些關聯。就在上個星期，這種扭曲又多了一樁證據，華府根據邁克法蘭（Robert C. McFarlane［曾任美國國家安全顧問］）先生到伊朗的任務，再度印證了他們以往的智慧：伊朗境內沒有溫和分子；在柯梅尼統治下的伊朗境內生活的任何人 299
幾乎一定都是瘋子。關於這一點，我沒有要爭辯的。然而，有一些複雜的、而且我認為是重要的論點或限定是我想要引進這個討論的，目的在於達到兩個很廣泛而又草率的結論。

第一個就是，對於伊斯蘭的生活方式這種幾乎無法克服的無知，有一部分並不是由於任何特別反穆斯林的偏見，而是由於美國媒體對美國之外的所有事情那種幾乎無法克服的無知。新聞從業人員在知性上的淺薄不需要我在這邊一一指證。根據外交政策報導的體系，一個在華沙待了五年的人必須在星期二抵達貝魯特，成為貝魯特專家，這些都是大家耳熟能詳的。缺乏語言能力的這種說法並無法開脫，雖然像《紐約時報》的弗里曼（Thomas Friedman）這樣的例子，他通曉而且會說阿拉伯文，很明顯地顯示了語言能夠使情況大為改觀。美國媒體有關印度、中國、非洲的報導，就和對於中東的報告一樣無知得令人羞愧。

第二點。對於以色列、對於猶太觀點的報導（不管怎麼稱呼），當然還有對於猶太教、對於美國生活方式的報導——阿拉伯媒體中所包含的扭曲，並不下於西方媒體對於伊斯蘭生活方式的報導。那些報導是反閃族的嗎？有時是，但有時不是。的確，在我心目中，這些東西之所以有意思並不在於它們是不是反閃族，而在於它們指向一個更普遍的困難：跨越廣大的文化差異，由一個文化對於另一個文化進行詮釋的困難。

第三點。在刻板印象方面有一個很微妙的問題，由於時間有限，我只能粗略地談一談。刻板印象這種謊言之所以成功，正是因為其中總是有一點真實的成分。而我這個泛論包括了對猶太人的反閃族的刻板印象。比方說，自從革命、自從柯梅尼在伊朗的革命之後，出現了對穆斯林基本教義派人士最著名、最突出的刻板印象。現在，對於穆斯林基本教義派的刻板印象看來顯然是根據對於一種
300 很複雜的現象的無知所產生的誇大之詞。顯然，我們這個國家並不了解伊朗革命中完整的知識、神學、文化、政治、社會的意義和機器；然而，有關那些到處蹂躪或激進的伊朗什葉基本教義派學生的刻板印象，或者我們藉著那些學生本身、他們的領導人和西方媒體之間的衝突所創造出來的刻板印象——這些造成美國人最糟糕的偏見的事件，其中有許多是安排好要在他們的客廳上演的。

第四點。在報導以色列的時候也有偏見。我試著很快地談一下，而且我們之後一定還會多談一些。首先，黎巴嫩的戰爭在我看

來是一場錯誤的戰爭，而且從某些方面來看是一場悲慘和羞辱的戰爭。但是在那場戰爭期間出現在美國媒體上有關以色列的詆毀，卻是我所見過最違反新聞原則和知性誠實的。其次，有關約旦河西岸的問題，美國媒體普遍的偏見就是以色列應該盡速撤出全部或大部分的西岸地區。我恰好也有這個偏見，而且我確定你們大多數人也恰好有這個偏見。因此，我們並不覺得那個偏見特別讓我們不舒服，但那畢竟還是偏見。第三，對於巴勒斯坦人的報導這件事。這是個相當複雜的問題，但在解讀美國媒體的時候，在我看來有一件事很明顯，那就是巴勒斯坦人到最近，到1986年11月，已經被抹煞或被弄得無影無蹤了，這個觀念在我看來是完全荒謬的。美國媒體上有才智的領袖誰不知道巴勒斯坦人是一個沒有國家的民族，他們在1967年被佔領，他們生活在佔領下，他們幾個世代以來一直住在營地和破舊的城鎮，他們在阿拉伯世界就像在猶太世界一樣不受歡迎——在阿拉伯世界很可能更不受歡迎——阿拉伯和以色列之間的衝突想獲得解決，很可能要仰賴巴勒斯坦問題的解決；諸如此類的事情在我看來非但［不是］不為人知，反而已經是陳腔濫調了。

我最後粗略陳述兩個結論（我認為其實是相當精細的）。第
一，我認為時機已經來臨，我們應該考量，針對作為主要的政治論 301
述形式的媒體和報紙進行批評，其效果是有限的，原因如下。第一，對於報紙的批評到現在為止至少所產生的效應只是複製並且強化它所譴責的偏見問題。我們當中的每一個人都有自己最喜愛的罪人。我的朋友可以指向蘭德爾（Jonathan Randall），而我的敵人則可以指向其他的特派員。我不確定這種現象，除了把整個領域簡化成一群怪物對抗一群英雄之外，還有什麼收穫。其次，對於媒體這

種執著的批評，反而諂媚了它所指責的媒體，因為這給予那個媒體更大、更多的力量。在我看來，儘管在有關中東的報導中存在著那些偏見，但是聰明人依然可能看到故事中的故事。事件並不因為記者不報導就不會發生，事件的真相也不會因為記者誤報而無法釐清。我們並不全都是被那些網絡、那些大報社、那些媒體集體操控的無心玩偶。以批判的方式來讀報紙，以批判的方式來看電視廣播，以批判的方式來評量我們親眼所見的證據，這些都是有可能做到的。

最後一點，也就是客觀性的問題。讓我這麼開始。客觀性也許看來像是個古老的、布爾喬亞的觀念，其實卻偽裝了各式各樣的政治、機構、文化的利益。的確很可能是那樣。但在我看來，人必須做一個基本的哲學的、方法學的決定。而那個決定就是：有沒有可能獲得真相；有沒有某種可以被稱為真相的東西，會遭到誠實的人反對，會讓人想要拿出各種證據爭辯，會讓人為了難以詮釋的文本和歷史現象爭議不休。即使大小通吃、無孔不入的媒體，在我看來都未能成功地摧毀情境的真相（the truth of a situation）這種觀念。

最後，有關猶太人、巴勒斯坦人或其他一些議題，針對新聞和媒體的批評，在我看來有時不只是有利於討論、有利於知識的論述或政治的批評，同時也是一種支架，有時甚至成為開始妨礙了行動的支架。如果在美國聽得到猶太人的情況，如果這裡對猶太人的了解超過了對其他事物的了解，那並不是因為猶太人來到的這個國家先天或本質上就對猶太人或猶太教具有好感。猶太人當初到這個國
302 家的時候，他們所面對的反閃族情緒、偏見和敵視，的確與現存的任何反穆斯林的感情一樣強烈。但是猶太人採取行動，以知識的、政治的方式組織起來。他們成立了像是反誣衊聯盟（the Anti-

Defamation League）這樣的機構，他們一直留心，讓別人注意到他們的情況。我想這麼說也許是很公平的：如果很明顯、很正確地根據猶太人的模式，建立起一個像是阿拉伯反誣衊聯盟這樣的組織，那將是巴勒斯坦代表（Palestinian representation）在這個國家中一個歷史上的里程碑。猶太人知道世界不會恰切地了解他們。但是當猶太人陷入困境時，他們不等待世界來恰切地了解他們，而是採取行動來自救。我認為對那些弱勢、少數、生活在悲慘中的人們來說，重點終究是——對我來說，這是猶太復國主義的偉大教訓——真正重要的不是世界了解你：真正重要的是你了解你自己，你拯救你自己。謝謝。

【希鈞斯（以下簡稱「希」)】身為一個移居的英國激進分子，我今天出現在各位面前，有一種很奇怪的感受，就英國愉快、平和的氣質而言，我比不上路易斯教授，而就激進的風格、反諷和激情而言，我比不上薩依德教授。因此，我站在各位面前，多少感覺像是赤身露體一般，而我想要開始的方式，希望是今天唯一沒有爭議的說法，也就是說：我能想像在現場聽眾之中，所有有思想的人，對於中東的任何主題或任何地區有任何特別知識的人，都不會滿意報刊上——不管是一般報章雜誌，還是學術期刊——對於這個主題的討論方式。我自己在這件事情上狹隘的專長領域就是塞浦路斯島（Cyprus），我想這證明了我這個自憐的說法是成立的。大部分有關這個主題的報章和討論，至少符合以下三種情形之一：完全不顧歷史，缺乏任何歷史的角度；對於當前官方或當局的想法，存在著一種輕微但可以察覺到的尊敬；存在著一種虛幻模糊的感覺，覺得真相也許就在最近出現的任何兩個對立的說法之間。關於中東，尤其是有關巴勒斯坦的衝突，我要提出的看法是：一個主觀上平衡的處理儘管有其不足之處，卻經常被拋棄、有時被完全懸而不論。

303 我可能選擇的任何例證，在本質上都是有選擇性的，即使給我比現有的十分鐘再加三倍的時間來談，也是一樣。底下選用的資料，很自然地就像所有引文一樣，**來自**特定的脈絡，可以預期會招致同樣的批評，但這些資料在我看來不只是就事論事，而且具有象徵意味。我選擇這些資料，與其說是為了新聞本身，不如說是因為來自我們今天這個新聞和學術交會的血淋淋的十字路口。

首先，彼得絲《無始以來》（Joan Peters, *From Time Immemorial*）那本書嘗試顯示根本沒有所謂的巴勒斯坦問題，根本沒有所謂的巴勒斯坦人。這本書在這個國家被接受的情況，從尊敬、感動到景仰都有，而且來自學院和媒體的各個角落。這並不是那麼重要，而且我也沒有時間來強調，在那之後蒐集到的眾多證據顯示，那本書其實只是捏造的，畢竟這些證據想要找到門路出版是難上加難。一直到以色列媒體、尤其是英國媒體對那本書大肆揶揄之後，我們國家才刊出了一些溫和的省思，而且有趣的是，可以看到一些人同時採取兩個立場，但為時已晚。

第二則是杭士基教授的《重大的三角關係》（*The Fateful Triangle*）這本書。我無意恭維杭士基教授，因為我認為他應該得到的讚賞遠勝於此，但正確的說法是：他討論黎巴嫩戰爭的那本書，就出版當時來說是無與倫比的。也就是說，那本書找不到競爭者。當時沒有其他書討論美國和其以色列盟邦介入黎巴嫩戰爭。而那本書出版的時間正好是在有關那場戰爭的相關事件正要投票的當兒，在時間點上獨一無二、恰逢其時。那本書寫得很長、有很多很多的註腳，寫書的人是少數具有國際學術聲望的美國猶太人。但是它的命運呢？《紐約時報》沒有評論，《華盛頓郵報》沒有評論，《洛杉磯時報》沒有評論，《新共和》、《評論》、我自己的雜誌《國家》都沒有評論；沒有評論這本書的雜誌多到即使像薩依德教授剛剛那樣以飛快的速度來念都念不完。這種情況，我敢說，簡直稱得上是醜聞。

第三。有一個公共廣播節目《引爆點》（*Flashpoint*）在4月要
以一系列的方式播放三部影片來探討巴勒斯坦問題。結果就像這種 304
三部影片的系列經常發生的情況一樣，其中兩部是支持以色列的，另一部是由反猶太建國主義的猶太人所製作的。在許多城市，包括紐約和華盛頓特區的公共電台，都婉拒播放其中第三部親巴勒斯坦的影片。《紐約時報》這份有良好紀錄的報紙，這份大紐約市這塊懵懂無知的地區中唯一有紀錄的報紙，對這部沒有播放的影片加以評論，並且說——以下我是引用他們的話：「與德國第三帝國所製作的電影沒有太大的區別」。

我是在一個偽善的行業工作，我為我的同行設下了一道難題。這是你們所知道的一切；你們必須告訴大家主題是什麼。公共電視台的影片在紐約的螢幕遭到禁演。《紐約時報》沒有評論禁演的事，卻把大家沒看到的影片描述成是納粹式的。我要問我的同行的問題是：那部影片的內容是什麼？採取的觀點又是什麼？即使是在我的朋友和同事中最保守的人都能毫不猶豫地猜出答案來。我發覺這種偽善的態度並未帶給我什麼喜悅。我發覺這並不吸引人。同樣的，就是在我這一行裡廣泛傳播而且內化的知識：如果一個以色列的批評者敢於表示這類論點，如果他不是猶太人，就會面對反閃族的指控；如果他是猶太人，則會被稱為猶太自我憎恨的受害者。當前這種非此即彼的情況帶有脅迫和獨裁的意涵，存在於我認識的每個新聞從業人員心裡。而人們多多少少認命地同意，雖然人生的確

是不公平的，但是以上我所舉的那三個例子在任何其他問題的辯論中都不曾那麼明目張膽地出現。

讓我再提出我心目中兩個可能造成這種現象的原因。我要給你們另一段引文，你們得猜猜底下引文的出處。簡單地說：「美國的新聞從業人員只對中東的兩個主題感興趣：以色列和美國。在那裡發生的任何事情只要和這兩個國家有關，就會被放大而且傳播到全世界，和這兩國無關的，就幾乎被忽略。」這段文字來自皮普斯發表於《評論》上的〈媒體與中東〉（"The Media and the Middle East"）一文，所出現的脈絡則很詭異：主張整個美國媒體是聯合起來反對以色列的——這只是各種出人意表的反諷之一，皮普斯博士的讀者長久以來都學著珍惜這些東西。

305 第二，更粗俗卻更難以逃避的就是——單純的種族歧視。下面這段引文出自哪裡？這是這個城鎮上的美國定目劇院（American Repretory Theater）對於一齣劇本的描述：「我們文化中的普世論偏見使我們已有心理準備，能夠欣賞本戲中的阿拉伯人，這的確是個瘋狂的阿拉伯人，卻以他們文化的獨特方式來瘋狂。他陶醉於語言，無法分辨幻想與現實，拒絕妥協，總是把自己的困境歸咎於他人，以致到後來以一種漫無目標、僅求得短暫滿足的噬血行動，來發洩他痛苦的挫折。」這是由《新共和》的老闆兼編輯簽名發表的評論。里昂［參與辯論的維瑟提爾之名，此人為《新共和》文學編輯］，我不同意你的意見；我很遺憾，我不相信這個國家的任何其他雜誌在描寫原住民或非裔人士時會出現這種字眼。至於在一本曾經以擁有黎普曼（Walter Lippman）和威爾森（Edmund Wilson）[3] 自

---

[3] 譯註：黎普曼（1889-1974）出生於紐約，父母親為德裔和猶太裔移民，就讀哈佛

豪的雜誌中該不該對任何族裔或族群團體說出這種話，「這是在那片果園裡辛勤工作的人要面對的問題」。

如果我們只是把這個問題定位在媒體或學院的運作，就會被人批評為自艾自憐。媒體和學院這兩者處在——我知道我要留下一些作為待會兒反駁之用——自然是處在國家政策和輿論之間：這個國家政策因為投機的原因而偏袒以色列（這是一個簡單的行政決定哪一條是正確的路線）；而這個輿論則對膚色較黑的中東人帶有粗俗的偏見。後者幾乎在任何種類的當代諷刺漫畫中都看得到，連號稱自由「衛道之士」（*bien pensant*）的人，像是《華盛頓郵報》的赫布洛克（Herblock）[4]都免不了——這種不可原諒的雙重刻板印象將阿拉伯人和伊朗人呈現為最令人反感、最愛搞顛覆的亡命之徒，十足反映了反閃族的歐洲人過去如何試著迫害猶太人，十足反映並複製了那種迫害。

而前者的證據可見於在報導中自然地接納了以色列的術語，更精確地說，以色列右派的術語。等一下我還會回來繼續討論。

【主席】接下來的時間是第二回合，可以反駁，也可以繼續先

大學時成為社會主義者，於1914年與柯洛理（Herbert Croly）創辦政治周刊《新共和》，離開後前往《紐約先鋒論壇報》（*New York Herald Tribune*），三十年來所撰寫的專欄「今天與明天」（Today and Tomorrow）由全國聯載，對政治採取務實態度，曾支持六位共和黨總統候選人和七位民主黨總統候選人，並反對韓戰、麥加錫主義和越戰。威爾森（1895-1972）是美國重要的文學批評家，關切文學與社會議題，文風清晰精確，深入淺出，統領一時風騷，他有關小說家海明威（Ernest Hemingway）、朵思・帕索思（John Dos Passos）、費滋傑羅（F. Scott Fitzgerald）、福克納（William Faulkner）的評論，發揮了重大的引介之功。

4 譯註：赫布洛克（本名Herbert L. Block, 1909-2001）是美國著名漫畫家，在《華盛頓郵報》工作逾五十年，以漫畫針砭時政，諷刺政治人物，三度獲得普立茲獎。

前的論點。

【路】首先，我要簡短地回應我們兩位媒體代表的說法。是的，要找出針對中東各方的偏見的例證當然很容易，但這並不證明整個媒體帶有某種偏見，而只是證明了媒體有關中立的理念是要平
306 衡敵對的偏見。這當然是可以理解的，尤其是在電視上。如果不呈現平衡、理性的觀點，電視會更精采。我們剛剛從這個國家舉行的選舉中看見——這裡的討論不是針對遙遠的地方和外國人，而是眼前國內的議題——在電視上很難（大多數人會說不可能）有任何嚴肅而平衡的討論，其他媒體的情況則稍微好一些。

這是真正的難處，我們全都會自然地集中在冒犯我們的那些篇章段落，而這種讀者的自虐現象是普遍的。我並不認為這可以導入特定的方向。無知是普遍的情況。

先前主席切斷我講話的時候，我正想談談我心目中對學者的責任的一些看法。而薩依德教授剛才也以某種方式適切地印證了我剛才想要表達的一些論點。我剛剛要提供給你們的蘋果派——也許我們可以稱為真相和客觀——是大家誤解很深的字眼，也許在這個時候並不適合。顯然，我們都有自己效忠的對象，我們都有自己的偏見，我們都有自己的意見，而且在一個自由的社會中，我們都有權提出這些想法。

那麼我們該怎麼辦？如果我們以誠實和公平來替代真相和客觀，我想我們的討論會更為實際，而不只是一堆理論詞彙，傳達的觀點也會是我們所有人都能了解的。比方說，在反駁他人的論點時，不是根據對方說話的內容，而是根據自己選擇加在對方身上的動機，好讓你的反駁更容易，這種做法很難稱得上是誠實或公平。運用美國早期惡名昭彰的抹黑伎倆，把性格和來源各不相同的作

家、學者、刊物全湊在一塊，藉此傳達、而並不是證明他們都是一樣的，他們構成了一個同質的、集中的、共謀的整體，這種抹黑伎倆很難稱得上是真實或公平的例證。

剛才針對媒體的許多說法我都會同意，但是我們要追溯到媒體之外到多遠的程度呢？我並不記得有任何學者主張在中東的恐怖主義是先天的。如果有人說出任何類似的事情，我會覺得很驚訝。而恐怖主義也不是先天就屬於伊斯蘭的。在［薩依德教授］剛剛引用的那本專題論文集中，我的論點是——任何有興趣的人很容易就能 307
查到書面版本——把恐怖主義說成是伊斯蘭式的這種說法是荒謬的，因為伊斯蘭教就像其他宗教一樣具有倫理和道德的標準，而且是反對恐怖主義的。把伊斯蘭與恐怖主義連在一起，這種說法只有在凸顯伊斯蘭的政治性，特別是在當前才有意義。在當前這個時刻，幾乎所有的政治運動都傾向於獲得政治性，而恐怖主義畢竟是一個政治運動。

【薩】我覺得在這個討論的第一部分大家普遍同意：扭曲的現象的確存在，媒體做這、做那，身為學者的我們則該做其他的事。由於時間的限制，我剛剛談的是一群或一些學者和新聞從業人員、知識分子和報章雜誌等等。我很樂意一件件去證明、去呈現給大家看——他們並不全都由某種外在的來源指引他們，絕非如此——有一套母題一直出現在媒體中。我先前提到的那六種，這裡就不再重複。但我感覺對於中東知道得更多的學者——而且我想我會同意在這場討論會中的所有討論者——他們的職責就是服膺真相、公義、公平、誠實。我覺得並沒有足夠的力量來遏阻對於中東這種本質上惡意的錯誤呈現，而且在一些情況中，非但不能阻止扭曲擴大，反倒因為加入或與這種架構合作，使得情況更為惡劣。我剛才舉的那些例子在我看來似乎證明了這件事。比方說，路易斯教授提到那本有關恐怖主義的專題論文集。在那本書的序言中，那坦雅胡大使（Ambassador Netanyahu）說，在恐怖主義的世界中，今天的兩個中心源頭就是伊斯蘭世界（伊斯蘭教）和KGB［前蘇聯國家安全委員會］。在這種討論框架下，我們只有三個代表以學術的方式來討論中東，而那些人基本上是說，如同路易斯教授所說的，我盡量逐字引用：「把伊斯蘭說成是提倡恐怖主義的宗教，這種說法是愚蠢的。伊斯蘭教和猶太教一樣，是個偉大的宗教」云云，但他下一段接著就說，以伊斯蘭來指稱現代世界中的恐怖主義是正確的。

還有就是那本書的脈絡，那種公共討論的脈絡讓人以為伊斯蘭
308 教產生了恐怖主義。我認為其中的暗示是很明顯的。我們今天談論伊斯蘭的時候，其實並沒有專家試圖去促進大家了解伊斯蘭的多樣性和整個伊斯蘭世界——我現在是以一位有興趣想對伊斯蘭知道得更多、而不是更少的人之立場來發言。這並不是促進了解，而是集中在少數簡單的論點：伊斯蘭教基本上是政治的。在這個脈絡下，「政治」這個字眼是什麼意思？什麼意思都有可能。但這個字眼大體上的確暗示穆斯林四處跑來跑去提出政治主張，其他什麼事也不做——你是知道的，他們是會生活、生產、死亡、寫作、思索、感覺的。

這讓我想到喜劇演員馬克斯（Groucho Marx）的故事，這是有關他的故事中我最喜歡的一個。他在義大利的一家旅館搭電梯下樓，有一群神職人員進入電梯。其中一位轉過來對他說：「哦，馬克斯先生，你知道嗎，我母親真的很欣賞你的電影。」馬克斯轉向他說：「嘿，我不曉得你們這些傢伙可以有母親咧。」

這是第一點。要在這個脈絡中呈現的另一點，就是壓抑消息，

這種現象使得中東這個複雜的地方無法在著作中呈現出來。因此，如果你要談論伊斯蘭恐怖主義，那麼在相同的脈絡下也來談談猶太恐怖主義或基督教恐怖主義如何？比方說，如果你要顯示在阿拉伯世界存在著反閃族主義——我確定的確存在，到處都存在反閃族思想——就得分辨引用自報紙、流行趨勢、公共政策、信仰、族裔刻劃中的訊息。所有這些事情都被放在一塊，而產生了一系列所謂的阿拉伯世界、或者阿拉伯和伊斯蘭世界的反閃族思想。所以那是一個問題，扭曲的問題。

另一個問題，這是我所要提出的最後一點：一貫地主張我們從事的是學術的、客觀的工作。我完全贊同，但我認為我們應該承認公眾的聰明才智不止於此。光是主張是不夠的。我們必須以公平的方式、寬廣的視野、引用整個脈絡而不只是一部分的方式，來證明這些事情，而且不要假裝我們從事的就只是學術。其實，就像我確定在座的每一位都知道，我們所處理的是發生在我們這一行中衝突 309
的延伸，而且是要保護這一行；也就是說，儀式性地主張某件事不會削弱真相。而就像里昂［維瑟提爾］很正確地指出的，真相就在那裡，人們看得到。一個觀點比另一個觀點在本質上得到更多的再現，在座沒有人會否認這個事實的。這一點是必須說明的。

【維】我要評論剛剛在這裡說的一些事情，幸運的話，我的評論也許可以形成前後一致的論點。在我看來，薩依德似乎畫了一幅漫畫；他把猶太人和以色列人最極端的意見拿出來，放在一起，得到某個聲稱是主流的立場，用這個來刻劃猶太國、主流的猶太機構、美國的猶太社群、美國的猶太媒體、美國的非猶太媒體。比方說，那些機構中有誰或什麼單位把巴勒斯坦人和納粹劃上等號？那個等號出現在猶太社群中許多令人噁心的地方。那個出現在利庫黨

（Likud）[5]的許多陣線團體。那個出現在一個名叫「支持一個安全的以色列的美國人」（Americans for a Safe Israel）的團體。那是由在以色列的一群西裔、葡裔猶太人（Sephardi）和德系猶太人（Ashkenazi［德國、波蘭、俄羅斯境內的猶太人，使用意第緒語（Yiddish）］）教條式的政客所鼓吹的。但是在主流的猶太社群，在工黨（Labor Party）內部，在大部分的利庫黨內部，在美國的猶太社群之內，他所引用的那些特別的看法，或者任何其他令人噁心的看法，到底要在哪裡才找得到？

我不會把薩依德和阿布・尼達爾（Abu Nidal）相提並論，但我也不願意人家把我和卡亨（Meir Kahane）相提並論。[6]我們每個人都有自己的大問題。但事實上我們兩個人都盡力要解決這些問題，而且在我們的社群中，像這樣的人不只我們兩個。

至於猶太恐怖主義的問題，猶太恐怖主義不像巴勒斯坦恐怖主義那樣常被提及，其中一個原因就是一直到最近，也就是說從1930年代、1940年代一直到1970年代末期，猶太恐怖活動較巴勒斯坦恐怖活動要少得多。這是單純的歷史事實。

另一方面，在以色列和西岸的猶太恐怖主義爆發之後，薩依德
清楚得很，有許多人高聲疾呼加以譴責，而且採取政治行動，一方
310 面要將那些人繩之以法，另一方面不只摧毀促成那些行為的政治或
實體的基礎結構，同時也摧毀那種極端主義的知識基礎。

5 譯註：利庫黨是以色列的幾個黨派為了1973年選舉而聯合成立的團體，是以色列的主要保守政黨，自1973年以來不是擔任執政黨，就是擔任主要的反對黨，其黨揆比金、夏米爾、那坦雅胡都擔任過以色列總理。

6 譯註：阿布・尼達爾曾被視為最危險的巴勒斯坦恐怖組織的創立者；卡亨是猶太教牧師。

而我這裡所指的人不只是杭士基——我希望在表達與他不同的意見時，不致被指控成一個自憐自艾的猶太人——我所指的是許許多多的知識分子，他們在各種問題上可能不同意杭士基、夏哈克（Israel Shahak）、史東（Izzy Stone）[7]或其他人，但我認為他們是正直高尚的人，他們對於阿拉伯人、穆斯林或巴勒斯坦人並沒有種族歧視。

至於我的朋友希鈞斯，我不會去爭誰聰明或誰狡詐。我們是很好的朋友，彼此怎麼說對方都不會在意。

彼得絲那本書是一個無知女子的差勁表現。我的雜誌和其他雜誌都應該反駁她那本書的，結果卻都沒有。這並不是因為我在分派人寫那本書的書評之前沒有先讀過。另一方面，在猶太社群裡裡外外，彼得絲那本書根本沒有任何影響，原因有幾點：第一，大多數的美國猶太人對於以色列內部真正發生的事情並不非常感興趣；第二，那是一本很厚的書；第三，我相信大部分的美國猶太人對於彼得絲那本書所企求的政治結論，也就是說，「根本沒有巴勒斯坦人」這樣的說法，已經不再有好感了。這就是那本書的結局，而我的觀點就是——也許我很樂觀，但我在這裡的發言是根據某些知識和經驗——那本書的觀點根本不再是猶太社群的共同看法了。

任何不同意以色列政策的人，通常就被某人——我不知道是美國媒體、美國的猶太媒體或猶太人控制的媒體——稱為反閃族的人，把所有批評的人都說成是反閃族的人，這種觀念簡直是荒謬。

---

[7] 譯註：夏哈克（1933-）出生於華沙，父親死於集中營，他抨擊猶太復國主義的罪惡，撰有《猶太歷史，猶太宗教：三千年的重擔》（*Jewish History, Jewish Religion: The Weight of Three Thousand Years*［London: Pluto Press, 1994］）；史東為美國著名新聞從業人員，以揭發內幕著稱，可參閱第二十六篇訪談（原書頁420）。

自從以色列軍隊在1967年佔領西岸之後，猶太社群之內就開始激辯，激烈的程度比猶太與巴勒斯坦兩個社群之間的辯論有過之而無不及，因為內訌之辯、鬩牆之爭總是更激烈的。

把所有批評以色列的人都當成是反閃族的人，我反對這樣的觀
311 念。其中一部分人的確是如此，但不該讓他們躲在這種卑劣的稱呼之後。大部分的批評者顯然並不反閃族。我的想法簡單地說就是：他們錯了。

【希】我要直接回應路易斯教授第二次發言所指出的兩點。第一，路易斯教授否認薩依德和我所大膽呈現、描述的媒體錯誤呈現中存在著任何模式。其次，他自己說：（恐怖主義）不是先天的。他說，他不知道有任何人，也就是說，沒有任何學者說恐怖主義的習性是先天的。那讓我引用一段話：「恐怖主義的根源並非哀痛，而是一種不受控制的暴力傾向。」不知道這符不符合你有關「先天」的標準？

那段引文出現在那坦雅胡為《恐怖主義：西方如何獲勝》（*Terrorism: How the West Can Win*）所寫的緒論，你可以說他不是學者，而我也不得不同意。但他的身分——除了是以色列駐聯合國大使、強硬的右派領導之外——在當時是一群學者的召集人。他職掌的機構約拿單研究所（Jonathan Institute）公認是學術與新聞網絡的重要樞紐。新聞媒體慣常引用這個機構作為有關恐怖主義專業知識的來源。而我認為現在正在為我錄影的弗萊徹法律與外交學院（Fletcher School of Law and Diplomacy）出的那本《屠殺的大災難》（*Hydra of Carnage*），其中描寫的恐怖主義完全根據約拿單研究所的研究發現。也就是說，我並不介意跟那坦雅胡辯論。但我會介意當我參加一場座談會的時候，發覺他是主持者。我會稍微修正地說，

「恐怖主義者」、「反對主義者」、「極端分子」、「基本教義派分子」，這些字眼在很多一般性論述裡所代表的意思，就是以色列保守分子所了解的意思。我說那是一個模式；那並不只是偶然，也不是可以一笑置之的事。那是一種未被同化、未經消化的宣傳勝利的象徵。而它的勝利出現於我們接受那坦雅胡、接受恐怖主義可以作為一門學科、一門有授課教授和課程編號的獨立學門。我認為目前一些恐怖主義理論的根基過於單純化，沒有說服力，而且具有宣傳的性質。但我認為那坦雅胡大使在他那本書第204頁的研究發現，
「恐怖主義的根源就是恐怖分子」，這不論是從新聞和學術的立場， 312
還是從美學或文法的立場，都可以公開反對。

獨立的期刊和學院的工作不是要反映輿論中的偏執，或者透過特別的研究機構和研討會來迎合存在的壓力，尤其不該與那些大肆宣揚、師心自用的世界觀沆瀣一氣。謝謝。

與談者：薩依德、路易斯、維瑟提爾、希鈞斯

主持人：麥克尼爾（William H. McNeill）

1987年刊登於華盛頓的《巴勒斯坦研究期刊》（*The Journal of Palestine Studies*）

第十六篇

流亡者的流亡

【訪】不解決巴勒斯坦問題，中東可能有和平嗎？

【薩】我不這麼認為，許多巴勒斯坦人不這麼認為，而且世界上許多人也不這麼認為。

【訪】在你看來，這個問題大概會以何種方式解決？

【薩】要解決這個問題，必須考慮巴勒斯坦的歷史事實和目前的現實局勢。巴勒斯坦的阿拉伯人原先就居住在那塊以往被稱為巴勒斯坦、但現在被稱為以色列的土地，加上在1967年被以色列佔領的約旦河西岸和加薩走廊。

巴勒斯坦人覺得自己這個族群或民族被以色列的佔領行為所驅逐。在那之後，他們不是變成了以色列境內的二等公民，就是遭到驅逐而成為遍布阿拉伯世界的難民和流亡者，再不然就是西岸和加薩走廊被佔領下的人口。

我們是沒有國籍、沒有棲身之所的人民，而且幾乎在巴勒斯坦人存在的每一個國家，他們的情況都有別於具有國籍的人。即使在阿拉伯國家，他們都被區隔出來。所以毫無疑問的，巴勒斯坦人強烈感受到只有成立自己的國家才能擺脫無家可歸、流亡在外的嚴重的民族問題。

我們需要一個巴勒斯坦人的故鄉或國家，讓我們能和土地重新建立關係。

【訪】就地理而言，這塊土地應該在哪裡？

314 【薩】這個嘛，我認為合理的地方就是佔領區，那裡是當今巴勒斯坦人最集中的地方。

【訪】那會包括東岸的一部分嗎？

【薩】你是指約旦？約旦是個主權國家。雖然有許多巴勒斯坦人住在那裡——他們在1948年到約旦，獲得約旦的公民權——約旦可以成為替代的故鄉的這個觀念既不能滿足約旦人，也不能滿足巴勒斯坦人。但過去三、四年來，在約旦以及西岸和加薩走廊上的巴勒斯坦國成立一個聯盟，這種觀念倒是有人討論過。

【訪】你心目中，在和平會議或協商中，應該由誰來代表巴勒斯坦人？

【薩】唯一具有任何公信力的代表就是巴勒斯坦解放組織。各種民調都顯示這一點；這個族群所掌握的許多非正式的以及國際的管道，一再證明了儘管存在著分裂與歧見，但在所有人心目中，毫無疑問的，巴解組織就代表了巴勒斯坦人。

【訪】西方世界和巴勒斯坦人本身對於巴解組織有什麼不同的觀感？

【薩】即使在西方世界，我都能有所區分。首先就是區分在巴勒斯坦世界、阿拉伯世界、不結盟世界、伊斯蘭世界以及一般第三世界對巴解組織的觀感。這是一方面。另一方面，就是在西方、或者該說在美國對巴解組織的觀感——這和法國、英國的觀感又很不一樣。

在美國，官方的立場就是巴解組織是恐怖分子組織。晚近的一些民調顯示，那並不是真正的觀感，而是看你的問題是怎麼問的。人們普遍強烈感受到，不管我們喜不喜歡巴解組織，它其實都是某種的國際組織。也許我們不喜歡巴解組織，它的形象不好，它在媒體上給人的觀感顯然不好。儘管如此，它仍然是一個具有代表性的組織。

【訪】你認為巴解組織內部對於和平以及永久解決之道有著怎樣的感受？人民要的是什麼——是在西岸或約旦的祖國？還是整個巴勒斯坦作為一個世俗國家的觀念？

【薩】國際上的共識，阿拉伯的共識，我會說甚至巴勒斯坦人 315
的共識，就是分治國家（a partitioned state）的這種觀念——也就是說，一部分是以色列人，一部分是巴勒斯坦人。今天在以色列境內還有許多巴勒斯坦人——有六十五萬人——是以色列的公民，而且還有許多巴勒斯坦人原先來自以色列的不同地方，他們對於該國那個地方有一種聯繫感。

但是，國家的觀念會在那些聯繫之間造成區別——就像是來自愛爾蘭的美國人覺得對愛爾蘭有一種聯繫，但也知道自己是美國人。同樣的情況也適用於巴勒斯坦人。隨著時間的發展，這個關係會比兩個完全不同國家之間的關係更為緊密。人民之中有這種聯繫。

【訪】如果在西岸有個巴勒斯坦人的國家，你認為與巴勒斯坦人有關的恐怖主義這種現代現象就會隨之消失嗎？

【薩】我不確定這裡有沒有涉及恐怖。那是一個普遍的觀感。

【訪】如果建國的話，中東地區就會有和平嗎？

【薩】我認為會有更大程度的和平以及更大程度的穩定。現在正在戕害中東地區的，就是一種無法忍受的挫折感。那就是為什麼我認為我們有這種宗教復甦的異常現象。那並不完全是伊斯蘭，而是伊斯蘭教、基督教、猶太教，在整個地區蔓延。那裡存在著一種無力感、停滯感。特別是巴勒斯坦人，他們在中東的阿拉伯社會中最擅長表達，而他們感受到的是強烈的不公義，覺得自己的問題總是遭到強權，主要是美國和其盟邦以色列，無限期地拖延下去。

有人說成立一個巴勒斯坦人的國家會不會帶來和平，會不會魔筆一揮就改變了一切，我認為會的。但我並不是試著推銷一種過於樂觀的觀念，認為所有的問題都會迎刃而解。其他的問題——貧窮和不平等，經濟上的不公和社會上的畸形，這些都會繼續存在。但我認為，任何巴勒斯坦人都很重視下列事情：必須讓人覺得有個解決，我們的問題要有個公平的解決。

【訪】巴勒斯坦人和黎巴嫩以及約旦的關係如何？把一個巴勒斯坦人的國家擺在約旦或黎巴嫩境內是否可行？

【薩】不可行，你所談的是彼此非常鄰近的國家，在那裡有各
316 種方式能夠真正看到自己的過去。就像人們所說的，如果猶太人等了兩千年才從流亡中回到錫安山，就不難想像巴勒斯坦人會發覺四十年是一段很短的時間，而且四十年的時間並不會讓人遺忘過去。此外，全世界有百分之四十五的巴勒斯坦人住在巴勒斯坦，因此存在著自然的聯繫。

另一件事就是，這個地區的國家自從第二次世界大戰以來已經發展出強有力的國家自我意識。約旦人和黎巴嫩人不同，黎巴嫩人

和敘利亞人不同，敘利亞人和埃及人不同。所有這些人都和巴勒斯坦人不同，而巴勒斯坦人也有自己的民族認同感。

第三個很重要的因素就是，巴勒斯坦人多少被視為是一個異數（anomaly）。我不會說是局外人、賤民、流亡者、流放者、適應不良的人，雖然別人是用這種方式看他們。他們總是邊緣人，而巴勒斯坦人的特色在於他們有更好的教育，更好的政治成熟度，這些是流亡帶來的。對於其他那些國家來說，巴勒斯坦是不安之源。

【訪】以色列在西岸問題上意見分歧：不知應該併吞、歸還約旦，還是在那裡建立一個巴勒斯坦人的國家。但是對耶路撒冷問題則顯得一致，就是絕不交還，也絕不轉變為國際都市。如果這樣的話，可能有解決之道嗎？

【薩】也許我是個無可救藥的樂觀主義者。我認為任何看起來似乎是凍結的、無法逆轉的、不會改變的、對一切頑抗的情況，都可以改變。我認為這裡存在著一個意願；有許多方式可以用來進行各種不同的協商。當務之急就是盡可能去發現改變的意願。

不幸的是，現在權力的優勢，軍事和經濟力量的優勢都是在以色列人那一邊，而以色列又受到美國幾乎毫無限制的支持。在阿拉伯沒有任何的阻力能讓以色列人認為他們處於失利的位置，所以在以色列只看得到多多少少學院式的辯論。我們到底應不應該？有少數人，少數勇敢的人，他們在做許多極重要的工作——政治上的組織，作證，協助降低佔領區的緊張情勢。但大體上說來，以色列人的立場基本上是麻木不仁，而且大權在握。

這些年來，我遇過許多以色列人，情況很令人吃驚。對以色列 317
人來說，他們面對巴勒斯坦人有一種心理的、甚至道德的因素，而這因素並不適用於其他阿拉伯人。他們與敘利亞的問題是國與國之間的問題，他們與埃及的問題是國與國之間的問題，但以色列和巴勒斯坦人之間的問題則更深切緊密得多。而且我認為大多數的以色列人現在知道面對巴勒斯坦人時，軍事並非真正的解決之道。他們不可能把所有的巴勒斯坦人殺死或送走。他們就是在那裡。

【訪】以色列在西岸設立屯墾區是不是使得佔領的情況幾乎無法逆轉？

【薩】不。我並不這麼認為。你看看法國。法國在阿爾及利亞待了一百三十年；阿爾及利亞曾經是法國的一部分。但是他們成功了。法國人離開了。

顯然今天在以色列的猶太人與當年在阿爾及利亞的法國人不同。他們不會離開。但他們得適應現實的情況。現在有許多猶太人很公開地說：我們統治下的人口在增加，政治上的參與和自我意識也一直在增加，所以我們不可能永遠都是統治者。我們遲早得處理這個問題。但是，拖延當然是人之常情。

【訪】美國如何看待巴勒斯坦人？為什麼如此看待？

【薩】在美國，尤其是在媒體，由於各式各樣的原因，所以整體的觀感是極負面的。巴勒斯坦人不是沒有面孔的難民，就是恐怖分子。這種形象不只是來自於無知，也來自於避免把巴勒斯坦人當人看，這種程度經常讓我吃驚。儘管有些事件使得西方把他們視為恐怖分子的社群，但是巴勒斯坦人，他們的生命和風格，他們的雄心和成就持續不斷。因此，無知是一個重要因素。

另一個很重要的因素就是以色列的外交政策組織在1970年代中期達成了一種共識，認為處理巴勒斯坦人——這個盤桓不去、沒完沒了的問題——其中一個方式就是逐漸把他們化約成恐怖分子。這是最近以色列一些新聞從業人員披露出來的。直接把一群人貶為非人，比真正去處理他們的目標要簡單得多。

【訪】如果那樣的話，為什麼巴勒斯坦的策略或戰術不轉離恐 318
怖主義呢？為什麼在1972年慕尼黑慘案之後十年、十二年，西方依然看到像在喀拉蚩或巴黎那種事件呢？

【薩】那可能是角度的問題。如果你看看有關恐怖的**比例**——當然這必須十分留意——但是更多更多的恐怖行動是針對巴勒斯坦人而不是猶太人，或針對任何支持巴勒斯坦人的人。

【訪】能不能舉些例子？

【薩】1982年以色列入侵黎巴嫩，至少有一萬九千或兩萬巴勒斯坦人和黎巴嫩人被殺，而在那場戰爭中，總共有六百名以色列士兵被殺。

我能舉出一連串的統計數字，但彼此之間無從比較。巴勒斯坦人是在以色列的佔領下。人們遭到殺害。昨天加薩走廊有一個人被殺。每天都發生這類事件。以色列的數字告訴你，自從他們佔領以來——現在已經是第二十個年頭了——在西岸大約有二十五萬人曾經在以色列人的監獄裡待過。毀損家宅和財產，集體的懲罰，鄉村裡的宵禁，驅逐；這些都無從比較。

相反的，我們所得到的資訊都集中在巴勒斯坦人的一些絕望的行為上。在我看來，這些都是無法原諒的行為。我從來就毫不原諒這些；我一向都反對那種戰術。但是把焦點集中在這些事情，把這些事情當成議題是錯誤的，因為它們其實只是副產品。相較於整個阿拉伯世界中發生在巴勒斯坦人身上的那些暴力，真是相形見絀。

【訪】以色列人能不能區隔在納粹大屠殺（the Holocaust）中發生在他們身上的事和現在發生在巴勒斯坦的事？

【薩】那對以色列人是很困難的問題，但我經常問這個問題。

我經常對他們說：「瞧瞧發生在你們身上的事：你們猶太人的確一直是受害者。反閃族的歷史是千年來的一項事實。而我們現在是你們的受害者。曾經受害的你們，怎麼會這麼沒良心，把相似的懲罰加在另一個民族身上？這個民族中絕大多數的人從來沒有怎樣傷害你們——他們就只不過置身於此地。」

對我來說這是一個無法回答的問題。這個問題令我困惑，而那也就是為什麼我無法回答你的問題。

319 但我當然知道以色列人該對巴勒斯坦人贖罪。在這件事上我們並不是罪人。當然，我們並不是活在一個完全罪惡或完全無辜的世界，但在這個特殊的衝突中，我們與其說是罪人，不如說是罪人加害的對象。

這對和平來說極為重要。我們需要某種方式能超越歸還土地這件事，我們需要的方式要能包括道德的重整。以色列人依然宣稱我們這個民族不存在，而美國人特別聽他們的。在他們看來，我們只是一群遊牧的人。他們說，他們取得這片土地時，這片土地是空的。他們試著否認我們的人性。

這是身為巴勒斯坦人很真實的境遇。人們不但否定你的政治主權和權利，也否定你的歷史，完全漠視你身為受難者的事實。

顯然重點在於相互承認。他們得承認我們。而我們雖然認為他們對我們所做的事令人髮指、無法無天，但也得承認他們。那很困難，但非得如此不可。否則，未來的歲月將是殺戮連連、永無寧日。

【訪】在巴勒斯坦世界裡，有個學問和文學的傳統。這種傳統能不能轉化成民主制度、國會以及分級的代議制度？

【薩】就可能的範圍內，是已經轉化了。大多數人和我一樣，覺得阿拉伯世界一般說來，現今在政治上是個很專制的荒漠。巴勒斯坦的制度整體說來是非常的民主。我的意思是說，在巴勒斯坦社群裡有數不盡的反對黨，而且每個巴勒斯坦人實際上都有自己的政黨。

但關於巴勒斯坦人在阿拉伯世界存在的現況，有一項事實絕對不能忘記，那就是根本沒有巴勒斯坦。我們是地主國裡的客人，而那些地主國對自己的子民甚至更暴虐。巴勒斯坦人的命運，首先就是他們並不屬於自己的主權國家，其次就是流離的事實。我們散布各地，沒有中心的地方。比方說，黎巴嫩即使處於極度無政府的狀態，但依然有貝魯特，一個具體的首都。巴勒斯坦人沒有這種東西。而那個事實使得我們的生命特別的苦惱、孤立，尤其是絕望。

【訪】在美國這裡不只是對巴勒斯坦人，更是普遍對阿拉伯人 320
都有偏見。這裡要有什麼改變才會促成那裡的改變？

【薩】並不是那樣的；兩者沒有直接的關係。

【訪】但你說過美國人必須改變自己思考的方式。

【薩】哦，絕對如此。這個國家有個醜陋的現象，我們必須強調，而且一而再、再而三的重複，那就是：在美國最後一個還被容許的種族歧視——我這裡所謂的容許，意思是說能在媒體和其他地方公開表示——就是對阿拉伯人的種族歧視。你可以在最有地位的報章雜誌中，甚至在廣播中，對阿拉伯人說出最令人髮指的事，而這些事是你從來不敢對任何其他族裔或種族團體說的。

反阿拉伯人的種族歧視（anti-Arab racism）是最後一個可以被接受或正當的種族歧視。這種情況現在不能再繼續下去了。過去幾年來，一連串對於阿拉伯人的攻擊事件造成了不少傷亡。我的研究室在一年前遭人破壞闖入。聯邦調查局來探訪我，這宗破壞事件引起了大眾的關注。而猶太自衛團體之一的領袖在一次訪問中說：「對我們來說，如果對象是薩依德的話，什麼手段都可以。」對我和其他為巴勒斯坦人及阿拉伯人的權利說話的人，他們甚至恐嚇要取我們的性命。這種情況不許繼續發生，因為那不只是種族歧視，那已經是謀殺了。

不幸的是，許多有地位的人在這件事上連成一氣。在《新共和》和《評論》那些雜誌，或者更右派的那些激進的雜誌裡講了很多可怕的事情，像是阿拉伯人天性邪惡、阿拉伯文化有多瘋狂、伊斯蘭人真假不分等等。流行論述和公共論述裡充滿了這些陳腔濫調，這也是當前美國獨有的現象，而且是很令人怵目驚心的現象。

【訪】在當今的政治人物中，有沒有任何人讓你覺得能夠觀照到問題的兩面？

【薩】我認為賈克遜（Jesse Jackson）[1]可以。在這個國家，最能對猶太人的苦痛**和**我們的苦痛，以及對其他族群的苦痛感到同情的就是黑人、拉丁裔，還有婦女團體。國會裡的一些政治人物——黑人團體的成員，麥克洛斯基（Paul McCloskey）在擔任國會議員的時候，芬德利（Paul Findley）[2]在擔任國會議員的時候——都曾
321 經對巴勒斯坦人發表過很勇敢、很不尋常的言論。不過他們都離開了。現在的國會對於以色列任何程度的支援幾乎是立刻一致通過，

---

1 譯註：賈克遜（1941-）是美國黑人牧師及政治人物，四十多年來提倡和平、人權、性別平等以及社會與經驗的公理正義。

2 譯註：麥克洛斯基曾任美國加州國會議員；芬德利曾任美國伊利諾州國會議員長達二十二年，嚴詞批評美國對以色列的政策，曾發表名文〈讓美國擺脫以色列〉（"Liberating America from Israel"），並出版《他們勇於說出：抗拒以色列遊說的個人與機構》（*They Dare to Speak Out: People and Institutions Confront Israel's Lobby*, 1985）。

什麼都不過問。而他們對於以色列和中東所採取的立場完全與現實脫節，連自由主義者都不例外；他們在譴責南非的種族隔離政策時倒是直言無諱。

【訪】美國的中東政策如何？

【薩】你可以用兩個簡單的詞來描述：打擊恐怖主義，打擊共產主義——結果就是根本沒有政策。面對中東的多重複雜、多重悲劇、激烈衝突、歷史和傳統，那算得上是政策嗎？顯然不是。那根本稱不上是政策，真是可悲。

【訪】巴勒斯坦人、利比亞和格達費三者之間有沒有關聯？格達費在巴勒斯坦人的世界裡有沒有任何地位？

【薩】沒有。那傢伙是歷代最明顯的狂人。在1982年，他叫在貝魯特的巴勒斯坦人去自殺。他是阿拉伯世界中最不受歡迎的人物之一，想幫他辯解什麼都很難。但那並不代表他對這裡［美國］的政權沒什麼用處——他幫忙創造出一種外國惡魔，代罪羔羊。

【訪】對於世界其他地區來說，阿拉法特是不是巴勒斯坦人的好大使？

【薩】毫無疑問的，他在西方的形象很差。即使在巴勒斯坦人當中他也是備受爭議，因為巴勒斯坦人傾向去辯論我們做**這件事**而不做**那件事**到底正不正確等等。在我看來，他是個很複雜、甚至悲劇性的人物，因為很多事情他必須知其不可為而為之——比方說，和約旦簽署協議這件事。我覺得他不得不這麼做，雖然我也覺得那個協議設計不佳，不會有什麼結果，因此那是一件弔詭的事。

然而他有一項主要的成就：他凝聚了一個觀念——巴勒斯坦人即使流離，卻依然是一個社群。不要忘了，在1960年代末和1970年代初之前，在他還沒有出現來凝聚共識的那個時代，巴勒斯坦人

是被人遺忘的民族。我的意思是說，他們**被埋**在難民營或像泰爾
（Tyre）和大馬士革這樣的窮苦地方。對我們每個人來說，我們的
認同、我們的歷史都喪失了。然後在1967年之後出現了這種復
322 興，形成了巴勒斯坦人的觀念，把巴勒斯坦人當成是具有認同、具
有可能的未來，這其實都是他的功勞——當然巴解組織和巴勒斯坦
人民都參與其中。在那方面他是屬於人民的人。

【訪】在阿拉法特之後還存在哪些領導階層，可能成為下一代的領導人物？

【薩】大哉問；我無法回答這個問題。我現在已經失去聯繫，因為大家分散在各地。阿拉法特顯然是可見度最高的，但周圍也有一些跟他有歷史淵源的人，就是他團體的一部分，巴解組織的創立成員。

不過這些組織的存在令我印象深刻，有財政機構、慈善機構、醫療和教育機構，而且這些都還在運作。巴勒斯坦人是第三世界中很能自助的社群。儘管我們家財散盡、流離在外，卻依然為孩子們的教育負起責任。巴解組織一直到今天還在援助受難者的家庭——他們的孤兒、寡婦、家庭成員。存在著一個巨大的私人和官方的福利網絡，維持了社群的生機。

我現在五十二歲了。我這一代的人在1948年還是孩童，但我們有一些巴勒斯坦經驗。現在有一整代的人成長在佔領下或流亡中，與巴勒斯坦完全沒有任何直接的接觸。在黎巴嫩這種人有四十萬。

【訪】以色列和巴勒斯坦的情況也一樣。現在以色列的下一代都是1967年之後出生的，就像在巴勒斯坦一樣。那是不是意味著可能戰爭的機會高過於和平？

【薩】我並不確定。過去幾年來，其實是1982年以來，我在年輕的巴勒斯坦人中察覺到更不安穩的感覺。以今天西岸的學童為例：他們除了佔領之外一無所知。對他們來說，他們是孤立無援的，而他們必須反抗。就是他們這些人帶領反抗以色列部隊，用的是丟擲石頭、焚燒輪胎這類事情。那樣的人到底有什麼展望，這個問題讓人想到就覺得可怕。

他們很有韌性，對這一點我毫不懷疑。他們不會坐以待斃，不會只是說些要把自己抹煞的話，我們都知道這是事實。但這會導致什麼政治模式，我真的不知道。這個問題讓人痛心。

訪問者：史帝文生（Matthew Stevenson）

1987年刊登於威斯康新州麥迪遜的《進步》（*The Progressive*）

第十七篇

美國知識分子與中東政治[1]

【訪】報紙上每天都報導以色列人的壓迫和巴勒斯坦人的反抗，在這種情況之下，《責怪受害者：虛偽的學術與巴勒斯坦問題》這本書的出版看來尤其是及時之作。你認不認為佔領區裡的反抗在本質上有一些改變？

【薩】反抗的規模特別令人印象深刻，而且是前所未見的。過去五年來，也就是從1982年以來，每年都有三千五百到四千個事件記錄在案。當然，以色列人報復、懲罰、壓迫的程度一直都很嚴

1 譯註：此篇刊登於《社會文本》（*Social Text*）時，前面附了一段文字：「底下的訪談於1988年2月14日於紐約市舉行，《責怪受害者：虛偽的學術與巴勒斯坦問題》（*Blaming the Victims: Spurious Scholarship and the Palestinian Question*，由薩依德與希鈞斯合編）一書剛由［英國］維索（Verso）出版社出版，而佔領區內巴勒斯坦的反抗行動才剛剛開始。訪問者是羅賓斯（Bruce Robbins）。」因此，本訪談末及全書末出處標註出版於1998年，實為1988年之誤（原出處為*Social Text* 19-20［Fall 1988］: 37-53）。

重。比方說，10月的時候，有五、六個人在加薩走廊被殺。那並不被認為是從12月9日開始的這一個特別回合的一部分。但是那個規模令人印象深刻，而西岸和加薩走廊的團結也令人印象深刻，也就是說，雙方有一些協調。顯然，佔領區內的那兩個地區和1967年之前以色列境內的巴勒斯坦人，彼此之間有一些協調。再就是在那之前從來沒有任何有關武裝反抗的報導。以往基本上是沒有武裝的反抗——丟擲石塊、焚燒輪胎、設置路障。

【訪】幾個星期之前，《紐約時報》刊登了一篇略帶諷刺的文章，內容是有關以色列的政策：他們把人從房子裡拖出來，打斷他們的骨頭。在美國當前的輿論氣氛下，你有沒有發現任何值得鼓勵的理由，或者什麼特別的機會來反轉美國左派對中東事務那種特別
324 的無動於衷？你認不認為有任何徵兆顯示可能突破你在那本書中所描繪的那種有系統的運動：噤聲不語，視而不見？

【薩】我認為此時此刻最好的事就是，許多人注意到巴勒斯坦人的英勇，還有他們拒絕屈服這件事。顯然在他們之中出現的這種團結一致、有組織的反抗，是前所未有的。我認為其中一部分就是許多的媒體——包括了平面媒體、電子媒體，當然也包括了廣播電台——一直都在報導這些事件，而這些事件本身就很令人印象深刻。現在，沒有太大改變的就是專欄的意見，依然懸宕在右翼的以色列立場和偽善的、基本上是右翼的美國立場之間。這是一個漫長而複雜的議題，很可能值得再深入一點探討。在《紐約時報》上可以發現一個很好的例子，那裡刊登了一篇我認為很好的報導，是由基夫納（John Kifner）所撰寫的；這個人基本上是一位警政記者，試著從示威者的角度來報導那些現場事件，這算是一個創新。跟他同時出現的就是弗里曼（Thomas Friedman），他曾經擔任《紐約時

報》駐耶路撒冷的特派員（有人告訴我，他現在要離開了），而且一直都在報導。他以東方主義者的角度對這些事件提供了細緻複雜的詮釋，結果千篇一律是偏見，令人覺得可恥。比方說，他會主張巴勒斯坦人的問題在於他們沒有提供以色列一個未來的遠景，因此，暗示了他們該挨打。那當然是對他的論點很粗糙的重述。或者說，巴勒斯坦女人真的想要被以色列士兵強暴。他確實說過這樣的事，雖然他躲在引用自以色列的資料來源之後。因此，那種分析總是在對巴勒斯坦民族運動極為敵視的架構下進行的。

此外，美國很留意以色列人的「痛苦」或以色列支持者的「痛
苦」，也就是說，巴勒斯坦人的問題就是美國猶太人的問題，而這
顯然就成了一個形象的問題（an image problem）。這裡有一些照
片，照片中的以色列人任意用木棒和槍托毆打老婦人和孩童，真是
不堪入目。因此，形象和靈魂的問題一直都被廣為傳播。接著又有
所謂的政治路線，也就是說，就某個意義來說，巴勒斯坦人在佔領
區對以色列的反抗和政治對抗的確已經有了新的斬獲，但這一切都 325
是離開巴解組織的一種方式，因為人們畢竟不信任巴解組織，它現
在在突尼斯，它沒有什麼可說的等等。今天《紐約時報》另一位記
者易卜拉欣（Youssef Ibrahim）就發表了一篇像這樣的文章，他試
著主張巴解組織對革命來說是處於邊緣的（短短七個星期後，他的
看法完全改變），而忽略了一個事實，那也就是來自佔領區的每個
說法都一直重複地說：巴解組織代表巴勒斯坦人，而他們把位於西
岸和加薩的自己描述成阿拉法特的子民。大多數的美國記者無法
處理這個事實。上個星期我和《新共和》雜誌的孔瑞克（Morton
Kondracke）和《奧比斯》（*Orbis*）雜誌的皮普斯（Daniel Pipes）一
同上電視節目，對他們來說所有的問題就在於巴解組織不接受聯合

國第二四二號決議文和承認以色列。我遇過許多以色列人，他們在幕後對我說：「現在是很重要的時刻，我們應該試著與巴解和解，但是我們需要的就是巴解組織承認以色列的某種聲明。」這件事情反諷的地方當然就是，我們這個民族是受害者，但是人們要求我們發表各式各樣的聲明來向那些痛扁我們的以色列人重新保證。

最後，我們談談美國左派的態度。讓我給你一個指標，這在我看來完全象徵了美國左派對中東議題目前的處境。過去兩個半月以來，在西岸和加薩有大規模的起義行動，這種事是自從阿爾及利亞經驗以來從未曾見過的。事實上，發生在西岸和加薩的許多事讓人想到《阿爾及爾之戰》（*The Battle of Algiers*）這部片子裡的一些場景。現在有份名叫《澤塔》（*Zeta*）的新左派刊物，已經出版了兩期，但對那次起義事件隻字未提。我認為這是美國左派普遍態度的徵兆。那結合了無知和偽善——向以色列表示虔敬的那種偽善，認為以色列是民主政治的堡壘，是收容大屠殺倖存者的地方——這種看法在政治上、知識上限制了美國左派應有的反應，已經到了驚人的程度。而當他們真的現身說些什麼的時候，比方說幾個星期前侯爾（Irving Howe）、華哲（Michael Walzer）、赫茨伯格（Rabbi Arthur Hertzberg）在《紐約時報》連署的公開信，或者其他一些似
326 乎被西岸和加薩的事情所困擾的有名人士發表各種評論時，總是認為必須依照既定的說法在政治上攻擊阿拉伯人。《梯坤》（*Tikkun*）雜誌的勒納（Michael Lerner）和我一起上節目時指出，這是四十年來阿拉伯不妥協、巴解組織的恐怖主義等等的結果。像這種不入流的說法，這些評論中所暗示的偽善、暴力，簡直令人髮指。

我和美國左派的許多人談過。他們就是不能讓自己集中在這一點上。美國左派所有的討論——出現的那些後設理論的議題，像是

知識分子的角色，左派在美國政策中的角色等等——都找不到比底下這個事實更好的例證，也就是說，美國藉著我們花在以色列上面的那些錢，藉著我們提供以色列人的政治和軍事資助，到頭來是這一切的幕後推手。但是，我們很少看到一致的行動。在我看來這個地方——此外還有尼加拉瓜的情況——美國知識分子可以扮演直接的角色，卻完全看不到。我覺得這很令人訝異。以往的說法是，如果我們這些從前涉入反戰、反帝國主義、反介入政策的人把這些牽連上以色列，我們就會失去許多美國猶太人的支持。但我認為那種說法並不成立。如果一方面你說我們反對支持在拉丁美洲、南非以及東亞許多地區的那些高壓政權，那麼從國際主義的觀點對以色列說出同樣的話又有什麼問題呢？還有，我發覺更奇怪的就是，美國左派人士告訴我說，以色列對巴勒斯坦人的所作所為的確是很糟，但你看看敘利亞人對哈馬（Hamah）所做的，他們把城市夷為平地，或者看看約旦人在1970到1971年對巴勒斯坦人所做的——彷彿這樣多少就能為以色列的所作所為開脫似的。他們的說法似乎是，既然巴勒斯坦人被其他人屠殺，為什麼以色列人就沒有權利做同樣的事呢？因此我發覺很難了解，主要是因為巴勒斯坦的問題涉及左派一向關切、發言的許多議題。

【訪】想想有關你對媒體組織這個故事的說法——就當地猶太人遊說團體的「痛苦」來說——是讓美國公眾能夠注意到這個問題，因為他們只有在事情「帶回到自己家園」時才會放在心上，這在我看來和你把這個資料帶回到我們人民的方式有些關聯，尤其是 327
涉及美國左派時，但也包括了一般的美國人。像這樣的事件似乎經常是從很遙遠的地方來到我們這裡。對美國的知識分子來說，這本書一部分的力量，以及為什麼你的作品在美國知識分子中造成那麼大的震撼，就在於它爭辯「學術」這類東西——我現在想的是你的副標題——「學術」這種東西在像這樣的事情上實在事關重大，在有關資訊、詞彙、意象等等的領域上，也有一場事關重大的戰役在進行中，而那場戰役就發生在我們的家鄉。

【薩】在我心目中，這是獨一無二的情況：西方，尤其是美國，特別是左派就是支持以色列。不要忘了早年，在1948年之後的那段日子，以色列的理念在英國主要是工黨在關心，在美國則屬於民主黨和許多左派分子的範圍。國際人權組織聯盟（the International League for Human Rights）、鮑德溫（Roger Baldwin）、尼布爾（Reinhold Niebuhr）、湯瑪斯（Norman Thomas）以及後來的金恩（Martin Luther King），[2] 這些人都大力為猶太國說話。隨著時間的流轉，以及論述透過資訊的累積和材料的密集，有可能在塑造案例時完全抹煞巴勒斯坦人的存在。難民喪盡家產，留下來的巴勒斯坦人被壓迫、統治。當然，1967年開始產生了分裂。以色列不能再宣稱自己是一個被圍攻的國家。而在新的大學政治（the New University Politics）中發生了著名的分裂事件，也就是左派知識分子與試著要在非洲和中東正在發生的事情之間找出類似之處的黑人之間的分裂。而這種情況以不同的方式持續下去。

但是，最有趣的就是在以色列開始了一種修訂派學術（revi-

---

2 譯註：鮑德溫（1884-1981）創立了美國公民自由聯盟（American Civil Liberties Union），提倡法治，致力於促進社經變革；尼布爾（1892-1971）是新教神學家，致力於結合基督信仰和政治、外交現實；湯瑪斯（1884-1968）是長老會牧師，崇尚和平，信奉社會主義，反貧窮、種族歧視、越戰，1940、1944、1948年社會主義黨的總統候選人；金恩（1929-1968）是浸信會牧師，信奉愛、自由、平等、非暴力，於1950年代中期開始領導黑人爭取人權，1964年獲得諾貝爾和平獎，1968年遇刺身亡。

sionist scholarship），我想那是1982年之後出現的，但在美國沒有真正受到什麼重視：像是莫里斯（Benny Morris）、塞格夫（Tom Segev）和傅拉潘（Simha Flapan）等人的作品等等。這些都是以色列人的作品，有可能在美國出版。就以傅拉潘的《以色列之誕生》（*The Birth of Israel*）這本書為例，或者拜特—哈拉米（Bennie Beit-Hallahmi）討論以色列和第三世界各種獨裁政權之間的武器關係的書為例。這些書很少受到評論或矚目。然而在我看來，它們提供了非常有意思的方式，來擴展我們對第三世界以及武器網絡的知識。 328
我們也可以拿伊朗和尼加拉瓜反抗軍為例，這裡以色列的角色是在井上健（Daniel Inouye［夏威夷日裔參議員］）、萊丁（Michael Ledeen）和其他參議員的默許下壓了下來。特別令人憂心的是因為出現的任何資訊都會無可避免地增強這個印象：以色列一直有意地、我們甚至可以說有計畫性地違背了幾乎是從1948年以來的每一件事——不管是以色列自己的說法，還是別人對以色列的說法。比方說，人們一直以為以色列需要、想要、等待阿拉伯人前來對話。現在我們有以色列學者所提供的證據顯示，以色列人在1948年之後，得到一些主要國家——埃及、約旦、敘利亞——的保證，表示要跟它媾和，卻被［當時的以色列總理］本—古里安（David Ben-Gurion）有計畫地拒絕了。巴勒斯坦人被迫離開，沒有人開口要巴勒斯坦人留下，以及要為那個地區的巴勒斯坦人和以色列人恢復在以色列的某種暫時解決方法的各種努力——以上這些都是以色列人採取的一貫立場，但在美國卻被壓下了。而且當然，以色列也有系統地掩飾了這些年間對巴勒斯坦人所做的種種令人髮指的事。我試著要說的就是，這不只涉及資訊，因為這些資訊現在很容易就能從以色列的媒體、美國的另類學者，像是杭士基、杭特（Jane

Hunter）等人大量取得。有意思的是，這些資訊都很少流傳開來。當你在讀報章雜誌的報導時，你會不斷想要對記者、新聞從業人員或評論者說，為什麼不把這件事和存在於其他地方的這個題材連結起來？但那種連結從來沒有人做過。

【訪】書中有一個異常反諷的地方，就是以色列和美國的不同。以「廣播」這個著名的案例做例子［據說1948年阿拉伯電台廣播要巴勒斯坦人逃離故鄉］——根據基德隆（Peretz Kidron）的文章，以色列已經放棄了這個迷思，但在美國竟然還很盛行！彼得絲（Joan Peters）的案例也完全是同樣的情況。我想請問你的一件事，就是有關以色列已經放棄了這些事情，但在美國還是很盛行，這種諷刺的現象；另一件事就是，這件事對於美國學術的責任標準又顯示了什麼，因為在這些案例中，人們甚至連證據都不看——而這是我們想到學術時最基本的行為。

329 【薩】我想到的一件事就是，人們經常不是在踏出第一步時被阻止，而是被他們相信的第二步所阻止。也就是說，比方說，我們發現從來就沒有這些廣播，或者說以色列有系統地拒絕在那個地區媾和，主要是因為它想要擴充領域——它根本就沒有興趣去界定自己的國際疆界，因此拒絕任何有關和平的主張；這方面有很多的證據。但問題一直都在於：如果我們發現這件事的話，在政治上有什麼後果？人們多少認為那是無法接受的，因為這會意味著比較不支持以色列，這些人包括覺得關切這件事的美國左派、猶太人，或者覺得需要在第二次世界大戰之後補償猶太人的人。然後，下一個問題就是，假設這是真的，我們該怎麼辦？我們能夠處理事實上已經存在的、累積多年的不義和偽善的歷史嗎？這變得非常非常困難，因為有那麼多的事不只需要重新發掘，而且必須堅決放棄。你必須說，我錯了，我撒了謊，我和人共謀，我和人串通。這是很難的一步，因為就像我們在這本書中所顯示的，說謊和提供錯誤資訊，或者說，至少是有意只提供片面資訊，這種行為舉目皆是，所以人們常常受阻而裹足不前。但在我看來，就我自己來說，此時此刻可以做出許多很具體的姿態，那些姿態比放棄整個過去要簡單得多，包括了承認有需要立即大規模地允許巴勒斯坦人回歸。

【訪】你可能得到的一個結論就是，就像懷特（Hayden White）在幾年前所說的，巴勒斯坦人需要更好的敘事。我不知道這是不是你的一個考量，或者說那構成《責怪受害者》這本書所考量的事情之一，但當你看到像你剛剛提到的那種完全忽略實際證據的方式，是因為它不能擺進更大的敘事中，這使得你去思索：如果批判是知識行為的負面模式，也許需要這種另類的正面模式，提供敘事讓人們能把這些資訊擺進去。

【薩】那些敘事一向就在那裡。它們是完全不同的一種。我並不認為有一種「大敘事」（“grand narrative”）；那本質上不是西方的敘事。漂泊和流亡的模式俱在；史東（I. F. Stone）總是說，巴勒斯坦人已經成為「中東的猶太人」（“the Jews of the Middle East”）。但那是個借來的敘事。問題在於它畢竟是個外來的文化；它不會說 330
英文，不能和西方的迷思共鳴。隨著年事增長，我已經覺知到這一點。巴勒斯坦人這一邊因為頑固、多少欠缺資訊而拒絕輕易去接納。這種情況在阿拉伯世界當然成立；那也成為巴勒斯坦人的毛病。那很難描述；幾乎具體表現在阿拉法特的外形；他不符合任何有關民族領袖外形的既有觀念。

【訪】那是不是創造性的，而不是拒絕……？

【薩】你可以說那是創造性的。那是看它的一種方式，而且至少是解釋為什麼沒有一個容易處理的敘事的一種方式。畢竟，這個敘事總是得和一個很有力的、已經存在的敘事來競爭，而這個有力的敘事是一種報復式的、反覆出現的民族主義的敘事，與猶太復國主義聯想到一塊的敘事。因此在許多戰線上，存在著涉及形式的問題（formal problems），還有就是戰術的問題（tactical problem）：要在哪裡形成這個敘事？因為巴勒斯坦被鎖入所謂的「阿拉伯」敘事，而那經常和石油、一千零一夜以及一整套其他迷思扯在一塊；這是一方面。另一方面，在西方幾乎不可能讓那個敘事放在任何一套聯合的或對反的敘事（allied or counter-narratives）中，而被寬容友善以待，因為它一直要面對我們所提到的這些問題。現在它唯一出現的地方當然就是在電視新聞中——丟石頭的人，沒有歷史，沒有名字，沒有面孔。……你記得，就像那個駕著滑翔翼過來、殺了六個以色列士兵的那個人一樣，他的名字甚至連提都沒提。大多數的這些孩子從來沒有人報導他們的名字——雖然我們巴勒斯坦人公布了他們的名字，而且這些資料也隨手可得。加薩走廊死亡者的名單，被以色列人殺害者的名單，被斷手成殘者的那些名單，在西方從來就沒有公布過，因為他們在這裡沒有一席之地。

敘事出現的第三個另類方式，就是偶爾出現在最奇怪的地方，像是沃倫的電影《友誼之死》（Peter Wollen, *Friendship's Death*），或是一部很棒的巴勒斯坦新片：克萊費的《加利利的婚禮》（Michel Khleifi, *Wedding in Galilee*）。它們刻意於奇特和另類的方式，以致你無法把它們想成是參與我們生存的那種大敘事中的一般經濟。第四個，而且很可能是最重要的，就是有關巴勒斯坦解放的觀念，這種觀念在許多人心目中，甚至在巴勒斯坦人自己的心目中，依然曖昧
331 不清——巴勒斯坦人要人家承認他們，但為什麼要承認？這是自我

批評。我們要如何和以色列的猶太人相處，這個問題依然不確定。這沒有固定的公式，顯然只有和猶太人一塊才能解決，但猶太人到目前為止除了極少數的例外，對這件事情興趣缺缺。這是雙方都未觸及的目的論（teleology），而且很難想像，因而削弱了敘事。

【訪】這本書中有關知識分子領域裡的爭戰、有關詞彙的爭戰中，最驚人的例證之一就是你和杭士基作品中的論點，反對濫用恐怖主義這個觀念。這裡只舉許多例子中的兩個，比方說，對以色列轟炸突尼斯，或美國轟炸利比亞，在美國這裡都缺乏任何批判性的回應，顯示你從事的是一場硬戰。像是「國家恐怖主義」（"state terrorism"）這種對反的名詞（counter-term），你要如何讓人接受？你對這件事有些什麼看法？

【薩】這是我和杭士基意見不同的地方。我發覺幾乎在任何脈絡使用「恐怖主義」這個字眼，不管你是像媒體和辯護者那樣來使用這個字眼——作為創造、然後攻擊外國魔鬼的一種方式——或者作為應用在美國、以色列等等的國家暴力的一種標籤，大都是自挖牆角的一種戰術。

【訪】那是我們該放棄的一種「主義」？

【薩】我是這麼認為，但必須先小心地解構它。我認為希鈞斯對這一點的看法是正確的。使用「恐怖主義」這個字眼時通常是沒有焦點的，它通常暗示為自己的暴力特徵提出各式各樣的說詞，它是高度選擇性的。如果你接受它作為一種常規，它就會變成到處適用，結果就失去了任何力道。我認為最好乾脆把它丟了。我比較喜歡使用「暴力」這個字眼，這個詞允許不同類型的暴力的觀念。這本書出版之後，我寫過一篇文章，嘗試把恐怖主義，以及恐怖主義的論述、修辭和比喻，視為我所稱的「認同政治」（"politics of iden-

tity"）的一部分。這些來自民族主義世界中各種不同的認同力量，在這種民族主義的世界中，愛國主義——比方說，我們看到在美國的課程中加強所有有關「西方價值」和「猶太—基督教價值」的部分——這種愛國主義都是經濟的一部分，這種經濟創造出一種無限擴張的恐怖主義論述，把「我們」不喜歡的東西等同於恐怖主義。因此，我認為最好還是不要談論恐怖主義，顯示我們其實不是恐怖主義者，或者「他們」才真的是恐怖主義者；最好是顯示恐怖主義
332 具有歷史上的語意，那種語意把它連接到社會上的其他進程，而我們可以用對立的方式來與這些社會進程互動，以防止對沒有武裝的平民暴力相向，並且消弭造成絕望的、無理性的恐怖的原因。恐怖主義在今天是一個很惡毒的觀念，被污染得很嚴重——幾乎變成了一個商業的觀念：畢竟有恐怖主義的專家，恐怖主義的手冊，許許多多有關恐怖主義的書、課程、學程。就目前的情況而言，我認為不該再加入爭吵，助長這種現象。相反的，要提供另類的觀念，並把原先的觀念放在其他的事情中，比方說，放在由認同政治、民族主義的政治、誇大的愛國主義的政治等等所產生的暴力中。

【訪】趁著我們正在談論恐怖主義的主題：你身為一個知識分子，而且又積極投入被許多人定義為恐怖主義的一種理念，我想知道你有沒有感覺到在美國人的意識中，「知識分子」和「恐怖分子」這兩個術語之間有些相近之處，因為這兩個異類的角色（alien figures），至少就美國反知識的傳統來說，似乎混淆不清。

【薩】部分是因為你所提到這兩個術語之間的相近之處（這裡顯然存在著一種隱藏的相近之處，儘管如此，卻依然是相近之處）。我注意到在左派當中，使用「知識分子」這個字眼已經成為爭議，或淪為不用。取而代之的，是像「專業人士」、「學者」或

「學院人士」這些字眼。使用「知識分子」這個詞已經被貶到某個前現代的領域，部分是因為知識分子作為一個觀念，暗示的是比較廣泛、而不是比較具體的東西。如果你要維持傅柯對於這個詞的用法——他區分一般的知識分子和特殊的知識分子——那麼它可能又會流行，但卻沒有。而我認為大家遠樂於接受「技術專家」、「學院人士」、「專業人士」、「批評家」這種觀念——這種字眼比「知識分子」具有更多的正面價值。我認為這部分是因為美國左派知識分子普遍拒絕接受他們的政治角色，他們普遍厭惡歷史和政治的真實世界。

【訪】以色列當然一直存在著一種刻意的國家政策，不但趕走佔領區當地的領袖，也否認巴解組織的代表性。最近在美國有些很相似的事，像是要關閉巴解組織駐聯合國的代表處。……

【薩】……以及在華盛頓的新聞處。

【訪】我們可以把它當成攻擊代表性的知識分子（representative 333
intellectual）這個觀念，這其實是藉著有意的國家政策來削弱有關知識分子的觀念。我們不禁懷疑，當你在學院裡，或者說被所謂的文學理論所影響的那一部分學院裡，「代表性的知識分子」這種觀念都遭到侵蝕，我們不禁懷疑這兩種運動是不是在某些方面彼此相關，我們可不可能必須這麼下結論：用簡化的方式說，在當前的時刻，我們需要捍衛這種觀念，而不是需要削弱它。

【薩】這很可能應該放在對於再現的普遍懷疑、有關再現的整個疑義的脈絡中來看。人們認定，只要涉及再現的爭議，就存在著一種——雖然談不上是不真確，但至少是意識形態的扭曲。因此，「代表性的知識分子」這個觀念激起一種反對的情緒，因為人們認定其中存在著某些體質上虛假而且可以解構的東西，所以沒有人想要冒險進入那個地方。如果你拒絕佔上代表性的知識分子的位置，就有可能佔上某種阿基米德式的批評家的位置——總是在團體之外，不代表任何事情，卻是一股懷疑的力量。在我們的討論中，我未必要棄而不談像德希達或德・曼那些人在這方面的重大影響，他們在不尊敬、不信任政治論述這方面貢獻良多，而這些政治論述是人們賴以生存、建構自己、為之戰、為之死等等的事。這種懷疑，這種在邊緣盤旋，這種對於不可決定（the undecidable）、反諷（the ironic）的喜好，都是其中的一部分。我們只能把它視為美國學院內後資本主義的一種形構。

【訪】在我們太遠離恐怖主義的討論之前，我只想再問你一個問題。我知道當威爾牧師（the Reverend Benjamin Weir）在黎巴嫩淪為人質時，曾經讀了一些你的作品，我想是阿拉伯文作品……

【薩】不，是英文作品。

【訪】他說，他很欣賞這些作品。我在想，如果你可以暫時不那麼謙虛，你會不會覺得，對那些有興趣於解構恐怖主義論述的人，這個經驗中是否帶有任何訊息——正是我們在美國媒體上聽不到的有關人質的那種事情。

【薩】這個嘛，不只是你剛剛重複的威爾和他的故事，還有美國有線電視新聞網（CNN）的雷文（Jeremy Levin），他曾經是人
334 質，後來逃脫了，現在已經變得積極關切巴勒斯坦人，但也關切那個地區對美國政策普遍的敵對態度。當然可以把這件事貶為只是「斯德哥爾摩症候群」（“Stockholm syndrome”）的例子，也就是說，被綁架的人愛上了綁架他的人。但這些人並不是「改變信仰」，卻在觀感上真的有很戲劇性的改變，變得很積極嘗試了解美國政策的後果和不可預見的結果，這個政策並不和善、利他，但對

一般人的生活有著深遠的影響。還有其他一些人，以卡婷（Pauline Cutting）為例，這位傑出的英國醫師到貝魯特，在薩卜拉（Sabra）和沙提拉（Shatila）的難民營行醫。難民營戰爭時（1985-1988年），這兩個難民營遭到阿邁勒（Amal）民兵圍攻，她就從那裡廣播：「他們現在正在吃貓、吃狗，幾乎要吃人了。」在圍攻的時候，情況就是如此的恐怖。這是一位志願進入難民營的英國醫生；而她當時對巴勒斯坦一無所知。我想，她是透過一個馬來西亞的朋友進去的。她回來之後寫了《遭到圍攻的子女》（*Children of the Siege*）這本書，在英國成為第二暢銷書，但她在美國卻找不到出版社願意出這本書。就是有這樣的例子。問題是，他們的聲音對於一般有關恐怖主義的論述所產生的影響是多麼微乎其微，而那些論述繼續將巴勒斯坦人和其他人刻劃成恐怖分子。

【訪】我要請問有關傅柯和葛蘭西所提供的知識分子的不同典範。你寫過文章討論他們兩位，而我知道他們兩位對你都很重要。我不曉得你是否發覺他們提出的兩種對立——也就是，傅柯有關特殊的知識分子和一般的知識分子的對立，以及葛蘭西有關有機的知識分子和傳統的知識分子的對立——一樣有用，而在你自己的思維中，是否發覺他們的觀念彼此矛盾或互補？

【薩】許多人把這兩例中所談到的兩種知識分子當成是絕對的區分，當成立場多少僵化的知識分子，若是如此，我認為這種區分就不是很有用。但是如果把它們只當成分析式的區分，那麼我認為它們暫時是有意思的，尤其是傅柯的一般／特殊的區分。葛蘭西所提出的有機／傳統的二元方式，我認為只在某方面有意思。傳統的知識分子曾經是有機的知識分子，我認為那是完全可能的——而且
我認為葛蘭西有意這樣陳述，如果我們細讀他的筆記就會發現。那 335

種循環就是其中有意思的地方，所有的階級都有知識分子來組織他們的利益。一旦階級達到了某種穩定，不管是藉著獲得權力或接近權力，有機的知識分子就轉化成傳統的知識分子，這幾乎是一個定論了。但是葛蘭西開放了一個可能性，就是傳統的知識分子也能再度成為有機的知識分子。他在討論南方問題的文章中，提供了作家兼編輯戈貝帝（Pietro Gobetti［當時的革命自由分子］）的例證，你也許記得，他原本是傳統的知識分子，後來把自己轉變成有機的知識分子。因此，我認為那是一套很中心、很重要的區分和動態的關係。

我們回到傅柯：他的特殊／一般之分之所以有趣，在於他後來的作品中開始看到也許他原先有意將特殊的知識分子合法化的說法，轉變成了一種前例，來印證他（在我看來）完全集中於自我和主體性的建構這方面的興趣。如果你仔細看他對特殊的知識分子的分析，那並不是特殊的知識分子只精通一個特定的領域、具有一項明確的才能，而是特殊的知識分子具有一種特定的主體性，而這個主體性建構成為自我的一部分，因此合法化了在特定的脈絡或背景中的自我的觀念。也就是說，傅柯似乎已經移向主體性的政治（the politics of subjectivity），而這當然成為他後來作品的主題，但我認為那反而失去了趣味。由於特殊的知識分子撤離一般的、歷史的、社會的世界，因此傅柯所支持的是一種反政治的立場，而那種區分也令人不滿。當然，在大多數的情況下並不是以那種方式來觀察；傅柯達到了經典的地位，而且一直是個非凡的人物。

【訪】你自創了許多很有影響力的術語，其中之一就是「認屬關係」（"affiliation"），這個術語提出了一種可能的模式，讓知識分子連結到他訴諸的對象或集體性。另一個同樣有影響力的術語就是

「現世性」(“worldliness”)。我不曉得這兩個術語是不是以不同的方式來說同一件事，還是它們所強調的各有不同。

【薩】現世性原先對我的意義是一個人或一個人的作品，或者作品本身、文學作品、文本等等在世界上的某個位置，相對於某種
世界之外的、私人的、超凡脫俗的脈絡。現世性原先意味著是一個 336
相當粗糙的、棒槌似的術語，來強化文化實踐的位置，把它擺回平凡的、日常的、世俗的之中。認屬關係則是更微妙的術語，涉及描繪、連結世上不同的實踐、個人、階級、形成——那整個範圍的多種結構是威廉斯（Raymond Williams）在《漫長的革命》（*The Long Revolution*）以及《鄉村與城市》（*The Country and the City*）這類書中所深入研究的。最主要的，認屬關係是一個動態的觀念；它的用意不是去限制，而是去揭露各式各樣的連結，而那些連結是我們往往會遺忘的，因此必須加以揭露，甚至使它變得戲劇性，以便能夠產生政治上的變革。

【訪】既然你提到了威廉斯，想必你也知道，他做了一個有趣的區分，就是區分連結（alignment）和投入（commitment）；「投入」的意圖更為強烈，「連結」則是你接觸到的東西。我不曉得你能不能將「認屬關係」連接上那種區分。

【薩】重點當然就是意圖了。如果你要把它放在佛洛伊德的脈絡中，他感興趣的是從不知不覺的連結變為主動積極的投入，把社會關係帶入意識中。

【訪】我的問題沒有問好。我一直在想，在認屬關係中有多少的意圖，它和連結有多近，它和投入又有多近。

【薩】哦，原來如此。那是個困難的問題。這個嘛，我想它和「連結」的關係更近於和「投入」的關係。它和更大程度的非自願

性的聯合，以及無意識的（或有時是偽善地掩飾的）聯合、共謀等等的關係，也大於積極的投入。「投入」這個問題是很困難的。這在英國不難，因為那裡有個行之久遠的政治傳統。而在美國這裡，「投入」這個觀念必然是戰略性的。這裡其實沒有左派的論述可言。這裡沒有任何的左派形成（Left formation），除非你認為民主黨是左派。因此，「投入」的觀念變得很難運用。那也就是為什麼在我看來這個觀念不可能運用在美國的脈絡中——除非是在很有限的範圍之內。

【訪】你在《責怪受害者》中批評華哲，揭示了他有關「歸屬」
337 （belonging）的觀念所要付出的政治代價，你也主張，「批判的距離和與自己民族的親近」，兩者之間不必是「相互排斥的」。在我看來，這個主張回答了一些批評者對你的指控，他們指控你把邊緣性（marginality）和流亡（exile）樹立成為知識活動的排斥性原則。在美國，有些左派分子可能太過於願意容忍華哲所強調的事，因為有一種社群的相對剝奪的觀感存在。我們覺得，比起像英國那些國家，我們更需要這種觀念。我不曉得你自己是否把改變美國對巴勒斯坦政策的這種奮鬥，視為需要建立新的團結關係，並且批判舊的團結關係。

【薩】這裡有兩個很重要的議題。我先從第二個談起。改變我們對巴勒斯坦的政策，在我看來並不一定包括了建立新的團結的形式。我在這個階段所要求的只不過是誠實——把一個正直誠實、國際的標準應用到有關中東的論述，運用上評論中美洲時的相同標準。這就是鴻溝一向之所在。人們發覺很容易來支持桑定革命（Sandinista revolution）或支持南非的非洲民族議會（ANC），卻對境遇相同的中東的巴勒斯坦人沒有任何表示。因此，那是很重要的

一點。第二點就是，我認為，除非是我忘了，我之所以抨擊華哲有
關親近和歸屬的觀念，是因為他的出處。他是從阿爾及利亞的連結
中得到這些觀念的。就像他所說的，那是嘗試重新恢復卡繆選擇母
親而不選擇「恐怖主義」的做法。我認為這之所以錯誤——就像大
多數時候人們為一些在道德上站不住腳的、偽善的選擇所提出的理
由——在於那種論點所根據的是錯誤的事實（你會注意到，我不避
諱談論事實）。根據他所呈現的方式，彷彿卡繆一輩子自認是阿爾
及利亞人，支持阿爾及利亞獨立的要求，而只有在他被要求在民族
解放陣線（FLN，即Front de Libération Nationale）的恐怖主義和他
母親的生命之間做選擇時，他終於選擇了**黑色的社群**（*pieds noirs*
[居住在阿爾及利亞的法國人的俗稱]）。那是無視於事實的謊言。
我曾經研究過——阿爾及利亞的整個案例是很有意思的——的確，
在卡繆早期有關阿爾及利亞的作品中，他是譴責法國殖民主義的。
但他譴責殖民主義的方式，就像康拉德譴責在非洲的殖民主義一
樣。康拉德譴責比利時人的倒行逆施，也稍微譴責了英國人的過分
以及偽裝之處，但他看不出有任何替代殖民主義的方式。他說，這 338
塊大陸、這些人民的命運，就是要被比他們優秀的人來殖民——我
這是很粗糙的說法。其實，卡繆寫到阿爾及利亞民族，一個分立
的、不該被法國殖民的阿爾及利亞民族，一個阿爾及利亞—穆斯林
民族時，總是否定它的存在，其實完全就像華哲和他的同路人否認
巴勒斯坦民族的存在一樣。對於這一點，卡繆表示得很清楚。如果
你看他那本《阿爾及利亞紀事》（*Chroniques Algériennes*），裡面就
說：「沒有阿爾及利亞民族。它並不存在。」也就是說，這整個
「低度開發的」民族，這是最低限度的說法，這整個過去一百三十
年來被法國所壓榨、虐待、剝削的民族，在這位阿爾及利亞的法國

人眼中並不構成一個民族。因此，他選擇他的母親。在華哲的說法中，所有這些背景都不見了。因此，把它說成是一種歸屬的事，就完全忽略了這是哪一種的歸屬。歸屬的方式形形色色。歸屬於社群時，當然不必總是涉及掠奪、剝削、否認其他社群的平等權利。

那是第二點。我要說的第三點就是，我談到無根或流亡的邊緣性時，從來沒有排除同情的可能——我在這裡用的是很簡單的「同情」這個字眼——同情地認同一個蒙受壓迫之苦的民族，尤其當壓迫是來自被壓迫者自己的社群或自己的政體時。我一向引用的例證是比較文學學者的例證。你我都有比較文學的背景。奧爾巴哈（Erich Auerbach）這位在第二次世界大戰期間流亡伊斯坦堡的德國猶太人，他的信條便是引用聖維克多的雨果（Hugo of St. Victor［十二世紀奧古斯丁修道會的神祕主義者］），這種說法讓我覺得迥然不同於另一種說法：也就是必須歌頌流浪在外的這種流亡的邊緣性。有一種流亡的存在涉及跨越障礙，逾越邊界，接納不同的文化，而這並不是為了歸屬它們，但至少是要能感受到他們經驗中不同的強調與變化。與阿爾及利亞的卡繆相對的就是惹內（Jean Genet）。惹內這個人其實能超越這個法國認同，在《屏風》（*Les Paravents*）中認同阿爾及利亞人，而在他最後的、有些人認為是他最偉大的作品《愛之囚》（*Le Captif amoureux*）中，認同巴勒斯坦人。這是一種值得大書特書的行為：在另一個人的家鄉的自我放逐與歸返。那就是重點之所在。華哲似乎完全錯失了那一點。

339 【訪】就某個程度來說，流亡的論述似乎阻礙了把巴勒斯坦問題當成一個問題來明述，對美國人來說尤其如此，即使你剛剛才說道，以色列靠的完全是美國的支持。我想到的就是我所謂的「小女鼓手」的症候群（the “Little Drummer Girl” syndrome）。在那部由勒・卡雷（John le Carré）的長篇小說［《小女鼓手》（*The Little Drummer Girl*, 1984）］改編的電影中，中東衝突的兩面——也就是以色列和巴勒斯坦——都可被尊為是「真實的」（“authentic”），而片中的歐洲人或美國人的角色，也就是黛安・姬頓（Diane Keaton）的角色，把自己認屬於一個外國的理念，別人的理念，而被評斷為逾越，並且在片中被有系統地打擊和羞辱。在你嘗試為巴勒斯坦人在左派議程中贏得一席之地的經驗中，有沒有發現任何像是這樣的「真實性的術語」（“jargon of authenticity”）造成障礙？對於美國左派來說，行動本身是不是變成像是一種外國理念的購物清單（南非、薩爾瓦多、尼加拉瓜等等），而這是不是變成一個可以或應該明確處理的議題？

【薩】我認為你所說的就是，巴勒斯坦人和以色列人是不是能強烈地感受到他們所代表的，而姬頓的問題、小女鼓手的問題，就是她覺得她能認同其中一個或另一個，因而逾越了她自己的認同。

【訪】那也就是電影再現的方式，它所再現的是一個人既不是巴勒斯坦人、又不是以色列人，卻認屬於這樣一個理念：個人是不真實的。換句話說，沒有發言的空間，而在這個特定的案例中，發言卻是如此的必要。

【薩】我了解你的論點了。這裡要說兩件事——這兩件事都和勒・卡雷的長篇小說有關。那部長篇小說問世時我就讀過了，但我並沒有看電影。第一就是那部長篇小說掩飾的其實是外來觀察者的意識形態，這位觀察者能協調兩個民族所主張的應有權利。這是西方白人君主的特權，他能站在一旁觀看，並且調解這兩隻正在打架的兔子、微小的雙方之間的衝突。當然，查理（Charlie）的錯誤就是從一個陣營走到另一個陣營，完全認同一個陣營而背棄了另一個陣營。對於那個的批判就是——應該超越那些陣營，那才是西方裁判的適當角色。我當時覺得這本書其實是在為西方帝國主義說話。然而，當然許多以色列人認為這本書——當然由於勒・卡雷在1982
340 年為英國的《觀察家》（*The Observer*）報導戰爭時，同情巴勒斯坦人——認為這本書是對巴勒斯坦人同情的敘述。但那本書的結構和認識論其實真的是合法化那些外來、超然的觀察者，而這個觀察者只能是男性、白人、西方人、WASP［白種盎格魯—撒克遜新教徒］，而且有權具有這種角度。

第二：這件事情的另一面就是，人們認定有一種平衡存在，而這種平衡是在外面的「我們」能觀察到的。然而從我的觀點來說，你在勒・卡雷的作品中，在《麥克尼爾／李勒報告》（*the MacNeil/Lehrer Report*）中，在使用「客觀的」、「平衡的」這類字眼中——人們在美國的政治科學和政府專業的論述中所運用的這些字眼——所發現的勻稱和平衡的角度，我都看得出其中的造作不實。這在基本上就有缺失，因為在任何衝突中，在我看來——這是我覺得華哲另一個有問題的地方——都存在著公理正義的問題、對錯的問題，這當然是比較性的說法。主要的任務——我這麼說其實沒有任何修飾——美國、巴勒斯坦或以色列左派知識分子的主要任務，就是去揭露所謂的雙方之間存在的這種不平等；雙方在修辭上和意識形態上顯得完全平衡，其實不然。去揭露存在著被壓迫者和壓迫者、受害者和加害者，除非我們認清那一點，否則一無進展，只會不斷地兜圈子，尋找解決問題的公式，就像聯合國和美國外交家總是在尋找正確的解決問題的公式。

【訪】在有關知識分子——尤其是女性主義者——以及他們和集體性的關係的對話中，經常重複的一個觀念就是必須接受「本質的風險」(“the risk of essence”),而這個術語和史碧娃克(Gayatri Spivak)、希斯(Stephen Heath)有關。那種論點你會不會有同感?那種說法能不能概括或運用於巴勒斯坦的情況?

【薩】就我所了解的「本質的風險」,意味著在民族或性別的
鬥爭中,堅持本土意識的本質(the nativist essence)。這裡有個很好
的論點。現代以及前現代民族主義的歷史主張,民族主義的目的基
本上是要加強一種本地的認同,但這種認同到頭來會變成暴虐的,
而且當然就消解或阻礙了一些重要的問題以及有關階級、種族、性
別、財產的議題。依我之見,另一方面,我們不能迴避下列的事
實:像巴勒斯坦人和其他被壓迫的人民的那些鬥爭,涉及壓迫者嘗 341
試消滅他們——我指的並不只是肉體上的消滅,還包括了族裔的意
義,要消滅巴勒斯坦人的本質,使巴勒斯坦人變回「阿拉伯人」,
或把他們趕出去,此外還有任何不只涉及卡亨(Meir Kahane),還
涉及工黨左派的事情(這些人說,巴勒斯坦人可以到別的地方去)
——在這種脈絡下,沒有什麼是可以取代認同的鬥爭的。但我認
為,為本土意識的認同而鬥爭,總是必須連結上進一步可以導致解
放的角度,這種角度是像詹姆斯(C. L. R. James)以及其他像他那
樣反本土意識的批評家所提供的,我很尊敬這些人。一方面,你想
要有權利來代表自己,具有自己的民族感情和特質,但另一方面,
除非它們能連接到一個超越民族獨立的更寬廣的實踐,我稱之為解
放——這種解放能包括攻擊有關階級、其他「部族」之間的關係的
問題——否則我是完全反對這種本土意識的。這在我看來是個極危
險而且恐怖的陷阱。這再也沒有比以色列的情況更明顯的了。就比
較輕微的程度來說,也發生在黎巴嫩的基督徒身上。

【訪】最後一個問題。《最後的天空之後》這本書少了許多明

顯的政治味，雖然它也以稍微不同的文學模式提供了一種巴勒斯坦人的「側寫」(“profile”)。你這本書得到什麼回應？會不會預期或希望讀者對《責怪受害者》這本書有不同的回應？

【薩】《最後的天空之後》這本書我得到的回應大體上都很好。不少人讀過，這本書賣得還可以——但顯然不是賣得很好——這本書得到很好的書評，而且經常被人用精確、有技巧、有趣的方式來分析。這本書原先的用意是一本個人的書，而且是和我所崇敬的摩爾（Jean Mohr）合作——他是一位外來者，非巴勒斯坦人的攝影者，他的照片在我內心引起很強烈的共鳴。而那本書原先的用意是要從流亡的角度來寫。因為我了解到頭來我只能用照片把自己連結到巴勒斯坦，因為當時我不能去那裡，實地去看他拍攝的那些地方或人物。另一方面，《責怪受害者》這本書的用意是希望能廣泛地激發辯論，挑戰政治的觀點和過程。我認為由於目前沒有那麼多
342 的證據，在主流文化裡不會像《最後的天空之後》那樣受到討論或評論，因為它所提出的論點是很難處理的（1988年5月註：本書第一刷在美國和英國都在兩個月內銷售一空）。我很確定，比方說，《紐約時報》不會評論這本書，《紐約書評》(*New York Review of Books*) 等刊物也不會評論。但我希望它會成為一套工具，促成對於其中一些議題的進一步討論。沒有人預見它出版的時間、時刻，而純屬即時性的。但我希望這本書在那方面能發揮作用。而從我自許多人的回應來判斷——我說的不是新聞從業人員或媒體——大體上都相當好，這在我看來似乎不是完全沒有希望的徵象。

訪問者：羅賓斯（Bruce Robbins）

1998年［應為1988年］刊登於

美國北卡羅萊納州德倫杜克大學出版社《社會文本》(*Social Text*)

第十八篇

自我評估的需要

這篇訪談同時以英文和阿拉伯文發表。這是我第一次對巴解組織採取如此批判和公開的立場，也預示了我後來與他們的決裂。當然，其他人曾經從黨派的角度來批判阿拉法特，我的立場則是獨立的知識分子。
——薩依德誌

【薩】在我們開始這個訪談之前，我首先要對自我評估的需要提出以下的說法。我的意見必須被視為是為了支持巴勒斯坦的立場，以及巴解組織是巴勒斯坦人唯一、合法的代表——我的意見是這整個努力的一部分。因此，我不是以局外人的身分來談。我現在是巴解組織的一部分，以往也參加了那場漫長的奮鬥，那場奮鬥導致了阿爾及爾宣言（the Algiers declaration）。[1] 但我現在憂心忡忡，因為我們漸漸失去了以許多犧牲換來的成果。就是這種關切促使我說出肺腑之言，因此這是來自內部的目標或批判，而不是來自外部。

【訪】美國政府表示，它是在以色列支持者的壓力下終止對話，並且限制巴解組織在美國的活動；它以這種說法來證明自己的行為是對的，也因為這個理由，美國政府採取了這些措施。以色列壓力的極限何在？——特別是美國—以色列公共事務委員會（AIPAC［the American-Israel Public Affairs Committee］）扮演什麼角色？美國的藉口又始於何處呢？

【薩】大家都知道，美國—以色列公共事務委員會是以色列在美國的遊說團體，它是一股極有影響的遊說力量，而且能夠把它的意願強加在美國政府身上。然而，去面對、抗拒這股力量也是可能的。……他們的目標是捍衛以色列的利益。這些利益中首先就是提供以色列財力協助和無限制的政治支持，其次是防止巴勒斯坦人得到自決的權利。……

【訪】美國—以色列公共事務委員會這項措施［也就是終止對話，並且拒發美國入境簽證給阿拉法特］對於美國和巴解組織之間的對話有何影響？

344 【薩】我的回答是，不能拿無知當作藉口。巴解組織自從1974年以來就一直參與聯合國的活動，它有機會來研究美國的局勢。

---

1 譯註：1988年11月15日，阿拉法特在巴勒斯坦民族議會於阿爾及爾舉行的會議中，宣布有關巴勒斯坦國之事，這是第二次類似的宣示，第一次是在1948年10月1日的加薩，當時正值以色列獨立戰爭。阿爾及爾宣言的時機是在「因地發打」（*intifada*）爆發後一年，根據的是聯合國第一八一號決議文，主張在巴勒斯坦分別成立阿拉伯人和猶太人的國家。雖然巴解組織並未控制巴勒斯坦的領土，因此這一宣示只是象徵之舉，但在當時依然引人矚目。

……我想要提出以下的問題：巴解組織什麼時候才會嘗試使用可以運用的資源，以嚴肅、對抗的方式來和美國打交道？我要重複以下的說法：美國不是偉大的白人父親。它不是仲裁者，而是衝突中的一方，並且支持以色列。如果沒有美國的支持，以色列就不能進行他們野蠻、屠殺、違反人權的種種惡行，而我們現在正親眼目睹以色列人在西岸和加薩走廊犯下這些惡行。

依我之見，讓我們受到美國還有美國一些自稱關注以巴對話的親以色列分子擺布，是一項悲劇性的錯誤。在美國有很多人士、組織、機構支持巴勒斯坦人的權利，應該要去動員這些力量。不幸的是，巴解組織並沒有這麼做，反而仰賴那些自稱是朋友的人，其實這些人代表的是其他的利益和目標，這些人是遊走在巴勒斯坦的努力以及美國人民之間的掮客、中間人。我相信這是一項嚴重的錯誤。

【訪】美國官員說，巴勒斯坦和美國的對話沒有產生任何具體可見的結果。你如何評估這項對話？你認為它未來的方向如何？

【薩】……這些會議並不符合我們的利益。我們詢問有關美國政策這些問題時，並沒有得到答案。那些會議大都是在美國、而不是在我們的要求下進行的。我們必須學著和美國打交道，就像越南人在巴黎和季辛吉打交道、阿爾及利亞人和法國人打交道那樣。這不是小孩和大人之間的比賽，而是雙方、兩個對手之間的鬥爭，而雙方都涉入真正的衝突。一方是巴勒斯坦人民，他們在爭取自己的權利；另一方則是美國和以色列，他們致力於打壓巴勒斯坦人的權利。那也就是為什麼我們必須要很小心、嚴肅地來看待這個議題。

這個對話並不是基於徹底、嚴肅、詳細地知道美國社會、以及美國社會與美國政策之間的關係，正確地了解在這個國家中可以運

用的資源、知道如何來動員這些資源。比方說，就我所知，我們並
345 沒有從事有計畫的運動，來向世人揭發美國試著透過對話所要達成的結果。我們應該揭發美方如何無恥地表達以色列關切的事項，而不處理我們關切的任何事項。我們必須向新聞界揭發這些。我們在美國所看到的全都是美國人和以色列人發出的報導，說什麼他們之所以不滿是因為美國和巴解組織進行對話，或者因為巴解組織沒有正面回應美國的要求。沒有人嘗試向外面世界解釋巴勒斯坦的立場。我針對的是美國。他們相信我們是個頑固而沉默的民族，而這個民族無話可說。我相信這是對巴勒斯坦心靈一種恐怖的扭曲。

【訪】你這是在呼籲停止對話嗎？

【薩】不，我一向相信對話是件好事，而且支持對話。我支持阿爾及爾決議（the Algiers resolutions）。我一直相信要根據兩國制的基礎來解決問題。多年來我一直這樣呼籲，而且這是一個堅定的立場。我相信到頭來我們會找出一個模式讓兩個國家和兩個民族可以在同一塊土地上共同生存。我完全同意這一點。然而，我之所以擔心是因為我們誤解了這個複雜、困難的情況，而我們處理這個情況的基礎太弱。我們不能有效地運用「因地發打」這個組織所代表的立場和成就。這是我們的錯誤。

以色列政府和美國政府是我們的敵人。就邏輯上來說，我們所做的必須是和身為敵人的他們所做的在同一個層次上。我們不能說：請和我們說話。這裡存在著很大的區別。無論如何，我們比較弱；我們沒有戰略上的盟友或足夠的武力。我們有的是勇敢而且有創意的人民，他們以無限的熱誠投入反抗佔領西岸和加薩走廊的鬥爭。這是我們的基本資源。為了運用這個資源，我們必須要有代表，而且公允地反應這種情況，才能把現實情況傳達到美國的場

域。但到目前為止這還沒有達成。

今天巴勒斯坦鬥爭的兩個基本場域是佔領區和美國。在美國這一邊一事無成。你到紐約已經一個星期了，你聽過任何巴勒斯坦人的聲音嗎？你在電視上看過巴勒斯坦的代表嗎？你見過任何宣言或文章嗎？你見過示威嗎？這種沉寂簡直不可思議。……

是我們該反問巴勒斯坦在美國做了些什麼活動的時候了。為什 346
麼在美國這裡，巴勒斯坦的一些小店為了奪取破銅爛鐵而自相爭鬥？不管是在華盛頓、波士頓、舊金山，或是紐約的一、兩個地方，這種現象既沒有利益，也沒有用處。為什麼會讓這種事情取代了重大的政治和民族責任——也就是說，在美國以聰明、邏輯的方式來呈現巴勒斯坦的理念，這一個重要的議題——因為如果我們採取正確的方式，到頭來我們是會成功的。

……在這個國家有許多機構、大學、城市、職業團體以及許多的社區部門完全支持我們。但是他們從來沒有被動員、徵召或要求做任何事。每件事都是突尼斯和華盛頓關起門來安排的。他們來這裡，然後離開，如此而已。我們要讓巴勒斯坦被美國人看見，這種需要應該透過精確的協調與研究達成——巴勒斯坦要經由策略性的協調和計畫，表現出智慧和反抗。這是我們必須優先完成的活動；否則，我們就不能收割西岸和加薩走廊人民英勇鬥爭的果實，而讓他們白白犧牲了。巴解組織應該要做的是：它應該組織美國的場域，嚴肅以對，否則就只能靠機運和個人的努力了。

……我先前說過，對話一定不能停止，而且應該擴大。我們必須運用壓力——對話的壓力——來達成我們的目標。比方說，目前巴解組織被官方視為恐怖分子組織。由於這個對話的存在，除非我們在這個國家的地位能由恐怖分子組織轉變為政治組織或民族當局，否則我們就必須拒絕和美國進行任何會談。因此，有關彼此妥協、壓力、討價還價的所有因素，都必須運用在這個案例上。我們不能只是坐在突尼斯那裡，聽美國大使向我們重申以色列的立場。

美國不只是好奇的旁觀者；它是這場衝突中的一方，而且每年給以色列超過四十億美元。以色列要求用來安頓在蘇俄的猶太人的錢，將會來自美國公民所繳納的稅金。雖然過去五年來大家都知
347 道，在蘇俄的猶太人移民問題會以在西岸和加薩走廊定居的方式解決，但巴解對這個主題沒有發表任何聲明。到目前為止，我們在這方面尚未採取立場。

【訪】美國對於以色列選舉計畫和所謂埃及看法的立場，我們可以如何解讀？

【薩】我認為他們的目標就是要終止「因地發打」。如何達到這一點，布希總統的政府和利庫黨的政治見解分歧。[以色列總理] 夏米爾（Yitzhak Shamir）只想要中止美國對於自決權利的進展，但美國人急著想以最少的傷害來達成這一點。然而，他們承認現實狀況，而那是利庫黨否認的。

因此，埃及所主導的阿拉法特、穆巴拉克（Hosni Mubarak）和裴瑞斯（Shimon Peres）的三方協商顯得特別重要，因為這加深了以色列政府和美國之間的內在歧見。在那個基礎上，這是件好事，但還不夠好，還有更多的事要做，像是在媒體、透過政治、透過美國社會，進一步公開以色列的佔領行為。

因此，我們主要的任務必須是要強調以色列佔領西岸和加薩走廊是不合法的，這必須是我們的第一優先。佔領西岸和加薩走廊沒有美國幫助是不可能的，這是一個很簡單的議題。不過，如果美國大多數人不了解這一點的話，那麼我們目前進行的戰術和政治戰役

就永遠不能獲勝。……

【訪】顯然，你不相信能以軍事行動來反抗佔領。但是，巴勒斯坦人能透過政治和外交行動來擺脫佔領嗎？

【薩】是的，他們辦得到，但必須用上所有可能的辦法。這裡，我所談的是美國。我不討論西岸正在發生的事，因為我並不住在那裡。然而，如果我們不把自己的任務看成是一場必須運用上手邊所有資源的鬥爭——心理的、政治的、道德的、代表性的資源——就沒有希望成功，因為我們被鎖在衝突中，對手非常強大。然而，即使強敵也可以打倒，就像「因地發打」已經打敗了以色列的佔領一樣。

……我們面對著一個艱難的任務，而這也許是我們到目前為止所面對過的最艱難的任務。和法國人、美國人完全不同的是，我們面對的不是尋常的敵人。我們所面對的以色列的猶太人代表的是納粹大屠殺的倖存者。因此，他們具有一種特別的道德情境。我們應 348
該了解這個情境、領會這種情境，而且嚴肅以待。此外，他們擁有今天世界最重要的軍事和經濟強權的支持。這個強權決心支持他們。……

【訪】你如何根據「開放」（"glasnost"）[2]來看待蘇聯對巴勒斯坦問題的立場？你看到任何令人憂心的徵象嗎？

【薩】蘇聯根據「開放」所採取的政策是要緩和冷戰的緊張狀態。你知道，我並不是這些事情的專家，但我的印象是，蘇聯普遍從第三世界國家的盟邦全面撤回他們的支援。蘇聯已經從古巴、納米比亞、尼加拉瓜以及部分的阿富汗地區撤回。這些都是新的美蘇

---

2 譯註：這是前蘇聯總理戈巴契夫（Mikhail Gorbachev）採取的政策。

關係的一部分。我的印象是，我們的處境被蘇聯這種政策所削弱。我不懷疑，兩個超級強權的利益不同於那些努力爭取實現自決權利的小國。想一想，比方說，以色列對美國的壓力是多麼的成功。以色列透過向美國施壓來向蘇聯施壓，以允許更多的猶太人移民到以色列，而不是任何其他地方。這個運動已經成功了，而且會讓我們付出很大的代價，因為這些猶太人想要在西岸和加薩走廊定居。因此，我們必須處理這些議題。

【訪】發不發簽證給阿拉法特這個問題，以及美國在那個議題上的立場，對這些所引起的爭議，你有什麼看法？

【薩】爭論他該不該得到簽證，對於身為一個民族的我們來說是很屈辱的。如果我是阿拉法特，我會說只有在正式邀請之下我才會訪問美國，以這種說法來終止這件事。但是，繼續像現在這樣公開上演發不發簽證這場鬧劇的話，會傷害到我們的人民。……

訪問者：穆勒哈姆（Hisham Melhem）

1990年刊登於巴基斯坦喀拉蚩《黎明報》（*The Dawn*/*Al-Fajr*）

第十九篇

如何製造出更多的海珊

這個討論是在［第一次］波灣戰爭時進行的。——薩依德誌

【訪】有一些報紙報導，巴勒斯坦人和其他阿拉伯人聯合表示支持海珊。

【薩】巴勒斯坦人不是笨蛋，也不會把海珊看成是他們的救星。因為以色列和美國使我們陷入現在的處境，巴勒斯坦人因而表達出挫折與絕望，然而卻被大肆宣傳成是熱心支持海珊。每個巴勒斯坦人都知道，一個暴君、一個肆無忌憚的莽夫、一個在阿拉伯世界有著駭人紀錄的人，是不能為巴勒斯坦人帶來任何希望的。進一步說，每個明智的巴勒斯坦人都知道，如果他威脅以化學武器來報復以色列的計畫付諸實行的話，被殺害的巴勒斯坦人至少會和以色列人一樣多。因此，我們不會特別感激他。

然而，海珊那種頑抗既愚蠢又該被譴責，卻讓人們有機會來為阿拉伯世界說話，畢竟阿拉伯世界除了它的石油之外，一向都被視若無睹。

但是對於可能發生的事，所有阿拉伯人都感到極度的驚恐、沮喪、不安。和我通過電話的沙烏地阿拉伯人都很害怕伊拉克和美國對他們所做的事。流離失所、重新安置的家庭數量多得驚人，整個阿拉伯世界的人都在逃竄。

【訪】你如何評估當地人對美國介入的反應？

【薩】在帶進一個像是中型的美國城市時（這是布希的說法），一定會造成某些震撼的。即使是最反抗海珊的人，看到美國可能摧毀伊拉克，心裡也不會充滿喜悅。因為美國進行的方式太快、帶來的衝擊太大，阿拉伯世界可能要求全面撤軍。

350 因此，原先在美國強大壓力下派兵的那些領袖，可能除了摩洛哥的哈山（Hassan）之外，都會在自己國內受到挑戰。沙烏地的處境艱難。對他們有利的方式是找到喘息的空間，看看除了大規模的軍事對抗之外，是不是還有其他有效的運作模式。巴解組織就是採行這種方式，約旦、埃及也是一樣，各自採行不光彩的迂迴方式。阿拉伯人並不是叉著雙手穩坐在那兒看著戰爭來臨，他們也急於想要扭轉局勢。

【訪】用什麼方式呢？

【薩】一種可能的方式就是，沙烏地人宣布他們願意讓一支阿拉伯部隊進駐美國人和伊拉克之間。第二種方式就是討論如何解決伊拉克和科威特之間的紛爭，促成伊拉克自科威特撤軍。阿拉伯世界裡沒有人期盼科威特就此被永久併吞。

【訪】這個危機對巴勒斯坦人產生什麼影響？

【薩】立即可見的是，這種情況近乎是個災難。住在西岸和加薩走廊的巴勒斯坦人靠著住在波斯灣的巴勒斯坦人匯錢進來——尤其是住在科威特的人，因為那裡是在故鄉鄰近地區之外巴勒斯坦人最密集的地方。同時，各個波灣地區國家的領導人和巴解組織的關係也受到財務上的威脅。我的感覺是，巴解組織先前介入阿拉伯聯盟的討論是項錯誤。巴解組織不是一個國家。它［在譴責伊拉克］的立場上盡量節制，卻被媒體錯誤報導，被視為投票反對科威特，其實不然。最後，這個危機使得以色列右翼更明顯得勢，現在他們可以說自己對阿拉伯世界的看法多少得到了印證。

儘管如此，巴勒斯坦問題勢必會重新出現，因為巴勒斯坦人民引發的議題是中東政治的中心。而且由於國際間對伊拉克進行侵略和併吞的反應，這個反應會被其他阿拉伯各方針對巴勒斯坦的情況而提出。二十三年來阿拉伯土地遭到佔領，這種情況值得注意。

【訪】哪些種類的西方政策會促成阿拉伯世界發展出更世俗、民主、進步的政權？

【薩】首先，對以色列設下一些限制，他們為所欲為卻不受任
何懲罰，這種情形已經大大增加了那個地區對美國的反感，而且激 351
發了穆斯林這種返祖現象的反應（atavistic Muslim reaction）。其次，要認真嘗試以武力之外的方式來處理那個地區的問題，而且不要以美國的主要利益來排定優先順序。第三，阿拉伯世界和西方，特別是美國，之間存在著某種文化鐵幕。比方說，過去五年來有許多重要的阿拉伯文學作品翻譯成英文，但沒有任何一本在這邊受到評論。人們覺得阿拉伯世界是一窩瘋癲、狂熱的穆斯林或恐怖分子。這當中有許多**應該**責怪阿拉伯世界，但美國這裡的許多著作使得阿拉伯世界難以塑造出其他的形象。有許多「學術」資料都在探

討「伊斯蘭的憤怒」或「阿拉伯人的瘋狂」，像是路易斯（Bernard Lewis）和其他人的作品。不過那不是學術或歷史，而是煽動。那使人不可能正確地追溯過去，邁向未來。

最後，整個模式需要改善，在現行模式下，阿拉伯世界的石油這類資源受到阿拉伯人的主權和權威管轄。對美國來說，重要的是當地的統治者要聽話，讓他們能輕易取得石油。這種方法只會製造出更多的海珊。

但美國在政策上沒有任何動作或改變，這帶來了一些後果，而我們為此付出沉重的代價。這導致了像敘利亞和伊拉克這種公安國家，他們說「為了維護阿拉伯民族的利益，我們必須鎮壓」。這造成了宗教上的絕望，造成一些人說，只有人質和恐怖活動才能讓西方聽進去。這也造成了一種沒有公民權的中產階級，他們只對賺錢感興趣。看看波灣，看看這裡的統治者、來到這裡的外國人、還有當地中產階級之間的默契。他們共同的體認就是：盡可能去賺錢，但不要介入政治。那裡沒有公民社會，即便是大學也被認為是國家安全機器的一部分。

海珊儘管殘暴，但不能把他從造就他的環境中抽離出來——而這個環境是美國政策所造成的。

《洛杉磯周刊》（*L. A. Weekly*）訪問

1991年，洛杉磯

第二十篇

巴勒斯坦在美國的聲音

【訪】最近你批評巴勒斯坦在美國所做的努力。巴解組織領導 352
階層對這種批評的反應如何？

【薩】我最近剛到過突尼斯，很坦白告訴你，我在美國、歐洲和阿拉伯世界所見到的大部分巴勒斯坦人都很支持我的立場，因為我們和美國打交道的方式確實大都出於無知，而且對重要性僅次於佔領區的地方［美國］注意得不夠。

巴勒斯坦領導階層對於美國認知的程度——美國的實際狀況、美國的政治到底是怎麼一回事、各種壓力團體如何運作、國會如何運作、媒體如何運作、各種不同文化部門如何運作等等——我們在突尼斯的人對這一切都一無所知，這個事實令我有些悲觀和沮喪。依我之見，他們沒有努力去了解。他們與美國打交道時，是處於極為相對的弱勢和無知。這實在很悲慘，而且我認為他們並沒有努力做補救，因為依我之見，他們並沒有嚴肅面對這個問題。

【訪】你強烈批評巴勒斯坦在美國的辦事處缺乏效率和組織。這種批評對在突尼斯的領導階層產生什麼影響？

【薩】由於包括我在內有許多人批評，現在他們似乎要自清。
353 我希望在最近幾個星期內能有一些重要的改變。這些改變是有必要的，而且也是義不容辭的，因為和平進程觸礁，我們逐漸被迫要做出愈來愈多的讓步，成果卻愈來愈少。巴勒斯坦的訊息沒有傳達給美國人。這裡真正的障礙是美國政府，因為美國政府那種難以置信的審慎態度，而且顯然為了國內因素而很偏袒以色列人，要我們以五項讓步來交換以色列方面的一項讓步。那是無法接受的，所以我們必須對他們施加更多的壓力。依我之見，針對美國政府這種難以置信的不公和雙重標準，我們必須發動一種公開的運動來對抗。

【訪】讓我請教你底下的問題，希望你能誠實回答。最近阿拉法特主席接受美國國家廣播公司《面對媒體》（*Meet the Press*）這個節目的訪問，你認為這個訪問如何？

【薩】我認為他在那個訪問中表現得並不好。我認為，也許無法期待他能清楚知道美國媒體運作的細節，我們的角色就是向他解釋那些事情。但我認為他當然不該說英文。我認為，過去五年來戈巴契夫比誰都更震撼世界，但他從來沒有說過一個英文字，只用俄文。我的感覺是，阿拉法特主席應該完全用阿拉伯文來說話，而不是與那些詢問他的人你來我往地應答。他應該以阿拉伯文來宣示，並不一定是為了回答問題，而是向美國人民傳達一項訊息：巴勒斯坦人和平與節制的訊息，以及未來的政治願景。

【訪】你有機會跟他談這件事嗎？

【薩】沒有。不過我去突尼斯的時候，帶了一捲美國國家廣播公司訪問的卡帶，交給他的一位助理，希望他能好好研究，從中獲益！

【訪】阿拉法特主席有沒有媒體專家來協助他處理西方媒體？

【薩】沒有。他什麼都沒有！

【訪】有些人責怪巴勒斯坦裔的美國知識分子（你也是其中之一），說這些人有管道和阿拉法特接觸，可以在這些事情上提供他一些專家的意見。

【薩】他身邊有許多青年才俊全力輔佐，但他需要的是一位專職的媒體顧問，這位顧問要接觸並且完全了解媒體在政治生活中所 354
扮演的角色。媒體，尤其是電視，不只是出現在螢光幕上，而是二十世紀晚期的一項主要政治工具，但我認為我們並不了解這一點。阿拉法特需要一位專職人員來找出在這個國家的媒體，尤其是電視，有哪些可能性，而這只能靠專業人士——一位完全了解巴勒斯坦世界和美國世界，並且了解電視之用的專業人士。這是一個極為重要的高度專業工作，卻完全被忽視了。阿拉法特不可能做到這一點，這是因為他的生活方式，強加在他身上的那種流亡狀態，以及在阿拉伯世界缺乏政治基地或中心。這種工作必須有人來為他做，他不可能自己來做，也不可能讓坐在突尼斯的某個人來做。

【訪】最近阿拉伯報紙報導，巴解組織想要有像你或阿布—盧果德（Ibrahim Abu-Lughod）[1]這樣的巴勒斯坦裔美國人來負責在美國的文宣事務。有沒有人就這件事情跟你接觸？

1 譯註：阿布—盧果德（1929-2001）出生於巴勒斯坦的雅法（Jaffa），中學時代便參與反英國殖民的運動，並與猶太殖民者抗爭，1948年以色列建國後，他搭最後一艘船離開，經貝魯特到美國，在美國完成大學及研究所教育，後來擔任聯合國教科文組織派駐埃及的專家三年，在美國西北大學任教長達三十四年，熟悉第三世界文化、歷史以及西方人文與理性傳統，積極投入巴勒斯坦民族解放運動，成為

【薩】我們談過這件事，而我必須告訴你，突尼斯方面非常非常正面地接納我們的理念。我和阿布—盧果德教授一塊去，花了四天的時間，見到了執行委員會和阿拉法特主席，告訴他們我現在告訴你的這些事。他們的回應很正面，而且接受的意願似乎很高。當然，重要的是要執行這些理念，而我希望辦得到。

【訪】巴解組織最近宣布它在全世界的外交人事有些變動，包括把拉赫曼（Hassan Abdul Rahman）先生調離華盛頓辦事處。你認為這是由於你先前的批評嗎？

【薩】那似乎表示出他們對此嚴肅以待，這是件好事！所有的外交部都更換大使，這也是我們該更換駐外人員的時候了。比方說，在美國重要的是把巴勒斯坦代表放在最高的層級，而且要是最能幹、上好的人選。我要抱怨的一件事就是，在美國的所有巴勒斯坦活動完全欠缺協調。比方說，曾經有巴解組織領導階層的重要巴
355 勒斯坦人士在這個國家待了兩、三個星期，卻沒跟任何人打交道。他們只是做自己的事，然後就回去。在我看來，比較明智的方式至少是和待在這個國家的巴勒斯坦人接觸，因為這些人一直關切事情的發展，而且予以協助和評估。

【訪】依你之見，針對巴勒斯坦的文宣政策在美國欠缺效率這

北美的政治活躍分子，1977年擔任巴勒斯坦民族議會議員，1988年偕同薩依德會晤當時的美國國務卿舒茲（George Shultz），表達巴勒斯坦人民族自決以及願與以色列和平共存的主張，1991年辭去巴勒斯坦民族議會議員一職，才有機會於1992年重返睽違數十載的故鄉，並決定在拉馬拉附近的伯塞特大學（Birzeit University）任教，該校於1994年成立阿布—盧果德國際研究學院（the Ibrahim Abu-Lughod Institute of International Studies），致力於培育巴勒斯坦下一代的國際世界觀，2001年5月23日因肺疾病逝於拉馬拉的家中，享年七十二歲。薩依德曾於該年6月12日英國《衛報》（*The Guardian*）撰文哀悼，對他推崇備至。

個問題，有什麼解決之道？

【薩】以知識分子和獨立人士的身分來發言，我認為我們必須一直向我們的人民公開說話，一直堅持我們的需求並且確實做到。我們必須組織起來讓這個國家的人看到巴勒斯坦的存在、聽到巴勒斯坦的聲音，而這也是我們現在正在做的事。我們會設立一種議會（*majlis*），這個組織將命名為「美國巴勒斯坦事務委員會」（"The American Council for Palestinian Affairs"），試著整合巴勒斯坦人在各方面的努力，以便在這個國家以明智、協調的方式呈現出來；為巴勒斯坦發聲，表達我們的人民和「因地發打」的觀點。

【訪】你對和平進程的評價如何？美國、埃及、以色列三方即將在華盛頓舉行會談，你預期會有什麼結果？

【薩】我認為，從我們的觀點來看，這個進程實在慢到不行，甚至很可笑，很偏袒夏米爾和利庫黨的右翼。行政部門對巴勒斯坦人的目標極為審慎、沒有想像力、很敵視。我們應該注意其中的偽善。這個［美國］政府歡迎世界各地走向民主，卻多少排除了巴勒斯坦人對以色列壓迫和暴政的反抗。我的感覺是，這都是同一件事，其實東歐的運動學自巴勒斯坦的「因地發打」。

由於所有這些負面的事情，我們也必須說：毫無疑問的，如果我們閱讀以色列的報紙，同樣會發現從以色列人的觀點來看，他們首度被迫面對現實，而我認為那是個微小的開口，我們不該誇大它，說那是我們一直在等待的事；但這是一個開口。因此，我們此時此刻需要——特別是在他們會面時——我們需要最多的政治協調、才智、策略性的思考、正確的評價與評估，來向前進。我們不能用一種不在意的自發方式前進並隨興演出。我認為，這也許是最困難的階段，因為很容易就灰心喪志。重要的是以精細入微的方式 356

來介入這場很複雜的運動，並把它擴大為我們的第一優先；這會很困難，因為我們沒有任何重要的戰略盟友。

訪問者：納瑟（Munir Nasser）

1990年刊登於美國密西根狄爾邦《阿拉伯美國新聞報》（*Arab American News*）

第二十一篇

知識分子與戰爭[1]

【訪】你會如何形容美國和歐洲對波灣危機與戰爭所做的描 357
繪？

【薩】8月危機的第一個星期，西方對這個衝突的再現就已經成功地達到了下列幾點：㈠妖魔化海珊；㈡把危機個人化，抹煞了作為一個國家、民族、文化、歷史的伊拉克；㈢完全掩飾了美國和盟邦在危機形成中所扮演的角色。

【訪】但大家對這個危機意見分歧，知識分子之間尤其如此。

【薩】我談論的是決策者和主流媒體。這場戰爭所動員的媒體完全和行政當局若合符節。即使另類的媒體和知識分子也都不願意

---

1 譯註：這裡所謂的「戰爭」係指1990年8月3日伊拉克入侵科威特，後來演變為大規模的波灣戰爭。然而從2003年3月20日美國發動第二次波灣戰爭看來，雖然事隔十餘年，但薩依德的觀察依然頗為中肯，發人深省。

處理中東問題，原因之一就是整個背景和牽涉到的人，再來就是所謂的後現代主義。美國作為最後一個帝國，這裡的知識分子已經內化了帝國的統治，那經常使得知識分子無法碰觸那些議題，也許是因為專業化所造成的廣泛的無助感、無力感和斷裂感。

美國的知識社群大體上不認為自己要對共同利益具有充分的責任感，並不覺得要為美國在國際上的行為來負責。在中東，美國一向都阻礙爭取人權的奮鬥。美國和各個既有的當地勢力站在同一邊，反對爭取女性權利、弱勢權利、自由集會和自由言論的權利之奮鬥。這全都是政策的問題。

358 至於這個歷史，幾乎和巴勒斯坦人沒什麼關係，而大部分的美國知識分子基本上都是偏狹的，會被牽扯進來只不過是因為他們的專業。如果他們是拉丁美洲專家，那除了拉丁美洲之外他們什麼都不談。

他們對公共領域、理念沒有任何認屬感（sense of affiliation）。記得有一次我的朋友——他是這個國家的文學馬克思主義者——說：「嗯，艾德華，你真幸運，能出生在巴勒斯坦。不像其他出生在美國的人，一生下來就沒有可以奮鬥的理念。」言下之意彷彿承受巴勒斯坦人的苦痛是某種很大的特權。如果你是美國人，你就沒有理念可談。除非你的出生涉及某件事，或你在某方面得到學位，否則就沒關係。

資深的中東專家巴不得被召喚到華盛頓去，因此他們不會說出阻礙政策列車的話。我們其他人則被分裂，上不了媒體，不得不倚賴地下刊物。

拿這種情況來對比法國學者柏克（Jacques Berque）在1月所做的那篇出色的訪談，就會看到他能區分海珊、伊拉克、阿拉伯人、帝國主義，以歷史的方式來區分阿拉伯世界和歐洲的人權狀態，並且指出屠殺和暴力絕不是伊拉克獨有的行為。那篇訪談以顯著的版面刊登在（1991年2月的）《另類期刊》（*L'Autre Journal*）上。在這個國家就不可能有這種事，這裡像他這種地位的主流學者幾乎全都和行政部門沆瀣一氣。

【訪】但法國的知識分子圈，就像美國、英國一樣，通常無法一貫、有原則地回應。這次的危機是不是已經挑戰了知識分子階級，要他們開始來檢驗自己的歷史？

【薩】未必。他們也許很高興這次的危機這麼短暫。問題是長久以來他們就和國際問題脫鉤，尤其是一般的中東和阿拉伯人的問題。我們當中有少數人試著要知識分子介入一般的責任問題，但人數實在太少了。同時，這個國家產生了整套速成的專業的和知識的文獻，其中針對中東、尤其是這場衝突的看法，大都支持行政當局的立場。

【訪】這種專業的迷信是如何發展出來的？就中東來說，哪些 359
人是今天的知識管轄制度（intellectual policing）的主要執行者？

【薩】越戰期間大學裡出現了強而有力、聲浪極高的團體來挑戰行政當局，對媒體產生了顯著的影響。這場戰爭不同之處在於，越南的情勢在漫長的時間中不斷演化，而且以色列的存在使情況益發複雜。

除了很少數的例外，一流的中東專家不是被華盛頓就是被媒體所牽引，而且受到重用。他們的目光不是集中在中東地區，而是集中在像哥倫比亞廣播公司、美國國家廣播公司、《紐約時報》這類媒體所提供的檢視中東地區的方式，或者華盛頓的決策機構所提供的方式。我們看不到強烈、鮮明的反對立場抬頭，去同情阿拉伯民族和文化，或伊拉克這個國家；這種立場既反對伊拉克入侵和併吞科威特，也反對美國在那個地區的軍事部署。

相反的，媒體和戰爭政策掛鉤，隨之帶進了許多退伍軍人——男性，總是男性——以及我所謂的學者—戰士（scholar-combatants），像是阿扎米（Fouad Ajami）、皮普斯（Daniel Pipes）、路易斯（Bernard Lewis）者流，以及隨他們而來的像是弗里曼（Thomas Friedman）這種新聞從業人員，這些人簡直和決策者沒有兩樣。

【訪】這些學者—戰士也參與了某種課程設立的活動。

【薩】美國國家公共電台（National Public Radio）公布了一份書單，上面連一本阿拉伯人所寫的或有關阿拉伯人的作品都沒有。《紐約時報》刊出了一份書單，洋洋灑灑一整頁，卻沒有一本是關於紀元前七世紀之後的伊拉克！在蘇美王朝之後，伊拉克就不見了！那份書單上有五部以色列的長篇小說，三、四部有關猶太人的歷史書，歐布萊恩（Conor Cruise O'Brien）[2]的書，但有關伊拉克現代歷史或文化的書卻一本也沒有。

能看到的就是一些標準書籍，像是哈利勒的《恐懼共和國》（Samir al-Khalil, *Republic of Fear*），阿扎米的《阿拉伯的困境》（*The Arab Predicament*），新聞從業人員趕寫出來的書，當然也有弗里曼的《從貝魯特到耶路撒冷》（*From Beirut to Jerusalem*），弗羅姆金的《以和平終結和平》（David Fromkin, *A Peace to End All Peace*），偶爾也有胡拉尼（Albert Hourani）的書。如果不納入胡拉尼的《阿拉伯

2 譯註：歐布萊恩（1917-）出生於都柏林，曾擔任學者、外交家、政治家、大學校長、歷史家、傳記家、劇作家、報紙編輯、反戰分子等，是猶太復國主義、恐怖主義、愛爾蘭、後殖民主義、國族主義等方面的權威。

民族史》（*A History of the Arab People*）（雖然這本書現在名列暢銷書
單，卻不是一本容易消化的書），其他的書大都不同情阿拉伯人， 360
而且提出的論點就是：中東的仇恨和暴力相對說來是由於史前的因素，印記在這些人的基因裡。把這種事情當成理性的論辯，由二十世紀的阿拉伯人針對自己的歷史感、認同、成就提出來——這一切都被斥為是虛假的、基本上是自我欺騙的。套用阿扎米的話說，阿拉伯世界的問題來自於「自加的創傷」（"self-inflicted wounds"）。這類文獻非常能幫美國及其決策者脫罪，當然也為以色列人脫罪，讓大家認為我們今天所歷經的坎坷淒涼和他們無關。

德布雷在《教師、作家與名流》（Régis Debray, *Teachers, Writers and Celebrities*）中提出了一個有意思的論點，和我們這裡討論的情況有關。這些作家都沒有傑出的學術成就或專業。弗羅姆金的書就學術或他先前的著作而言，和中東並沒有真正的關係；弗里曼是新聞從業人員；阿扎米是平庸的學者，二十年前寫過一本論文集和有關薩德爾（Musa Sadr）的歷史，這本書可有可無。這些人屬於德布雷所討論的那類媒體名流，而不是大學教師或藝術—作家者流。在知識工作的進程或知識生產的建制中，他們沒有特別的立足之地。因此，弔詭的是，正因為他們除了隸屬於集團的媒體之外，並不屬於特定的機構，反而很難把他們趕走。他們是此時此刻的產物。

【訪】波灣危機對阿拉伯政治文化有什麼影響？

【薩】我的印象大致如下。阿拉伯世界的報紙現在所刊登的幾乎全都有政治動機，而且是狹隘的、最粗俗意義之下的政治動機——當然總是找得到例外。如果要寫作的話，就必須認屬某個特定的路線、政權或統治者。如果你在某方面是獨立的、非正統的、具有創意的，那就極難或不可能有機會。

【訪】波灣危機是不是已經動搖了那些結構，而允許重新塑造一些知識計畫？

【薩】右派的可信度已經削弱了。因為幾乎今天所寫的每樣東
361 西都直接反映出最直截了當的政治影響，每個人所寫的都會受到質疑。這反倒能開創新的機會，產生新的聯盟。但大家問的第一個問題並不是這個作者所說的是真是假，而是這個人到底是**為誰**發言。就像阿拉伯文所說的：「他的背後是誰？」（*min warrah?*）

現在因為戰爭，阿拉伯世界的文化機構普遍崩潰。資助和徵才的模式已經改變了，至於改變的方式我們現在才剛開始評估。阿拉伯世界的知識和文化版圖有了劇變，現在很難評估，但不可能是好的。

阿拉伯世界分為勝利者和被消滅者。巴勒斯坦人是輸家，埃及人急切地試圖扮演贏家。這對微觀的層面，像是機構、文化和政治的努力等方面會有影響。

各國之間嫌隙日深。沙烏地阿拉伯政府遣返八十萬名葉門勞工，原因不是這些人涉及第五縱隊或造成社會不安，而是卑劣地報復整個民族。

阿拉伯世界中也有某種很新的東西出現：境內民族多少都是同質性的，敘利亞人是同質的敘利亞人，諸如此類的觀念。在我們的文化、歷史來說，這是很陌生的，因為那個地區的本質正是由很複雜多樣的成分所組成。根本不存在純粹性，而是神聖化的混雜（a consecrated hybridity），這種混雜幾乎是伊斯蘭獨一無二之處。那也就是為什麼大眾反對在某些國家中出現的各種令人發噱的國族主義。但如今這已成為風氣，比方說，約旦的國王宣稱：「我是謝里

夫（sharif）。」[3] 現在大家競相把自己的認同置於某個遙遠、純粹、原始的本初狀態，不管那是伊斯蘭或部族或邊界。那不是我所成長的世界。

【訪】所有這一切如何影響巴勒斯坦運動？

【薩】當中一部分和其他的國族主義很不相同，就某個意義來說，是跨國的，這與原則有關。但我們並不是活在真空中。1985 年我以科威特大學的訪客身分前往科威特。因為我是外來者，所以科威特人和在那邊工作的巴勒斯坦人都來找我傾訴，雙方通常都是以國族的立場來互控違法瀆職。你可以同情巴勒斯坦人，因為他們是像科威特這樣國家中的弱勢團體，但這也帶動了整個氣氛——大 362
家透過族裔、透過很狹隘而且愈來愈狹隘的國族主義的三稜鏡來認同，這甚至使得受害人普遍欠缺寬宏大量。當然，我的地位特殊，我住在紐約，但伊拉克欺負科威特人時，西岸和加薩走廊的巴勒斯坦人卻認同伊拉克，讓我覺得很失望。即使科威特人狂妄高傲，但為什麼受害者會去認同壓迫者呢？知識分子和領袖可以扮演的角色之一就是：明白說出這是原則問題。侵略就是侵略。

【訪】在目前巴勒斯坦的「因地發打」中，你有沒有看到任何重新修好的可能？

【薩】我相當樂觀。儘管困難重重、苦痛連連，但已經有了巨大的改變。如果那沒要人的命，就能區分出輕重緩急。巴勒斯坦民族運動和來自波灣的金錢扯上關係並不是那麼一件美好的事。以波灣的巴勒斯坦社群和波灣國家本身的協助來蓋醫院、圖書館、幼稚園固然重要，但政治代價卻很高。這教一整代的巴勒斯坦人倚靠由

3　譯註：此詞原為伊斯蘭教創始者穆罕默德後裔家族的稱號。

輕鬆得來的錢所創造出的捷徑。現在巴勒斯坦人被迫回來仰賴自身的資源和能力，而不是外在的利益。

【訪】我們可以說，這個危機顯示了巴勒斯坦運動未能在阿拉伯世界中提供具有民主力量的領導階層，以致產生了真空狀態，使海珊能在其中遊走。

【薩】巴勒斯坦人會告訴你，阿拉法特在戰爭中的立場是跟隨西岸和加薩走廊的巴勒斯坦人所採取的那些立場。我不同意這個說法。領導人的任務之一就是去領導。我們當中有很多人在這個角色上是失敗的。完全歸咎於巴勒斯坦的領導階層並不公平：那是過去兩年來普遍的失敗，阿拉伯國家和政權放棄了「因地發打」。

我經常覺得巴解組織在這方面有所失誤，沒有公開美國和巴解組織在突尼斯那些會議的紀錄，讓世人見識到由於我們歷史的妥協以致所得無幾。巴勒斯坦人必須從「因地發打」的教訓中創造出政
363 治利益，也就是在人民之間打造出民主政治和團結的藍圖。在當今阿拉伯世界的民族運動中，能夠秉持民主的、大致來說非強制的、創造的聯合和協調的模式來運作，而且大體上能維持世俗性的，現在就只剩下我們了。

我們面對的逆境非常之大，只有傻子才看不清這一點。但身為巴勒斯坦人，過去二十年來學到的教訓之一，而且我認為許多以色列人也學到了的，就是：我們彼此之間不能選擇兵戎相見。他們可以屠殺我們，但不可能消滅每一個巴勒斯坦人，也不會熄滅巴勒斯坦民族主義的火焰。相反的，我們對以色列人也不能選擇兵戎相見。我們所擁有的就是願景，本著國家之間的相互尊重把他們納入中東，承認他們有權居住在安全的國界內，而且以有利的方式和其他民族共存。

那是我們主要的武器，但是我們大多數人並不明白這一點，卻依然相信阿拉伯民族主義運動那些落伍、無用的標語；那個運動憑藉的是軍事力量、一黨專政的國家，尤其是對偉大領袖的崇拜。那些對巴勒斯坦的奮鬥來說並不必要，而且從來不曾具有中心的地位。有鑑於我們依然是阿拉伯世界的一部分，說的是阿拉伯語，讀的是相同的文學，運用的是相同的論述，因此很重要的就是我們的論述必須以有別於其他論述的方式出現，並且領導其他論述，而不是像以往一樣，埋沒其中。

【訪】在阿拉伯國家中，此刻的民主運動多少岌岌可危。要如何使那些運動起死回生？

【薩】一般說來，我們得致力於兩個時程。一個是眼前的：那個程序現在是由那些政權所主宰。就像伊拉克那裡的事件所顯現的，即便是他們之中最惡劣的政權都不容易推翻，即使推翻，也只不過是由他們自己的其他版本所取代。而政權的遊戲現在由美國和盟邦所主宰。有鑑於巴勒斯坦的議題是這個程序中的優先事項，得做一些極具投機色彩的事。你不得不玩那個遊戲，但不能指望太高。

另一個程序就是需要花費漫長時間的「迂緩的政治」（“slow politics”），那能讓聯盟建立起來。如果你仔細研究的話，阿拉伯世界中真正受歡迎的立場是既反對海珊所代表的（以及他帶給自己國 364
家和人民的那些悲慘結果），同時也拒絕美國的軍事解決方式。

阿拉伯世界不同地區的人民之間會形成必要的聯盟，這些人積極參與當地在民主政治、經濟正義、婦女權利、人權團體、大學團體等方面的奮鬥，比方說，1980年代中期約旦學生的大學運動。跨國的阿拉伯機構也聚集了一群知識分子，像是阿拉伯統一研究院

（the Institute of Arab Unity）、阿拉伯人權組織（the Arab Human Rights Organization）、各種的律師團體、大學和知識分子團體，他們在小型計畫上合作，像是《木瓦齊夫》（*Muwaqqif*）、《復甦》（*Fusul*）或《阿力夫》（*Alif*）這類的刊物。在世俗勢力和伊斯蘭勢力之間，首次有了嚴肅的討論。

我們真正需要的是一種批判的語言以及一種全盤批判的文化，而不是謾罵或類似政治謀殺的修辭。目的之一就是要評量並批判阿拉伯世界的權力。所根據的不是從黑格爾和史達林等人所引進的宏偉架構：阿拉伯左派的許多災難可以歸咎於從海外引進與我們生活無關的方法論的工具或東方主義的模式。我們必須以本土的、具想像力的方式，發展出綜合或混雜的模式，像是北非的拉魯伊（Abdallah Laroui），或是馬利克（Anwar Abdel Malek）、賈布里（Muhammad Jabri）[4]等人的做法。志同道合的個人必須在他們的討論中促進這種對於權力的批判。

我們也需要一種欣賞的語言，這不是來自對教條式的正統或對古蘭經和威權觀念的崇敬，而是發展自這種對權力的批判。我們需要能說出，在我們的世界和生活中，我們**贊同**的是什麼——相對於使用基本教義派的模式說我們贊同以往的方式。我們需要明確地感知我們關切的是什麼。

---

4 譯註：拉魯伊是摩洛哥穆罕默德第五大學的近代史教授，以法文和阿拉伯文多方討論伊斯蘭、現代性以及阿拉伯世界的知識分子等議題；馬利克是1960年代在歐洲工作的穆斯林學者，身為科普特（Coptic）社會主義作家的他，在作品中結合了佛洛伊德和馬克思的理論，批判東方主義者的歐洲中心，以及他們以本質論的方式來看待他者，薩依德在《東方主義》曾數度引用他的見解；賈布里是摩洛哥知識分子，關切伊斯蘭、現代化等議題。

一方面是對於權力的批判，一方面是關切與注意的論述（discourse of care and attention），兩者結合就能產生負責（accountability）。這能導致參與，而參與是阿拉伯的知識生活中讓我覺得很有問題的。阿拉伯世界有種強烈的地域感和孤立感。不論在我們的文學或知識工作中，我們都和世界上正在進行的辯論無關。我們沒有能力參加，這大都要歸咎自己。我們是世人注意的焦點，但我們
總是置身焦點之外，在決定自己的未來時，我們並不是知識上的參 365
與者，雖然上帝知道我們（很令人乏味）的抱怨和愁苦已經是世人熟知的了！

【訪】這把我們帶回到美國這裡的知識分子的角色——不論是阿拉伯裔或非阿拉伯裔。

【薩】昨天我聽了一場有關波灣戰爭的教訓的座談會。其中一位參與座談的人是哈利勒。讓我感到非常悲哀的——更別說淒慘的——是，美國才剛剛以軍事的方式摧殘了他的國家，他卻請求美國進一步進入伊拉克，推翻海珊。對他來說，唯一的議題就是他身為伊拉克人、真正受苦的伊拉克人的感受。那在我看來是這整個故事中悲慘的一部分。他有聰明才智、口才流利，卻無法超越此時此刻的議題，看法一點也不務實。他突然發現自己必須做些事，但他做的是什麼呢？請求剛剛摧毀了他的國家的美國來拯救他！這真是令人吃驚。

阿拉伯知識分子在西方所扮演的角色之一，多少像是白老鼠證人（guinea pig witness）。你來自伊拉克，就告訴我們有關伊拉克的事。當我們對伊拉克不感興趣時，就不要聽你的；你扮演的就是當地的報導人（the native informant），那種角色簡直無法接受。我們必須無所不在。我們必須處理的不只是阿拉伯世界的一般問題，而

且必須能對我們在其中居住和工作的**這個**國家［美國］表示意見。

你不能只是闖進來，以這種托爾斯泰式大而無當的行徑來解救你的人民。哈利勒所求助的對象，正是要對他的國家當前大部分的悲劇負責的人。他們曾經和海珊合作，而在摧毀了基礎結構之後現在又要扶持他。既然知道這種狀況，還有什麼好期待的呢？

【訪】1967年，在美國越戰的脈絡下，杭士基寫出了〈知識分子的責任〉（"The Responsibility of the Intellectuals"）那篇文章。如果今天再出現那樣的文章，要點又會是什麼？

【薩】必須要大力揚棄現在點綴場景的那些詰屈聱牙、充滿術語的後現代主義。那些不只是毫無用處而已；它們既不能了解、分析這個國家的權力結構，也不能了解個別藝術品中特殊的美學優
366 點。不管你稱它為解構批評或後現代主義或後結構主義或後什麼的，它們就像是在戲院門口把票退給你，並且告訴你說，我們不演這檔戲了；我們要進入自己的私人遊樂場，而且不要別人打擾。

重新介入知識進程（re-engagement with intellectual process）意味著回到舊式的歷史的、文學的、尤其是知識的學術，這些學術所根據的前提是：人類——男男女女——創造出自己的歷史。正如同事物是被創造出來的（made）一般，也可以拆解（unmade）和重新創造（remade）。那種知識的、政治的、公民的增能（empowerment）的感受，是知識階級所需要的。

安身立命的唯一方式就是認屬一個理念、一個政治運動。必須要認同的不是國務卿或當時一流的哲學家，而是涉及正義、原則、真理、信念的事物。那些是不會發生在實驗室或圖書館的。對美國知識分子來說，在根本上意味著美國和世界其他地方之間的關係，必須由現在根據的利益和權力，轉變為根據人類不同社群的共存，

以便共同創造和重新創造自己的歷史與環境。這是第一優先——沒有其他事情具有這樣的分量。

大學不能變成只是自戀的、莫里哀式（Molière-like）的專業平台，需要的是關注人類心靈的產物。那也就是為什麼在有關「偉大的西方典律」的辯論中，有些方面讓我感到很沮喪，它們暗示世界上受壓迫的人在希望別人聽到他們的聲音、在希望別人承認他們的作品的同時，其實希望的是貶低其他所有的一切。那不是反抗的精神。我們回到賽沙爾的名言：「在勝利的聚會中，每個種族都有一席之地。」

【訪】在某些大學脈絡中，最近有兩個主要的議題：波灣戰爭和多元文化論。我還沒看出兩者之間有什麼關聯。

【薩】即使在大學裡面，以宰制和強制的方式所建立起來的規範很盛行，因為權威的觀念是如此之強——不管這個權威是來自族國、宗教、民族精神或傳統。這個權威強而有力，甚至在我們介入的那些學科和研究中都很少有人挑戰。知識工作的一部分就是要了
解權威是如何形成的。權威不是上帝給的，而是世俗的。如果能了 367
解那一點，知道這些規範大大宰制了我們的知識生活、我們的國家和政治生活、尤其是我們的國際生活，那麼在進行自己的工作時就能提供超脫那些權威的、強制的規範之另類選擇。

訪問者：哈蘿（Barbara Harlow）

刊登於1991年美國華盛頓《中東報導》（*Middle East Report*）

第二十二篇

美國人對伊斯蘭的認知是愚蠢的陳腔濫調

大家都知道薩依德對烏爾都語（Urdu［巴基斯坦語］）詩人法 368
伊茲（Faiz Ahmed Faiz）一向很感興趣。薩依德認為法伊茲是後殖民知識分子的偉大典範，經常把他和偉大的肯亞作家及知識分子恩古基（N'gugi wa Thiong'o）相提並論，為尚未啟蒙的人展示第三世界的文學和政治景觀。其實，在薩依德筆下，法伊茲有如格言一般，這顯見於薩依德這位巴勒斯坦作家在1984年投稿給紐約《哈潑雜誌》（*Harper's Magazine*）的文章，這篇文章後來常常被人引用。文章中寫道：

「觀看流亡中的詩人——相對於閱讀流亡的詩——就是觀看流亡者內在各種對立狀態具體而持久地呈現。幾年前，我和當代最偉大的烏爾都語詩人法伊茲相處了一段時間。他遭到巴基斯坦當地的齊亞—哈克（Mohammad Zia ul-Haq）[1]的軍事政權流放在外，而在貝魯特的廢墟中受到相當的歡迎。他最親近的朋友都是巴勒斯坦人，但我感受到他們雖然親近，有些東西卻不是那麼契合——語言，詩的成規，生命史。只有當同樣流亡在外的巴基斯坦人阿訶馬德（Eqbal Ahmed）來貝魯特的那一次，法伊茲似乎克服了原本寫滿了他臉上的疏離感。我們三人有一天晚上坐在一家昏暗的旅館裡，法伊茲讀詩給我們聽。過了一會兒，他和阿訶馬德都不再為我譯他的詩，但那無所謂。因為我所目睹的不需要翻譯，不需要扮演沉湎於反抗和失落的回家的感覺，彷彿是在對齊亞歡欣鼓舞地說：
369 『我們就在這裡。』當然，齊亞是在家的那個人。」

《先鋒》雜誌（*The Herald*）認為在詢問薩依德教授有關他自身的事情之前，最好先思索法伊茲的意義。

【訪】你說過：「當然，齊亞是在家的那個人。」但如果他是的話——而且我們的確知道他是在家——那對法伊茲來說具有什麼意義呢？如果在像巴基斯坦這樣的國家我們都採取法伊茲式的後殖民知識分子的模式的話，到頭來有什麼得失？請你告訴我們，為什麼世界也許需要另一個法伊茲，為什麼我們必須繼續轉向世間像齊亞那樣的人求助，並且繼續高唱：「我們就在這裡」？

【薩】首先我要談幾件事。那篇文章1984年出版，但我和法伊茲見面是在1979或1980年。而且，即使我在當時無法知道，但

1 譯註：齊亞—哈克（1924-1988）將軍自1977至1988年統治巴基斯坦，是該國歷史上第三位頒布戒嚴令的人。

我了解法伊茲回到了巴基斯坦。事實上，他是在那裡去世的。

再說，我不知道他在1979年左右離開巴基斯坦的真正原因，但我推測那是因為他的自由遭到威脅。他有可能入獄或以其他方式被迫緘默。就我記憶所及，他是非亞（Afro-Asian）美國作家雜誌《蓮花》（*Lotus*）的編輯，而且據我所知，他是巴勒斯坦人負責的。當時有個叫貝塞索（Mu'in Besseisso）的人——他是位巴勒斯坦詩人，後來也死了——他在那家雜誌工作，也了解法伊茲的地位等等。由於當時是貝魯特歷史上特別沒有法紀的時期，我想是貝塞索為他取得巴勒斯坦人的保護，確保了法伊茲的安全和舒適。

我在那篇文章中所說的、也是我現在要談到的論點就是，儘管如此，流亡並不是那麼糟糕的一件事。我認為為了繼續工作，像法伊茲這樣的作家或知識分子有時可能必須離開，找另一個地方繼續下去。在我們會面時，我不知道法伊茲會回去，而我當時所做的就是把他和我的情況對比。我在1947年離開巴勒斯坦後，就未曾回去我出身的那塊巴勒斯坦土地——那個地區後來變成了以色列。1966年我人在約旦河西岸，那是以色列入侵前一年，但我也沒再回去過那裡。其實，我後來回去過，那是在1992年6月。

【訪】那麼「我們就在這裡」這個對於齊亞既歡騰又強烈的反 370
駁，擴大到更大的局面（相對於可能意義比較狹隘的巴基斯坦情況），這個反駁的意義何在？就一般情況而言，那個說法到底說出了什麼？

【薩】聽著，就一般情況而言，一邊是印度和巴基斯坦，另一邊是阿拉伯人，雙方同樣具有殖民苦難的背景，之後則是獨立和主權。至少在我們的情況下，阿拉伯人面對的就是：雖然現在有二十多個獨立的阿拉伯國家，但阿拉伯世界本身，儘管有自己的統治者、政權、國王和總統，卻是一場大災難。我們可以看到有一群政權存在，但除了少數的例外，其餘的都很不受人民歡迎。我們也看到穆斯林宗教政治感情的復甦、嚴重的人才外流；很多人離開。尤其是從我的觀點來說，文化階級不是消聲，就是匿跡，再不就是跑到海外。

因此，在像這樣的情況中——當情況沒有希望時——經常就很必要尋求具有象徵性的角色，像是詩人、作家或知識分子，像是法伊茲這樣的人，這種人沒有被收編，不腐化，沒被消音，說出他所做的，這對我們來說就夠了。當然，在現實上這並不夠。我們所談的是政治變化經常反挫的情況。其實根本就沒有政治變化。

【訪】你也是從自己的國家流亡出來的作家。請告訴我們，你的情況和法伊茲或你有時也提到的肯亞人恩古基的情況有什麼基本上的不同？你身處美國是不是使得情況顯著不同？我之所以問你這一點，是因為你在《世界、文本與批評家》中的一篇文章，提到奧爾巴哈（Erich Auerbach）這位接受西方訓練和教育、寫出了《模擬》（*Mimesis*）這本書的猶太裔知識分子。你提到他是被納粹流放出國，而在伊斯坦堡寫出了那本書，那的確是一本重要的西方著作，但寫書的地點實在古怪，因為當時那座城市在歐洲眼中依然代表鄂圖曼的威脅。然後你接著以更細節的方式討論奧爾巴哈的情況，但聽起來幾乎像是在談你自己。畢竟你也是在野獸的肚子裡——在美國工作的巴勒斯坦人。是不是這樣？

【薩】這個嘛，顯然有許多相似之處，但我不會說我的生活很
371 艱困。由於一連串幸運的境遇，我從事的這個領域允許我教文學，而且維持著教授的職位，生活得很充裕自在。我的意思是說，這是很棒的工作，這是世界上最好的工作。因此，就這方面來說，我真

的不能抱怨。但我必須說，我生活在異鄉的環境則是毫無疑問的。儘管如此，生活依然很艱苦，因為我和那個文化及周圍的關係是敵對的。人們總是等著我說某件事，好讓他們反駁。

我所說的任何話都不容易被接受，必須經過努力奮鬥。更別提我來自這裡大多數人都一無所知的那個世界：阿拉伯世界，伊斯蘭世界。大家對那裡一無所知。而他們所知道的，就像我在《東方主義》中所試著顯示的，都經過極端的稀釋，而且是一連串愚蠢的陳腔濫調：又是這個暴力啦，又是那個獨裁啦。然後，如果你說，你能不能提出一個作家、一個阿拉伯作家的名字，這些人連一個名字都說不上來。什麼都沒有，就是一片空白。因此，這是個艱困的處境。

【訪】你描寫過一種狀況，那是在馬富茲（Naguib Mahfouz）獲得諾貝爾獎之前，有位美國出版商打電話給你，要你提供一份作家清單。為了我們的讀者起見，能不能請你說說那個故事？

【薩】我會一五一十地告訴你。那位出版商是在1980或1981年的某個時候打電話給我，因為他想要新開一個系列，要我提供一份第三世界的作家名單，我就把馬富茲放在那份名單的最上面。幾個月之後，我看到這位出版商，就說，你們選了什麼？他就告訴我說，他選的作家中沒有馬富茲。我問他為什麼。畢竟馬富茲是最偉大的阿拉伯文作家，而且是一位世界級的人物。為什麼捨棄了他？他說：「這個嘛，你是知道的，阿拉伯文是具有爭議性的語言。」那個語言具有爭議性！我的意思是說，我們在這裡到底談的是什麼？

我給你另外一個例子。在美國大學裡，在他們的文學系裡，有許多中古時期的研究：中古時期英文、中古時期法文等等。而「中古時期」這個詞理應涵蓋整個中古時代。但我完全想不到有任何一個例子曾經在中古時期的課程和學程中包括了安達魯西亞(Andalusian)、穆斯林文明,而那些恰好跟但丁、喬叟、阿奎那等人同一個時代。就更高的層次來說,無論是在科學、文學、神學或醫學方面,都是完全排外的!因此,如果你生活在這個文化中而來自世界
372 的那一部分(阿拉伯和伊斯蘭世界),你就得為這個「缺憾」付出代價。

【訪】另一方面,你自己的作品在西方廣為流傳,而且在第三世界大家也一樣爭相閱讀。隨著《東方主義》的問世,你對整個世代產生了非常重大的影響。這本書被翻譯成十七、八種語文,對我們當中許多人來說,它可以說是代表了一種宣言、一種心態。告訴我們,自從1978年那本書問世之後已經這麼多年了,你有沒有時間仔細看看它在觀感上造成了什麼樣的轉變?

【薩】這個嘛,是的,我認為這本書改變了許多觀感。比方說,在西方的某些領域中,像是人類學、歷史、文化研究、女性主義研究等等,這本書影響人們來思索有關文化與文化之間、民族與民族之間的權力關係的問題,在那些地方的宰制包括了再現和創造的權力,控制和操縱的權力。換句話說,這本書主張知識生產和權力之間具有關係。尤其是說,因為這本書是一部歷史之作,真正檢視了帝國時代所有這種現象。

就這本書在穆斯林世界的影響來說,有些事情讓我覺得稍微受到攪擾,其中之一就是,一些人認為這是一本為伊斯蘭辯護的書,其實完全不是這麼一回事。我對伊斯蘭沒有什麼要說的;我所談的是對伊斯蘭的再現,而不是伊斯蘭本身。我想有人可以寫一本書談談伊斯蘭世界如何描繪西方,大概也會呈現出同樣的扭曲現象。但

我真正感興趣的、我的重點並不只是扭曲，因為總是會有扭曲的情形，而是促使人們了解扭曲是如何發生的，可能採取哪些措施來消弭。這是一點。

另外一個反省就是，自從《東方主義》於1978年問世之後，我自己開始從更寬廣的脈絡來思考東方主義的問題。從1984到1985年開始，我著手寫一本書，現在快寫完了，預定今年稍晚就會出版，這本書［即《文化與帝國主義》］多少像是《東方主義》的續集，卻是從全球的脈絡來看這個問題。換句話說，我試著看非洲、看中東、看印度和巴基斯坦，而且我試著要發現在形塑西方的帝國主義時，文化扮演著什麼樣的角色。在這本書的中間，我觀看在去殖民和反抗帝國主義的過程中，文化所扮演的角色——換句話說， 373
在像印度和現在的巴基斯坦、非洲還有加勒比海等地，文化在反抗帝國上扮演了什麼樣的角色。然後，在最後一章，我觀察在第二次世界大戰之後，那些古老的帝國分崩離析，美國作為最後一個留存下來的帝國勢力，它所扮演的異乎尋常的角色，以及那個角色對知識和知識生產的影響。而這一切其實都來自我有關東方主義的作品。我試著要擴大它，再往前進，不只看帝國侵略的各方面，也看像是你我者流可能對帝國發動的反抗。畢竟，那些帝國並沒有持續下去。印度在1947年贏得獨立。因此，確實發生了一些事，而那就是我在這本書中想要探討的。

【訪】讓我們回到東方主義本身。請告訴我們，在你人生中是不是有一連串的事件導致你去寫《東方主義》？

【薩】這個嘛，有幾項因素。其中之一就是我們離開巴勒斯坦，然後到埃及，在那裡成長的情形。雖然我的家境富裕，我就讀的是在巴勒斯坦和埃及的殖民學校，但我了解，不管我是因為家庭或教育或語言的緣故而擁有什麼身分，但對一個統治的英國人來說——那是1948到1949年間殖民統治下的埃及——我永遠只能當個有色人種（wog）。有段插曲將這個事實深植我心，永誌難忘。當時我大約十歲，在回家途中路過開羅一家運動俱樂部的場地，那是一家很大的殖民運動俱樂部，而我們家是俱樂部的會員。那個俱樂部其實是為英國人開的，但允許一些當地人加入。因此，我當時是走在回家的路上（我們住在俱樂部附近），看到一個人騎著腳踏車向我而來，那個人是俱樂部的祕書，是個名叫匹利（Pilly）先生的英國人。他攔住我，並且說：「小子，你在這裡幹嘛？」我回答：「我走路回家。」他說：「你不知道你不准在這裡的嗎？」我說：「不，我可以在這裡，因為我們家是會員。」他說：「小子，你不准在這裡，你是阿拉伯小孩，出去。」這件事情諷刺的地方是——先順帶一提，我的確就出去了，因為我害怕——匹利先生的兒子是我在學校的同班同學。就是像這些形成的經驗（formative experiences），讓你了解到在殖民的脈絡下，不管其他的情況如何，種族是決定性的因素。

另一個因素就是在1967年，當時我是哥倫比亞大學的教授。那時我完全沒有涉入政治，只是個歐洲文學的學者和教授。但後來
374 戰爭爆發了，我體認到對阿拉伯人和阿拉伯世界那種巨大的文化仇恨和偏見，而那促使我政治化。也就是說，身為阿拉伯人，我認同阿拉伯的損失，而我體認到，在這些損失中有很大部分是由於我們被認為是一個低劣的民族。我開始試著去了解，他們對我們的那種形象從何而來。

有關《東方主義》我要說的最後一點就是，我認為如果我和那個奮鬥沒有政治上的牽連的話，就不會寫出那本書來。阿拉伯和巴

勒斯坦民族主義的奮鬥對那本書來說是很重要的。《東方主義》的用意不是要成為對某種歷史形成(historical formation)的一個抽象說法，而是作為解放的一部分，也就是從對我自己的民族——不管是阿拉伯人、穆斯林或巴勒斯坦人——的那些刻板印象、那些宰制中解放出來。

【訪】薩依德教授，剛好你提起了這點，正巧我們的話題馬上就要轉到巴勒斯坦。你是這麼為《巴勒斯坦問題》這本書下結論的：「我們一定不能忘記巴勒斯坦滲著鮮血和暴力，我們必須務實地往前看，短期內會很動盪不安，虛擲人命。不幸的是，巴勒斯坦的問題會以大家很熟知的那些形式重新出現。而同樣重新出現的是巴勒斯坦的人民——阿拉伯人和猶太人——他們的過去和未來使雙方糾葛不清。他們彼此的接觸尚未大規模出現。但我知道這會出現，而且對雙方都有利。」現在出現了直接的協商(這篇訪談刊登時，在華盛頓的第三回合協商已經開始進行了)，你認為這種接觸已經發生了嗎?

【薩】是的，我認為自從1987年12月「因地發打」開始時，這種情況其實就開始出現了，而且也持續發生。以色列人不得不面對巴勒斯坦民族這個現實。我談的不是暴動的個人或丟擲石塊，而是一個國家。以色列人首度在他們的歷史上面對構成一個民族的全部人口，因為，當然，在佔領區的全部人口是和像我這樣流亡在外的人緊密相連的。巴勒斯坦人口有一半以上現在住在巴勒斯坦之外。百分之四十五的人住在歷史上的巴勒斯坦那塊土地，也就是佔領區和今天的以色列，而百分之五十五的人住在外面。這使得以色列必須面對巴勒斯坦民族的現實——首先是透過「因地發打」，然後是1988年在阿爾及爾宣布的巴勒斯坦建國宣言，然後是巴勒斯坦人承認以色列，而現在則是透過這些談判。這逐漸出現，雖然很緩慢、很緩慢，但我毫不懷疑在這個過程結束時，會有一個獨立的巴勒斯坦國。

然而，我也毫不懷疑以色列這個國家——我不是談論個人，而是談論組織——他們對於我們、對於我們這個民族的所作所為卻少有進步。他們依然不承認巴解組織。他們依然不承認巴勒斯坦民族主義。我不知道你有沒有注意到這一點，而西方大多數人都不曉得這一點，但是當夏米爾和那坦雅胡（以色列外交部次長）談話時，他們從來不談巴勒斯坦人，總是稱為「巴勒斯坦的阿拉伯人」。他們把巴勒斯坦人連結回阿拉伯世界。這是為什麼？因為如果你稱他們為巴勒斯坦人，你就給了他們一個特殊的認同。因此，他們說：「我們已經準備好了要和巴勒斯坦的阿拉伯人談判。」那依然是他們政治結構的一部分：我們（巴勒斯坦人）不是一個民族。

【訪】因此你們並不存在？

【薩】這個嘛，我們的確存在，但他們把我們說成是居住在伊瑞茲以色列（Eretz Israel）這塊土地上的「異類」（"aliens"）。在以色列那些比較坦誠的利庫屯墾者，把西岸和加薩走廊的巴勒斯坦人稱為以色列土地上的「異類」。因此，在面對我們作為一個民族的現實時，他們沒有任何進步。大多數的美國猶太人也是如此。我不能說在西方的所有猶太人，只能說美國的猶太人，除了少數的例外，依然無法適應我們民族存在的現實。原因之一就是，整個以色列建國大業的先決條件就是我們不存在。而四十五年後的今天，他們突然發現我們不但現在還在這裡，而且長久以來一直就在這裡，這是他們很難接受的。

【訪】你認為大規模的接觸，尤其是在這個時間點上（我們談的是未來兩年），不讓巴解組織和阿拉法特浮上檯面，到底可不可能？

【薩】不，那不可能。其實，這是和巴解組織一塊發生的。換
句話說，之所以有這麼巨大的幻想，主要是因為美國人和以色列人
這種荒唐、幼稚的態度，以為如果把巴解組織這種具體存在排除在
外，巴解組織就會離開。派到馬德里和華盛頓的代表團是由巴解組
織所挑選的，他們所說所做的每一件事都是向巴解組織報告，而且 376
由巴解組織批准。那些代表聽命於巴解組織。他們之中有許多是巴
解組織裡面黨派的支持者。而且他們所有的人都承認，作為代表巴
勒斯坦民族認同的民族組織，巴解組織具有至高無上的權威。因
此，我認為「我們不跟巴解組織談判」這種說法，反映了美國人和
以色列人那種不成熟的特質。他們說：「這個嘛，你是知道的，我
們不跟他們打交道。」但另一方面，他們是用這種迂迴的方式跟他
們打交道。他們被困在自己那種愚蠢的意識形態裡，認定巴解組織
只不過是一個恐怖分子的組織。如果你相信那種謊言的話，就不能
真的面對現實。那也是為什麼我真的很自豪：巴勒斯坦人很成熟，
能夠務實地和以色列人打交道。我們不需要意識形態的虛構。我們
可以說：「我們和以色列打交道。」我們並不是和「猶太復國主義
的實體」（“the Zionist entity”）打交道。的確，我們這些人要和以
色列政府打交道，而他們那些人很難和我們坐在一起。在華盛頓的
上一回談判中，他們拒絕和巴勒斯坦人坐在同一個房間裡。他們
說，我們不承認你們，我們只能和約旦人坐在一塊。那就是他們為
什麼會拖延的原因。但我認為他們內心知道，那是他們無法避免
的，他們終將不得不和我們打交道。現在真正的問題當然就是，美
國還要沉溺在這種不和我們打交道的幻想中到什麼程度、到多久？

【訪】有些人批評這個特定的政權，也就是布希政權，批評它加入這個月的聯合國決議，譴責以色列最近遣返巴勒斯坦人。你對這有什麼感覺？

【薩】在布希—貝克（James Baker［老布希總統任內的國務卿］）政權下這個國家的政策轉變，我並不很嚴肅以待。我認為很重要的一點就是要記住，這是嘗試而且部分成功地摧毀了一個主要的阿拉伯國家的第一個美國政權。這個政權利用聯合國來繼續侵犯伊拉克的主權，而伊拉克是兩個主要的阿拉伯國家之一。這個政權沒有給予巴勒斯坦民族主義任何東西，只是在波灣戰爭之後在形象上做了一些粉飾。它需要一種「和平的勝利」來妝扮它在伊拉克所做不到的——推翻海珊政權。海珊是一個暴君，我會這麼說，而且
377 他在科威特的所作所為是絕對錯誤的，但是美國人並沒有解決那個地區的問題。他們造成了阿拉伯國家彼此之間的分裂，造成了許多人的痛苦、虛耗、死亡和暴力。他們現在對於這個所謂的和平進程所做的，我要再說一遍，是粉飾太平，嘗試恢復布希作為和平製造者的形象，同時要表達對於以色列行徑的某種憤怒。

但憤怒是不夠的。以色列繼續屯墾並且佔有那片土地。以色列繼續遣返巴勒斯坦人。以色列繼續殺戮。以色列繼續囚禁。以色列繼續一天二十四小時實施宵禁。而美國在每年送給以色列五十億美元的援助中並沒有撤回一分錢。那違反了這個國家的法律。美國的法律說，違反人權的粗暴行為都會使美國不再資助接受援助的國家。但那從未施行在以色列身上。

因此，我並不像其他某些人那樣，認為美國已經改變了政策，這是一項歷史突破。他們依然要求巴勒斯坦人讓步，而這些讓步是他們不敢向以色列人要求的。我給你一個簡單的例子。從3月一

直到8月初，那兩個和貝克協商了六個月的巴勒斯坦人阿什拉維（Hanan Ashrawi）和胡賽尼（Feisal Husseini），貝克在馬德里公開讚揚他們的協商。但現在，他們沒有一個被允許成為代表團的成員，沒有一個被允許來到馬德里的和平宮，因為以色列說，由於他們和巴解組織有關係，而且他們是真正的領袖，我們不能讓這些人參與。他們所給的官方理由是他們來自東耶路撒冷。而美國接受了這些條件，因此我們在談的是什麼呢？我們在談的是這個政權非常膽小、受限於過去、太屈從於沙烏地阿拉伯或以色列的遊說團體，而不敢在通往和平的進程中勇敢邁進。

【訪】夏米爾有一次反對［美國國務卿］舒茲（George Shultz）和你會面，是真的嗎？

【薩】不只是那樣，他也不准我進入以色列。1988年春天，我要和家人一塊去，但他不准。我是美國公民，但他公然禁止我進入以色列。我們所面對的情勢實在很惡劣。回到我們先前所說的，在聯合國的投票中，我沒有看到美國投下任何一張票來譴責這種明 378
目張膽違反日內瓦公約的行為。更重要的是，誰會來執行那項決議？令我吃驚的是，阿拉伯人居然接受這個作為恢復談判的理由。我們從這當中一無所獲。只是一個譴責，那又怎麼樣。聯合國安理會總共有六十四項決議譴責以色列人以一種或另一種方式損害巴勒斯坦人的權益，但沒有一項決議被執行，而沒有被執行的原因正是因為美國從中作梗。

【訪】談到決議，有一次你在和魯西迪（Salman Rushdie）訪談時，把猶太復國主義描述成美國當代政治判斷的試金石。你說有很多人樂於攻擊南非的種族隔離，或談論美國在中美洲的軍事介入，卻不準備「談論猶太復國主義和它對巴勒斯坦人的所作所為」。你說在美國這裡，如果你對猶太復國主義發表任何言論，就會被看作「加入長久以來歐洲或西方的反閃族思想」。因此你說，「在討論猶太復國主義對巴勒斯坦人所代表的是什麼時，絕對必須集中於猶太復國主義特殊的歷史和脈絡。」

【薩】那個說法中重要的部分就是「對巴勒斯坦人」。猶太復國主義對猶太人來說是一件很棒的事。他們說那是他們的解放運動，他們說那使他們得到主權，他們終於有了祖國，他們建立了一些前所未有的機構等等。那張清單長之又長。因此，我要談的並不是那個。那很好，是件好事。但就巴勒斯坦人來說，我們是猶太復國主義的受害者。

【訪】聯合國決議案把猶太復國主義和種族歧視劃上等號，這種逆轉對這種行動本身，使得這個立場為人所知的行動本身，會造成什麼樣的影響？

【薩】這個嘛，你看，我一直對那個決議案不以為然。猶太復國主義是一種種族歧視，這種說法對猶太復國主義在猶太人、在巴勒斯坦人身上所做的，並不夠清楚、不夠敏感。在《巴勒斯坦問題》那本書中，我談論過這個問題。對我來說，猶太復國主義就是猶太復國主義。我沒有必要把它和任何其他東西劃上等號。

但對今天的巴勒斯坦人來說，猶太復國主義意味著：第一，粉
379 碎他們的社會；第二，驅散他們的人口；第三，而且是最重要的，持續壓迫巴勒斯坦這個民族。我給你個例子，以色列是當今全世界唯一沒有自己公民的國家，它是猶太人的國家。如果在那個猶太人國家中你恰好不是猶太人（大約有八十萬巴勒斯坦人是以色列公民），你就會被指為是非猶太人，而且就因為你不是猶太人而受到歧視。猶太人根據回歸法可以回去以色列。我在那裡出生，卻不能

回去。猶太人可以在以色列購買、租借土地，巴勒斯坦人則不可以。而在西岸、加薩走廊、佔領區，巴勒斯坦人受到猶太人所沒有的歧視。西岸和加薩走廊的屯墾者可以從巴勒斯坦人手中拿走土地，並且就生活在那片土地上。

然而，儘管發生了這種種事情，我必須說有關猶太復國主義和種族歧視的決議案是一段很不幸的插曲。這種情況一部分是1970年代早期的氛圍，當時非裔美國人的運動正如火如荼地展開，蘇聯依然是對手，而伊斯蘭運動正在加溫，這些促成了那個決議案。人們並沒有深思熟慮，就像我所說的，不夠敏感，結果使得我們巴勒斯坦人為此付出了昂貴的政治代價。它變成了一塊絆腳石。但現在說來，那些都是過去了。

【訪】你剛剛說，你們不許買土地。在有爭議的土地中，至關緊要的當然就是耶路撒冷本身。現在剛開始的和平進程進展非常緩慢，令人覺得飽受折磨。你相信這個進程開花結果的時候，非猶太人有沒有任何機會宣稱耶路撒冷是自己的？

【薩】如果以色列繼續掌控全部的耶路撒冷的話，我看不出有任何解決那個問題的辦法。我並不是說，我支持把耶路撒冷重新劃分，我並沒有那麼說。我認為耶路撒冷應該繼續作為一個統一的城市。但應該有一種具有想像力的方式來讓巴勒斯坦人把耶路撒冷，至少是阿拉伯的或東耶路撒冷，看成是他們的首都。必須如此。這對巴勒斯坦人意義重大。當然，這對伊斯蘭世界也意義重大。耶路撒冷不只是一個巴勒斯坦城市，它對十億穆斯林也具有重大的意義。因此，必須有某種的安排，使以色列人不能繼續在耶路撒冷裡面任意處置巴勒斯坦人。但我必須重複，我並不支持重新劃分這座城市。我認為應該運用某種具有想像力的方式，使得那座城市，那 380

座具有普遍性的城市，能夠表達猶太教、基督教、伊斯蘭教這三種信仰的希望和傳統。

【訪】你會說有些像是梵諦岡的路線？

【薩】有點像是那樣，卻未必是使它國際化。但多少像是那樣，而不是再次把它分割或使它統一在以色列的控制下。

【訪】現在讓我們來談談人身威脅的問題。我們知道這是一個敏感的議題。你身為宣揚巴勒斯坦理念這種具有高度可見度的發言人，被許多不同團體當成目標，你發表論文時，這些團體現身而且抗議，他們在印刷媒體上攻擊你，發了很多小傳單把你的話斷章取義，諸如此類的事。他們稱你為「恐怖主義的大使」（"Ambassador of Terrorism"），所有這些不愉快的事都發生過。

【薩】這個嘛，甚至還有一些死亡恐嚇。你又能怎麼辦？

【訪】請告訴我們，所有這些事情當中，什麼最讓你困擾？

【薩】這個嘛，我認為最讓我困擾的，就是其中的謊言和不公，發動一種邪惡的運動，不只繼續傷害我的族人，還把各式各樣的謊言和辱罵加在我身上，把我稱為恐怖分子。

第二點，在美國，我沒有辦法真正去回應。很多攻擊我的人，以及用很惡毒、毀謗的方式寫文章攻擊我的人，他們手中掌控了很多雜誌。比方說，《評論》（*Commentary*）這份美國猶太人委員會的雜誌，給他們篇幅讓他們為所欲為地寫。因此，處境很艱辛，如果你曉得我的意思的話。換句話說，找不到任何一個組織相當於這個國家中巴勒斯坦人的敵人所擁有的那種平台。

第三點，最讓人痛心的是阿拉伯人和穆斯林，不管是在這個國家或其他地方，從來沒有把自己組織起來，並且試著提出一種可信的、另類的方式，來面對這個國家的猶太復國主義遊說團體對於我們的不利說法——這些說法不一定是針對我個人，而是針對我們。我們繼承了偉大的傳統和偉大的文明。我們有很多有才智的人，但是我們無法、就是無法合作。巴勒斯坦人做事不但是朝向五個不同的方向，而且經常是對立的方向。敘利亞人獨自做事。從來沒有嘗試把我們自己當成一個民族的成員來嚴肅思考。而這其實又回到了我先前所說的阿拉伯世界的情況：那是個藏污納垢的地方。那是個藏納了腐敗和昏庸以及最驚人、殘忍的暴政的地方。那裡沒有民主 381
自由，只是個可怕的地方，卻是我覺得與自己密切相關的地方；我來自那裡，我的家庭來自那裡，我的妻子來自那裡。我的意思是說，我不會放棄。我不會做這個世界中的哈利勒（Samir al-Khalil）和阿扎米（Fouad Ajami）者流所要做的事，也就是在美國這個國家揚名立萬，成為阿拉伯人的敵人的辯護者。我不會去玩那種遊戲。

【訪】阿扎米是以華盛頓為基地的反巴勒斯坦人雜誌《新共和》（*The New Republic*）的中東專家。你一度把他描述成「反阿拉伯人的駐美阿拉伯人」。

【薩】是的，他很可恥，不單單因為他邪惡、又痛恨自己的人民，還因為他講的話都是那麼的瑣碎、那麼的無知。他比我更是中東研究的教授。那是他謀生的方式，但他對阿拉伯世界卻一無所知，根本不關切。他所寫的東西只是被這個國家的猶太復國主義遊說團體和組織用來對付阿拉伯人。

【訪】哈利勒是《恐懼共和國》（*Republic of Fear*）這本書的作者，這本書的內容是有關伊拉克，而且在波灣戰爭期間及之後廣為流行。你會把他放在同一個類別嗎？

【薩】大致如此。他也許還沒那麼惡毒，加入其中也還不夠久。在某些方面他這個人混亂得多。阿扎米至少還有見解清晰這項優點，知道自己要什麼：他要攻擊阿拉伯人。至於哈利勒這個人，我不知道他要什麼。他這個人頭腦不清、情緒起伏不定，他暴得盛名，根據的卻是這本基本上不值得一顧的書。這本書攻擊海珊——那很好。但這本書並不是歷史上的貢獻，它對了解伊拉克算不上是學術貢獻，用處只是作為這個國家動員起來反對海珊的一部分行動而已。哈利勒扮演那個角色，扮演得很好，而我真的看不出來他還做了什麼其他的事。當這個國家裡有關戰後的幸福感過去之後，他就會從整個場景中消失。

【訪】所以你認為他的確會消失？

【薩】是的，我是這樣認為。在我看來，他沒有真正寫過任何有長遠影響的東西。他不是學者。

【訪】有人談論新的巴勒斯坦領導階層，比方說，許多美國人
382 提到阿什拉維（Hanan Ashrawi）作為新一類的領導人等等。請談談你對那的看法。

【薩】這個嘛，你知道她是我的學生。她當年就讀維吉尼亞大學，不是在哥倫比亞大學這裡，但他們問我願不願意指導她的博士論文，而我對她的博士論文很感興趣，於是就答應了。在那之後大約有兩、三年的時間，她會交給我論文的各章，諸如此類的事。她是個很有才智、很有意思的女性。最近，她也受到了許多注意。

然而，就我的觀點，不幸的是，這被用來反對阿拉法特，實在令人不滿。我指的是你剛剛所詢問的那種揣測和重視。就某個意義來說，如果你誠實地看待這件事，沒有阿拉法特她就不成氣候，如果你懂得我的意思的話。但這全都是西方種族歧視的一部分。他們認為自己喜歡她是因為她英文說得好，他們從前也是基於同樣的理

由而喜歡我，因為我英文說得好。如果真是那樣，如果你英文說得不好，你和他們那些高高在上的人就真的不屬於同一個世界。

【訪】這把我們帶到最後一個問題，而且我知道這是你很熱切要談論的問題，也是另一個英文說得好的人：魯西迪（Salman Rushdie）。能不能約略為我們描述一下你對魯西迪的立場。我們之所以問這個問題，是因為許多人很有興趣想要知道薩依德對這整個魯西迪事件的真正想法如何。

【薩】這個嘛，底下就是我的感覺。我有兩、三個論點。

第一點，我絕對相信言論的絕對自由。身為巴勒斯坦人，我奮戰的對象就是以色列人試圖箝制我的族人所能寫作、所能閱讀的。我們對於解放的奮戰有許多涉及思想、意見和言論的自由。我堅信這些自由。因此，讓我說，不管原因如何，我相信根本就不該有任何檢查制度。那是第一點。

第二點，魯西迪是我的老朋友，我認識他大約有十年了。我是於1980至1981年間在倫敦第一次遇到他。我很推崇他的作品，尤其是《午夜之子》（*Midnight's Children*），我認為那是二十世紀的偉大長篇小說之一。我也很喜歡他寫給兒子的那本短篇故事集《哈樂與故事之海》（*Haroun and the Sea of Stories*），這本書我在美國這裡寫過書評。至於《羞恥》（*Shame*）這本書，我沒有像《午夜之子》 383
那麼喜歡。我只讀過一次，也許如果我再讀的話，能更深入一些。

我認為《魔鬼詩篇》（*The Satanic Verses*）是本有趣的長篇小說。那是一本龐大、混亂、在許多方面是很棒的書，而它的用意就是要挑釁。我的意思是說，我今天晚上不會坐在這裡告訴你我對他作品精確的文學批評分析，但他是個很有天賦、非比尋常的人，我深深遺憾他的遭遇。我也要敦促你不要箝制我在這裡所說的話，而且要照我所說的如實刊登，因為我知道你會受到壓力來決定你對他能刊出多少。

因此，就像我剛才說的，我很遺憾對他的那些回應會是那麼激烈。就我個人來說，壓迫那個所謂得罪了他們的異議分子的寫作，我本人不相信這符合伊斯蘭的本質，或伊斯蘭文明中最好的傳統的一部分。因此針對他的那些紛紛擾擾很令人遺憾，而且在許多方面是我無法接受的。這個嘛，我能了解很多穆斯林被《魔鬼詩篇》激怒，雖然我必須說，我並不確定他們當中許多人甚至可能沒有讀過這本書。這是歷代所發生的最可笑的事件之一。所有這些人都高嚷這本書冒犯了伊斯蘭人，但其中大多數人，至少在阿拉伯世界，讀不懂英文。畢竟那本書是用英文寫的。如果他們只是因為某個神學和法學組成的委員會（ulema）宣稱這個或那個就是魯西迪所說的，就信以為真，那是胡鬧。那真的很恐怖。

因此，這整件事讓我深受其擾，我只希望魯西迪能過正常的生活。自從他不再公開露面之後我曾經見過他，而這對他是很恐怖的代價。對一個人來說，這是很大的代價。他失去了自由自在的能力，他不能隨心所欲到處行動，他不能探視他的兒子，在他藏匿期間他的第二次婚姻也毀了。而這種迫害感和不安全感極為巨大，我覺得這種事不該發生在任何人身上。我們的世界很遼闊，容得下像魯西迪這樣的人隨心所欲地去寫，去為他們所說的話來辯論。但是把他處死、燒他的書、禁他的書——那些真的是很恐怖、很恐怖的事。

順帶一提的是，這個星期天在《紐約時報》，他們邀請了一些人，包括我在內，針對該不該在以色列演出華格納表示意見。我所
384 做的就是寫下幾段文字，比較以色列人對華格納的態度和穆斯林對

魯西迪事件的態度。而這兩種看法我都反對。一個人不喜歡的藝術和觀念必須加以討論，不能只是把它們丟到窗外，就像當初宗教裁判時期所做的一樣。那是一種滔天大罪，而我認為如果我們讓那種觀點得逞的話，會對我們的世界大大的不利。

訪問者：加法里（Hasan M. Jafri）

1992年刊登於巴基斯坦喀拉蚩《先鋒》雜誌（*The Herald*）

第二十三篇

歐洲與他者：一個阿拉伯的觀點

本訪談與愛爾蘭的一個電視節目有關。　　　　　——薩依德誌

【訪】身為一個局外人往內看，你認為有「獨特的歐洲傳統」這回事嗎？

【薩】我認為這無庸置疑，但我們在談論歐洲傳統時，會當成是一套可以辨認得出的經驗、國家、民族、傳承，而上面都有歐洲的戳記。但同時這也不能脫離歐洲之外的世界。在阿爾及利亞的脈絡中，有一個很好的詞語來形容這種情況——「互補的敵人」（"complementary enemies"）。而歐洲和他者之間也有一種互補性。那對歐洲來說是有趣的挑戰，並不是要消除它所有外在的認屬和聯繫，來試著把它變成某個純粹的新東西。

【訪】今天的「歐洲知識分子」何去何從？

【薩】把知識分子當成是因為他的服務而得到獎賞的專業人士，這個觀念在美國和歐洲意味著：你非常傾向於權力中心；知識分子認為自己做事的回報或目標就是成為玩弄政策、形成政策的角色，或是去塑造輿論、成為決策者。然而我的觀點卻是，知識分子的角色基本上就是要提升意識，了解其中的張力、複雜性，把自己社群的責任扛在身上。這是一種非專家的角色，和跨越不同專業領域的眾多議題有關，因為我們知道專業的論述。我的意思是說，它已經成為一種專用術語，只是向已經知道的人發言，把這些人基本上維持在一種順從的狀態，而最終的目的是要提升自己的地位。那
386 是我深惡痛絕的事，因為在我看來社會是由兩種人構成的：負責維持現狀的人，而知識分子則是要激發差異和變革。

【訪】而你在這邊要引介的就是個人應顧及對國人的倫理責任。

【薩】是的，我認為那是必要的事。

【訪】如果那意味著不同領域的混雜或混淆也在所不惜？

【薩】也在所不惜，正是如此。對我來說，很重要的就是我意識到——也許那是由於出生的意外——我意識到自己認屬於一個民族社群：巴勒斯坦。部分是由於那個理念所具有的普遍性，以致巴勒斯坦不單純只是個民族主義的鬥爭，也包含了反閃族思想這個文化問題。我們彷彿繼承了歐洲的反閃族思想：你可以把我們看作是受害者的受害者。那是個複雜的角色。然而，和民族社群有某種聯繫——或者只說社群，不提民族——這種聯繫使人誠實。

【訪】但是不是就在這裡看出知識分子的社會和道德的角色，在創造或重新創造我們的傳統時，我們是否能實際拆解並分析這些迷思和象徵？當前有許多人談論創造一個新歐洲。你認為我們可能

親眼目睹一個危險，也就是出現一種新型的文化帝國主義？

【薩】我認為出現一種像是十九世紀歐洲帝國主義的那種可能性並不太大。而且我認為美國那種籠罩一切的權力和影響也會阻礙它的出現。人們可能認為——至少那是我從阿拉伯世界的角度來看——歐洲是對美國的抗衡；而且部分由於地中海聯繫了一些南歐國家和北非，所以歐洲提供了一種文化交流，一種不是帝國式的、而是比以往更多你來我往的文化交流。

【訪】但歐洲是不是已能承認在自己之中存在著他者：在這個情況下，傳統的他者就是阿拉伯或伊斯蘭世界？

【薩】不，我不這麼認為。我認為有問題存在。以義大利為例：義大利現在認為自己負擔了一百萬的穆斯林，這些穆斯林全來自北非，大部分來自利比亞和突尼斯，有些來自埃及。這並沒有受 387
到承認，這點是跟法國相反的地方，法國有兩百萬到三百萬的穆斯林，這是個政治的議題。但我認為討論和辯論，甚至像雷朋（Jean-Marie Le Pen［法國極右派勢力領袖］）和他一些更自由的對手之間那種深仇大恨似的辯論，都比在義大利的那種噤聲不語要好。然而，像這樣的情況將會激發更多的討論和更多的認知。而有意思的是，阿拉伯世界現在有一群作家、思想家和知識分子嚴肅對待歐洲和阿拉伯之間的對話，兩者之間的交流將打破以往那種敵對、以往像是「阿拉伯對抗西方」那種籠統的說法。這和美國很不一樣，美國根本沒有這些觀念。美國依然認為自己是在和阿拉伯世界、伊斯蘭、基本教義派，或類似的東西兵戎相見。因此，文化的議題事實上甚至根本沒有觸及。

【訪】地中海的歐洲國家，不管在移民或文化方面一向都對阿拉伯世界開放，但當涉及具體的政治決定時，這些國家卻無法阻止戰爭在那個地區發生。

【薩】不只如此，可是就英國的情況來說，英國參與的程度比大家所希望的更為熱切。另一方面，在戰後的時代，義大利人和法國人確實曾經試著能仲介一種政治解決方式，相對於軍事的解決方式。義大利人自從大戰以來就很積極，想要達成一種妥協的政治解決方式，顯然他們的目標並不是波灣的情況，而是癥結之所在，也就是巴勒斯坦的議題。但是因為許多原因使得他們未能很明顯地站出來面對美國人。部分是因為他們的努力是個別的，而不是以歐洲的名義。我的意思是說，歐洲議會已經採取了很好的立場，但他們沒有像一個社群這樣集體行動，而且很可能要等過了1992年才開始——如果真的會開始的話。他們都個別地介入其中。一方面他們受到美國的壓力；另一方面，他們需要石油，而石油來自那些基本上保守、反動的阿拉伯政權，這些政權很反對改變現狀。因此，他們的立場艱難。我現在其實談的是文化層面，我認為這裡存在著更大的運動。

【訪】你談過很多有關「東方主義」的現象，而這種文化現象基本上代表歐洲以及西方普遍對阿拉伯世界的刻板態度。

388 【薩】一點不錯。那真是很強烈的態度。你不必看那些喧鬧不已的報紙，只要想想在《時代周刊》上讀到的那些評論就可以明白了；要指名道姓的話，像是歐布萊恩（Conor Cruise O'Brien），此人現在談起穆斯林家庭依然像是充滿了亂倫的墮落家庭，而穆斯林和阿拉伯人則是暴力、墮落的人民；或像是普萊斯─瓊斯所寫的《封閉的圈子》（David Pryce-Jones, *The Closed Circle*）那類的書，在今天這個世界是不可能針對任何其他族裔文化團體寫出那樣一本書的。

【訪】這是一種種族歧視？

【薩】這是種族歧視，仇外，這是一種妄想、欺騙的幻想。

【訪】為什麼歐洲需要這個？

【薩】我來告訴你為什麼。有關阿拉伯人，我們可以這麼說，伊斯蘭一直就在歐洲的門口。我們不要忘了，伊斯蘭是唯一沒有完全被征服的非歐洲文化。它毗鄰而且具有和猶太教、基督教一樣的一神教傳統，因此存在著這種永遠的摩擦。而且，不像英國人在印度，這個問題還沒解決。我的主張是，有關西方的觀念主要來自對抗伊斯蘭和阿拉伯世界。我認為它的根源很可能可以追溯到神學的議題。先知穆罕默德自認繼承了從亞伯拉罕、摩西、耶穌一脈相承的預言，並且終結了那個預言；在第七、八世紀首次對抗伊斯蘭的爭議中視他為新興人物，一個正是從基督教和猶太教發源的世界中令人畏懼的新發展。因此我認為那是個獨特的情況，而文化對抗的意識更因為軍事——你也可以說是經濟和政治——的對抗而提升，其中瀰漫了無知，而人們沒有權利、因而不能正視穆斯林和歐洲人之間的具體經驗，而那種經驗在現實情況中遠比單純的仇視要複雜得多。我的意思是說，比方說，歐洲很仰仗伊斯蘭的科學，因為科學和哲學是由希臘人傳給穆斯林再傳回西方。

【訪】像是阿維森納（Avicenna, 980-1037）和阿威羅伊斯（Averroes, 1126-1198）那樣的阿拉伯思想家，以及哥多華學派（Córdoba school）、安達魯西亞學派（Andalusian school）[1]等等所扮演

---

[1] 譯註：阿維森納是伊斯蘭最聞名而且最有影響力的哲學家及科學家，尤其以亞里斯多德哲學和醫學方面的貢獻著稱；阿威羅伊斯出生於哥多華，是伊斯蘭聞名的宗教哲學家，整合伊斯蘭傳統和古希臘思想，並摘要、評註柏拉圖和亞里斯多德的作品，對歐洲和伊斯蘭世界影響深遠；哥多華位於西班牙南部的安達魯西亞，而安達魯西亞自古以來便交通發達，人文薈萃，為歐洲和阿拉伯世界交流所經之地，在學術、科學、藝術各方面都有出色的表現。

的重要角色，使得身為哲學家的我深感震撼。

【薩】一點不錯。而大學的觀念是在阿拉伯世界興起的。學院的觀念（the collegium），你知道，其實是伊斯蘭的觀念。

389 【訪】晚近在歐洲和阿拉伯世界的對抗中有一些很戲劇性的例子，不是嗎？我想的不只是波灣戰爭，還包括了歐洲內部本身的一些爭議。我們有魯西迪事件，這個事件引起了有關普世的權利（universal rights）相對於差異的權利（the right to differ）的各種爭議；而在法國，有關穆斯林女學童在世俗學校裡戴面紗的著名爭議。有一個常見的論點是：如果阿拉伯人因為被歐洲人殖民統治了好幾百年，所以有權移民到歐洲，那麼就該把他們的文化、宗教差異拋諸腦後，而去遵從現代歐洲這個世俗、普世的空間。

【薩】我認為言論自由是個普世原則，穆斯林和所有其他人都必須遵從；而我認為很重要的就是，在阿拉伯世界——我不敢說是在**所有的**伊斯蘭世界，像是巴基斯坦、孟加拉等等——今天有兩股勢力正在進行一場很重要的鬥爭，廣泛地說，一股勢力可以稱為**世俗主義**（*secularism*），我就隸屬這一邊，另一股勢力可以廣泛地描述為**宗教勢力**（*religious*）。這麼說吧，基本教義派是電視上常談到的話題，但我認為把基本教義派和在阿拉伯以及伊斯蘭世界所發生的每件事都扯在一塊，這種做法是錯誤的。我的意思是說，存在著各式各樣的標籤。目前正在進行一場辯論，而我認為現在阿拉伯世界的處境就是：宗教這個選擇已經證明失敗了。你可以是個穆斯林，但是穆斯林經濟、穆斯林化學意味著什麼？換句話說，談到要經營一個現代國家時，有一種普世的規範。但問題是，代表另一面的伊斯蘭，也就是伊斯蘭反抗西方的那些人又怎麼樣？在西岸的加薩走廊，人民自認是伊斯蘭好戰分子反抗以色列的佔領，因為那是他們生活中最後一個以色列人未能穿透的領域，就像法國佔領下的阿爾及利亞一樣。因此，存在著各種不同的伊斯蘭，也存在著各種不同的世俗主義。讓我們回到魯西迪的問題，有許多阿拉伯作家和知識分子，包括我自己在內，都公開支持魯西迪有權來寫他所選擇的任何題材，而那是必須強調的。但我們也希望大家能注意到這個事實：在阿拉伯世界有許多穆斯林作家，比方說在佔領區內，由於
身為新聞從業人員或小說家而被以色列人囚禁，純粹是為了政治上 390
的權宜之計。比方說，我們提到禁書，西岸今天由於以色列的法律，所以你不能購買和閱讀柏拉圖的《理想國》，你也不能讀莎士比亞的《哈姆雷特》！他們有一張禁書單，上面列了數以百計的書，而以色列禁書的原因是沒有人能了解的。這麼說吧，西方作家站出來支持魯西迪——我很高興他們站出來，而且我也和他們站在一塊——但談到提倡今天西岸和加薩走廊的巴勒斯坦人言論自由時，這些西方作家又在哪裡？我不曉得你知不知道這一點，但是甚至連用上「巴勒斯坦」這個字眼都可能受到懲罰。如果你用上「巴勒斯坦」這個字眼，就可以被關到監獄裡六個月。那麼，對所有這些事情採取單一標準如何？為什麼很偽善地採取這種標準？我們和你們是在同一場奮戰中。我們也要反抗那種事，但我們應該在**所有的**戰線上反抗。

【訪】最近有很多人談論創造歐洲新秩序，也就是地區或民族的歐洲聯盟，也有人談論創造世界資訊新秩序——我特別是想到由已過世的麥克布萊德（Sean MacBride）所主持的聯合國教科文組織的報告。你是不是主張我們應該把這個解釋成為了建立一個世俗的普世秩序所做的奮鬥？

【薩】我沒把握我能回答這件事。我不贊同抽象的普世主義，

因為那通常是當時碰巧最有權勢的人的普世主義。今天你環顧四周，普世主義的語言是由身為超強的美國所宣示的——我們希望它是最後的超強。我並不想向已經相信的人傳道，但在我看來愛爾蘭在這一切事情中可以扮演重要的角色，因為愛爾蘭有被殖民的過往。愛爾蘭雖然是歐洲式的，但和歐洲不同，特別是和歐陸不同，而在我看來與其說把像愛爾蘭這樣許多不同的歐洲國家併入一般的歐洲個性，還不如強調其中的差異，因為這在處理其他殖民世界時會是很重要的。比方說，在我看來愛爾蘭由於本身的分歧，可以扮演很特別的角色，不單單是在巴勒斯坦，在南非也一樣。強調差異，而且允許差異來介入歐洲的他者，形成一種交流，這在打破以巨大的文化陣營——而這終究會變成武裝陣營——的觀念來看世
391 界，可以是很重要的。對於人們有時談到的那種普世主義，我只有懷疑。[2]

【訪】但你會不會抱持某種希望，希望我們在西方世界，尤其是在歐洲，能克服在「他們」和「我們」之間那種傳統的敵對？在歐洲爭取基本自由和權利的那些人，以及在阿拉伯世界之內從事相同工作的那些人之間，你看可不可能建立起某種團結的關係？

【薩】是的，我認為那就是希望，那正是希望之所在。那的確是共同的奮鬥。但比那更重要的是，在戰爭中，在伊拉克人的行為中，甚至在巴勒斯坦人的回應中，最讓我印象深刻的就是，這是一

---

2 譯註：本訪談在愛爾蘭發表，所以薩依德特別帶入愛爾蘭的特殊歷史情境，並肯定其意義。愛爾蘭文學是薩依德長期研究興趣之一，從1980年代初收錄於《世界、文本與批評家》中有關綏夫特（Jonathan Swift, 1667-1745）的兩篇論文，到後來如《文化與帝國主義》中對愛爾蘭現代主義、後殖民主義文學的探討，其興趣之廣泛、持久可見一斑。

個已逝的或生病的民族主義的戰爭。我認為大問題就在於整個民族認同的議題，或者我會稱為**認同政治**（*politics of identity*）——也就是感覺到你所做的每一件事都必須被自己的民族認同所允許，或經由它的過濾，而我們大家都知道，民族認同在大多數情況下完全是虛構。我的意思是說，這種認同說所有的阿拉伯人都是同質的，而對抗所有完全同質的西方人。其實存在著各式各樣的西方人，也存在著各式各樣的阿拉伯人。我認為此時此刻知識分子的主要角色就是打破這些巨大的、民族的、文化的、跨文化的認同。

【訪】不管那是泛阿拉伯民族主義或歐洲民族主義？

【薩】是的，我的意思是說，是存在著阿拉伯人，是存在著阿拉伯民族。但那並不需要防衛，我們都知道這一點。阿拉伯世界的政權挾持了民族主義的修辭，我們需要從他們手上取回。你告訴我，沙烏地阿拉伯政權和政府、敘利亞政府、或埃及政府和阿拉伯民族主義是什麼關係？我告訴你，是零，什麼關係都沒有。他們所做的就是**利用**阿拉伯民族主義。或者以他們對巴勒斯坦的守護來講，他們背叛了「因地發打」，他們沒有為它做任何事。而他們利用觀念，不單單是民族認同的觀念，並且是一個糾纏不清的民族認同的觀念，那種觀念產生了公安國家、壓迫的機器、祕密警察、還有軍隊作為壓迫的工具。在以色列也是一樣。同樣的觀念到處都是。在美國也是一樣。有誰能說服我說，美國在波灣進行戰鬥是為
了對抗威脅到美國的侵略？這裡面牽涉到國家安全嗎？那是完全、 392
絕對、徹底的胡說八道。但死灰復燃的美國認同不只需要、也運用了安全的議題。那麼，那些為了自由所做的真正奮鬥呢？那些處於核心地位的人的自由——言論的自由、集會的自由、表達意見的自由等等，還有就是政治的自由。今天在哪個地方，比方說，我們知

道在南非絕大多數的居民沒有投票權，那真可恥。但是歐洲國家和美國都支持、資助否定一整個民族（就是巴勒斯坦人）的民主自由。我的意思是說，那也是可恥。但你必須超越認同政治才能談論這些事。

【訪】那麼你是在提倡一種超越敵對的民族主義的運動了？在這裡存在著敵對的雙方：一方是阿拉伯世界的民族主義，另一方是歐洲的民族主義？你有沒有看到一種危險，也就是歐洲重新淪入民族主義，而那再度反映了發生在阿拉伯世界的類似情況？

【薩】我認為那顯然是個大陷阱。而我比較想要看到的是一個更自覺的歐洲，比方說，更知覺到自己那段殖民歷史的歐洲。換句話說，並不只是去說：嗯，我們已經超越了那個，我們現在不一樣了。你們［愛爾蘭］身為歐洲人的歷史也是一個殖民的歷史；比方說，你們在處理北非時，必須認定這個事實涉及你們現在的行為，也涉及你們與這些先前被殖民的文化之間的關係。

【訪】你的意思是說，承認移民也是我們的一部分？

【薩】終究我們必須要了解，同質的政治或國家的歸類是不存在的。我們所談論的每一件事都是混雜的，我們所處的世界是由相依相存、混雜的多種社會所構成的。這些社會是混雜的、不純粹的。

【訪】那是優點，也是美德。

【薩】對我來說，那是美德。你現在開始看到的是一種純化的修辭（rhetoric of purification）。我說的是極右翼的說法，例如法國的雷朋。歐洲是歐洲人的歐洲，你現在開始聽到這種言論。就一個層面來說，當然它是要抗拒美國，還有日本。看看那些責罵日本的修辭。基本的問題是教育。今天大多數的教育體系，我相信，依然

是民族主義式的，也就是說，它們是以一種理想化的方式來提倡民 393
族認同的權威，並且主張不許有任何批評，不可能有任何錯誤，民族認同就是美德的化身。以這種方式教育我們的孩子、我們的大學生來相信這些關乎己身的事，比其他任何東西都更會埋下未來衝突的種子。

【訪】你會不會提倡多元主義，那就是說我們除了讀偉大的西方文本之外，也應該讀其他傳統的文本？

【薩】我認為應該。以美國為例，最近有個關於哥倫布形象的大辯論。我的意思是說，我們現在是1992年，也就是哥倫布發現美國［美洲］的五百週年。哥倫布的形象本身就具有高度的爭議性，但他被馴化了、被淨化成這個發現美洲的神奇英雄，其實他是個奴隸販子、殖民的征服者，很吻合十六世紀征服墨西哥和祕魯的西班牙人（*conquistador*）這個傳統。是要美化、淨化，還是承認真相——哪一樣比較好呢？有人還抱持著這種荒謬的看法，認為如果我們不這樣創造傳統，把一個基本上是個征服者的人塑造成英雄，就會威脅到社會的基礎。我的說法正好相反：社會的基礎，特別是美國社會的基礎——但對歐洲來說也成立——包含了許多不同的因素，而大家必須去認識它們。我認為孩子們完全能了解那一點，反倒是成人為了卑劣的理由不願去了解。

訪問者：柯爾尼（Richard Kearney）

1992年出版於愛爾蘭都柏林《歐洲的願景》（*Visions of Europe*）

第二十四篇

象徵vs.實質：原則宣言一年之後

【訪】在華盛頓簽署的「以巴臨時自治安排原則宣言」（the Israeli-Palestinian Declaration of Principles on Interim Self-Government Arrangements，簡稱DOP［原則宣言］）到現在已經一年了。你對這個協議原先的期盼和施行的結果達到了多少？ 394

【薩】這個嘛，我當時對結果並不是那麼樂觀，雖然我的確認為巴勒斯坦人可以更努力團結，讓這個很糟的協議能夠更好一些，改進一些條件，也許去改變整個脈絡。但我已經很幻滅了，因為就連我剛剛說的那些也沒有發生。我認為以色列人恰切地利用了阿拉法特的無能，也利用了阿拉法特似乎對巴勒斯坦人的心靈繼續有所掌控；這種掌控使他能待在加薩和耶利哥（Jericho），像是權力極有限而且逐漸消退的當地執法者。

我也感到失望的就是，反對這個原則宣言的聲音並沒有變得更一致。原則宣言利用巴勒斯坦人的讓步而鞏固了以色列的佔領；原則宣言賦予以色列人主權，控制水、安全、對外關係，對於自治區發生的一切重要事項都有否決權。耶路撒冷、屯墾區和道路依然是在以色列人手中，一點限制也沒有。大家沒有試著要塑造出另類的選擇。所以現在存在著四個團體：一個就是沉默、失望的巴勒斯坦人這個大團體，第二個團體就是保皇人士，第三個團體在一旁守候，看事情對他們會不會變得更有利，而最後一個團體反對和平進程和阿拉法特，因為他看似沒辦法統攬全局。沒有大型集會，只不
395 過是簽署些一般的請願罷了。結果就是一種混亂、瀰漫著悲觀的隨波逐流的感覺。

我認為大多數人最失望的就是，原先答應給的錢並沒有給。這也在我的意料之中。原先有很多的承諾，但在我的第一篇長文〈次晨〉（“The Morning After”）中就提到，有人認為那個地方會充斥了金錢、計畫、生意人，每個人都有工作，這整個想法其實是幻想。因為過去在世界其他地方的那種安排都證明是虛幻的。

【訪】看來對於原則宣言的反對基本上有兩個方向：一個是和巴勒斯坦領導階層進行廣泛、寬闊的民族對話，以嘗試讓這個領導階層改變計畫、進行改革；另一個是把自己塑造成反對的組織，很可能帶著鏟除現有的領導階層這種更具雄心壯志的目標。但這兩種情況似乎都沒有發生。身為反對的一分子，你希望看到事情如何發展？

【薩】這個嘛，我認為這兩種情況都發生了，至少第一種情況已經發生了。打從1993年10月開始，我就和其他一些流亡在外的人接觸——這些人都是忠誠的民族主義者、真正愛巴勒斯坦的人民——他們認為原則宣言是個糟糕的交易，但又相信那就是我們所能得到的，而且我們不得不幫助阿拉法特向前進。我也順著這種想

法，簽署了早先的一些請願書，要求改革巴解組織的機制，引進更多有才幹的人，設立一些組織等等。遺憾的是，那一連串的請願——所有這一切都沒發揮作用——這種情況一直持續。

自那時起，我根據自己蒐集到的證據，採取了底下的立場：那個領導階層頑冥不化、無法改革。他們既不彼此傾聽——我只提阿拉法特、阿布・馬贊（Abu Mazen，又名Mahmoud Abbas，馬哈茂德・阿巴斯)和阿布・阿拉（Abu Alaa，又名Ahmed Qurai，阿訶馬德・庫雷亞）這三個人，他們現在彼此之間都不說話了——也沒有興趣聽任何其他人的。他們只感興趣於維持自己的地位和可笑的權力。

因此我認為，反對的第一優先應該是同心協力要求巴解組織的領袖去位，逼迫他們辭職。我認為不與他們合作是必要的第一步，
就像「因地發打」是不與以色列佔領區當局合作的形式一樣。你記 396
得約旦河西岸的拜特・薩候爾鎮（Bayt Sahur）拒絕向以色列當局繳稅。那就是我們現在該做的。因為，我們不但依然在和以色列的佔領奮戰，而且我們奮戰的對象其實就是執行佔領的人——也就是巴解組織——而這個組織特殊之處在於它是歷史上第一個簽署協議讓佔領勢力維持下去的民族解放運動。因此，我認為每個巴勒斯坦人的首要責任就是不要和那個充當以色列佔領的代理人當局、無能的當局合作。

巴解組織主要關切的是安全。阿拉法特無法清理加薩走廊的街道，卻能建立起五個情報組織彼此監視。我認為那真是令人髮指。他關閉了報社，把人民嚇得噤若寒蟬，做了很多這類的事。結果則是佔領的混亂情況依舊，其實說不定變得更糟。

幾個星期前，也就是有關早期授權協議簽訂後的第二天，羅斯

查爾德（Danny Rothschild）[1]將軍發表了一篇聲明，聲明中說：「我們依然是西岸和加薩走廊的真正掌權者。」當新聞記者問以色列給了巴勒斯坦人什麼東西時，他回答說：「我們授予他們權利來為居民服務。」那是早期授權的真諦，而巴解組織甚至連這些極為有限的責任都無法有效執行。

【訪】有趣的是，你認為反對勢力的首要責任是介入巴勒斯坦領導階層，而不是否定原則宣言。這是不是意味著你接受原則宣言是一種無法逆轉的事實？

【薩】不見得。我只是認為巴勒斯坦民族當局（Palestine National Authority，簡稱PNA），也就是巴勒斯坦這一邊負責執行協議的人士，佔上了原先保留給以色列佔領區當局的地位。人們應該拒絕和他們合作，不過是以選擇性的方式——比方說，可能接受巴勒斯坦人的教育由巴勒斯坦人掌控的這個觀念。但是巴勒斯坦民族當局在某個意義上是為以色列人工作的治安勢力，就這一點來說，他們逮捕以色列人說應該逮捕的那些巴勒斯坦人，這種情況在過去幾個星期以來發生過好幾次，這些事情是我認為人們不該合作的。而那個的意思並不只是說「我不合作」，而是試著建立不同的
397 協商方式，比方說，由社群來負責當地的需求，「因地發打」的時期就是這樣做的。我認為那應該是第一優先。

第二件事就是要修訂原則宣言。對於這一點來說，你需要流亡在外的人，也就是不住在西岸和加薩走廊、權利被否定了的眾多巴勒斯坦人。我認為很重要的是，應該以某種有意義的方式把他們插

1 譯註：羅斯查爾德（1946-）出生於以色列，十八歲從軍，在以色列和約旦及巴勒斯坦人的談判中扮演重要角色。

入這個進程，去提出像是耶路撒冷、屯墾區、回歸和求償的權利這些問題。我們不要忘了，巴勒斯坦的奮鬥是從流離失所開始的。在以色列和佔領區的人一直都是囚犯，而這種情形並沒有改變。因此，解決的方式有一部分必須從外面發動。

第三點——很重要的——和求償有關。協定中最讓人震驚的部分就是完全沒有提到以色列應該做出任何一種賠償。以色列人不但在1948年完全摧毀了巴勒斯坦社會，在過去二十七年的佔領期間也摧毀了西岸和加薩走廊的經濟，卻根本沒有要求他們賠償。伊拉克佔領科威特幾個星期，而他們未來將長期為自己的所作所為付出財政上的代價，因此也該要以色列人付出代價。我們的確很弱，但自從1982年以來，這個領導階層就沒有嘗試動員人民或手邊的資源。我的意思是說，曼德拉入獄二十七年，而他依然能堅持自己獻身的某些原則。他能透過當時完全流亡在外或在地下的非洲民族議會（African National Congress，簡稱ANC）發動國際性的運動，扭轉乾坤。我們從來沒有那樣做。而我認為那是我們應該做的。

【訪】從過去一年來所發生的這些事件，以及你對這些事件的看法，你如何來化解下列兩者之間明顯的矛盾：一方面，多年來你被視為鼓吹美國承認巴解組織——尤其是阿拉法特——的首要人士；另一方面，你現在卻是極力批評巴解組織和阿拉法特的人士之一？

【薩】我以往覺得阿拉法特真正代表巴勒斯坦民族主義，而遠遠超越了他作為一個人的真正角色。因此，在西方我總是公開支持他，以示支持巴勒斯坦民族理念。巴解組織是我們的機構；我之所 398
以為它辯護，是把它當成代表我們的事物。我公開為阿拉法特辯護，是因為他被當成巴勒斯坦民族理念的化身而遭到攻擊——而這種情況在西方一向如此——但是當人們對他這個人或他的方法有爭議時，我認為來為這些辯護並不關我的事。

至於我自己和阿拉法特以及巴勒斯坦領導階層的關係，我從來就不是個親近的顧問。我住得離他們太遠了，這句話的意思並不只是單方面的。當我去貝魯特，去突尼斯，或在那之前去安曼的時候，我會去見他們，而這些關係都是帶有相關批判性的。我從來沒有試著要從阿拉法特那裡得到任何東西。我最感興趣的就是試著使他了解西方的本質，特別是美國的本質——而他對這些一無所知——試著說服他接受我先前提到的一些事，像是需要運動，需要去組織運動。

我也試著要他們不要那麼集中於行政部門，但在那一點我失敗了，因為到頭來他們所要的就是和貝克（James Baker）和布希這些人上床。他們認為美國國務卿和他們說話是他們莫大的成就。但是國務卿在和他們說話之前，其實先和我談過。我在1979年見到國務卿范錫（Cyrus Vance），我有接觸他的管道，我有接觸所有這些人的管道，因為我住在美國，而且人脈很廣。我和阿布—盧果德（Ibrahim Abu-Lughod）在1988年見到國務卿舒茲（George Shultz）。我們不是接受巴解組織的指令去見他。我們告訴舒茲的，後來也告訴了阿拉法特——或者說，後來由阿布—盧果德告訴阿拉法特——但對他們都沒有造成任何印象。

我一直都認為，在美國和西方世界，巴勒斯坦問題是反對的議題，不是建設的議題，而我們該和我們訴求的對象一塊努力。但領導階層對那從來就不感興趣。1989年秋天，科威特的報紙《火炬報》（*al-Qabas*）對我進行了一次很長的專訪，從那時起我就公開批判他們的行為。

而在1991年夏天，我參與了馬德里和會的籌備工作，試著要
訂出面對那個會議時的巴勒斯坦策略，以及我們要從美國人確切得
到什麼，我終於知道他們所要的就是接受。他們對戰鬥、平等不感
興趣，只是要白人說他們OK，如此而已。我非常吃驚。我就是在 399
那個時候跟他們分道揚鑣的，而現在我和他們沒有任何關係，我拒
絕和他們談話。他們毫無指望。這個領導階層就是法農以前所說的
「黑皮膚，白面具」（"Black Skin, White Masks"）。他們拚命想成為
白人，而那不是我們奮鬥的目標。即使是在這決裂之前，我跟他們
的關係也總是批判的。雖然有禮貌，卻是批判的。

【訪】不知道你能不能就另一個主題稍微發揮，這是自從原則宣言簽署之後你在一些著作中所提到的，也就是你所謂的「細節的訓練」（"discipline of detail"），而你認為巴勒斯坦領導階層缺乏這種訓練。

【薩】我所謂的「細節的訓練」用個小故事最能來說明。從奧斯陸到開羅所進行的那些談判中，全部的——真正是全部的——那些事實、文件、數字，甚至所使用的地圖，都是由以色列人提出的。巴解組織提不出一樣不是來自以色列這一邊的資訊。但這事關我們的土地！那也就是我所說的「細節的訓練」的意思。如果你要和敵人談判——以色列是我們的敵人——你需要自己製作的地圖。我們需要有關土地的策略，尤其是有關耶路撒冷的策略，而這些土地是以色列人一點一點取走的。他們的歷史格言就是：「另一畝地，另一頭羊。」在歷史上，巴勒斯坦人從來就提不出一個對反的策略（a counter-strategy）。

耶路撒冷有位荷蘭地理家容（Jan de Jong），他把他們的所作所為和他們的計畫全都記錄了下來。這些資料就在那裡，每個人都可

以使用。[2] 但巴勒斯坦領導階層對那從無任何回應。屯墾區一直隨著他們的公路網增加，而且主要是靠巴勒斯坦勞工興建的。我們從來沒有形成策略來阻止巴勒斯坦勞工參與剝奪自己土地的行動。

尤其是，我認識這個領導階層這些年來，他們從來沒有任何願景或嚴肅的心態來發展有系統的策略，讓每個細節都是整體的有機的一部分。發展真正策略的方式就是把那些願意奉獻於解放理念的人——不是為了金錢，而是出於奉獻的人——聚集到你周圍。但這個領導階級對解放沒有興趣，因為解放需要努力和細節的訓練，而
400 實際解放一平方英寸的土地都比像是在華盛頓簽署的原則宣言這種普遍原則重要得多。我們將需要一整代的人接受訓練，學習在現代鬥爭中的有效手法。

我拒絕接受自己身為巴勒斯坦人的命運會像十九世紀的非洲人或美國原住民那樣，白人給酋長一點小玩意兒，說：「好，現在你是領袖了，但我們是在這裡真正掌權的人。」我們必須覺得我們是平等的，我們能在技術和科學的基礎上和他們奮鬥，我們知道自己談論的是什麼——我們發現了自己需要的資訊。去年夏天談到在西岸和加薩走廊設立兩百個技術委員會，研究像是難民、水、土地等議題，但沒有任何結果。我們只有一個決策者，也就是阿拉法特先生，而他是一個沒有受過教育的人，他沒有外語能力，他被許多事情分心，而他掌管著一個六百萬人口的民族，其中有中東頂尖的醫

---

2 譯註：薩依德在生前出版的最後一本訪談錄《文化與抵抗：薩依德對話錄》（*Culture and Resistance: Conversations with Edward W. Said*［Cambridge, Mass.: South End Press, 2003］；台北：立緒，2004，梁永安譯）所附錄的十三張地圖中，幾乎全是容所繪製的，清楚顯示了巴勒斯坦自英國託管到2001年春的地理變化，以及以色列如何逐步佔領該地區。

師、律師、工程師、知識分子，以及那個地區最高比例的大學畢業生。這真是可恥的事。

阿拉法特說，我們對［以色列總理］拉賓（Yitzhak Rabin）有信心。但事情的真相卻是，自從原則宣言簽署之後，情勢每況愈下。以色列人不但出動來接收我們的一切——他們早就這麼做了——而且還對我們極盡羞辱之能事。自從原則宣言簽署以來，這段時期最讓人火大的就是拉賓和他的黨羽——這些人基本上不改他們的軍人本色——被人奉為和平人士、有願景、有勇氣等等，但執行的政策卻依然是把巴勒斯坦人視為低劣的民族。這個協定的執行就某個意義來說具體呈現了這種想法，因為這個協定使我們依賴他們——我們會沒有任何權威，而他們擁有所有真正的權力，擁有更多的知識。即使和他們簽署協議的那些人，像是阿拉法特，也遭到羞辱——他在加薩被搜身。巴勒斯坦的談判者甚至連加薩到耶利哥區區九十英里的通行權都無法從以色列人那裡得到。而這個領導階層居然也就接受了，因為這就像是「阿布—阿拉伯」（Abu-'Arab），你是知道的，「那沒關係」。但這些事全都關係重大。

好像他們被這個協議打垮，而以色列人唯一的讓步就是巴解組織是巴勒斯坦人民的代表，以及阿拉法特在白宮受到接見。但是今天在美國，巴解組織依然被認為是恐怖分子組織。我們還是沒有從 401
美國那裡得到一分錢。相反的，只不過是在加薩移動幾支部隊，讓阿拉法特能在7月1日進來，美國在對以色列原有的大筆支援預算上又增加了一億八千萬美元。而我們一無所得。他們有這種觀念：我們得接受人家給我們的。這點我完全無法了解。

【訪】在你對原則宣言最初的反應中，你的確說過以色列承認巴解組織是不可低估的事。但現在的看法似乎卻是，巴解組織與其說是實質，不如說是象徵。

【薩】完全正確。你知道根據英國媒體和一位在那裡的朋友的說法，簽署5月4日協議前一晚他們在協商什麼嗎？阿拉法特能不能把自己的肖像放在郵票上！那才是他感興趣的事。我有個朋友當時在巴解組織的執行委員會裡，他告訴我說，巴勒斯坦的主要談判者阿布・阿拉和以色列人在奧斯陸談判時，阿拉法特只對那些和他有關的條文感興趣。所以那完全是有關象徵，而不是實質。我們接受這種亂七八糟的東西，簡直是恥辱。他抵達耶利哥時，是由一架以色列的直升機守護著。想想看，巴勒斯坦的囚犯看到「最偉大的領導」竟然是由監禁他們的人護送而來，心中有何感受？那就是我們的處境。那也就是為什麼我認為阿拉法特如果有一點尊嚴，如果有一點骨氣的話——這種說法也適用於所有那些圍繞著他、參與這令人驚訝的進程的領袖和談判者——他就會說，「我們已經盡力了。」就我的看法，我們需要公投。

【訪】過去一年來，整個有關民主的議題被推到最前端。的確看來任何改革計畫中的關鍵因素，尤其是現在巴解組織全心全意集中在巴勒斯坦佔領區（the occupied Palestinian territories，簡稱OPT）上，就是要在那裡舉行選舉和公投。同時，你不覺得在巴勒斯坦佔領區進行的那些選舉即使是自由、公平、完全民主的，也會把流亡在外的巴勒斯坦社群進一步邊緣化？

【薩】完全正確。我認為有關「自由、公開的」選舉的重要性，有些很誇大其詞的說法。首先，在目前情況下，我認為在結構上根本就不可能有自由、公開的選舉，因為存在著以色列佔領軍，
402 以及巴勒斯坦民族當局，而這個當局的權力和權威來自以色列的佔領，而且也因為唯一被允許的選擇就是：一邊是阿拉法特和巴解組

織，另一邊是以色列佔領當局。

因此我並不是像現在在美國和其他地方繁衍的那些美國式的自由主義巴勒斯坦人，把否定民主政治的所有責任和指責都堆到阿拉法特身上。我的意思是說，阿拉法特不是任何民主政治的組織。他是由以色列人授權來執行所謂他們的安全，因此你不可能具有任何有意義的民主選舉。

第二，就像你所說的，除非在執行時配合賦予流亡在外的巴勒斯坦人公民權，否則就進一步把他們邊緣化了。我完全同意。因此，那也就是為什麼我一直說需要進行普查，不管這些巴勒斯坦人的社群是在西岸和加薩走廊，在以色列之內，在黎巴嫩，和其他地方。我驚訝的是，這並沒有進行。除非讓人感受到巴勒斯坦人自成一個政治實體，否則就永遠不會有民主政治。你不能根據上面的命令來立法產生民主政治。那是對這整件事的諷刺。因此，我從來沒有說選舉是萬靈丹或問題的解答。在敘利亞、伊拉克、埃及都有選舉。這些選舉被描述為民主、開放的，任何人都可以投票等等。但這些意味著什麼？真正需要的是民主政治的文化，而不是突然出現一些民主政治的偽裝，就認為會解決我們所有的問題。

【訪】關於巴勒斯坦流亡社群，在一些收留他們的國家中，不管政府、人民或是兩者，似乎對巴勒斯坦人的存在有逐漸高漲的敵意。你如何看待這個挑戰？

【薩】在原則宣言前那幾十年，巴解組織的成就之一就是團結起巴勒斯坦人，我的意思是說，不管我們是居住在拿撒勒（Nazareth）、納布盧斯（Nablus）、貝魯特或紐約，我們都認為自己是一個民族。但現在這種感覺消散了，現在相對比較少受到保護的巴勒斯坦社群，像是在黎巴嫩的社群，便受到當地政府的敵視，就某個

意義來說並不能責怪他們。黎巴嫩是個所謂的不穩定的共和政權，而試著賦予四十萬巴勒斯坦人公民權對他們來說是無法想像的。在
403 約旦存在著雙重國籍的問題，也就是巴勒斯坦人擁有約旦護照。

隨著奧斯陸協定的簽訂，巴解組織突然停止了這種動員的過程，而把巴勒斯坦人吸引到一個新觀念。這個新觀念必須建立在逐漸遣返巴勒斯坦人的行動上，其次就是施壓要求修訂以色列的「回歸法案」(“Law of Return”)。這些都是做得到的事，雖然不容易，但至少是可以討論的，是談判的一部分。以色列人是高手，能要過去壓迫他們的人為自己的所作所為付出代價。他們從德國人得到了超過四百億的賠償。不管是在道德上或其他方面，他們絕對沒有立場來告訴我們要忘掉我們的過去，為我們對他們的所作所為道歉，說我們是應該付出代價的。

集體的努力是必須的。而我不了解、也深深感到困擾的就是，在原則宣言簽署之後的這一年，為什麼我們連建立一個流亡海外人士的論壇都辦不到。因此，流離失所的問題就是領導的問題，或者缺乏領導的問題；對大多數人來說問題似乎解決了，而隨著這種觀念而來的就是絕望感和混淆感，因為最窮困、最受迫害的人——大多數的人——處在最糟糕的情況。

就我所能蒐集到的訊息，我認為巴解組織本身現在所發生的狀況，就是阿拉法特和在突尼斯的巴解組織之間有爭論。阿拉法特被這個協議主要限制在加薩走廊。卡杜米（Faruq Qaddumi）是巴解組織政治部首長和巴解組織在突尼斯的資深官員，他提出的論點似乎是，阿拉法特可以根據以色列人開列出來的條件，掌理西岸和加薩走廊的巴勒斯坦民族當局——他沒有別的選擇——但這不涉及巴解組織的其他部分，包括它的辦事處、使館、少數剩下來的機構，

尤其是資本。他的說法就是，我們應該能使用巴解組織剩下的那些來重新動員，進行自從1960年代後期就已經開始的進程。那裡也許會有一些希望。

【訪】有一些批評你的人指責你對原則宣言的立場，認為你提不出其他的選擇。我知道你在一些文章中已經討論過這一點，但你在這裡能不能稍加發揮，不管是就簽署協議之前可能的其他選擇，或者說一年之後的今天的其他選擇？

【薩】一直都有其他的選擇，包括埃及和以色列的大衛營協 404
議。許多人，當然包括了巴解領導階層，和我一樣都說，「那件事與我們無關。」在原則宣言之後，我要問阿拉法特和他同夥的就是：「為什麼你拒絕了所有這些我們都知道的其他選擇，而選擇了這一項？」這涉及交代的原則（the principle of accountability）。這些人對他們的行為從來沒有任何交代，這使得我們災禍連連。其實，有關其他選擇的問題不該問**我**，而是該問**他們**。這是第一點。

第二點就是，我不是政治人物。我不知道如何突然創造出一個新的領導階層這類事情。這些議題關係著一個社群，而不只是一些人在某處坐在椅子上說：「嗯，這就是應該發生的事。」我從來就不相信這種事。但我真正關切的就是必須提升參與的層次，讓人們感覺他們所做的事能促進我們民族的理念。而且我會說，也許今天百分之八十的巴勒斯坦人，不管是在西岸和加薩走廊，或是在以色列之內或在國外，都沒有參與感，而是覺得被排除在外。但是，不被排除的唯一方式就是要說出來，並且參與正在進行的事。

一種方式就是參與佔領區的那些計畫，包括接受海外資助來建立機構的自助計畫。但我所聽到的大多數計畫卻不是有關這些基礎結構的。比方說，美國副總統高爾（Al Gore）所主持的和平建造者（the Builders for Peace），包括了許多阿拉伯和巴勒斯坦商人，以及猶太商人。他們要建造什麼呢？他們要建造一間旅館，他們要建造一座裝水的工廠，他們要建造更多的旅遊設施，有人談到要在加薩蓋一座機場。那難道是真正需要的嗎？難道我們不該更關切重建房舍、重建耶路撒冷的部分地區，或者建設公共計畫涉及的耶路撒冷的部分？我們一直未能把巴勒斯坦投注於建國運動的私人金錢拿來資助在耶路撒冷的公共計畫。西岸和加薩走廊有健康的問題，有
405 教育的問題，有衛生的問題。那些都是需要處理的議題。但我並不認為必須由某位「最偉大的領導」來說：「我們做這，我們做那。」就我的了解，這必須是人民自發的行為。

【訪】當代巴勒斯坦建國運動的孕育期，尤其是在1967年後受到國際矚目的那個階段，你這一代的人貢獻良多。我想知道的是，在過了四分之一多個世紀之後，你如何來看待當初激發你的那些雄心、期望、理想。你曾想過自己會處在今天這種處境嗎？

【薩】沒想過。我告訴你，我對過去二十五年或三十年來這段時期的主要見解就是，我們依然沒有能夠——這個嘛，我還是這麼說好了——成功是很明顯的：建立了一些機構，巴解組織，民族意識，諸如此類的事。至於失敗，我們剛剛已經談過了。

但在我心中縈繞不去的事情之一就是，像大多數的阿拉伯人一樣——這可能涉及文化——我們只能以倖存、堅忍的方式來思考。我們還沒掉過頭來，而真正以勝利來思考，那是很不同的事。停留在一個地方，以便不失去自己所擁有的——那是很重要的，而且就某個程度來說我們已經做到了。儘管有那麼多的剝奪、壓力、原則宣言，諸如此類的事，我們依然維持住巴勒斯坦人的身分，也存在著一種巴勒斯坦民族意識。但是，我們未能找到一個機制、方法或

政治途徑，把剝奪轉化為重新擁有，把失敗和損失（這其實是過去四十五年來的歷史）轉化為類似真正的勝利。

那也就是我心中縈繞不去的——為什麼我們做不到那一點。一個很成功的巴勒斯坦商人做得到的，為什麼我們不能以集體的方式來同樣地思考。商人創立公司，獲取利潤，創造出能延續下去的東西。或者像巴勒斯坦知識分子那樣，從事研究，寫出重要的作品。那是重新取回的東西，很實在的東西。但就民族來說，我們所有的機構，幾乎毫無例外的，半衰期大概只有十年，然後就煙消雲散，接著我們就得重新來過。我們重新開始，另起爐灶。因此，問題在於，我們為什麼滿足於堅忍、堅持，而不夠關切真正去定義某種事 406
情，像是能產生「另一畝地，另一頭羊」的口號那種思維。那種事情很少。

【訪】細節的訓練？

【薩】是的，細節的訓練。我不知道為什麼欠缺這種東西。在我們許多人的個人生活中這並不欠缺，但集體來說就是沒有出現。我們那些領導人物具體呈現了那種失敗主義和被動，以致其中一位領導人物在奧斯陸之後告訴我說，我們必須接受這項事實：我們能從以色列得到的，就是以色列給我們的那些，否則就一無所有。為什麼？我們的意志到底怎麼了？我們的目的到底怎麼了。它們沒有成為不可或缺的要素。

另一個在我心中縈繞不去的例子就是，1991年曼德拉獲釋之後不久，我去南非——我想我是第一個到那裡的巴勒斯坦人——我見到曼德拉和席蘇魯（Walter Sisulu）。[3] 我問他們說：「你們是怎

3 譯註：席蘇魯（1912-2003）的父親為白人公僕，母親為黑人女傭，但其父從未承

麼辦到的？你們以前是恐怖分子、流亡分子、囚犯。」而他們說：「第一，我們從來沒有放棄我們的原則。我們從來沒有改變我們奮鬥的目標。第二，我們集中於國際的層面，因為我們在國際上成功地使種族隔離政策顯得不合法，使得在國內的人有繼續奮鬥的希望。」相對的，我們現在除了是國際上的笑柄之外，其他什麼都不是。當大多數的巴勒斯坦人看到阿拉法特在以色列軍事當局的指使下做事，卻昂首闊步，假裝他是什麼領導人物似的，他們有何感受？你需要一種意識上的質變，從只是試著存在於那裡，到試著要解放、前進、勝利。我認為那是我們這一代失敗的地方。

【訪】如果你比較巴勒斯坦的經驗和南非的經驗，南非的非洲民族議會開始時的計畫是投注於建立一個統一的、非種族的、民主的國家，而在它奮鬥的過程中，只要不損害到那個終極的目標，就準備做任何的妥協和讓步。……

【薩】換句話說，他們在戰略上很堅定，在戰術上很靈活，而我們卻適得其反。

【訪】在那個基礎上，批評的人可以說，你是最早提出根據兩國制的解決方式來和以色列達成協議，這種方式會把百分之七十七
407 的巴勒斯坦永久割讓給以色列，也排除了一個統一的、世俗的國家這種可能性。你現在反對的解決方式，會不會在他們看來其實是你

認他。矢志反對種族隔離政策的他，於1940年加入非洲民族議會，1941年遇見曼德拉，介紹曼德拉為約翰尼斯堡的律師工作，兩人成為終生友人，積極致力於為南非黑人爭取民權之運動。1964年，席蘇魯與曼德拉等八人被判終生監禁，但在獄中堅持並發揚理念。南非白人政府在國內、外多年的重大壓力之下，終於在1991年釋放大批政治犯，他們是其中最受矚目的兩位，在同年7月7日非洲民族議會的全國代表大會中，曼德拉和席蘇魯雙雙獲選為議長和副議長，並在後來取得政權之後繼續並肩為南非的平等與安定而努力。

以往支持的事情的合理結果，而顯得你自相矛盾？

【薩】我剛剛把自己的政治文章蒐集成冊，我認為紀錄很清楚。[4] 我一向都很一致。首先，我從來沒有說過只是接受百分之幾的土地；我談的是為它奮鬥。

其次，我一向都相信雙方不能選擇兵戎相見。因此基本上，基於各種結構的、國際的、意識形態的、文化的原因，那是一種停滯狀態，而你能往前進的唯一方式，就是在雙方之間協商出一個政治的協議。但我一向明確指出，那必須是雙方在權利上根據平等的訴求所達成的協議，因此如果我們在1948年失去了土地，那並不表示我們喪失了訴求許多想要回去的巴勒斯坦人他們遣返的權利。我們現在依然不知道自從1948年以來有多少巴勒斯坦人想要回去。我們從沒花工夫去調查，而且我們沒做的事還多著呢。因此，當然要有賠償。我從來不相信要放棄賠償。以色列人必須為我們所喪失的一切付出代價。

第三，兩國公民具有平等的權利，彼此之間可以自由往返邊境，除此之外我還想不到其他的主意。我支持的是一個巴勒斯坦主權國家和一個以色列主權國家，這兩個主權國家之間必須能互動，而且到頭來可能會造成像是瑞士聯邦的各州的那種情況。這就某個意義來說，是平等觀念的一部分，不妨說是共享主權（shared sovereignty）的觀點。因此，我其實並沒有改變看法。我依然相信一個

---

[4] 譯註：這裡指的是1995年出版的《和平及其不滿：中東和平進程中的巴勒斯坦》（*Peace and Its Discontents: Essays on Palestine in the Middle East Peace Process*），全書收錄作者於1993年9月至1995年5月的政論文章，檢討自1993年在白宮草坪巴勒斯坦解放組織與以色列政府和談的歷史性時刻以來兩年間的發展，並自稱為「目擊者報導」（eyewitness reports）。

統一的國家這個觀念，但你不能把那個觀念強加在對手身上，這涉及早先巴解組織的觀念——告訴他們這是他們必須有的東西。我相信民主的選擇，那意味著如果以色列人要他們自己那種在我看來是畸形的民族主義的話，而且擁有在未來會對他們造成嚴重問題的宗教的話——目前以色列的宗教和世俗勢力之間就存在著一種一觸即發的內戰狀況——但如果那是他們所要的，就悉聽尊便。但我們也該有權為自己做選擇。

408 土地的問題是現實、協商、要求的問題，可以用回溯的方式來解決。如果我失去了我在托比亞（Talbiyya）的家產，我就該獲准有權把它要回來，至少有權要求賠償我的損失。奇怪的是，我出生的那棟房子，我家的房子，現在是國際基督徒大使館，是以色列國給他們的。以色列國到底有什麼權利以那種方式來處置巴勒斯坦人的財產？我們現有的這個領導階層從來沒有提出那個議題。因此，我認為自己並沒有改變。我認為改變的是他們。但我從來不會改變。

訪問者：拉巴尼（Mouin Rabbani）

1995年刊登於華盛頓《巴勒斯坦研究期刊》（*The Journal of Palestine Studies*）

第二十五篇

踽踽獨行

【訪】薩依德教授，你在知識和學術領域上對［印度］這個國家和全世界的貢獻實在驚人，值得大書特書，因為它們對於形塑我們這個時代的一些文化辯論產生重大的影響。但我們感覺，你對巴勒斯坦理念的參與和投注是最重要的。在很多方面，你都可以被稱為是個行動分子（activist）。你對這一點有什麼回應？

【薩】是的，當然。我喜歡那樣看待自己。我上星期剛從巴勒斯坦回來，那邊的情況很悲慘⋯⋯

【訪】我們對這方面沒有太多的內幕消息。比方說，我讀到洛伊（Sara Roy）有關加薩走廊的作品，報章雜誌上也有一些文章，但不足以真正了解⋯⋯

【薩】媒體幾乎是完全封鎖，因為一旦在白宮草坪有事情發生，兩個人以和平進程的名義握手，就沒有人會去注意細節。這一切對巴勒斯坦人都是很悲慘的。以色列人拿到了很棒的交易。

【訪】你已經和領導階層以及阿拉法特疏遠？

【薩】嗯，完全疏遠。我這個人直言無諱，有人會說我這個對手太直言無諱了。我在那邊的時候，找不到任何人為他辯護。我甚至和他的一位部長有個長時間的會面，這位是我從貝魯特那段時日
410 就認識的阿拉法特很親近的顧問，他簡直就是在痛斥阿拉法特。他說這個人腐敗，即使撇開這點，這個人也是反覆無常，他想要控制一切，他獨裁。

【訪】從一開始就如此……

【薩】嗯，正是。像我這樣為了巴勒斯坦民族權益而奮鬥了三十年的人，發現我曾經在這個國家支持過、辯護過的人卻背叛了每個人，真是情何以堪。順帶一提的是，在美國以往都視我為阿拉法特的人，因為我和他很接近，而我是出於奉獻，因為他是一個人民運動的領袖等等。而現在他是個執法者，有如以色列人在西岸的左右手。這不但令人震驚，而且是完全的戲劇化。我在那裡的第一天……我的兒子現在住在那裡。我開車到拉馬拉的巴勒斯坦軍事總部，那裡有個示威活動，因此我們停住、下車，那裡有學生在示威反對巴勒斯坦當局，反對他們當天挑出五十名學生加以逮捕。這和他們從前對付以色列人的情況完全一樣，只不過現在是巴勒斯坦人在做，而不是以色列人。

【訪】現在的出路是什麼？

【薩】我對我的信念絕不妥協，而我相信有兩件事必須達成。第一件事就是，我們必須擺脫現在的領導階層。阿拉法特是無可救藥的。他是個精明的策略家，但他不能建國，也沒有願景，只是執著於權力的枝微末節，尤其是，他現在被奧斯陸協定的重擔所牽絆。我們沒有領土的主權，沒有領土的連續。我們從一座城鎮到另

一座城鎮，必須經過以色列人設下的路障。他要從加薩到距離大概六十五公里之外的西岸，就得先獲得以色列人的許可。第二件事就是，我們需要一個新的和平運動，能夠基於平等的基礎繼續和以色列人談判。這是個漫長的鬥爭，因為我們勢力薄弱。我們不像以色列人那樣得到美國的協助，而美國是第一世界的國家。如果你從現在已是以色列一部分的耶路撒冷開車到西岸的首府拉馬拉，就像開車經過南加州，經過一道軍事關卡之後，馬上就到了孟加拉。馬路寬度縮減了一半，到處都是坑坑洞洞，沒有任何一組養護人員。房 411
子都是破破爛爛，人民窮困潦倒，失業率高達百分之七十。以色列人控制了經濟、治安、邊界，他們控制了一切。在這種情況下，民族如何能獨立？這些都必須驅除。

【訪】社會發展呢？

【薩】你想得到的每一種社會發展都被禁止。阿拉法特是個很糟的角色示範。我注意到一件事——這只是個印象——所有現在開始的非政府組織……有些很值得稱道，職業訓練、資訊服務、教育投資、課程發展等等，這些大都是單人秀。一個沒有經過選舉的人在那裡待了二十年。你了解我說的是什麼吧？第三世界許多地方都是同樣的情況。印度顯然已經超越了這個階段，不幸的是，我們還沒有。除非我們能立下新的模式來進行合作或共同生活，學著不在背後偷襲人，學習構成公民生活的所有那些枝微細節。如果我們不那麼做，就只會維持現狀。我們現在是第四世界國家，未開發的情況簡直令人難以置信。

【訪】會比像孟加拉或尼泊爾更糟嗎？

【薩】毫無疑問。因為別忘了，那些國家是由於自然的原因而貧窮；有些是由於政治的原因。但我們的情況，以加薩走廊為例，就像洛伊指出的，那是以色列人有意反發展。他們摧毀了經濟，西岸的情況也是一樣。以色列的軍事佔領已經二十九個年頭了……這是二十世紀中第二長久的軍事佔領，代表他們把人驅逐出去，破壞組織，關閉學校，關閉大學。我們有一整代的人沒受教育。所以這一切都是很沉重的負擔。現在是有中產階級，他們的經濟情況不錯，曉得怎麼照顧自己，但我談的是廣大的群眾……

【訪】在這些之中，你這部分的工作有多重要？

【薩】很重要。我的意思是說，那並不是主要的事，但那是我所從事的主要事情之一。因為我認為我們正處於我們歷史上很關鍵
412 的時刻。我認為，過去我把自己視為戰士，你知道，我們試著要動員人民，而我盡我所能地在做，也就是發言和寫作。當然，我流亡在外，是流亡社群的一部分。自從1948年以來，超過百分之五十的巴勒斯坦人住在巴勒斯坦之外。在奧斯陸協定之後，我覺得自己的責任就是寫一本有關這個協定的書。我現在的責任就是說出真相。針對現在發生的事情提供一個紀錄，這是很重要的，因此我發表了一系列原先為阿拉伯報紙所寫的文章，來記錄對我們民族的整個背叛和罪行。

【訪】是《和平及其不滿》這本書嗎？

【薩】是的，就是那本書，但我現在覺得自己應該介入得更深。我已經病了一陣子了，每隔一段時間就得接受化學治療，但現在情況還不錯，你知道。雖然這是相當嚴重的疾病，但我還能應付……

【訪】我發覺這很不尋常，很勇敢……

【薩】不，這是絕對必要的，否則就是變成殘廢，只能坐在那邊悶悶不樂、自憐自艾。我真的必須和它奮戰。我的兒子現在去了那邊，這也給我很大的鼓勵。我的意思是說，這是個紐約市的小

孩，他自修阿拉伯文——這不是他的母語，雖然我和太太說阿拉伯文，但我兒子是像美國人那樣長大的。而現在他把阿拉伯文譯成英文，把英文譯成阿拉伯文，而且是以自費的方式在那邊當義工，每個月花費不到一百美元，因為他覺得這麼做是很重要的。我沒有強迫他，那完全出於他自己的奉獻之心，這件事鼓勵著我，這個新世代……

【訪】你自己的童年中有沒有某件事，也許是流亡這個事實，把你推入政治活動？

【薩】沒有，因為我的家族是完全不涉入政治的。我家沒有這樣的歷史，但我有一些散落各地的親戚，家族中有些人介入政治，但我父母親沒有。我認為是生活在美國的經驗讓人很容易就激進了，因為一個人很清楚……我是五〇年代早期來這裡的。

【訪】儘管面對你的學術工作和壓力，以及你最近的疾病，你
仍極不尋常地積極奉獻。有多少知識分子做這種事情，你認為知識 413
分子應該扮演這種角色嗎？

【薩】我認為應該，正是如此。完全坦白跟你說，我對這點感到很悲哀。就巴勒斯坦的例子來說，不幸的是，很少人這麼做，這是我無法理解、百思不解的事。之所以造成今天這種情況，是在它發生之前我們的知識分子就先投降了，而這個特定的「和平進程」對我來說代表的是投降和屈服。當然，在每場戰役中都會有贏家和輸家，而他們勢力雄厚、財源豐沛等等。不過放棄並去乞憐於征服者是一回事，承認這次失利並把這稱為是一場戰役，但我們必須進行下一步，則是另一回事，兩者之間是有差別的。我剛剛和一個很有才智、很有本領的巴勒斯坦裔美國人談過，他主持一個智庫，卻一直說沒有別的路可走。人們現在比以前更相信我們，但他卻一直

說無路可走。那就是失敗的一部分，人們這麼說，但當然有其他的辦法。

【訪】那麼在西方世界，比方說在美國，知識分子和學院人士的角色如何？

【薩】你有沒有看過我談論知識分子那本書？那是我在1993年於英國國家廣播公司所發表的李思系列演講（Reith Lectures），書名叫《知識分子論》（*Representations of the Intellectual*）。這個嘛，基本上，所發生的情況就是他們已經陷入專業主義和專長之中，也就是陷入很狹隘的焦點。你是知道的，其實所謂的政策知識分子（policy intellectuals）關切經濟、社會議題、女性議題，他們很願意和當時的權勢一塊工作。而把知識分子視為代表著無權無勢、沒有財產的人，這種觀念並不存在。

【訪】為什麼不存在呢？

【薩】很難知道為什麼。當然有一些歷史上的原因，還有學術界與世界的距離，學術人士不該介入的這種觀念，體面的觀念。我在不同時期遭到騷擾，付出了很大的代價。我住家有個小按鈕，大約十年前安裝的，只要我一按，就會通到警察局，他們馬上會趕
414 來。我的研究室遭人縱火、闖入，而在平面媒體上，人們給我取了各種不同的名號。有份很受敬重的雜誌上刊登了一篇文章稱我為「恐怖教授」（"the professor of terror"）。因此，你真的必須忍受許多事情，而很多人並不願意承受這些；但是當有獎賞和榮譽學位時，他們就會想要。

【訪】在你看來各地都是這種趨勢嗎？

【薩】在第三世界的一些地方，情況很可恥。以巴勒斯坦或其他阿拉伯國家為例。知識分子已經和自己的人民失去了接觸，他們

已經美國化了，他們為政權服務。我們也必須承認，他們生活在很艱困的處境，因為我們談論的是阿拉伯世界那種一致的獨裁和暴政。當一個人可能遭到消音、下獄、甚或殺害時，就很難要他挺身而出。但有些人依然這麼做。我有一位好友是約旦的知識分子，他在一次演講中批評胡笙國王參加［以色列前總理］拉賓的葬禮，說是存在著一種胡笙和猶太復國主義的聯盟，他們就為了那把他下獄。他入獄至今已經五個月了，而且沒有人控訴，就只是為了言論。其實，他是因為歐洲古代政權所謂的「犯上」（*lèse-majesté*）的行為而受審判。阿拉伯文中有一句話：「他的舌頭太長了，而且伸向國王」，這種犯行理應受刑。因為一場演講而下獄三年。但他還是這麼做了，即使可能處境艱苦，但有些人依然挺身而出。

【訪】很多人和這種性質的議題、和違反基本人權的議題保持距離，在像印度和美國這種民主政治的國家似乎更令人震驚。在這些國家人們可以抗議，就那個意義來說，你認為知識分子，甚至文學、文化、藝術多少疏離於社會的一些很基本的關懷嗎？

【薩】一點不錯。我的意思是說，它們變成了裝飾。藝術與政治無關，這是二十世紀晚期的主流教條。你是知道的，也就是藝術和文化是超越政治的這種觀念。它們具有某種使人高貴的、救贖的性質，而且它們不能因為涉及一些完全不真實的情況而玷污。在歷史上，你在西方傳統中找不到一個偉大的藝術不涉及政治的例子。

【訪】在《文化與帝國主義》這本書中，你談到了需要以那種方式來閱讀十九世紀的偉大長篇小說，但這會不會剝奪了把這些只 415
當成長篇小說和藝術來閱讀的那種樂趣呢？

【薩】不，完全不會。長篇小說是關於世界的。比方說，我在那本書中所談論的奧斯汀的長篇小說，都是有關男人和女人的世界，有關歷史的世界，吃喝和成長的世界，死亡和結婚的世界。而這些必然涉及權力、正義、貧富的問題等等。

【訪】知識分子和學院人士是不是也有責任向更廣泛的大眾來破解或詮釋藝術和文學？

【薩】這個嘛，我想並不是每個人都能從事這種工作，但當然身為老師，那是我會去做的事，而我最感興趣的，就是在我的學生中培養出批判的態度，能以自覺的方式來閱讀，既懷疑也探詢。

【訪】現在生產的那種文學呢？似乎通俗文學和更文學的那種寫作、嚴肅的長篇小說之間有一道鴻溝。它們之中哪一種更能反映國家的文化？

【薩】美國的大眾文化很有意思，這些長篇小說中有一些的確反映了消費者的品味，但也反映了基本上對公眾欠缺關注，你是知道的，那些所謂的機場長篇小說，像是葛里斯漢（John Grisham）和克蘭西（Tom Clancy）等作家。他們表現的是大眾的焦慮、執念、興趣，不管是性或政治暴力，或冷戰時代。除此之外，還有我們所稱的具有品質的文學（quality literature），像是厄普戴克（John Updike）和羅斯（Philip Roth）這些人所寫的長篇小說，這些作家既受歡迎也具有文學性，大體上反映了這個國家所處的時刻。他們多少與第一類作家有接觸，但顯然品質比較好，更自覺，也更留意於寫作。至於第三類的文學，你可以稱之為期盼成為經典之作的文學，而第三類作品有趣之處在於它具有國際性，包括的不只是像品瓊（Thomas Pynchon）這樣的美國作家，還有歐洲和第三世界的作家，像是魯西迪（Salman Rushdie）和馬奎茲（Gabriel García Márquez）。

【訪】這種寫作在人們和文化之間搭起橋樑嗎？

【薩】是的，因為它有國際的讀者群。

【訪】就那個意義來說，它們是不是有一種訊息，一種共通的 416
理解的語言，而它們足以成為促成社會變遷的因素嗎？

【薩】哦，的確如此。相較於其他兩類，這些長篇小說更能作為促成社會、知識、文化變遷的因素，因為它們引進了嶄新的世界。舉例來說，一位英文讀者閱讀魯西迪，真的是閱讀一個全新的東西。我的意思是說，它和吉卜齡（Rudyard Kipling）、佛斯特（E. M. Forster）的世界有關係，但加以轉型，成為後殖民的，具有自己的魔力、自己的傑出之處。而且它也為英文引進了一種特殊的混雜經驗。

【訪】在把這類文學散播給更廣泛的大眾時，大眾傳播是不是扮演了某種角色？

【薩】大眾傳播的確是有角色，卻不去扮演。其實我只知道美國，這裡的大眾傳播品質很低劣，在我看來所傳遞的只是謊言、刻板印象、宣傳。對我來說，看電視，甚至像看《紐約時報》這樣的報紙，想要不去更正它的內容幾乎是不可能的，因為裡頭有太多的欺騙，在我看來充滿了錯誤的角度，而它們的脈絡也經常是錯誤的。

【訪】但你並不疏離它們？

【薩】並不完全疏離，但它們提供給人的機會卻很有限。它們不願意聽我的說法，它們要聽的是那些多多少少會支持國家政策的人的說法，這些人說的是它們所期盼的事。但我覺得我的職責，就相當程度而言，是把握住每個可能的時刻介入。

【訪】在《文化與帝國主義》中，你談論到逐漸產生對帝國的反抗；而在當今美國的新殖民主義和經濟宰制的情境中，你有沒有看到對它的任何反抗？

【薩】當然。不幸的是，那不符合我的品味，那不是世俗的反抗。你看一些伊斯蘭的運動，西岸的哈瑪斯，伊斯蘭的聖戰等等，這些都是暴力的、原始的反抗形式。你知道，這是霍布斯邦（Eric Hobsbawm）[1] 所稱的資本主義之前的情況，試著回到共產的形式。用愈來愈簡單的化約的觀念來約束個人的行為。我完全不支持這些，為了暴力而暴力是絕對要受到譴責的，但它們本質上是抗議的
417 運動。在大多數的情況下，它們出自兩種主要的因素：一個就是當地政權腐敗、無能，無法符合當地人的需要；另一個就是像伊朗的情況那樣，反抗美國的霸權和宰制——美國這個世界上唯一的強權毫不隱瞞為了自身的經濟獲益、戰略利益和純然的霸權驅策，把自己的意願強加在別人身上。現在很難看到這種事情發生，尤其是美國運用像是埃及、以色列或沙烏地阿拉伯那些區域勢力的方式，而這些區域勢力經常是聯合起來對抗自己的人民。［美國國務卿］克里斯多福（Warren Christopher）每天都在談恐怖主義，但主要的議題不是恐怖主義，而是人民要吃飯。

【訪】我還想問一個問題。你經常討論在後殖民世界中，民族認同的復甦（the resurgence of national identities）這個觀念。在某些情況中，這已經變成了更狹隘的認同，像是社群認同、宗教認同的復甦，比方說印度的「印度教徒主義」（Hindutva）[2] 的復甦。你

---

1 譯註：霍布斯邦是英國左派歷史學家，著有《革命的年代》（*The Age of Revolution: 1789-1848*）、《資本的年代》（*The Age of Capital: 1848-1875*）、《帝國的年代》（*The Age of Empire: 1875-1914*）與《極端的年代》（*Age of Extremes: The Short Twentieth Century, 1914-1991*）等。

2 譯註：「印度教徒主義」或譯為「興都精神」，字面上的意思是「印度性」（Hin-

如何看待這件事？

【薩】我一貫反對這種情形。我剛到過希臘，那裡也有人提出關於希臘和土耳其、馬其頓、前南斯拉夫、塞爾維亞人、克羅埃西亞人等等之間的衝突。那些在我看來全都是帝國主義遺留下來的。狹隘的、分離的認同這種觀念其實並沒有歷史的根據，而我們屬於寬廣得多的認同，這種認同更具療傷止痛的效果，也能以更寬容大度的方式來定義。印度教徒對抗穆斯林，類似這樣的觀念可以追溯到早先分治的時日以及英國在印度的政策。我並不是說，曾經有一段美好的時光，每個人都很快樂；我所談論的是已經發生的惡化情況，人們害怕改變，而牢牢抓住自己認為最接近、最可貴的東西，這是人之常情。再說，人們很難接受這種觀念，也就是說，認同不只是一件事，而是好幾件事；因此他們寧願牢牢抓住一件事，來打擊另一件事。這些例證可以追溯到希臘人和野蠻人。你是知道的，你是希臘人，是因為你不是野蠻人，而身為野蠻人意味著一個人不會講希臘話。換句話說，那是一種敵對的民族認同，而它扮演著很負面的角色。那是很有限制的。第三點，我認為在談論提升認同時經常忽略掉的最重要的因素就是教育。大多數的教育傳統都是狹隘 418
的民族主義式的，像是你來自一個偉大的傳統、開國元勳等等；但也指出其他的傳統是低劣的。那種方式繼續下去，是很糟糕的事，

duness），原指根據印度文化與精神傳統的心境或生活方式。1920年，印度民族主義者撒瓦卡（V. D. Savarkar）以此為著作之名，強調民族主義意識形態，提倡排外思想，成為印度右翼宗教政黨（印度人民黨［Bharatiya Janata Party］）的中心信念，結合國家認同與印度教，作為政治訴求，採取許多激烈手段，其中最有名的就是拆毀阿踰陀（Ayodhya）的巴布里（Babri Masjid）清真寺，以重建新的印度廟，致使印度教徒與伊斯蘭教徒關係緊繃，暴力事件層出不窮。

我們必須急切地改變那種情況，來強調一個更恢宏、更廣泛、更寬容大度的人類願景。

訪問者：拉克什曼（Nirmala Lakshman）
1996年印度臣奈（Chennai）《印度雜誌》（*The Hindu Magazine*）

第二十六篇

回歸我們自己

【羅絲（Jacqueline Rose，以下簡稱「訪」）】[1] 我希望這個討論 419
能提供機會讓你回應你偶爾很戲劇性地引發的一些批評，甚至一些錯誤的詮釋。我個人對這有些興趣。我在這裡的身分是猶太女子和長期投入心理分析思維的女性主義者，坦白說，這些形容詞都不適用於你。因此，我也希望我們能有機會展現以往夢想不到的對話形式的可能性，這種對話經常似乎橫越了歷史差異所造成的無法跨越的障礙……

[1] 譯註：本訪談一反本書單人訪問的例子，在開頭特地標出訪問者的名字（但內文未附），而且從內文可以看出還有其他的英國現場聽眾。羅絲是猶太裔女性主義／心理分析學者，專業著作甚多，學術地位崇高，對猶太復國主義也有很深刻的反省。她與薩依德的淵源，由本訪談可見一斑。薩依德生前出版的最後一部專著《佛洛伊德與非歐裔》（*Freud and the Non-European*, 2003；台北：行人，2004，易鵬譯），就是由薩依德在倫敦佛洛伊德博物館所發表的演說、羅絲的回應和主持人波拉思（Christopher Bollas）為演說者與回應者所作的緒論組成。

你在作品中一直談論寫作，在某個地方說道：「對於不再有故鄉的人，寫作成為生活的地方。」你也說：「知識分子的主要希望」——這句話聽來有些令人吃驚——「並不是要在這個世界上產生影響，而是某時、某地、某人會精確地記得他寫過的東西。」

【薩】你所引那段有關知識分子的希望，希望有人會讀他們的文字，那是我從阿多諾借來的，當時我覺得巴勒斯坦人的情況非常惡劣，被排除在歷史的進程之外，那不是我願意安身其中的命運。我寫作時正是奧斯陸協定簽署的時刻，當時舉世頌揚，電視上大家都在談這起驚天動地的事件，而我的感覺正好相反。我認為那是很糟糕的時刻。從那時開始，我覺得不要讓事情就此過去是很重要的。我一向都懷疑解構批評：人們說，這件事嘛，全看你怎麼來看。我
420 相信事實，但事實經常被扭曲、排斥、掩飾、隱藏或遺忘……

【訪】我對你最強烈的印象之一的確就是在奧斯陸之後，當時你在倫敦大學亞非研究學院演講，你站在房間裡，憑空描繪出要貫穿所謂即將解放的、新獨立地區領域的那些道路。你一下子就向我展示了在巴勒斯坦人身上所發生的事在經濟上是不可行的——那個印象從此深植我心。那也和一位發言人的生命吻合，就像你所說的，發言人的責任是要「結合道德意志和掌握證據」或者「向權勢說真話」。另一方面，在你許多的作品中，特別是討論文學和音樂的作品，都展現了你對現代主義的熱情，而根據你自己的說法，現代主義對真理、肯定等觀念抱持著懷疑的態度。能不能談談你如何調整或看待啟蒙運動和你所從事的現代主義的成分之間的關聯？

【薩】在很多方面，它們的確就像妳所主張的很不一樣。如果你寫文章討論現代主義以及它的懷疑，尤其是反諷，那你所談的的確迥異於特定的政治演員所做的事，或者政治決定、政治進程所牽

扯的事。但我認為它們之間的關聯在於某種探索和暫時的感覺……

我一直很懷疑許多在我看來終究是彼此關聯的事。官員，我認為官員總是在說謊。史東（I. F. Stone）這位幾年前過世的美國偉大新聞從業人員，在他晚年我和他很熟，他那時在家裡出版一份小雜誌，那份雜誌在華盛頓深具影響力，我想是從艾森豪的年代開始的，但也歷經了甘迺迪和詹森的年代，尤其是在越戰前後。他是一位傑出的記者，毫無忌諱，他說新聞從業人員奉行的規則就是假定每份政府報告都是說謊。的確，大多數的新聞從業人員都只是重複政府的報告，這是二十世紀新聞從業人員的怠惰。你應該總是假定官員代表著一種立場，行政官員、有權勢凌駕他人的這些人，都是要確保自己的地位和權威毫髮無傷。因此，知識分子的角色，至少 421
在我看來，就是一直挑戰他們，去指名道姓，引證事實。

寫文章討論現代主義是完全不同的一回事，因為首先它私密得多。這是一種反省和沉思的模式，也不確定得多。而且，即使在寫文章討論現代主義或音樂的時候，我都把自己想成是歷史家，試著把藝術品放在更大的角度，把它連接上平常並不相關的事物。比方說，以歌劇為例，在其中看到當時的某種政治是很有意思的事，因為歌劇是為了過去特定的場合而寫的，而大多數人把歌劇想成是古典作品——穿著燕尾服上歌劇院這類的事。但其實歌劇在許多方面是具有戰鬥性的，有著特定的目標和其他的目的。文學作品有時也是這樣，這可能意味著不只把文學作品連接上文化和政治的情境，也連接上作家生平的隱私。

【訪】我來挑起有關隱私這一點。你目前正在寫自傳。我想在座的每個人都很想聽你談點有關你自傳的事，如果你願意的話。

【薩】我一直抗拒使用「自傳」這個字眼。我把它稱作回憶錄，是因為我不想嘗試說明公眾的一面。[2] 我覺得我想要了解一個特有的過去中的某些東西。我家人當然是巴勒斯坦人，但我們似乎生活在兩、三個不同的世界。我們住過埃及。我母親有一部分黎巴嫩的血統，因此我們住過黎巴嫩。這都是在殖民時期。我們有一個極為奇特的——多少是因為我父親創造出來的——很奇特的、建構出來的生活。我上的全都是殖民學校，因此我知道，或者說當時我對圈地法案（the Enclosure Act）知道得很多。我走下飛機時，心裡就想到圈地法案。我看到這些平原時，就想起在學校時有一道題目我拿到很高的分數：「某某年的圈地法案（我忘了是哪年）是個必要之罪，試申論之。」當時我住在埃及，但如果有人問我埃及的灌溉系統，我一無所知。而因為我父親在美國住過一段時間，並且在第一次世界大戰中服役，我們——我和幾個妹妹——都繼承了美國公民資格。因此，我這個巴勒斯坦人，生活在埃及，在我出入的圈子裡頂著一個很奇怪的名字——「艾德華」基本上不是阿拉伯名
422 字。我認為回憶錄的主線很可能就是要追溯我年少時這種監禁或限制的生活所產生的影響，也許是因為家人覺得必須保護我……

【訪】住在紐約並且成為巴勒斯坦人在西方的主要發言人，感覺如何？就你對自己的安頓以及你的歸屬而言，那有什麼作用？

【薩】從死亡恐嚇到更普遍的事，像是辱罵，什麼都有。大約十年前，我在哥倫比亞大學的研究室遭人縱火。警察和聯邦調查局

2 譯註：這裡所指的就是一、兩年後出版的《鄉關何處：薩依德回憶錄》（*Out of Place: A Memoir*［New York: Alfred A. Knopf, 1999］），中文版由彭淮棟翻譯（台北：立緒，2000）。有關此書的導讀，詳見筆者〈流亡・回憶・再現——薩依德書寫薩依德〉（文收該書頁9-30）。原書各章並無章名，第一章討論其姓名「艾德華・薩依德」（Edward Said），中文章名為〈阿拉伯姓・英國名：格格不入之始〉。

——有位聯邦調查局幹員奉派保護我——告訴我，他們在我住家大樓的地下室發現猶太捍衛聯盟（the Jewish Defense League）的一群人，這件事是他們幹的，而且他們揚言還要再幹。在紐約尤其也能感受到大量的仇恨和憤怒。比方說，我記得有一天晚上，想必是二十或二十五年前，那時我已經升上教授了，有個為離職同事舉行的派對。每個人都喝得醉醺醺的。有位同事的太太是猶太人，她走到我面前對我說——我永遠忘不了這件事——在正常情況下她當然是不會這麼說的，因為我在街道上遇過她，但在酒精的催化下，她似乎有些鬆懈：「年輕人！」——她只比我大十歲的光景——「年輕人，我要跟你談談你的一些觀念……你為什麼要殺猶太人？」有一篇有關我的文章還取名為〈恐怖教授〉（“The Professor of Terror”）。我想他們現在已經厭倦了那種事，因為我多少都撐過來了。

最奇特的就是有一些人，其實大都是猶太人，想要到我家或與我一道進餐，看看我是如何「生活」的。這的的確確就發生在我身上，也許有五、六次之多。有位住在波士頓的很著名的猶太女心理學家——我們在1980年代參加過幾次有關解決衝突的研討會——她來到紐約，從下曼哈頓的紐約大學打電話給我說：「我能來拜訪你嗎？」我有些感到意外，就說：「可以，當然可以。」她就前來我家，步入公寓，走進擺了一架大鋼琴的客廳，她說：「哦，你彈鋼琴」，周圍又看了一下，問我要看我的書房，我說：「妳幹麼不坐下來？我的意思是說，從下曼哈頓搭地鐵到這裡可是很長的一段路」，她說：「不，不，我得走了……我只是上來看看你是怎麼生
活的。」另外有一位在一家知名出版社工作的人，拒絕和我簽合約 423
有幾星期、甚或幾個月之久，一直到我去波士頓和他一塊進餐，讓他能觀察我和我的餐桌禮儀為止。

【訪】讓我用自己的一則軼事來回應這種情形好嗎？

【薩】當然。

【訪】大約三年前我到耶魯大學演講，第二天有位傑出的文學批評家在吃中飯時問我身上有沒有任何「猶太血統」，我心想這個問題可真奇怪，但還是回答說，據我所知，我身上只有「猶太血液」，但她為什麼這麼問呢？她回答說：「因為我們原先認為妳是猶太人，但後來知道妳不可能是猶太人，因為妳在演講中引用了薩依德。」

【薩】還有一個故事，非常一針見血的故事。大約十年前，我到亞特蘭大的艾莫里大學（Emory University）發表一系列演講、舉行研討會。在最後一場研討會，正當我要步入會場時，有個年輕人攔住我，並且自我介紹說是英文研究所的研究生，他正要參加研討會，很願意在結束後開車送我到機場。我說：「喔，你真好心，但不用麻煩了，因為某某教授要開車送我。」他說：「不、不，請聽我說，開車送你到機場對我意義非常重大；這關乎我個人的某種特權。」我問為什麼，他解釋說，他曾經是哥倫比亞大學英文系的學生，但從來沒修過我的任何課，他說：「我上紐約的一所猶太學校，那裡的猶太教士說你是魔鬼，我們絕不和你打交道，因此我就沒修你的課。但我覺得那種事實在很愚蠢、卑劣，所以如果我能開車送你到機場，多少能補償一些。」

【訪】我現在要稍微扮演一下魔鬼代言人的角色，要問有關猶太特質（Jewishness）和猶太教的問題，因為這顯然與你的作品形影不離。這裡有很多反諷：你近來批評巴勒斯坦當局，卻為你贏得了「猶太復國主義敵人的朋友」（“Friend of the Zionist enemy”）這個封號；你們家在1948年被迫離開所住的房屋，結果搬進去住的

卻是［猶太裔宗教哲學家］布柏（Martin Buber）。你在《東方主義》
這本書結尾說道：「由於一種幾乎無法逃避的邏輯，我發現自己寫
出的歷史，是一段分享著西方反閃族思想的陌生而又隱密的歷
史。」我很希望你能談談在你作品中的猶太特質和猶太教或者反閃
族思想如何出現。有些時候這讓我覺得不舒服……能不能就談談 424
「閃族思想」對你有何意義，以及你如何區別或不區別閃族思想和
個別的猶太思想家、學者、朋友等等？

【薩】我們看到的那些歸類其實來自十六世紀末的歐洲文學——像是「閃族」的觀念當然主要指的是猶太人，但到了十九世紀則是指在閃族的東方的每個人——這些在我看來都是極其陌生的建構，因為我成長於一個混雜的環境。我上的巴勒斯坦和埃及的學校裡到處都有阿拉伯人，那是理所當然的，還有基督徒和穆斯林、希臘人、義大利人、亞美尼亞人、猶太人——既有所謂的東方猶太人，偶爾也有少數的歐洲猶太人。我看到這種建構在反閃族主義的文學中出現，發現那和「東方」的觀念有著有趣的並行現象，因為在這兩個例子中，歐洲人試著談論的都是異族。［十九世紀英國政治家］迪斯雷利（Benjamin Disraeli）問了一句很棒的話：「阿拉伯人，那是什麼？」並且自問自答：「他們只不過是騎馬的猶太人。」因此，在這種分野之下其實也是某種的融合。

在我這一生中，在班上、社會上等等遇到個別的猶太人時，總有某種親切感。因為就某個意義來說，我們就像現在這樣被丟到一塊，雖然有時不是那麼愉快，但有時卻又很愉快。那是很複雜的事，因為很少人會像我這樣說：我們今天身為巴勒斯坦人，我們的歷史和猶太人的歷史糾纏不清，以致在和平進程中有關分離的整個觀念——要有個分離的巴勒斯坦實體和分離的猶太實體——是注定

要失敗的，不可能成功。

記得在1988年，我參加一個由猶太雜誌《梯坤》（*Tikkun*）贊助籌辦的論壇，猶太哲學家華哲（Michael Walzer）也參加了這個論壇，他在美國很有名，是我的強勁對手。他理應是左派的人，卻是個極為死忠的猶太復國主義者。籌辦那個論壇的原因是巴勒斯坦民族議會（當時我是民族議會的一員）剛承認了以色列，並且首度明確談到兩個國家的必要，而這件事被視為一個新的開始。我一直堅持說那個理念不簡單。在論壇進行中，華哲對我說：「好吧，聽
425 著，你們已經承認以色列了。你們顯然有了、或者說可以有自己的國家，那就不要一直談過去，讓我們談未來。」經常有人這樣批評我；說我總是談過去，我總是太著重對巴勒斯坦人的不公不義這類的事。在場的聽眾我認為大約百分之九十九是猶太人。他說這話時我張大嘴巴，但什麼話也沒說，因為一位女性聽者——這件事我有生之年都不會忘記——她站起來開始猛烈抨擊華哲。她說：「你怎麼敢對一個巴勒斯坦人這麼說？你怎麼敢對任何人說這種話？因為我們要世人、要全世界記得我們的過去。而你現在卻要一個巴勒斯坦人忘記過去？你怎麼敢那麼說？」那是很特殊的一件事。在那之後，華哲一個字也沒再說。

最後，當然這裡存在著——我這麼說時其實覺得很悲哀，這可能是我最無法接受的事——阿拉伯人和猶太人之間存在著的對立，是我這一代無法克服的。

【訪】阿拉伯人和猶太人，還是阿拉伯人和以色列人？

【薩】這個嘛，兩者皆是。我認為這很明顯。我住在美國，在那裡很少有猶太人不認同以色列的。而我了解……

【訪】艾德華，我知道在美國有很多猶太人不認同以色列。我

們談話的對象不同，顯然如此。

【薩】如果可以的話，讓我把話說完。也許妳是對的，但分離的觀點是我堅決反對的，就像我反對大多數的民族主義的形式，就像我反對割讓、孤立，反對任何形式的分離主義。生活在一起的人——比方在黎巴嫩——突然被分開，說基督徒應該住在這一邊，穆斯林應該住在那一邊，猶太人應該住在另一邊等等，那種事我認為完全是野蠻、無法接受的。然而真實的歷史造成了很大的鴻溝，需要耗費很大的工夫才能跨越。我們之間——比方說，阿拉伯人和以色列人之間——有很多事情是以這種方式進行的。但我在美國感受很強烈。人們會告訴你，這是感情的事。大屠殺開始的時候，我們需要找個去處，而我的回答是，當然，你們可以去巴勒斯坦、去以色列，但在這麼做的時候，不要趕走那裡的人，那就是問題所在。我們被驅離了，我們的社會被毀了，那是令人難以忘懷的。最後，
我認為和平進程中的缺失，和平進程中基本的心理或文化的缺失， 426
就是以色列人和他們的支持者沒有看到究竟是什麼樣的事實使他們的以色列社會得以存在。除了很少數的例外——其中之一就是在這方面很傑出的夏哈克（Israel Shahak），他願意談這方面的事。

【訪】還有萊博維茨（Yehoshua Leibowitz）。

【薩】是的，我的意思是說，你能算得出來，有澤梅爾（Leah Zemel）、蘭格（Felicia Langer）[3]等等，以及晚年的佩萊德（Matti

---

3 譯註：萊博維茨為神學教授，認為彌賽亞思想（messianism）並非猶太信仰的核心，主張重要的是「等待」彌賽亞，永遠期待、卻未實現的救贖；澤梅爾為共產黨律師，以在以色列法庭為巴勒斯坦政治犯辯護而聞名；蘭格於1950年與先生（納粹集中營倖存者）自波蘭移居以色列，學習法律，1960年中期起在特拉維夫執業，1967年之後目睹以色列當局在佔領區的行徑，於是開始為身受迫害的巴勒斯

Peled)，他在1967年戰爭時擔任以色列陸軍將領。

【訪】這當然也看你如何來劃分界限。你是知道的，修哈特（Ella Shohat）寫過很多文章廣泛討論，如果巴勒斯坦人和西班牙—葡萄牙系的猶太人（Sephardic Jews，以色列社群中另一個被壓迫的少數族群）尋求某種政治認屬的話，在以色列可能形成不同的政治輪廓，整個版圖將大為改觀。

在我看來，你一直在談的一件事就是我所謂的政治認同中非關理性的（non-rational）面向，而不是非理性的（irrational）面向。在謝哈德（Raja Shehadeh）那本極為出色的書《第三條路》（*The Third Way*）中，這位在西岸工作的巴勒斯坦律師是這麼說以色列人的：「我做的是應該屬於他的夢。」因此，在以色列和巴勒斯坦之間的那條紅線上、在參與者的無意識之中，這種無意識的歷史重演令人畏懼，也令人心寒。如果我們回到你那個計畫：對權勢說真話，提出明確的要求，解決不公的現象，卻又不會無視於猶太人所遭受的不公——如果我們認定可以理性地做到這個的話，那我們又如何對待政治進程中這種非關理性、無意識、幾乎病態的面向？

【薩】那顯然是很困難的面向。比方說，我花了很長的時間批評以色列和以色列人，但我們必須說，巴勒斯坦人也要負很多的責任。他們對以色列真正所知不多，不知道需要向以色列的良心分子訴求，或者試著在巴勒斯坦人之中創造出這種良心分子。現在有一種看法，就是像阿拉法特和他的團隊所代表的那種以「白人的黑奴」

坦人辯護，長達二十餘年，1990年獲得正命獎（The Right Livelihood Award）。她的名言是：「因為我們猶太人知道受苦受難是怎麼一回事，所以我們絕不能壓迫其他人」（"Because we Jews know what it is to suffer, we must not oppress others"）。

自居的奴隸心態——因為以色列人比較強大，又有美國人在背後撐腰，所以我們必得做他們的奴隸。那是不對的。另一種看法就是他們全是異族、入侵者。如果他們像先前東征的十字軍一樣離開，那就最好不過了。如果他們不離開，我們絕不跟他們打交道。這兩種 427
態度沒有一種是行得通的。

我認為我們所沒有做的就是喚起以色列人的良心：良心，而不是意識。我的意思是說，他們意識到我們——今天是誰興建了那些屯墾區、以色列的屯墾區？是巴勒斯坦人興建的，而承包屯墾區工程的巴勒斯坦人是巴勒斯坦當局的一位部長。那種事情是無法接受的，因為政治和利益被用來掩飾一個真正深層的共犯結構，那不是解決之道。我們面對以色列時就處於這種臣屬地位、這種弱勢，因此我們的第一優先就是掌握並了解我們自己和我們的歷史。到今天為止，巴勒斯坦人沒有寫出一部像樣的巴勒斯坦歷史。我們的歷史沒有被記載下來。雖然有一些有趣的著作，有關納布盧斯（Nablus）的歷史專書，海法（Haifa）的簡史，這裡一點、那裡一點，巴勒斯坦人歷史的摘要，但是你如果要找有關巴勒斯坦民族運動的一本權威的歷史，你就必須讀以色列的書，或者美國、英國、德國的書。但那種真正的自我意識的時刻不是1970年代和1980年代那種建立意識的情況，當時我們認為自己所進行的是法農式的鬥爭，不過那很快就煙消雲散了。當前我們需要機構，需要建立教育。

我再舉個例子。就在兩個月之前（也就是1997年3月），有一萬九千名公部門的中學和小學老師罷工。為什麼？因為他們的薪水只有兩百到三百美元，那是政府局長的司機薪水的一半，而現在二十六個部裡竟然有七百五十個司機。當然他們並不是真的在工作，公家付他們薪水只是為了讓他們忠於阿拉法特。結果呢？當局甚至拒絕跟罷工的老師談話。他們挑出二十五個罷工的「領袖」，把他們關起來、刑求，二十五個人裡面——身為老師的我深感驕傲——沒有一個屈服。然後阿拉法特說，「把他們帶來見我。」於是二十五個領袖就被帶到他的辦公室。阿拉法特咒罵他們一個小時，試圖讓他們屈服，用最骯髒齷齪的語言來侮辱他們。（英國《衛報》／《觀察家》的特派員本身雖然不是阿拉伯人，但通曉阿拉伯文，他
428 從耶路撒冷打電話給我說：「你聽到他是怎樣對待那二十五個人的嗎？他是從哪裡學到那種罵街的語言？」）他們沒有屈服，然後他們接受了百分之二或三的調薪，但有百分之八十五的人說，只要學年結束他們馬上會再罷工（因為考試快到了）。這件事顯示了對於教育的惡劣態度。我們必須要面對那些事情。這將是很漫長、艱辛的過程。

【訪】在《最後的天空之後》這本書中，你說，「我們所有人都談回歸，但我們說的是字面上的回歸，還是說我們必須回復到我們自己？我認為後者才是真正的要點。」你說過很多次，全世界的猶太人都得以回到以色列，但你不能回去。然而你在書裡似乎是在暗示某種心靈狀態的回歸，而不是具體、字面上的回歸。能不能多談談你那句話的意思？

【薩】我不知道多少人知道這一點，但我會說今天所有的巴勒斯坦人中，至少有百分之五十五不住在巴勒斯坦，或者說不住在歷史上的巴勒斯坦，不管是住在以色列裡面當以色列的公民，或是住在西岸和加薩。因此有一個很大的社群，這個社群是由各類的難民所組成。比方說，有些在黎巴嫩，大概三十萬到四十萬人——很窮苦，不能工作，不能旅行，不能遷徙。他們是世間不幸的人，而和平進程對他們卻隻字不提。在敘利亞的人數相近，有些人富庶，但

大都是貧窮的難民；在約旦有一百二十萬人；在埃及有十三萬到十四萬人，其他散居在整個阿拉伯世界。在西歐、美國、拉丁美洲也有許多巴勒斯坦人，也許五十萬或更多。對他們大多數的人來說，我認為回歸這件事——這很難啟齒——在他們有生之年是不可能的。而年輕的一代有很多從來沒在巴勒斯坦住過；因此，他們不是不知道巴勒斯坦，就是只從父母口中聽過。但令人印象深刻的是，他們仍然維持了口音，仍然保有故鄉感。他們可能根本沒去過那裡，但他們會說自己來自拿撒勒或拉馬拉等等。因此，存在著某種聯繫感，這一方面是比喻式的，但也來自仍然待在那裡的家人、朋友和親戚。相對的，以色列有回歸法案，每個猶太人不論在哪裡都有權成為以色列的公民。巴勒斯坦人就沒有任何可以相提並論的東西。如果奇蹟突然發生，允許所有的巴勒斯坦人回歸，我不知道——我也不知道誰會知道——有多少巴勒斯坦人會真的回去。因 429
此，對我來說，真正的回歸這個問題是懸而未決的。當然我沒有辦法回去，我也不確定自己願不願意回去。也許我這種情況不是例外；也許很多巴勒斯坦人都像這樣。

但回歸對我來說的確意味著回歸到自己，也就是回歸到歷史，使我們了解真正發生了什麼事，為什麼發生，而我們又是誰。也許我們不住在那裡，但我們是來自那塊土地的人民，有著重要的歷史所有權和根源。我們的民族中有許多人會繼續住在那裡。但我們有個共同的自我意識，那就是我們具有二十世紀中最令人感興趣的驅逐、流亡、移民的經驗，即使算不上絕無僅有，但也很特別。不只是因為這本身和聖地有關（聖地當然充斥了各式各樣的意義），也因為那是二十世紀經驗的一部分。我覺得我一直強調的就是這個。去談論我們的情況，我們什麼時候受苦，經歷流亡、居無定所、喪失權利的種種恐怖。有人寫信給我說，瞧，我沒有護照。如果你住在西岸，護照上就寫著：「身分未確認或未定。」在黎巴嫩，如果你有一張難民證，上面就寫著：「無國籍。」從來就不提巴勒斯坦這個名字。如果你像我這樣一直注視、觀察巴勒斯坦人，就很難說這只是比喻，因為這種事是恐怖的、活生生的。我認為人們永遠不該忘記那一點，我們應該試著在我們民族歷史的廢墟上樹立起某種共同的目標感，這是我們到目前為止仍然沒有的。我們不知道自己在做什麼。

【訪】那個進程和任何種類的國家地位能否相容？你引用阿訶馬德（Eqbal Ahmed）和他所提出的「權力病理學」（“the pathology of power”）一詞。你能勾勒出一種溫和的、非高壓的行政當局的形式嗎？你本人說過：「我從不覺得接近權力是有趣的。」「非病態的權威」（a non-pathological authority）這個觀念是不是自相矛盾呢？

【薩】我認為是自相矛盾，我想像不出那種情況。以烏托邦的方式來說——既然你提到了以色列裡的東方猶太人——我認為我們最大的希望就是和在歷史上的巴勒斯坦這塊土地上的以色列猶太人共同奮鬥，設計出一種最不高壓的共存方式——並無所謂沒有高壓這回事——不管是透過瑞士已經試過的州制（cantons）或其他方
430 式。但我認為隔離或分治的主意在我們這個時代就是行不通，實在辦不到。對以色列人來說，總是傾向把我們當成異類，因此我們在他們周遭愈少愈好，最好是完全看不到。那也就是為什麼在西岸有那些道路，那些所謂的環繞道路。很特殊的就是以色列人現在在西岸和加薩所做的，其實是重複南非種族隔離政策的經驗，以及美國對待原住民的方式。把他們放在保留區，或只是消滅他們。以色列

人雖然還沒那麼做，卻把他們擺得愈遠愈好，然後問題就會消失。真正的希望在於多少打破那些隔閡，試著和那些有意願的以色列人想出某種共存的方法。我認為假以時日可以完成更多的事……

【訪】最後一個問題。你之所以在英國，是因為要參加劍橋大學安普森系列演講（Empson Lectures）的首講。你選擇的題目是「歌劇中的逾越和權威」（“Transgression and Authority in Opera”）。我有幸在法蘭西學院（the Collège de France）聽到這系列演講中的第一場。你談論到莫札特對人類認同的那種「變幻莫測、搖擺不定、無法區別的」性質的觀感，以及他這個觀點：「婚姻的穩定和社會的規範習慣性地駕馭人生，這種看法是不切實際的，因為生命本身就是捉摸不定、變化無常的。」在我看來，你似乎在說莫札特對死亡的了解投射出一道陰影，投射在社會規範和傳統的人為安排那種偽裝、虛假、甚至致命的肯定上。這似乎是你作品的一個新起點，難以置信地動人，而且很有啟發性。那種見解如何能連接上你對未來的那種政治願景和希望？

【薩】我認為連接不上。但那是存在的。我知道它在那裡，我的意思是說，我感覺得到——我不介意這樣公開說——過去幾年來我一直感受到死亡的印記或重量。因此，不管我感受到哪一種急迫感，不管是如何匆忙奔向盡頭的感受，我認為莫札特都是對的。這基本上幾乎是叔本華式（Schopenhauerian）的，有一種混混沌沌、沸沸揚揚、不斷變形的一團東西，而我們正朝它走進去。那的確就是我寫作的重要對象。原因之一就是我對認同這個觀念和整個計畫變得非常、非常不耐煩：這個觀念於1960年代在美國曾經引起很大的興趣，現在也出現在阿拉伯世界和其他地方回歸伊斯蘭（the return to Islam）的作為，也就是說，人應該真正集中於自己，他們 431

來自何處，他們的根源，找出有關他們祖先的事——就像《根》（*Roots*）那本書和電視節目那樣。那在我看來實在乏味得很，而且完全不著邊際。我認為我們最不該想的就是那件事。有意思得多的就是嘗試超越認同而達到其他東西，不管那是什麼。那可能是死亡，可能是一種改變了的意識狀態，讓你接觸到平常接觸不到的其他事物。那也可能只是一種遺忘狀態，而就某個時刻來說，我認為那是我們都需要的——遺忘。

訪問者：羅絲（Jacqueline Rose）

1997-98刊登於倫敦《猶太季刊》（*The Jewish Quarterly*）

第二十七篇

一個國家，是的，但不只是屬於巴勒斯坦人

【訪】你在明尼亞波利斯的演講題目是「1948年的後果：巴勒 432
斯坦人的災難」（“The Consequences of 1948: The Palestinian Catastrophe”）。能不能請你大略綜覽1948年的後果？

【薩】這個嘛，我根據一個事實出發：開始於1993年由美國所主導的和平進程已經完全失敗。當然，對巴勒斯坦人來說，他們的處境只是變得更糟。他們不能自由遷徙，更多的土地被奪走，沒有得到任何像是自決的東西，以色列的佔領也繼續下去。巴勒斯坦的勢力大約只能控制西岸百分之三、四的土地。在那些領域中，巴勒斯坦當局就像以色列的執法者一樣。阿拉法特所接受的那種情況就像是西岸的「班圖斯坦化」（“Bantustanization”）。[1]

---

1 原註：「班圖斯坦化」指的是在南非種族隔離政策下，原住民部落只得到很小片的家園，稱為班圖斯坦（Bantustan），呈現一種虛假的自治表象。

這種情況與和平進程不但沒有符合巴勒斯坦人的期盼，也沒有處理從1948年就形成的基本問題——當時我們這個民族被驅離自己的土地，失去了整個巴勒斯坦的土地，從此淪為難民或二等公民。

但我也主張，儘管以色列掌控了巴勒斯坦的土地和生活，但他們的安全並沒有因此而得到保障。以色列建國五十年之後，成為更不安全的地方。

【訪】你從前很支持阿拉法特。如果他的立場是像你現在所相信的那麼一無是處，你認為是什麼因素促使他採取這樣的方向？

433 【薩】這個嘛，我認為在1993年，他發現自己陷於困境。他在［第一次］波灣戰爭的時候和伊拉克站在同一邊。在1987到1991年的「因地發打」這個西岸和加薩的巴勒斯坦人的起義運動中，他被有效地隔離在外，結果那成了他們的運動。他不是得接受自己這種無法介入的情況，就是要接受交易來保證自己能倖存，但那種交易並不能為他的人民帶來最大的利益。結果他選擇了後者，那就是為什麼我跟他分道揚鑣的原因。

我認為，他現在堅持這條路線是因為沒有其他的選擇。他已經成了和平進程的囚犯。他的權威有限，因為他只有五萬名武裝的軍力，實質上卻聽命於以色列。他是以色列人的囚犯，我說的就是字面上明確的意思，因為沒有以色列人的允許，他不能進出加薩。但在自己的領域裡，他卻是個昂首闊步、耀武揚威的獨裁者。我認為他已經背叛了族人的利益以及他們自決的夢想。

【訪】如果他為那些選舉他的人貢獻那麼少，又怎麼繼續得到他們的支持呢？

【薩】我並不認為他得到他們的支持——除了那些他直接雇用

的人之外。他有個龐大卻沒有效率的官僚體系。根據世界銀行的說法，他的官僚體系雇用了大約八萬人，其實我們根本不需要。我的意思是說，那個官僚體系完全沒有效能。但如果你加上安全部隊和官僚體系，再乘以七或八的話，也就是他所雇的每個人的眷屬人數，就會發覺到他其實雇用了大約七、八十萬人。那就是支持他的來源，那些仰賴他的人。……

我有充分的理由相信，如果現在有人出面挑戰他，他就會輸——如果有個真正有組織的反對勢力的話——但遺憾的是，現在並沒有。當然，還是有一些個別的反對者，像他自己的部長們在我面前都很嚴厲批評他。我認為他現在的支持基本上是由於荷包的力量，以及他有一支能強迫人民俯首稱臣的部隊。當地存在著恐懼的氣氛，還存在著檢查制度。而我的一些書在1996年就被他禁了。

讓他繼續大權在握的另一項事實就是——身為美國公民的我，這麼說實在覺得羞恥——美國支持他以及這一切不合法、不民主的作為。

【訪】你在《時代周刊》的文章中主張，不單單是現在的和平進程，而是任何試圖在佔領區中創建出一個分離的巴勒斯坦國來解決問題的方式，都注定會失敗。

【薩】這個嘛，是因為以色列人現在已經把他們的觸角伸入西 434
岸和加薩的巴勒斯坦人的土地。加薩百分之四十的土地都被以色列人以屯墾區的形式居住了。我會說，你如果把耶路撒冷加上有屯墾者的西岸，其實他們已經把耶路撒冷的市界比他們在1967年併吞時擴大了十倍，如此一來，我們談的基本上是西岸百分之九十的土地。我上個月剛到那裡。那裡有很多環繞道路直接穿過西岸，連接屯墾區和以色列，而且圍繞著巴勒斯坦的城鎮和村落。

屯墾者的移動和以色列的政府、軍隊藉著自己那種侵略性的狂熱，其實已經深深涉入了巴勒斯坦人的生活，在我看來彼此無法分隔，或是以［南非］種族隔離的方式來分隔。但就人口來說，雙方生活在一塊。再過大約十年的光景，雙方的人口就相當了。

因此，從這種情況能夠得到的唯一結論就是：設計出一種方式能讓兩個民族在一個國家內平等地生活在一塊——而不是像現在這種主人和奴隸的情況。

【訪】你是說兩國制的解決方式無法奏效，是因為雙方人口混雜到難分難解的情況，還是說任何兩國制的解決方式都無法處理1948年以來巴勒斯坦人的悲劇？

【薩】兩者都是，而且還有更多的原因。在以色列之內——留意了，我現在談的不是西岸和加薩——在以色列至少有一百萬巴勒斯坦人，佔了以色列人口的百分之二十。他們是以色列的公民，卻受到歧視，因為以色列被宣傳為猶太人的國家，而不是該國公民的國家。以色列自己有一些法令很清楚地區分猶太人和非猶太人。因此，你觸目所及，猶太人和巴勒斯坦人生活在一塊，但卻是以不平等的方式生活在一塊，雖然理論上雙方享有平等的人權。

【訪】因此，即使你能以某種方式來解決環繞道路的問題，並且減少在西岸和加薩的以色列屯墾區的數量，卻仍然無法從那些區域創造出一個巴勒斯坦國？

【薩】那是我深切的信念。剩給巴勒斯坦人的只會是零零星星的土地，這對巴勒斯坦人來說是種冒犯、更是種侮辱，這樣子的一個獨立國家是不值得的。

435 而且，就像我所說的，1948年發生的問題從來沒有人去探討。一整個民族怎麼能像我們現在所知道的，就這樣被驅離自己的土地？——這不只是巴勒斯坦人一直這麼說，也多虧了以色列的歷史家，所謂的修訂派歷史家（revisionist historians），他們證明了在1948年驅逐巴勒斯坦人的戰爭中，有計畫盡可能地把他們趕出去；在1948年有將近一百萬人被蓄意踢了出去。

因此，整個計畫就是降低巴勒斯坦人對土地和過去的感情。但這種情況並沒有發生，巴勒斯坦人依然堅持於過去，他們依然堅持於土地，就是不離開。因此，我現實的想法就是：這個問題的唯一解決之道是像南非那樣，就是根據共存與平等的基礎來正視這個現實，像南非的方式那樣有真相與和諧的希望。大家必須說，這些是平等的民族，他們必須像社群一樣生活在一塊，每個社群都有各自的自我感。……

我認為這才是該走的方向，另一條路是行不通的：在一塊小小的土地上有分別的國家、分別的人口，陷於兩個民族過去百年來一塊生活、彼此爭鬥的歷史，這種方法是完全不切實際的。我認為這種方法行不通。

【訪】我確信你知道過去幾十年來，在以色列從來沒有任何政治勢力願意去考慮像這樣的說法。你有什麼理由相信在以色列的政治光譜中，這個想法可能會被納入考量？

【薩】一點不錯。過去一年我和許多以色列聽眾談過，其中有巴勒斯坦人，有猶太人。我認為在大學裡，在知識分子、獨立作家和思想者中，會發現新的一代。我說的並不是一大群人，但我知道有許多人是沿著這些路線來思考。……

我知道這在現在看起來陳義過高，而且是很不可能的事，但是我認為在歷史的運作和時間的開展中，這種想法會愈來愈具有吸引力。

【訪】在有關以色列／巴勒斯坦情境的傳統智慧中，你能不能指出一、兩項至少是美國媒體消費者所接受的觀念，而且是你最想要去挑戰的，那會是什麼？

436 【薩】其中之一就是巴勒斯坦人是一群具有侵略性的恐怖分子，他們騷擾以色列的存在。我認為那就是為什麼1948年非常重要。我認為人們必須了解我們是從那塊土地被驅離的人。我們是土生土長的居民，卻被趕了出來，騰出空來給一個猶太國家。我們其實是受害者的受害者。

我的意思是說，猶太民族歷經了反閃族思想和大屠殺的恐怖。但在為了完全可以理解的理由為自己建國的同時，他們卻摧毀了另一個民族的社會。

其次，我認為巴勒斯坦人想要和平寧靜的生活，這種願望比以色列人還要長遠得多。媒體一直談論巴勒斯坦的恐怖主義，談論巴勒斯坦的狂熱主義等等，卻沒有注意到以色列加在我們身上多得多的暴力行為，因為以色列畢竟有核子武力，有美國提供的數千億的美元，愚弄了每項國際公約，不管是日內瓦公約或戰爭法公約，諸如此類的事。這種事不廣為人知。我們則被想成是傷害以色列人的卑賤民族，然而實情卻完全相反。

那兩件事是我主要想要糾正的。

【訪】最後一個問題。如果這個問題太牽涉到個人的話，我在此道歉。你提到自己得了白血病，而我讀到一段話，你在這段話中說覺得自己已經進入了人生的最後階段。我在想，你覺得自己接近人生的終點這種感覺，是不是影響了你對巴勒斯坦問題的看法？

【薩】這個嘛，只有在我認為照料這個病所需要的時間和心力超過了我能付出的時候。我努力和病魔奮戰，目前病情緩和，狀況還不錯。這讓我深受鼓舞，而且讓我有幸來為我相信是正義和正確的事情來奮鬥。

訪問者：布萊克（Eric Black）

1999年刊登於明尼亞波利斯《明星論壇報》（*The Star Tribune*）

第二十八篇

《東方主義》、阿拉伯知識分子、馬克思主義與巴勒斯坦歷史中的神話

【訪】你有一本書的封面用的是噴在巴勒斯坦牆上的哈瑪斯（Hamas）標語的照片，標語上說哈瑪斯就是反抗或類似的事。那張照片是你選的嗎？

【薩】不，那本書的外觀是出版商選的。

【訪】你對那有不同看法嗎？

【薩】不，我不太關切那個議題，而且我不反對，因為那只是外觀。對我來說重要的是書的內容。

【訪】選這張照片有任何特殊的意義嗎？

【薩】是的，這個選擇是有理由的，因為那本書的主題包括了憤怒和抗議；在牆上寫字是表達憤怒的一種方式，也是抗議的一種方式。

【訪】在你最好的阿拉伯讀者中有一些是知識分子，他們屬於

新伊斯蘭團體（neo-Islamic groups），而這群人中有愈來愈多的人在他們研究的腳註中引用你的觀念和作品，這會不會引起你的關切？

【薩】當然，我對這個主題經常表示關切。我發現自己的意見經常遭到別人錯誤地詮釋，尤其是涉及對伊斯蘭運動的實質批評的時候。第一，我是個世俗之人；第二，我不信任宗教運動；第三，我不同意這些運動的方法、手段、分析、價值、願景。根據一種特定的詮釋來讀某位作家是很有可能的，這種事經常發生，結果導致誤解。在我為新版的《東方主義》所寫的緒論中，我堅持這個議題，指出我和那些伊斯蘭式的閱讀之間的重大區別，而有些人用那種伊斯蘭式的閱讀來指控我。在《東方主義》裡我沒有談論伊斯斯
438 蘭，而是談論西方描繪的伊斯蘭，批判了那種報導方式所根據的基
礎和目標。

【訪】你對阿拉伯世界知識活動的研究，主要是透過阿拉伯文化中衝突和辯論的因素，這些研究是不是對你揭露了指向後殖民論述的一些指標？

【薩】你的意思是說後殖民學派的存在？

【訪】或指標？

【薩】我懷疑有任何關係。

【訪】《東方主義》在印度、拉丁美洲、日本、非洲都影響深遠。你認為在阿拉伯文中的閱讀趨勢顯示這本書在阿拉伯文的讀者群中，會和其他語文同樣重要嗎？

【薩】讓我回到我使用過的一些例證：這本書在印度、日本或南非的影響，依我看來似乎比在阿拉伯世界有更深層次的分析。比方說，在印度史領域中的從屬階級研究（Sub-Altern Studies），依我看來是第三世界中在書寫和分析歷史等方式產生後殖民論述的最

重要的學派。這個學派很受《東方主義》的影響，而它的重要性可以從美國大學中沒有一個歷史系會沒有這個學派的代表人物看出。其實在阿拉伯和伊斯蘭研究的領域中，找不到什麼能和這個學派相提並論的。從屬階級研究學派已經影響了分析和書寫美國歷史本身的潮流，也影響了其他世界級的大學。我認為，其他地方閱讀《東方主義》的方式比阿拉伯世界裡的閱讀更深入。

【訪】原因何在？

【薩】原因在於阿拉伯讀者基本上把《東方主義》用作衝突的手段，而不是根據理念來發展出一種分析的思想。這個因素使得「東方主義」這個術語變成一種侮辱。如果你要侮辱某個人，就稱他為「東方主義者」。這是以諷刺漫畫的方式讀我的書所造成的負面後果之一，因為我並沒有明說或暗示任何這類的事。

【訪】但你經常在書中呈現有關這個術語很不可取的例子。

【薩】也許，但那是在廣大得多的脈絡下，而不是把《東方主義》和它的情況化約到侮辱的層面。我承認，身為作者的我是帶有
偏見的，但那本書最重要的是分析的方法、理論的架構，至於那些 439
結果都是根據這些組織起來的——而不是負面的後果本身；這些不該被簡化到那種程度，而說這個東方主義者是我們的敵人，那個人反對我們，那個人喜歡或憎惡我們等等。似乎身為阿拉伯社會的我們，依然是這些模式的囚犯，因為我們還不能發展出讓我們解脫於黑暗的過去的東西。

【訪】對於那些公正的讀者，那些沒有用書寫的方式來回應你的理論的那些人，說句公道話，我認為他們之中有許多人是在你所提出的那些脈絡下，透過你想要作為分析和修訂的架構的寬廣視野，來接受那本書的理念。這裡的差別在於閱讀並未成為書寫。

【薩】這被貶為只是閱讀，因為它既沒有成為書面的回應，也沒有加入辯論。但讓我再補充一點：《東方主義》是在1978年出版的，在過去二十年間我寫了大約十本書，包括了1992年［應是1993年］出版的《文化與帝國主義》。這些書的題目涵蓋了像是文學批評、哲學和其他主題。[1]

【訪】這是不是意味著，你要使自己擺脫那種限制的刻板印象，或者擺脫廣受歡迎而且著名的《東方主義》，因為這本書使得你其他作品在阿拉伯讀者中相形見絀？

【薩】你的意思是說，揚棄我自己的書？

【訪】我的意思是說，你是不是要使自己擺脫那本書的主宰？

【薩】我認為作者應該不斷嘗試新的東西，集中於他所有的一切，避免他的作品被化約。知道一位作者所有不同的作品，能使人了解他的思想和研究從一個領域到另一個領域的發展。對我來說，人們閱讀我的書是重要的，但我的主要興趣集中在寫作，而不是修訂我已經寫過的作品。我的意思是說，我想要更進一步繼續我的旅程。

【訪】在這個脈絡下而且從修訂的角度來看，你會如何描述對於《東方主義》的「增添」？

【薩】這是很小、很有限的增添，原先可以更大肆發展的，但就像我先前說的，我沒有太多的時間去修訂。

440 【訪】你認為阿拉伯世界當前的時事趨勢，並沒有迅速地反映在知識分子的理念、分析和研究裡，以致這些知識分子看來像是被事實所震撼，經常是產生反應，而不是有效的思維？

1 譯註：詳見本書附錄二的薩依德專書書目提要。

【薩】在阿拉伯世界來說，這種說法有幾分正確，但不很新穎。我個人的問題是，我住的地方隔離於那個地區，而我每日、每週、每月、每年的工作，自然就連接到我生活其中的西方社會。除了在這個地區（開羅和貝魯特）的兩所美國大學之外，我很遺憾沒有和其他任何阿拉伯大學建立關係，讓我除了在來去匆匆的訪問所蒐集的訊息之外，還能知道研究人員、教授或阿拉伯知識分子的日常情況。因此，我覺得自己欠缺有關這個情境的正確細節，但透過我所掌握的資訊，我能這麼結論：你說事件快速發展，這個觀察是正確的。這裡沒有任何知識立場能充分反映這些事件，進而影響對於事件的意識與發展。

【訪】過去幾年中，哈瑪斯、真主黨（Hizballah）和伊斯蘭聖戰組織（the Islamic Jihad）集中於有關戰士和堅強的反對分子這種純粹浪漫的形象；另一方面，左派反對分子的形象，不管是馬克思派或民族主義者，都已經逐漸消散了。進一步說，左派反對分子對許多人來說變成了一種共謀的象徵，他們和對一部分社會發動血腥戰爭的腐敗政權狼狽為奸。在兩者之間劃上新的等號的情況下，前衛的知識分子看似癱瘓了。你對這點有什麼評論？

【薩】我同意你對這種情境的刻劃，整個情況似乎很混亂。當然說起來容易：雖然我在地理上遠離這些事實和事件，更別提我並沒有任何政治野心，但在我看來，一邊是知識分子的實踐與作用，另一邊是政治，兩者都有相似之處。此時此刻我覺察到的當務之急，是在兩者之間完全劃清界限。對知識分子來說，最危險、最糟糕的情況就是同時介入知識和政治的領域，也就是說，把他們在政治生活和政治野心（也就是尋求職位和官位）的作用與他們作為知識分子的作用混為一談。這種投注於政治的知識分子的形象，當今

已經強化到了污染文化論述的程度，就像你所說的，這已經導致人們控訴知識分子縱容，而這種指控的確可以成立。阿拉伯的知識分
441 子很快就放棄了，他們的立場從反對轉為加入政府，沒有真正試圖維持自己的獨立地位，保護他們作為自由的知識分子的立場。

【訪】你看馬克思主義可不可能恢復成一種對立的論述，因為據我了解你先前對這個主題所發表的看法，你似乎在質疑這個可能性，而這個問題看起來很嚴肅而且公開。但我感覺在當前的世界危機中，恢復馬克思主義是不是依稀還有希望？

【薩】我不喜歡討論馬克思主義的問題，因為我不願意涉入有關術語的那些疑義——像是什麼是馬克思主義，或者我是不是馬克思主義者。如果這個議題是有關你是不是其中的成員，那我就不關切這個思想學派。我的著眼點完全不同。身為一個自由、獨立的知識分子，我毫不在意口號，不管是馬克思主義的口號或者非馬克思主義的口號。無疑地，馬克思主義的分析，或者讓我們說，唯物論的分析，包括了很有利於我們了解當前處境的一些教訓和成分，尤其是涉及經濟關係。這裡我指的是透過葛蘭西和盧卡奇的貢獻所進行的馬克思主義的分析。從這些貢獻來分析馬克思所沒有想到的，可能是有益的；這是我們在當前的情境中可以使用的。我們既不需要複製傳統的馬克思主義，也不需要恢復口號；相反的，我們必須綜合擷取特定的一些因素，透過我們的新論述以新方式來重新形塑。

【訪】你對德希達有關「永恆的」流亡（“permanent” exile）有什麼想法，這對巴勒斯坦人而言是不是也一樣？

【薩】也許吧。

【訪】那麼這兩種情境差別何在？

【薩】差別在於：猶太人宣稱他們和巴勒斯坦的關係可以追溯到三千年前，而他們在兩千五百年前從那個地方被放逐，流離失所。但把巴勒斯坦人驅離巴勒斯坦是昨天才開始的。然而，我們不該忘記，猶太復國主義的官方歷史是建立在流離失所和永恆的流亡這種觀念上——這個歷史用上了許多神話。我認為，身為巴勒斯坦人的我們應該避免神話；在我看來，身為知識分子的我們必須集中在歷史的、具體的事實，並且拒絕利用神話的面向。我不能接受巴勒斯坦難民永遠會是難民的這個觀念。我和其他一些人都認為，除非能處理巴勒斯坦人身為難民的現況，否則就不會有務實的解決之 442
道。因此，問題是：有沒有可能回到我們的過去，恢復到1948年之前的歷史？我懷疑那一點。我們輸了；可以說，我們的人民暫時輸了這場戰役。問題是，我們輸到了什麼地步？我並不認為目前任何人對這個問題有個最終的答案。我們現在必須做的，就是不要繼續輸下去。

【訪】猶太人用「漂泊離散」（diaspora）這個字眼來描述對一個神話之地的集體懷舊情緒。一些巴勒斯坦人採用了這個字眼，並且用它來描述他們從巴勒斯坦的土地被驅離的情況。你認為巴勒斯坦人用這個字眼可能暗示其他的意義嗎？尤其是巴勒斯坦人的流放是從地理上存在的、很真實的地方——真實的程度甚至到了雖然被驅離家園，但大門鑰匙卻還在手上？你會不會建議巴勒斯坦人使用另一個字眼來替代「漂泊離散」？

【薩】在阿拉伯文中我用的是「沙踏特」（*shatat*［dispersion］，「流離」）這個字眼，雖然我一直很謹慎、而且批評許多根據想像的神話的字眼。我自然拒絕「漂泊離散」這個字眼，但沒有人能阻止人們使用那個字眼。猶太人用它來實現自己的想像，但我們所談論的是巴勒斯坦人另一個不同的情境。巴勒斯坦的情境以及巴勒斯坦人所要的社會是那個民族所特有的。

訪問者：雅拉（Nouri Jarah）

1999年洛杉磯《新報》（*Al Jadid*）

第二十九篇

我的返鄉權

這並不是我第一次接受以色列大報的專訪，但無疑卻是最具規模而且準備最周詳的一次。2000年8月初，沙維特（Ari Shavit）在紐約花了三天的時間和我訪談。這個訪談驚人之處在於它能登上以色列的日報，卻理所當然地未能出現在美國的報紙。

——薩依德誌

在我前往紐約之前不久，我去看那棟房子。我不必走得很遠——它距離我住的地方大約三百公尺，而且俯瞰著我女兒喜歡去遊玩的那座公共花園。那不是一棟起眼的建築——兩層樓，有稜有角，投射出一種樸實、新教徒重實效之風。它不像那些住在塔爾比（Talbieh）的基督徒阿拉伯人傾其所有建造成的華麗、平整的房子，而是像公司行號般長方形的，前院裡有一棵美美的棕櫚樹，一道小小的台階，一個溫馨的入口。這就是薩依德經常提到的入口，這就是他記得的那棵棕櫚樹。當時房子周圍沒有其他的建築。[1]直到有一天他聽到一段對話，使他頓時陷入恐慌：有人談到猶太人所代表的危險，而另一人則說沒什麼好害怕的，只要時候到了，拿著棍棒的年輕人就會聚在一塊，把猶太人趕走、驅離。

不，薩依德不記得他家離開這棟房子的確切時刻。他不記得最後一天、最後那一刻。他所記得的就是初冬時他們回到在開羅的房子，就像以往幾乎每年那樣。過了一段時間，他才聽說巴勒斯坦發生了恐怖的事。緩慢地，很緩慢地，他了解到他們不能回去了。他們已經失去了耶路撒冷。他的一些親戚和家族的朋友失去了一切，現在都是難民了。

444 8月初正是暑假的顛峰，紐約哥倫比亞大學的校園彷彿處於半廢棄狀態，有如憂鬱的地方，陰鬱從哲學系所在的大樓迴廊裡瀰漫開來。但薩依德教授位於五樓的研究室卻顯得寬敞、明亮。屋子裡雖然雜亂，卻有著獨特的興味，擺著文件以及一堆堆幾種語文的書籍和雜誌。其中有個角落掛著 “Yesh Gvul”（「有個限度」）這個運動的一張陳舊、眼熟的海報：「不要說『我當時不知道。』」在那上面的幾個架子之一，擺著一幅巴勒斯坦的地圖，巴勒斯坦完整領土的地圖，還鍍了金。

過去一年他的頭髮變得斑白，胃裡癌細胞的增長也困擾著他。然而，薩依德依然是一位很英俊的男子，對於外表和穿著一絲不苟。一條絲質手帕從他西裝外衣口袋露出來，當他伸手取用書桌上

[1] 譯註：相關描述可參閱薩依德的回憶錄《鄉關何處》第二章第二段，唯書中該處的地名拼為塔爾比亞（Talbiyah）。

那瓶聖沛黎洛（San Pellegrino）礦泉水時，腕上的金錶閃閃發亮。

他散發著魅力。這位西方最聞名的巴勒斯坦知識分子很熱絡、博學、圓滑，具有高度的政治性，富於感情，幽默風趣。他從但丁的詩句輕巧而又優雅地跳到史登赫爾（Sternhell）批判猶太復國主義的引文，再回到但丁。他顯然樂於在不同的語言、在他生活的不同文化階層之間穿梭往返，穿梭於交織在他身上的不同身分與認同，彷彿在慶頌自己有能力同時成為英國人、美國人和阿拉伯人；既是難民也是貴族，既是顛覆分子也是保守分子，既是文學鑑賞家也是宣傳家，既是歐洲人也是地中海人。

在我打開錄音機之前，薩依德花了很長的時間詢問我的背景，我在以色列待過多久，我的家人從哪裡來，而我們逐漸談到都曾住過的街坊。五十多年前，他在那裡住過一段時間，而現在我住在那裡。我們談到兩人都熟悉的許多建築，談到兩人都熟悉的許多家族姓氏，試著小心繞過最敏感的問題：因為他是我的「他者」，而我是他的「他者」。這種奇怪的親密感、這種悲劇性的親密感存在於我們之間，存在於他、我和塔爾比之間。

【訪】薩依德教授，許多以色列人——而且不只是以色列人 445
——聽說你這麼一位傑出的學者今年夏初在黎巴嫩邊界時，竟然向以色列軍隊的駐地丟擲石頭，都覺得很驚訝。到底是什麼使得你在以色列人撤出黎巴嫩南部之後，做出這麼不尋常的動作？

【薩】我夏天在黎巴嫩訪問，發表兩場演講，和家人、朋友待在一塊。然後我和（真主黨［Hizballah］的精神領袖）納斯拉拉（Sheikh Hassan Nasrallah）會面，我發覺這個人給人非常深刻的印象。他很單純、很年輕，絕不是什麼亂七八糟的人。他對以色列所採取的策略，很像越南人對付美國人那樣：我們沒法跟他們戰鬥，因為他們有陸軍、海軍、核子武器，所以我們唯一能做的就是讓他們從裝屍袋去感受，那就是他的做法。在我們那次會談中，令我印象深刻的是，他是我在中東所遇過的所有政治領袖中唯一準時的，而且沒有人在他旁邊揮舞著蘇聯製衝鋒槍。我們都同意，就取回巴勒斯坦權利來說，奧斯陸協定是一團糟。然後他告訴我，我一定要下去南部，於是幾天後我就去了南部。

我們一行九人：我兒子和他未婚妻，我女兒和她一位朋友，我自己，還有其他一些人，以及一位來自黎巴嫩反抗軍的嚮導。我們先去希亞姆（Khiam）監獄，那個地方讓我們留下很強烈的印象。我這輩子看過許多不愉快的景象，但這很可能是最糟的。那些單獨囚禁的牢房、刑房，行刑的工具還在那裡，像是電棍等等。那個地方瀰漫著排泄物的惡臭和凌虐的氣氛。那種恐怖筆墨難以形容，以致我的女兒開始哭喊、啜泣。

我們從那裡直接到邊界，到一個名叫坡瓦比・法碼（Bowabit Fatma）的地方，意思就是「法碼大門」，那裡數以百計的觀光客面對著一大片鐵絲網。再下去兩百公尺左右矗立著一座瞭望台，被鐵絲網和水泥所包圍，裡面想必是以色列士兵，但我沒看到他們，因為距離很遠。

我最遺憾的是，這整個事件中沒有凸顯出當時情境的喜劇性。
446 一般人都以為我拿著石頭丟人，然而那裡並沒有人。事實上是我兒子和其他一些年輕人試著想看誰能把石頭丟得最遠。由於我兒子塊頭很大——他是打棒球的美國人——所以丟得最遠。我女兒就對我說：「爹地，你石頭能丟得像瓦第（Wadie）一樣遠嗎？」那當然在我心中激起了常見的伊底帕斯競爭心理。於是我撿起一塊石頭，丟了出去。

【訪】在以色列剛結束對黎巴嫩南部的佔領的時候，在法碼大門那裡丟石頭，看起來不只是慶祝解放，也是一個很基本的反對動作。但反對的是什麼呢？

【薩】反對的是以色列人。那種感覺就像是佔領我們土地二十二年後，他們就這樣離去了。還有就是驅逐的感覺。不只是要你們離開，還要好好攆走你們，不要你們再回來。因此，當時的氣氛是相當「嘉年華會式的」，一種健康的無政府的感覺，一種勝利的感覺。因為在我這輩子中第一次，而且在圍繞著法碼大門那些人這輩子中第一次，我們贏了。我們贏了一場。[2]

【訪】薩依德教授，今年夏天以色列人和巴勒斯坦人試著要結束你們和我們之間的百年衝突。辦得到嗎？衝突能化解嗎？

【薩】是的，我認為能化解。但我不認為阿拉法特簽個字就能終止衝突。而在柯林頓所提供的大衛營那個場合中，他也沒有權利這麼做。一直要到以色列為他們對巴勒斯坦人的所作所為負起道德責任，否則衝突就沒有終止的一日。

現在需要的是一份「細節的清單」，列舉出我們針對以色列驅離我們、還有自1967年開始的佔領所做的種種索賠。目前需要的至少是公開承認摧毀了巴勒斯坦社會，驅離了巴勒斯坦人，沒收了他們的土地，以及過去五十二年來的剝奪與苦難，包括了像是在薩卜拉（Sabra）和沙提拉（Shatila）難民營的屠殺行為。

---

2 譯註：相關的中文報導和析論，參閱金章，〈薩依德的「石頭」事件〉，《當代》162期（2001年2月），頁4-11。本書附錄作者與薩依德進行的第三次訪談，也曾詢問此事，詳見頁653-54。

我相信，只有在以色列人承認該為一切負責的時候，衝突才能結束。我認為我們應該試著說出：「這就是發生過的事實。」就是這樣的敘事。

【訪】這個敘事是什麼？這個衝突到底是為了什麼？

447 【薩】那幾乎是一種崇高的衝突（sublime conflict）。幾天前的一個晚上，我就跟巴倫波因（Daniel Barenboim）[3]說，想想這一連串事件：反猶太主義，尋找一個猶太人故鄉的需要，赫茨爾（Theodor Herzl）[4]原先的理念（那個理念肯定是殖民主義式的），然後那個轉化為莫沙夫（the moshav［農莊］）與集佈滋（the kibbutz［集體農場］）那樣的社會主義觀念，然後是希特勒統治時的緊急狀況，而像夏米爾這些人真正感興趣於和希特勒合作，然後是歐洲對猶太人的種族滅絕，以及1948年在巴勒斯坦所採取的對付巴勒斯坦人的行動。

當你思考這一切，當你不是以分隔的方式來思考猶太人和巴勒斯坦人，而是把他們想成交響曲的一部分，其中就有莊嚴壯麗的一面。這是一段很豐富、也很悲慘、而且在許多方面是絕望的極端的歷史（history of extremes）——這裡所謂的「極端」取的是黑格爾定義的那種對立——而這件事情還沒結束。因此，你面對的是一連

---

[3] 譯註：巴倫波因是猶太裔著名鋼琴家和指揮家，擔任美國芝加哥交響樂團指揮暨柏林德國國家歌劇院音樂總監。薩依德與他自1995年10月至2000年12月有關音樂、社會、政治與文化的六篇對話錄，由兩人共同的友人、卡內基音樂廳的藝術顧問古澤里米安（Ara Guzelimian）編輯而成，於2002年出版，名為《並行與弔詭：音樂與社會之探索》（*Parallels and Paradoxes: Explorations in Music and Society*［New York: Pantheon Books］）。六篇對話錄的範圍甚廣，舉凡文學、音樂、政治……無所不包。這是薩依德第一本與音樂人士對談的專書。

[4] 譯註：赫茨爾（1860-1904）出生於奧匈帝國的匈牙利，是猶太復國主義的創始者，積極鼓吹建立一個猶太人自己的家園。

串的悲劇、喪失、犧牲、痛苦的那種崇高的華麗，必須要有像巴哈那樣的頭腦才能理清頭緒，必須要有像［英國政治思想家］柏克（Edmund Burke, 1729-1797）那樣的想像力才能探究。不過處理這種巨大圖像的卻是像柯林頓、阿拉法特、［以色列總理］巴拉克（Ehud Barak）這群只會搞權宜之計的人，他們就像一群頭腦簡單的清潔工，只會在那邊掃來掃去，只會說讓我們移動它一點——讓我們把它放到角落去。那就是我對和平進程的看法。

【訪】這是不是一場勢均力敵的衝突，而衝突的雙方是對同一片土地擁有同等權利的兩個民族？

【薩】在這場衝突中，毫無勢均力敵可言。這是必須提出的，也是我深信的一點。一方有罪，另一方則是受害者——巴勒斯坦人是受害者。我不願意說巴勒斯坦人的遭遇全都是以色列造成的直接結果。但巴勒斯坦人的生活原先之所以遭致扭曲是由於猶太復國主義的介入。這對我們來說——在我們的敘事中——開始於貝爾福宣言（the Balfour Declaration）[5]和之後的一連串事件，使得一個民族取代了另一個民族，並且延續至今。這也是為什麼以色列和其他任何國家都不一樣。它不像法國，因為整件事情中有持續不斷的不公不義。以色列國的法律使得那種不公不義持續下去。

這是一種辯證的衝突，但其中不可能出現［正、反、合中的］合。在這個情況中，我認為不可能排除辯證的矛盾。我不知道有任何方法可以來協調猶太復國主義者被彌賽亞思維和納粹大屠殺所驅策的那種衝動，以及巴勒斯坦人要留在土地上的那種衝動。這些是 448

[5] 譯註：1917年11月2日，英國外相貝爾福（Arthur James Balfour）在致英國猶太人領袖羅斯查爾德（Lionel Walter Rothschild）的信中提到，英國支持「在巴勒斯坦建立一個猶太人的國家」。

基本上不同的衝動。這是為什麼我認為這個衝突的本質在於無法協調。

【訪】你是說，我們不該過來？

【薩】你的問題太像是假設性的問題了，但實際的情勢過於強烈。如果說你們不該過來，就是說你們應該離去。而我是反對那種說法的。這我已經說過許多遍了。我完全反對你們離去。我頂多是說，由於猶太復國主義理念的邏輯，當你們過來的時候，應該已經了解你們來到的是一塊已經有人居住的土地。

而且我也要說，有些人認為來這裡是錯誤的。哈姆（Ahad Ha'am）[6]就是其中之一。如果1920年我在那裡的話，就會要人提防這一點。因為阿拉伯人已經在那裡了，而且因為我自己並不很喜愛大規模移民和征服的運動。因此我不會鼓勵這種事。

【訪】你願意承認當時我們需要來嗎？在1920和1930年代，那些人如果沒來的話，大多會在歐洲被消滅？

【薩】我是阿拉伯人中少數寫過文章討論大屠殺的。我到過布亨瓦德（Buchenwald）、達豪（Dachau）和其他的死亡營，而且我能看出彼此之間的聯繫，這一連串的事件。我願意接受有許多證據暗示，人們覺得需要到這裡來。但我是不是深深同情那些來的人？其實只是些微的同情。我發覺很難把猶太復國主義當成猶太復國主義來接受。我認為其他國家，像美國、加拿大、英國，本來可以收留歐洲的猶太人。我到現在依然責怪英國人讓猶太人到巴勒斯坦

---

6 譯註：哈姆（1856-1927）出生於俄羅斯帝國的正統猶太人家庭，呼籲復興希伯來文化，主張在巴勒斯坦建立一個猶太人的國家，作為漂泊離散的猶太人的中心和模範，嚴詞批評赫茨爾那種政治的猶太復國主義，其希伯來文化觀對於早期在巴勒斯坦建立的猶太社群有決定性的影響。

來，而不在其他地方收留他們。

【訪】那後來呢？如果在當時，你會不會接受1947年的分治計畫（Partition Plan）？

【薩】我的直覺是說不。那是個不公平的計畫，根據的是少數人得到和多數人平等的權利。也許我們當時不該就此為止；也許我們應該提出自己的計畫。但我能了解，分治計畫是當時的巴勒斯坦人無法接受的。

【訪】1948年的巴勒斯坦悲劇只該由猶太人來承擔道德責任嗎？阿拉伯人不也該受到責怪嗎？

【薩】1948年的戰爭是個驅離的戰爭。那一年所發生的事就是毀滅了巴勒斯坦社會，用另一個社會取代了那個社會，而且驅離那
些被認為是不可取的人、形成障礙的人。我很難說某一方該負起全 449
部的責任。但對於驅散城鎮的居民，毀掉城鎮，絕大部分的責任都是在猶太人－猶太復國主義者。拉賓（Yitzhak Rabin）就驅離了拉姆雷（Ramle）和利達（Lydda）的五萬居民，因此很難要我認為有別人該為這些事負責。巴勒斯坦人唯一的責任就是置身該地。

【訪】當你看著這一連串事件，也就是你眼中的敘事，會有什麼情緒反應？

【薩】憤怒。我覺得很憤怒。我認為用那麼多方式對我們說：「我們不該為你們負責，你們只要走開，離我們遠遠的，讓我們為所欲為」，這是多麼沒有良心、完完全全沒有道理。

我認為這是猶太復國主義的愚蠢。築起這些否認的高牆，這些至今都還是以色列人生活的重要部分。我想，身為以色列人的你從來沒有在檢查哨或在艾里茲衛哨（the Erez crossing）排隊等候檢查過。那實在很糟糕、很羞辱，即使像我這樣已有特權的人依然如

此。實在沒有理由那麼做。對待他人的這種不人道行為是無法原諒的。因此，我的反應是憤怒，非常非常的憤怒。

【訪】你恨我們嗎？

【薩】不，奇怪的是，恨不是我所感受到的情緒。而憤怒卻更具有正面的意義。

【訪】但根據你這個版本的巴勒斯坦敘事，恨看來幾乎是不可避免的。

【薩】你對德國人感覺如何？

【訪】那一樣嗎？

【薩】我並不是說那是一樣的。我只是好奇，如果你被人大規模地迫害，你感覺如何？

【訪】我想我的確恨德國的納粹，但不僅止於恨。

【薩】這是一種強烈的情緒，尤其是因為我們到現在都還被迫害。那種情形還沒停止。奧斯陸協定並沒有讓這件事結束。不，這件事還在繼續。你去希亞姆看看，你去艾里茲看看，簡直令人吃驚。

【訪】因此你覺得自己面對著邪惡？即使以色列撤回到它1967年之前的邊界，那依然代表著繼續不斷的邪惡？

【薩】那是一套邪惡的實際行為，整體的效應則是讓人刻骨銘心、屈辱的不公不義。而且這件事繼續在進行——每一天，以各種可以想見的方式。

那就是讓我感受最深的地方——這種情況是被刻意維持的。我
450 並不是指每個以色列人，以色列人也是形形色色。但就整體的實際行為來說，以色列人對巴勒斯坦人實際上所做的真是大錯特錯，而且蠢之又蠢。巴勒斯坦人心中能懷有什麼感受呢？不只是一種「我

要它停止」的感覺，而且是一種「總有一天輪到我」、「總有一天不饒你」的感覺。

【訪】你看這種情況正在發生嗎？你是不是感到權力的天平開始移向巴勒斯坦人？

【薩】我從沒用過像是「權力的天平」這類字眼。但我認為，即使那些踢人的人也該問問自己到底還能繼續踢多久，你的腳總有痠的時候。總有一天你會醒來而且問：「我他媽的在幹嘛？」

在我看來，以色列醒悟的人不夠多。就我解讀過去百年來的情況，以色列—猶太復國主義這邊有個假定：如果我們努力奮戰，把他們長久壓制下去，如果我們砌起夠多的圍牆，如果我們在各種可能的方面都讓他們不好過，他們就會放棄。

但那種情況並沒有發生，並沒有發揮效用。今天在巴勒斯坦人之中，有一種更強烈的堅不放棄的欲望。根據我主觀經驗的證據，我能說各代的巴勒斯坦人都感受到很強烈的不公不義之感。他們覺得由於公義不張迫使他們繼續奮鬥。那也就是為什麼他們覺得像是7月在大衛營討論的那些安排無法讓人滿意，不會帶來真正的和解。

【訪】你是說對巴勒斯坦人來說，沒有公理正義就不會有和平？

【薩】是的。沒有人能得到絕對的公理正義，但必須採取一些步驟，就像南非在種族隔離政策結束時所採取的那些步驟。以色列和南非不同，但也有共通之處，並不是完全無法比較。這些共通之處之一就是，大部分的人覺得自己被拒絕而無法得到資源、權利、土地的所有權、自由遷徙的權利。我從南非的例證中學到的就是，處理由族裔引起的敵對這種複雜歷史，唯一之道就是正視它、了解它，然後繼續往前邁進。我心中所想的，就是像真相與和解委員會

（the Truth and Reconciliation committee）這樣的組織。我認為這件事必須由我們巴勒斯坦人來做，就像南非的圖圖（Desmond Tutu）
451 主教和黑人一樣。當然，他們先贏了，已經擺脫了種族隔離政策。

【訪】你認為在後佔領時代的以色列（a post-occupation Israel）和從前的南非有多相似？

【薩】當然存在著一種差異的意識形態（an ideology of difference），也就是說，以色列人創造出了一種系統，在這個系統中，一個民族比其他民族擁有的更多。這像不像以往南非完全的種族隔離呢？很可能不是，但也有相似之處。荷裔南非人（Afrikaners）有一種原型的猶太復國主義意識形態（a proto-Zionist ideology）。他們覺得自己是上帝的選民。

但在我心目中更重要的就是責任的問題。我認為每個以色列人的意識和良心都該有這個念頭：他的國家抹煞了1948年之前的阿拉伯人的生活。雅法（Jaffa）以往是座阿拉伯城市，但阿拉伯人被趕走了。而我認為以色列人應該知道，他們出現在這個國家的許多地方，隨之而來的就是一個巴勒斯坦家族的淪喪，房舍被拆，村莊被毀。我的想法是，你們有責任去發掘這些，並且像康德主張的那樣，據此而行動。

許多以色列人抗拒這一點，因為他們認為結果就是要離開。絕非如此。就像我所說的，我反對那一點。我最不願意做的就是讓這種過程繼續下去，使一種扭曲導致另一種扭曲。我深怕那種現象。這種情況我已經見過很多次了。我不想見到更多人離去。

【訪】你是在說以色列人應該知道，他們就像南非的白人一樣，只要他們放棄自己的意識形態，有權要待多久就待多久。

【薩】是的，放棄那種否定他人權利的意識形態。

【訪】因此需要的是一種去猶太復國主義化（de-Zionization）的過程？

【薩】我不喜歡使用那類的字眼，因為那顯然表示我要求猶太復國主義者去切腹自殺。他們可以是猶太復國主義者，而且他們可以肯定自己的猶太認同以及他們和土地的關係——只要他們不那麼明目張膽地禁止別人進入。

【訪】根據這個邏輯，就有必要以新的以色列來取代目前的以色列，就像以新的南非來取代舊的南非一樣。必須祛除不公義的國家機制。

【薩】是的，正是。我們還是用「改革」這個字眼吧，因為我對「祛除」的說法感到很不自在。那是一種天啟式的語言。而我所
喜歡使用的字眼盡可能不要來自天啟和神祕的再生那種脈絡。這也 452
是為什麼我不說「去猶太復國主義化」，那就像在憤怒的牡牛面前揮舞紅旗，我看不出那能達到什麼目的。因此我比較喜歡談論轉型，以色列的逐漸轉型，以及所有中東國家的逐漸開放。

【訪】兩年前你在《紐約時報》上發表了一篇文章，支持一國制的解決方式。似乎你兜了一整圈——從1970年代主張一個世俗—民主國家的解決方式（one secular-democratic-state solution），到1980年代接受兩國制的解決方式（two-state solution），再回到一個世俗—民主國家的理念。

【薩】我未必會把它稱為世俗—民主的，而會把它稱為一國兩族（a bi-national state）。我想要為巴勒斯坦人和以色列的猶太人保持一種機制或結構，能讓他們表達自己的民族認同。我了解就巴勒斯坦—以色列的情況來說，一國兩族的解決方式必定得面對兩個集合體之間的差異。

但我並不認為分治或隔離會奏效。兩國制的解決方式沒辦法再執行下去。有鑑於地理、人口、歷史、政治等諸多現實，我認為一國兩族是大利多。

【訪】你認為一個猶太國家這種觀念有缺失？

【薩】我並不覺得一個猶太國家這種觀念有多吸引人。我所知道的猶太人——我所知道的比較有意思的猶太人——不是由他們的猶太特質（Jewishness）所定義。我認為把猶太人限定在他們的猶太特質是有問題的。讓我們來看看「誰是猶太人」這個問題。一旦原先建國和回歸以色列（*aliyah*）的那種狂熱消退之後，人們會發現身為猶太人並不是畢生的計畫；那是不夠的。

【訪】但那是猶太人內部的問題。對你來說，問題是：猶太這個民族有沒有權利成立自己的國家？

【薩】如果有夠多的人認為自己是一個民族，而且需要建構一個國家，我尊重那種看法。但如果隨那而來的是摧毀另一個民族，我就不能接受「為了讓我們興起，你們就得去死」這種態度。

【訪】你是在向以色列人說，他們應該放棄猶太主權的觀念？

【薩】我不是要人去放棄任何東西。但是把猶太主權本身當成目的，相較於它所產生的痛苦、虛耗、苦難，其實並不值得。如果在另一方面，能把猶太主權想成是邁向一種更慷慨大度的共存、
453 「存在世間」（being-in-the-world）的觀念的一步，那麼就值得放棄——不是要強迫放棄它的意思，不是我們將要征服你們的意思（像許多阿拉伯人把阿拉法特稱為「薩拉—依—丁」（Salah-e-Din）——意思是說，他要把你們踢出去。不，不是那個意思。我不要那種變動。你們也不要那種變動。比較好的選擇會是說，主權應該逐漸讓步給更開放、更能生存的東西。

【訪】在一國兩族的情況下，猶太人很快就會變成少數，就像黎巴嫩的基督徒一樣。

【薩】是的，但反正你們都將是少數。再過大約十年的光景，猶太人和巴勒斯坦人的人口幾乎要等量齊觀，而且這個過程會繼續下去。但猶太人在每個地方都是少數。他們在美國是少數，他們在以色列當然也可以是少數。

【訪】根據你對此地的了解以及歷史上的衝突，你認為那樣少數的猶太人會受到公平的待遇嗎？

【薩】我擔心這一點。中東少數民族的歷史不像歐洲那麼糟，但我不知道會發生什麼事，這讓我很擔心。猶太人的命運如何，這是我的大難題。我真的不知道。這令我擔心。

【訪】你個人有權回去塔爾比，有權回去耶路撒冷的塔爾比？

【薩】對我來說，塔爾比是一棟房子。我的家宅坐落於布倫納（Brenner）街，旁邊就是今天的一座小公園。我1992年初次回到那裡時，身上帶著我們家宅的房契，是我堂兄弟給我的。他要我看看能做些什麼。四年後，他自己過來，向某個組織登記，以便要回房子。他要把房子要回來。

因此，這是個很特別的東西。如果你以抽象的方式來問我，我會說，我有權回去，就像我的猶太同事在以色列的回歸法案下有權回去。但如果你問我比較細節的地方，我就會扯上我的堂兄弟，他父親的名字就在房契上，而且他想要得到某種承認，承認房子是從他那邊拿走的，房子是他的。

【訪】你真的期盼要回到那棟房子？你真的要回到塔爾比？

【薩】我不確定。我感受到死亡的壓力。對我來說，要脫離自己在紐約的生活會是困難的。但問我願不願意回到我年輕時的那些 454

地方，而不是以觀光客的身分——我會說願意。就我兒子的情況來說，他要是能回到那裡，回到那棟房子，他會喜歡的。是啊，有何不可？

【訪】因此，要回去的這種要求不是抽象的，不只是比喻。你是真的有意那麼做嗎？

【薩】是的，那是個真實的問題，和真實的人有真實的聯繫，一向如此。許多以色列人說：喔，這樣一來以色列國就滅亡啦。但在我看來完全不是那麼一回事。

難民問題是最難解決的問題，因為涉及驅逐這種道德問題。但我認為以色列必須承認難民的困境。而且我認為難民必須有權回去。我不確定有多少人會要回去，但我認為他們應該有權回去。

已經有人研究顯示這種做法的可行性、這個議題中合情合理之處。如何用最少的傷害而能達成這件事，那並不是真的要把人從他們屯墾的土地上趕走。根據這些研究，你能以最不擾民的方式在今天的以色列很輕易地安置一百萬人。我認為這可以是個開始，一個可以討論和對話的好起點。當然，這必須是個有管制的回歸，不是讓任何人上了船就回去。

【訪】讓我們回到塔爾比。就你五十五年前生活的這個地區，這也是我今天住的地方，這種方式效果如何？

【薩】我那些名字在房契上的親戚相信那棟房子是他們的，因此他們應該有所有權。就那棟房子的情況來說，這點沒有問題，因為它現在不是由以色列家庭所擁有，而是由一個基本教義派的基督教組織所擁有，順帶一提的是，這個組織來自南非。因此，我的家族應該把房子要回來。他們之中有沒有任何人會回去住在那裡？我認為會的。但在這個特例中，肯定應該給他們一個選擇的機會。至於其他有人住、而且已經住了許多年的房子，我的直覺是不要把他們趕出去。我認為應該找到某種人道、溫和的解決之道，能夠兼顧過去和現在的訴求。我並沒有什麼容易的解決之道，但我告訴過你，我反對要人、強迫人離開自己家宅這種觀念，即使它代表的是國際法庭，或自稱有權利的民族。這是他們的權利，但要以那種特定的方式真正付諸實行——這我辦不到。

【訪】你不擔心在巴勒斯坦人中，有人會有不同的感受？在具 455
有返回的權利之後，會有一種要驅離的衝動？

【薩】我想是會有，但我會反對。我是完全反對驅離的。我的整個哲學就是設法避免那種狀況。我不確定當那種情況發生時我還在不在，但如果我還在，就會很強烈反抗。

我是以辛巴威的情況來看這件事。在我心中毫無疑問的就是那裡的人民——耕種土地的白人——對那塊土地、財產和他們的耕耘，有著很強烈的繫念。我相信他們該留下來——只要他們承認其他人被驅離了、權利被剝奪了。同樣的情況也適用於這裡。但那是個很困擾的倫理問題，遠超過任何一個人所能回答的。

【訪】因此你所勾勒的是一個全新的情境，在這種情境中以色列這個少數民族能和平地居住在阿拉伯的環境中？

【薩】是的，我相信這是可行的。以色列這個少數民族能像阿拉伯世界其他少數民族一樣存活下來。我很不願意這麼說，但這以很有趣的方式在鄂圖曼帝國的米列制度（millet system）[7]下運作得

---

7 譯註：米列制度是鄂圖曼帝國的重要行政措施，利於統治境內不同宗教、族裔所形成的團體（米列），其中以希臘正教為第一個主要的米列。每個米列建立自己的機構，執行國家力有未逮的工作，如宗教、教育、社會安全、醫療照護等，使得不同的社群對內可以擁有宗教、文化、族裔的延續性，對外可以納入鄂圖曼帝國

相當好。他們當時採取的辦法似乎比我們現在的遠為人道。

【訪】就你所見，猶太人在泛阿拉伯的結構下終究會有文化的自主？

【薩】泛阿拉伯或地中海，為什麼不該包括塞浦路斯呢？我所想要的是把猶太人整合到更大的社會結構中，這個社會儘管受到民族國家的摧殘，依然有很不尋常的生存力量。我認為這是做得到的，而且有各式各樣的理由去邁向更大的社會單元。所需要的社會組織是我還沒真正想出來的，但會比巴拉克先生和他的顧問們所夢想的那種分離更容易組成。阿拉伯文化的高明就在於兼容並蓄。我對泛阿拉伯主義的定義會包括在阿拉伯—伊斯蘭架構下的其他族群，包括了猶太人。

【訪】因此在一、兩代之內，會出現阿拉伯世界中的一個阿拉伯—猶太人少數族群？

【薩】是的，是的，我是這麼認為。

【訪】許多猶太人會覺得那令人心驚膽跳。

456 【薩】身為猶太人，你顯然有理由覺得害怕。但是長久之計應該是走向比較不焦慮，而不是比較焦慮。也許我錯了，但就我的解讀，以色列現在的存在方式大部分根據的是把周圍的東西排除掉，彷彿是阻止它們闖入。我認為，那並不是吸引人的生活方式。這種民族主義式的選擇創造出一個充滿焦慮的社會。這產生了偏執狂、軍事化和嚴苛的心態。而這一切都是為了什麼？我所談論的另一種方式、另一種選擇，會給你們猶太人靈活、開放得多的生活。那會

的行政、經濟、政治系統。米列制度多元、容忍的特色，讓猶太人在伊斯坦堡形成自己的社群和獨立的宗教機構，吸引了許多在俄羅斯、西班牙、波蘭、奧地利、羅馬尼亞等地受到迫害的猶太人前來土耳其境內。

賦予來到巴勒斯坦的猶太人、來到以色列的猶太人那個計畫一個明智得多的基礎。

【訪】你是難民嗎？

【薩】不，「難民」這個字眼對我來說具有很特定的意義，也就是說，健康很差，社會災難，淪喪和流離失所。那並不適用於我身上。就那個意義來說，我不是難民。但我感覺自己沒有地方（no place），我與我的根源之間的聯繫被切斷了，我生活在流亡之中，我被放逐了。

【訪】你最近出版的回憶錄書名叫 "Out of Place"［直譯為「不在原地」、「格格不入」，中譯本取名為「鄉關何處」］。那是什麼意思？

【薩】不能回去，那真的是我的強烈感受。我會把我的人生描述成一連串的離別和返回。但離別總是焦慮的；返回總是不確定的、危險的。因此即使我短程旅行，都會打包了太多的東西，擔心的就是萬一我不能回去。

你總是覺得自己沒有歸屬，你真的沒有歸屬，因為你真的不是從這裡來的。而你真正來自的地方，其他人說那不是你的，是他的。因此，甚至你從哪裡來的這種看法都總是受到挑戰。

【訪】在那種情況下，你必須創造自己（invent yourself）嗎？

【薩】是以「創造」那個字眼的很特殊的意義。在拉丁文中，*inventio* 是「再度找到」。它在古典修辭學中是用來描述一種過程，藉由這個過程你找到過去的經驗，並且重新安排這些經驗，以賦予它們說服力和新鮮感。它不是無中生有，而是重新排序。就那個意義來說，我創造了自己。

首先，在維科的影響下，我了解到人創造了自己的歷史；歷史不像自然，它是人類的產物。而我了解我們能製造自己的開始。這些都不是外在給予的，而是意志的行動（acts of will）。

但近年來，當我面對末期的疾病，帶有一種強烈的不定感，我
457 發覺自己不怕死。甚至和疾病末期相關的痛苦我都不害怕。但我害怕的卻是不能重新捕捉、重新述說、重新詮釋我生命中自認有些價值的那些方面。

回顧起來，就是在那時我知道我成長的那個世界，我父母親的世界，開羅、貝魯特和1948年之前的塔爾比，都是捏造的世界。那不是真正的世界，沒有我要具有的那種客觀的堅實感。多年來，我哀嘆這個世界的淪喪，我真的為它哀嘆。但現在我發覺重新詮釋它的可能性。而我知道這不但對我來說是真的，而且對我們大多數人來說也是真的：我們在人生中前進，擺脫過去的——遺忘的，失落的。我了解我的角色就是要訴說、並且重新訴說一個淪喪的故事，而在這個故事中，遣返的觀念、返回家鄉的觀念，基本上是不可能的。

【訪】因此就你個人來說，是不可能回去的？

【薩】我在寫回憶錄時，我的摯友阿布—盧果德——他是來自雅法的難民——回到巴勒斯坦，在拉馬拉（Ramallah）定居。那對我來說也是一個選擇。我可以在巴爾・宰特（Bir Zeit）找到一份工作。但我知道我辦不到的。我的命運就是要待在紐約，停留在一直擺盪的情況，在那裡關係不是繼承的，而是創造的。在那裡沒有家的堅實感。

【訪】你是不是沉溺於無家可歸（homelessness）的感覺？

【薩】我不知道自己是不是沉溺其中，但我沒有任何房地產。我住的公寓是租來的，我把自己看成是漂泊者。我採取的是旅行者

的立場，沒有興趣要掌有任何領域，也沒有什麼領土要保護。

阿多諾說，在二十世紀，家的觀念被取代了。我想我對猶太復國主義一部分的批評是由於它太強調家的重要，說我們需要一個家，而我們會盡一切所能來獲得一個家，即使那意味著使別人無家可歸。

你認為我為什麼對一國兩族那麼感興趣？因為我要某種豐富的結構，某種任何一個人都不能完全掌握、任何一個人都不能完全擁有的結構。我從來不了解「這是我的家，你必須出去」這種觀念。我不欣賞回到源始、回到純粹這種說法。我相信重大的政治、知識的災難是由嘗試簡化、純化的化約運動所造成的。也就是說，我們得紮帳蓬、成立集體農場、建立軍隊，重頭開始。

我完全不相信那些。我自己不要那樣。即使我是猶太人，也會 458
反抗這種事。而那種事是不會持久的。聽我說，阿里，聽我的話。我年紀比你大。那種事甚至不會有人記得。

【訪】你這種說法聽起來很像猶太人。

【薩】當然，我是最後的猶太知識分子。你大概沒見過其他的猶太知識分子。所有其他你那些猶太知識分子現在都住在郊區當地主了，從奧茲（Amos Oz）[8] 到所有在美國的那些人都一樣。因此，我是最後一位了。阿多諾唯一忠實的跟隨者。讓我這麼說吧：我是個猶太人—巴勒斯坦人（a Jewish-Palestinian）。

訪問者：沙維特（Ari Shavit）

2000年以色列特拉維夫《國土雜誌》（*Ha'aretz Magazine*）

---

[8] 譯註：奧茲（1939-）出生於耶路撒冷，十五歲住到集體農場，後來在希伯來大學研習哲學和文學，創作兒童文學，也是散文家，曾在美國及以色列擔任駐校作家。

附錄一

權力、政治與文化：三訪薩依德[1]

2001年夏天，我前往紐約大學（New York University）短期訪問，掛單於陳國維（John Kuo Wei Tchen）主持的亞／太／美國研究學程（Asian/Pacific/American Studies Program）。由於已訪問過薩依德兩次，並顧慮到他的健康及忙碌狀況，原本無意打擾，不料8月中旬在學校附近的書店發現到他的新書《權力、政治與文化：薩依德訪談集》（*Power, Politics, and Culture: Interviews with Edward W.*

---

1 註釋：我於1997年8月18日首次訪問薩依德，全文刊登於他的第一本中譯專書《知識分子論》（台北：麥田，1997年11月，頁161-84），標題為〈知識分子論：薩依德訪談錄〉，綜論他的重要作品、觀念與學思歷程。第二次訪談於1998年4月30日進行，刊登於《當代》132期（1998年8月），頁108-17，標題為〈印度之旅及其他：再訪薩依德〉，內容包括他的首次印度之旅及當時正在進行中的回憶錄。此二訪談後來收入《對話與交流：當代中外作家、批評家訪談錄》（台北：麥田，2001年5月），頁357-74及375-85。本次訪談承蒙林雅瓊小姐協助謄清，陳雪美小姐修潤，何文敬、紀元文兩位先生過目並提供意見，謹此致謝。

Said)。全書蒐錄了自1976至2000年的二十九篇訪談，內容之廣泛遠超過以往其他著作，堪稱對薩依德本人的多方面呈現。於是我改變初衷，以電子郵件聯絡。他計畫於月底出國，我則預定於9月10日返國，於是約定在他出國前的8月24日，於紐約哥倫比亞大學見面。

訪談當日下午，偕同從台灣前來探望的妻兒齊赴哥倫比亞大學，遠遠望見行政大樓前的台階上薩依德正與一位男士談話，由於還不到約定的時間，便先打個招呼，說聲待會兒見。五點步入他的研究室，不見跟隨他十四年之久的中東籍博士女祕書，取而代之的是位白人女士。

進到研究室內間，只見他手拿雪茄，正在吞雲吐霧，狀至逍遙。我問是不是古巴雪茄，他說是，而且說在古巴境外唯一能買到這種好雪茄的，只有黎巴嫩的國際機場，他每次經過都會買一些，親友路過也會帶一些給他。在取得他的同意之後，我拍了一張他手持雪茄、穿著吊帶褲的照片，這是平時衣冠楚楚的他難得一見的輕鬆寫真。[2] 我們又聊起《格理弗遊記》(*Gulliver's Travels*) 的作者綏夫特 (Jonathan Swift, 1667-1745)，因為他的另一本近作《流亡的省思》(*Reflections on Exile and Other Essays*, 2000) 的封面宛如一個巨人靠坐在海邊的山丘，腿上擺著一本書，[3] 像是在小人國裡的格理弗，而他也知道我在從事《格理弗遊記》的中文譯註。他認為綏

---

[2] 註釋：也就是後來《認識薩依德：一個批判的導論》(*Edward Said: A Critical Introduction* [Valerie Kennedy原著，邱彥彬中譯 (台北：麥田，2003年7月)]) 和《知識分子論》增訂版 (台北：麥田，2004年1月) 兩書封面所用的照片。

[3] 註釋：此書封面圖樣取材自彼得林的畫作《流亡中的但丁》(Domenico Peterlin, *Dante in Exile*)。

夫特是「最偉大的英文文體家」（"the greatest English stylist"），並透露了一段祕辛：他曾發表過兩篇有關綏夫特的論文，[4]頗獲好評，有心寫書，還準備了一整箱的卡片，但遭到一位知名的綏夫特學者打壓（因為兩人的路數相近，而剛出道的薩依德表現突出），於是轉往其他研究領域。

他提到這位學者的名字，我告訴他，德國慕斯特（Münster）的一所大學（Westfälische Wilhelms-Universität）以這位學者的名字成立了一個研究中心，出版《綏夫特研究》年刊（*Swift Studies*，2001年已出版到第十六期），並召開了四次綏夫特國際學術研討會，成為全世界研究綏夫特的最重要機構，去（2000）年我還在那裡待了十天左右，出席研討會並蒐集資料。他聽了甚為驚訝，完全不知此事，並探問緣由。我則告知，此一學者十分喜歡這座德國城鎮，每年從美國來此講學，並有意於退休後定居此地。有一年客座講學期間，意外喪生，兒子把他的藏書全部捐贈給此所大學，大學也以其名來命名此研究中心，以示紀念。因為這個罕見的機緣，再加上多年來雷阿爾（Hermann J. Real）教授的努力經營，該中心終於有今日的成就。他聽了之後，默然不語。我接著詢問他將來可不可能再回頭研究綏夫特，但他表示自己的方向早已轉變，頗有時不我予之嘆，然而在他的若干論述中，依然見到引用綏夫特之處。

正式訪談前，他原本要送我幾本近作，我則告知出於對作者的敬重，早已自行購買，隨即取出《權力、政治與文化》一書請他簽

---

4 註釋：即〈綏夫特的托利黨無政府狀態〉（"Swift's Tory Anarchy"）和〈知識分子綏夫特〉（"Swift as Intellectual"），收入《世界、文本與批評家》（*The World, the Text, and the Critic*［Cambridge, Mass.: Harvard University Press, 1983），頁54-71及72-89。

名。他以鋼筆寫道：「博學之友，傑出譯者，同志」幾個字。

此次訪談主要集中在他的近作，但由於近期以巴關係惡化，多少蒙上了一層凝重的氣氛。訪談中間，一位巴勒斯坦人來訪，兩人站在門口用自己的語言談了一陣子。訪談結束後，薩依德和我一塊步出研究室，他還盛情邀請我們全家到附近的中餐廳吃飯，想聽聽我們對這家中餐廳的評價，但因校園廣闊，一時之間找不到我家人，只得作罷。

後來他因故取消國外之旅。半個月後，發生九一一事件（我在飛回台北途中迫降於阿拉斯加的安克拉治，待了兩晚）。巴勒斯坦和伊斯蘭世界的反應以及其中的前因後果，在此訪談中可見出些許蛛絲馬跡。至於九一一之後，則是另一番局面了。

單德興（以下簡稱「單」）：你真是位多產的學者。自從我1998年4月與你訪談之後，你又出版了好幾本書，最近的《權力、政治與文化：薩依德訪談集》這個月才剛出版。

薩依德（以下簡稱「薩」）：上個星期。

單：是的，上個星期才剛出版。當然，就某個意義來說，這就像你以往的訪談專書《筆與劍：薩依德對話錄》（*The Pen and the Sword: Conversations with David Barsamian*, 1994）一樣……

薩：那是和巴薩米安（David Barsamian）的訪談錄，但那只是跟一個人進行的訪談。

單：是的，那是不同的一點。而且你也可以說，這本書更為複雜，因為裡面選錄的二十九篇訪談開始於1976年，結束於去（2000）年。能不能就此談談兩個問題：第一，訪談錄作為一種特定的「文類」（genre）；第二，這些訪談錄如何多少代表了你的學思歷程（intellectual itinerary）？

薩：你是知道的，這些年來我一定做了數以百計的訪談。其中有許多是接受廣播電台和電視台的訪問，但也有一些不同的訪談，基本上是為了出版，用意就在於能夠複製。以1976年的第一篇訪談來說，那是一篇書面訪談，因而有機會更深入反省、探索。同時，那些訪談也和當時的場合有關，比方說，出書、某個事件、某個展覽、政治發展或其他事情。因此，它們跟當時的情況很有關。

第二點，這本訪談專書是由我以前的學生、現在的［哥大］同事薇思瓦納珊編選的。她從許多訪談錄中挑出了這些篇，是因為她認為這些訪談錄展現了某種學思歷程。你知道，在這些階段中，我個人很難看出到底是怎麼回事，只是顯示了我對許多不同事情感興趣，但經常並不是很深刻。然而我發現了一件事，這就跟我前些日子出版的論文集一樣［即2000年出版的《流亡的省思》］，我發現一些主題一再出現，而這些主題對我來說很重要，其中包括了地理、領域、認同的問題、表演的觀念、淪喪與流離失所，當然也包括了流亡，以及知識發現、知識辯論的喜悅。

單：就像你所說的，第一篇是書面的訪談，其他都是面對面的訪談，因此具有臨場感。在那本書的序言中，也提到了複雜的編輯過程，也就是說，這些訪談經過不同雜誌、期刊的編者編輯過，然而又由……

薩：……也包括了一篇電視訪談。他們會先看過這些訪談，然後送還給我，我再做些修正，通常不太多，只是有時候做些更動，或者擴充一些論點，讓訪談變得更清楚。

單：在最近這本訪談錄中，你也加了一些頭註（headnotes），因此整個過程其實是滿複雜的，並不像表面上看起來那麼具有臨場感。

薩：你認為那太複雜了？

單：我的意思是說，整個過程又是……

薩：這只是表現了想使它正確的那種焦慮感（the anxiety of trying to get it right）。你在某種情況下說了一些話，幾個星期後你接到謄稿，但事情已經改變了，而你知道自己對某件事說了一些很愚蠢的話。最有趣的就是在謄稿中所發生的錯誤，其中的整個遣詞用字、句子，尤其是名字，在謄出來時差異甚大，因此你得把它們改回去。然後你領悟到，就某個意義來說，你只能為自己負責——你不能改變訪談錄。

單：不能改變……

薩：不能改變，你是知道的。固然其中有些問題前後很一貫，但我發現自己一直在改變。當然，你得記住在其他訪談中所說的話，因為你會發現人們說，你在某某場合是那麼說的。上個星期，我上電台為那本書接受訪談，很巧的是，訪問者正在讀那本書，而在訪談之前，我自己也在讀那本書，而為了某個原因，我們都集中在同一頁，那是1980年代我所做的一篇訪談。在那篇訪談中，我說巴勒斯坦的情況很可能是再糟不過了。我讀到那裡，心中猛然一驚：「噢，我的天！但願我沒那麼說，因為現在的情況其實更糟。」因此，他問我那件事時，我說：「真後悔那麼說，因為我認為現在的情況更糟。」但我最好還是小心點，因為我認為未來的情況可能更糟！然後，我們稍稍談到似乎永無止境的奇慘悲劇，巴勒斯坦人的苦難似乎隨著每個場合、每個階段變得更複雜、更深沉。那就是所發生的另一件事。我發現自己經常回到這些訪談，被問到我現在還相不相信那件事。

單：訪談涉及再現的問題，尤其是自我再現的問題。而這種再現也是訪談者與被訪談者之間互動的產物。有關訪談本身的美學、政治、甚至倫理，你有什麼看法？

薩：這個嘛，很有趣，因為我一直感覺到的一件事就是，我總是試著回答特定的問題，而你逐漸了解，在回答問題時，你開始被放入訪問者的議程（agenda），而他的議程很可能跟你的完全不同。但我應該說，這種事情在我們目前這個訪談並未發生。

單：是的，你可以這麼說。

薩：不，我的意思是說，的確如此。後來，當回想起來時，你會問，為什麼我不那麼說呢？那是因為我太屈從、太合作了。因此，我應該做的，就是來追尋自己的關懷，在公共媒體中尤其應該如此。我的意思是說，如果就一個政治情況來接受電視訪談，訪問者有很特定的新聞角度要涵蓋。但那可能並不是我要追尋的，因為我要的是其他訊息。我總是發現這種情況：美國的媒體只關心以色列所定下的事情，他們所定下的議程，比方說，他們所定下的政治議題。他們想知道暴力何時會結束，協商的情況如何，為什麼巴勒斯坦人不接受大衛營協議……諸如此類的事情。我要追尋的議程其實集中在像是以色列佔領的問題，這是現代史上最長的佔領之一，幾乎要超過日本對朝鮮的佔領，也就是三十五年的軍事佔領。因此，這裡還有其他的考量，你是知道的，所以我認為其中的倫理基本上就是奮鬥。當然，你要納入這個問題，因為這還包括了揭露的倫理（the ethics of exposure）。你在回答問題時，要符合訪問者的背景，他的讀者群，特定讀者的關懷等等。同時，還有對於自己的關懷的責任倫理（the ethics of responsibility）。

而如果你談論的是再現的問題，不管我喜不喜歡，我都被當成整個［巴勒斯坦］民族的代表。這有些荒謬。但你依然覺得你有責任，因為這些人事實上被消音了，而你現在有個發言的場所，你試著代表自己說些話，也代表他們說些話。還有一個倫理的論點，也就是說，你對這個議題的再現正不正確。你覺得自己在一個複雜的情境中，可能太偏向一邊或另一邊。因此，就某個意義來說，這是一場永無休止的平衡之舉。但我不喜歡這種觀念；另一方面，我並不試著成為各方的代表。我真正感興趣的是推出一個特定的觀點，而那最終就是我個人的觀點。

單：因此在這些不同的訪談中，你嘗試著協商兩種不同的……

薩：兩種、三種，有時甚至四種不同意義的過程和問題。

單：你會不會發現，有些訪談違反了你的觀念？

薩：你是說在我的回答中？

單：是的，或者在它們再現的方式中。

薩：在編輯的過程中，我也許這麼想過，但在編輯時總是希望能給予最大範圍的詮釋的可能性——不管是我自己的觀念或他人的觀念。在某些場合，我會刪掉一些不代表我的看法，或者我錯誤呈現自己的地方。我認為那麼做是可以的。另一方面，我不把訪談錄本身當成是定論，換句話說，我可能覺得需要加以發揮，改變其中的內容來納入我在編輯時的感受。因此，很可能會有改變。這是一個很複雜的過程，但對我來說，倒是相當新穎的，因為雖然我以往做過許多訪談，但並沒有真正全部訂正，你知道，我和巴薩米安的那套訪談，其實是他做的，不是我。因此我和那並沒有太大的關係——反正有個人來，我們坐下來吸煙，一路談下去。我們正在進行另外一部，他已經完成了大部分，其實這個月他該來把它結束的，但給纏住了，來不了。[5] 因此，這很複雜，而且對我來說，這很有趣、很新穎。附帶一提，我剛剛完成了另一本訪談的專書。

單：要由密西西比大學出版社（University Press of Mississippi）出版？

薩：不！不是那一本。那一本沒得到我的同意。

單：真的嗎？

薩：是的，到後來我得找律師去制止他們。不，他們從未得到我的允許或任何說法，我是不會讓他們出書的。我剛才發現他們自己蒐集了一些資料，其中包括了收入《權力、政治與文化》這本書中的幾篇。我告訴他們不能這麼做，他們說，「我們得到了版權。」我說，「不，你只是從雜誌社得到版權，但對我自己說過的話，我擁有所有權。你們不能沒得到我的允許或違反我的意願，就出版我的文字。」因此，我的律師寫信給他們，他們就打住了。現在他們要再試，但我是不……是的，那很不尋常。

【此時一位巴勒斯坦訪客進來，兩人站在門口用自己的語言交談，道別。】

薩：我們剛剛講到哪裡了？

單：你提到那本新書。

薩：是的，因此，我得制止他們。你知道，我不願意出版一個我沒有作者權、我無法控制的東西。之前他們進行了一段時間，而且就像我所說的，他們現在又試圖出版。[6] 我提到的另一本書其實

---

5 註釋：這裡指的是2003年出版的《文化與抵抗：薩依德對話錄》（*Culture and Resistance: Conversations with Edward W. Said*［Cambridge, Mass.: South End Press］）。

6 註釋：經過協商之後，本書終於在2004年出版，名為《薩依德訪談錄》（*Interviews with Edward W. Said*［Jackson: University Press of Mississippi］），編者為辛和姜森

是和一位音樂家的系列對談。我們大約從五年前開始的，討論的對象包括了華格納（Richard Wagner, 1813-1883）。這些年來，一直到去年12月為止，我們進行了一些對談，這些都謄了出來，會出版成書。[7] 這個過程經過編輯。其中顯然有許多有關音樂、政治、文化議題、詮釋以及其他事情。這是一本很精采的書。我發覺對我來說，訪談不能取代寫作。我的意思是說，那是附屬品。但我發覺這很刺激，尤其是你所面對的人是在探索，或者如果你嘗試探索他。

單：在編輯《權力、政治與文化》這本書的過程中，你改動的多不多？

薩：不多，因為大部分的改動都是在報章、雜誌、期刊第一次出版之前。是會有一些改動，主要是刪減，其中還有一、兩篇訪談是我不想發表的，因為我認為它們太[8]……其中一篇就太散漫了，裡面有三、四個人，有點像是表演。我認為這篇太散了。另一篇是從阿拉伯文翻譯過來的，我認為翻譯得並不是很好。於是我想把它們全部刪去，但編者和出版社都認為該保留，只是為了增添另一番風味。總之，我的改動只是化妝式的，像是刪去一些字，使句子變得更雅致。

單：你也提到訪談是一種新的可能性，那麼，這本書對你的意

（Amritjit Singh and Bruce G. Johnson）。全書收錄了二十五篇訪談，篇幅大約為本書的一半，選文完全不同，一般說來較為簡短，譯者於1997年與薩依德的第一次訪談也收入其中（惟譯者在進行此次訪談時並不知情），計十六頁，是其中較長的。

7 註釋：就是2002年出版的《並行與弔詭：音樂與社會之探索》（*Parallels and Paradoxes: Explorations in Music and Society*［New York: Pantheon Books］），包括了薩依德與巴倫波因（Daniel Barenboim，猶太裔鋼琴家，擔任美國芝加哥交響樂團指揮暨柏林德國國家歌劇院音樂總監）自1995年10月至2000年12月的六篇對話錄。

8 註釋：證據就是精裝本封面折口的文字說明指出本書收錄了二十八篇訪談錄（其實是二十九篇）。可見即使在設計封面時，內文也尚未完全確定，以致有此出入。

義如何？我的意思是說，這和你所「寫」的書相比，有什麼不一樣的意義？

薩：是的，很奇怪你會這麼問。我所謂的「奇怪」是，我並不把它當成是一本書。我認為這是一系列短暫的遭遇，由某種人記錄下來，放進封頁裡，或者說，放進封面和封底之間。我很……我很……該怎麼說……要用什麼字眼呢？「焦慮」！我等著要看讀者的反應。你是知道的，出版前會有一些評論，而這些評論都很正面。我擔心的是，裡面的題材很廣，讀的方式跟讀一本書……你知道，讀一本書時，你是讀一個論證。但在這本訪談錄中，有太多東西在裡面彼此爭鬥，比方說政治、音樂、文學和文學理論，或者……

單：我認為，從另一個角度來看……

薩：[岔開] 這 [雪茄] 會困擾到你嗎？

單：沒問題。

薩：你在咳嗽，顯然困擾到你，那我就不吸了。[暫時捺熄手上的雪茄]

單：這本書主要吸引人的地方之一，就是讓人看到你的許多不同面向。寫書時，你集中在某個題材上，能深入討論特定的題材。但是像這樣的一本訪談錄，跟《流亡的省思》這本多年來的論文合集有些不同。

薩：書寫和講話是有不同。在書寫中，我認為比較容易追隨其中的論證。我 [為《流亡的省思》] 寫了一篇比較長的緒論，試著提出全書中某些觀念的發展。但在訪談錄中，我辦不到，我就是辦不到，因為這本書太龐雜了。[9] 而我擔心的是，有許多東西會失

---

[9] 註釋：《流亡的省思》的〈緒論：批評與流亡〉（"Introduction: Criticism and Exile"）全長二十五頁，而本書的〈前言〉（"Preface"）不滿兩頁。

去，無法當成論證的一部分來理解。因此，是有這種擔心。但對我來說，反正現在不管是要解決或要補充都為時已晚。

單：你能把這些當成是「訪談」這個文類的特色嗎？

薩：是的，我是這麼認為。我的意思是說，訪談是我們這個時代典型的產物，因為正確謄寫的可能性比以往大得多。你知道，書中除了第一篇書面訪談之外，其他毫無例外地全都仰賴電子複製的可能性（the possibility of electronic reproduction），這在以往是不可能的。因此，謄稿相當正確；你不能說他們沒掌握到你的意思，因為全在錄音帶上。而且，如果有任何他們沒掌握到的，像是名字啦、事實啦，你也能更正。因此，把它當成文類來看的話，則是很當代的文類，而且我認為這是一種很冒險的文類，因為把所說的話出版，可能有些虛張聲勢，而且這些話就某個意義來說還是處於很粗糙的狀態。但是，訪談很能揭露當時的情況，不只是「我的」回應方式，「我的」話，也包括了訪談者的方式。我認為這是另一回事，也就是包括了我所遇到的、一塊討論的所有這些人。其中到底說的是什麼故事？那些人的關懷是什麼？

單：你喜歡這本書的封面設計嗎？

薩：不喜歡。

單：你不喜歡?!

薩：這個嘛，你知道，我有個很親近的朋友，他是唯一認為這張照片太虛張聲勢的人，因為它指涉了羅丹（Auguste Rodin, 1840-1917）。

單：……這棟大樓庭園中的那尊「沉思者」……[10]

---

10 註釋：薩依德研究室所在的哲學大樓（Philosophy Hall），前面庭園草坪上有一尊羅丹的「沉思者」塑像。

薩：……我當時並沒有察覺到，因為拍照的是很著名的攝影師。你知道賴珀薇芝（Annie Leibovitz）[11]這個人嗎？

單：不知道。

薩：她是當今世界上最著名的人像攝影師之一，是《浮華世界》（*Vanity Fair*）的常客，也幫電影明星和總統拍照。今年春天，也就是今年3月，上午剛拍完我的照片，下午就搭機去幫美國第一夫人拍照。那是她所生活的世界。對我來說，倒是有些令人迷惑，有些令人難以招架；她是很出色的專業攝影師，認識我的人，不管是家人或親近的朋友，都認為這張照片拍得很棒。但我對這張照片有些緊張，因為它看起來有些太過……裝腔作勢。那個姿勢的確是擺出來的。

單：對我來說，它很有藝術性。

薩：是啊，你這麼說真是好心。那是她的作品，不是我的。我認為那有些異類，那是書中的一種異類的存在（alien presence），因為它是另一種再現。

單：是的，攝影的再現……

薩：這個攝影的再現是由對我的作品略有所知的人所做的。

單：但她有自己的議程。

薩：她有自己的議程，正是如此。這幾乎就像簽名。注意她作品的人，像是一些新聞照片或《時尚》（*Vogue*）的讀者——這是她經常發表作品的地方——看得出這是她拍的照片。因此，這張照片

11　註釋：賴珀薇芝出生於1949年，曾獲美國雜誌攝影師協會（the American Society of Magazine Photographers）的最佳攝影及年度攝影師獎，並為在美國華盛頓特區斯密生學會國家肖像館（Smithsonian Institution National Portrait Gallery）展出的第一位女性攝影師。

與其說是我的，不如說是她的。

單：在拍攝的過程中，有沒有機會和她商量或互動？

薩：一直如此，一直如此。她真的很驚人。我們拍的時候……她來我家，在我家待了一個小時左右——在那之前兩、三天曾派人到我家。然後我們下樓，經過房子前面，來到河濱大道。然後一塊進城，到她在雀爾喜（Chelsea）的攝影棚，因此花了五、六個小時。在那段時間，她一直都在說話，一直在作手勢，跟助手說話。她來這裡的時候，帶了三、四名助手，全都是穿著黑色衣褲、很瘦削的年輕男子，似乎完全知道自己該做什麼。然後我們就到城裡，那裡的場地很大，有窗簾、背景之類的東西，助手也更多。她至少拍了幾百張照片，一邊拍照，一邊和我聊天，試著得到我的各種不同反應。她送了一系列各式各樣的照片給出版社，然後由出版社決定採用哪一張，而不是由我決定。

單：哦，是由出版社決定……

薩：到頭來是由出版社和攝影師決定。其實他們曾把這些照片送來給我，並問，「這可以嗎？」至於設計稿則是改了好幾遍。但有不少事我撒手不管，因為我並不真正知道他們要的是什麼——你不要忘了，他們的目的是賣書，我的意思是說，這件事涉及生意。

單：這是一本訪談錄的選集。至於你的論文集《流亡的省思》也是一本選集，蒐錄了過去二十多年來的重要作品。

薩：不只二十年！

單：不只二十年？

薩：《流亡的省思》這本書裡的第一篇文章寫於六〇年代中期，大約是三十五年前，討論的是［法國現象學家］梅洛—龐蒂（Maurice Merleau-Ponty, 1908-1961），而最後一篇文章是去年寫的。

單：那本書中有幾篇很重要的文章，重新思考你以往提出的深具影響力、啟發性的重要觀念，比方說，〈有關東方主義的重新省思〉（"Orientalism Reconsidered"）或〈有關理論之旅行的重新省思〉（"Traveling Theory Reconsidered"）。你會如何看待這本書的意義，尤其是與你早先那些觀念的關係？

薩：我認為這本書對我極為重要，因為它顯示了某些思考和比喻的類型恆久不變、反覆出現。維科一直回來，阿多諾一直回來，奧爾巴哈一直回來，尤其是康拉德一直回來。因此，對我來說，一個人最重要的觀念很早就形成了，並且一直跟著他，一直回來。而這也顯示了書中的那些議論總是令人不滿意，就像是《東方主義》（*Orientalism*, 1978），我發覺必須重新省思。因此，很可能我還該再寫兩、三篇文章討論東方主義，原因是這本書引發了一些辯論。同時，英國的聖人出版社（Sage Publications）出版了四冊有關於我的辯論、文章、研究，討論《東方主義》、《文化與帝國主義》（*Culture and Imperialism*, 1993）、文學理論等等。[12]我根本不知道發生了這些事。當然，我試著吸收、回應他們，就像德希達一向這麼做，杭士基也是這麼做。但我辦不到，因為我要一直前進。我對於當前的關懷程度遠超過對於過去。但偶爾我認為澄清是必要的，尤其是具有特定政治議程的人一直誤讀我的作品時，我認為有必要回溯。另一件事發生在我整理《流亡的省思》這本書時。我花了很大的工夫去修訂這些論文，重新排序，撰寫緒論等等；在那時候出現了一

12　註釋：書名就是《薩依德》（*Edward Said*［London: Sage Publications, 2001］），由威廉思（Patrick Williams）為該出版社的現代社會思想大師（Sage Masters of Modern Social Thought）系列所編，全套四冊，約一千六百頁，總共收錄了討論薩依德的八十篇文章，是截至目前為止有關薩依德的學術討論蒐集最全的文集。

本很棒的書，作者我從未見過，他研究我的思想，是目前為止討論我的文章中最好的一部，使我受益良多。

單：作者是誰？

薩：他名叫胡賽因（Abdirahman Ahmed Hussein），是索馬利亞的知識分子，五十歲出頭，在田納西大學教書。這本書明年春天要由維索出版社（Verso Publications）出版。這是到目前為止有關我的思想研究最深刻的……我該怎麼說，最深刻、透徹的檢討。

單：那本書是不是從博士論文發展出來的？

薩：不，不是。他這個人很有意思。他是索馬利亞人，在阿拉伯灣待過很長一段時間，通曉阿拉伯文，一直在研究我的……他說維索出版社剛寄給他一份合約，簽好的合約和文稿才寄回去，明年春天就會出版。[13] 我認為這本書分析我的思想，使我受益良多，因為我的印象是……這是我想要說的，我的印象是，我的寫作過於倉促，急著要結束手邊的東西，因此沒有……我經常要到很久之後才能看出自己在做什麼。是的，就是這樣。而我發覺這本書很有用，因為作者真的很具批判性，不只是解說而已。他也顯示了我的前後不一致，在最後一章，也就是剛寄給我的結論，顯示我很可能該在哪裡寫些東西來綜合一些已經出現但未完備的論點。這是有關什麼是結束、何時才算結束的很深沉的議題。很早以前在我有關《開始》的那本書中，我很執著於「如何開始」。但現在我發覺自己擔心的是，我是不是真的為某事下結論？它是不是沒有結束？它是否倉促行事，而該拋棄，重新開始。我發覺那些事情對我很重要，因為，

---

13 註釋：就是《薩依德：批評與社會》（*Edward Said: Criticism and Society*［London and New York: Verso, 2002］）。

我的健康每況愈下，覺得對自己有責任不要留下太多沒完成的事。

單：我查了一下巴恩斯與諾柏（the Barnes and Noble）連鎖書店的資料庫，大約有十來本有關你的書。

薩：是嗎？

單：大約十來本。當然，有些書像是《薩依德讀本》（*Edward Said Reader*）幾年前就出版了。

薩：你知道嗎，我今天才發現有位墨西哥出版商要把它翻譯成西班牙文。馬奎茲（Gabriel García Márquez, 1928-）很興奮；他要來紐約訪問我，而且把那篇訪問作為西班牙文讀本的緒論。那很好。但這些書大部分我都沒讀過。

單：你提到了批評家和你的讀者的見解。能不能談談批評家這種回應所具有的效應，或者借用你自己的說法，所具有的「對位的」效應？

薩：我得告訴你，我發覺這個問題很難、很難處理。首先，我從來不覺得我有時間去評量自己的影響。其次，我認為這些說法可能會妨礙我正在做的事。老實說，我一直擔心會發現一些批判的說法完全毀了我，因此我難得去閱讀它們，而對我來說最困難的事、最最困難的事，就是去回應。我試著不去回應，或者過了很長一段時間才去回應，或者說我回應的方式其實是探求我自己的某事。但是要我回應批評我的作品，我其實覺得非常非常不好受，因為大多數的時候我覺得自己差勁得多，害怕他們也許會發現那一點。我對自己的東西評價很低，真的不喜歡和其他人討論。因此，我頂多是在演講結束時回答問題，因為我認為也許我能在當場回應，然後消失。但是與某人探求一個議題，你來我往、反覆討論，就像杭士基那樣，或者像德希達那樣能跟自己反覆往來，我發覺自己在腦力上、體力上都辦不到；我只想繼續往前，做某件事，然後回來。我非常焦慮，有些擔心，發覺自己被毀。

單：但你認為這一位索馬利亞批評家如何，而你想要回應……

薩：不，那是另一回事。他去年10月就把原稿寄給我了，我花了九個月的時間來讀。我讀得非常慢，時時把它放下，結論到現在還沒讀完。他是7月16日寄給我的，基本上給我三十頁，但我大概才讀了十頁。我很不願意進入，因為我很擔心如果我涉入的話，就無法完成我現在正在做的事。我想這其中有很多都是因為我的疾病所引起的。我不確定我現在站在哪裡。

單：所以這和「格格不入」(out of place) 這種感受有關？[14]

薩：是啊。

單：我想有些讀者會發現你的回憶錄《鄉關何處》在某個意義上令人失望，因為他們期待讀到你是怎麼介入政治或諸如此類的事，但你在書中沒機會發揮。

薩：那是因為我不願意。我有個英國朋友很積極，她急著要以訪談的形式為我進行第二冊的回憶錄。所以我有可能那麼做。我沒把握自己能不能坐下來用寫文章的方式來寫《鄉關何處》的續篇，因為我現在的記憶力不再那麼可靠了。我對自己早年的階段很確定。

對不起，你在咳嗽，我沒想到你反應會這麼激烈。[把燃起的雪茄捺熄]

1967年中東戰爭之後，我的許多作為都是公眾的，但我沒留下

---

14 註釋：薩依德的回憶錄英文原名便是“Out of Place”，直譯為「格格不入」，中譯本名為《鄉關何處》。

任何紀錄。我沒有日記或筆記，甚至自己寫過什麼、在哪裡說過什麼，都沒留下確切的紀錄。這有時會讓我擔心。我應該規劃一下自己的時間，因為我一直擔心著下一個期限、下一篇文章。下星期一我得交出兩篇東西，但現在我都還沒完成——一篇是文章，另一篇是修訂一本書的結論。那本書是一些愛爾蘭批評家寫的，內容有關愛爾蘭的後殖民主義，以及我的作品對愛爾蘭當今的批評和文化的影響，因此我寫了那本書的結論。但我還沒送出去，因為還得修訂，做最後的修潤。這類事情盤據在我心中超過了我在1967年說了些什麼、訪問這個朋友、在那所大學演講……那類的事情，因為我沒留下紀錄，所以我覺得自己有如在茫茫大海中游泳一般。

單：如果你的回憶錄有續集的話，會取什麼名字？

薩：那是另一個問題。不過，顯然題目會類似「賓至如歸卻未必真正如此」（"in place without really"）。[15]

單：［笑聲］對了，你的家人對《鄉關何處》的反應如何？

薩：很糟、很糟。這本書大大得罪了我的妹妹們。起先，我送給四個妹妹每人一本，附上一張小字條，上面寫道，我很想知道妳的回應、妳的感受。結果她們四個人之中沒有一個人回應，一個都沒有。然後，我打電話給她們，其中一個就說，「我很難讀下去，我覺得很不舒服。」另一個就說，「你把某些事攤在大眾面前，我完全不認同你的感受，你冒犯了我對父母親的敬意，我無法回應。」我最親近的大妹完全沒有回應，完全沒有，什麼也沒說。我很少見到她，因為她住在英格蘭，但我見到她時，她一個字也沒說。其實她對我寫的任何東西從來沒說過什麼，對這本書尤其如

15　這個名字是就「格格不入」（out of place）所玩的文字遊戲。

此。我所得到最奇特的回應來自二妹，她也寫了一本回憶錄，但沒人願意出版。今年春天她來我這裡待了一陣子。我說：「聽著，我要知道妳的想法。」而她認為這是一本很糟的書，很差勁、很差勁。我問為什麼，她說，「因為你對父親的說法——他的慷慨你全都不提，只集中在他對你不好的地方。」我說，「我寫的是『我的』經驗，不是妳的，如果我們經驗不同的話，我倒想聽聽妳的。」其次，雖然我談到父親對我多麼嚴厲，但在書的後半我已經跟他和解了，我談到了他的慷慨，他為我所做的一些事，以及他所展現出的力量。然後她說，「你是在哪裡說的？」這時我終於明白她根本就沒有讀這本書，或者沒有仔細閱讀，因此我說，「妳聽著，我說過這樣這樣的事。」然後她說，「也許我沒仔細閱讀。」我說，「妳得給我仔細讀一遍，這是妳欠我的。」在那之後我還沒和她談過。這個妹妹說過一件事，也許是我小妹說的，「我們家裡的每個人」——我們是個大家族，也就是叔叔、伯伯、嬸嬸、阿姨、堂表兄弟姊妹等等——「都讓這本書給得罪了。」我說，「情況並不是這樣，他們當中有很多人告訴我說，他們喜歡這本書。」她說，「這個嘛，他們是這麼告訴我的。」我說，「裡面有很多不是實話。」

但是，我思考的是更廣闊的層次，在中國傳統裡可能也是這樣——我所做的是阿拉伯的自傳傳統中從來沒有人做過的事，也就是說，坦率地討論有關長輩、雙親等等的一些事情，因為阿拉伯有個傳統，就是雙親都是很神聖化的，母親總是很慈愛、自我犧牲，而父親總是像聖人一般，也許很嚴厲，但終究是個慈愛的人。你知道，我的情況很複雜，並不那麼討好。我認為，那對許多人來說都會覺得很震驚。那本書以阿拉伯文出版時，讀者就認知了這個事實。他們讀這本書，然後說，這真是以西方方式寫出的第一本現代自傳。很多時候……雖然有些用阿拉伯文撰寫的著名自傳的作者會自我思索，但他們從來沒有……對於親近的家庭、雙親、姊妹，從來沒有像我這樣深切的反省，有時甚至是以心理分析的方式來反省。最後，我認為妹妹們之所以覺得不舒服，是因為我說由於雙親，尤其母親，操控我們的方式，使我們之間產生了隔閡。我認為，就某個意義來說，某種有關家庭的意識形態（an ideology of the family）被我揭露或去神祕化了，他人覺得很難接受。待在我家的那個妹妹就很像這種情況。她的回憶錄中寫的是有關祖母、母親和她三代的女子，主要寫的是她們的生活方式，以家庭生活為核心，而不是教育，不是克服障礙，不是自我檢討、自我探索。她試著證明傳統的改變是正確的，從一代到另一代的傳統的變遷是正確的，沒有太多的質疑。因此，那和我試著要做的事很不合。

單：那本書的中譯者彭淮棟是我推薦給出版社的，他是我在研究所的同學。他就說，其實從回憶錄來判斷，你的父親很成功。他說，如果他能把自己的子女教育成像你這麼成功的學者，他會高興極了。

薩：我想是如此。我認為我父親很成功。但我必須離開父親。我認為父親在我十五歲把我送走時，心裡也明白這一點。我當時不願意離開。但我認為他明白要是我不離開當時的環境——那個環境反正要結束了——也離開母親的影響，就永遠無法像我後來那樣的發展。

單：你認為自己那麼好的記憶力是來自家族的遺傳嗎？

薩：是的，我這麼認為，但也來自一種非常強烈的音感。我在音樂方面有很完美的記憶力，我能記住音樂。你知道嗎，我一歲的時候就能正確地記住一些曲子。我有一雙很敏銳的耳朵。其中許多是有關文字的記憶，人們說了些什麼，他們說話的方式；但也有一種像是快照的記憶（snapshot memory），能精確地看見。由於我早期的觀察力的緣故，我知道這些人的穿著如何。我在視覺藝術方面的記憶並不是很好，但我能完全記住你襯衫的花樣，我的是那樣的記憶。

單：你先前提到，巴勒斯坦人現在的處境甚至更糟。一般說來，人們大多認為當今媒體對於以、巴雙方似乎有比較公允的呈現，不像早先……

薩：不，不，是的，那是不錯，那純粹是因為你看到任何照片時，能夠看到以色列人的殘暴，但意識不到巴勒斯坦人的敘事（the Palestinian narrative）；大多數的人都意識不到。我的意思是說，在美國——因為我不曉得其他地方——美國和歐洲大不相同。在歐洲有一種連續感，有一種敘事感，但在美國則沒有，只是這些孤立的照片：巴勒斯坦人在丟擲石塊；顯然蒙受著苦難的大眾，比方說喪禮或哭泣的母親。那不是從1948年首次的流離失所，到西岸和加薩走廊遭到佔領，一直到現在的完整敘事——整個敘事完全不見了。我在11或12月時做了一項調查，分析四、五家日報一百篇有關巴勒斯坦人處境的報導，其中九十四篇根本沒提到「佔領」這個字眼，只有六篇提到以色列自1967年以來的持續佔領。我的意思是說，這是個驚人的事實。因此，我認為，對我們來說，對我來說，最難擺脫的就是禁錮，擺脫日常場景中觸目可及的累積的屈辱和苦難——這些來自你試著要去上學、試著要去工作的地方、試著要去市場……這在今天幾乎是不可能的。我有一位來自［約旦河］西岸的朋友，她是我的姻親，是個很聰明、美麗、有才智的女子，幾乎是向我哭訴——昨天我和她講了大約四十五分鐘的電話。她邊說邊哭，描述她在日常生活中分分秒秒所承受的煎熬，比方說，不能探視住在同一城市裡的兄弟姊妹，孫子想上學卻遭到以色列人攔阻。小孩要去耶路撒冷得換四趟車，一路受到攔阻、盤查，換車，花了五個小時的時間，而在正常情況下這段路頂多只要十五分鐘。以色列人能為所欲為的那種感受，在報導上完全不見了。那讓人深感挫折。

還有，就是不被認知的不公不義（the unacknowledged injustice）。在這個國家［美國］的以色列人成功地把自己呈現為受害者。他們其實高高在上，卻把自己呈現為爆炸事件、恐怖事件的受害者，而真正的受害者是我們。我們沒有軍隊，我們沒有國家，我們沒有空軍，我們沒有國防。他們能像昨天一樣長驅直入一座城市，待上幾個小時，炸毀兩棟房子，然後揚長而去，他們甚至不必走出坦克。你是知道的，我們所有的就只是石塊，僅此而已。

再來就是文字的錯誤呈現——我不是說有關世界的錯誤的呈現，而是兩個世界。這種說法談到的是耶路撒冷的那些地方和鄰近地區，然而這些都是以色列人霸佔的村落，他們在佔領之後把這些地方變成耶路撒冷的一部分，諸如此類的事。這真是很糟糕、很糟糕的時刻。

而最主要、最主要的是，我們有一個完全無能、腐敗、沒有公信力的領導階層，這個領導階層自1993年以來就被美國人和以色列人收編了。現在他們很急切地想要回到遊戲規則中，讓美國人和以色列人能接受他們。阿拉法特現在人在中國，他今天在中國，希望得到中國的支持，讓以色列人歸還領土，而如今他的人民有如在地獄中受苦。昨天他在印度，前天他在巴基斯坦。我一直說他應該跟他的人民在一起，跟他們一塊受苦，而不是像這樣遊走世界各地，徒勞無功地求人。我們需要的是領導、勇氣、才智、持久不斷的抵抗。

單：《最後的天空之後：巴勒斯坦眾生相》那本書不久前由哥倫比亞大學重印，你還為重印本寫了前言。你認為那本書其實就是你努力提供這種敘事、這些照片和影像之後的故事嗎？

薩：是的，是的。當然，我在寫那本書時還不能去巴勒斯坦。那本書試著平反1983年聯合國在日內瓦會議中的照片展，當時我是聯合國祕書長的顧問。摩爾（Jean Mohr）拍了許多有關戰爭的精采照片，但他們不准我們撰寫照片說明，於是我決定寫一本書，就某個意義來說是試著捕捉那些照片。但由於我不能去巴勒斯坦，因此除了難民和我自己家族的經驗之外，全都透過其他人的眼睛，有些書中的人物還是朋友哩。在那之後，1992年，我就能回去了，此後我定期回去。因此，我很可能寫一本完全不同的書，但我很高興當時寫了那一本書。

單：在你提到以色列人的情況時，我在想我們能不能做個類比，也就是說跟日本類比。就某個意義來說，第二次世界大戰時日本是受害者，他們也一直把自己呈現為唯一遭到原子彈轟炸的受害者，卻不提自己侵略其他的國家……

薩：……在中國。

單：是的，以及隨之而來的殘暴行徑，像是南京大屠殺。

薩：是的，我知道得很清楚。我能了解原子彈的恐怖，就使用原子彈這件事，我絕不會原諒美國人。但至少當時日本是一個國家，能動員強大的力量去對抗其他國家。我並不是說那有什麼值得驕傲的，但至少他們辦得到，他們有空軍，有海軍，他們能從日本的沖繩起飛，前往珍珠港，發動攻擊。但我們一無所有。以色列人當然什麼都辦得到，他們在另一個層面上很像、很像日本人。我的意思是說，他們當中有許多人從歐洲的反猶太人運動以及納粹大屠殺中倖存下來，來到巴勒斯坦。但巴勒斯坦人和他們在歐洲所受的苦難毫不相干。而現在我們這個民族卻被描述成代表著折磨他們的人，其實他們才是整個巴勒斯坦民族現代的加害者，那簡直是匪夷所思、顛倒是非。他們能為所欲為，你知道，他們的村莊有三、四萬人，他們有F-16戰機、阿帕契直升機、眼鏡蛇直升機、坦克和推土機，而巴勒斯坦人什麼都沒有。我們甚至不是一個國家——日本和以色列都是國家。

單：因此你那個丟石塊的行動，是憤怒的姿勢？[16]

薩：不，甚至連那都稱不上。如果我是向某人丟擲石塊，那就是憤怒。但當時那裡根本沒有人，稱不上是攻擊。相反的，其實那只是我和兒子在比賽，他丟石塊，我想看看自己能不能丟得跟他一樣遠。我們當時在以色列邊界，另一邊沒人，底下有許多黎巴嫩人。當時有個攝影師。你是知道的，我自己向來與恐怖主義無關。就是這樣。我不知道旁邊有人在拍我，當天晚上他就把照片賣給當地報紙，第二天我們就上了以色列報紙的頭版。我當時一無所悉。但他們把它當成宣傳，暗中對付我，公開打擊我，要顯示我是一個暴力分子、恐怖分子。想起這件事就令人憤怒，因為即使我是向以色列人丟石塊，他們也不在那裡——距離最近的以色列人是在半英里外的一個城鎮。他們在另一邊，我在這一邊。兩相比較，我是比較容易受到傷害的一方。

16　註釋：相關的中文報導和析論，見金韋，〈薩依德的「石頭」事件〉，《當代》162期（2001年2月），頁4-11。

單：你有沒有被那種報導困擾？

薩：噢，深受其擾！最近我接受一家報紙訪問，記不得是德國報紙還是義大利報紙，他們只要有機會就依然使用那張照片。是的，當然，那很粗暴，很……你知道，簡直就是一種凌虐。我沒有報紙，我回應無門。對這件事我幾乎是束手無策。

單：全世界有很多人認為你是個很重要的人物。你如何看待自己？或者說，你認為自己身為公共的知識分子的角色如何？

薩：我試著不去想那件事。我是說，我不能處理那件事。我太忙於試著回應眼前的情況，試著開啟一些討論，問問題，描述事件，積極介入某些發展中的脈絡。思考我自己的事——那太抬舉自己，也太累了。我「總是」很訝異人們那麼看待我，因為我從來不把自己當成要人、名人或什麼的。我太接近……地面了。我累了，筋疲力竭。

單：你現在的健康情況如何？

薩：這個嘛，令人沮喪。我的健康情況，你知道，我的胃還是有問題。去年我進行了一些治療，其中有些很艱苦，但並沒真正達到任何效果。疾病慢慢進展，而我一無所有。昨天我還在醫院治療免疫系統和其他方面的疾病。我有些輕微的感染，長期的病徵，胃的毛病沒完沒了。大部分的時間我都覺得很虛弱，沒有太多氣力。這都是由於這個疾病。醫生似乎認為我現在幾乎無能為力。目前研發出的療法會比我現在所接受的療法更折磨人，他認為我應該等新的療法發展出來。我知道我的情況在惡化，但沒有選擇的餘地。我不願接受一些會使我覺得更糟的治療，因為我要繼續生活、旅行、教書。

單：你目前有什麼計畫——因為你提過要寫兩、三篇有關東方主義的文章？

薩：我答應了一些事情。明年春天我要出兩本書，所以我真的必須結束它們。就某個意義來說，這兩本書已經寫完了，一個是我去年在哥倫比亞大學有關人文主義的系列演講，我得把那個交給出版社，這件事應該在一年前就做了的。1997年我在劍橋發表了安普森系列演講（Empson Lectures），基本上得撰寫緒論和結論。還有一本跟別人討論音樂的書。然後就是我的大計畫，這是我從1980年代就開始的工作，就是討論有關晚期風格（late style）的書。這本書在緩慢進展中，我想要完成它。還有成千的其他事情。因此，你知道我寫的幾十篇文章。我要寫有關巴勒斯坦的考古，這很有趣，有很多新材料——考古學的政治（the politics of archeology），地理，領域的再現（representation of the territory）。我還要多寫一些與音樂有關的東西。我剛完成一篇討論巴哈的長文，刊登在《倫敦書評》（*London Review of Books*）上，我該給你一份的。我一直想寫一本有關巴哈和貝多芬的書，他們是兩種對立的風格、作曲、表演。最後，我想要討論康拉德，寫一本回顧康拉德的書。你是知道的，我的第一本書就是討論康拉德。[17]

單：是的，1966年出版。

薩：1966年，是的。你知道，我已經寫了一篇討論他的文

17　註釋：遺憾的是，儘管有這麼多的寫作計畫，薩依德在2002年只出版了《並行與弔詭：音樂與社會之探索》，這是他與巴倫波因的對話錄，也就是此段所說的「跟別人討論音樂的書」。2003年出版的兩本書，《佛洛伊德與非歐裔》（*Freud and the Non-European* [London and New York: Verso]）和《文化與抵抗：薩依德對話錄》，本段並未提及。至於本段提及的哥倫比亞大學系列演講，直到他逝世次（2004）年才出版，名為《人文主義與民主批評》（*Humanism and Democratic Criticism*）。其他各書迄今尚未出版。

章，但是我計畫下學期教一門有關康拉德的課，試著做些修訂，重新思考，寫出一本書來。

單：整門課都是有關康拉德？

薩：是的，康拉德和他的政治、文化效應，在剛果發生的事情，第三世界革命，民族主義和據點，康拉德和亞洲……也許有些作家，像是奈波爾，和其他藝術家會對我的課程感興趣……所以，要做的事情可多著呢！此外，我開始寫一部長篇小說。

單：一部長篇小說？

薩：是的，有關背叛的主題，是有關童年的三個插曲。那真的就像是三個……像是三連頁摺疊圖畫（triptych），三個彼此相連的愛與背叛的故事。

單：這是你的第一部長篇小說？

薩：這個嘛，是的，但我從沒寫出來。

單：背景是學術界還是政治界？

薩：都不是，是有關家裡的事和其他的事。

單：有沒有任何出版社答應出這本書？

薩：不，我還沒跟任何出版社提起這件事。我確定有人願意出書。[18]我的經紀人一直告訴我說，你只要給我十頁，我就會幫你弄到鉅額的訂金。

訪問者：單德興

2002年2月刊登於台北《當代》

18 註釋：此事至今未見下文，很可能是薩依德未完成的心願之一。

附錄二

薩依德專書書目提要

1966 《康拉德與自傳小說》(*Joseph Conrad and the Fiction of Autobiography* [Cambridge, Mass.: Harvard University Press])

本書原為作者於哈佛大學所撰寫的博士論文，第一部分依年代順序研究波蘭裔英國作家康拉德於1885年（現存最早的書信）至1924年（去世之年）所寫的書信，第二部分討論康拉德較短篇的小說作品。作者認為這些書信不但呈現了作家的自我成長與發現，而且與他的小說密切相關，在在展現了一位嚴肅、自覺的藝術家如何於藝術中努力將外在的混亂化為秩序。

1975 《開始：意圖與方法》(*Beginnings: Intention and Method* [New York: Basic Books, 1975; Baltimore: Johns Hopkins University Press, 1978; New York: Columbia University Press, 1985; London: Granta Books, 1997]；本書為第一屆年度崔靈獎［Lionel Trilling Award］得獎之作）

作者在本書中深刻省思「開始」的觀念，視之為「世俗的、人為的、不斷重新檢驗的」，而與「源始」（origin）對立（後者為「神聖的、神話的、特權的」）。前兩章討論「開始」之認定及意圖所須的條件，第三、四、五章進一步以長篇小說及其他文本為例，說明「對於開始的興趣造成特定的書寫、思想、意義」等，而以第六章對於維科的研究總結。

1978 《東方主義：西方對於東方的觀念》（*Orientalism: Western Conceptions of the Orient*［New York: Pantheon Books, 1978; New York: Vintage Books, 1979; London: Routledge & Kegan Paul, 1979; New York: Vintage Books, 1994］；本書獲提名美國書評家獎［the National Book Critics Circle Award］）

本書為作者最著名的作品，析論從拿破崙入侵埃及到當代的西方學者、作家、機構如何來認知、想像及建構東方（主要是阿拉伯世界），並傳播有關東方的看法，視東方為相對於西方的異己、他者，因而是神祕的、落後的、野蠻的。全書以具體事例深入解析知識與權力的關係。首章談論東方主義的範疇，次章談論東方主義式的結構與重新結構，末章討論現在的東方主義。

1979 《巴勒斯坦問題》（*The Question of Palestine*［New York: New York Times Books, 1979; London: Routledge & Kegan Paul, 1980; New York: Vintage Books, 1992］）

當時身為巴勒斯坦民族議會一員的作者，以巴勒斯坦人和猶太復國主義運動（Zionist movement）衝突的歷史個案，分析巴勒斯坦及四百萬流離失所的子民的問題。首章討論巴勒斯坦問題，次章從受害者的立場來看猶太復國主義，第三章討論巴勒斯坦的自決，末章討論在大衛營協議之後的巴勒斯坦以及其子民何去何從等問題。

1979　《巴勒斯坦問題與美國脈絡》（*The Palestine Question and the American Context*［Beirut: Institute for Palestine Studies］）
此為1979年7月至8月薩依德擔任巴勒斯坦研究所訪問學人的系列演講之一，討論巴勒斯坦與美國的關係，質疑向美國官方進行遊說的效用，主張應轉而訴求於美國的民間社會，尤應訴求於美國文化中的核心價值觀——支持人類自由、解放，要求社會公平、正義，反抗強權、壓迫。

1981　《採訪伊斯蘭：媒體與專家如何決定我們觀看世界其他地方》（*Covering Islam: How the Media and the Experts Determine How We See the Rest of the World*［New York: Pantheon Books, 1981; London: Routledge & Kegan Paul, 1981; New York: Vintage Books, 1997］）
作者自稱本書是自己討論「伊斯蘭世界與東西方之間的現代關係……系列之作的第三本，也是最後一本」（第一本是《東方主義》，第二本是《巴勒斯坦問題》）。主標題中的“covering”一語雙關（有「［正在］採訪、掩蓋」之意），全書討論當代西方（尤其美國的媒體和學者專家）如何觀看、認知、詮釋、報導、再現中東的伊斯蘭教國家。首章討論新聞中所呈現的伊斯蘭世界，次章分析有關發生於伊朗的美國人質事件的報導，末章分析知識、詮釋與權力的關係。

1983 《世界、文本與批評家》（*The World, the Text, and the Critic* [Cambridge, Mass.: Harvard University Press]；本書為美國比較文學學會韋禮克獎 [the René Wellek Prize] 得獎之作）
本書為作者自1969至1981年間所發表的論文修訂、結集而成，內容雖可歸類為作者所謂的當今四類主要的文學批評形式（書評式的實際批評，學院派的文學史，文學鑑賞與詮釋，文學理論），卻有意超越此範疇，指出文學批評活動並非隔離、自外於社會上的政治關懷與權力關係，標舉批判意識的重要性，並拈出「世俗批評」一詞，強調身為批評家的知識分子應有的認知、態度與作為。

1986 《最後的天空之後：巴勒斯坦眾生相》（*After the Last Sky: Palestinian Lives*. Text by Edward W. Said. Photographs by Jean Mohr [New York: Pantheon Books, 1986; New York: Columbia University Press, 1999]）
作者於1983年擔任聯合國巴勒斯坦問題國際會議的顧問時，建議資助瑞士籍攝影師摩爾拍攝巴勒斯坦人。全書由作者撰文，配合摩爾的一百二十張照片，分為四個主題（「情況」、「內部」、「冒現」、「過去與未來」），以圖文並茂的方式，書寫並再現流離失所的巴勒斯坦人，其角度與內容迥異於西方主流媒體。

1991　《音樂之闡發》（*Musical Elaborations* ［New York: Columbia University Press］）

本書原為美國加州大學爾灣校區（University of California, Irvine）重要的年度系列演講（發表於1989年5月），作者以文學批評家／理論家及愛樂者的角色（自1986年起定期為《國家》雜誌撰寫音樂專欄），將西方古典音樂視為文化場域，試圖將其置於社會及文化環境中，挪用並質疑文化批評家阿多諾的觀點，並指出全心投入的業餘者未必如一般認定的那麼無力（附樂譜）。

1991　《認同、權威與自由：君主與旅人》（*Identity, Authority and Freedom: The Potentate and the Traveller* ［Cape Town: University of Cape Town］）

本篇為1991年5月22日薩依德應南非開普敦大學之邀所發表的第三十一屆達偉紀念演講（T. B. Davie Memorial Lecture），該演講是紀念在南非種族隔離政策下捍衛學術自由的已故開普敦大學副校長達偉。文中討論國家／民族認同、權威與學術之間的關係，認為學界，尤其大學，具有特殊地位，更應維持獨立、知識、批判與世俗的角色，並以二意象總結：不宜做獨霸一方、目空一切、自以為是的君主，而應成為願意跨越邊界、出入不同領域、隨遇而安的旅人，無休無止地追求知識與自由。

1993　《文化與帝國主義》（*Culture and Imperialism* ［New York: Alfred A. Knopf, 1993; New York: Vintage Books, 1994］）

將《東方主義》中對於西方與中東的觀察，擴及十九、二十世紀的近代西方帝國與海外屬地的關係，針對特定作家及文本（尤其長篇小說）進行分析與討論，闡釋文化與帝國主義、帝國宰制與被統治者的抗爭之間錯綜複雜的關係。

1994 《流離失所的政治：巴勒斯坦自決的奮鬥，1969-1994》（*The Politics of Dispossession: The Struggle for Palestinian Self-Determination, 1969-1994*［New York: Pantheon Books, 1994; New York: Vintage Books, 1995］）
收錄作者自1970至1993年間所發表有關巴勒斯坦問題的文章以及一篇長序，全書結合文學批評的犀利手法、文化理論的觀念及豐富的歷史知識，討論巴勒斯坦人的歷史、處境、權利、認同、自決等問題，以及與外界的關係——尤其以色列和美國的政策及媒體報導。

1994 《知識分子論》（*Representations of the Intellectual: The 1993 Reith Lectures*［London: Vintage Books］）
本書原為1993年應英國國家廣播公司之邀所發表的李思系列演講，全書六章，討論西方知識分子的傳統，發抒對於知識分子應有的認知、態度與作為之體認與見解，認為知識分子應特立獨行，甘於寂寞，秉持獨立判斷及道德良知，不攀權附勢，不熱中名利，勇於表達一己之見，充當弱勢者的喉舌，保持批判意識，對權勢說真話，反對雙重標準及權威崇拜等。

1994 《筆與劍：薩依德對話錄》（*The Pen and the Sword: Conversations with David Barsamian* [Monroe, ME: Common Courage Press]）

在這本訪談錄中，薩依德針對訪談者所提的問題現身說法，暢談多年來關切的事情，如流離失所的巴勒斯坦人的政治與文化，以色列與巴勒斯坦之間的恩怨，東方主義的重新省思，文化與帝國主義，知識分子的角色，記憶、歷史、敘事與故事的重要性，知識與權力的關係等。

1995 《和平及其不滿：中東和平進程中的巴勒斯坦》（*Peace and Its Discontents: Essays on Palestine in the Middle East Peace Process* [New York: Random House, Inc.]）

本書收錄作者於1993年9月至1995年5月的政論文章，是其眾多著述中第一本以阿拉伯世界讀者為對象之作，檢討自1993年在白宮草坪巴勒斯坦解放組織與以色列政府和談的歷史性時刻以來兩年間的發展，自稱為「目擊者報導」（eyewitness reports），並發出異議之聲。

1999 《鄉關何處：薩依德回憶錄》（*Out of Place: A Memoir* [New York: Alfred A. Knopf]）

1991年薩依德在健康檢查中發現自己罹患慢性淋巴性白血病（俗稱「血癌」），於接受化療的1994年開始撰寫回憶錄，以書寫、重新創造往昔的世界，來支持他度過最艱難的時刻。全書以抒情的手法，重建幼年及青少年的中東世界，以及在美國受教育的情形，對於個人的認同，家族成員中的複雜關係（尤其與父母之間的愛憎關係），文學與音樂、藝術的熱愛，多所著墨，而歸結於「格格不入」的流亡者處境與心態。

2000 《和平進程之結束：奧斯陸之後》（*The End of the Peace Process: Oslo and After* ［New York: Pantheon Books］）

1993年9月，巴勒斯坦解放組織和以色列政府在白宮草坪簽署和平協定，舉世稱頌此為中東和平的一大突破。薩依德洞察簽約雙方在權力上的不對等，秉持著見識與道德勇氣，撰文批評。全書收錄的五十篇文章，分別以英文和阿拉伯文刊登於倫敦和開羅的報章，討論與和平、公理正義相關的重大議題，不但記錄了其歷史脈絡，也嚴詞批判以色列屯墾區的不斷擴張，巴勒斯坦領導人阿拉法特的無能腐敗，世人對巴勒斯坦人民自決的忽視，也訴說了自己在四十五年後重返耶路撒冷的感受。

2000 《流亡的省思》（*Reflections on Exile and Other Essays* ［Cambridge, Mass.: Harvard University Press］）

本書蒐錄自1967年以來，未曾收入於其他專書的四十六篇論文，內容多元而豐富：有些文章重探以往所提出的重要議題，如流亡、東方主義、理論之旅行；有些討論重要作家，如梅爾維爾、康拉德、歐威爾、海明威、馬富茲、奈波爾；有些剖析具代表性的理論家、歷史家、國際政治學者，如維科、梅洛—龐蒂、布萊克默、傅柯、霍布斯邦、杭亭頓；也有討論音樂（如顧爾德）、大眾文化（如電影中的泰山）之作。全書充分顯示了薩依德觸角之廣闊，以及積極介入學術的表現。

2001　《權力、政治與文化：薩依德訪談集》(*Power, Politics, and Culture: Interviews with Edward W. Said*. Edited and with an introduction by Gauri Viswanathan [New York: Pantheon Books])

全書精選薩依德自1976至2000年的二十九篇訪談，除了第一篇是書面訪談之外，其餘皆為與其他人士的訪談及對話。透過不同背景的訪談者所提出的問題，由薩依德當面即時回應，不但反映了訪談的場合與時空環境，訪談者的興趣，以及薩依德對於不同問題的看法與寬廣的關懷（文學、文化、政治、歷史、音樂……），也透過面對面的互動，引發新議題。這是薩依德第一本綜合性的訪談實錄，透過對話與交流，充分表現出受訪者的豐富面向。

2002　《並行與弔詭：音樂與社會之探索》(*Parallels and Paradoxes: Explorations in Music and Society*. Daniel Barenboim and Edward W. Said. Edited and with a Preface by Ara Guzelimian [New York: Pantheon Books])

本書收集薩依德和巴倫波因自1995年10月至2000年12月有關音樂、社會、政治與文化的六篇對話錄。猶太裔的巴倫波因擔任美國芝加哥交響樂團指揮暨柏林德國國家歌劇院音樂總監。對談的雙方均為移民，酷愛音樂，關心文化與政治，主張以巴雙方應認知彼此的存在與歷史，以達到和平共存的目標。六篇對話錄的範圍甚廣，舉凡文學、音樂、政治……無所不包，並由兩人共同的友人、卡內基音樂廳的藝術顧問古澤里米安編輯而成，是薩依德第一本與音樂人士對談的專書。

2003 《佛洛伊德與非歐裔》（*Freud and the Non-European*. With an introduction by Christopher Bollas and a response by Jacqueline Rose［London and New York: Verso］）
本書包括2001年12月6日薩依德應倫敦的佛洛伊德博物館之邀所發表的演講全文、評論家羅絲的回應以及心理分析家波拉思的序言和對兩人的介紹。薩依德充分運用這個場合，以佛洛伊德的《摩西與一神教》（*Moses and Monotheism*）為切入點，旁徵博引文學、考古學與社會理論，探索此書對今日中東政治可能具有的深意。他以佛洛伊德的「摩西是埃及人」的假說，來質疑「純粹的」身分認同這種化約、排外的說法，並主張若能肯定身分認同的複雜性，而且落實於中東的政治現實，當可為猶太人和巴勒斯坦人建立新的了解的基礎。然而，由於以色列堅持建立一個排外的猶太人國家，不僅排除了更具複雜性、豐富性、包容性的歷史，也為中東和平設限。

2003 《文化與抵抗：薩依德對話錄》（*Culture and Resistance: Conversations with Edward W. Said*［Cambridge, Mass.: South End Press］）
在薩依德生前最後出版的這本訪談錄中，再度與巴薩米安

（David Barsamian）深入對話，收錄了1999年2月至2003年2月的六篇訪談，針對以巴衝突及其解決方式、恐怖主義、美伊戰爭、美國在阿富汗的戰爭等等，提出最晚近的看法，為中東和平與民主未來描繪出願景，並強調在他的文化觀中，「抵抗」的重要性。書末附錄十三張地圖，標示自英國佔領之下，一直到晚近的種種協議中，對巴勒斯坦的規劃，清楚顯示巴勒斯坦民族「人為刀俎，我為魚肉」的艱難處境。

2004　《人文主義與民主批評》（*Humanism and Democratic Criticism* [New York: Columbia University Press]）

本書共收錄五篇文章，主體為薩依德2000年1月於哥倫比亞大學發表的三篇有關人文主義以及美國文化的系列演講，其餘兩篇是他為心儀多年的奧爾巴哈的名著《模擬》（*Mimesis*）所撰寫的緒論以及〈作家與知識分子的公共角色〉。薩依德呼籲尋求一種更民主、開放的人文主義，除了學習自己的傳統以求取自知之明，同時保有自我反省與自我批評的能力，也要開闊心胸，學習其他文化傳統，培養恢宏的視野。他既提倡「舊學」，呼籲重回歷史語言學，也強調作家與知識分子在科技發達、日益相依相存的今日世界中所扮演的重要角色。

2004　《從奧斯陸到伊拉克以及路線圖》（*From Oslo to Iraq and the Road Map* [New York: Pantheon Books]）

本書收錄了薩依德自2000年12月至2003年7月在倫敦和開

羅發表的四十六篇政論文章。全書分為三部分：第一部分討論巴勒斯坦人發起的第二次「因地發打」，以及美國柯林頓總統中東政策的失敗；第二部分討論美國的九一一事件，反恐戰爭，以及以色列再度入侵西岸和加薩走廊；第三部分討論美國入侵伊拉克的這場「愚蠢戰爭」。全書旨在揭露以色列人對待巴勒斯坦人的真相，抨擊缺乏遠景與歷史意識的「速食式和平」，批評巴勒斯坦領導階層的腐敗無能，並為苦難中的巴勒斯坦人描繪願景。

附錄三

薩依德年表大事記[1]

年代	歲紀	大事記
1935		11月1日，出生於巴勒斯坦的西耶路撒冷，父Wadie "Bill" Ibrahim（美國名為William A. Said），母Hilda Musa，是家中長子，也是獨子，下有四個妹妹，家人信奉英國國教。
1941	5歲	就讀開羅的吉西拉預備學校。
1942	6歲	因二次大戰戰事，舉家遷離開羅，住於耶路撒冷北部拉馬拉的避暑別墅，11月搬回開羅。
1943	7歲	吉西拉預備學校復學。

1 資料來源：《知識分子論》增訂版之〈薩依德年表〉（頁261-64）、《鄉關何處》以及辛與姜森合編《薩依德訪談錄》之〈年表〉（"Chronology," in *Interviews with Edward W. Said*, ed. Amritjit Singh and Bruce G. Johnson [Jackson: University Press of Mississippi, 2004], pp. xxix-xxxiii）。感謝蔡雅婷同學協助整理。

1944	8歲	開始至黎巴嫩杜爾斯威爾村避暑，持續多年。
1946	10歲	就讀開羅的美國子弟學校。
1947	11歲	舉家告別巴勒斯坦（一直到1992年才有機會重訪巴勒斯坦），遷至開羅，於聖喬治學校註冊。
1948	12歲	以阿戰爭。5月14日，以色列建國。 夏天，薩依德首次前往美國，參加緬因州的夏令營。
1949	13歲	就讀開羅的維多利亞學院。
1951	15歲	遭維多利亞學院退學，赴美就讀麻州的赫蒙山學校。
1953	17歲	赫蒙山學校畢業，就讀普林斯頓大學，修習英文與歷史。
1957	21歲	獲普林斯頓大學學士。獲哈佛大學研究所獎學金，因走訪開羅而延後一年就讀。
1958	22歲	就讀哈佛大學研究所，主修文學。
1960	24歲	獲哈佛大學英文碩士學位，繼續攻讀博士學位。
1963	27歲	任教於哥倫比亞大學，家人定居於貝魯特。
1964	28歲	獲哈佛大學博士學位。
1966	30歲	出版《康拉德與自傳小說》。
1967	31歲	6月，第三次以阿戰爭，亦稱六日戰爭，以色列佔領約旦河西岸和加薩走廊。 獲得伊利諾大學高等研究中心1967至1968年研究獎助金。
1968	32歲	發表第一篇政治性文章〈阿拉伯人的畫像〉。
1969	33歲	赴安曼與貝魯特探視家人。

1970	34歲	赴安曼與貝魯特，與黎巴嫩貴格會教徒 Mariam Cortas 結婚。
1971	35歲	父親逝世。
1972	36歲	1972至1973年間利用研究休假待在貝魯特，於當地的美國大學重學阿拉伯文與阿拉伯文學。 兒子 Wadie 出生。
1974	38歲	女兒 Najla 出生。
1975	39歲	出版《開始：意圖與方法》。 1975至1976年擔任史丹佛大學行為科學高等研究中心研究員。 於國會小組委員會就國際關係作證。
1976	40歲	《開始：意圖與方法》獲哥倫比亞大學崔靈獎。
1977	41歲	擔任巴勒斯坦民族議會獨立議員（至1991年止）。 晉升為哥倫比亞大學英文暨比較文學講座教授。
1978	42歲	出版《東方主義：西方對於東方的觀念》。
1979	43歲	出版《巴勒斯坦問題》。
1980	44歲	編輯《文學與社會》（1978年英文研究學會會議論文選集）。
1981	45歲	出版《採訪伊斯蘭：媒體與專家如何決定我們觀看世界其他地方》。
1983	47歲	出版《世界、文本與批評家》。
1984	48歲	1977年以來首度出席巴勒斯坦民族議會在安曼的集會。
1986	50歲	出版《最後的天空之後：巴勒斯坦眾生相》，由

		瑞士籍攝影師摩爾（Jean Mohr）拍攝。
		哥倫比亞大學研究室遭人闖入破壞。
1987	51歲	出席巴勒斯坦民族議會在阿爾及爾的集會。
		巴勒斯坦爆發「因地發打」抗暴運動。
1988	52歲	與希鈞斯（Christopher Hitchens）合編《責怪受害者：虛偽的學術與巴勒斯坦問題》。
		出席巴勒斯坦民族議會在阿爾及爾的集會。
		將巴勒斯坦的〈原則宣言〉譯為英文。
1989	53歲	於阿拉伯報章公開譴責阿拉法特。
1990	54歲	與伊格頓（Terry Eagleton）及詹明信（Fredric Jameson）共同出版《國族主義、殖民主義與文學》。
		母親逝世。
1991	55歲	出版《音樂之闡發》。
		9月，診斷出罹患罕見的白血病。
		正式與阿拉法特決裂，辭去巴勒斯坦民族議會議員一職。
1992	56歲	四十五年來首度重訪巴勒斯坦，也是全家首次探訪該地。
		榮膺哥倫比亞大學之大學教授（University Professor）。
1993	57歲	出版《文化與帝國主義》。
		造訪開羅。
		擔任英國國家廣播公司李思系列演講主講人，主題為知識分子。

		拒絕白宮邀請出席奧斯陸和平協定簽署典禮，斥其為巴勒斯坦人的「凡爾賽條約」。
1994	58歲	出版《流離失所的政治：巴勒斯坦自決的奮鬥，1969-1994》、《知識分子論》及《筆與劍：薩依德對話錄》（由巴薩米安［David Barsamian］主訪）。
		5月開始接受化療。
1995	59歲	出版《和平及其不滿：中東和平進程中的巴勒斯坦》。
1997	61歲	出版《知識分子論》台灣中譯本（麥田）。
1998	62歲	在母親出生地拿撒勒的法蘭克・辛納屈講堂發表演說。
		當選美國現代語文學會會長。
		為貝多芬歌劇《費德里歐》撰寫口白，由猶太裔指揮家巴倫波因（Daniel Barenboim）指揮芝加哥交響樂團演出。
		夏天接受白血病實驗療法。
1999	63歲	出版《鄉關何處：薩依德回憶錄》。
		出版《東方主義》台灣中譯本（立緒）。
		籌劃在約旦河西岸伯塞特大學的音樂會，演出者包括鋼琴師暨指揮家巴倫波因。
2000	64歲	出版《和平進程之結束：奧斯陸之後》。
		出版《流亡的省思》。
		出版《鄉關何處》台灣中譯本（立緒）。
		出版《薩依德讀本》，由巴尤米（Moustafa Ba-

youmi）與魯賓（Andrew Rubin）合編。

2001　65歲　出版《權力、政治與文化：薩依德訪談集》，由薇思瓦納珊（Gauri Viswanathan）編輯。

出版《文化與帝國主義》台灣中譯本（立緒）。

2002　66歲　與鋼琴師暨指揮家巴倫波因出版《並行與弔詭：音樂與社會之探索》。

出版《採訪伊斯蘭》台灣中譯本（立緒）。

2003　67歲　出版《佛洛伊德與非歐裔》，包含波拉思（Christopher Bollas）的序言與羅絲（Jacqueline Rose）的回應。

出版《文化與抵抗：薩依德對話錄》（由巴薩米安主訪）。

9月25日病逝於紐約，骨灰依照遺願運返阿拉伯故土，灑於象徵和平與永恆的黎巴嫩雪松之間。

出處

本書蒐錄的訪談與討論原先的標題及刊出的書刊報章。

PART ONE:
PERFORMANCE AND CRITICISM

1. "Beginnings," Interview in *Diacritics* 6.3, Fall 1976, Department of Romance Studies, Cornell University, Ithaca, New York. Responses copyright © 1976 by Edward W. Said. Reprinted with permission of Cornell University.

2. "In the Shadow of the West," Interview with Jonathan Crary and Phil Mariani in *Wedge* no. 7/8, Winter/Spring 1985, New York. Responses copyright © 1985 by Edward W. Said.

3. "Overlapping Territories: The World, the Text, and the Critic," Interview with Gary Hentzi and Anne McClintock in *Critical Text*, Spring 1986, New York. Responses copyright © 1986 by Edward W. Said.

4. "Literary Theory at the Crossroads of Public Life," Interview with Imre Salusinszky, Responses copyright © 1987 by Edward W. Said, in *Criticism in Society* by Imre Salusinszky, Routledge, London, 1987. Reprinted with permission of Routledge.

5. "Criticism, Culture, and Performance," previously titled "Criticism, Culture, and Performance: An Interview with Edward Said," Discussion with Bonnie Marranca, Marc Robinson, and Una Chaudhuri, Responses copyright © 1991 by Edward W. Said, in *Performing Arts Journal* 37, January 1991. Published in *Interculturalism and Performance: Writings from PAJ*, edited by Bonnie Marranca and Gautam Dasgupta. PAJ Publications, New York, 1991. Copyright © 1991 by PAJ Publications. Reprinted with permission of PAJ Publications.

6. "Criticism and the Art of Politics," Interview with Jennifer Wicke and Michael Sprinker in *Edward Said: A Critical Reader*, edited by Michael Sprinker. Blackwell Publishers, Oxford, England, 1992. Copyright © 1992 by Edward W. Said. Reprinted with permission of Blackwell Publishers.

7. "Wild Orchids and Trotsky," Interview with Mark Edmundson, Responses copyright © 1993 by Edward W. Said, in *Wild Orchids and Trotsky: Messages from American Universities*, edited by Mark Edmundson. Penguin Books, New York, 1993. Copyright © 1993 by Mark Edmundson. Reprinted with permission of Viking Penguin, a division of Penguin Putnam, Inc.

8. "Culture and Imperialism," previously titled "An Interview with Edward W. Said," Interview with Joseph A. Buttigieg and Paul A. Bové in *boundary 2: An International Journal of Literature and Culture* 20, no.

1, Spring 1993. Duke University Press, Durham, North Carolina. Copyright © 1993 by Edward W. Said. All rights reserved. Reprinted with permission of Duke University Press.

9. "*Orientalism* and After," Interview with Anne Beezer and Peter Osborne in *Radical Philosophy* 63, Spring 1993, London. Responses copyright © 1993 by Edward W. Said. Reprinted with permission of *Radical Philosophy*.

10. "Edward Said: Between Two Cultures," Interview with Eleanor Wachtel, Responses copyright © 1996 by Edward W. Said, in *More Writers & Company* by Eleanor Wachtel. Alfred A. Knopf Canada, Toronto, Canada, 1996. Reprinted with permission of Alfred A. Knopf Canada, a division of Random House of Canada Limited.

11. "Peoples' Rights and Literature," Interview with Jonathan Rée in *Alif: Journal of Comparative Poetics* 13, The American University in Cairo, Cairo, Egypt, 1993. Responses copyright © 1993 by Edward W. Said. Copyright © 1993 by the Department of English and Comparative Literature, The American University in Cairo. Reprinted with permission of the American University in Cairo.

12. "Language, History, and the Production of Knowledge," Interview with Gauri Viswanathan, Colgate University, Hamilton, New York, 1996. Responses copyright © 1996 by Edward W. Said.

13. "I've Always Learnt During the Class," Interview with Damayanti Datta, *The Telegraph*, December 22, 1997, Calcutta, India. Responses copyright © 1997 by Edward W. Said.

PART TWO:
SCHOLARSHIP AND ACTIVISM

14. "Can an Arab and a Jewish State Coexist?," previously titled "Q & A," Interview with Timothy Appleby in *The Globe and Mail*, November 8, 1986, Toronto, Canada. Responses copyright © 1986 by Edward W. Said. Reprinted with permission of *The Globe and Mail*.

15. "Scholars, Media, and the Middle East," previously titled "The MESA Debate: The Scholars, the Media, and the Middle East," Discussion with Bernard Lewis, Leon Wieseltier, and Christopher Hitchens, chaired by William H. McNeill, *The Journal of Palestine Studies*, 1987, Washington, D.C. Responses copyright © 1987 by Edward W. Said. Copyright © 1987 by Institute for Palestine Studies. Reprinted with permission of the University of California Press for the Institute for Palestine Studies.

16. "An Exile's Exile," Interview with Matthew Stevenson in *The Progressive*, February 1987, Madison, Wisconsin. Responses copyright © 1987 by Edward W. Said. Reprinted with permission of *The Progressive*.

17. "American Intellectuals and Middle East Politics," previously titled "American Intellectuals and Middle East Politics: An Interview with Edward W. Said," Interview with Bruce Robbins in *Social Text* 56, Fall 1988, Duke University Press, Durham, North Carolina. Copyright © 1988 by Edward W. Said. All rights reserved. Reprinted with permission of Duke University Press.

18. "The Need for Self-Appraisal," Interview with Hisham Melhem in *The Dawn/Al-Fajr*, February 5, 1990, Karachi, Pakistan. Responses copy-

right © 1990 by Edward W. Said.

19. "A Formula for More Husseins," Interview in *L. A. Weekly*, August 30-September 6, 1991, Los Angeles, California. Responses copyright © 1991 by Edward W. Said.

20. "Palestinian Voices in the U.S.," previously titled "Efforts Redoubled to Build Effective Channels for a Palestinian Voice in the U.S." Interview with Munir Nasser in the *Arab American News*, 1990, Dearborn, Michigan.

21. "The Intellectuals and the War," Interview with Barbara Harlow in *Middle East Report*, July/August 1991, Washington, D.C. Responses copyright © 1991 by Edward W. Said. Reprinted with permission of the Middle East Research and Information Project, Inc.

22. "What People in the U.S. Know About Islam Is a Stupid Cliché," previously titled "What People in the U.S. Know About Islam and the Arab World Is a Series of Stupid Clichés," Interview with Hasan M. Jafri in *The Herald*, February 1992, Karachi, Pakistan. Responses copyright © 1992 by Edward W. Said.

23. "Europe and Its Others: An Arab Perspective," Interview with Richard Kearney, Responses copyright © 1992 by Edward W. Said, in *Visions of Europe* by Richard Kearney. Wolfhound Press, Dublin, Ireland, 1992. Reprinted with permission of Wolfhound Press.

24. "Symbols Versus Substance: A Year After the Declaration of Principles," Interview with Mouin Rabbani, *The Journal of Palestine Studies* 24/2, no. 17, 1995, Washington, D.C. Responses copyright © 1995 by Edward W. Said. Copyright © 1995 by Institute for Palestine Studies. Reprinted with permission of the University of California Press for the

Institute for Palestine Studies.

25. "The Road Less Traveled," Interview with Nirmala Lakshman, *The Hindu Magazine*, 1996, Chennai, India. Responses copyright © 1996 by Edward W. Said. Reprinted with permission of *The Hindu Magazine*.

26. "Returning to Ourselves," Interview with Jacqueline Rose, *The Jewish Quarterly*, Winter 1997/98, London. Responses copyright © by Edward W. Said. Reprinted with permission of *The Jewish Quarterly*.

27. "A State, Yes, But Not Just for Palestinians," Interview with Eric Black, staff writer, *The Star Tribune*, February 22, 1999, Minneapolis, Minnesota. Responses copyright © 1999 by Edward W. Said. Reprinted with permission of *The Star Tribune*.

28. "*Orientalism*, Arab Intellectuals, Marxism, and Myth in Palestinian History," previously titled "Edward Said Discusses *Orientalism*, Arab Intellectuals, Reviving Marxism, and Myth in Palestinian History," Interview with Nouri Jarah, *Al Jadid: A Review and Record of Arab Culture and Arts* no. 28, Summer 1999, Los Angeles, California. Responses copyright © 1999 by Edward W. Said. Reprinted with permission of *Al Jadid: A Review and Record of Arab Culture and Arts*.

29. "My Right of Return," Interview with Ari Shavit, *Ha'aretz Magazine*, August 18, 2000, Tel Aviv, Israel. Responses copyright © 2000 by Edward W. Said. Reprinted with permission of *Ha'aretz Magazine*.

索引

譯按：為方便讀者查閱原著，本索引用原著頁碼，原著頁碼在中文版以邊碼形式標示。中文版添加的緒論、附錄等，其索引則以方括號標示在原著頁碼之後。專有名詞除採用約定俗成的譯法之外，人名主要參照《世界人名翻譯大辭典》（北京：中國對外翻譯出版公司，1993 年）。

A

G

H

M

N

Q

R

T

U

V

W

國家圖書館出版品預行編目資料

權力、政治與文化：薩依德訪談集／艾德華・薩依德（Edward W. Said）作；高莉・薇思瓦納珊（Gauri Viswanathan）編；單德興譯. -- 初版. -- 臺北市：麥田出版：家庭傳媒城邦分公司發行，2005［民94］

面；　公分. --（麥田人文；95）

含索引

譯自：Power, Politics, and Culture: Interviews with Edward W. Said

ISBN 986-7413-86-5（精裝）

1. 薩依德（Said, Edward W.）- 訪談錄　2. 東方學　3. 中東

735　　94001004